学苑文存

巴蜀文学与文化研究

李大明　主编

商务印书馆
2005年·北京

学苑文存编委会

主　任　李　诚

委　员　（以姓氏笔画为序）

　　　　　万光治　马正平　邓英树　刘永康

　　　　　李大明　李天道　李　凯　李　诚

　　　　　吴明贤　唐小林　曹万生　熊良智

序

蜀中号称"天府之国",除了得天独厚的优裕的生活环境,也是独具特色的文化之邦。二千余年,名家辈出,汉宋两代,领袖风骚。近代以降,蜀中学术再放异彩。在风行天下的"京派"与"海派"之外,"蜀学"虽然偏安一隅,却也独树一帜,鼎足相望。在相对隔绝的盆地环境里,有一批甘于淡泊的学者皓首穷经,以深厚的国学根底和严谨的朴学精神,承续着中华文化的血脉。

回想1962年秋天,我考取四川大学研究生,负笈入蜀,投奔庞师石帚先生门下,研治六朝唐宋文学,亲身感受到蜀中的学术氛围。日就月将,如入芝兰之室,久而不闻其香,即与之化矣。石帚师乃蜀中名宿,门墙桃李,皆称翘楚,各有所归。一拨去了望江楼(四川大学),一拨上了狮子山(四川师院)。因而蜀中的古代文学研究,亦呈双峰并峙、二水分流之势。石帚师闲谈所及,对狮子山的弟子多所称许。我侍听在侧,耳熟能详,内心亦不免有几分钦羡。如今岁月流逝四十余年,不但石帚师早归道山,昔日钦羡的各位同门先进,多数亦陆续作古。往事历历在目,却已成为我心中永远的忆念。

友生李诚教授主持编选的这套《学苑文存》,汇集了四川师范大学(原四川师院)中国古代文学学科半个世纪以来的代表性论文。翻看目录,既有前辈学者的佳篇,更有后生俊彦的新制。而尤其令我欣喜的,是从中似乎可以看到近代蜀学的某些因子。我以为一种学术传统既是顽强的,又是脆弱的。近代蜀学的传统经历了社会巨变的洗礼,经历了历次政治运动的冲击,似乎已经成为了历史。其实它并没有完全消泯,它的精神仍然不绝如缕地延续在蜀中学者的学术活动中,也延续在这套《学苑文存》里。然而如果再不刻意地珍惜、保持和发扬的话,近代蜀学传统的消失也是指日可待的事。而继承蜀学传统的方法,是既要坚持蜀学独特的治学理念,又要与时俱进,追踪当代学术的前沿,才能使蜀学的精神保持绵长的生命力。这也是我对本书中年轻作者们的期望。

项　楚

二〇〇四年九月

目　　录

巴蜀文学研究

郭祝崧　李冰化神过程 …………………………………………… 1
王文才　两汉蜀学考 ……………………………………………… 10
李大明　相如辞赋与楚辞 ………………………………………… 49
熊良智　扬雄"四赋"时年考 …………………………………… 65
庾光蓉　李尤事迹考证 …………………………………………… 71
吴明贤　陈子昂《感遇》诗陈沆笺释质疑 …………………… 79
吴明贤　试论杜甫的"狂" ……………………………………… 90
吴明贤　论杜甫在夔州的农事诗 ……………………………… 103
房　锐　孙光宪生平事迹考辨 ………………………………… 115
赵晓兰　论花间词的传播及南唐词对花间词的接受 ………… 139
张　海　贯休入蜀考论 ………………………………………… 152
田道英　论贯休与前蜀高祖王建的交往 ……………………… 161
李　凯　苏氏蜀学文艺思想的巴蜀文化特征 ………………… 177
李　凯　苏洵"杂学"特色及其文艺思想 …………………… 187
李　凯　文同文艺思想及其艺术成就 ………………………… 199
王红霞　黄庭坚蜀中词简论 …………………………………… 219
刘益国　论杨升庵的散曲 ……………………………………… 226
赵晓兰　四库馆臣与杜诗学 …………………………………… 240

巴蜀文献研究

王春淑　扬雄著述考略 …………………………………… 252
王仲镛　陈寿《益部耆旧传》探微 ……………………… 261
李巧思　《益州记》佚文考辨 …………………………… 275
罗清华　峨眉山书目文献考述 …………………………… 282
房　锐　孙光宪著述考 …………………………………… 296
房　锐　《北梦琐言》与唐五代史籍 …………………… 312
常思春　林　琳　谈宋代蜀刻韩愈集 …………………… 324
庾光蓉　清修《四川通志·经籍志·集部》考论三篇 …… 333
凌兴珍　试论戊戌年四川维新派的喉舌《蜀学报》……… 341
郭祝崧　文史现地探究易于求实得实 …………………… 358

巴蜀语言研究

李恕豪　从语言学等证据论治水神话的起源 …………… 365
徐仁甫　《杜诗注解商榷》拾补 ………………………… 379
王启涛　杜诗疑难词语考辨 ……………………………… 387
宋子然　四川方言词义考释 ……………………………… 395
兰玉英　成都东山客家方言中"公"、"嬷"的用法 ……… 402
兰玉英　《华阳凉水井客家话记音》译注献疑 ………… 408
邓英树　仁寿话的语气词"哆"和"喔" ………………… 416
干红梅　浅析四川话中表示程度深的副词"少" ………… 422

巴蜀史研究

李　诚　古蜀神话传说与中华文明建构 ………………… 429
陈乾康　论三国时代的吴蜀同盟 ………………………… 441
段　渝　巴蜀文化与汉晋文明 …………………………… 449
秦彦士　智诜与净众——保唐禅派 ……………………… 479

蔡方鹿	宋代四川理学的兴起与发展	488
谢元鲁	北宋前期四川铁钱币值与流通地区的变化	508
谢元鲁	北宋中后期四川铁钱币值和流通地区的变化	518
张邦炜 陈盈洁	范成大治蜀述略	527
屈　川	"都掌蛮"消亡的历史见证	543
屈　川	滇蜀铁路主权上的英法角逐	553
刘达永	清溪道与1883年霍西访清溪县"记事"评介	559
黎　虹	鸦片与清末西南社会	571
凌兴珍	清末民初成都中外学术文化交流	583

后　记 …………………………………………………… 597

李冰化神过程

郭祝崧

李冰,其人其事始见于《史记·河渠书》:"于蜀,蜀守冰凿离碓(堆),避沫水之害,穿二江成都之中。此渠皆可行舟,有馀则用溉浸,百姓享其利。至于所过,往往引其水益用溉田畴之渠,以亿万计,然莫足数也。"此后,历代史籍对此记载实无所补充,仅或详或略记述相关渠堰的扩展情况。但自晋朝年间起,一些文人笔下逐步出现李冰"神迹"种种,直至以其为道仙,功在锁镇孽龙,甚或否定他曾"辟水害,溉田畴,利行舟"。

一、三石人来源异说

1974年,都江堰例行岁修,于内江、外江分流堤埂上出土石人二躯。大躯胸前题刻"故蜀郡李府君讳冰"(当年,该市出版的某学者文章,说有"神位"二字,但实物却无);两臂肘部,左刻"建宁元年闰月朔廿五日都水掾",右刻"尹龙长陈壹造三石人珍水万世焉"。小躯体上无文字。另一躯未见。出土的二石人现存放于都江堰伏龙观大殿上。

都江堰上立有三石人的记述,首见于西晋年间大成(汉)国常璩著《华阳国志》,说李冰筑堰,"于玉女房下白沙邮作三石人,立江水中,与江神要:水竭不至足,盛不没肩"。后代辑存的李膺《益州记》,也大体相同,只是多了两点。一是三石人所在为羊摩江、灌江西,即堰埂西侧外江边。二是点明其所具水则性质,"蜀人,旱,则借以为溉;雨,则不遏其流"。李、常均称三石人系李冰刻立,而今出土的石人体上有李冰名号,且有刻造者姓名,足见李、常并未见过实体。《史记》也无李冰造石人作水则的记述。

其实，重现人前的李冰像上有"珍水万世"语，可见尹龙、陈一造之颂扬先贤治水利民功业，并告诫用水民众节水。李、常二著，实际上也记有该石人"水则"，系提示"旱，则引水浸润；雨，则杜塞水门。故记曰：水旱从人，不知饥馑，时无荒年"。

二、石犀石牛同物异源

《华阳国志》还记有：李冰筑堰，"作石犀五头以厌水精。穿石犀溪于江南，命曰：犀牛里。后，转置犀牛二头，一在府市市桥门，今所谓石牛门是也；一在渊中"。石犀溪、犀牛里，均系成都地名。石牛门——市桥、市桥门也是成都子（少）城西南的新西门。可见五石犀俱在成都，不在都江堰上。后世辑成的扬雄《蜀王本纪》更指明：李冰造五石犀于成都，"二枚在府中，一枚在市桥下，二枚立水中以厌水精，因曰：石犀里"。略晚于常书，郦道元的《水经注》也说："李冰造五石犀于成都，西南石牛门，曰：市桥，……桥下谓之石犀渊。"自晋至于清末，所有谈及石犀的诗文，以及都江堰地名，均无石牛、石犀名，更无实物。

唐宋诗家杜甫、岑参、陆游等人在见及成都的石犀—牛的实物后，均称作石犀；同时期的史地文章，又均将实物所在地称为石牛门、里、渠、溪等，不作石犀。明清诗家更说同于杜、岑所见的实物全为石牛。陆游也曾在《老学庵笔记》里含糊其辞地说："石犀在庙（按：庙为石牛寺，又为邓艾庙）之东阶下，亦粗似一犀。正如陕之铁牛，但望之大概似牛耳。"今望江楼江边还存石牛堰名，石牛也存在于江边荣华寺前，约在1956年左右，石牛被毁，但其地仍称石牛堰。另见于《旅行杂志》及近人谈说羌氏的文章中，有古羌族习惯统犀、牛于一名。如此看来，都江堰从来无石犀，而成都却有五石牛，足见李冰造五石犀以厌水怪事不实。其实，扬雄、常璩、郦道元三书，也同其他古籍一样，说过成都五石牛的来源："秦惠王欲伐蜀而不知道，作五石牛，以金置尾下，言能屎金。蜀王负力，令五丁引之，成道。秦使张仪、司马错寻路伐蜀，因名：石牛道。"（《水经注》）曹学佺《蜀中名胜记》也引有《舆地志》

说,陆游混称牛、犀的实物,乃是"石牛,即秦惠王遗蜀王者"。

都江堰有无李冰造以厌水怪的石犀,由于它们迄未显身,故不能确定其必有。但是,即使以成都实有的秦国造以诓蜀王的石牛,归于李冰名下,也会被具高见卓识的杜甫否定其为厌胜水怪的神物。诗圣所咏《石犀行》说是:"君不见秦时蜀太守,刻石立作三(五)犀牛。自古虽有厌胜法,天生江水向(须)东流。蜀人矜夸一千载,泛溢不近张仪楼。今年灌口损户口,此事或恐为神羞。终借堤防出众力,高拥木石当清秋。先王作法皆正道,鬼怪何得参人谋。嗟尔三(五)犀不经济,缺讹只与长川逝。但见元气常调和,身免洪涛恣凋瘵。安得壮士提天纲,再平水土犀苍(奔)忙。"他举当年——肃宗上元二年七、八月都江堰发生大灾为例,指明整治堤堰才是免灾除祸正道,求神护佑必然无济于事。有趣的是,距杜老吟成此诗后约五年,岑参在见及同一石犀(牛)后,竟然在《石犀》中说:"江水初荡潏,蜀人几为鱼。向无尔石犀,安得有邑居?始知李太守,伯禹亦不如!"表示坚信厌胜法。

三、李冰化牛、龙斗江神

都江堰虽说未必有过石犀,倒有着斗犀台山头,同它相对的离堆上又有伏龙观。古代传说,李冰同江神各化作牛(不是犀)、龙相斗于此。

卢文弨《群书拾补》辑存的应劭《风俗通》佚文说,李冰任蜀守时,"江水有神,岁取童女二人以为妇,不然,为水灾。主者白:出钱百万以行聘。冰曰:不须,吾自有女。到时装饰其女,当以沉江水。径至神祠,上神座,举杯酹曰:今得傅九族,江君大神,当见尊颜,先敬酒。冰先投杯,但澹淡不耗。冰厉声曰:江君相轻,当相伐耳。拔剑,忽然不见。良久,有两苍牛斗于岸帝。有间,冰还,流汗谓官属曰:吾斗大极(亟、疲),当相助也。南向腰中正白者,我绶也。主簿刺杀北面者,江神遂死。蜀人慕其气决,凡壮健者,因名冰儿也"。这记述,前面部分全同于西门豹邺水投巫事;后两部分提及主簿官职,虽系东汉晚期置于州、县,但战国时期却无。"冰儿"云云或同二郎的面世相关。

李冰斗江神事,《太平广记》所引唐求《成都记》的记述更详,节引如次:"李冰为蜀太守,入水戮蛟,已为牛形。江神龙跃,冰不胜。及出,选卒之勇者数百,持强弓大箭,约曰:吾前者为牛,今江神亦为牛矣。我以太白练自束以辨,汝当杀其无记者。武士乃齐射其神,遂毙。唐大和元年,洪水惊溃,冰神为龙,复与龙斗于灌口,犹以白练为记。"与此近似的记述,又见于宋、明时期所传晋朝许逊、隋朝赵昱等人事迹。如说许逊任旌阳令(此系荆州辖地,即今湖北省枝江县境),由于辖区都江堰北汶川县玉垒山下汶水(岷江)有蛟为害,遂往除之。如说隋炀帝任命赵昱为嘉州守,属下犍为郡灌口江中有恶蛟兴风作浪,遂往除之。当然,两说均不实。因为都江堰、汶川县均在西蜀,不是旌阳县辖地,且据《晋书》知道许逊从未到过巴蜀。赵昱为传说中的青城山隐士,从未出仕。

唐、宋年间,道教已定李冰、许逊、赵昱为道仙,足见他们斗江神事迹,俱属道教造作。

四、伏龙观下锁孽龙

范成大《离堆》诗序说:"沿江两岸中断,相传李冰凿此以分江水,上有伏龙观,是冰锁孽龙处。蜀汉水涸,则遣官致祭,壅都江水以自足,谓之摄水。民祭赛者,率以羊,岁杀羊四五万计。"诗语也说"潭渊油油无敢唾,下有猛龙拴铁锁",可据以知道南宋时期,已经盛传伏龙观为镇锁孽龙所在。苏轼《送鲜于都曹归灌口旧居》有"夜渡绳桥看伏龙"句,或许也是指伏龙观。

其实,离堆上本无寺庙,大成(汉)国建立后,李雄才在此处,为其丞相、西山侯、四时八节天地太师范贤建立生祠。据《晋书》、《资治通鉴》、《华阳国志》等书记述知道,范贤有多名,如长生、延久、支、九重等等。原本是涪州丹兴人,拥有田地千百亩,为避战乱,带领成千农户远迁至青城县。县属青城山系张陵创立五斗米道(后改名天师道)的基地,不仅山区归属道观,就连县区土地也为道士控制,范长生为谋求耕地供移民使用,遂投道观为道士。羌族李特一家叛晋,范以人力和财物相支援,因而得大成国尊重。大成国败亡后,道士将范生祠改作伏龙观。孙太古曾画范贤像于青城山丈人观,陆游题咏多诗,曾讥刺"却笑飞仙未忘俗,金貂犹着侍中冠"。(山中另有长生观,是相关三国时期传说的蜀汉范宗的,与范贤长生无关。有书文称范贤即范宽敞,一百余岁后仕李氏王朝,不合于史传。)

五、李二郎蹊跷现世

李冰,史有实人实事,因而谈说他镇锁江神于伏龙观下,并于道教创立前五百年即为道仙,难以令人信服,于是,在南宋年间出现其子二郎。

晚清成书的《宋代蜀文辑存》,收有北宋张唐英撰《元祐初建二郎庙记》,说是"李冰去水患,庙食蜀之离堆,而其子二郎以灵化显圣"。此文属伪作。因为张唐英亡故于神宗熙宁四年,下距元祐元年即已达16年,怎能为元祐年间新建的二郎庙撰文?这样,朱熹《朱子语类》所记相关事项,应属首见二郎的:"蜀中灌口二郎庙,当是因李冰开离堆立庙。今来现许多灵怪,乃是他第二儿子。"二郎庙应是今二王庙,不应是伏龙观。李二郎现许多灵怪事例,不只见于朱熹记述,其后,赵朴才在《古今集记》里,把李冰业迹统归二郎名下,但也无镇锁孽龙于伏龙观事:"李冰使其子二郎作三石人以镇湔江,五石犀以厌水怪,凿离堆山以避沫水之害,穿三十六江灌溉川西南十数县农田。"

二郎现世的凭据,可能有两项。一是堰上有三石人,大躯身上刻有李冰姓名,小躯无文字,因而被认作李冰两子。二是道教书籍有说李冰字二郎的,同类书又说邓遐、赵昱等人也名二郎,而邓、赵又都有战死孽龙神迹。(附带提说:有宗教词典说李二郎实有其人,《封神演义》中的杨戬二郎神为李二郎所派生。此说也不实。因为北宋年间的说唱文学及早期南戏都已有沉香救母故事,如《沉香太子》等,而且杨二郎的事迹极多,却无开堰锁龙事。)

范成大之后，说及伏龙观下锁有孽龙的记述极少，当是人众皆见离堆崖壁上悬挂的长长铁链，系横挂，并不垂入潭中，乃是为筏工导筏入宝瓶口所设。但是，李调元却代范成大落实于《井蛙杂记》中："灌县离堆山，即李太守所凿藉之导江处，上有伏龙观，下有深潭，传闻二郎锁孽龙于其中，霜降水落，或时见其锁云。每有群鱼游深潭面，仅露背髻，其大如牛，投以石，鱼亦不惊，人亦不敢取之，盖异物也。"锁孽龙出自传闻，大如牛的鱼也是他人所见，他也落实不了范说。

六、"孽龙"续有产生

约同李调元在世时期，川西民间广为流传相关都江堰的两传说，一为《夫妻桥》，一为《望娘滩》。前者说秀才、塾师何先德夫妻为便民行走，立志整修安澜索桥，被路霸、劣绅贿贾贪官陷害事。后者系据外江堰埂南起始的滩坝，造作出的凡人吞珠化龙事。《夫妻桥》为实事，无涉李冰。《望娘滩》原本无涉，后被道教徒利用，改作李冰父子除孽龙的实例。两者在晚清年间均编成川剧上演，但《望娘滩》未采用道教说法。

20世纪40年代初，《说文月刊》载林名均所撰《四川治水者与水神》一文（林时任华西协合大学博物馆馆员，与笔者同出林山腴、李培甫等老师门下），对《望娘滩》有详述，节录如次："灌县昔有一孝子，家贫，刈草以奉其母。天悯其孝，赐以茂草一丛，日刈复生。异之，掘其地，得大珠一，藏米楼中。翌日视之，米已盈楼。置诸钱柜，钱亦满箱。邻里探得其故，求观此珠，而群起夺之。其人大窘，乃纳珠口中。珠滚入腹，致渴极，就饮于江。母追之，见已化为龙，仅一足犹未变化。母就执之，恸且恨曰：汝孽龙也。于是兴波作浪，随江而去。然犹频频回首视母，回首处辄成大滩，故有二十四望娘滩之名也。"民国年间口头传说、川剧情节均到此为止。林文后续部分则说龙母失子供养而死，龙遂"兴水患以为报复"，夺珠乡人均遭难，"李冰父子得观音菩萨相助，擒龙锁镇于深潭中，故今庙名伏龙观也"。

人吞珠化龙事，四川省、重庆市地域多有，有的县区还不只一处，其地均名化龙桥,不过所有传说都无涉于李冰父子。重庆市大足县一处化龙桥两见于明清记述。曹学佺《蜀中名胜记》说:"《志》:宝珠溪在治南四十里。唐贞观时,渔人郭福者夜捕鱼,见水际有光,及之,有蚌如斗,剖得珠径寸,献之。太宗赐以积善井碑,碣存。"文中未提人得珠化龙。李调元在《井蛙杂记》里却说宝珠溪有人吞珠化龙:"大足化龙桥,相传溪中有珠浮水上,邑人聂姓得而吞之,遂化龙去,因以为名。"聂、蘖同音,但此聂龙倒没有同李二郎所除蘖龙合一,如李同书所说伏龙观事。

难以思议的是,自南宋年间兴起了的李二郎取代李冰治水业绩的记述,近期还在发展。一部地方志巨著中收有《李冰父子治水记》,在评断李冰"酾二渠,斩潜蛟,约水神,瘗石犀,皆合幽显,非得道于身,安能有是"之后,说是经过详细查考,知道李冰"本犹龙族子,隐居岷峨,与鬼谷交。张仪因筑城不就,强荐之于秦,为其营郡治得成,世称川主"。冰任郡守后,四处治水,"得其友毛郎、竹氏之助,若南安、荣(当作荥)经等处皆尝及之,故离堆之事伪传",明说都江堰不是李冰所筑。如此记述,全篇共计九项,最后还说"其子奉父命而斩蛟,其友七人实助之,世传梅山七圣,谓其有功于民,故圣之"。但未说梅山七圣与杨二郎所除梅山七怪有无关涉。

七、李冰由人化神

李冰由人化神,当属我国特有的"人造神"代表类型之一。另一代表类型是用实人取代原本虚无缥缈的神,如梓潼善板(雷神)的逐步化为文昌帝君张亚子。

原始人在思想意识产生的初期,必然会思考自身的来源。最早,当是个别人见及与己身同形者在何处,就会认为都出自那样的所在,即山野、森林、河海内,甚至是动植物或雷电转化而成,这在现存世界各民族古代传说中皆有。晚到距今几千年,又才有人造人,人体生人——先是孤雌生人,后是两性交合生人——的识见。原始神秘观念存在后,人才被说成是"超人的神"所造出;宗教存在后,"神造人"遂成定论。神的与人的生成相关说,也有历时相当长久的逐步变化,就地域极相邻近的古埃及和西亚犹太就可知道。埃及传说:拉(顿)神死后,躯体上生成山岳河海及各类动植物,其中也有人类。犹太教《创世纪》则记述:上帝用泥土按已体造出亚当,再取亚当肋骨造出夏娃;他俩偷吃禁果后,相交合生出子女;子女又相交合繁衍成人类。上帝按照已体造出的亚当为男性,足知上帝也系男性,由此可见这项神造人传说出现于男性社会存在之后,在人类历史上已较晚。不过,神造人说,并不普遍存在于地球上,拉美地区某些古代民族传说就不承认神造人,佛教、摩尼教、神道教等等也没有神造人说。

我国大多数民族在远古时期,对人的生成——人类的起源,也分先后出现人来自宇宙间、人造人、孤雌生人、两性交合生人等等说法。可是,除了两性交合生人得到后世认同外,其他说法纵使到了宗教迷信观念盛行之后,也不被普遍认同。如生活在宗教迷信盛行地区的屈原,也曾质疑:"女歧(岐)无合夫,焉取九子?""女娲有体,孰制匠之?"汉朝末年建立的道教也没有造作神造人说,就连最高的道仙黄帝也曾同素女"交流"房中术,元始天王更同太元圣母"通气结精"生育后代。民间生育则由注生后土圣母在凡人交合时,决定赐以男孩或女孩,而且还得看相交合的凡人男女有无生育能耐。由印度传入的佛教,到了唐宗时期,也出现了送子观音助人生育,而不是"造子"送人。

我国虽然没有神造人的认定,倒有"人造神"的存在。外国神造人传说中的神,虽说实际上也属人造,但同我国的人造神有实质方面的差别。我国先秦时期得到普遍认同的"祭神,如神在"的神,无不是被人众歌颂敬奉的民族、国家、行业等等方面的先圣先贤,如同人众崇祀的家族先人——"祖先神"。祖先神当然不同于人造的虚无缥缈的神。例如:黄帝、女娲、伏羲,以及青、赤、黄、白、黑五帝等等都是称作"先帝"的神,就连古埃及的拉神来到我国成为"盘古王"后,也是先帝。汉末,张角弟兄、张陵祖孙为夺取儒家掌握的政权,创立太平道、五斗米道,组建民军掀起战争,由于教名源于道家,并以道家著作为经典,遂将老聃、庄周、列御冠等称作太上老君、南华真人、冲虚真人之类的道仙。甚至后来发展到把历史上的先帝、民间传说的长寿人彭铿、隐士鬼谷子,甚至同太平道、五斗米道作过战的诸葛亮、关羽,也都奉为道仙。道仙也就是道教的神。道仙,最初都有实人为据;到了晋朝年间,五斗米道——天师道拉扯原已存在的人造神,也尽可能地以"实人"予以填充;唐宋年间,道士虽造作出一些虚无缥缈的道仙——神来,可也绝对不承认其"非人"。

　　除却祖先神,我国的人造神只存在于道教。(佛教广元市皇泽寺、大云洞里的武曌为大势至若菩萨,大足几窟诃利帝母为明肃皇后——淑明皇后取代,新都县宝光寺五百罗汉中有康熙、乾隆皇帝和丁宝桢等,均具特殊缘由,同传播宗教信仰无多大关涉。)前已谈及道教的人造神,主要有两大类型。一是把李冰造作为道教神仙,即此拙稿所述,纵使是李二郎的从无到有,但除完全否定李冰开渠筑堰事迹外,并不显得荒唐可笑。一是用实人去填充虚无缥缈的神,并归入道仙,如始于晋朝的抓扯实去填充梓潼善板(雷神),其中竟有被当做人的毒蛇,自称生于春秋、战国时期,而在宋末、元初撰写自传的文昌帝君张亚子等等,就十分荒唐可笑了。(详见拙稿《文昌帝君的故事》,载台湾《历史月刊》第 150 期。)至于诗圣杜甫的转为道仙杜十姨娘,韩愈见及并予以抨击的疾呆女谢自然被定作青霞真人,就更为荒唐可笑了。不过,此二例还是反映出道教的造作道仙,仍坚持以实人为据。

原刊《四川师范大学学报》2004 年第 1 期

作者简介:郭祝崧,1920 年生,四川师范大学文学院教授。

两汉蜀学考

王 文 才

旧论两汉蜀学者,咸谓文翁兴教,英伟挺生,迄东京而大昌。然蜀学之兴,由来尚矣,非自文翁始也。《汉书·循吏传》载翁事迹,同见常璩《蜀志》,正相互发明,近人又多横议,以班攻常,兹析为五事叙之。

传云:"文翁庐江人也,少好学,通《春秋》。以郡县吏察举,景帝末为蜀郡守,爱好教化。"而常志谓:"孝文帝末年,以庐江文翁为蜀守",翁乃立学云云。论者每从班传而斥常志为非,似昧于史法,不知旧史记年,或系事于其始,或系于末。班、常所记化蜀事,即各书其始末,兴教于文帝末年,化成于景帝之时,适互补而明。

次叙翁兴教云:"见蜀地僻陋,有蛮夷风,文翁欲诱进之。乃选郡县小吏,开敏有材者,张叔等十余人,亲自饬厉,遣诣京师,受业博士。数岁蜀生皆成就还归,文翁以为右职,因次察举,官有至郡守刺史者。"常志云:"时承秦之后,学校陵夷,俗好文刻。翁乃立学,选吏子弟就学,遣隽士张叔等十八人,东诣博士受七经,还以教授。"于兴教之事,盖先立学于文帝末,选教小吏即传云亲自饬厉,然后遣其隽材诣京受业,又数年后,还以讲授学官子弟。凡历景帝十五六年,方得化民成俗,而非景帝末之后元三年即可成者,此理甚明。

三曰"蜀地僻陋,有蛮夷风",自中原视之,巴蜀罝朴少文,无华夏之风,固然。而常志则云:"承秦之后,俗好文刻(常志《先贤总赞》张宽传云'蜀承秦后,质文刻野'同意)",实指其学,好为刑名。初,尸佼佐商君"立法理民",逃亡入蜀,已播秦风(详《史记·孟荀传》注引《别录》及《汉书·艺文志》杂家)。楚鬻人鹖冠(《风俗通·姓氏》)学本道家,《汉艺志》以为楚人。

盖本賨人,巴賨先破于楚,北迁后再并于秦,故以楚賨称。或疑为讹字,恐不然也。陆佃序其书谓:"初本黄老,而末流迪于刑名"是也。班志道家又有《君臣子》蜀人,缪荃孙《蜀两汉经师考》以为汉人,恐非。因知先秦以来,蜀中盛行黄老刑名之学。汉承秦制,尚法轻儒,好为文刻,天下皆然,蜀俗之陋,亦以此故。

其四,传云翁遣生受业,"减省少府用度,买刀布蜀物,赍计吏以遗博士"。时当孝景中,尚无郡国选派博士弟子"诣太常受业"之制,故蜀所遣为私学,自给费用。考汉初学术,《儒林传》云:"孝文帝好刑名之言,及至孝景不任儒,窦太后又好黄老术,故诸博士具官待问,未有进者。"而蜀生受七经于博士,既为郡国先,所受亦不限于后来所立五经,及学官诸家之说。

五曰郡国置学官,亦自蜀始。传云:"又修学官于成都中,招下县子弟,以为学官弟子,为除更徭,高者以补郡县吏。县邑吏民,见而荣之,数年争欲为学官弟子,富人至出钱以求之,由是大化。至武帝时,乃令天下郡国,皆立学校官,自文翁之始云。文翁终于蜀,至今巴蜀好文雅,文翁之化也。"受经者还,教授学官弟子,生徒广及诸县,世皆美学,方得化民成俗。事之始末,跨越文景二代,自不足怪。常志云:"学徒鳞萃,蜀学比于齐鲁,巴汉亦立文学。孝景帝嘉之,令天下郡国,皆立文学,因翁倡其教,蜀为之始也。"此文尤招来非议,以郡国立学非孝景时,当为武帝之讹,方与史合。然常志所云"景帝嘉之",应有所指,当时巴汉俱立文学,似朝廷尝议立学官,唯未行耳,故班史不载,而常志补之,于武帝前已欲广行之矣。犹之文帝时始以《诗》置博士,而班书不载,见于范书《翟辅传》,正与此类。及后元三年,武帝嗣位,丞相窦婴、太尉田蚡、御史大夫赵绾、郎中令王臧等,"务隆儒术,贬道家言"。此时正欲如蜀兴儒学,推及郡国,而婴等旋为窦太后罢逐。至武帝建元六年太后崩,田蚡为相,"乃黜黄老刑名,百家之言,延文学儒者以百数",朝廷始立五经博士。元朔四年丞相公孙弘议,"为博士官置弟子五十人",方有郡国遣学之制。此皆人所悉闻,常君岂不知之,特书景帝立学,亦班传书其成,常志述其始也。朝廷学官子弟初只五十人,昭、宣时倍增之,元帝时复身者设千人,而常志于蜀郡成都县云:"立文学,学徒八百人",此则就成都学舍言之，当是元帝后蜀学盛时，非文翁所置员矣。

汉兴儒学，始自蜀郡，蜀学冠冕，咸推四子。班固叙蜀地理，谓相如以文辞显世，后有王褒、严遵、扬雄，文冠天下。古以文学并称，义与今别，未有异道分驰，不学而文者。汉季，蜀郡又以马、扬、严、李四家为宗，《三国志·许靖传》注引《益部耆旧传》：广汉王商为蜀郡太守，"又与严君平、李弘立祠，作铭以旌先贤"。《秦宓传》载：商为严、李立祠，宓与之书增祀马、扬云："观严文章，冠冒天下，由夷逸操，山岳不移，使扬子不叹，固自昭明。如李仲元不遭《法官》，令名必沦，其无虎豹之文故也，可谓攀龙附凤者矣。如扬子云潜心著述，有补于世，泥蟠不滓，行参圣师，于今海内，谈咏厥辞。邦有斯人，以耀四远，怪子替兹，不立祠堂。蜀本无学士，文翁遣相如东受七经，还教吏民，于是蜀学比于齐鲁。故《地理志》曰：文翁倡其教，相如为之师。汉家得士，盛于其时，制礼（封禅）造乐（乐府），移风易俗，仆亦善长卿之化，宜立祠堂，速定其铭。"于是以马、严、扬、李为首，相如以礼乐化俗，严遵德操，扬雄著述，固无论矣。李弘通五经，不为章句便辞巧说，故不以文显，而常志《先贤总赞》誉为"邦家仪形"，王商即重其德行而祀之。

相如为蜀士师，语出班志，《史记》本传不载，但举其为辞赋宗。传云：相如以赀为郎，事孝景帝为武骑常侍，非其好也。会景帝不好辞赋，因病免，客游梁。梁孝王卒，相如归，往舍临邛，归成都。居久之，上乃召为郎云。考梁孝王卒，《景帝纪》在中元六年，相如还成都，文翁已立学舍，其为学师，应在此时，未尝被遣诣京受经也。《寰宇记》成都府孔子庙（即汉学舍）条云："昔司马相如教授于此。"此条似《益州记》之佚文，乃为蜀师之显证。又邛州人物云："胡安临邛人，讲学白鹤山下，相如从之受经。"学亦别有所承，是蜀学本有渊源，非自文翁倡教始也。相如传经，为汉时人所习知，且治三仓之学，"文字者经艺之本"，则固通经矣，故秦宓特举其教化之功，不因史迁不载而疑之。《史记志疑》尝云："案《蜀志》秦宓云：文翁遣相如东受七经，还教吏民。宓此语与《汉地理志》所谓，文翁倡其教，相如为之师正合。史公但采词赋，而遗其明经化俗之大端。"唯《宓传》所云："文翁遣相如东受七经，还教吏民，"语有省并，当时"文翁遣张叔等东受七经，相如亦还教吏民",本为二事,秦宓、陈寿非为病语,乃取事遗文,并归相如,遂贻人口实。或竟信相如为蜀郡小吏,受翁之遣,斯又昧于文法矣。《汉地志》之文为:"景武间,文翁为蜀守,教民读书法令,未能笃信道德,反以好文刺讥,贵慕权热。及司马相如游宦京师诸侯,以文辞显于世,乡党慕其迹。后有王褒、严遵之徒,文章冠天下。由文翁倡其教,相如为之师。"意谓孝景至武帝初,尚重刑名,故文翁兴教,并习律令,未尽信儒术,反以好学相讥,而慕权势,俗犹未淳。及相如为师,风尚丕变,英彦继出。议者又执此文,谓蜀人但效其文辞,非从之授经也。不知班言"文章",犹《论语》尧之为君,焕乎其有文章之义,乃含典章礼乐。遂以秦宓、陈寿、梁玉绳皆误引书,而没相如还教之事,未为允论。相如之学,且远播南中,如此荦荦大端,当为表出。

汉武复召相如为郎,数岁拜中郎将,略定西夷。时为元光六年,唐蒙已通南夷夜郎,因通西南夷道,乃以相如建节往使,邛笮、冉駹、斯榆之君,皆请为臣。后世相传,相如布教滇西,即在此时。万历《云南通志》、《滇略》皆云:张叔楪榆人,元狩间闻司马相如至若水造梁,楪榆二百余里,遂负笈往,从之受经,归教乡人。按常志《先贤总赞》,文翁所遣为蜀郡张宽字叔文,仕至扬州刺史,《汉书》作张叔。不知是滇中以蜀人张叔为楪榆人,从学相如,或楪榆果别有传经之张叔,则难明矣。然相如遗教南中,确有其事,《西京杂记》:"友人盛览字长通,牂柯名士,尝问以作赋云云,览终身不复敢言作赋之心矣。"

常氏《蜀志》列举西秀彦盛,"司马相如耀文上京,扬子云齐圣广渊,严君平经德秉哲,王子渊才高名隽,李仲元湛然岳立,林公儒训诂玄远,何君公谟明弼谐,王廷世著勋河平,斯盖华岷之灵标,江汉之精化也。"斯乃西汉八士。建武以后,文化弥纯,道德弥臻,四方述作,仰其高风,虽洙泗稷下,未足尚也。所举儒师,更有杨厚、任安、秦宓、谯周诸人,而习称汉四子者,仍从班志。羊祜以扬、王、严、马虽去数百年,览其遗踪,风流文采,宛然如此,疑其典型不泯,范法尚存,遂追赋《四先生诗》。左思《蜀都赋》亦以蔚若相如,皭若君平,王褒秀发,扬雄挺生,为四海之秀。《北史》常景以蜀马、王、严、扬,皆有高才而无重任,乃作《四君赞》以托意,鲍照《蜀四贤咏》同。然在晋世,

《周公礼殿画像》有相如、严、扬,而无王褒,至宋祁于学宫西作文翁祠,绘相如、王褒、扬雄于东壁,又无君平。《成都文类》中兴寺墨池院画子云、君平、仲元三贤像,张愈为赞,却无相如。虽去取参差,仍不越四子。

述两汉学术者,固不应囿于儒师,兹检汉晋载籍,得八十人,附者未列。因按班志"七略"、范书"儒林",类分其学,庶可考镜源流,而以蜀汉古学殿焉,列目如下:

易 类:赵 宾　严 遵　扬 雄　何 武
　　　　谯 玄　李 几　冯 颢　任 安
　　　　丁 鲂
书 类:杨钟续　杨 统　杨 厚　冯 允
　　　　王 涣　赵 闶　杨 充
诗 类:任 末　景 鸾　杜 抚　杨 仁
　　　　王 阜　镡 显　谒 焕
礼 类:董 钧　许 慈
乐 类:阳城衡
春 秋:张 宽　胥君安　杨 终　张 霸
　　　　张 楷　冯 绲　樊 敏　张 宁
　　　　刘 宠　张 裔　孟 光　尹 默
　　　　李 仁　李 譔
图 谶:杨 宣　翟 酺　杜 真　赵 典
　　　　朱 仓　何 英　董 扶　李 翊
　　　　何 宗　杜 琼　杜 微　周 舒
论 语:扬 雄
小 学:马、扬　林 闾　犍为文学　来 敏
　　　　(以上六艺略)
诸 子:严 遵　张 浩　王 佑
辞 赋:马、扬　王 褒　杨 终　李 尤
　　　　郤 正

兵　书：诸葛亮

数　术：洛下闳　任　永　任文公　杨　由
　　　　段翳　折像　段恭　周群
　　　　张裕

方　技：王延世　涪翁　郭　玉　李　助
　　　　张陵

古　学：秦宓　谯周

易　类

赵宾　《汉书·儒林传》：汉兴，田何授《易》，三传至施雠、孟喜、梁丘贺，由是《易》有三家之学。喜好自称誉，得《易家候阴阳灾变书》，诈言师田王孙且死时独传喜。同门梁丘贺疏通证明之，曰安得此事。"又蜀人赵宾好小数书，后为《易饰》，饰《易》文。以为箕子明夷，阴阳气，亡箕子，箕子者万物方荄兹也。宾持论巧慧，《易》家不能难，皆曰非古法也。云受孟喜，喜为名之。兵宾死，莫能持其说"。按：赵宾以小数说《易》，与孟喜阴阳灾变近，故自云受于喜。后世蜀中《易》学，多言天数，自成家法，此已见之。

严遵　《汉书·王贡两龚传》序云："谷口有郑子真，蜀有严君平，皆修身自保。君平卜筮于成都市，以为卜筮者贱业，而可以惠众人，有邪恶非正之问，则依蓍龟为言利害。与人子言依于孝，与人弟言依于顺，与人臣言依于忠，各因势导之以善。裁日阅数人，得百钱足自养，则闭肆下帘而授《老子》。博览亡不通，依老子严周之指，著书十万余言。扬雄少时从游学，数为朝廷在位贤者称君平德。杜陵李强为益州牧，致礼与相见，卒不敢言以为从事。君平年九十馀，遂以其业终，蜀人爱敬，至今称焉。及雄著书言当世士，称此二人，其论曰："蜀严湛冥，不作苟见，不治苟得，久幽而不改其操，虽随和何以加诸，举兹以旄，不亦宝乎。"（语见《法言·问明》）

按常志《先贤总赞》称：成都严遵专精大《易》，耽于老庄，假蓍龟以教。言大《易》者，明其不取今文诸家，上求本义。其以《易》为卜，切于人事，似无撰述，而扬雄《太玄》实承其学。旧传蜀才注《易》，亦出严氏之学。《经典释文》叙录诸家《易》解,有"蜀才注十卷,《七录》云不详何人,《七志》云是王弼后人。按《蜀李书》云:姓范名长生,一名贤,隐居青城山,自号蜀才,李雄以为丞相"。陆氏叙录本《颜氏家训·书证》:"《易》有蜀才注,江南学士遂不知是何人。王俭《四部目录》不言姓氏,题云王弼后人,谢炅夏侯该并读数千卷书,皆疑是谯周。而《蜀李书》一名《汉之书》云:姓范名长生,自称蜀才。"《蜀李书》乃常璩《华阳国志》之原名,今常志《李雄志》及崔鸿《十六国春秋·蜀录》皆载长生事迹。隋唐经艺志著录范书皆为十卷,李鼎祚《周易集解》尝引其著,清人有辑本。范注多用郑、虞之义,郑注乃传费氏学,费直为古文《易》,则严遵之学可知。又传君平之学至宋未绝,《宋史》谯定传:定字天授,涪州人。学《易》于南平郭曩氏,为象数之学。郭曩似为古《易》家蜀曩氏之后,而程迥云:"定尝受《易》于羌夷郭载,载本蜀人,其学传自严君平云。"

扬雄 《汉书》本传载其《自序》云:"扬雄字子云,蜀郡成都人也。少而好学,不为章句,训诂通而已,博览无所不见。为人简易佚荡,默而好深湛之思,清静亡为,不汲汲于富贵,不戚戚于贫贱,乏无儋石之储,晏如也。自有大度,非圣哲之书不好也,非其意虽富贵不事也。孝成帝时客有荐雄文似相如者,召雄待诏,承明王庭(按:雄年四十余游京师,为王音门下吏。元延元年蜀人杨庄荐之,除为郎,给事黄门,历哀平三世不徙官)。哀帝时丁傅董贤用事,诸附离之者,或起家至二千石。时雄方草《太玄》,有以自守,泊如也。而大潭思浑,观之者难知,学之者难成。客有难《玄》大深,众人之不好也。又像《论语》,号曰《法言》。"班固赞其学行云"及莽篡位,谈说之士用符命称功德,获封爵者甚众,雄复不侯。以耆老久,次转为大夫,恬于势利乃如是,实好古而乐道,其意欲求文章成名于后世。以为经莫大于《易》,故作《太玄》,传莫大于《论语》,作《法言》,史篇莫善于《仓颉》,作《训纂》,箴莫善于《虞箴》,作《州箴》,赋莫深于《离骚》,反而广之,辞莫丽于相如,作四赋皆斟酌其本,相与放依而驰骋云。用心于内,不求于外,时人皆忽之,唯刘歆及范逡敬焉,而桓谭以为绝伦。钜鹿侯芭常从雄居,受其《太玄》、《法言》焉。年七十一,天凤五年卒,侯芭为起坟,丧之三年。自雄之没,至今四十余年,其《法言》大行,而《玄》终不显,然篇籍具存"。雄为人,汉时学者多推尊之,而悲其不遇。王充谓莽之世,唯子云具忠贞之节,宋儒始加苛论。其仕莽为大夫,尝以刘歆子狱,投阁几死。而《蜀中诗话记》载孙明复语又谓:"王介甫诸家,以年数考之,谓子云与莽不相及,上符命投阁,恐系谷子云事。近日李士宁移书示予,谓其在川西,以此段书之(成都)墨池上,乃与当道意不合,后竟入弹奏。"此言荆公疑史,然其诗咏雄,仍从史传。其后焦竑《笔乘》亦有此说,《四库提要》已为考辨。子云杂事固有溢出史传者,《史通·杂述》有《扬雄家牒》,即汇录刘歆桓谭诸文而成,疑为六朝之书。《郡斋书志》又有《扬子云别传》一卷,"从父詹事公(晁)以道,杂取诸书所载雄逸事为一编,系之以赞。"今俱不存。

雄子扬乌见《法言·问神》:"育而不苗者,吾家之童乌乎,九龄而与我《玄》文。"常志《先贤总赞》雄传:"雄子神童乌,七岁预雄《玄》文,年九岁而卒。"《御览》三八五人事部引刘向《别传(录)》:"扬信字子乌,雄第二子,幼而明慧。雄笔《玄经》不会,子乌令作九数而得之。雄又拟《易》羝羊触藩,弥日不就,子乌曰:大人何不云荷戟人榛。"子葬于蜀,雄葬安陵。《珩璜新论》引桓谭《新论》云:"扬子云(为郎)在长安素贫约,比岁已甚。亡其二男,哀痛不已,皆归葬于蜀,遂至困乏(按今本只存上文)。雄为中散大夫病卒,贫无以办丧事,以贫困故,葬长安,妻子弃其坟墓,西归于蜀。此罪在轻财,通人之蔽也,谭之论如此。"雄固无嗣,王逸少《与周益州书》尝问:司马相如、扬子云有后否。梁刘孝威诗:君平子云阒不嗣,江汉英灵信已衰。皆哀之也。侯芭事见《论衡·案书》:"扬子云作《太玄》,侯铺子随而定之。"铺子即芭,为写定《玄》文以传。《文选·王文宪集序》、《任彦升刘夫人墓志》注引《七略》:"《子云家牒》,以甘露元年生,雄死弟子侯芭负土作坟,号曰玄冢。"宋敏求《长安志》:"《扬雄家牒》云:子云以天凤五年卒,诏陪葬安陵坂上,侯芭负土作坟,号曰玄冢。"蜀中遗迹见《蜀中名胜记》五:"《寰宇记》:郫县有子云读书堂(案今本只言'子云宅在少城西北角,一名草玄堂')。本《志》云:县南(西)二十里外子云亭即葬所也。"

《太玄》三卷,本传称其"大潭思浑(明人改作覃思浑天),参摹而四分之，极于八十一，旁则三摹九据，极之七百二十九赞，亦自然之道也。故观《易》者见其卦而名之，观《玄》者数其画而定之。"桓谭释之云："扬雄作《玄》书，以为玄者，天之道也。言圣贤制法作事，皆引天道以为本统，而因附属万类、王政、人事、法度。故伏羲谓之易，老子谓之道，孔子谓之元，而扬子谓之玄。《太玄经》三篇，以纪天地人之道，立三体，有上中下，如《禹贡》之陈三品。三三而九，因以九九八十一，故为八十一卦。以四为数，数从一至四，重累变易，竟八十一而遍，不可损益，以三十五蓍揲之。《玄经》五千余言，而传（谓《法言》）十二篇。"雄又有《太玄赋》，推太玄之理，以葆性命之真。

《太玄》初非显学，自桓谭王充等阐扬鼓煽，后世儒家每以荀扬并称，传其学者甚众。常志《先贤总赞》云："其玄源渊懿，后世大儒张衡、崔子玉、宋仲子、王子雍皆为注解，吴郡公纪尤善于《玄》，称雄圣人。"南阳宋衷自荆州入魏，传其学于王肃。《魏志·王朗传》："肃年十八，从宋忠读《太玄》，而更为之解。"《蜀志·李譔传》：著《太玄指归》。《吴志·陆绩传》：注《易》释《太玄》，皆传于世。绩学亦出于仲子，其《述玄篇》云：宋衷以《太玄解诂》授荆州成奇，绩得览焉，乃以宋解为本，释而正之。又《陆凯传》：好《太玄论》，演其意以筮辄验。又《虞翻传》注引《别传》："又以宋氏解《玄》，颇有缪错，更为立法，并著《明扬释宋》，以理其滞。"常氏《后贤志》：王长文"著《通经》四篇，亦有卦名，拟《易》、《玄》"。《晋书》本传：长文《通玄经》四卷，时人比之《太玄》。《北史·（齐）司马膺之传》："好读《太玄经》，注扬雄《蜀都赋》，每云我欲与扬子云周旋。"《隋书·经籍志》总录诸著："扬子《太玄经》九卷，宋衷注。梁（谓据《七录》，下同）有扬子《太玄经》九卷，扬雄自作章句，亡。又十卷，陆绩、宋衷注，又十卷，蔡文邵注。梁有扬子《太玄经》十四卷，虞翻注。扬子《太玄经》十三卷，陆凯注。扬子《太玄经》七卷，王肃注。亡。"司马光《太玄序》又举晋范望《解赞》、唐王涯注（二书并见《唐书》）、宋有宋惟干注、陈渐《演玄》（《宋史·陈尧佐传》：从子渐好《太玄》，著书十五篇，号《演玄》）、吴秘《音义》，光作《读玄》、《说文》。其《潜虚》自序云："《玄》以准《易》，《虚》以拟《玄》"，亦从雄出。《玉海·艺文》拟易类所举,如邵雍《太玄准易图》等,多宋人之著。《东坡志林》谓:成都章詧博通五经,尤长《易》与《太玄》。《郡斋志书》著录其《太玄讲疏》四十九卷,《太玄经注》十四卷,《太玄经疏》十八卷。《蜀中著作记》尚有其《太玄发隐》三篇,盖在《讲疏》之前。书目所录,未能尽举,仅此已足见《玄》学之盛矣。

何武 《汉书》本传:何武字君公,蜀郡郫县人,治《易》。宣帝时拜谏议大夫,历仕刺史、司隶校尉、京兆尹、廷尉、御史大夫。成帝时拜大司空,封汜乡侯。王莽图篡,惮武不从,槛车征武,遂自杀,谥曰刺侯。

谯玄 《后汉书·独行传》:谯玄字君黄,阆中人,不仕公孙述。子瑛"善说《易》,以授显宗,为北宫卫士令"。父子皆以《易》学称。

李𦙍 《益部耆旧传》:"李孟元修《易》《论语》,大义略举。"(见《初学记》十七、《御览》四一六及《说郛》本)按常志《先贤总赞》蜀郡士女:李𦙍字孟元,江原人也。明帝时为蜀郡守第五伦掾,伦迁司空,辟𦙍掾。

冯颢 《先贤总赞》广汉士女:"冯颢字叔宰,郪人也。少师事杨仲桓(厚)及蜀郡张光超,后又师事东平虞叔雍。为成都令,迁越嶲太守,所在著称。为梁冀所不善,冀风州追之。隐居作《易章句》及《刺奢说》,修黄老,恬然终日。"

任安 《后汉书·儒林传》:"任安字定祖,广汉绵竹人也。少游太学,受孟氏《易》,兼通数经,又从同郡杨厚学图谶,究极其术。时人称曰:欲知仲桓问任安,又曰居今行古任定祖。学终还家教授,诸生自远而至。初仕州郡,后太尉再辟,除博士,公车征,皆称疾不就。州牧刘焉表荐之,时王涂隔塞,诏命竟不至。年七十九,建安七年卒于家。"

按《益部耆旧传》:"安广汉人,少事聘士杨厚,究极图籍。游览京师,还家讲授,与董扶俱以学行齐声。州牧刘焉表荐安,味精道度,厉节高邈,揆其器量,国之元宝。宜处弼疑之辅,以消非常之咎,玄纁之礼,所宜招命。"焉因秦宓言而荐之朝,语在陈寿《蜀志》。安从杨厚学图谶,门下多传此学,常志《广汉士女》:任安"弟子杜微何宗杜琼皆名士,至卿佐"。杨厚见后文书类,杜何三人见图谶类。

丁鲂 《广汉属国都尉丁鲂碑》云:"耽乐术艺,文雅少倩,治《易》、《韩诗》,垂意《春秋》,兼穿秘□。"按鲂字叔河,巴州人,初为蜀郡属国都尉,迁广汉属国。碑文秘下字缺,当是图谶秘籍,所谓"耽乐术艺"是也。

书　类

杨仲续　新都杨氏,自仲续及其孙春卿,春卿子统、统子厚,世传《尚书》,然七经之纬,流于图谶,弟子皆以秘术称。《益部耆旧传》:"统字仲通,曾祖父仲续,举河东方正,拜祁令,甚有德惠,人为立祠。乐益部风俗,因留家新都,代修儒学,以夏侯《尚书》相传。"按:秦博士伏生壁藏今文《尚书》,传于齐鲁间,以授欧阳生及张生。欧阳生授倪宽,宽授业孔安国,而安国所传为古文《尚书》。张生授夏侯氏,大夏侯胜门下善为算著五行,而欧阳大小夏侯三家皆立博士。初,宽见武帝语经学,上曰吾始以《尚书》为朴学弗好,及闻宽说可观,乃从宽问。朴学谓古文守训诂,今文经说好为章句衍义,故夏侯之学善为五行,而杨氏祖孙尤善谶纬。

杨统　《后汉书·杨厚传》:"祖父春卿善图谶学,为公孙述将,汉后平蜀,春卿自杀。临命戒子统曰:吾绨袠中有先祖所传秘记,为汉家用,尔其修之。统感父遗言,服阕辞家,从犍为周循学习先法(按循受业于春卿),又就同郡郑伯山受《河洛书》及天文推步之术。(章帝)建初中,为彭城令,一州大旱,统推阴阳消伏,县界蒙泽。太守宗湛使统为郡求雨,亦即降澍,自是朝廷灾异多以访之。统作《家法章句》及《内谶》二卷解说。仕至光禄大夫,为国三老,年九十卒。"

按常志《先贤总赞》广汉女士统传,载其师承:"事华里先生炎高,高戒统曰:汉九世王(高帝九世孙光武),出《图》与《书》,卿适应之。"仲通受《河洛》于郑伯山,而炎高以《图书》戒之,未知即一人否。又载《内谶》事云:"建武初,天下求通《内谶》二卷者不得。永平中,刺史张志举统方正,司徒鲁恭辟掾,与恭共定音律,上《家法章句》及二卷解说,以年老道深,养于辟雍,授几杖,为三老卒,《内谶》二卷竟未详。"此涉东京学风,当时相传:孔子叙六经,别立谶纬。计《河》、《洛》共十五篇,传自黄帝,别有三十篇为九圣所增演。又有《七经纬》三十六篇,并孔子作,合为八十一篇,皆伪书也。盖光武以图谶兴,遂盛于世,俗儒趋附,增广篇卷,言五经者,皆凭谶纬说。故桓谭疾其虚伪,尹敏戏其深瑕,张衡发其僻谬,荀悦明其诡诞。《孔子内谶》即后造之书,统所上者为《解说》,本书终未能详。

杨厚 范书本传:杨晨字仲桓,广汉新都人也。祖父春卿善图谶,父统习家法。"厚少学统业,精力思述。初,安帝永初二年,太白入北斗,洛阳大水,时统为侍中,厚随在京师。朝廷以问统,统对年老,耳目不明,子厚晓读《图书》粗识其意。邓太后使中常侍承制问之,厚对以为:诸王子多在京师,容有非常,宜亟发遣,各还本国。太后从之,星寻灭不见,又克水退,期日皆如所言。除为中郎,太后特引见,问以图谶,厚对不合,免归。复习业犍为,公车特征皆不就。永建三年,顺帝特征,到长安以病自上,因陈汉三百五十年之化,宜蠲法改宪之道,及消伏灾异凡五事,制书褒述。及至拜议郎,三迁为侍中,特蒙引见,访以时政。每有灾异,厚辄上消救之法,而阉官专政,言不得信。时大将军梁冀威权倾朝,固称病求退,帝许之,赐车马钱帛归家。修黄老,教授门生,上名录者三千余人。太初元年,梁太后诏备古礼以聘厚,经四年不至。年八十二卒于家,策书吊祭,乡人谥曰文公,门人为立庙,郡文学掾史春秋飨射常祠之。"按常志《广汉士女》:厚、统仲子,道业侔父,门徒三千。"弟子雒昭约节宰、绵竹寇懽文仪、蜀郡何苌幼正、侯祈升伯、巴郡周舒叔布、及任安董扶等,皆征聘辟举,驰名当世。"昭约、懽寇、何苌、侯祁皆见常志《三州士女目录》,周舒、董扶以善图谶,别详后文。

冯允 《后汉书·冯绲传》:"绲弟允,清白有孝行,能理《尚书》,善推步之术。拜降虏校尉,终于家。"按常志《三州士女目录》:幽州刺史冯焕,宕渠人。子车骑将军绲字鸿卿,绲弟降虏校尉允字公信。

王涣 范书本传:涣字稚子,广汉郪人。敦儒学,习《尚书》,读律令。太守陈宠举茂才,初为河内温令,民歌之。迁兖州刺史,拜侍御史,权豪畏敬。永元中为洛阳令,元兴元年卒,百姓痛哭,二县吊丧。洛阳为立祠,乐府《雁门太守行》颂其德。

赵闳 常志《三州志女目录》:凉州刺史赵闳字温柔,阆中人也。《初学记》十七引陈寿《益部耆旧传》:"赵闳字温柔,幼时读《尚书》,默识其章句。"缪荃孙《蜀师考》引陈传谓"传夏侯《尚书》"。

杨充 常志《先贤总赞》梓潼士女："杨充字盛国,梓潼人也。少好学,求师遂业,受古学于扶风马季长等,精究七经。其朋友则颍川荀慈明李元礼,皆海内名士。还以教授乡里,常言图谶空说,去事希略,疑非圣,不以为教。察孝廉,为郎卒。"按汉立五经,皆为今文说,而孔安国、毛苌、贾逵等非之,乃因鲁恭王、河间献王所得古文,参而考之,以成其义,谓之古学。范书《马融传》谓："融才高博洽,为世通儒,教养诸生常有才,涿郡卢植、北海郑玄,皆其徒也。尝欲训《左氏春秋》,但著《三传异同说》,注《孝经》、《论语》、《诗》、《易》、《三礼》、《尚书》、《列女传》、《老子》、《淮南子》、《离骚》。"皆古文学也。《儒林传》尤称其《尚书》,谓中兴以来,大小夏侯欧阳三家最盛,而"扶风杜林传古文《尚书》,林同郡贾逵为之作训,马融作传,郑玄注解,由是古文《尚书》遂显于世"。杨充从马融究古文七经,还乡讲授,蜀学风变,首推其功,今次于《书》之属,以概其余。

诗 类

任末 《后汉书·儒林传》："任末字叔本,蜀郡繁人也。少习《齐诗》,游京师,教授十余年。为郡功曹,辞以病免。后奔师丧,于道物故。"按鲁申培公传《诗》于汉初,孝文立博士燕人韩婴、孝景博士齐辕固生亦以《诗》传,今文三家皆立博士,而赵人毛苌所传未得立。任末治今文学,亦以图谶为妖妄,乱中庸之典,非圣人之言,而不从纬。《拾遗记》载之云:"任末年十四时,学无常师,负笈不远险阻。观书有合意者,题其衣裳,以记其事,门徒悦其勤学,更以静衣更之。非圣人之言不观,临终诫曰:《河洛》秘奥非正。典籍所载,皆注记于柱壁,及园林树木,慕好学者,辄来写之,时人谓为任氏经苑。"

景鸾 同传："景鸾字汉伯,广汉梓潼人也。少随师学经,涉七州之地,能理《齐诗》、《施氏易》,兼受《河洛》图纬。作《易说》及《诗解》,文句兼取《河洛》,以类相从,名为《交集》(《北堂书钞》九十六引《益部耆旧传》作奥集)。又撰《礼》内外记,号曰《礼略》。又抄风角杂书,列其占验,作《兴道》

一篇,及《月令章句》,凡著述五十余万言。数上书陈救灾变之术,州郡辟命不就,以寿终。"按鸾通三经,善图纬及占验,兹依范传次鸾于诗之属。常志《梓潼士女》谓:"少与广汉郝伯宗、蜀郡任叔本、颍川李仲口、渤海孟元叔,游学七州,遂明经术。还乃撰《礼略》、《河洛交集》、《风角杂书》、《月令章句》,凡五十万言。察孝廉,举有道,博士征,不诣。"文中未言《诗》解,其书即《河洛交集》也,范传从之作《交集》,似应从《耆旧传》改。又《寰宇记》以儒林景鸾、独行李业入剑州人物,因唐宋梓潼县属剑州故。

杜抚 同传:"杜抚字叔和,犍为武阳人也。少有高才,受业于薛汉,定《韩诗章句》(按姚之駰《后汉书补逸》引谢丞书即用此五句,误范书为谢,汪文台《七家后汉书》辑文亦据姚本归谢,盖未之考也)。后归里教授,沉静乐道,举动必以礼,弟子千余人。后为东平王苍所辟,苍就国辟太尉府。建初中为公车令,数月卒官。其所作《诗题约义通》,学者传之,曰杜君注云。"常志《先贤总赞》犍为士女:"杜抚字叔和,资中人也。少师事薛汉,治五经,教授门生千人。东平宪王为骠骑将军,辟西曹掾。作《诗通义说》。弟子南阳冯良,亦以道学征聘。"按:常称抚资中人,范作武阳人,似即就郡治武阳(今彭山北、与资县接壤)称。又常之《诗通义说》似已改题,范作《诗题约义通》或从本书录名。陆玑《诗经草木虫鱼疏》序谓:薛汉弟子犍为杜抚作《诗题约义通》,学者传之,号曰杜君注。玑、吴人,早于常氏。故知常之书题非本名,范之籍里以郡称。

薛汉同见《儒林传》,淮阳人。世习《韩诗》,以章句著名,尤善说灾异谶纬,教授常数百人。建武初为博士,受诏校订图谶。时言《诗》者,推汉为长,弟子杜抚等最知名。抚弟子冯良见范书《周燮传》:少为县吏,耻迎督邮,因毁车裂冠,遁犍为从杜抚学。延光初,安帝聘之。

杨仁 同传:"杨仁字文义,巴郡阆中人也。建武中,诣师学习《韩诗》,数年归,静居教授。"仕郡为功曹,让选博士,显宗诏补北宫卫士令。肃宗立,诸马潜之,出为什邡令,卒阆中令。

按:《韩诗》多采杂说,推衍旁通,蜀人多治之。陈乔枞《韩诗遗说考》叙云:"自魏晋改代,毛郑《诗》行,而三家之学始微。《韩诗》虽最后亡,持其业者盖寡,惟杜琼著《韩诗章句》十余万言,见于《蜀志》。(中略)晋太原中,何随治《韩诗》,研精文纬,见于《华阳国志》,此外不数觏焉。"此但就三国后言之耳。

王阜 《东观汉纪》十八:"王阜字世公,蜀郡人。少好经学,年十一辞父母欲出精庐,以少不见听。后阜窃书诵尽日,辞欲之犍为定生学经,(父)升怜其言,听之定所受《韩诗》。年七十为食侍,谋童子传授业,声闻乡里。"和帝时为益州太守,用法平正,政教清静。按犍为杜抚传《韩诗》,定生之学当出于杜。常志《蜀郡士女》:阜成都人,太守第五伦察举孝廉,守益州,民怀之如父母。

镡显 常志《先贤总赞》广汉士女:"镡显字子诵,鄁人也,蔡弓字子骞,雒人也,俱携手共学。冬则侍亲,春行受业。与张霸、李郃、张皓、陈禅为友,共师司徒鲁恭。"按显安帝时人,见范书《王涣传》。鲁恭习《鲁诗》,见范书本传;然诸弟子传经不一(张陈四人俱见范书),如张霸以《春秋》著,当各有所专,姑从师承以显属《诗》类,蔡弓即附于镡显。

谒焕 常志《三州士女目录》:汝南太守谒焕,江州人。按《后汉书·方术传》:汝南廖扶,习《韩诗》、《欧阳尚书》,"太守谒焕先为诸生,从扶学"。

礼 类

董钧 《后汉书·儒林传》:"董钧字文伯,犍为资中人也。习《庆氏礼》,博通古今,数言政事。永平中为博士,时草创五郊祭祀,及宗庙礼乐,威仪章服,辄令钧参议,多见从用,当世称为通儒。累迁五官中郎将。常教授门生百余人,年七十卒于家。"又常志《犍为士女》钧传:"少受业于鸿胪王临。永平初议天地宗庙郊祀仪礼,钧与太常定其制,又定诸侯王丧礼。以儒学贵,称继叔孙通。"按范书儒林礼类只列董钧,其制一代大礼,宜为礼学之宗师矣。蜀中传礼者亦景鸾《礼略》及钧制礼仪而已。钧习庆氏学,始鲁高堂生传《礼经》,至戴德、戴圣、庆普,三家皆立博士。而孔安国献《周官》,未能名家,今古之争,即聚讼于《周官》、《左传》。中兴后大小戴博士未有显者,庆氏学盛。《周官》则有马融传、郑玄注,玄本习小戴《礼》,又注小戴所传《礼记》，通为"三礼"，后郑学行而庆氏亡。

许慈 《三国志》本传："许慈字仁笃，南阳人也。善郑氏学，治《易》、《尚书》、《三礼》、《毛诗》、《论语》。建安中，与许靖等俱自交州入蜀。时又有魏郡胡潜，识祖宗制度之仪，丧记五服之数。先主定蜀，承丧乱历纪，学业衰废，乃鸠合典籍，沙汰众学，慈、潜并为博士，与孟光、来敏等典掌旧文。"先主聚典籍，汰众说，不止于丧服旧制，时崇古文，乃蜀学之巨变。《隋经籍志》有"《丧服要纪》一卷，蜀丞相蒋琬撰"，疑即慈、潜等所制，参合旧典而成，琬为主其事者。

乐　类

阳城衡 《风俗通》汉谏议大夫阳城公衡，《御览》八一五引桓谭《新论》："阳城子张名衡，蜀郡人。（王莽时）与吾俱为讲乐祭酒。"《论衡·超奇·对作》二篇皆谓，子张作《乐经》。按孙星衍以为子张即常志所称撰《蜀本纪》之阳城子玄。周衰乐眇，《乐经》已亡，汉兴，乐官已不能言其义，武帝时毛生等作《乐记》，传者异说，益以寝微。蜀人通乐者，自司马相如后，子张补作《乐经》，杨统与鲁恭共定音律，余不多见。衡并长史学，《汉书·班彪传》谓：续马迁《史记》著，有扬雄、刘歆、阳城卫（当是衡字形误）、褚少孙、史孝山之徒是也。

春　秋

张宽 常志《先贤总赞》蜀郡士女："张宽字叔文，成都人也。蜀承秦后，质文刻野。太守文翁遣宽诣博士东受七经，还以教授，于是蜀学比于齐鲁，巴汉亦化之。景帝嘉之，命天下郡国皆立文学，由翁倡其教，蜀为之始也。武帝以为扬州刺史。作《春秋章句》十五万言。"赞曰："叔文播教，变风为雅，道洽化迁，我实西鲁。"按常氏《蜀志》记文翁选张叔十八人东受经还以教授，盖从《汉书》作张叔，以字称。其还教授，当在景帝中，略与相如同时。《蜀志》又云："孝武皆征人为博士，叔明天文灾异，始作《春秋章句》，官至侍中、扬州刺史。"宽治《春秋》，而文翁"少好学，通《春秋》"，盖传其业，蜀人多治《春秋》，亦以此故。《春秋》三家之传，孝武立于学官者，《公羊》而已，宽为博士，其学可知矣。又《春秋》古史，并"假日月以定历数"，故宽明天文灾异，《益部耆旧传》记其为侍中，从祀甘泉，辨女人星是也。

胥君安 《先贤士女总赞》后序云："《春秋穀梁传》首叙曰：成帝时议立三传博士，巴郡胥君安独驳《左氏》，不祖圣人。然不详其行事。"按左氏之学，论本事而作传，不以空言说经，其书又多古文，学者只传训诂，故为今文所攻，谓其不传《春秋》。

杨终 《后汉书》本传："杨终字子山，蜀郡成都人也。年十三为郡小吏，太守奇其才，遣诣京师，业习《春秋》。显宗时征诣兰台，拜校书郎（按《论衡·逸文》：'杨子山为郡上计吏，见三府为《哀牢传》不成，归郡作上，孝明奇之，征在兰台'）。建初中终又言：宣帝博征群儒，论定五经于石渠阁，方今天下少事，学者得成其业，而章句之徒，破坏大体，宜如石渠故事，永为后世则。于是，诏诸儒于白虎殿，论考同异焉（《章帝纪》建初四年十月壬戌，诏诸儒会白虎观，讲议五经同异）。会终坐事系狱，博士赵博，校书郎班固、贾逵等，以终深晓《春秋》，学多异闻，表请之。终又上书自讼，即日贳出，乃得与白虎观焉。后（常志《蜀郡士女》作明帝时）受诏删《太史公书》为十余万言。徙北地，还故郡，作《春秋外传》十二篇，改定《章句》十五万言。（和帝）永元十二年，征拜郎中，以病卒。"按《汉艺志》有《公羊外传》五十篇，《谷梁外传》二十篇，乃西汉人著，非终之书，所改《章句》亦西京所传。

张霸 《东观汉纪》十九："张霸字伯饶，蜀郡成都人。九岁通《春秋》，少以樊儵删《严氏公羊春秋》犹多繁词，乃减为二十万言，更多张氏之学。"范书本传云：后就长水校尉樊儵受《严氏公羊春秋》，博览五经，则非少时即能削减严传。按景帝博士胡毋生与董仲舒同业《公羊》，言《春秋》者宗事之。公孙弘亦颇受焉，三传至严彭祖颜安，质问疑谊，各持所见，由是《公羊春秋》有颜严之学。霸受严氏学于樊，师弟皆以其说意傅繁芜而删裁之，自成一家之言。又常志《蜀郡士女》谓：永元中为会稽太守，兴治立学，学徒千数，风教大行，百姓歌之。范书本传："卒年七十，将作大匠翟酺等与诸门人，追录本行，谥曰宪文。"

张楷 《御览》四八四、八二八同引谢丞《后汉书》:"张楷字公超,治《严氏春秋》、《古文尚书》,门徒皆造问焉,车马填门。"范书《张霸传》:子楷字公超,"通《严氏春秋》、《古文尚书》,门徒常百人,宾客慕之。自父党凤儒,偕造门焉,车马填街,徒从无所止,黄门及贵戚之家,皆起舍巷次,以候过客往来之利。楷疾其如此,辄徙避之。隐居弘农山中,学者随之,所居成市,后华阴山南遂有公超市"。五府连辟不就,汉安元年顺帝特下诏以责河南尹,楷复告疾。性好道术,能作五里雾。桓帝即位,坐系诏狱。积二年,恒讽诵经籍,作《尚书注》,后以无验还家。建和三年诏安车备礼聘之,辞以笃疾,年七十余终于家。

冯绲 《车骑将军冯绲碑》云:"少耽学问,习父业,治《春秋严》、《韩诗仓氏》。"按绲事迹详《后汉书》本传,称其治《春秋》,注引谢丞《后汉书》:"绲学《公羊春秋》。"据碑铭言,父焕即治《严氏春秋》,乃世守其业,而弟允却以《书》称。

樊敏 《巴郡太守樊敏碑》:君讳敏串升达,"总角好学,治《春秋严氏经》"按碑在今卢山,敏当是汉嘉人,牧伯二刘表授巴郡,年八十四,建宁十年卒。

张宁 《传经表》:张宁,广汉人,传《春秋》。按《耆旧传》、常志《总赞》:朱仓受《春秋》于蜀郡张宁,故朱彝尊以宁传《春秋》。仓固广汉人,而宁则是蜀郡人。

刘宠 常志《先贤总赞》广汉士女:"刘宠字世信,绵竹人也。出自孤微,以明《公羊春秋》。上计阙下,见除成都令,迁牂柯太守。王商陈实,当世贵士,皆与为友。"

张裔 《三国志》本传:"张裔字君嗣,蜀郡成都人也。治《公羊春秋》,博涉《史》、《汉》。汝南许文休入蜀,谓裔干理敏捷,是中夏钟元常之论也。刘璋时举孝廉,署从事,领帐下司马。先主以裔为巴郡太守,丞相亮以为参军,署府事,又领益州治中从事。"

孟光 《三国志》本传:"孟光字孝裕,河南洛阳人也。献帝迁都长安,遂逃入蜀,刘焉父子待以客礼。博物识古,无书不览,尤锐意《三史》,长于汉家旧典,好《公羊春秋》,而讥呵《左氏》,每与来敏争此二义。先主定益州,拜为议郎,与许慈等并掌制度。"

尹默 《三国志》本传:"尹默字思潜,梓潼涪人也。益部多贵今文,而不崇章句。默知其不博,乃远游荆州,从司马德操、宋仲子等受古学,皆通诸经史,又专精于《左氏春秋》,自刘歆《条例》,郑众贾逵父子陈元方服虔注说,咸略诵述,不复按本。先主定益州领牧,以为劝学从事,及立太子,以默为仆射,以《左氏传》授后主。后主践阼,拜谏议大夫、太中大夫卒。子宗,传其业为博士。"常志《梓潼士女》默传同。按《左氏传》者:"丘明恐弟子各安其意,以失其真,故论本事而作传,明夫子不以空言说经也。"汉兴,张苍、贾谊、张敞皆修《左氏》,萧望之上书数以称说于宣帝,不得立。至刘歆从尹咸翟方进受学,请立《左氏》于哀帝,为诸儒所非。至平帝始立《左氏春秋》、《毛诗》、《逸礼》、《古文尚书》,兼而存之。歆撰《条例》二十卷,郑兴受之著《条例章句训诂》,子众承其学。贾徽亦从歆受《左氏》,著《条例》二十一篇,子逵传之为《左氏解诂》。陈元方亦有训诂,服虔则有解谊。尹默以刘贾诸家条例解诂传其子,宗为博士,则蜀汉所立为古文学也。

章句之学,乃以解经。《唐书·艺文志》:"自六艺焚于秦,师传之道中绝,而简编讹缺,学者莫得其本真,于是诸儒章句之学兴。"其由来已久,范书《徐防传》言:"防以五经久远,圣意难明,宜为章句,以悟后学。上疏曰:臣闻《诗》、《书》、《礼》、《乐》,定自孔子,发明章名,始于子夏。"西汉传经,今文《易》三家、《书》三家及《公》、《谷》皆有《章句》,而重在发微,语多繁衍傅会。故扬雄好学,不为章句,通训故而已。桓谭通五经,皆训诂大义,不为章句。古文亦有章句,《毛诗》每首皆注"若干章,章若干句",乃离章辨名,而传标"诂训",是以训诂通章句,与今文家法异。又如《春秋》,"初《左氏传》多古字古言,学者传训诂而已。及刘歆治《左氏》,引传文以解经,转相发明,由是章句义理备焉。"亦以字义本事明章句义。而习称今文为章句之学,乃指其衍义,以上诸条皆如此。此条独谓"贵今文而不崇章句",盖东京今文已堕为图纬,虽章句亦废之,更无论训诂本事矣。

李仁 常志《先贤总赞》梓潼士女:"李仁字德贤,涪人也。益部多贵今文,而不崇章句,仁知其不博,乃游学荆州,从司马德操宋仲子受古学,以修文自终也。"按常志移陈书尹默传文于李仁,盖二人同里同学故。

李譔 《三国志》奉传:"李譔字钦仲,梓潼涪人也。父仁字德贤,与同县尹默俱游荆州,从司马徽宋衷等学。譔具传其业,又从默讲论义理,五经诸子无不该览,加博好技艺算术,卜数医药,弓弩机械之巧,皆致思焉。延熙元年后主立太子,以譔为庶子,迁右中郎将,犹待太子。著古文《易》、《尚书》、《毛诗》、《三礼》、《左氏传》、《太玄指归》,皆依准贾马,异于郑玄。与王氏殊隔,初不见其所述,而意归多同。"常志《梓潼士女》王氏作王肃,按《魏志》:"肃善贾马之学,而不好郑氏,采会异同,为《尚书》、《诗》、《论语》、《三礼》、《左氏》解。"譔父仁从宋衷学于荆州,衷入魏,肃师之,故譔之学与肃多同。

图 谶

杨宣 常志《先贤总赞》广汉士女:"杨宣字君纬,什邡人也。少受学于楚国王子张,天文图谶于河内郑子侯,师杨翁叔能畅鸟言。长于灾异,教授弟子以百数。成帝征拜谏大夫,帝无嗣,宣上封事,劝宜以定陶恭王子为太子。太子即位为哀帝,拜河内太守,征大仓令(按《汉书·元后纪》:哀帝时上封事辨王氏冤,仍为谏大夫)。上言宜封周公孔子后,帝从之。又荐楚国袭胜等,宜赞隆时雍。平帝时,命持节为讲学大夫,与刘歆共校书,居摄中卒。门生广汉严象、赵翘等,皆作大儒。"赞称其"讲学冲邃,洙泗是稀"。按《三州士女目录》:学士严象、大儒赵翘,宣弟子也,事迹不详,广汉杨翁伟知鸟兽语,见《论衡·实知》、陈寿《耆旧传》。又东汉今文儒师多通谶纬,以上诸人皆从范书以五经附其纬学,以下诸人或所治本经不明,或专善图谶,故增立此目以系之。

翟酺 常志《广汉士女》:"翟酺子超,雒人也。少事段翳,以明天官为侍中、尚书,后为京兆尹、光禄大夫、将作大匠。上言汉四百年,当有弱主闭门听政,数在三百年之间。所言每指利疾,权贵翟酺,免死,著《援神契经说》,卒家。"按:段翳以《易》筮,而专风角占验,范书入方术,本编归数术。

酺从之习天文,治图谶,著《孝经纬》,故列于此类。又上言汉衰,详《益部耆旧传》:"时诏问酺,阴阳失序,水旱隔并,其设销复兴济之本。酺上奏陈《图书》之意曰:汉四百年,将有弱主闭门听难之祸,数在三百年间。宜升历改宪,行先王至德要道,奉率时禁,抑损奢侈,宣明质朴,以延四百年之难。帝从之。"事指安帝时女后专政,故数改元。按:今文说多漫衍,谶纬又托神道,其学虽于治经无足取,然以术用,适时应变,以切于治政,亦未可尽非之也。

《后汉书》本传:"翟酺字子超,广汉雒人也。四世传《诗》,酺好《老子》,尤善图纬天文历算。仕郡,征拜议郎,迁侍中。时尚书有缺,诏试对政事、天文道术,以高等者补之,酺对第一拜尚书。(安帝)延光三年,出为酒泉太守,威名大震,迁京尹尹。顺帝即位,迁将作大匠。上言光武起太学博士舍、内外讲堂,诸生横卷,为海内所集。顷者颓废,至为园采刍牧之处,宜更修缮,诱进后学,帝从之。屡因灾异,多所匡正。权贵共诬酺,坐减死归家。酺免后,遽起太学,更开拓房室,学者为酺立碑铭于学云。卒于家,著《援神钩命解诂》十二篇。"

杜真 常志《广汉士女》:"杜真字孟宗,绵竹人,诵书百万言,兄事翟酺。酺免后,复征诣狱,真上章救之。"按《御览》七一七引《益部耆旧传》谓真"周览求师,经历齐鲁"。范书酺传注引陈传谓"习《易》、《春秋》,诵百万言",亦为图谶之学。《蜀中著作记》引陈传叙真生平,以《援神钩命解诂》十二篇为真著,显系翟酺之误。《经义考》亦引陈传,谓《孝经纬解诂》十二篇为酺弟子杜真作,似以真承酺之学而误。

朱仓 同上:"朱仓字云卿,什邡人也。受学于蜀郡张宁,餐豆饮水以讽诵,著《河洛解》。家贫,为郡功曹,州辟治中从事,以讽咏自终。"按《说郛》本陈寿《耆旧传》谓"仓从处士张宁受《春秋》,闭户精诵"。《御览》三六四、四二六、六一一、八四一数引陈传所记仓事。

赵典 《后汉书》本传:"赵典字仲经,蜀郡成都人也。父戒为太尉,桓帝立,以定策封厨亭侯。典少笃行隐约,博学经书,弟子自远方至。"父卒袭封,出为弘农太守,征拜将作大匠,迁少府,转大鸿胪、太仆,迁太常。朝廷每有灾异,辄咨问之,公卿表典笃学博闻,宜备国师,会病卒,窦太后赠谥曰献侯。按注引谢丞《后汉书》:"典学孔子七经,《河图》、《洛书》,内外艺术,靡不贯综,受业者百有余人。"孔子七经即七经纬,托为孔子之著。《通经表》列其父成都赵戒。又常志《蜀郡士女》称典"与颍川李膺等,并号八俊"。

何英 常志《先贤总赞》蜀郡士女:"何英字叔俊,郫人也。杨由字哀侯,成都人也。二子通经纬,英著《汉德春秋》十五卷。孙汶字景由,亦深学,初征,上日食盗贼起有效。为谒者,京师旱,请雨即澍,迁犍为属国。著《世务论》三十篇,卒。"赞云"何杨研神,贯奥入微",即称其谶纬之学。杨由范书入方术,本编归数术。

董扶 《后汉书·方术传》:"董扶字茂安,广汉绵竹人也。少游太学,与乡人任安齐名,俱事同郡杨厚学图谶。还家讲授,弟子自远而至。前后宰府十辟,公车三征,再举贤良方正、博士有道,皆称疾不就。灵帝时大将军何进荐扶,征拜待中,甚见器重。扶私谓太常刘焉曰:京师将乱,益州分野有天子气。焉信之,遂求为益州牧,扶亦为蜀郡属国都尉,相与入蜀。去后一岁帝崩,天下大乱,乃去官还家,年八十二卒。后刘备称天子于蜀,皆如扶言。"按《三国志·刘焉传》亦载扶同入蜀事,《益部耆旧传》则载其:"少从师学,兼兼通数经,善欧阳《尚书》,又事聘士杨厚,究极图谶。"新都杨氏本以夏侯《尚书》而为谶纬之学者。常志《广汉士女》并称董扶、任安"家居教授,弟子自远而至"。安则以孟氏《易》从杨厚受图谶。

李翊 《广汉属国侯李翊碑》云:君讳翊字辅国,"通经综纬,兼究古雅"。年五十四,以熹平二年卒,与夫人同葬渠州,固宕渠人也。

何宗 杨戏《季汉辅臣赞》陈寿注云:"何彦英名宗,蜀郡郫人也。事广汉任安学,精究安术,与杜琼同师而名问过之。刘璋时为犍为太守,先主定益州领牧,辟为从事祭酒。后授引图谶,劝先主即尊号。践祚之后,迁为大鸿胪,建兴中卒。"按《三国志·先主传》:建安二十五年,从事祭酒何宗、议曹从事杜琼、劝学从事尹默谯周等,上言劝进,引《河图》、《洛书》五经谶纬之说。其《洛书甄曜度》云:"九进会备,合为帝际。"常志《蜀郡士女》亦载其"通经纬、天官、推步、图谶,知刘备应汉九世之运,赞立先主"。按宗郫人,疑为汜乡侯何武之裔。又《北史》何妥家郫县,隋国子祭酒,有《周易讲疏》三卷,或亦同族。

杜琼 《三国志》本传:"杜琼字伯瑜,蜀郡成都人也。少受学于任安,精究安术(常氏《蜀郡士女》谓琼师事任定祖,通经纬艺术)。刘璋时辟为从事,先主定益州领牧,以琼为议曹从事。后主践祚,拜谏议大夫,迁太常,蒋琬、费祎等皆器重之。琼年八十余,延熙十三年卒。著《韩诗章句》十余万言,不教诸子,内学无传业者。(后儒谯)周缘琼言,乃触类而长之云云。蜀亡,咸以周言为验。"

杜微 《三国志》本传:"杜微字国辅,梓潼涪人也。少受学于广汉任安,刘璋辟为从事。丞相亮领益州牧,选迎旧德,以秦宓为别驾,五梁为功曹,微为主簿。微固辞,拜谏议大夫。"按常志《梓潼士女》微为安弟子,未言所学,因何宗、杜琼而知其习术。《传经表》以微传《孟氏易》、《夏侯尚书》,乃因安之学而推之。

周舒 《三国志·周群传》:"周群字仲直,巴西阆中人也。父舒字叔布,少学术于杨厚,名亚董扶、任安。数被征,终不诣。时人有问:《春秋谶》曰,代汉者当涂高,此何谓也。舒曰:当涂高者魏也。乡党学者,私传其语。"按《杜琼传》谯周亦问当涂高之义于琼,琼学出于任安,安出杨厚,是舒与安俱习谶于厚,《传经表》以舒传《欧阳尚书》。舒子群精风候,传在数术。

论　语

扬雄 《汉书》本传:"雄见诸子各以其知舛驰,大氐诋訾圣人,即为怪迂,析辩诡辞,以挠世事,虽小辩终破大道,而或众使溺于所闻,而不自知其非也。故人时有问雄者,常用法应之,撰以为十三卷,象《论语》,号曰《法言》。"《隋志》著录"《扬子法言》十五(应作三)卷,解一卷,扬雄撰,李轨注(十二卷)。梁有《扬子法言》六卷,侯芭注亡。又十三卷,宋衷注"。《四库提要》著录司马光《集注》十卷云:"考自汉以来,有侯芭注六卷,宋衷注十三卷,(晋)李轨解一卷,(隋)辛德源注二十三章。又有柳宗元注,宋咸《广注》,吴秘注。至光之世,唯李轨、柳宗元、宋咸、吴秘之注尚存,故光裒合四家,增以己意。"

小　学

马、扬　《汉书·艺文志》六艺略著录"《凡将》一篇,司马相如作。《训纂》一篇,扬雄作。扬雄《苍颉训纂》一篇"。叙曰:"汉兴,闾里书师,合《苍颉》、《爰历》、《博学》三篇,断六十字以为一章,凡五十五章,并为《苍颉篇》。武帝时司马相如作《凡将篇》,无复字。元帝时黄门令史游作《急就篇》,成帝时将作大匠李长作《元尚篇》,皆《苍颉》中正字也,《凡将》则颇有出矣。至元始中,征天下通小学者以百数,各令记字于庭中(按《说文叙》:孝平皇帝时,征爰礼等百余人,令说文字未央庭中,以礼为小学元士)。扬雄取其有用者,作《训纂篇》,顺续《苍颉》,又易《苍颉》中重复之字,凡八十九章。臣复续扬雄作十三章,凡一百二章,无复字,六艺群书所载略备矣。"

又有《方言》,雄《答刘歆书》云:"敕以《殊言》十五卷,雄少不师章句,亦于五经之训所不解。常闻先代輶轩之使,奏籍之书,皆藏于周秦之室,及其破也,遗弃无见之者。独蜀人有严君平、临邛林闾翁孺者,深好训诂,犹见輶轩之使所奏言。翁孺与雄外家牵连之亲,又君平过误有以知遇,少而与雄也。君平才有千言耳,翁孺梗概之法略有。翁孺往数岁死,如蜀掌氏子,无子而去。(中略)故天下上计孝廉,及内郡卫率会者,雄常把三寸弱翰,赍油素四尺,以问其异语,归即以铅摘决之于椠,二十七岁于今矣。而语言或交错相反覆,方论思详,悉集之燕其疑。张柏松不好雄赋诵之文,然亦有以奇之,常为雄道,言其父及其先君喜典训。属雄以此篇目,颇示其成者。柏松曰:是县诸日月,不刊之书也。"按《西京杂记》三:"扬子云好事,常怀铅提椠,从诸计吏,访殊方绝域四方之语,以为裨补輶轩所载,亦洪意也。"

林闾　常志《先贤总赞》蜀郡士女:"林闾(字)公孺,临邛人也,善古学。古者天子有輶车之使,自汉兴以来,刘向之徒但闻其官,不详其职。惟闾与严君平知之曰:此使考八方之风雅,通九州之异同,主海内之音韵,使人主居高堂知天下风俗也。扬雄闻而师之,因此作《方言》。闾隐遁,世莫闻也。"按林闾复姓,公孺为名,常志此文传本衍"字"字,遂以闾为名,当删,说详戴震《方言疏证》。

　　輶轩之制,亦见《风俗通义》序:"归政之要,辩风正俗,最其上也。周秦常以岁八月,遣輶轩之使,求异代方言,还奏籍之,藏于秘室。及嬴氏之亡,遗脱漏弃,无见之者。蜀人严君平有千余言,林闾翁孺才有梗概之法。扬雄好之,天下孝廉、卫卒交会,周章质问,以次注续,二十七年,尔乃治正,凡九千字。其所发明,犹未若《尔雅》之闳丽也,张竦以为,悬诸日月,不刊之法。"此文亦就雄书约成,张竦字伯松。见《汉书·张敞杜邺陈遵传》。

　　犍为文学　《隋经籍志》著录:《尔雅》"梁有汉刘歆、犍为文学各三卷亡"。《经典释文叙录》著录《尔雅》有犍为文学注三卷,注云:"一云犍为郡文学卒吏臣舍人,汉武帝时待诏。阙中卷。"注称一云,是当时传为孝武时人也,存而不论,而《隋志》次于刘歆之后。然唐人尚见其书是实,《文选·羽猎赋》注引《郭舍人尔雅注》当是此著。其后上下卷亦亡,清人有辑本。苏辙《乌尤诗》:"云有古郭生,《尔雅》细分缕。"则唐以来已不悉其名字,而指其注书于嘉州乌尤,与汉犍为地望亦不合。《尔雅疏》引郭舍人云卒吏臣,盖郭先后为舍人及卒吏也。《汉书·儒林传》:博士弟子通一艺者,补文学掌故卒。《汉旧议》:博士弟子射策甲科补郎中,乙科补掌故。如晁错以文学为太常掌故,倪宽射策乙科为掌故是也。至王莽时,甲科补郎中,乙科补舍人,丙科补文学掌故。则郭生以文学进舍人,《左传正义》所引,舍人、文学并见可证。而《过庭录》十云:"舍人由文学卒史入为待诏,非入为舍人也,舍人当是其名。"钱大昕亦谓其人姓舍名人,俱类曲解。孙志祖说《文选》注之郭舍人,即《汉书·东方朔传》武帝时之郭舍人,以犍为文学卒史入为舍人,亦近穿凿。而缪荃孙《蜀师考》即以朔传之舍人当之,以符《释文》注之传说,似是而实非,文献既不足征,学者多闻阙疑可也。蜀中又传为注《尔雅》之郭璞,尤出附会。《舆地纪胜》嘉定府有郭璞书岩,杨慎《舆地碑目》已辨其误。《蜀中画苑记》引明《嘉州志》:"州治郭景纯所定,今凌云岩上镌绘璞象。"是宋以来即已冒璞为"古郭生"矣。

　　来敏　《三国志》本传:"来敏字敬达,义阳新野人,来歙之后也。汉末大乱,敏遂俱与姊入蜀,常为璋宾客。涉猎书籍,善《左氏春秋》,尤精于

《苍》、《雅》训诂,好是正文字。先主定益州,署敏典学校尉,及立太子以为家令,后主践阼,累迁光禄大夫。前后数贬削,皆以语言不饰,举动违常也。而敏荆楚名族,东宫旧臣,特别优待,是故废而复起。年九十七,景曜中卒。子忠亦博览经学,有敏风,姜维善之,以为参军。"

诸　子

严　遵　常志《先贤总赞》蜀郡士女:"严遵字君平,成都人也。雅性淡泊,学业加妙,专精大《易》,耽于《老》、《庄》。常卜筮于市,假蓍龟以教。闭肆下帘,授《老》、《庄》,著《指归》,为道书之宗。"陈寿《蜀志》秦宓尝与李权论遵之书,权曰:仲尼、严平,会聚众书,以成《春秋》、《指归》之文,故仆以合流为大,君子以博识为弘。宓报曰:书非史记周图,仲尼不采,道非虚无自然,君平不演,君子博识,非礼不视。以此知遵之著,亦采众书,而归于自然之道。《高士传》谓君平依老庄之旨,著书为事是也。《隋经籍志》著录"梁有汉征士严遵注《老子》二卷亡"。又专录"《老子指归》十一卷,严遵注"。则君平之《老子注》与《指归》为二书,前者似为章句训诂,后者方属演义弘道。故《经典释文叙录》列《老子》严遵注二卷,注云"又作《老子指归》十四卷"(《唐志》同)。或疑晋唐所见《指归》,乃汉末蜀人之作,因严注之旨,题曰"指归",斯则难以明之矣。

杜光庭《道德真经广圣义序》罗举前代诠疏笺注六十余家,有严君平《指归》十四卷,无《老子注》及蜀才注,盖《隋志》二注已亡。光庭分道家为六派,以严为"明治国之道",切于人事,与王弼异旨。遵注《老》犹假《易》以为教,弼注《老》犹因《易》以为玄。《子略》著录《老子》注六十家,列"严遵汉处士,又《指归》十一卷"为二书,并有蜀才注,二注但以存目而已。晁氏《郡斋志》著录"《三十家注老子》八卷,唐蜀郡岷山道士张君相集河上公严遵君平等注",严注之佚文犹存。又有"《老子指归》十三卷,汉严遵撰,谷神子注",此即《唐志》之冯廓注十三卷,已非君平原著。《道藏》本《指归》谷注只存七至十三卷,现行明刻《指归》六卷,为后人缀辑而成。曹学佺《元羽外编》序称:"近刻严君平《道德指归论》,乃吴中伪作",似同此书。《四库提要》从之，又证以书引《庄子》，十之六七不见今本庄生书。不知书中"庄子"即庄遵之说，（以讳改庄为严）非蒙庄也。或谓明本"乃好事者，多造'庄子'之语，以影附于逸篇"，恐亦不然。考《汉书·司马迁传》注引晋灼注两用君平语，唐强思齐、宋陈景元注多引君平说，俱与今见明本同，故知为缀辑而成者，非皆伪托。《蜀典》十载《老子注序》，乃为伪撰。

王佑　常志《先贤总赞》广汉士女："王佑字平仲，人也。少与雒高士张浮齐名，不应州郡辟命。司隶校尉陈纪山（禅）名知人，称佑天下高士。年四十二卒，弟获（《三州目录》作灌）志其遗言，撰《王子》五篇。东观郎李胜，文章士也，作诔方之颜子，列画学官。"观其学行，方之颜子，画象郡学，当属九流儒家。

张浩　《益部耆旧传》："浩字叔明，治《律》、《春秋》，游学京师，与广汉镡粲、汉中李郃、蜀郡张霸，共结为友善。大将军邓骘辟，征拜廷尉。顺帝初立，拜浩司空，年八十二卒。"常志《犍为士女》：浩武阳人，"以文聪明，辟大将军掾"，顺帝时司空。旧校"文"下脱"律"字。按《后汉书》本传云："浩虽非法家，而留心刑断，数与尚书辨正疑狱，多以详当见从。"是不以家名，而实治其学者。浩子纲"少明经学"，尤为一代名臣，纲纪蹇谔，内外惮之。

诗　赋

马、扬　《汉书·艺文志》辞赋四体，屈原赋下著录"司马相如赋二十九篇，王褒赋十六篇"，陆贾赋下"扬雄赋十二篇"。叙曰："春秋之后，贤人失志之赋作矣。大儒孙卿及楚臣屈原，离谗忧国，皆作赋以风，咸有恻隐古诗之义。其后宋玉唐勒，汉兴枚乘司马相如，下及扬子云，竞为侈丽闳衍之词，没其风谕之义。是以扬子悔之曰：诗人之赋丽以则，辞人赋丽以淫。如孔门之用赋也，则贾谊登堂，相如入室矣，如其不用何。"汉赋侈丽闳衍，自相如始，此体即班固所谓"润色鸿业，雍容揄扬"者也，故丽以淫。《西京杂记》载相如语："合綦组以成文，列锦绣而为质，此赋之迹也。赋家之心，包括宇宙，总览人物，斯乃得之于内，不可得而传。"又云："司马长卿赋，时人皆称典而丽，虽诗人之作，不能加也。扬子云曰：长卿赋不似从人间来，其神化所至邪。子云学相如为赋而不逮，故雅服焉。"扬雄《自序》："顾尝好辞赋，先是蜀有司马相如，作赋甚宏丽温雅，雄心壮之，每作赋常拟之以为式。雄以为赋者将以风之，必推类而言，极丽靡之辞，闳侈钜衍，竞于使人不能加也。既乃归之于正，然览者已过矣。又颇似俳优，非法度所存，贤人君子诗赋之正也，于是辍不复为。"赋本以风，而辞极闳衍，不免劝百风一，故扬子不为。刘勰尝言："京殿苑猎，述行序志，并体国经野，义尚光大。然逐末之俦，蔑弃其本，虽读千篇，愈惑体要。遂使繁华损枝，膏腴害骨，无贵风轨，莫益劝戒。此扬子所以追悔于雕虫，贻诮于雾縠也。"

隋唐经艺志著录《司马长卿集》二卷，乃六朝所辑，已佚，今见为明末张溥辑本。《全汉文》得十五首，并收《凡将篇》。存赋六首，目一首，余赋不详。隋唐志《扬子云集》辑本五卷亡，《郡斋书志》宋谭愈重辑五卷，凡四十余篇。万历中郑朴补为六卷，并《蜀王本纪》、《琴清英》在内，即四库所收本。严辑雄文增至六十首，并收《家牒》，凡赋十首，《广骚》、《畔牢悉》仅能存目，因疑为《反离骚》之子目，若据《说文》以《解嘲》为赋，则只亡一篇。

王褒　《汉书》本传："王褒字子渊，蜀(资中)人也。宣帝时修武帝故事，讲论六艺群书，博尽奇闻之好，益召高材刘向张子侨等，待诏金马门。于是益州刺史王襄，欲宣风化于众庶，闻王褒有俊材，请与相见，因奏褒有轶材，上乃征褒。上令褒与张子侨等并待诏，数从褒等放猎，所幸宫馆，辄为歌颂，顷之褒为谏大夫。后方士言，益州有金马碧鸡之宝，可祭祀致也。宣帝使褒往祀焉，褒于道病死，上闵惜之。"按《通鉴》从《郊祀志》，以褒持节南中，死于神爵元年，然其《僮约》中书神爵三年，岂后人之增文耶。今存赋颂论等八首。

杨终　范书有传，已详春秋类。常志《蜀郡士女》赞曰："子山翰藻，遗编有序。"传云：终年十三通屈赋，徙北地作《孤愤诗》(陈寿《耆旧传》作《晨风诗》，盖以首句名)。为校书郎作《生民诗》，又上《符瑞诗》十五章，制《封禅书》及所著述，皆传于世者。

李尤　常志《广汉士女》："李尤字伯仁，李胜字茂通，雒人也。侍中贾逵荐尤有相如、扬雄之才，明帝召作东观(范书作'和帝召诣东观，作')辟雍德阳诸观赋铭。《怀戎颂》、百二十铭，著《政事论》七篇。帝善之，拜谏大夫、乐安相,后(安帝时)与刘珍共撰《汉纪》。孙充,有文才。胜为东观郎,著赋诔论颂数十篇。"范书《文苑》尤传本此,顺帝初卒,年八十三。按《隋经籍志》:"梁有乐安相《李尤集》五卷亡",佚文见《北堂书钞》六十设官部尚书令史:"《李尤集》云,尤字伯仁,好事台属,时以文章见称。和帝时召诣东观,拜兰台令史。"集序和帝召诣召观,与范书《贾逵传》和帝时为侍中相合,知常志"明帝"为传本之误。共撰《东观汉纪》于安帝时,见范书《刘珍传》及《史通·正史篇》。尤以此史与诸铭著,陈寿《耆旧传》称:安帝"使尤祠陵庙,肃慎斋洁,辞祝俱美"。《全汉文》尚存铭词八十余篇。

郤正 《三国志》本传:"郤正字令先,河南偃师人也。祖父俭,灵帝末为益州刺史,父因留蜀。正安贫好学,博览故籍,弱冠能属文,(蜀汉)入为秘书令,性淡于荣利,而尤耽意文章。自司马、王、扬、班、傅、张、蔡之俦,遗文篇赋,及当世美书善论,益部有者,则钻凿推求,略皆寓目。后主请降于邓艾,其书正所造也。泰始八年诏以正为巴西太守,咸宁四年卒。凡所著述,诗论赋之属垂百篇。"今无存者。

兵 书

诸葛亮 晋泰始中,陈寿录上《诸葛氏集目录》二十四篇,凡十万四千一百二十字。表云:"臣寿等言,臣前在著作郎,侍中领中书监济北侯臣荀勖、中书令关内侯臣和峤奏,使臣定故蜀丞相《诸葛亮故事》。辄删除复重,随类相从,凡为二十四篇,篇名如右。"其关治术兵书者,目录有《兵要》第十二,《法检》上下第十八、十九,《科令》上下第二十、二十一,《军令》上中下第二十二至二十四。寿所上书即梁《七录》之《蜀丞相诸葛亮集》,宋人犹及见之,后则亡。《全三国文》辑为《兵要》、《兵法》三种,武威张澍辑《诸葛忠武侯文集》蜀刻本,取材宏富,亦颇驳杂,《军令》尚有残则。又《隋志》著录"《论前汉事》一卷,蜀丞相诸葛亮撰",及儒家类《诸葛武侯家诫》二卷,后世无闻。

数 术

洛下闳 《史记·历书》:"今上即位,招致方士唐都,分其天部(注:谓分部二十八宿为距度）。而巴郡洛下闳运算转历，然后日辰度与夏正同，乃改元，更官号，封泰山。"后世历家，皆推闳所造《太初历》，为三代以来，历学之巨变。盖自上古观象授时，历法未周，至东周初立历法，太初改历，其法遂备，为《三统历》之始。初，自重黎司天地，正律历，而历学兴。犹不免闰馀乖次，孟陬殄灭，摄提无纪，历数失序。尧复立羲和之官，明时正度，舜以命禹，殷周创业，咸正历纪，故三代建正不同（按赵访《左传补注》春王正月辨云："周人以子月为春，秦不师古，以建亥为岁首，无谓之极。汉制大抵袭秦，故首十月，至汉武帝始用夏正，以寅月为首"）。列于《汉艺志》者，有黄帝颛顼夏殷周鲁六家之历。幽历以后，巫祝各以其说乱朔闰馀秦之日浅，未暇遑也，亦颇推五胜，正以十月，历度闰余，未睹其真。汉袭秦正朔，终始五德，其说纷纭，乃至四季混乱，朔望差误。汉武改历，闳以聘士与焉，终采其说，始正历法，因改元封禅，其礼隆如此。

《汉书·律历志》详载：诏司马迁等，与典星人射姓议造汉历，"乃定东西，立晷仪，下漏刻，以追二十八宿相距于四方。举终以定朔晦分至，躔离弦望，太岁在子，已得太初本星度新正"。姓等奏，不能为算，愿募治历，更造密度，以造汉《太初历》。乃选治历邓平等，及民间治历者二十余人，方士唐都、巴郡洛下闳与焉。都分天部，而闳运算转历，其法与邓平所治同。于是皆观新星度，日月行，更以算推，如闳平法。"法，一月之日，二十九日八十一分之四十三"。其法实出于实测，以律起历，改旧"四分法"为"八十一分法"，即以一日之长度，分为八十一分计之。古四分历月为二十九又九四之四九九日，年为三百六十五又四分之一日。太初历月为二十九又八十一分之四十三日，年为三百六十五又一五三九之三八五日。故四分则一月为29.53085日，年为365.25日。八十一分月为29.53086日，年为365.250162日，日食周期为135月，奠后世之历法，虽有所短，而法已备。

史汉谓唐都分天部，闳运算转历，然闳制历，亦精天度。《法言·重黎》云，闳营浑天。《益部耆旧传》："洛下闳字长公，巴郡阆中人，明晓天文地理，隐于落（当作雒）下。汉武帝时，征待诏太史，于地中转浑天，定时节，改《颛顼历》（按与殷历同属四分法），更作《太初历》。拜侍中，辞不受。"（诸书引此文互有参差校录如上)转天定时,乃据天仪,实测天象星辰之运行,精计得之,后世皆称闳造此仪。《晋书·天文志》谓:汉太初洛下闳等"造员仪以考历度"。《隋书·律历志》谓:浑天象以著天体,布星辰,闳所制也。《旧唐·律历志》谓:都分天部,闳运算转历,"今赤道历星度,则其遗法也"。闳制历,先定星度,即测二十八宿之距离,及沿赤道之度数,以为定点,并实测太阳不同季月在二十八宿中之位置,以定四时。故其历用夏正,以孟春正月朔为岁首,四时启(立春立夏立秋立冬)闭(春分夏至秋分冬至),自冬至始,立二十四节于十二月中。天象既明,历数乃确。

《新论》云:"扬子云好天文,问之于洛下黄闳,以浑天之说。闳曰:我少能作其事,但随尺寸法度,殊不晓其意,后稍益愈。"文见《御览》天部,然雄不及见闳,闳亦非不晓意者,近人已订其论,乃"问之于黄门作浑天老工"。《畴人传》引孙星衍说及《蜀典·人物》谓闳姓黄,皆误用此文,而雄从浑天之说,则确有之。《新论》又云:"通人扬子云因众儒之天说,以为盖,常左旋,日月星辰随而东西。乃图画形体行度,参以四时历数,昏明昼夜,欲为世人立纪律。"桓谭难之,子云立坏所作,弃盖天而从浑天之说。《隋书·天文志》详载:"扬子云难盖天八事,以通浑天云云。"此文似后人因子云浑天之说而托名为之,严辑雄文亦未收入。

任永 常志《先贤总赞》犍为士女:"任永字君业,僰道人也,长历数,王莽时托青盲,公孙述时累征不诣。"据志所载其行,乃推数而知乱,范书附永于《独行》李业传。

任文公 《后汉书·方术传》:"任文公,巴郡阆中人也。父文孙,明晓天官风星秘要(《蜀中神仙记》妄增'又晓遁甲,能役使鬼神')。文公少修父术,州辟从事(《书钞》七三、《御览》三六五引陈寿《耆旧传》:文公'有道术,为州从事')。哀帝时为治中从事,时大旱,白刺史曰:五月一日当有大水(见《书钞》引陈传),其变已至,不可防救,宜令吏人预为其备。刺史笑之。日将中,天北云起,须臾大雨,至晡时,湔水(岷江北支)涌起十余丈,突坏庐舍,所害数千人。文公遂以占术驰名,辟司空掾。平帝即位,称疾归家。王莽篡后,文公推数,知当大乱,遂奔于八公山,十余年不被兵革。公孙述时，蜀武担石折，文公曰：噫，西州智士死，我乃当之（成都武担石析、同见《书钞》一六〇引《耆旧传》及《类聚》二一、《御览》四三二引常志《巴郡士女》）。后三月果卒，故益部为之语曰：任文公，智无双。"文公事迹远闻西域，阿斯塔那出土《唐故伪高昌左卫大将军张君（雄）夫人永安郡君鞠氏墓志铭》：贞观初鞠文泰"阻漠凭沙，因有偷安之望，（雄）规谏莫用，殷忧起疾。成都石折，智士其当，以伪延寿十年（633）二月甲申卒"。按班志数术略，分天文、历谱、五行、蓍龟、杂占、形法六类。范书《方术传》序谓，阴阳推步之学，其流多术。盖天学有专为占验者，所谓占星是也，故文公以下诸人皆属数术。

杨由 同上："杨由字哀侯，蜀郡成都人也。少习《易》，并七政元气、风云占候。为郡文学掾，其言多验者。著书十余篇，名曰《其平》，终于家。"按《益部耆旧传》："杨由为成都郡文学掾，少治《易》，晓占候。"又云："由有《兵云图》，时窦宪将兵在外，太守高安遣工从由写图以进，由口授以成图。"然常志《蜀郡士女》云："杨由学通经纬，为太廉范文学。大将军窦宪从太守索《云气图》，由谏莫与，寻宪受诛，其明如此。"图固是由所作，唯未与耳。按范志方术，有卜筮占验，阴阳推步，五行之术，七经之纬。其流又有风角遁甲，七政元气之术，及望云省气，推处祥妖。风角乃候四方四隅之风以占吉凶，遁甲推六甲之阴而隐遁也，七政日月五星之政，元气开辟阴阳之书。旧尚此术，姑录史文，未必尽信。

段翳 同上："段字元章，广汉新都人也。习《易经》，明风角。时有就其学者，虽未至，必预知其姓名。翳遂隐居窜迹，终于家。"按陈寿《旧耆传》称其"善天文风角"，有诸生辞归，预知争渡葭萌。常志《广汉士女》称其"明经术，妙占未来"，亦记冀州来学者争津葭萌事。

折像 同上："折像字伯式，广汉人也。能通京氏《易》，好黄老言。乃散金帛资产，周施亲疏，自知亡日，召宾客九族，饮食辞决，忽然而终，时年八十四。家无余资，诸子衰劣，如其言云。"京房与施孟梁丘三家，并列学官，其学多言灾异。而常志称像以道术传，《广汉士女》：其先及父俱为太守，家赀二亿，奴婢八百，尽散施宗族，恤赡亲旧。"事东平虞叔雅，以道术授门人,朋友自远而至。时人为谚曰:折氏客谁,朱云卿段节英,中有佃子赵仲平,但说天文论五经"。按虞叔雅见下条段恭传,朱云卿名仓,广汉人,已见前文。赵仲平名晏,巴西安汉人,见常志《三州士女目录》。

段恭 常志《广汉士女》:"段恭字节英,雒人也(《三州士女目录》作新都人)。少周流七十余郡,求师受学,经三十年,遂明《天文》二卷。东平虞叔雅,学绝高当世,遂游于蜀,恭以朋友礼待之(按鄁人冯颢亦事叔雅)。"顺帝时为上计掾,为太尉庞参称冤。范书参传,载恭疏文。

张裕 《三国志·周群传》:先主时"州后部司马蜀郡张裕(字南和)亦晓占候,而天才过群。谏先主云云,举群茂才。裕又私语人曰:岁在庚子,天下当易代,刘氏祚尽矣。主公得益州九年之后,寅卯之间当失之。人密白其言,先主常衔其不逊,下狱将诛之,诸葛亮表请其罪。先主答曰:芳兰生门,不得不锄。裕遂弃市。后魏氏之立,先主之薨,皆如裕所刻。又晓相术,每举镜视面目,自知刑死,未尝不扑之于地也"。

周群 同上:"周群字仲直,巴西阆中人也。父舒(学术于杨厚已见前文),群少受学于舒,专心候业。于庭中作小楼,家富多奴,常令奴更直于楼上视天灾。才见一气即白群,群自上楼观之,不避晨夜。故凡有气候,无不见之者,是以所言多中。州牧刘璋辟以为师友从事,先主定蜀,署儒林校尉,举群茂才。群卒,子巨颇传其术。"按裴注引《续汉书》,数记其建安中观星象事。《拾遗记》云:"周群妙闲算术谶说",自颛顼考定日月星辰之运,犹多差异,至洛下闳颇得其旨。"群服其言,更精勤算术,及考校年历之运,验于图谶,蜀人谓之后圣"。故群虽为望气占候,有精天学,继洛下闳为运算转历,唯杂以图谶耳。

方　技

涪翁 《后汉书·方术传》:"郭玉者,广汉雒人也。初有老父,不知何出,常渔钓于涪水,因号涪翁。乞食人间,见有疾者,时下针石,辄应时而效。乃著《针经》诊脉法传于世。弟子程高,寻求积年,翁乃授之,高亦隐逸不仕。"按《方舆胜览》绵州山川:郡之南山岸曲有巨石,初有父老钓于涪水,因名涪翁钓矶。

郭玉 同上:"玉少师事高,学方诊六徵之技,阴阳不测之术。和帝时为太医丞,多有效应,帝奇之。玉仁爱不矜,虽贫贱厮养,必尽其心力,而医疗贵人,时或不愈。帝召玉诘问其状,对曰:医之为言意也,腠理至微,随气用巧,针石之间,毫芒即乖。神存于心手之际,可得解而不得言也。夫贵者处尊高以临臣,臣怀怖慑以承之,其为疗也,有四难焉。自用意而不任臣,一难也;将身不谨,二难也;骨节不强,不能使药,三难也;好逸恶劳,四难也。针有分寸,时有破漏,重以恐惧之心,加以裁慎之志,臣意且犹不尽,何有于病哉,此其所为不愈也。帝善其对。年老卒官。"

《东观汉纪》十九:"郭玉者,广汉人也。学方诊之伎,和帝奇异之,乃试令嬖臣美手腕者,与女子杂处帷中,使玉各诊一手。玉言左阳脉,右阴脉,有男女疾若异人,臣疑其故。帝叹称善。"常志《广汉士女》:"郭玉字通直,新都人也。明方术,伎妙用针,作《经方颂说》。官至太医丞、校尉。"顾校"字通直"三字衍,恐非。又云"校尉"二字衍,或是。

李助 常志《梓潼士女》:"李助字翁君,涪人也。通名方,校医术,作《经方颂说》,名齐郭玉。"按玉作《经方颂说》,因乃涪翁《针经》衍发其义,故题颂说。助所"作"书,名与玉同,疑为"注"字之讹。

王延世 《汉书·沟恤志》载延世治河,常志《先贤总赞》犍为士女详之:"王延世字长叔,资中人也。建始五年,河决东郡(及馆陶,今河南濮阳及河北馆陶),泛滥兖豫四郡三十二县,没官民屋舍四万所。汉史按图纬,当有能循禹之功,在犍柯之资阳(按指资水之阳,即汉资中,北周州治方称资阳。犍柯,犍为牂柯,因犍及柯,纬语弄文于虚实之间),求之正得延世,征拜河堤谒者治河。以竹落长四丈,大九围,夹小船,载小石治之,三十六日堤防成。帝嘉之,改年曰河平,封延世关内侯,拜光禄大夫,仍赐黄金百斤。"按《汉书·成帝纪》及《沟洫志》俱系河决于建始四年,常志作五年(即河平元年)乃书其治成。纪志并称延世为河堤使者校尉,乃使者领校尉,即以"河堤谒者"兼督河卒(此谒者乃暂置之职,故称使者,非常设掌宾赞之官)。汉志又云,后二年河决平原,复遣延世治之。"前河决,延世受(丞相史杨)焉术以塞之",盖杨焉曾议故事,为树竹塞草填土之法,如武帝塞瓠子是也,而延世改用竹落笼石填之。竹落即楗,盼于湔堰。《元和志》彭州导江县:"楗尾堰,李冰作之,以防江决。破竹为笼,圆径三尺,长十丈,以石实中,累而壅水。汉成帝时,瓠子河决,王延世塞之,用此法也。"此乃蜀人治水之法,延世用以治河,唯蜀楗长而小,河楗短而大,亦因地而异。又《汉荥泽石门碑》:阳嘉三年,河堤谒者王诲疏达河川,"大河冲塞,侵齧金堤,以竹笼石,葺苇土而为遏"。顺帝时尚用延世之法治河。又班志方技,为医经、经方、房中、神仙之属,皆医理养生之术,兹以水利附之。

张陵 《三国魏志·张鲁传》:"祖父陵(范书《刘焉传》顺帝时)客蜀,学道鹄鸣山中,造作道书(范作符书)以惑百姓。从受道者,出五斗米,故世号米贼。陵死,子衡行其道,衡死,鲁复行之。益州牧刘焉以鲁为督义司马,与别部司马张修将兵击汉中。焉死,璋代立,以鲁不顺,杀尽鲁母家室。鲁遂据汉中,以鬼道教民,自号师君。其来学者道,初皆名鬼卒,受本道已信号祭酒,各领部众,多者为治头。大祭酒皆教以诚信不欺诈,有病自道其过,大都与黄巾相似。诸祭酒皆作义舍,如今之亭传,又置义米肉,悬于义舍,行路者量腹取足,若过多鬼道辄病之。犯法者三原,后乃行刑,不置长吏,皆以祭酒为治,民夷便乐之(范作信向)。雄据巴汉,垂三十年。"按陵父子先行五斗米道于蜀,当汉末世乱,已聚众自保,占据州县,故称为"贼",至鲁更因汉中广布其教。《三国蜀志·刘焉传》:灵帝以州置牧伯,焉出为监军使者领益州牧。"是时凉州逆贼马相赵祇等,于绵竹县自号黄巾,合聚疾疫之民,旬月之间破坏三郡。相自称天子,众以万数。"其众即米道徒,与黄巾太平道相似,故假黄巾之号以自壮。相败走,焉亦徙治绵竹,阴图异计。而焉与衡有旧,因以兵授鲁击汉中,且以抚蜀。"张鲁母始以鬼道,又有少容,常往来焉家。故焉遣鲁为督义司马住汉中,断绝谷阁(按断斜谷诸阁道以扼汉),杀害汉使。焉上书言,米贼断道,不得复通。"鲁在汉中行米道,"遂增饰之,教作义舍",盖有土后,寓教于政,亦图异计。

陈志鲁传及范书焉传注并引《典略》云:"熹平中妖贼大起(元年会稽许生称帝),光和中东方有张角,汉中有张修(裴注云应是张衡),角为太平道,修为五斗米道（范传注又以张修为太平道、张角为五斗米道）。太平道师持九节杖为符祝，教病人叩头思过，因以符水饮之。病或自愈者，则云此人信道，其或不愈，则云不信道。修法（即米道）略与角同，加施净室，使病人处其中思过。又使人为奸令、祭酒，祭酒主以《老子》五千文，使都习，号奸令为鬼吏主，为病者请祷。使病者家出米五斗以为常，故号曰五斗米师。实无益于疗病，小人昏愚，竞供事之。"此详二道之异同，角道以符水治疾，衡道书表请于三官，及鲁据汉中，教法如旧。

古　学

汉末战乱，两京兵祸，"典策文章，一时焚荡"，今文章句之学亦衰。学者萃集于荆蜀刘表刘璋处，皆重古学。表"开立学宫，博求儒士，使綦毋闿宋忠等撰定五经章句，谓之后定"（《魏志》注）。荆州古学并重《易》与《太玄》，此两汉学术之巨变也，而梓潼尹默与李仁皆学于荆州宋忠，以《春秋》名家，此又蜀学之巨变也。杨充受古文七经于马融，又早于尹、李。蜀汉儒士，董扶、何宗、周舒、李仁父子、杜微、杜琼、许慈、孟光、尹默、来敏、邵正等，俱已分见诸略。唯秦宓、谯周一代硕学，未可以一家论，且承先启后，故以殿蜀学。

《三国志》宓传："秦宓字子敕，广汉绵竹人也。少有才学，州郡辟命，辄称疾不往。奏记州牧刘焉，荐儒士任安云。刘璋时宓同郡王商为治中从事，与宓书曰，宜一来与州尊相见。宓答书曰，我知者希，则我贵矣。先是李权从宓借《战国策》，宓曰战国纵横，用之何为。或谓，宓自比于巢许四皓。先主定益州，广汉太守夏侯纂请宓为师友祭酒，领五官掾，称曰仲父，宓称疾卧在茅舍。益州辟宓为从事祭酒，建兴二年丞相亮领益州牧，选宓迎为别驾，寻拜左中郎将、长水校尉，曰益州学士也。迁大司农，四年卒。初宓见《帝系》之文，五帝皆同一族，宓辨其不然之本。又论皇帝王霸，养龙之说，甚有通理。谯允南少时，数往咨访，记录其言于《春秋然否论》。"按宓固通儒，特以高节见称，有如李弘，无意著述，未可以此论之。故陈寿评曰："秦宓始慕肥遁之高，而无若愚之实，然专对有余，文藻壮美，可谓一世之才矣。"常志

《广汉士女》云:"张温以为蜀之有宓,犹鲁有仲尼。宓甚有通理,弟子谯周具传其业。"能明谯学,则秦可知矣。

《三国志》周传:"谯周字允南,巴西充国人也。父岍字荣始,治《尚书》,兼通诸经及图纬,州郡辟请皆不应,州就假师友从事。周幼孤,与母兄同居,既长耽古笃学。家贫未尝问产业,诵读典籍,欣然独笑,以忘寝食。研精六经,尤善书札,颇晓天文,而不以留意,诸子文章非心所存,不悉遍视也。建兴中丞相亮领益州牧,命周为劝学从事。大将军蒋琬领刺州,徙为典学从事,总州之学者。后主立太子,以周为仆射转家令,徙为中散大夫,犹待太子。时军旅数出,周论其利害,于是遂从周策。时晋文王为魏相国,以周有全国之功,封阳城亭侯。凡所著述,撰定《法训》、《五经论》、《古史考》,书之属百余篇。"按《隋书经籍志》著录:《论语》有谯周注十卷(《经典释文叙录》同),又《古史考》二十五卷晋义阳亭侯谯周撰,儒家类。"《谯子法训》八卷谯周撰,梁有《谯子五教志》五卷亡"。《全晋文》有周《法训》、《礼祭集志》辑本,《古史考》有章宗源辑文,此书之旨见《晋书·司马彪传》:周以《史记》书周秦以上,或采百家之言,不据正经,著《古史考》二十篇,纠迁谬误。其余偶存于诸史者,《后汉书·礼仪志》注:"太傅胡广博综旧仪,立汉制度,蔡邕依以为志,谯周后改定为《礼仪志》",今本即从之出。周晓天文,《后汉书·天文志》:孝明使班固叙《汉书》,马续述《天文志》,注云:蔡邕撰建武以后星验以续之,谯周接继其下者。故《晋书·天文志》谓:"及班固叙史,马续述天文,而蔡邕谯周各有撰录,司马彪采之以继前志。"《后汉书·天文志》多取其五行占应之说,彪之《五行志》记建武以来灾异,亦颇采周所撰。

论曰:世称蜀学,源流相承,《易》学天数水利,独具统绪。经义之学,传自二京,而变其度,有以自立。史载"益部多崇今文,而不贵章句"。言今文学盛,贵以术用世,不为章句训诂,区区墨守,然二者之得失,优缺互存。若张叔为《春秋章句》,以衍《公羊》义理,乃今文之本色。而李弘"少读五经,不为章句",扬雄亦"好学不为章句",乃治古学,非以古为尚,乃崇其实也。

东汉以还，今文大儒多废章句，而为图谶，名为以经术为用，实是以数术为用，虽云适时善变，流于乱俗惑世。如新都杨氏之学，通天文，善图谶，长数术。故门下任安以《易》学而为图纬，传之杜琼杜微；同门董扶亦善占星望气之术，周舒父子以占验称。即为天学者，亦渐离洛下闳、扬雄浑天之学，而为占验，"董扶杨厚究知天文"（常氏《蜀志》总叙）是也。自任文公、杨宣、翟甫、张裕、何宗以下，益以推伏灾异，实在图谶数术之间。是蜀学以五经通图纬，以天文为占验，虽天下皆然，而此间流风特著。故范书入《儒林》者六人，皆非纯为儒学者也。

虽然，东汉中叶，古学渐显，李几修《易》、《论》，大义略举。及于汉季，梓潼之杨充尹默、李仁父子，倡之于蜀。先主定益州，汰众学；诸葛之治，不好虚浮。许慈、孟光、来敏等，并掌旧文，秦宓、尹默、谯周皆为劝学从事，风尚丕变。常氏《后贤志》学成于蜀汉之时而仕晋者，如巴郡文立"少游蜀太学，治《毛诗》、《三礼》，兼通群书"。绵竹司马胜之"学通《毛诗》、治《三礼》"。江原常勖"治《毛诗》、《尚书》，涉洽群籍"。武阳李宓"治《春秋左传》，博览五经，多所通涉"。皆治古学，而古学又多博通群书。或学兼古今，而不死守一经，如鄨人王化"治《毛诗》、《三礼》、《春秋公羊传》"。成都任熙"治《毛诗》、《京易》，博通五经"。寿良"治《春秋三传》，贯通五经"。盖自郑玄之学，已融今古于一家。蜀汉时，图纬伪学虽微，而任安弟子传图谶者，何宗为先主从事祭酒，杜琼为后主太常，谯周亦通此业，尚未尽绝。州郡弟子如郫人何随"治《韩诗》、《欧阳尚书》，研精文纬，能星历"，犹守家业，以今文而为图谶。夫以伪学而为一代显学，趋风争附，居然巨子，何代无之。今之显学中，犹有似焉者，无怪乎人所不取也。

至于儒道相融，则严君平精于大《易》古学，并善老庄，本"明治国之道"，人伦之理。冯颢明《易》，恬然黄老，不失本真，而魏晋流为玄学。杨厚、翟甫、折像乃以数术通玄，更非儒道之本色。《易》、《老》相融，数术为用，又杂有秦汉方士道术，如张楷好之，作五里雾，故道教先兴于蜀，《老子》遂为教经，严遵蜀才亦升仙真矣。尤可言者，蜀人多治《春秋》，"春秋"古史，而诸史皆附庸于经，或不入录。古学之兴，还《春秋》于史记，而去其神异,史学亦以附庸而为大国,自立门户,与经并峙。自相如、严遵、扬雄各为《蜀纪》,而《耆旧》亦有数家之传,史学本盛。东京则杨终删《史记》、撰《哀牢传》,李尤参修《汉纪》,张奂、孟光并习《春秋》,通《三史》(史、汉、汉纪),秦宓、谯周尤精研故事。周有《古史考》、《蜀本纪》、《三巴记》,补续后汉史志,传其业于陈寿。常氏《后贤志》:安汉陈寿"少受学于散骑常侍谯周,治《尚书》、《三传》,锐精《史》、《汉》"。所著有《古国志》、《三国志》、《益部耆旧传》、《汉名臣奏事》、《魏名臣奏事》。其后史学相承,为国史郡传,江原常璩以《华阳国志》汇方史、郡志、人物于一编,又开地理图经之先例。益州乙部之学,功在学术,非独就蜀言也。

原刊《四川师范大学 50 年学术集萃》,
四川人民出版社 2002 年版

作者简介:王文才,1922 年生,四川师范大学文学院教授,主要著述有《杨升庵学谱》、《元曲纪事》等。

相如辞赋与楚辞

李 大 明

一、相如赋与楚辞讽谏传统

相如辞赋,《汉书·艺文志》归于"屈原赋之属"[1]。其内容能为讽谏,这是继承以屈、宋赋为代表的楚辞传统。

《子虚赋》和《天子游猎赋》。《史记》本传二赋连为一篇(《汉书》本传同)[2]。但从时间上看,《子虚赋》本作于梁孝王时,而后者则作于武帝建元三年之后。《子虚赋》设楚使子虚使齐,盛称楚云梦之美、田猎歌舞之乐,又以齐之乌有先生斥其言过:"奢言淫乐而显侈靡",要之归本节俭。这实质上是对其时诸侯藩国势大斗富情势的一种讽喻。至于《天子游猎赋》,是献给汉武帝的,其作有特定的背景。赋中有"无是公"言"独不闻天子之上林乎"一语,而"上林"之设,乃在武帝建元三年之后。据《汉书·东方朔传》,"建元三年,微行始出,北至池阳,西至黄山,南猎长杨,东游宜春"。"八、九月中,与侍中常侍武骑及待诏、陇西北地良家子能骑射者期诸殿门","旦明,入山下驰射鹿豕狐兔,手格熊罴,驰骛禾稼稻秔之地,民皆号呼骂詈"。"时夜出夕还,后赍五日粮,会朝长信宫,上大欢乐之"。"后乃私置更衣,从宣曲以南十二所,中休更衣,投宿诸宫,长杨、五柞、倍阳、宣曲尤幸"。后来,武帝"以为道远劳苦,又为百姓所患,乃使太中大夫吾丘寿王与待诏能用算者二人,举籍阿城以南、盩厔以东、宜春以西,欲除以为上林苑,属之南山"。此事东方朔曾谏阻。但武帝一方面奖赏东方朔敢于直谏,但还是"遂起上林苑,如寿王所奏云"。今以相如赋观之,虽"无是公"用语夸诞,但所述"天子校猎"之事及其地理名称、方位与《东方朔传》所述尽合。如云:"天子校猎","生貔豹,搏豺狼,手熊罴,足野羊,……射封豕,……流离轻禽,蹴履狡兽。轊白鹿,捷狡兔"。"道尽途殚,回车而还"。"过鳷鹊,望露寒,下棠梨,息宜春,西驰宣曲,濯鹢牛首,登龙台,掩细柳",等等。至于"曲终奏雅",谓"于是酒中乐酣,天子芒然而思,若有亡,曰:'嗟乎!此泰奢侈。……'于是乃解酒罢猎,而命有司曰:'地可以垦辟,悉为农郊,以赡萌隶,颓墙填堑,使山泽之民得至焉。……'"而"无是公"最后又发了一通议论,曰:"若夫终日暴露驰骋,劳神苦形。罢车马之用,抏士卒之精,费府库之财,而无德厚之恩,务在独乐,不顾众庶,忘国家之致,而贪雉兔之获,则仁者不由也。"这,与其说是吹捧武帝仁德,不如说是讽喻武帝戒奢侈、行节俭,施仁爱民。故本传云:"相如以'子虚',虚言也,为楚称;'乌有先生'者,乌有此事也,为齐难;'无是公'者,无是人也,明天子之义。故空借此三人为辞,以推天子、诸侯之苑囿,其卒章归之于节俭,因以风谏。"

《史记》本传将二赋连为一篇,盖主要是从内容及形式的连贯来考虑的;而本传所谓的"赋奏,天子以为郎",则单指奏《天子游猎赋》,非指二赋同时奏上。又,《子虚赋》开头"而无是公在焉"一句,盖亦非原有,而是后来加进去的。据《隋书·儒林传》[3]及《史通·序传》[4]称,相如有《自叙》之作,司马迁作传盖本于其《自叙》。《自叙》可能就是这样写的,于是司马迁照抄;也可能是司马迁作传时重新处理《自叙》,而成本传之貌。至于《天子游猎赋》后来被称为《上林赋》,亦事出有因。从《史记》本传来看,相如未自称《上林赋》。但本传有"天子既美子虚之事",而相如曰"上林之事未足美也"诸语,于是后人将后一赋称为《上林赋》,乃顺理成章而名正言顺。故西晋人左思《三都赋序》有"相如赋《上林》"之语[5],皇甫谧《三都赋序》亦以"相如《上林》"与扬雄《甘泉》、班固《两都》、张衡《二京》、马融《广成》、王延寿《灵光》连称,东晋人郭璞亦有《子虚》、《上林》之注(《隋书·经籍志》四及《晋书》本传[6]),《西京杂记》卷二亦载"司马相如为《上林》、《子虚》赋"[7]。所以,梁萧统编《文选》,并载二赋,是有历史根据的(后来文人分称二赋,不征)。

《哀秦二世赋》。此赋时间与《天子游猎赋》大致为近。据《史记》本传,相如从武帝至长杨猎,"还过宜春宫,相如奏赋以哀二世行失也"。先是"常从上至长杨猎①。是时天子方好自击熊罴,驰逐野兽,相如上疏谏之"。其谏用语委婉,是说出猎应注意安全,因为"明者远见于未萌而智者避危于无形,祸固多藏于隐微而发于人之所忽者也","夫轻万乘之重不以为安而乐,出于万有一危之途以为娱,臣窃为陛下不取也",弦外之音仍是告诫武帝不要"忘国家之政,而贪雉兔之获"。所以,其从武帝"还过宜春宫",见秦二世陵②,要奏赋以"哀二世行失"。其中当然亦有讽谏之义,故曰:

持身不谨兮,亡国失执③。信谗不寤兮,宗庙灭绝。呜呼哀哉④!
操行之不得兮,坟墓芜秽而不修兮,魂无归而不食。夐邈绝而不齐兮,弥久远而愈休。精罔阆而飞扬兮,拾九天而永逝。呜呼哀哉!

此与《汉书·东方朔传》载朔谏武帝兴上林苑所谓的"秦兴阿房之殿而天下乱"云云,大意为近。

《大人赋》。《史记》本传载:"天子既美子虚之事,相如见上好仙道,因曰:'上林之事未足美也,尚有靡者。臣尝为《大人赋》,未就,请具而奏之。'相如以为列仙之传居山泽间⑤,形容甚臞,此非帝王之仙意也。乃遂就《大人赋》。"司马迁又说"其指风谏,归于无为",意与《子虚》相同。但武帝好仙(又参《史记·封禅书》、《汉书·郊祀志》等),故读《大人赋》而"大说,飘飘有凌云之气,似游天地之间意"。

至于《美人赋》,《西京杂记》卷二云:"长卿有消渴疾。及还成都,悦文君之色,遂以发痼疾。乃作《美人赋》,欲以自刺;而终不能改,卒以此疾至死。"这番话盖从《史记》本传"尚有消渴疾"之语敷衍而来。而《古文苑》载此赋又有"司马相如美丽闲都,游于梁王,梁王说之,邹阳潜之于王"[8]等语,不但于史无征,也与《西京杂记》所言不合,可知此赋乃后人以相如故事敷衍而成。与此相类的有《玉台新咏》卷九所载琴歌二首[9],虽为骚体,但多半是两汉时乐工所作。至于《长门赋》,《序》称武帝陈皇后失宠,"别在长门宫",于是重金托相如作赋"以悟主上","陈皇后复得亲幸"。此与《汉书·外戚传》载陈皇后"罢退长门宫"后再不得宠幸之史事不合。何焯《义门读书记》[10]、顾炎武《日知录》[11]皆疑此赋为伪作,今亦不复论述⑥。

相如赋意在讽谏，这从以上论述中已很明确。司马迁认为其赋"虽多虚辞滥说，然其要归引之节俭，此与《诗》之风谏何异"（《史记·司马相如列传》"太史公曰"），这应该是中肯而公正的评价。但是后来，随着儒家思想日趋正统而定于一尊，对辞赋的要求也更加政治化，更注重其治世教化功能，对相如赋的批评也日愈严厉。例如西汉晚期刘歆批评相如等人的辞赋"竞为侈丽闳衍之词，没其风谕之义"（见《汉书·艺文志·诗赋·序》）；扬雄亦批评相如赋"文丽用寡"（《法言·吾子》）[12]，《大人赋》是欲讽反劝（《汉书·扬雄传》）。西晋人挚虞《文章流别论》说相如赋属于"假象过大"、"逸辞过壮"、"辨言过理"、"丽靡过美"的"今之赋"，没有继承屈原的"古诗之赋"的传统，是"背大体而害政教"（《艺文类聚》卷五六引[13]）。《文心雕龙》亦屡称相如赋是"沿波而得奇"（《辨骚》），"理侈而辞溢"（《体性》），《才略》更指出："相如好书，师范屈、宋，洞入夸艳，致名辞宗。然核取精意，理不胜辞，故扬子以为'文丽用寡者长卿'，诚哉是言也。"[14]唐代柳冕强调"文章本于教化，教于治乱，系于国风"，故亦引扬雄之语批评《大人赋》(《唐文粹·与徐给事论文书》）[15]。

当然，仍有不少学者比较客观地肯定了相如赋的讽谏精神。如：明人焦竑《澹园集·与友人论文》云："司马相如、东方朔、吾丘寿王，谲谏之文也，而宗楚辞。"[16]此言"谲谏"，语用《毛诗序》"主文而谲谏"[17]，谓"咏歌依违不直谏"（郑笺），这很能说明相如赋的讽谏特点：他的辞赋和宋玉赋一样，与屈原赋相比，缺乏"直谏"。司马迁尝评宋玉等人"皆祖屈原之从容辞令，终莫敢直谏"，这话可以移来评相如赋。清人程廷祚《骚赋论》上有云："昔屈原以经物之才，遭遇怀王昏惑，流离放逐，愿进忠而不得，哀悼恻怛，发而为文。故其文也，有若星月之晦于云雾者焉，有若金玉之杂于泥沙者焉，有若奔流急湍之阻碍而不得其性者焉。此《离骚》之作，其人与其时为之也。后之拟骚者，王褒、刘向无论矣，以宋玉之亲受业于屈原也，其《九辨》能肖之乎？何则？非其人与时，固不可得而强也。"[18]（《青溪集》卷三）这是很深刻的艺术见解。屈原的"直谏"，是其特殊遭遇的结果，非屈原其人其时不能为也。宋玉不能这样，司马相如亦不能这样，"固不可得而强也"。就司马相如"其人与其时"而言,他没有屈原那样的"经物之才"和特殊遭遇,他的辞赋(也包括其谏猎文等)也不可能像屈原那样穷极而怨,因为他毕竟是生活在汉武帝时代的一个文人、辞臣,而汉武帝本是一个有雄才大略又好大喜功、愿意纳谏又我行我素的盛世之君。所以相如之讽谏,不可能像屈原那样怨刺。他通过自己的辞赋,劝告武帝戒奢侈、归节俭、勿佚失,这已经很不错了。当然,其辞赋确有欲讽反劝的缺点,不过,"欲讽"是司马相如的主观动机、良好愿望,"反劝"是某种客观效果,二者有联系,也有区别。司马迁论其赋,曰"虽多虚辞滥说,然其要归引之节俭","其指风谏",应该说是注意到了相如赋基本思想倾向的公允之论。他与相如生活在同一时期,对汉武帝其人亦有深刻了解,其论相如赋之旨,从"知人论世"的标准看,是最中肯的吧。

二、《子虚赋》《天子游猎赋》与屈宋赋

以上略论相如赋的内容、旨意,兼及其真伪。至于相如赋在结构、章法、文辞等方面学习屈、宋赋,又流变创新的问题,亦当有论。

相如赋的《哀秦二世赋》用骚体写成,已见前引,今不细论;《美人》、《长门》之作,虽亦拟屈、宋,但疑为伪作,亦不讨论。这里专论其《子虚赋》、《天子游猎赋》,《大人赋》下面再讨论。

《子虚赋》和《天子游猎赋》之学屈、宋,前人及时贤多有评论。

宋人洪迈《容斋五笔》卷七谓:"自屈原赋假为渔父、日者问答之后,后之作者悉相规仿","司马相如《子虚》、《上林》赋以子虚、乌有先生、亡是公"假设问答即属此例"[19]。洪氏此论就赋言赋,称相如假设问答是规仿《渔父》、《卜居》,这是很有启发意义的见解。又,明人王世贞《艺苑卮言》卷二则认为:"长卿《子虚》诸赋,本从《高唐》物色诸体,而辞胜之。"[20] 而清人姚鼐《古文辞类纂》之评语又可视为对王世贞之言的发挥:"《子虚》、《上林》,为宋玉嫡传,从《高唐赋》而铺张之,加以纵横排荡之气。其句开张,其辞瑰丽,赋家之极轨也。"[21] 今人钱钟书先生《管锥编》第三册论枚乘《七发》写

"四至"又云:"词赋中写四至,则意在作风景画耳。卷二一司马相如《子虚赋》:'其东则有蕙圃衡兰云云,其南则有平原广泽云云,其西则有涌泉清池云云,其北则有阴林巨树云云',且南尚有'其高燥则生云云,其埤湿则生云云',西尚有'外发云云,内隐云云,其中则有云云',北尚有'其上则有云云,其下则有云云',敷陈侈于《七发》,与《全上古三代文》卷一○《招魂》、《大招》之以'无东'、'无西'、'无南'、'无北'为间架者,手眼无异。"[22]以上诸家评论,都指出了相如《子虚》、《天子游猎》二赋对屈、宋赋在结构、谋篇上的学习和拟则,钱先生更从屈、宋赋到枚乘赋再到相如赋的辞赋史的角度立言,更启迪我们认清了相如赋对前辈骚赋的学习和继承。

又有可论者。

此二赋固然在结构、章法等方面拟效屈、宋,但亦有流变、创新。《文心雕龙·辨骚》说相如"沿波而得奇",就是说的这一流变与创新,故《才略》又云:"相如好书,师范屈、宋,洞入夸艳,致名辞宗。""得奇"就是"洞入夸艳"。屈、宋赋本有"夸艳"的特点,相如二赋则将这一特点推到极致(即前引姚鼐所说的"赋家之极轨"),语言上文采瑰丽、辞藻赡富,手法上铺张扬厉、穷物毕貌,结构上恢宏壮阔、蔚为大观,从而构成了《子虚》、《天子游猎》在学习屈、宋赋基础上所形成的新的特点,这就是"沿波而得奇"。

对此,司马相如本有比较明确的认识。《西京杂记》记其创作二赋之事,可参其创作心态。该书卷二载:"司马相如为《上林》、《子虚》赋,意思萧散,不复与外事相关。控引天地,错综古今,忽然如睡,焕然而兴,几百日而后成。"这番话有些夸张,颇似小说家言,但言相如刻意造赋之事,与史传所记不差。该书更载友人盛览问作赋之事,相如答曰:

  合綦组以成文,列锦绣而为质,一经一纬,一宫一商,此赋之迹也。
  赋家之心,苞括宇宙,总览人物。斯乃得之于内,不可得而传。

此言"赋之迹",讲了赋的形式,要求有锦绣一样的美质,又讲究排比、交错以及音韵和谐;言"赋家之心"则讲的是创作心态,强调了想象力的重要和恢闳非凡的气概。这些话,可以说是他在继承和学习屈、宋赋优良传统,并刻意创新的创作实践中总结出来的经验之谈。扬雄曾批评相如赋"极丽靡之辞,闳侈钜衍,竞于使人不能加也,既乃归之于正,然览者已过矣"(《汉书·扬雄传》),但也感叹道:"长卿赋不似从人间来,其神化所至邪?"(《西京杂记》卷三)明人谢榛《四溟诗话》卷二更论曰:"汉人作赋,必读万卷书,以养胸次。《离骚》为主,《山海经》、《舆地志》、《尔雅》诸书为辅。又必精于六书,识所从来,自能作用。……命意宏博,措辞富丽,千汇万状,出有入无,气贯一篇,意归数语,此长卿所以大过人者也。"[23]这番议论颇能得相如作赋之心。而由屈原、宋玉辞赋为其源的辞赋,经由枚乘、相如赋之流变,遂形成中国古代文学史上所谓的"大赋",其文体特征及演变发展诸问题,则留待辞赋史学者去深入研究了。本段主要从汉楚辞学的角度略作评论,若有欠周之处,容日后详论。

三、《大人赋》与《远游》

《大人赋》在结构、文句等方面拟则《远游》,更为前人所道破。《史记·司马相如列传·索隐》引张华云:"相如作《远游》之体,以大人赋之也。"洪兴祖《楚辞补注》又云:"司马相如《大人赋》,率用《远游》之语。"[24]朱熹《楚辞集注》对洪氏的说法略有纠正:"司马相如作《大人赋》,多袭其语。"[25]魏庆之《诗人玉屑》卷八引《漫堂录》又指出:《大人赋》"全仿《远游》"[26]。清人刘熙载《艺概·赋概》亦云:"长卿《大人赋》出于《远游》","长卿《大人赋》于屈子《远游》,未免落拟效之迹。"[27]章太炎先生《国故论衡·辨诗》更明确指出:"相如《大人赋》,自《远游》流变。"[28]"流变"一词非常准确地揭示了《大人赋》对《远游》的拟效关系:其源导于《远游》,但又有变异,这比前人浑言《大人赋》"全仿"、"率抄"等用语妥帖。

但是由于《大人赋》刻意拟效《远游》,近代以来不少学者认为《远游》非屈原所作。如吴汝纶《古文辞类纂评点》认为《远游》"殆后人仿《大人赋》托为之,其文体格平缓,不类屈子";廖平《楚词讲义》认为《远游》"与相如《大人赋》如出一手,大同小异"[29];陆侃如先生《中国诗史》上认为"《远游》在《大人赋》之后,而以《大人赋》为范本"[30];胡小石先生《远游疏证》

认为《远游》"疑伪托当出汉武之世"[31];郭沫若先生《屈原研究》认为《远游》"是司马相如《大人赋》的初稿"[32]等。学术界主张《远游》为屈原所作的学者们,则从不同角度进行了探讨和论证,如:汤炳正先生《屈赋新探·论〈史记〉屈贾合传》从屈原、贾谊合传以及学派特点的角度作了分析,认为《远游》是屈原所作,并认为宋玉《九辩》末章也是从《远游》脱化而来[33]。《楚辞类稿》又论《远游》游历述四方,加上上下,且以"南"为宗,必为楚人屈原所作;而《大人赋》在"中州"的基础上四游,这正是汉武帝时中央四方观念的反映[34]。姜亮夫先生《楚辞学论文集》中《简论屈子文学》、《屈子思想简述》以及附录《〈远游〉为屈子作品定疑》等文又从屈原赋思想结构、《远游》文法等角度论定《远游》为屈原所作[35]。拙著《汉楚辞学史》讨论陆贾赋、贾谊赋、庄忌赋、刘安及其宾客的《淮南子》等,也从汉人袭用《远游》的角度提供了有关证据[36]。下面则将《大人赋》与《远游》作一比较,不但有助于进一步澄清这一问题,也能使我们更明确地了解司马相如是怎样学习、拟则屈赋,又如何"流变"创新的。

很明显,《大人赋》袭用了《远游》结构。《远游》始述"悲时俗之迫阨兮,愿轻举而远游",然后述远游求仙,从故乡"南州"出发,历东、西、南、北,又"周流六漠",加上"上"、"下",即"上至列缺兮,降望大壑,下峥嵘而无地兮,上寥廓而无天"一段,最后归结到"超无为以至清兮,与泰初而为邻"。《大人赋》袭用这一结构,谓"世有大人兮,在于中州。……悲世俗之迫隘兮,朅轻举而远游",然后写"大人"从中州出发的东、南、西、北四方之游;文末袭《远游》"下峥嵘"四句(文字有异),归结到"乘虚无而上假兮,超无友而独存"。但是,《远游》之旨是抒发恋土之情和自我排遣的寄托之意,突出的是对"南州"、"旧乡"的眷怀之情;《大人赋》之旨则在于求仙不足为喜,以讽武帝求仙之谬,这是二赋内容上的根本不同。洪兴祖《楚辞补注》尝论:"司马相如作《大人赋》,宏放高妙,读者有凌云之意,然其语多出于此(指《远游》)。至其妙处,相如莫能识也。"其实,不是相如不识《远游》之"妙处",而是《大人赋》立意与《远游》不同。对此,清人姚鼐《古文辞类纂》云:"此赋多取于《远游》。《远游》先访求中国仙人之居,乃上至天帝之宫,又下周览天地之间,自于'微闾'以下,分东、西、南、北四段;此赋自'横厉飞泉以正东'以下分东、南、西、北四段,而求仙人之居意即载其间。末六句与《远游》语同。然屈子意在远去世之沉浊,故云'至清'而与太初为邻;长卿则谓帝若果能为仙人,即居此'无闻'、'无见'、'无友'之地,亦胡乐乎此邪?与屈子语同而意别矣。"姚氏此论至密,可谓善读书者。

尤需指出的是,《大人赋》造句虽首尾袭用《远游》数句,但中间四游诸段则并不照抄,而是用辞赋家敷衍夸艳之笔写成。况且,从某种意义上说,《大人赋》游历段落正是《天子游猎赋》某些段落的翻版或改写。如《大人赋》"大人"⑦"载云气而上浮"一段云:

垂旬始以为幓兮,抴彗星而为髾。掉指桥以偃寒兮,用旖旎以招摇。揽欃枪以为旌兮,靡屈虹而为绸。红杳渺以眩螺兮⑧,焱风涌而云浮。驾应龙象舆之蠖略逶丽兮,骖赤螭青虬之蚴镠蜿蜒。低卬蟉天据以骄骜兮,诎折隆穷蠼以连卷。沛艾赳螑仡以佁儗兮,放散畔岸骧以孱颜。跮踱輵辖容以委丽兮,绸缪偃寒怵奂以梁倚。纠蓼叫奡蹶以艐路兮,蔑蒙踊跃腾而狂趡。莅飒卉翕熛至电过兮,焕然雾除,霍然云消。

而《天子游猎赋》写"上林"离宫别馆之貌,有"俛杳眇而无见,仰攀橑而扪天,奔星更于闺闼,宛虹拖于楯轩,青虬蚴蟉于东箱,象舆婉蝉于西清"诸语;写"上林"众兽,有"玄猨素雌,蜼玃飞鸓,蛭蜩蠼猱,螹胡縠蜼,栖息乎其间,长啸哀鸣,翩幡互经,夭蟜枝格,偃蹇杪颠"诸语;写"天子校猎"更有"乘镂象,六玉虬,拖蜺旌,靡云旗,前皮轩,后道游","车骑雷起,隐天动地,先后陆离,离散别追,淫淫裔裔,缘陵流泽,云布雨施"诸语。大人游历与天子游猎固然有所不同,但在描写时却用了这样多相同或相似的文句,这正是相如自己抄自己的有力证明。

更值得注意的是,《天子游猎赋》述天子校猎时有这样几句:

然后扬节而上浮,陵惊风,历骇飚,乘虚无,与神俱。

这已经不是游猎,而是游仙了。而且,从某些意义上讲,这一小段文字正是后来相如写《大人赋》的蓝本(借用郭沫若的说法,也可以称之为"初稿"):曰"扬节而上浮",就是《大人赋》的"载云气而上浮";曰"陵惊风,历骇飚",

正是《大人赋》"焱风涌而云浮"以下一段；曰"乘虚无"，此语亦直为《大人赋》用作"乘虚无而上假"；曰"与神俱"，即《大人赋》"使五帝先导兮，反太一而后陵阳"以下一段。当然，《大人赋》旨在求仙不足乐，故先述"与神俱"，再言"乘虚无"之"无友而独存"，此又因主旨不同而调整别构矣。本文限于篇幅，就不一一排列原文，以作比较了，而容日后另文专论。

注　释

①"常"，《汉书》本传作"尝"，盖用其本字。
②《史记·秦始皇本纪》："二世皇帝享国三年，葬宜春。"
③"执"，《汉书》本传作"势"。
④《汉书》本传"呜呼哀哉"下文句有异。又无"复邈绝而不齐兮"以下诸句，当有删省。
⑤"传"，《汉书》本作"儒"，师古有说，可参。
⑥前人论此二赋拟效屈、宋，略可参观：宋人吴子良《荆溪林下偶谈》认为《美人赋》拟宋玉《讽赋》(《丛书集成初编》)，王楙《野客丛书》卷一六谓《美人赋》出于宋玉《登徒子好色赋》(《丛书集成初编》)，明人王世贞《艺苑卮言》卷二认为"《长门》从骚来"(《历代诗话续编》)，清人刘熙载《艺概·赋概》认为《长门》出于《山鬼》(上海古籍出版社1978年版)，刘师培《论文杂记》又说《长门》出于《湘君》、《湘夫人》(《左庵集》)。
⑦《史记索隐》引张揖云：大人"喻天子"；引向秀云："圣人在位，谓之大人。"
⑧《索隐》云："红，或作虹也。"从《天子游猎赋》有"宛虹"一词看，作"虹"是。

参考文献

[1]《汉书》，班固撰，中华书局1962年版。
[2]《史记》，司马迁撰，中华书局1959年版。
[3]《隋书》，魏徵撰，中华书局1973年版。
[4]《史通》，刘知几撰，浦起龙释，上海古籍出版社1978年版。
[5]《文选》，萧统撰，尤刻本，中华书局1977年版。
[6]《晋书》，房玄龄撰，中华书局1974年版。
[7]《西京杂记》，葛洪撰，中华书局1985年版。

[8]《古文苑》,章樵撰,《四部丛刊初编》,商务印书馆1926年版。

[9]《玉台新咏》,徐陵撰,《四部丛刊初编》,商务印书馆1926年版。

[10]《义门读书记》,何焯撰,《四库全书》,台北商务印书馆1986年版。

[11]《日知录》,顾炎武撰,《四部备要》,中华书局1936年版。

[12]《法言》,扬雄撰,《诸子集成》,中华书局1954年版。

[13]《艺文类聚》,欧阳询撰,中华书局上海编辑所1959年版。

[14]《文心雕龙》,刘勰撰,王利器校证,上海古籍出版社1980年版。

[15]《唐文粹》,姚铉撰,《四部丛刊初编》,商务印书馆1926年版。

[16]《澹园集》,焦竑撰,《金陵丛书乙集》,上元蒋氏慎修书屋1915年版。

[17]《毛诗正义》,《十三经注疏》,中华书局1980年版。

[18]《青溪集》,程廷祚撰,《金陵丛书乙集》,上元蒋氏慎修书屋1915年版。

[19]《容斋随笔》,洪迈撰,上海古籍出版社1978年版。

[20]《艺苑卮言》,王世贞撰,《历代诗话续编》,中华书局1983年版。

[21]《古文辞类纂》,姚鼐撰,上海广益书局1923年版。

[22]《管锥编》,钱钟书撰,中华书局1979年版。

[23]《四溟诗话》,谢榛撰,《历代诗话续编》,中华书局1983年版。

[24]《楚辞补注》,洪兴祖撰,《四部备要》,中华书局1936年版。

[25]《楚辞集注》,朱熹撰,影宋端平本,人民文学出版社1953年版。

[26]《诗人玉屑》,魏庆之撰,上海古籍出版社1982年版。

[27]《艺概》,刘熙载撰,上海古籍出版社1978年版。

[28]《国故论衡》,章太炎撰,《章氏丛书》,浙江省图书馆1917—1919年版。

[29]《楚词讲义》,廖平撰,《新订六译馆丛书》,四川存古书局1921年版。

[30]《中国诗史》,陆侃如、冯沅君撰,作家出版社1956年版。

[31]《胡小石文集》,胡小石撰,上海古籍出版社1982年版。

[32]《屈原研究》,郭沫若撰,人民文学出版社1979年版。

[33]《屈赋新探》,汤炳正撰,齐鲁书社1984年版。

[34]《楚辞类稿》,汤炳正撰,巴蜀书社1988年版。

[35]《楚辞学论文集》,姜亮夫撰,上海古籍出版社1984年版。

[36]《汉楚辞学史》,李大明撰,电子科技大学出版社1994年版。

附 记

  这篇文章,是从拙著《汉楚辞学史》中节录出来的,略有校改。拙著1994年出版,属于协作出书,仅印1000册,流布不广,估计这次到会的许多先生都未尝垂览,故节录成篇,以向诸位先生讨教。

  这次节录本文,重读一遍,觉得其中有几处论述还算是成一家之言。例如,文中讨论《子虚赋》和《天子游猎赋》之关系,指出《子虚赋》本作于梁孝王时,而后者则作于武帝建元三年之后(据《汉书·东方朔传》等,起上林苑之事在建元三年之后,《通鉴》在建元三年)。而《史》、《汉》相如本传将二赋连为一篇,亦事出有因。我认为:"据《隋书·儒林传》(《刘炫传》)及《史通·序传》称,相如有《自叙》之作,司马迁作传盖本于其《自叙》。《自叙》可能就是这样写的,于是司马迁照抄;也可能是司马迁作传时重新处理《自叙》,而成本传之貌。"现在看来,应该是第一种情况(参后论相如故里之事)。文中进而讨论《天子游猎赋》后来被称为《上林赋》,除了举《史》、《汉》本传之内证,还从西晋人左思《三都赋序》一直说到《文选》,我想线索大致理清了。另一种比较权威的说法,是四川师大文学院教授万光治先生《汉赋通论》附录《汉赋今存篇目叙录·西汉之什》中的论述,他认为"本传所云'请为天子游猎赋',乃相如自请为天子游猎之事作赋,学者似不宜据此断定史迁所录即《天子游猎赋》,而别有一《子虚赋》在焉","《上林》实可视作《子虚》之续篇","史迁所录,乃相如前后所奏之赋,唯《子虚》有所增改耳"。但是,如果考虑到相如曾有《自叙》,司马迁根据其《自叙》作传,那么,有关问题的讨论可能会多一个审视的角度。

  又如,文中讨论《大人赋》与《远游》的关系,我引用了古今众多学者的有关论述。其中一个纠缠不清的问题是,由于《大人赋》刻意拟效《远游》,近代以来不少学者认为《远游》非屈原所作,甚至认为《远游》在《大人赋》之后,或者说《远游》是《大人赋》的初稿。我当然不同意这些意见,而同意汤炳正先生、姜亮夫先生的观点(文中有引述)。我对此还作了进一步的思考,不但将《大人赋》与《远游》的结构、主旨作了比较,还特意将《大人赋》与《天子游猎赋》作了比较。我认为,《大人赋》游历段落(言"大人""载云气而上浮"一段)正是《天子游猎赋》某些段落的翻版或改写,并指出:"大人游历与天子游猎固然有所不同,但在描写时却用了这样多相同或相似的文句,这正是相如自己抄自己的有力证明。"我尤其注意到《天子游猎赋》中述天子校猎时的这样几句:"然后扬节而上浮,陵惊风,历骇飚,乘虚无,与神俱。"指出:"这已经不是游猎,而是游仙了","从某种意义上讲,这一小段文字正是后来相如写《大人赋》的蓝本(借用郭沫若的说法,也可以称之为'初稿')。"因为,曰"扬节而上浮",就是《大人赋》的"载云气而上浮";曰"陵惊风,历骇飚",正是《大人赋》"焱风涌而云浮"以下一段;曰"乘虚无",此语亦直为《大人赋》用作"乘虚无而上假";曰"与神俱",即《大人赋》"使五帝先导兮,反太一而后陵阳"以下一段。当然,《大人赋》旨在求仙不足乐,故先述"与神俱",再言"乘虚无"之"无友而独存",此又因主旨不同而调整别构矣。

以上所述,也是自己抄自己。如果说我的文章论相如赋与楚辞的关系有一两处心得,也就这么些了。其他的地方,则主要是引述前贤时论,敷衍成篇而已。

我还想借此机会向各位汇报近几年来相如故里讨论的有关情况。《史》、《汉》相如本传均记相如为"蜀郡成都人",而历来论著、教材等均如是说,我也一直人云亦云。但是在1989年,《新修蓬安县志》的主编邓郁章先生(我1973—1975年在蓬安师范学校当工农兵学员,邓老师很关心我)注意到了有关"司马相如是今蓬安人('蓬州人')"的一些史料。之后继续收集,有唐人李吉甫《元和郡县志》、后晋人刘昫等《旧唐书》、宋人乐史《太平寰宇记》、宋人王象之《舆地纪胜》、明人曹学佺《蜀中名胜记》、清人王培荀《听雨楼随笔》等。又查到了唐代相如县县令陈子良(据说是陈子昂之从兄)的《祭司马长卿文》和唐人李商隐,宋人郑芳廷、于方回直至明清时好几位文人的诗。这些诗文,主要来自方志舆书,还有诗碑(如宋人于方回《过琴台游光圣寺观》诗,乃蓬安县高坪区文管所保存的碑刻诗)。据史载,相如县之专设始于梁武帝天监六年(507),到明初方省入蓬州,存在了近900年。

在史料收集的过程中,邓老师他们还走访旧址,探访故老,并由南充市电视台摄制了专题片。1999年,又组织了专家学者座谈讨论,我们的同行,四川师院中文系、历史系的专家教授周子瑜先生、王明元先生、徐才安先生和南充市的文化名人何剑青先生等参加了讨论,并形成了一篇《王培荀的司马相如"实乃蓬州人"说考论》的长篇论文(邓老师执笔),发表在《四川师院学报》2000年第3期。我也是这以后才读到邓老师赠阅的这篇大作的。我还顺着该文的思路,翻检了一些文献典籍。我给邓老师回了信,认为该文言之成理,"相如乃蓬州人"的观点可以成立,同时,对文章中几处我认为欠妥的地方提了意见。我的中学同学侯柯芳先生也撰有《司马相如爵里质疑》一文,反对"蜀郡成都说"。2001年12月,汇集上述文字(也增加了一些文字,如《人民日报》、《四川日报》上的有关文章,包括台湾中央大学教授胡自逢先生、四川大学教授尹在勤先生、南京政治学院教授陈显泗先生等的书信、文章,以及万光治先生参观蓬安时的谈话等)的《相如故里在蓬安》一书由四川人民出版社出版。

我不打算在此重复有关讨论和结论。我想指出的是,这一探索是很有学术价值的。同时,我在此对上述讨论补充两点。其一,关于"相如县"的史料,还有一条,邓老师他们没有引用。检《宋史·地理志》"蓬州"条下有"相如"县,云:"望以南有司马相如故宅而名。"(《志》还言南渡后增设云云,不论。)其二,问题又回到相如故里上来。《史》、《汉》本传均载相如为蜀郡成都人,而据有关史料,相如故里则在今蓬安县(利溪镇的两河塘)。我想,《史》、《汉》(主要是《史记》,《汉书》是抄录《史记》)的记载与相如《自叙》有关。也就是说,相如《自叙》就写的是"蜀郡成都人",而未写自己的籍贯(祖居地、出生地)是"巴郡安汉人"(如果不是移民的话)。(据《汉书·地理志》,相如县汉时属安汉县。我的老家营山县,从北周至清代,长期属于蓬州,唐代有一段时间县城所在区域还划入相如县。)刘知几《史通·序传》有云:"司马相如始以自叙为传,然其所叙者,但记自少及长,立身行事而已,逮于祖先所出,则蔑尔无闻。至马迁,又……放文园之近作,模楷……勒成一卷。"(引文中省略部分是刘氏议屈原自叙的文字。)刘氏是对照司马迁《自叙》、扬雄《自叙》都记载了"祖先所出"而对相如《自叙》进行批评的。(他还批评相如《自叙》记己游临邛"窃妻卓氏"之事,不论。)从刘氏之语可以看出,《史记》本传正是依据相如《自叙》而成,因《自叙》"但记自少及长,立身行事而已,逮于祖先所出,则蔑尔无闻",《史记》本传对此当然也只得"蔑尔无闻"了。我前面提到的关于相如故里的讨论文章,均未引用刘知几这一段很重要的话,所议当然就只能是推论,如说相如少时随父移居成都云云。

刘知几的这段话之所以重要,是因为关于相如故里的讨论中,各位先生皆未考虑到相如《自叙》与《史》传的关系。而《史》、《汉》以下,直到梁以"相如"名县,目前还未见有关相如故里的新资料;到唐前期刘知几(生活在高宗至玄宗朝)的议论,当然是有感而发,不排除他见到了关于相如故里的新资料(例如梁立相如县),故对相如《自叙》中"祖先所出蔑尔无闻"进行了批评。(相如《自叙》对其生平大事,还有省略,如文翁遣其受学事,仅用"相如既学"四字稍稍提及。)而相如《自叙》之确定,不但有《隋书·儒林传·刘炫传》的记载,而且刘知几所读到的隋唐时的《司马相如集》中确有其《自叙》,故《史通·杂说上》有云:"马卿为自叙传,具在其集中。子长因录斯篇,即为列传。班氏仍旧,曾无改夺。寻固于马、扬传末,皆云迁、雄之自叙如此。至于相如篇下,独无此言。盖止凭太史之书,未见文园之集,故使言无画一,其例不纯。"这一段文字也很重要,是对前引《序传》一段的有力补充。《隋书·经籍志》著录有"汉文园令司马相如集一卷"(两《唐志》则皆著录集二卷),刘氏所读,盖此本也。

当然,如上所述,关于相如故里在蓬安而不在成都的明确记载,今见最早的是中唐时人李吉甫的《元和郡县志》。我希望今后能发现更早一些的文献资料。但是无论怎么说,"相如乃蜀郡成都人"的说话,尽管是相如本人所云,还是被动摇了。我这样评价和肯定邓郁章老师他们的研究成果,虽有桑梓之情,但不会是过誉和拔高。而我的以上补充,也只是提供了刘知几所读相如《自叙》与《史》传关系的一点史料。而且,这一问题的研究和讨论今后能否推进,仍需寄希望于再发现一些新资料。

2002年10月18日大明识于成都狮子山

原刊《巴蜀文化研究》(第一辑),巴蜀书社2003年版

作者简介:李大明,1949年生,四川师范大学文学院教授。主要论著有《汉楚辞学史》、《楚辞文献学史论考》等。

扬雄"四赋"时年考

熊 良 智

扬雄是西汉时期辞赋的代表作家,《汉志·诗赋略》著录"扬雄赋十二篇",但历来都以扬雄的"四赋"为代表,即《甘泉赋》、《河东赋》、《羽猎赋》、《长杨赋》,所以早在《汉志》前的《七略》则只著录"四赋",这在《汉书·扬雄传》赞中也特言:"辞莫丽于相如,作四赋"。但"四赋"的写作年代,历来就有许多不同的意见,而自宋代以来就形成了一种基本统一的意见①,其中清人戴震、钱大昕可为代表②,现代学者也多承袭这一观点,认为:"元延二、三年中,扬雄分别奏上《甘泉赋》、《河东赋》、《羽猎赋》、《长杨赋》四篇名的大赋。"③其实这种观点是值得商榷的,虽然《汉书·扬雄传》本有记载,《七略》也有著录,但是,后世学者采用了一个简单的办法弥合众说纷纭的矛盾,即以《汉书·成帝纪》与《扬雄传》相合为准,反而忽略了许多存在的事实依据,兹对此再作考证。

一、"方郊祠甘泉"时年考

扬雄的四篇大赋皆可征实,这是扬雄赋在西汉赋家中极鲜明的特点。四篇赋都有具体的历史事件的背景,而且是扬雄亲身经历的描写,因此四赋皆可系于年月。据《汉书·扬雄传》载:

孝成帝时,客有荐雄文似相如者。上方郊祠甘泉泰畤汾阴后土,以求继嗣,召雄待诏承明之庭。正月从上甘泉,奏《甘泉赋》以风。

其三月,将祭后土,上乃帅群臣横大河,凑汾阴……雄以为临川羡鱼,不如归而结罔,还上《河东赋》以劝。

>其十二月羽猎,……聊因《校猎赋》以风。
>
>明年,上将大夸胡人以多禽兽,秋命右扶风发民入南山……上亲临观焉。是时,农民不得收敛,雄从至射熊馆,还上《长杨赋》。

这是《扬雄传》所载写作"四赋"的基本事实,《甘泉赋》、《河东赋》、《羽猎赋》作于同一年,《长杨赋》乃第二年所作。但是,据《汉书·成帝纪》载,汉成帝郊祠甘泉分别见于永始四年、元延二年和元延四年,究竟哪一次行幸甘泉,是扬雄写作《甘泉赋》的时间呢?搞清楚这件事,"四赋"的写作时间也就不言自明了。

其实,《汉书·扬雄传》说得很明白:"客有荐雄文似相如者","上方郊祠甘泉泰畤汾阴后土。"这里所说的"方郊祠甘泉"是关键,也就是指的第一次才郊祠甘泉的时间,而这正是永始四年。我们知道汉成帝即位之初,即建始元年从匡衡、张谭奏议,罢甘泉泰畤汾阴后土等祠,至永始三年才有皇太后下诏恢复之事。《汉书·郊礼志》具道其缘由:

>后上以无继嗣,故令皇太后诏有司曰:盖闻王者承事天地,交接泰一。尊莫著于祭祀,孝武皇帝大圣通明,始建上下之祀。营泰畤于甘泉,定后土于汾阴,而神癨安之。飨国长久,子孙蕃滋,累世经业,福流于今。今皇帝宽仁孝顺,奉循圣绪,靡有大愆,而久无继嗣。思其咎职,殆在徙南北郊,违先帝之制,改神癨旧位,失天地之心,以妨继嗣之福,春秋六十未见皇孙。食不甘味,寝不安席,朕甚悼焉。春秋大复古,善顺祀,其复甘泉泰畤汾阴后土如古,及雍畤陈宝祠在陈仓者,天子复亲郊礼如前。④

这在《汉书·成帝纪》则有相应记载:

>(永始)三年,……冬十月庚辰,皇太后诏有司复甘泉泰畤、汾阴后土、雍五畤、陈仓陈宝祠,语在《郊祀志》。⑤

既然永始三年冬十月才有"皇太后诏有司复甘泉"之事,因此"永始四年春正月行幸甘泉郊泰畤",才可能是恢复郊祠甘泉泰畤的第一次。其所述的根本缘由汉成帝"久无继嗣",与《扬雄传》所叙"求继嗣"相应,而且这也才能与扬雄待诏承明庭,由蜀入京师的时间吻合。《汉书·扬雄传》赞:"初,雄年四十余自蜀来,至游京师。"钱大昕就说:"雄以天凤五年卒,年七十一,则成帝永始四年,年始四十有一。"⑥ 正由于人们忽略了汉成帝恢复甘泉泰畤之祠这一根本事由,以致人们对"四赋"的写作时年产生了误解。

二、黄门为郎时年考

按《汉书·扬雄传》记载,扬雄入京做官,也与作"四赋"有关。《汉书·扬雄传》说:

> 奏《羽猎赋》,除为郎,给事黄门。

因此,考察扬雄黄门为郎的时间,也有助于确认"四赋"的写作时年,只可惜《扬雄传》并未标明。

检《汉书》,称述扬雄为黄门郎之事,又有《赵充国传》,云:

> 初,充国以功德与霍光等列画未央宫。成帝时,西羌尝有警。上思将帅之臣,追美充国,乃召黄门郎扬雄即充国图画而颂之。⑦

这是扬雄写作《赵充国颂》的缘由,则此时扬雄已是以"黄门郎"的身份为汉成帝所召,则时年必在扬雄"奏《羽猎赋》,除为郎,给事黄门"之后。而汉成帝时期,西羌有警,连年不断。据《汉书·西域传》:"自乌孙分立两昆弥后,汉用忧劳,且无宁岁。"⑧ 但"思将帅之臣,追美充国",则事出有因,且可确指时年。《汉书·段会宗传》载:

> 元延中,复遣段会宗发戊己校尉诸国兵即诛末振将太子番丘。……小昆弥乌黎靡者,末振将兄子也,勒兵数千围会宗。⑨

汉朝使者被围,朝廷公卿却数日无策。《汉书·陈汤传》又载:

> 后数岁,西域都护会宗为乌孙兵所围,驿骑上书愿发城郭敦煌兵以自救。丞相王商、大将军王凤及百僚议,数日不决。"⑩

正因如此,汉成帝才会"思将帅之臣,追美充国",而《汉书·西域传》则确言其事:

> 汉恨不自责诛末振将,复使段会宗即斩其太子番丘,还赐爵关内侯,是岁元延二年也。⑪

既是如此，段会宗被围，汉成帝追思充国事在元延二年，则此时扬雄已为黄门郎，而扬雄"除为郎"乃十二月奏《羽猎赋》后。可知扬雄作《甘泉》诸赋，绝不可能是在元延二年，必在元延二年前。印证"方郊祠甘泉"事在永始四年，则此又一实证。

三、《七略》著录时年考

扬雄作"四赋"，本来同时代的刘歆有所著录。《文选·甘泉赋》李善注："《七略》曰：《甘泉赋》永始三年正月，待诏臣雄上。"⑫在《长杨赋》下，李善又注："《七略》曰：《羽猎赋》永始三年十二月上。"⑬但是，这两条著录都被李善否定了，因为他认为："《汉书》三年无幸甘泉之文"，"永始三年去校猎之前，首尾四载。"后来的学者基本都遵循这种思路，以《七略》著录有误，因为与《汉书·成帝本纪》行幸甘泉、和"行幸长杨宫，从胡客大校猎"不合。

其实，《汉书》中《纪》、《传》、《表》之间记载，不合之事常有之。比如郑吉迎日逐王封侯事，《西域传》载：

其后日逐王畔单于，将众来降，护鄯善以西使者。郑吉迎之，既至。汉封日逐王为归德侯，吉为安远侯，是岁神爵三年也。⑭

而《宣帝纪》载在神爵二年。徐松《汉书西域传补注》有辩正，说："按《功臣表》郑吉以三年四月壬戌封，先贤掸以三年四月戊戌封。""而《宣帝纪》言神爵二年秋"，"《纪》特终言之，当以此《传》为正。"⑮又《汉书·成帝纪》元延元年，"封萧相国后喜为酂侯。"按《功臣表》"永始元年，妖侯喜绍封"，所以《汉书补注》引朱一新曰："《纪》系于元延元年下，与表差四年，疑误。"⑯再以《扬雄传》所载作《羽猎赋》"明年"，上《长杨赋》，与《汉书·成帝纪》元延二年所叙不合。钱大昕就认为：

惟明年秋，复幸长杨射熊馆，则《纪》无之。盖行幸近郊校猎，但书最后一次，余不尽书耳。但二年校猎，无从胡客事，至次年乃有之，并两事为一，则《纪》之失也。⑰

既然《汉书》中《纪》《传》所叙常有不合，简单以与《纪》所叙相合为标准，本身也就不尽合事实。

我们怀疑《七略》著录的时间有误,与后世文献传承的抄写有关,将"四"字误作了"三"字。"四"字籀文作"䨻"[18]与"三"字皆积画相似,古书中多有混淆。《仪礼·觐礼》:"四享皆束帛加璧,庭实唯国所有",郑玄注:

> 四当为䨻。古书作三、四,或皆积画。此篇又多四字,字相似由此误也。[19]

《谷梁传》定公十五年:"滕子来会葬",疏引范云:"古者四、三皆积画,字有误耳。"[20]《汉书·五行志》"是时吴王封有四郡五十余城",而《汉书·吴王濞传》则载为"荆王刘贾为黥布所杀,无后。上患会稽轻悍,无壮王填之。乃立濞为吴王,王三郡五十三城"。顾炎武认为:

> 四郡当作三郡。古四字积画以成,与三易混,犹《左传》陈蔡不羹三国为四国也。[21]

如果我们的推测有道理,那么《七略》著录《甘泉赋》《羽猎赋》为"永始三年",则是传抄中"永始四年"之误,证之以"方郊祠甘泉"之年,则《七略》本身的著录原来是并不误的。

综此三证,扬雄"四赋"中《甘泉赋》、《河东赋》、《羽猎赋》作于永始四年。而《长杨赋》作于"永始四年"之"明年",殆无误矣。

注　释

①王益之撰:《西汉年纪》卷27,于元延二年云:"扬雄欲谏则非时,欲默则不能。已还,奏《甘泉赋》以风。"台湾文渊阁《四库全书》329册,第365页。又徐天麟撰《西汉会要》卷九皆系《甘泉赋》等三赋于元延二年。

②戴震云:《传》序《甘泉赋》、《河东赋》、《羽猎赋》为一年,所作断属元延二年庚戌(戊)"。《戴震全集》,清华大学出版社1997年版,第2492页。又参钱大昕《潜研堂文集》卷12。

③张震泽:《扬雄集校注》,上海古籍出版社1993年版,第4页,参郑文《扬雄文集笺注》,巴蜀书社2000年版,第22—23页。

④⑤⑥⑦⑧⑨⑩⑪⑭⑯分别参见王先谦《汉书补注》,中华书局1983年版,第

556—557、113、1512、1321、1630、1333、1330、1632、1607、134页。

⑫⑬萧统:《文选》,中华书局1977年版,第111、135页。

⑮徐松:《汉书西域传补注》,《丛书集成初编》3254册,第10—11页。

⑰钱大昕:《潜研堂文集》卷12,四部丛刊初编集部,第11页。

⑱段玉裁:《说文解字注》,上海古籍出版社1988年版,第737页。

⑲⑳《十三经注疏》,中华书局1980年版,第1091、2446页。

㉑黄汝成:《日知录集释》,世界书局1936年版,第638页。

作者简介:熊良智,1953年生,现为四川师范大学文学院教授,主要论著有《楚辞文化研究》等。

李尤事迹考证

庚 光 蓉

李尤是东汉时四川籍著名文人，《华阳国志》称其"丽采"，"文藻可观"，《后汉书》入《文苑列传》。其生平事迹，《华阳国志》和《后汉书·文苑列传》均有记载，但较为疏略。今则检核有关史料，考证其行事文章，使人们对这位古代四川著名文人的生平事迹，有更多一些的了解。

《华阳国志·先贤士女总赞》载："李尤字伯仁"，"雒人也，侍中贾逵荐尤有相如、扬雄之才，明帝召作《东观》、《辟雍》、《德阳》诸观赋、铭，《怀戒颂》，百二十铭，著《政事论》七篇，帝善之。拜谏大夫、乐安相。后与刘珍共撰《汉记》。"而《后汉书·文苑列传》本传所载有所不同，文云："李尤字伯仁，广汉雒人也。少以文章显。和帝时，侍中贾逵荐尤有相如、扬雄之风，召诣东观，受诏作赋，拜兰台令史。稍迁，安帝时为谏议大夫，受诏与谒者仆射刘珍等俱撰《汉记》。后帝废太子为济阴王，尤上书谏争。顺帝立，迁乐安相。年八十三卒。所著诗、赋、铭、诔、颂、《七叹》、《哀典》凡二十八篇。"比较二书所载，又参阅其他典籍，对李尤生平事迹的主要情况可作如下考证。

一、校书修史

贾逵荐李尤，当在和帝时，而不是明帝时，此事《后汉书·文苑列传》所记不误，而《华阳国志》有误。检《后汉书·贾逵列传》，贾逵为皇帝看重，"拜为郎，与班固并校秘书，应对左右"，固然是明帝时；但其荐贤才如东莱司马均、陈国汝郁等人，则是和帝即位之后，故本传云："和帝即位，永元三年，以逵为左中郎将。八年，复为侍中，领骑都尉。内备帷幄，兼领秘书近署,甚见信用。"可见贾逵为侍中,是从和帝永元八年开始的;而前引《华阳国志》《后汉书·文苑列传》李尤本传均明言"侍中贾逵荐尤",则贾逵荐李尤,当在和帝时,不在明帝时明矣①。

当然,关于贾逵荐李尤的时间,更直接的材料也可以从李尤所作赋、铭中寻到。《华阳国志》所记李尤奉"召作《东观》、《辟雍》、《德阳》诸观赋、铭",其中的《辟雍赋》就作于和帝时,而不是作于明帝时。《太平御览》卷五三四引李尤《辟雍赋》曰:"卓矣煌煌,永元之隆。含弘该要,周建大中。蓄纯和之优渥兮,化盛溢而兹丰。""永元"即和帝年号(《东观赋》、《德阳殿赋》参后所论),可见《华阳国志》说"侍中贾逵荐尤有相如、扬雄之才,明帝召作《东观》、《辟雍》、《德阳》诸观赋、铭……帝善之",把时间记错了。

李尤"诣东观,受诏作赋,拜兰台令史",《续汉志·百官志三》记:"兰台令史,六百石。本注曰:掌奏及印工文书。"其入东观任职,当参加了校书工作(后又参加修史,见后)②。

东汉时校书,从明帝时开始,章帝时、和帝时、安帝时、顺帝时、桓帝时、灵帝时亦校书,事见《后汉书》有关纪、传③。前引《后汉书·贾逵列传》已言贾逵在明帝时"与班固并校秘书",《后汉书·班固列传》亦记固"永平中为郎,与傅毅、贾逵同校秘书"。《后汉书·文苑列传·傅毅列传》又记:"建初中,肃宗博召文学之士,以毅为兰台令史,拜郎中,与班固、贾逵共典校书。"这说明到章帝时班、贾、傅等人继续在东观校书,而李尤和帝时由贾逵荐入东观,拜兰台令史,当亦参加了校书工作。《后汉书·和帝纪》云:永元"十三年春正月丁丑,帝幸东观,览书林,阅篇籍,博选术艺之士,以充其官。"李尤入东观,盖在此时。

至于李尤参加修撰《汉记》之事,前引《华阳国志》在记李尤"拜谏大夫,乐安相"之后云"后与刘珍撰《汉记》",亦有误,因为李尤拜谏议大夫,固然是在安帝时,而拜乐安相则在顺帝时,但李尤参修《汉记》,本在安帝时。

关于安帝时校书修史之事,《后汉书》与其他史籍多有记载。《后汉书·邓皇后纪》云:"太后自入宫掖,从曹大家受经书,兼天文、算数。昼省王政,夜则诵读。而患其谬误,惧乖典章,乃博选诸儒刘珍等及博士、议郎、四府椽史五十余人诣东观雠校传记。"《后汉书·安帝纪》亦云:"(永初四年二月)诏谒者刘珍及《五经》博士校定东观《五经》、诸子传记、百家艺术。整齐脱误,是正文字。"《后汉书·文苑列传·刘珍列传》亦云:"永初中,为谒者仆射。邓太后诏使与校书刘騊駼、马融及《五经》博士校定东观《五经》、诸子传记、百家艺术,整齐脱误,是正文字。"以理推之,李尤当亦参加了校书工作。后来到安帝永宁元年,又开始修史。《刘珍列传》云:"永宁元年,太后又诏珍与騊駼作建武已来名臣传。"前引《李尤列传》亦云:"安帝时为谏议大夫,受诏与谒者仆射刘珍等俱撰《汉记》。"④又据《史通·古今正史》云:"在汉中兴,明帝始诏班固与睢阳令陈宗、长陵令尹敏、司隶从事孟异作《世祖本纪》,并撰功臣及新市、平林、公孙述事,作列传、载记二十八篇。自是以来,春秋考纪亦以焕炳,而忠臣义士莫之撰勒,于是又诏史官谒者仆射刘珍及谏议大夫李尤杂作记,表,名臣、节士、儒林、外戚诸传,起自建武,讫乎永初,事业垂竟而珍、尤继卒。"按:"永初"乃安帝年号,则李尤在安帝朝参加修史之事甚明。而刘珍卒于顺帝永建元年,事见《刘珍传》。李尤之卒,当亦在顺帝永建初年,"年八十三"。

二、谏废太子为济阴王之事

《后汉书》本传记:"后帝废太子为济阴王,尤上书谏争。顺帝立,迁乐安相。"安帝废太子事,对东汉安、顺两朝政事影响很大,而李尤的"上书谏争",亦颇能见其人臣之风。

《后汉书·安帝纪》载:"夏四月丙寅,立皇子保为皇太子,改元永宁。""(延光三年)九月丁酉,废皇太子保为济阴王。"《后汉书·顺帝纪》载:"永宁元年,立为皇太子。延光三年,安帝乳母王圣、大长秋江京、中常侍樊丰潜太子乳母王男、厨监邴吉,杀之,太子数为叹息。王圣等惧有后祸,遂与丰、京共拘陷太子,太子坐废为济阴王。"

安帝废太子刘保(后为顺帝)之事,遭到了朝中一大批忠直之臣的反对,李尤亦预其事。据《后汉书·来历列传》载:"皇太子惊病不安,避安帝乳母野王君王圣舍。太子乳母王男、厨监邴吉等以为圣舍新缮修,犯土禁,不可久御。圣及其女永与太长秋江京及中常侍樊丰、王男、邴吉等互相是非,圣、永遂诬潜男、吉,皆幽囚死,家属徙比景。太子思男等,数为叹息。京、丰惧有后害,妄造虚无,构谗太子及东宫官属。帝怒,召公卿以下会议废立。耿宝等承旨,皆以为太子当废。历(时任太仆)与太常桓焉、廷尉张皓议曰:'经说:年未满十五,过恶不在其身。且男、吉之谋,皇太子容有不知。宜选忠良保傅,辅以礼义。废置事重,此诚圣恩所宜宿留。'帝不从,是日遂废太子为济阴王。""历乃要结光禄勋祋讽,宗正刘玮,将作大臣薛皓,侍中闾丘弘、陈光、赵代、施延、太中大夫朱伥、第五颉,中散大夫曹成,谏议大夫李尤,符节令张敬,持书侍御史龚调,羽林右监孔显,城门司马徐崇,卫尉守承乐闱,长乐、未央厩令郑安世等十余人,俱诣鸿都门证太子无过。龚调据法律明之,以为男、吉犯罪,皇太子不当坐。帝与左右患之,乃使中常侍奉诏胁群臣曰:'父子一体,天性自然。以义割恩,为天下也。历、讽等不识大典,而与群小共为喧哗,外见忠直而内希后福,饰邪违义,岂事君之体?朝廷广开言事之路,故且一切假贷。若怀违不反,当显明刑书。'谏者莫不失色。"当此时,薛皓服软,而来历不但廷诘薛皓,且守阙连日不去,被免官。

廷尉张皓也参加了廷谏。《后汉书·张晧列传》(晧、皓同)载:"时安帝废皇太子为济阴王,晧与太常桓焉、太仆来历廷争之,不能得。事已具《来历传》。退而上疏曰:'昔贼臣江充,造构谗逆,至令戾园兴兵,终及祸难。后壶关三老一言,上乃觉悟,虽追前失,悔之何逮!今皇太子春秋方始十岁,未见保傅九德之义,宜简贤辅,就成圣质。'书奏不省。"张皓上疏之文,引前汉武帝时江充诬谗太子之事,以史为鉴,可惜未能感悟安帝。

《后汉书·李尤列传》载"帝废太子为济阴王,尤上书谏争",说明李尤不但参加了来历组织的廷谏活动,而且像张皓一样上书谏争。其上书之文,命意不但当与上引来历、桓焉、张皓议"经说年未满十五,过恶不在其身"云云相同,也当与张皓上疏之文相似。查李尤与诸臣的言行,绝非"不识大典","外见忠直而内希后福,饰邪违义,岂事君之礼",恰恰是为了王朝的根本利益而犯颜直谏,体现了人臣的忠直秉性。

安帝去世后,经过一番争斗,废太子济阴王刘保得宦者孙程等19人之力,斩江京等人,登皇帝位,即汉顺帝,事见《后汉书·顺帝纪》及《宦者列传·孙程列传》。来历被"朝廷咸称社稷臣,于是迁为卫尉",事见《后汉书·来历列传》;张皓亦拜司空,"在事多所荐达,天下称其推士",事见《后汉书·张皓列传》。而李尤则"迁乐安相"。据《续汉志·郡国志》四,乐安国在青州,"高帝西平昌置,为千乘,永元七年更名"。又据《续汉志·百官志》二,谏议大夫职属光禄勋,奉六百石⑤;而据《百官志》五,侯国相奉二千石。不过,李尤其时已登寿耄耋,迁相后不久即卒。

三、李尤的著述

李尤著述,除参修《汉记》外,前录《华阳国志》和《后汉书》本传的记载有同有异。今则作一综论。

《东观赋》。当作于李尤和帝时奉召入东观之时。《文选·赠五官中郎将》李善注引李尤《东观赋》曰:"臣虽顽卤,慕《小雅·斯干》叹咏之美";《艺文类聚》卷六十三亦引李尤《东观赋》,内有"敷华实于雍堂,集干质于东观","前望六台,后币德阳"等句。

《辟雍赋》。作于和帝时,参前论。

《德阳殿赋》。见《艺文类聚》卷六十二、《初学记》卷二十八、《太平御览》卷九七所引。德阳殿之兴建,在明帝永平三年以后,事见《后汉书·钟离意列传》。

《函谷关赋》。见《艺文类聚》卷六、《初学记》卷七引。赋云:"中兴再受,二祖同勋。永平承绪,钦明奉循。""二祖"当指光武帝和明帝,"永平"乃明帝年号,则此赋亦作于明帝时。

《平乐观赋》。见《艺文类聚》卷六十三。前汉东方朔、枚皋有同题赋作,各参《汉书》本传。

《怀戎赋》。仅见《华阳国志》录其目。

《政事论》。仅见《华阳国志》录其目,凡七篇。

《七叹》。《后汉书》本传录其目,但类书古注所引,字因形似多讹乱。《艺文类聚》卷五十七引傅玄《七谟·序》曰:"昔枚乘作《七发》,而属文之士若傅毅、刘广世、崔骃、李尤、桓麟、崔琦、刘梁之徒,承其流而作之者纷焉,《七激》、《七兴》、《七依》、《七疑》、《七说》、《七蠲》、《七举》之篇。通儒大才马季长、张平子亦引其源而广之,马作《七厉》,张造《七辨》,非张氏至恩(《太平御览》卷五九〇引作'思'),比之《七激》,未为劣也。"此云李尤作《七疑》,但同卷又引"后汉李尤《七款》曰"云云。又检《太平御览》,卷五九〇并引傅玄《七谟·序》,因有删省,无由考校;但卷九七一引"李尤《七款》曰",卷九七四引"李伯仁《七款》曰",则《太平御览》盖本作《七款》。然则《艺文类聚》卷五十七所录,因字形相近而讹。又,《初学记》卷二十八两引"李尤《七叹》曰"云云,字同《后汉书》本传。又《文选》李善注所引,皆不作"款":《蜀都赋》注引作《七嘆》,六臣本作"歎";《长笛赋》李善注引作《七疑》,六臣本同;《七命》李善注两引,一作"歎"、一作"嘆",而六臣本一作"叙"、一作"歎"。按:从两处作"歎"观之,李善所读李尤此赋盖本作《七歎》,故又讹作"嘆",亦与《后汉书》本传同;作"疑"作"叙"乃形讹。

《哀典》。仅见《后汉书》本传录其目。

《九曲歌》。见《北堂书钞》卷一四九、《艺文类聚》卷一、《太平御览》卷四、《文选·挽歌》李善注引,残。

《武功歌》。《北堂书钞》卷一二一、《文选》中《张子房诗》、《求自试表》、《齐安陆昭王碑文》李善注引,残。

"百二十铭"。见《华阳国志》著录。严可均辑《全后汉文》卷五十搜辑群书,得八十六铭,目多不抄[6]。

李尤文集,则见《隋书·经籍志·集部》的著录,云:"梁又有乐安相李尤集五卷,亡。"但李善注《文选》时引到了《李尤集·序》(见下引)。又,《宋史·艺文志》著录"李尤集二卷",当为后人辑本。又,清修《四川通志·经籍志》四著录"李尤集五卷,《隋志》乐安相李尤集五卷,《宋志》作二卷",则蜀中别无传刻之本。

对李尤文章的评价,除上引《华阳国志》和《后汉书》本传外,前人评论和批评较多的,是其铭文。如《太平御览》卷五九〇引《文章流别传》云:"李尤为铭,自山河都邑至于刀笔符契,无不有铭,而文多秽病。讨而润色,言可采录。"《文选·齐竟陵文宣王行状》李善注引《李尤集·序》曰:"尤好为铭赞,门阶户席,莫不有述。"《文心雕龙·铭箴》云:"李尤积篇,义俭辞碎。"《文心雕龙·才略》亦云:"李尤赋铭,志慕鸿裁,而才力沈月追,垂翼不飞。"明人张溥《汉魏六朝百三家集》收辑佚文,编《李伯仁集》一卷(赋七,铭、序、诗九十三篇),又综论其文章,持论公允可参,曰:"《后汉书·文苑》二十人,李伯仁与其选,亦兰台文章之杰也。《传》云:著诗、赋、铭、诔、颂、《七叹》、《哀典》,《哀典》二十八篇。今诔、颂、《哀典》俱不见,《七叹》无传,惟有《七款》,岂字之讹邪? 其文寂寥,非枚叔比也。诗有《九曲歌》,间属阙文。赋五首,微质雅,拟之《上林》、《长杨》,则泰山丘垤也。当时荐者称其文有相如、扬雄风,何哉? 铭八十余,多体要之作,及所匠意,于子云《百官箴》得其深矣。挚仲洽讥以秽病,屈诸王莽鼎铭之下,抑文家以少言为贵,而多者难于见工也。"

最后需要补充的是,据《华阳国志·先贤士女总赞》,李尤孙李充,"有文才",可见李尤家训甚严,故李充亦以文章显。

注 释

①贾逵荐杨终之事,与此相类。杨终是蜀郡成都人,据《后汉书·杨终列传》,"永元十二年,征拜郎中"。李贤注引袁山松《后汉书》云:"侍中贾逵荐终博达忠直,征拜郎中。"

②《后汉书·文苑列传》李尤本传附记:"尤同郡李胜亦有文才,为东观郎。著赋、诔、颂、论数十篇。"《华阳国志·先贤士女总赞》同记"两李丽采,文藻可观",云"胜为东观郎,著赋、谏(当作诔)、论、颂数十篇"。李胜入东观为郎,盖与李尤同时,故附注于此,以供参考。

③又参《史通·古今正史》等。

④《后汉书·张衡列传》云:"永初中,谒者仆射刘珍、校书郎刘騊駼等著作东观,撰集《汉记》。"此言"永初中"云云,当是总述校书、修史之事,因为参《后汉书》多处记载,"永初中"是开始校书,永宁元年才开始修史。范书记事多疏略,此为一例。

⑤《续汉志·百官志》二:"谏议大夫,六百石。"胡广曰:"光禄大夫,本为中大夫,武帝元狩五年置谏大夫为光禄大夫。世祖中兴,以为谏议大夫。"《华阳国志》记李尤"拜谏大夫",当是用旧名称。

⑥严辑《全后汉文》卷五十记:"得八十四铭,其余三十七铭亡",数字盖写误。今检严辑李尤铭篇数,实为八十六铭。姚振宗《隋书经籍志考证》录严辑篇数,亦误;但其《后汉艺文志》著录"乐安相李尤集二十八篇",录"严氏文编"云:"《华阳国志》称尤作百二十铭,今得八十六铭,其余三十四铭亡",篇数不误。

原刊《四川师范大学学报》1997 年第 3 期

作者简介:庾光蓉,四川师范大学副教授。

陈子昂《感遇》诗陈沆笺释质疑

吴 明 贤

《感遇》诗三十八首是陈子昂诗歌革新的代表作品,所写并非一事,所作亦非一时,不同篇章,各有重点。然"分观错杂,总述累累"[①],各首之间,大致还是有其一定的内在联系的,只是因为《感遇》诗"微显阐幽"[②],往往意在言外,所以,对于它的本意与主旨,索隐探微,历代虽不乏其人,但见仁见智,至今犹莫衷一是。其中笺释最全,影响较著的当推清末陈沆的《诗比兴笺》了。

陈沆《诗比兴笺》:"以笺古诗三百篇之法,笺汉、魏、唐之诗,使读者知比兴之所起,即知志之所之也。"[③]目的是用笺释《诗经》的方法来笺释汉、魏、六朝及唐人的诗作,使读者知道诗中比兴之所生发,亦即诗人思想感情之所寄寓。所以他对于入选诗作的笺释并不斤斤计较于文字训诂的考释,而着重知人论世,根据作者生活的时代环境、平生的经历遭遇,来探索诗人的创作意图,寻觅诗歌的微言大义。一些篇章,的确不乏精辟见解,有值得借鉴之处。然而由于作者囿于阶级的局限和个人的偏见,有些篇章不免主观臆断,穿凿附会,需严加辨析。他对陈子昂《感遇》诗三十八首的笺释就是如此。

一

陈沆《诗比兴笺》对陈子昂《感遇》诗的笺释,是建立在评价陈子昂和他的诗歌创作这一思想基础上的。因此首先剖析陈沆笺释《感遇》诗的思想基础,对于弄清陈笺《感遇》诗的主旨是很有必要的。

陈沆在《诗比兴笺》中一方面对陈子昂及其诗歌创作给予了高度的评价："射洪著述,斯文中兴,自李、杜推激于前,韩、柳服膺于后,于是高步三唐,横扫六代,莫不以为今古之升降,质文之轨辙焉。"④另一方面又严厉批驳了宋祁、王士祯等人对陈子昂的攻击,斥责那些跟着他们随声附和的人是"末学随声,百喙一律,不有论世,曷由阐幽",只知鹦鹉学舌,不求知人论世,不了解陈子昂深邃的思想感情。对陈子昂"逐响则同,知音罕觏"的历史遭遇表示极大的同情,要为之明其心迹,辨其诬罔。

  陈子昂倡导复古革新,写出了刚健质朴、内容充实的《感遇》诗、《登幽州台歌》、《蓟丘览古赠卢居士藏用》等代表作品,一扫六朝纤弱诗风,荡尽梁、陈宫体余气,使"斯文中兴",为唐代诗歌的繁荣和发展立下了筚路蓝缕的开拓之功,在我国文学发展史上占有重要的历史地位。宋祁虽然在诗歌创作上肯定了陈子昂,说："唐兴,文章承徐、庾余风,天下祖尚。子昂始变雅正,初为《感遇》诗三十八章,王适曰:是必为海内文宗。"但却从政治上否定了陈子昂,认为"子昂说武后兴明堂太学,其言甚高,殊可怪笑。后窃威柄,诛大臣、宗室,胁逼长君而夺之权。子昂乃以王者之术勉之,卒为妇人讪侮不用,可谓荐圭璧于房闼,以脂泽汙漫之也"。⑤王士祯虽也曾说过"夺魏晋之风骨,变齐梁之俳优,陈伯玉之力最大"⑥的话,但却认为陈子昂"与扬雄《剧秦美新》无异,殆又过之,其下笔时不知世有节义廉耻事矣。子昂真无忌惮之小人哉!诗虽美,吾不欲观之矣"。⑦宋祁、王士祯等人站在封建正统的立场上,把武则天女主称制看做是牝鸡司晨、阴阳颠倒的大逆不道行为,把支持武周政权的陈子昂看成是一个寡廉鲜耻、献媚讨好武则天的谄佞文人。这完全是对陈子昂的歪曲诬蔑。陈沆在《诗比兴笺》中以"武后欲淫刑,而子昂极陈酷吏之害;武后欲黩兵,而子昂极陈丧败之祸"的历史事实,有力地驳斥了宋祁、王士祯等人的错误观点,指出陈子昂"心迹与狄、宋同符,文行掩沈、杜而上",是恰当的,也是完全必要的。

  但是陈沆对宋祁、王士祯等人的批评并未能超出封建正统观念的范围。和宋祁、王士祯等人一样,他也认为武则天政权是非法的政权,陈子昂生活的时代,是"乾坤易位之时,猰貐磨牙之日"的"乱世"。因此他同样把是否忠于李唐王朝作为评价陈子昂高低优劣的标准。于是他在批驳宋祁、王士禛等人把陈子昂歪曲为依附武则天的谄佞文人的同时,又极力把陈子昂打扮粉饰为反对武周政权的功臣、忠于李唐王朝的义士。他认为陈子昂的仕周和姚崇、宋璟、狄仁杰、娄师德等人一样,不过是为了唐王朝的中兴而"隐忍数载之间"。他极力为陈子昂辩护,认为陈子昂和姚、宋、狄、娄等人一样,都写过"随例进贺之表,应制颂美之什",不同的是"一则功业揜文章,偶乏流传之什;一则文章揜忠义,翻遗玷颣之端"。姚、宋等人是他们的功业覆盖了他们的文章,所以那些颂美应制之作偶被遗忘,而陈子昂则是他的文章覆盖了他的忠义,反而留下被人玷污的端由。这种错误的立场和偏见必然导致陈沆最终要违背历史的真实,得出和宋祁、王士禛等人同样荒谬的结论,不能正确评价陈子昂及其诗歌创作,也就不可能较为正确地笺释陈子昂《感遇》诗的主旨。

其实,陈子昂既不像宋祁、王士禛等人所攻击的那样是一个依附武周政权的谄佞文人,也不是如陈沆所粉饰辩护的那样是一个忠于李唐王朝的不贰之臣,而是一个真心诚意拥护武周政权的合理统治,又极力反对武则天推行黑暗政治的刚直不阿的地主阶级的有识之士。

陈子昂"本为贵公子"⑧,出身于蜀中一个土著地主阶级的家庭,自幼崇儒好道,行侠尚义,既有儒家"以义补国"⑨的宏伟志愿,也有纵横家、道家不慕荣利、不事权贵的傲岸不羁的反抗性格,思想较为复杂。陈子昂一入仕途,就逢武则天执政。武则天励精图治,广开言路,打击世族豪强,破格提拔擢用了一些庶族地主阶级的知识分子进入政权。这些较为开明的政治措施无疑给那些庶族地主阶级的知识分子跻身仕途打开了方便之门,给他们带来了用世的希望。这就赢得了他们的拥护和支持,扩大了武周政权的阶级基础。陈子昂也曾得到过武则天"奇其才"⑩的赏识,被擢为麟台正字,旋转右拾遗。这无疑给他"论道匡君"⑪、"以义补国"的政治抱负增添了得以实现的幻想。但是由于官僚地主阶级的本性和武则天以女主称制的特殊性,武则天不得不用高压手段来巩固自己的统治。滥刑好杀、重用酷吏、广开告密之门,宠任武氏亲信就成了武周政权打击政敌、诛除异己的特殊之处。陈子昂亦未能幸免,他曾因逆党罪下狱,又被武攸宜排挤打击,最后只好解官归里,隐居家乡,被县令段简害死。他的家庭出身、性格特征、身世遭遇和武周政权的特殊性,决定了他的政治态度必然是既支持武周政权,但又不满其黑暗统治的。

陈子昂真心实意地拥护武则天,他不仅写了《大周受命颂》四章和《上大周受命颂表》,歌颂武则天当皇帝,而且还在其他奏章中吹捧武则天上台执政是"应天命而受宝图"[12]。甚至归家退隐后还称颂武则天"施化育德,扬光显仁,天下咸和,中外胥谧"[13]。说明他对武则天的态度始终未变,他支持武则天对李唐宗室和徐敬业等人反抗活动的镇压,痛斥徐敬业扬州起兵是"东南微孽,敢谋乱常",赞扬武则天对徐敬业进行镇压是"顺天行诛,罪恶咸服"[14]。他认为李贞父子反抗武则天的失败是"逆臣贼子,顿伏严诛,所以戤贞群党,同恶就戮"[15],是罪有应得,自取其祸。可见陈子昂对武则天政权的态度是十分鲜明的,无须乎辨其诬罔。

但是陈子昂对武则天的黑暗统治又是不满的,对她推行的一些弊政则是坚决反对的。他指斥武则天"不务玄默,以救疲人,而反任威刑,以失其望"[16],重用酷吏,广开告密之门,使"无罪之人挂于疏网"[17],造成"一人被讼,百人满狱,使者推捕,冠盖如云"[18]的恐怖局面。他谴责武则天宠任武氏宗亲,信用佞小,吏治腐败:"国之所养者,总无用之臣;朝之所遗者,乃有用之士。"[19]他支持反侵略的正义战争,但反对武则天开边拓土的黩武战争,认为这会使劳动人民"夫妻不得相保,父子不得相养"[20],天下"太平百姓,未得安居"[21],谏劝武则天要贵仁贱刑,轻徭薄赋,"安天下百姓,无使疾苦"[22]。可见陈子昂并不是一个党附武周政权的谄佞文人,自不容攻击与诋毁。

事实证明,陈子昂既是唐代诗坛上勇于革新的开拓者,又是一个气节坚贞、胆识过人,有着清醒政治头脑的卓越的政治家。如果人们用封建正统观念的有色眼镜去观察他,自然是很难正确评价他在唐代诗坛和中国文学史上的重要的历史地位的。陈沆《诗比兴笺》本想除去宋祁、王士祯等人涂在陈子昂脸上的白粉,结果反而给陈子昂又抹上了满脸的黑灰。其原因盖出于此。

二

"子昂《感遇》，雄轶古今"，陈沆在《诗比兴笺》中不仅对陈子昂《感遇》诗作了很高的评价，而且对《感遇》诗的主旨也进行了明确的阐释。然而他对《感遇》诗主旨的阐释是否正确，却是值得讨论的。

首先，陈沆批评了两种错误理解《感遇》诗主旨的人。一是那些对《感遇》诗"问其所感何遇，则皆不求甚解"的人。他指责这些人不是"推以玄奥，谓《阴符》、《参同》"，把《感遇》诗与道家著作《阴符经》、《参同契》等同起来，故意弄得玄虚奥秘，使人难于理解，就是"诩其音节，如古谣乐府"，一味赞美《感遇》诗的音节，简单地将他看做古代的歌谣乐府，并不去探寻其深邃的思想感情。这些人"趣不关理，词不附情，何异瞽史诵诗，有声无志"，根本不可能正确理解《感遇》诗的主旨。二是那些"目比秋荼，毁赞两非，比赋如梦"的"末学"之人。他们带着挑剔罪过的目光，当然更不可能得出正确的结论。陈沆认为："诗有别趣，不出惬心厌理之外，洄袱之下，必有渊潭，傥眇之词，端非浅寄。屈、宋、枚、阮，古辙可寻，得其肯綮，理解斯耆。夫古人亦何取以无谓之词，迷谬后世哉？"就是说诗歌即使别有旨趣，也绝不出当于心足于理之外。好比江河的水流，旋涡之下必然有深渊激潭一样，恍惚迷离，深远渺茫之词，定然寄寓着诗人幽深的思想感情。屈原、宋玉、枚乘、阮籍所走过的道路，总是可以寻找的。好比庖丁解牛。"得其肯綮"，便迎刃而解，古人又何至于采取"以无谓之辞，迷谬后世"的做法呢？他指出："杜子美诗曰：'千古立忠义，《感遇》有遗篇'，并世知音，实惟牙旷，此外则僧皎然谓'源于阮公《咏怀》'，朱鹤龄谓'多指武后革命'，亦并能缘少陵之词，窥射洪之隐者。"这就是《感遇》的主旨。

杜甫生活在唐代由盛转衰的安史之乱的时代。他目睹了开元盛世，曾对统治者寄予过希望和幻想，立下了"致君尧舜上，再使风俗淳"[23]的宏伟志向。但他终身坎坷流离，位卑职下。虽当过拾遗一类的小官，却并未受到信任和重用，反因直言谏诤，几乎掉了脑袋。他同情人民的疾苦，关怀国家的存亡,不满统治阶级的荒淫腐朽,痛恨安史叛军的横行残暴,支持抵御外族侵略的正义战争,反对统治者穷兵黩武的开边拓土的非正义战争。他的经历和遭遇,志向和思想,在许多方面和陈子昂都有其相似之处。因而他对这位前辈谏官有着更多的理解和特殊的感情。在自己的诗篇中多次提到。"遇害陈公殒,于今蜀道怜,君行射洪县,为我一潸然"[24],对陈子昂的无辜被害充满了同情与悲伤。"悲风为我起,激烈伤雄才"[25],对这位一代雄才的诗歌革新先驱表示了怀念与景慕。"有才继骚雅,哲匠不比肩,公生扬马后,名与日月悬。……终古立忠义,《感遇》有遗篇"[26],极力赞扬陈子昂杰出的才华和推崇《感遇》诗所表现出来的"忠义"之旨,认为可以传之"终古"而不泯灭。从这个意义上说杜甫和陈子昂"并世知音,实惟牙旷",陈子昂为"杜陵之先导",确实是不错的。

但杜甫所谓《感遇》诗的"忠义"绝不单指忠于李唐王朝之事。本来,武则天在高宗时代,已经主政,建周以后,旧制未改,以后又传位中宗。终其帝号,在她当政的数十年间,唐王朝仍处于上升时期,政治比较开明,擢用人才,在开元盛日,还起了巨大作用。因此,当时一般人,以至于有唐一代,对武则天都称为"天后",并不完全敌视,从史书和现存大量诗文中,俱可证明。杜甫也是如此,他的诗:"惟昔武皇后,临轩御乾坤,多士尽儒冠。墨客蔼云屯,当时上紫殿,不独卿相尊。……吾祖诗冠古,同年蒙主恩。豫章夹日月,岁久空深根。"[27]对武则天上台称制,实行开明政治,引用海内名儒硕士表示了极大的赞赏,对他的祖父杜审言能得到武后重用引以为荣。"昔岁文为理,群公价尽增。家声同令闻,时论以儒称。太后当朝肃,多才接迹升,翠虚捎魍魉,丹极上鹍鹏。……学并卢王敏,书偕褚薛能。"[28]对武则天以文为治,整肃朝纲,斥逐"魍魉",不拘一格选用提拔"多才"之人进行了赞扬。"往者武后朝,引用多宠嬖"[29],虽然他也指责了武则天多嬖内宠,任用武氏亲信的腐朽荒唐行为,但"否臧太常议,面折二张势"[30],他又称颂了武则天敢于纳谏,能够听取李邕直言谏劝的政治家风度。"狄公执政在末年,浊河终不污清济。国嗣初将付诸武,公独廷诤守丹陛。禁中决策请房陵,前朝长老皆流涕。太宗社稷一朝正,汉宫威仪重昭洗。"[31]虽对武则天晚年欲传位诸武颇有微词,但并未否定武周政权。相反通过赞扬狄仁杰敢于"廷诤",最后"禁中决策"使"太宗社稷一朝正",实际上不仅肯定了武则天敢于纳谏的行为,而且从诗中可以看出杜甫把武则天政权本身就看做是李唐政权。可见杜甫所谓"忠义"并不单是以是否忠于李唐王朝作为判别的标准,而是指陈子昂《感遇》诗所表现出来的那些为国为民的崇高理想,同情人民的真挚感情,斥时议政的耿直精神,洁身自好的高尚情操以及怀才不遇,有志难骋的悲哀感汉。杜甫推崇《感遇》诗的"忠义",不过是借以浇自己胸中的块垒,抒发自己忧国忧民的忠义之感罢了。

陈沆从封建正统观念出发,囿于个人偏见,对杜甫所谓《感遇》诗的"忠义"之旨却进行了曲解。首先他认为武则天当皇帝就和哀姜"篡鲁",吕雉危刘一样是非法的"僭号"之举,窃位的"女祸有极"。这与陈子昂、杜甫对武周政权的态度显然有着本质的区别。其次他还认为《感遇》"多指武后革命",即所谓"嗣宗醉草劝笺,而《咏怀》恫忧魏室;子山身食周粟,而词赋惟《哀江南》;韩非有忠秦之讥,而争存韩以死狱;荀彧有附操之谤,而争九锡以殉身",都是"寄怀兴废",寄托着陈子昂身仕武周政权,心存李唐王朝的"忠义"之情。这就完全否定了《感遇》诗忧国忧民,斥时议政和感怀身世的强烈的现实内容和丰富的社会意义,与杜甫所谓陈子昂《感遇》诗的"忠义"之旨大相径庭。可见陈沆《诗比兴笺》曲解杜诗原意用以阐明陈子昂《感遇》诗的主旨,必然会歪曲陈子昂及其《感遇》诗的。

三

为了进一步弄清陈沆对陈子昂《感遇》诗主旨的阐发,我们不妨剖析一下陈沆对三十八首《感遇》诗的具体笺释。

必须肯定,由于陈沆主张"不有论世,曷由阐幽"的知人论世原则,强调对陈子昂应考其"所立之朝,与同朝之人。并考子昂立朝之节,与去朝之日,而后质之以《感遇》之什",所以他对《感遇》诗的笺释,确有一些发前人所未发的独特之见,可供我们参考借鉴。如他认为"乐羊为魏将"(《感遇》四)是"刺武后宠用酷吏淫刑以逞""蜻蛉游天地"(《感遇》二十一)"刺武后广开告密之路,市井皆得召见不次擢用";"贵人难得意"(《感遇》十五)"悼将相大臣之不令终";"呦呦南山鹿"(《感遇》十二)"伤权幸挟私诬陷士类"就比较符合陈子昂的实际情况。又如"朝人云中郡"(《感遇》三十七),他笺释道:"则天时边患,西吐蕃,北突厥,东契丹。前'西山事甲兵'一章,谓吐蕃也;'苍苍丁零塞'一章,谓契丹也(按:私意以为此章非谓契丹,当指铁勒卜固始);此章'北望单于台',忧突厥也。武后杀程务挺、黑齿常之、泉献诚诸名将,又用阎知微送武延秀使突厥,为其侮笑,益轻中国生边患也。""丁亥岁云暮"(《感遇》二十九)他笺释道:"本传:垂拱四年,谋开蜀山,由雅州道击生羌,子昂上书以七验谏止之,大略为谓结怨无罪之西羌,袭不可幸之吐蕃,开险道以引寇兵,敝全蜀以事穷夷,人劳则盗贼必生,财匮而奸赃日饱,其患无穷。"对照陈子昂所处社会环境、生平经历及奏疏内容来考查《感遇》诗,结论自然较为可信。

但是综观陈沆对三十八首《感遇》诗的笺释,由于封建正统观念的束缚和个人偏见的严重,这种例子并不太多,而错误矛盾之处却时时有之。

一曰随心所欲,违背原诗意旨。为了适应自己笺释的需要,陈沆随心所欲,在体例上将陈子昂三十八首《感遇》诗原来秩序打破,进行了重新排列组合。为了说明问题的方便,我们按照陈笺顺序和内容,将其分为三个部分。《感遇》一、九、十四、十七、二十、六、三十三、三十二、三十六9首为第一部分,《感遇》二十七、二十六、二十八、四、二十一、二十四、十六、十五、十二、二十三、十九、二十九、三、三十七、三十四、三十五、十八17首为第二部分,《感遇》十、三十、五、十一、八、三十八、二十二、二十五、三十一、二、七、十三12首为第三部分。根据陈笺,第一部分当是讽刺武后代唐自立,表明陈子昂的"故国""故君"之感的,意在说明陈子昂有着忠于李唐王朝的思想基础;第二部分是指斥武则天弊政,辨明陈子昂"不党附"武周政权的;第三部分是陈子昂避害归隐,表明他"不躁进"以仕伪朝。三个部分虽各有侧重,但笺释的内容却始终围绕一个主题:《感遇》诗体现了陈子昂身仕武周政权,心存李唐王朝的"忠义"之旨。脉络清楚可辨,意图十分明显。然而这却违背了《感遇》诗本来的旨意。首先陈子昂的入仕与归隐大致与武周政权相终始,与李唐王朝并无关系,根本谈不上所谓"故国""故君"的感情。其次陈子昂一生忠直,胆识过人,上书言事,多指斥武后弊政,形诸《感遇》,也很鲜明。其不党于武氏自是事实,何须辨别?再次陈子昂归隐,既因武氏亲信的排挤打击,自己的理想难以实现,同时也是黄老思想影响的结果,这在《感遇》诗中亦有不同程度的反映,而与所谓身仕伪朝并无多大关系。不难看出陈沆笺释未能忠于《感遇》诗的原意,而是出之己意,二者相违也就势所难免了。

二曰穿凿附会,歪曲历史事实。为了证明《感遇》诗体现了陈子昂忠于李唐王朝的"忠义"之旨,陈笺穿凿附会,牵合史实,歪曲了陈子昂的生平历史。请看《感遇》十七:从"幽居观大运"可知此诗当作于陈子昂归隐故里之后。据《我府君有周居士文林郎陈公墓志文》:"公……尝晏坐,谓其嗣子子昂曰:吾幽观大运,贤圣生有萌芽,时发乃茂,不可以智力图也。"与此诗"幽居观大运,悠悠念群生,终古代兴没,豪圣莫能争",不仅内容相同,连句式也颇为近似。文又云:"昔尧与舜合,舜与禹合,天下得之四百余年。汤与伊尹合,天下归之五百年。文王与太公台,天下顺之四百年。幽厉板荡,天纪乱也。贤圣不相逢,老聃、仲尼,沦溺溷世,不能自昌,故有国者享年不永,弥四百余年。战国如糜,至于赤龙。赤龙之兴四百年,天纪复乱,夷胡奔突,贤圣沦亡,至于今四百年矣,天意其将周复乎?"与此诗"三季沦周赧,七雄灭秦嬴,……尧禹道既昧,昏虐势方行。岂无当世雄,天道与胡兵。……仲尼溺东鲁,伯阳遁西溟。大运自古来,旅人胡叹哉?"意义相同。诗与文当为同时或相去不久之作。文作于699年七月后,则此诗亦当作于是时。但陈笺却谓此诗"指诸王举兵兴复悉就败灭之事也。一女后临御称制,而举天下莫能抗,岂非天道助虐乎!"既与此诗君臣遇合,贤圣有时的主旨乖谬不符,也与陈子昂支持武则天镇压诸王起兵的历史事实相违背。又如《感遇》九,陈沆认为刺太宗"蔽于谣谶,滥君羡之诛,徒使孽后引以自神",同样缺乏详细论证,只能是毫无根据的比附之词,与历史事实相去更远。

三曰主观武断,结论自相矛盾。为阐明《感遇》诗的"忠义"之旨,陈笺往往主观臆测,前后矛盾,不能自圆其说。《感遇》十一,陈沆笺云:"子昂少志经世,中年不遇,乃志归隐,故云:'天下乱无君'、'遵养晦时文',冀俟王室中兴而复出也。子昂乞归,在圣历元年,庐陵王复立为太子之日;盖见唐室兴复有渐,已志稍慰,始归养也。惜不久寻卒,不逮开元之世耳。"既云子昂经世不遇,乃志归隐,又言适逢兴复,故始归养,则子昂之归隐,究竟何因?前后所说各异,此其矛盾者一。按陈笺,子昂归隐是等待王室中兴而复出。既而太子复立,兴复有渐,则当出而佐之,然陈笺却使子昂于此时"始归养",难以自圆其说,此其矛盾者二。其实此诗只是"慕鬼谷子之为人而咏其事"②,借以抒发自己的理想志向罢了。陈笺硬将其纳入有志兴复的旨意上去,自不免矛盾重重了。又如《感遇》三十二,陈笺"以故乡寓帝乡之感";三十六"以故乡寓故国之思"。在陈沆看来,《感遇》中的乡思之情都寄托着诗人对李唐王朝的纪念。然《感遇》二十七"朝发宜都渚"一首,陈笺为"叹高宗武后之事",却又不是"故国"、"故君"之思了,其前后不一,自相矛盾是显而易见的。

  总之,陈笺陈子昂《感遇》诗,虽时有精辟见解,可资借鉴。但有的篇章缺乏严密翔实的考证和具体深入的分析,未能真正做到"诵诗论世,知人阐幽,以意逆志"③,乖违了原诗旨意。今天我们在深入探讨陈子昂诗歌创作的时候,对之提出质疑,加以讨论,引为教训,应该说是必要的。

注 释

① 沈德潜:《说诗晬语》。
② 卢藏用:《陈伯玉文集序》。
③ 魏源:《诗比兴笺序》。
④ 陈沆:《诗比兴笺》卷三,以下引陈沆语,均见此。
⑤ 宋祁:《新唐书·陈子昂传》。
⑥ 王士禛:《五言诗选序》(又见《带经堂诗话》卷一"纂辑类")。
⑦ 王士禛:《带经堂诗话》卷二十四"破邪类"。
⑧ 陈子昂:《感遇》三十五。
⑨ 陈子昂:《喜马参军相遇醉歌并序》。
⑩ 宋祁:《新唐书·陈子昂传》。
⑪ 陈子昂:《登蓟城西北楼送崔著作融入都并序》。

⑫陈子昂:《答制问事八条》。
⑬陈子昂:《荆州大崇福观记》。
⑭陈子昂:《谏用刑书》。
⑮陈子昂:《答制问事八条》。
⑯陈子昂:《谏用刑书》。
⑰陈子昂:《谏刑书》。
⑱陈子昂:《谏用刑书》。
⑲陈子昂:《上军国机要事》。
⑳陈子昂:《上军国利害事》。
㉑陈子昂:《上益国事》。
㉒陈子昂:《上军国利害事》。
㉓杜甫:《奉赠韦左丞丈二十二韵》。
㉔杜甫:《送梓州李使君之任》。
㉕杜甫:《冬到金华山观因得故拾遗陈公学堂遗迹》。
㉖杜甫:《陈拾遗故宅》。
㉗杜甫:《赠蜀僧闾丘师兄》。
㉘杜甫:《寄刘峡州伯华使君四十韵》。
㉙㉚杜甫:《八哀诗》。
㉛杜甫:《寄狄明府博济》。
㉜唐汝询:《唐诗解》。
㉝魏源:《诗比兴笺序》。

原刊《四川师范学院学报》1982年第3期

作者简介: 吴明贤,1946年生,文学硕士,现为四川师范大学文学院教授。主要论著有《李白在四川》、《陈子昂论考》等。

试论杜甫的"狂"

吴明贤

　　文学创作,既离不开丰富的社会生活,也需要强烈的心理动力。正如著名的美学家阿诺·德理所说:"艺术家进行艺术创作的动因,这包括了他过去所有的生活状况,他在创作时的身心状况、意识和气质,包括所有能引起灵感现象的一切情况。"[①]换言之,除现实的社会生活之外,作家的主体性格对其创作实践也有着重大影响。作为著名的现实主义诗人的杜甫自然不会例外。但过去我们对杜甫诗歌的探讨往往偏重于社会生活——诗史,而对杜甫的心理动力——性格,却或多或少有所忽视。本文试就杜甫性格的一个重要方面"狂"及其对创作的影响作一初步的探讨。

一

　　"狂",作为杜甫诗歌创作的心理动力,是杜甫性格的一个重要组成部分,既贯穿在他的一生,也表现在他生活的各个方面。

　　杜甫一生皆"狂",这是不容否定的事实。"往昔十四五,出游翰墨场。斯文崔魏徒,以我似班扬。七龄思即壮,开口咏凤凰;九龄书大字,有作成一囊。性豪业嗜酒,嫉恶怀刚肠。脱略小时辈,结交皆老苍。饮酣视八极,俗物都茫茫[②]"。可见少年时代的诗人才华横溢,结交名流,"目空一切",非狂而何? 其后南下姑苏,遨游吴越,广览名胜;继而呼鹰逐兽,春歌冬猎,放荡齐赵,快意欢乐,自谓"裘马颇清狂"。诗人在长安时期,词伯许与,侯王赏游,"奏赋入明光","天子废食招",但因生活的窘穷,所以"烂醉是生涯","醉则骑马归",常常"更调鞍马狂欢赏","醉把青荷叶,狂遗白接䍦",俨然一幅"醉时狂态"③象。安史之乱爆发后,诗人"挺身艰难际,张目视寇仇","麻鞋见天子,衣袖露两肘,涕泪授拾遗,流离主恩厚",但官小职卑,并没有受到朝廷的重用,故"无路从容陪笑语,有时颠倒著衣裳",对着苦闷发热的天气和堆案相仍的簿书,甚至要"束带发狂欲大叫"了,显然,"亦见狂态也"④。诗人辞官后,为生活所迫,辗转秦陇,流寓巴蜀,在成都经营草堂,这时期虽然生活较为安定,不过寄人篱下,情非得已,忧念乡国,时时难忘,诗人的心中充满着矛盾和忧伤,所以"江上被花恼不得,无处告诉只颠狂";"欲填沟壑惟疏放,自笑狂夫老更狂"。真如金圣叹所说"其狂不可及"⑤。到了晚年,寄居夔州,虽有人生如昨之嗟,忧世心弱之感,但诗人一方面"束带还骑马","清晨散马蹄","罢酒酣歌拓金戟","自倚红颜能骑射",未改少年时的狂态;另方面又"雄剑鸣开匣,群书满系船。……登临多物色,陶冶赖诗篇"。"漫作《潜夫论》,虚传幼妇碑",大有诗学莫传,后人难继的慨叹,其自恃甚高,"目空一切",亦颇与青少年时期的狂态相似。直到漂泊湖湘的临死之前,诗人虽然"转蓬忧悄悄,行药病涔涔",但却仍"夜醉长沙酒","墨客兴无违","狂夫终奚适,……久放白头吟",甚至"暮年惭激昂,……郁郁回刚肠",饮酒吟诗,怨愤忧伤而刚肠激昂,狂态未尝收敛。不难看出,无论是官是民,也不论是漂泊还是安居,从小到老,由北至南,"狂"始终是杜甫性格中重要的一个方面并影响着杜甫的行为和品质。

杜甫一生皆"狂",但不同时期"狂"的程度和方式也并不完全相同,这是因为人的性格虽然有着相对的稳定性,但随着社会生活的改变和年龄阅历的增长,其性格自然也会不断地发生变化的缘故。青少年时期的杜甫,生活在大唐帝国最繁荣昌盛的时期,他"读书破万卷","群书万卷常暗诵",不仅"熟精文选理""应须饱经术",而且"不薄今人爱古人,清词丽句必为邻",广泛阅读,多方吸取,故七岁能做诗,九岁即习字,十四五岁就"出入翰墨场",使当时的文坛老宿们也惊叹而佩服了。难怪诗人也要自诩为"下笔如有神","气劘屈贾垒,目短曹刘墙"了。但诗人并不是一个娇生惯养的白面书生,"忆昔十五心尚孩,健如黄犊走复来,庭前八月梨枣熟,一日上树能千回"。他天真烂漫,活泼顽皮。稍大又骑马射猎,四处游历,曾与高适、李白"气酣登吹台,怀古视平芜","痛饮狂歌","飞扬拔扈",生活是那样的丰富多彩,浪漫豪放。"会当凌绝顶,一览众山小",对人生充满憧憬,对未来满怀希望,此时的诗人是"放荡""快意"式的"裘马清狂"。但毕竟对社会生活缺乏全面的认识,对现实世界没有深刻的了解,对人民境况并未真正接触,实际上其思想境界和诗歌创作并不如他自己所说的那样完美,也未能达到后来的高度,这正如高尔基所说:"差不多所有年纪在十五岁和二十五岁之间的人,都觉得自己是个天才,但在大多数场合,这是一种类似假怀孕的毛病:症候和真正怀孕时一模一样,但肚里却是空虚的。"⑥诗人的这种毛病是在经历长安十年和安史之乱后才得到改变的。"穷年忧黎元,叹息肠内热"的杜甫满怀信心进入长安,以为"立登要路津",很快就可以实现"致君尧舜上,再使风俗淳"的宏愿。结果却事与愿违,考试落第,干谒不济,直到第九个年头,才授河西尉,因不愿"凄凉为折腰"而不就,改为正八品下的右卫率府胄曹参军的小官,不仅理想无法实现,甚至"朝扣富儿门,暮随肥马尘,残杯与冷炙,到处潜悲辛",连生活也成了问题。安史之乱爆发,大唐帝国处于风雨飘摇之中,诗人杜甫同样也多灾多难。他不仅"家庭隔绝久","一岁四行役",来往奔波不断。而且多次身遭不测。先是陷身贼庭,继因疏救房琯险被杀头。不久由于好管"闲事"再贬华州司功参军,最后为逃"关辅饥"又弃官往秦州。政治上的失意,生活上的贫穷及国势的艰危,使诗人逐步深入了社会现实,接近了劳动人民,认识了封建统治的黑暗腐朽,内心痛苦哀伤,故"谁能更拘束","熟醉为身谋","浊醪有妙理,庶用慰沉浮"。此时的诗人"性命由他人,悲辛但狂顾",既"怕趋走",更复"逍遥",或"放歌""狂歌",或"疏顽""疏放",是一种"众宾皆醉我独醒"的恣意放浪式的醉狂。由于身受国家破亡的痛苦,目睹劳动人民的灾难,故醉不失真,狂不忘本,这恰恰是其思想和创作趋向成熟的标志。诗人到成都后,尽管"天地日流血","胡灭人还乱",天下尚未安定;"穷愁但有骨""苦摇乞食尾",生计亦属艰难,但全家人究竟住下来了,并先后在高适、严武等人的资助下,营建了草堂,过起了"卜居""为农"的安闲生活。"我生性放诞,雅欲逃自然,嗜酒爱风竹,卜居必林泉",诗人或垂钓江头,或种药槛边,或江畔独步寻花,或溪里引妻乘艇,或邀朋访友,或饮酒吟诗,容止闲散,自然疏放,"实有醉如愚","焉知礼法疏",蔑弃礼法,任性不羁。"独酌甘泉歌,歌长击樽破",诚如顾宸所云:"酌而歌,歌而长;长而至于樽,击樽而至于破,公之狂态俱见,无聊之态亦见矣。"⑦这其中自然有热烈的爱,也有深沉的恨,有辛酸的眼泪,也有委婉的讽刺,正反映出此时诗人那倔强不屈、疏放萧散的猖狂之态。《旧唐书·杜甫传》载"甫于成都浣花里种竹植树,结庐枕江,纵酒啸咏;与田夫野老相狎荡,无拘检。严武过之,有时不冠,其傲诞如此"。"甫性褊躁,无器度,恃恩放恣,尝凭醉登武之床,瞪视武曰:'严挺之乃有此儿!'武虽急暴,不以为忤。"《新唐书》沿用其说,并在此基础上编造出严武欲杀杜甫的惊险故事来。其实除严武欲杀杜甫乃史家杜撰(前人早有辨析)外,《唐书》所记还是颇为符合杜甫猖狂的形象的。不难看出,明媚险峻的蜀中自然风光,勤劳好客的蜀中劳动人民,陶冶了诗人的情操,净化了诗人的心灵,刺激了诗人的灵感,构成了诗人创作的潜在动力。故蜀中之诗,无论内容、形式和风格较之以前都发生了转变,有所深入和发展。黄子云《野鸿诗的》谓"少陵早年所作,瑕疵不少,……盖公于是时学力犹未醇,至入蜀后,方臻圣域"。颇为中肯,显然这是杜甫思想和创作的一个丰收时期。晚年诗人寓居夔州,"耕稼学山村","治生且耕凿",亲自参加了生产劳动,改善了自己的物质生活条件。但"缓步仍须竹杖扶","牙齿半落左耳聋","我多长卿病,……肺枯渴太甚",多种疾病困扰,身体衰谢无力,因而"郁郁苦不展""乱离心不展",总是郁郁寡欢,心情并不舒畅。"叹时药力薄,为客羸瘵成",身病既难医治,心疾更难疗救,只好"全命甘留滞,忘情任荣辱"了。所以"嗜酒益疏放","鄙夫亦放荡","喧呼且覆杯中渌","酒酣耳热忘头白",一方面以酒消愁,用旷达放浪来排遣内心的苦闷,"江村意自放,林木心所欣",另一方面夔州的山水自然条件和新的社会环境又为诗人的创作提供了新的题材。"他乡阅迟暮,不敢废诗篇","登临多物色,陶冶赖诗篇",写诗也成了诗人消愁解闷,表现自己忧国忧民,伤时思乡的矛盾心情的唯一爱好。至于漂泊湖湘,生存之忧患,交往之寥落,衰病之孤寂,思乡之迫切,恋阙之执著,无时无刻不在强烈地熬煎着杜甫,"我师嵇叔夜",

"高歌激宇宙",虽仍疏放激昂,但毕竟已是"落日心犹壮"了。可见晚年时期的杜甫已成了一个衰老多病,忧愁感伤的"诗狂",其诗歌创作不仅内容丰富,题材广泛,数量大大超过了以前时期,而且"晚节渐于诗律细","暮年诗赋动江关",体裁多样,形式多变,手法多种,风格老成,各方面都有创造性的发展,是诗人创作的又一个高潮时期。

从放荡式的"清狂",到清醒式的"醉狂",再到疏放式的"狷狂",最后到感伤式的"诗狂",这就是诗人杜甫"狂"性发展变化的心路历程,也是他诗歌创作从不够成熟到成熟,再到转折变化最后至于丰收高潮的发展过程。

二

作为性格,它是人的禀赋、气质、个性、品格等内在因素的综合反映。作为杜甫性格重要组成部分的"狂",无疑也反映出诗人内在因素的许多方面。

首先是自信与自尊。相信自己,尊重自己,才能把握自己的未来,对未来充满希望和信心。杜甫一生充满着自信与自尊,他的"狂"正是这种自信与自尊的外在表现。杜甫的"狂"性中寄寓着诗人崇高的理想和宏大的志向以及为此而奋斗的强烈信心,他在《赠韦左丞丈二十二韵》中写道:

> 甫昔少年时,早充观国宾。读书破万卷,下笔如有神。赋料扬雄敌,诗看子建亲。李邕求识面,王翰愿卜邻,自谓颇挺出,立登要路津。致君尧舜上,再使风俗淳。

诗人自叙其出众的才华和伟大的抱负,并天真地认为凭此求取功名,登上仕途,原该易如反掌。其高视阔步,意气风发,真有踌躇满志、睥睨一切的气概。《杜臆》云:"通篇都作真语","大胆说出,绝无谦让"。这难道不是"狂"性中的自信与自尊吗?再看他的《进雕赋表》与《雕赋》:

> 臣幸赖先臣绪业,自七岁所缀诗笔,向四十载矣,约千有余篇。……臣之述作,虽不能鼓吹六经,先鸣数子;至于沉郁顿挫,随时敏捷,扬雄、枚皋之徒,庶可企及也。……臣以为雕者,鸷鸟之特殊,搏击而不

可当,岂特壮观于旌门,发狂于原隰,引以为类,是大臣正色立朝之义也。臣窃重其有英雄之姿,故作此赋。

……当九秋之凄清,见一鹗之直上。以雄才为己任,横杀气而独往。梢梢劲翮,肃肃逸响;杳不可追,俊无留赏。……

除了自叙才华及抱负外、还刻画了一个雕的形象;背负苍天,下视平野,欻然一击,扶云直上。突出了雕的俊猛英姿和睥睨一切的气概。仇兆鳌以为"托雕鸟以寄意,其一种慷慨激昂之气,虽百折而不回"。⑧这是颇得其旨的。这难道不是在自信与自尊中蕴含着"狂"吗?其实一生皆"狂"的杜甫为理想而奋斗坚定不一,始终自信而又自尊。"会当凌绝顶,一览众山小",其不畏艰难,勇于攀登,俯视一切的雄心壮志,字里行间不是洋溢着青年杜甫蓬勃向上的朝气吗?"骁腾有如此,万里可横行",驰骋万里,豪气干云,难道不是诗人志向的写照吗?"何当击凡鸟,毛血洒平芜",嫉恶如仇之心,奋发向上之志,不也充满着青春的活力吗?"许身一何愚,窃比稷与契",张戒云:"少陵在布衣中,慨然有致君尧舜之志,……读其诗可以想其胸臆矣!"⑨"新松恨不高千尺,恶竹应须斩万竿",善恶何等分明,爱憎多么强烈,杨伦云:"兼寓扶善疾恶意。"⑩"乃知益代手,才力老益神","古来存老马,不必取长途",到老亦自恃才华,并以老马自喻,其老当益壮,顽强不息的奋斗精神不也十分强烈吗?即使在临死之前,诗人还"慨叹乱离时事",其稷契之心依然如前,其奋斗之志并未止息。显然,诗人为"致君尧舜"理想的执著追求和不懈努力,正是其自信自尊的内在动力,也是其"狂"性产生的内在因素。

其次是坦率与真诚。杜甫强调"至性"、"真率"和"真情",这在他的"狂"性中也得到了充分的体现。"由来意气合,直取性情真。浪迹同生死,无心耻贱贫。"王嗣奭《杜臆》云:"写得曲折,见性情之真;而客不嫌弃,又见意气之合。"颇为中肯。"早岁与苏郑,痛饮情相亲,二公化为土,嗜酒不失真。"对早年与苏源明、郑虔相交亲密而"不失真性"的追怀,亦真挚亲切。他称赞唐十八使君"物白讳受玷,行高无污真";颂扬"佯狂真可哀"的李白"剧谈怜野逸,嗜酒见天真";刻画"在位常清狂"而满口吴方言的"狂客"贺知章"骑马似乘船,眼花落井水底眠"那"醉中自得""醉后忘躯"的"狂态";自悔"疏懒为名误,驱驰丧我真",害怕"常恐性坦率,失身为杯酒",因而,"不爱入州府,畏人嫌我真",不愿意去见那些州府官员,害怕他们嫌弃自己的性情真率。其实这恰恰是杜甫真情至性的可敬可爱之处,也正是这种真情至性铸成了诗人的"狂"。请看《闻官军收河南河北》一诗:

> 剑外忽传收蓟北,初闻啼泪满衣裳。却看妻子愁何在,漫卷诗书喜欲狂。白日放歌须纵酒,青春作伴好还乡。即从巴峡穿巫峡,便向襄阳向洛阳。

从听到收复河南河北的消息,到喜极下泪,到看妻子的表情,到卷诗书,到想象回乡,结合叙事,抒发狂喜之情,直如长江奔涌,一泻而下,的确为老杜"生平第一快诗也"⑪。仇兆鳌注引王嗣奭云:"此诗句句有喜跃意,一气流注,而曲折尽情,绝无妆点、愈朴愈真,他人决不能道。"⑫梁启超亦说:"一毫不隐瞒,一毫不修饰。照那情感的原样子,迸裂到字句上。讲真,没有真得过这一点了。"⑬他们都高度评价了杜甫"狂喜"中的真情流露,是非常中肯的。再如《狂歌行赠四兄》一诗:

> 今年思我来嘉州,嘉州酒重花绕楼。楼头吃酒楼下卧,长歌短咏迭相酬。四时八节还拘礼,女拜弟妻男拜弟。幅巾鞶带不挂身,头脂足垢何曾洗。

仇兆鳌云:"喜兄弟相见,故兴至而狂歌。"又云:"脱巾蒙垢,摹其狂态。"⑭诗中描写兄弟相见时欣喜为礼的生动情景和诗人不拘形迹的真实情态,不也历历在目、维妙维肖吗?从以上不难看出杜甫的"狂"性中的确蕴含着一种真诚的坦率。正如席勒所说的那样:"诗人之所以成为诗人,就在于努力使自己的灵魂摆脱一切与虚伪世界相象的东西,……他是纯洁的,他是天真的。"⑮

再次是愤世与抗争。杜甫从小就怀着"致君尧舜上"的宏伟志向,"穷年忧黎元","窃比稷与契",忧国忧民,要像稷、契一样匡时佐世,干出一番惊天动地的事业,这是他一生奋斗的目标。但严酷的社会现实粉碎了他的美梦,他不仅没能受到统治者的重用,做到济世安邦;反而遭到了统治者的冷遇、打击和迫害,几乎性命不保;甚至饱尝战乱之苦,流离之害,被迫寄人篱下。他耳闻目睹了统治阶级的腐朽和安史叛军的残酷,亲身体验了人民生活的苦难和国破家亡的痛苦,这一切强烈地刺激着杜甫,他不断地发出了愤世的呐喊,多次地表示了强烈的抗争,他的"狂"性正是这种愤世与抗争的外现。且看《去矣行》一诗:

> 君不见鞲上鹰,一饱即飞掣!焉能作堂上燕,衔泥附炎热?野人旷荡无靦颜,岂可久在王侯间?未试囊中餐玉法,明朝且入蓝田山。

仇兆鳌云:"此诗欲去官而作也。……宁为鹰之飏,不为燕之附,以野性旷荡,不屑靦颜侯门也。"⑯诗人以鹰自喻,以燕比小人,不愿依附气陷嚣张的权贵,谄事王侯,真可与李白"安能摧眉折腰事权贵,使我不得开心颜"⑰相提并论。如果说"耽酒须微禄,狂歌托圣朝"是诗人牢骚满腹的自嘲的话,那么此诗便是愤而出走的呼号了。再看《除草》一诗:

> 草有害于人,曾何生阻修!其毒甚蜂虿,其多弥道周。清晨步前林,江色未散忧。芒刺在我眼,焉能待高秋!霜露一沾凝,蕙草亦难留。荷锄先童稚,日入仍讨求。转致水中央,岂无双钓舟?顽根易滋漫,敢使依旧丘?自兹藩篱旷,更觉松竹幽。芟夷不可阙,疾恶信如仇!

此诗首言毒草之害,次言欲亟除其根,末言诗人怀抱。杜甫借除草以喻除奸,抒写了他嫉恶如仇的政治态度。不仅如此,杜甫对那些贵族官僚地主是毫不留情的,"眼前无俗物,多病也身轻",他把这些人看成是"俗物",甚至觉得眼前没有这些坏蛋,即使是身多疾病也觉轻爽,其愤恨之情显而易见。诗人有时还骂他们为"盗贼"、"蟊贼",并认为"必若救疮痍,先应去蟊贼",要救治老百姓,就应先去掉这些吃人的害虫。他对于那些危害国家人民的人满怀鄙视和仇恨。因此"寇盗狂歌外,形骸痛饮中。……此身醒复醉,不拟哭途穷"。诗人哪怕在痛饮狂歌之中,仍感慨时艰,意存规讽。竟至于对危害人民的自然现象和"天神"也忍不住要愤怒地斥责:"安得诛云师?畴能补天漏","吾将罪真宰,意欲铲迭嶂!"实际上这不就是诗人对现实不平的愤怒与抗争吗?"休作狂歌老","犹忆酒颠狂",显然杜甫的"狂"性中恰恰寓托着这种愤怒与抗争的心理态势。

三

　　杜甫的"狂"是他性格的一个重要组成部分,反映了他内在心理素质的许多方面。但杜甫因何而狂,原因何在,尚须进一步加以说明。

　　有人在为杜甫的死下一诊断时"几经思索,才发现杜甫的身上,还存在着一种遗传疾患",认为杜甫"患有'狂'疾,这"不仅可从《唐摭言》记他轻蔑严武,犯其家讳一事件,来说明他在'狂'病发作期,其昏瞀悖乱程度,是多么严重"。而且还可以从他的许多诗里"知他在发病时,曾出现大声呼叫,四处乱跑,乱著衣裳等症状"。因而得出结论说杜甫"至少有时发时愈的轻度精神病",而这种"精神病是有遗传的","故杜审言患狂,其孙杜甫也同样的狂,遗传自是其病原之一。"并举例说,"按《太平广记》卷265引《宾谭录》称杜的祖父就患有'矜诞'一疾,自炫其'文章当得屈、宋作衙官,书当得王羲之北面'。竟成了文章、书法第一人的师父,这岂不可笑。审言这样的夸大狂,从医学上看,乃是病态。"[⑱]

　　这真是"热昏的胡话",可笑的不是杜审言,恰恰是殚精竭虑、挖空心思为杜甫的"狂"找病因的"下诊断"的人。

　　这里我们不打算去辨析《唐摭言》所记杜甫轻蔑严武一事是否真实,此事亦载于旧、新《唐书·杜甫传》,因为后来史家及学术界早已考订其乃小说家杜撰附会,非杜甫所为。而只是想就杜审言一事谈谈自己的看法。《旧唐书·杜审言传》、《新唐书·杜审言传》皆载有《宾谭录》所记之事,且记载更为详备。《新唐书》云:杜审言"恃才謇傲,甚为时辈所疾。乾封中,苏味道为天官侍郎,审言预选,试判讫,谓人曰:'苏味道必死。'人问其故,审言曰:'见吾判,即自当羞死矣!'"《新唐书》除以上记载外,又增加了以下一段:"初,审言病甚。宋之问、武平一等省候何如,答曰:'甚为造化小儿相苦,尚何言? 然吾在,久压公等,今且死,固大慰,但恨不见替人'云。"可见杜审言的确亦有"狂"性。但"文人相轻,自古而然"[⑲],这是曹丕早就批评过的,并不能说明杜审言这种行为是"病态"的反映。何况"吾祖诗冠古",

杜审言的诗歌无论就内容还是就质量而言,在当时都是要超过宋之问、武平一等人的,在同辈的面前未免自矜夸大,也是情理中事,这并不能说明就是精神失常。至于杜审言是否善于书法,史无记载。但杜甫是善于书法的,这在他的诗中有明确的记载,今人也已论及,杜甫四岁时杜审言去世,然"九龄书大字,有作成一囊"的杜甫受家庭环境的影响很大,想来书法受其乃祖乃父的沾溉亦不应例外。以此观之,杜审言也应是善于书法的。后人将自己的长处与古人作比,这是常见的事,如诸葛亮每自比于管仲、乐毅,李白自比于扬雄、司马相如等皆是,我们并不能以此就断定他们是"病态",有"狂疾"。我们又如何能因杜审言将自己与屈、宋、王羲之相比就推定他有"狂疾"和"精神病"呢?就是与杜审言同时的东方虬,不也要与"西门豹作对"㉑呢?难道我们就因此而认定东方虬也有"狂疾"和"精神病"吗?

其实这种"狂"性乃是作家进行创作实践时通常伴随的一种精神现象:乖张、抑郁、狂躁甚至歇斯底里地呼喊,寝食不安的焦灼。然而正是这却强烈地表达了作家悲痛、哀伤、苦闷、愤恨等情绪,并使之得到宣泄,从而使躁动不安的灵魂得到暂时的喘息,正是这促使了作家产生强烈的创作冲动,成为了创作的一种内驱动力。古今中外作家不乏其例:高尔基就说过他在创作生涯中"对生活的庸俗和残酷的恐惧,是我深深体验过的,我曾经弄到想自杀的地步","我也有非常痛苦的紧张的时候,那时候我好像一个患歇斯底里症的人一样'骨鲠在喉',我想狂叫。"㉒陀思妥耶夫斯基亦曾说:"我写作时往往很焦躁,痛苦不安,忧虑重重。"㉒鲁迅先生亦有类似的现象,据许广平回忆说:"他不高兴时,会半夜里喝很多酒,在我看不到的时候,更会像野兽的奶汁所喂养的茉漠斯一样,跑到空地去躺下。"㉓郭沫若写诗时"在馆后僻静的石子路上,把下驮(日本的木屐)脱了,赤着脚踱来踱去,时而又率性倒在路上睡着",或"全身上下有点乍寒乍冷,连牙关都在打战"。㉔巴金说:"我是一边写一边嚷的!"㉕曹禺说他写《日出》"苦思不得的时候便冥眩不安,流着汗,急躁地捶着自己,如同肚内错投了一副致命的药剂……。这些失眠的夜晚,困兽似的在一间笼子大的屋子里踱过来拖过去,睁着一双布满红丝的眼睛,……我捺不住了,在情绪的爆发当中,我曾经摔碎了许多纪念的东西。""产生大地震来临前那种'烦躁不安'"[25]。以上这些情况与杜甫"束带发狂欲大叫","有时颠倒著衣裳","无处告诉只颠狂","狂走终奚适","忆昨狂催走"等大声呼叫,四处奔走,乱著衣裳等状态不是如出一辙,颇为相似吗?难道我们可以因此就认为高尔基、陀思妥耶夫斯基、鲁迅、郭沫若、巴金、曹禺等人患有遗传性的"狂疾",有着"轻度的精神病"吗?如果说遗传,怎么没有听说过他们的父祖辈有这种"狂疾"呢?而且他们的子孙辈也并未发现有"精神病"和"狂疾"呢?再说中国古代被称为"狂"者不少,"露才扬己,显暴君过"[27]的屈原、"非汤武而薄周孔"[28]的嵇康,被贺知章称为"谪仙人"的李白,以及后来的苏轼、陆游、辛弃疾、曹雪芹等人,无不被目为"狂",而他们也不同程度地有着"狂"态和"狂"性,难道他们也患有"狂疾"和"精神病"吗?而且皆因遗传所致吗?

感情是一种心理活动,"狂"性实际上是人内心的一种焦虑。心理学家强调,情感表现的内在心理面貌是相当复杂的,与作家的生活经历、社会环境、时代条件等因素的制约有关,也受本身的气质、本能、意志等生理、心理活动的影响。因此,"狂"的产生有着复杂的原因。即如杜甫,首先是对社会现状的强烈不满,诗人追求完美的人生理想与现实处境的强烈反差造成了他内心的冲突与不安。其次是个人内心尖锐的矛盾冲突,一方面是自尊自信与顽强奋斗,一方面又是无可奈何的挣扎、苦闷与煎熬,这二者交替,充分显示了诗人内心尖锐的矛盾冲突。正是这种主客内外的原因,杜甫性格中的"狂"便随之而生。何况人的内心焦虑也是一种复杂的心理情绪,其中蕴含着危机意识、振奋意识、内省意识等,对作家创作起着极大的作用,所谓"愤怒出诗人","不平则鸣"[29],"诗愈穷而愈工"[30],皆寓此理。所以在创作过程中,作家的焦虑情感,即"狂"得以升华,就会产生震撼人心的人格力量,促进社会的变革、发展和人的自觉。从这个意义上来说,"狂"是诗人的共性,是创作过程中所不可少的。不知有此,则不知创作的规律。对于杜甫的"狂"性。亦应作如是观。

事实上真正的精神病人的外部表现及其病因与诗人作家的"狂"是有着本质的不同的。且看《诸病源候论》论精神病的情况:

> 夫病甚则弃衣而走,登高而歌,或至不食数日,逾垣上屋,所上非其素时所能也。

这与杜甫"束带发狂欲大叫""一日上树能千回"能相提并论吗?《诸病源候论》又说:

> 狂病者,由风邪入并于阳所为也。风邪入血,使人阴阳二气虚实不调,若一实一虚,则令血气相并。气并于阳则为狂,发或欲走,或自高贤称神圣是也。又肝藏魂,悲哀动中则伤魂,魂伤则狂妄。不精明,不敢正当人,阴缩而孪筋,两胁骨不举。毛瘁色夭,死于秋。皆由血气虚,受风邪,致令阴阳气相并所致,故名风狂。

以上分析导致精神病的生理和心理原因。相当精确,这与杜甫忧国忧民,内心矛盾冲突所致之"狂"了不相涉,看来"为杜甫的死下一诊断"的确是误诊,并不准确。

要之,杜甫的"狂"是他进行诗歌创作时的一种心理现象,来源于他的社会生活和主观情绪,而并不是如某些人所说的那样是一种"时发时愈的轻度精神病",也不是因其祖父的遗传所致。

注 释

①《美学译文》第一辑,中国社会科学出版社1980年版,第90页。
②杜甫:《壮游》。以下引杜诗,皆见仇兆鳌《杜诗详注》,不再注出处。
③仇兆鳌:《杜诗详注》卷二。
④仇兆鳌注引赵大纲语,《杜诗详注》卷六。
⑤《金圣叹选批杜诗》卷一。
⑥《高尔基文学论文选·一个读者的札记》。
⑦仇兆鳌注引顾宸语,《杜诗详注》卷十。
⑧仇兆鳌:《杜诗详注》卷二十四。
⑨张戒:《岁寒堂诗话》。
⑩杨伦:《杜诗镜铨》。
⑪浦起龙:《读杜新解》。
⑫仇兆鳌:《杜诗详注》卷十一。

⑬梁启超:《中国韵文里头所表现的情感》。
⑭仇兆鳌:《杜诗详注》卷十四。
⑮席勒:《论素朴的诗和感伤的诗》。
⑯仇兆鳌:《杜诗详注》卷三。
⑰李白:《梦游天姥吟留别》。
⑱《杜甫研究学刊》1991年第1期。
⑲曹丕:《典论·论文》。
⑳刘悚:《隋唐佳话》"补遗"。
㉑高尔基:《谈谈我怎样学习写作》。
㉒《陀斯妥耶夫斯基论艺术》中译本,漓江出版社1988年版。
㉓《许广平回忆录》。
㉔郭沫若:《我的作诗经过》。
㉕巴金:《爱情三部曲·作者的自白》。
㉖曹禺:《雷雨序》。
㉗颜之推:《颜氏家训·文章》。
㉘嵇康:《与山巨源绝交书》。
㉙韩愈:《送孟东野序》。
㉚欧阳修:《梅圣俞诗集序》。

原刊《杜甫研究学刊》1996年第3期

论杜甫在夔州的农事诗

吴 明 贤

所谓农事诗是指以农业生产或与农业生产有关的人和事为题材的诗。杜甫于大历元年(766)春末从云安到夔州,先居赤甲,次迁瀼溪,再徙东屯,辗转三地,往来寓居,最后于大历三年(768)正月出峡东下,总共不到两年时间。但就是这短短的时间,却成就了杜甫诗歌创作中的又一个丰收时期,共作诗四百多首,相当于全部杜诗的七分之二。在这四百多首诗中,言及农业生产或农业生产有关的人或事的诗(以下简称农事诗)约有百首之多,又占四分之一左右。这说明农事诗是杜甫夔州诗的一个重要内容。本文拟就杜甫夔州诗的这一重要内容作一简单探讨。

一

"五载客蜀郡,一年居梓州,如何关塞阻,转作潇湘游。"杜甫五载客居成都,一年寄居梓州,关山阻隔,难返长安,严武既死,无可如何,只好顺流东下,客游潇湘了。他于永泰元年(765)携家离开成都,第二年春天到达夔州。此时的诗人"缘情慰飘荡,抱疾屡迁移,经济惭长策,飞栖假一枝",长期迁徙,疾病缠身,早年致君尧舜的经济之策已经不能实现了,除了用诗歌自慰以外,就只想早点儿有一个暂时安定的栖身之处。来到夔州之后,得到了夔州都督柏茂琳的资助,因此便在此处留住了下来。

在夔州,杜甫虽然先后几度迁徙,其生活仍很艰苦,但却是比较安定的。杜甫刚到夔州的时候,柏茂琳对他还是比较礼遇的,让诗人先住在白帝城的西阁,后移瀼西,再居东屯,"主人柏茂林,频分月俸",开始每月都给他送去俸钱，又给他在西瀼溪买得柑林四十亩，并使他主管东屯公田百顷。到第二年夏天，柏茂琳还派人给杜甫送去瓜果蔬菜。到夔州不久，杜甫家中又雇了奴仆，如獠奴阿段、隶人伯夷、辛秀、信行，女奴阿稽等，除此以外还有行官张望协助杜甫管理公田。有了土地，有了人，这就为杜甫从事农业生产的管理和劳动创造了必要的条件。当时尽管"时危关百虑，盗贼尔尤存"，中原和西蜀不时有战争存在，但"风烟巫峡远"，杜甫所居的夔州却远离战场，社会较为安定。"亲朋满天地，兵甲少来书"，夔州地处偏远之地，交通不便，信息难通，杜甫的亲朋好友虽多，此时亦很少来往，这给诗人省去了不少的麻烦，赢得了更多的时间。"穷老真无事，江山已定居"，"老病忌拘束，应接丧精神，江村意自放，林木心所欣"，一旦安定下来，诗人便觉闲得无事，既不愿应酬，亦不喜拘束，除了优游江山，欣赏林木以外，为了打发其余的光阴，自然也就注意农事了。"农事闻人说，山光见鸟情。禹功饶断石，且就土微平。"难怪诗人刚到白帝之时，正逢春末农事方兴，便到处留心倾听当地人民谈论农业之事了。山光明媚，顿觉鸟雀也叫得格外欢快，观察大江两岸，除了大禹凿山导江时留下的断石以外，只有夔州的土地稍微平坦，宜于耕种。原来诗人早已萌发了从事农业生产的念头。王嗣奭《杜臆》说："'农事闻人说'，盖已有为农之意，后来'瀼西督耕'本此。……'土微平'，正便于农也。"是深得杜诗之意的。

"乱离心不展，衰谢日萧然"。居夔时期，诗人杜甫的心情仿佛巫峡的天气一样，也是矛盾复杂而又变化多端的。"苦摇求食尾，常曝报恩腮。结舌防谗柄，探肠有祸胎。苍茫步兵哭，展转仲宣哀。饥借家家米，愁征处处杯，休为穷士叹，任受众人咍。"这是杜甫出夔后在荆州所作的一首述怀诗，其实也是对客夔生活的总结，其中有无限的涕泪和痛苦，也有难言的隐衷与悲哀。诗人初至夔时，还是颇有兴趣的，他游览当地的名胜古迹，领味山川江河的优美景色，心情自然会开朗一些；但当他看到"野哭千家闻战伐"，"哀哀寡妇诛求尽"，劳动人民处在水深火热之中时，又不免"远客中宵泪沾臆"，洒下了同情的眼泪。一方面他因受到柏茂琳等人的资助，因而不能不在自己的诗歌中写下一些表示感谢的溢美之词："镜中衰谢色，万一故人怜","迁转五州防御史,起居八座太夫人";另一方面杜甫一家老小滞留夔州,囊空如洗,活又活不下,走又走不了,只有仰赖别人的恩赐与施舍,不能不接受这种"求食尾"、"报恩腮"的痛苦生活,"生命甘留滞,忘情任荣辱",只好随遇而安,内心又是愤怨的,无可奈何的。"不是烦形胜,深愁畏损神","形胜有余风土恶,几时回首一高歌!"杜甫并不厌烦夔州的山川形胜,而认为此间山川形胜亦佳,然而风土很坏,往往引起心中的忧愁。"巫峡忽如瞻华岳,蜀江犹似见黄河",杜甫无时无刻不在思念家乡,希望回到京城长安,然而"峡中一卧病,疟疠终冬春。春复加肺气,此病盖有因"。"抱疾漂萍老"、"将衰骨尽痛"、"亦知行不逮,苦恨耳多聋","夔子之国杜陵翁,牙齿半落左耳聋",身体衰老多病,行动困难,这又使得杜甫不能很快离开,"羁绊心常折,栖迟病即痊",为了养病,只好留下,而羁绊滞留,又常教诗人心烦意乱。"时危思报主,衰谢不能休",诗人既未泯灭建功立业、匡时济世的壮志,但同时又总是感叹时光流逝,故有勋业无成、济世无望的悲哀。凡此种种,郁积在诗人的心中,便产生了伤春、闷夏、悲秋、畏冬的复杂的情感心理。为了达到自身的解脱和心理的平衡,诗人往往特别注意一些生活中的琐事,唠唠叨叨,如"林居看蚁穴,野食行鱼罾"和《催宗文修鸡栅》就是这种心境的反映。"稼穑分诗兴,柴荆学土宜",像村民一样耕种田地,随风就俗,这大概也是诗人于"乱离心不展"中所不得不走的一条自我解脱的道路。

　　杜甫在夔州虽暂时安定,但究竟是贫困的。"沉绵疲井臼,倚薄似樵渔。乞米烦佳客,钞诗听小胥。""击柝可怜子,无衣何处村",一段时间,诗人曾缺衣少米,吃住困难。"暖老须燕玉,充饥忆楚萍","囊空把钗钏,米尽坼花钿",甚至于借钗钏花钿以供生计,可见一家的生活是十分艰难困苦的。"畦疏绕茅屋,自足媚盘餐",杜甫种菜务农的目的,当然是首先想解决吃饭问题。"谷者命之本,客居安可忘",春耕种稻,乃客居所急,是不可忘记的眼前大事,难怪诗人要"东屯复瀼西,一种住清溪,来往皆茅屋,淹留为稻畦"了。仇注云:"写屯居之故。东西两舍,总在清溪,今特移屯者,一为稻米而来,一为避喧而至也。"看来目的是很明显的,那就是解决生计问题。

何况"西江使船至,时复向京华",杜甫始终也还没有忘记返回长安和故乡呢?然而这对于"所适装囊空"的杜甫来说,又谈何容易。为了解决"囊空"缺少盘缠的大问题,杜甫亦不得不暂住夔州,一方面参加农业劳动,一方面准备行囊。"人见幽居僻,吾知拙养尊,朝廷问府主,耕稼学山村。"这大概也是僻居夔州的诗人要从事农业生产的又一个重要原因吧。

不难看出,杜甫在夔州从事农业生产并非偶然,而是由主客观多方面的因素所决定。夔州的农事诗无疑是杜甫客夔期间从事生产劳动的集中反映。

二

"细雨荷锄立","葵荒欲自锄",在夔州期间,杜甫是亲自参加了农业劳动的。正因为如此,杜甫在夔州的农事诗才显得特别真实具体,亲切感人,有着他自己的特色。

首先是广。杜甫夔州农事诗的题材十分广泛,由田家农活至室内家务都有反映。有春耕:"云障宽江左,春耕破瀼西";有夏耘:"仲夏流多水,清晨向小园";有秋收:"烟霜凄野日,秔稻熟天风""渐知秋实美,幽径恐多蹊";也有冬食:"破甘霜落爪,尝稻雪翻匙",仇注云:"冬夔所为,则喜于无事,惟破甘尝稻而已。霜落,言其鲜;雪翻,言其白。"这就把农业生产的各个季节和不同阶段较为全面地反映了出来。杜甫较多的是描写了水稻的生产情况,因为"东屯稻畦一百顷,北有涧水通青苗",不仅面积大,而且条件好,可以获得好的收成。且看《行官张望补稻畦水归》一首:

> 东屯大江北,百顷平若案。六月青稻多,千畦碧泉乱。插秧适云已,引溜加溉灌。更仆往方塘,决渠当断岸。公私各地著,浸润无天旱。主守问家臣,分明见溪畔。芊芊炯翠羽,剡剡生银汉。鸥鸟镜里来,关山雪边看。秋菰成黑米,精凿传白粲。玉粒足晨炊,红鲜任霞散。终然添旅食,作苦期壮观。遗穗及众多,我仓戒滋漫。

首八句写稻畦之水和行官补水,中八句叙行官归答之词和杜甫想象稻畦之景,末八句言秋成有望当分惠及人。诗中写到插秧、管理、收获及分配,既有客观的描写,亦有主观的想象,内容是广泛的。浦起龙说此篇与《秋行官张望督促东渚耗稻向毕清晨遣女奴阿稽竖子阿段往问》一首为"少陵田家诗也",杨伦也说,"此少陵田家诗也,亦自整秀",这是很正确的。此外如《刈稻了咏怀》、《茅堂检校收稻二首》亦是反映水稻生产的。杜甫还写了瓜果蔬菜的生产情况:"柴门拥树向千株,丹橘黄柑此地无,江上今朝寒雨歇,篱中秀色画屏舒。桃蹊李径年虽古,栀子红椒艳复殊。锁石藤梢元自落,倚天松骨见来枯。林香出实垂将尽,叶蒂辞枝不重苏。"这是杜甫在一场秋雨后的早晨视察园树而写,仇兆鳌说"公瀼西诗,有果园,有甘林。果园四十亩,他日所举以赠人者。甘林为治生计,所云'客民暂封殖'者。……此地无,正言柑橘之独盛。篇中林香出实二语,明说丹橘矣,……盖四十亩中,自兼有诸果也。"看来这园果子是很不错的,特别是柑橘更是清香诱人,难怪诗人要说"秋庭风落果","天寒橘柚垂","色好梨胜颊,穰多栗过拳"了。诗人还种了蔬菜:"秋耕属地湿,山雨近甚匀。冬菁饭之半,牛力晚来新。深耕种数亩,未甚后四邻。嘉蔬既不一,名数颇具陈,荆巫非苦寒,采撷接青春。"其中有瓜,有莴苣。由于诗人督勒和努力,秋蔬多种,直接来春,则蔬菜勉强可以自给。因为"月峡瞿塘云作顶,乱石峥嵘俗无井",所以诗人还派人引泉汲水,"白帝城西万竹蟠,接筒引水喉不干。人生留滞生理难,斗水何直百忧宽。"为了修屋补篱,诗人还派人上山伐木砍竹;为了救饥疗病,诗人曾驱竖子摘苍耳;因为有病,杜甫养了一大群乌骨鸡,所以他也曾催促儿子宗文修理鸡栅。他描写了旱灾对农业生产的严重危害和人们烧山求雨的愚昧举动:"闭目踰十旬,大江不止渴。退藏恨雨师,健步闻旱魃。圆蔬抱金玉,无以供采掇。密云虽聚散,徂暑终衰歇。""峡中都是火,江上只空雷。"同时也刻画了久旱逢雨对农作物的好处及人们的喜悦心情:"亢阳乘秋热,百谷皆已弃。皇天德泽降,燋卷有生意。""佳声达中宵,所望时一致。清霜九月天,仿佛见滞穗。"总之无论播种收获,水旱灾害,还是修房治室,种菜引水,这些与农业生产有关的事,诗人都把它写入自己在夔州的诗中,构成了杜甫夔州诗歌的一个丰富的重要内容。

其次是真。杜甫夔州农事诗的感情特别真挚,具体生动,亲切感人。"不爱入州府,畏人嫌我真。及乎归茅宇,旁舍未曾嗔。"杜甫不愿意去见州府官员,是害怕别人嫌弃他的性情真,然而这真性情却得到了邻居老百姓的理解和同情,可见杜甫的"真"是与他同劳动人民的关系密不可分的。而他在夔州的农事诗正好具体生动地反映了这一点。且看《雷》一诗:

> 大旱山岳燋,密云复无雨。南方瘴疠地,罹此农事苦。……吁嗟公私病,税收缺不补。故老仰面啼,疮痍向谁数。……

诗人具体真实地记录了巫峡大旱的实际情况。时间长,从"衰年旅炎方",诗人刚到夔州的春天一直到"徂暑终衰歇"的秋天,达十旬之久。灾情重,山岭焦灼,大江枯干。危害大,严重地破坏了农业生产,粮食歉收,园蔬难供,劳动人民的生活十分困难,故老仰天悲泣,满目疮痍向谁倾诉呢?面对此情此景,诗人忧心如焚,写下了这首诗篇,充分体现了自己真挚的对劳动人民的同情之心。再看《信行远修水筒》一诗:

> 汝性不茹荤,清净仆夫内。秉心识本源,于事少凝滞。云端水筒坼,林表山石碎。触热借子修,通流与厨会。往来四十里,荒险崖谷大。日曛惊未餐,貌赤愧相对。浮瓜供老病,裂饼尝所爱。于斯答恭谨,足以殊殿最。岂要方士符,何假将军佩。行诸直如笔,用意崎岖外。

夔俗无井,需接竹筒引水。一次由于山石破碎,诗人的水筒坏了,多亏了信行远修水筒,才解决了诗人吃水难的问题。当诗人看到信行涉险四十里,黄昏归来尚未吃饭时,不禁羞红了脸,惭愧地低下了头。他热情的称赞信行"清净"而"心识本源",直性而意无崎岖,并拿出养病的瓜和心爱的饼来报答信行的辛勤恭谨,其拳拳真情,跃于笔端。杜甫为了修整住房,也曾派伯夷、幸秀、信行等"入谷斩阴木"。伯夷等人清晨饭后出发,到十里以外的高山层巅之中去伐木,"人肩四根已,亭午下山麓",每人肩扛四根木头,直到亭午时分才下山回家。"尔曹轻执热,为我忍烦促",诗人赞扬伯夷等人为他"执热""忍烦",受苦受累,要"报之以微寒,共给酒一斛",用酒来犒劳他们。赞扬仆人的劳动,归功隶人,这对于一般士大夫来说,本已不易;还要以酒犒劳,这对于漂泊流离处于艰难困苦中的诗人,更属难得。王嗣奭云:

"公悯其执热烦促,有民吾同胞之意,牺劳仆人,世俗作套事,公却以为实事,而入之于诗,具有真恳之意。"的确在《课伐木》等诗中,诗人具体真实地记录了信行等人的艰苦劳动,满腔热情地称颂了他们吃苦耐劳的可贵品质,诚挚恳切之真情,历历可见。此外如《行官张望补稻畦水归》中"终然添旅食,作苦期壮观。遗穗及众多,我仓戒滋漫"。诗人不仅始终希望增添自己客居中的口粮,虽苦而期望收成可观,而且要多掉些稻穗让众人捡,不要让自己的仓库满得往外漫。王嗣奭《杜臆》说:"谷未登场,丰欠未知,公惓惓分惠,固好念头,然带腐气。"诗人杜甫一听说秧苗长势颇佳,便觉丰收在望,并从而想到不专利己而应分惠及人,这的确有些"腐气",然而其性格的天真,心地的善良,感情的真挚不也由此可见而又十分可爱吗?"诗人之所以成为诗人,就在于努力使自己的灵魂摆脱一切与虚伪世界相像的东西,……他是纯洁的,他是天真的。"(席勒《论素朴的诗和感伤的诗》)这正是杜甫夔州农事诗的最好的总结。

再次是深。杜甫夔州农事诗的思想内容是深刻的、丰富的。首先杜甫夔州的农事诗不仅反映农业生产的一般情况,更重要是通过这种反映揭示事物的本质。如《火》一诗就是诗人描写夔州地区大旱则焚火烧山、击鼓乞雨的风俗习惯的:"楚山经月火,大旱则斯举。旧俗烧蛟龙,惊惶致雷雨。"首叙举火之由是为了求雨以解救大旱。这本是一种愚昧的落后举动,诗人是并不赞成的,他认为"青林一灰尽,云气无处所","神物已高飞,不见石与土",这不仅毁坏了森林,使风雨不作(用《高唐赋》"风止雨霁,云无处所"的典故),而且即使有蛟龙也将避火而高飞,哪里还会降雨呢?因而无救于旱,只是徒增炎热罢了,有似于"谤讟"、"荧侮"之行,毫无足取。他担心"远迁谁扑灭,将恐及环堵",大火蔓延,无人扑灭,将危及人民的房屋财产及生命安全。但杜甫在诗中并未过多地指责劳动人民,而是明确地指出造成这种状况的原因除干旱外,更主要的是"薄关长吏忧,甚昧至精主",长吏薄于忧民,并不真心诚意地想法扑灭火灾。浦起龙云:"搭入有司,讬讽深切,想此举亦必请于官而行者。言尔辈为此,岂乐于取罪神物乎,亦由长吏之姑且徇俗以塞责。然于消弭灾沴之精理,实甚昧而不讲也,远迁'环堵',徒滋害耳。"这是很有道理的。诗人同情人民的灾难,通过山火的具体描写,善意地指出了他们的落后举动,斥责了统治者的昏庸腐朽和不爱护人民,这就从本质上揭示了烧山乞雨产生的根本原因,无疑是十分深刻的。杜甫夔州农事诗往往借农事以托讽,鞭挞某些丑恶的人或事物,抒写自己强烈的爱憎感情。如《种莴苣》一诗,诗人在叙述久旱入秋得雨,自己忙命童仆在堂前开了数席菜畦,播下莴苣种子,谁知过了二十多天,莴苣没生出来却长出了野苋,青青茂密,遮塞路径,之后写道:

> 因知邪干正。掩抑至没齿,贤良虽得禄,守道不封已。拥塞败芝兰,众多盛荆杞。中园陷萧艾,老圃永为耻。登于白玉盘,借以如霞绮。苋也无所施,胡颜入筐篚。

真搞不清这些野苋从哪儿出来,居然丛生盘踞。因此知道君子守道洁己,其芳泽可以被人,小人必欲摧抑终身,如荆杞败坏芝兰。这一段正不敌邪的议论,虽由种莴苣的农事引出,但却是借自然现象讽刺不合理的社会现实:"伤时君子或晚得微禄,辗轲不进",是有着深刻的社会意义的。此外如《园官送菜》云:"乃知苦苣辈,倾夺蕙草根。小人塞道路,为态何喧喧!又如马齿盛,气拥葵荏昏,点染不易虞,丝麻杂罗纨。"亦是以"苦苣、马齿掩乎佳蔬"为比,"伤小人妒害君子",同样意味深长,具有强烈的现实意义。《暇日小园散病将种秋菜督勒耕牛兼书触目》《秋行官张望督促东渚耗稻向毕清晨遣女奴阿稽竖子阿段往问》《缚鸡行》《催宗文树鸡栅》等诗,或因农事以寓托讽,或以农事抒发己怀,都能针对现实,是非分明,深刻地揭示出事物的本质,引起人们的注意或共鸣。

杜甫夔州农事诗还借写农事抒发自己忧国忧民的情怀,将国家大事融于农事之中,使之更增添了深刻的意义。《驱竖子摘苍耳》就是这样一首典型的诗篇:

> 江上秋已分,林间瘴犹剧。畦丁告劳苦,无以供日夕。蓬莠独不焦,野蔬暗泉石。卷耳况疗风,童儿且时摘。侵星驱之去,烂慢任远适。放筐亭午际,洗剥相蒙幂。登床半生熟,下箸还小益。加点瓜薤间,依稀橘奴迹。乱世诛求急,黎民糠籺窄。饱食复何心,荒哉膏粱客。富家

厨肉臭，战地骸骨白。寄语恶少年，黄金且休掷。

在叙述摘苍耳和食苍耳的基础上，引入议论，感慨时事。这里杜甫由自身说到人民和整个社会，由一件小事而想到天下国家，足见他那种"穷年忧黎元"的可贵精神是无处不在的。"富家厨肉臭，战地骸骨白"，用意与造句同"朱门酒肉臭，路有冻死骨"完全相同，有着强烈的时代色彩和深刻的思想内涵。其他如《小园》《刈稻了咏怀》、《茅堂检校收稻二首》、《槐叶冷陶》、《甘林》诸诗，思家念乡，感慨时事，倾注了满腔忧国忧民的情怀，无一不是现实社会的深刻反映。

三

杜甫夔州农事诗不仅在杜诗中有着重要的地位，而且应当说在我国诗歌发展史上也有着一定的地位和影响。

在我国诗歌发展史上，农业生产作为社会活动的一个重要方面进入诗歌题材，早在《诗经》中就已出现。《周南·芣苢》就是反映劳动妇女采集车前子的生产情况的一首短歌。清方玉润说："读者试平心静气涵咏此诗，恍听田家妇女，三三五五于平原绣野，风和日丽中群歌互答，余音袅袅，若远若近，忽断忽续，不知其情之何以移，而神之何以旷。则此诗可不必细绎而自得其妙焉。"（《诗经原始》）这无疑是一首劳动的赞歌。但《豳风·七月》却不同了，那却是奴隶们叙述他们在一年中的生产劳动过程和生活情况的诗歌。奴隶们自年头到年尾，从修整农具、下田劳动开始，到采桑养蚕、纺织染帛、收获打猎、筑场造酒以至于给奴隶主服各种劳役、修屋、凿冰等等，而他们的生活却十分痛苦，无衣无食，吃苦菜、烧臭椿，住破屋，而且女奴的人身安全也得不到保障。显然这是一首反映劳动人民受压迫受剥削的痛苦生活的农事诗。《小雅·信南山》着力描写农业生产的情况；《小雅·甫田》赞美田地的广阔、农奴的劳动，庄稼的茂盛、粮谷的丰收；《小雅·大田》描写西周农事，如种田、除虫、下雨消旱、庄稼茂盛及田畯视察等等，这些诗从不同的方面描写当时的农业生产，反映当时的农业发展状况，无疑都是很好的农事诗。此外如《周南·葛覃》、《召南·采蘩》、《采蘋》、《驺虞》、《邶风·式微》、《魏风·十亩之间》、《伐檀》、《小雅·吉日》、《车攻》、《斯干》、《无羊》、《大雅·云汉》、《周颂·噫嘻》、《丰年》、《良耜》等诗,或写采蔬供祀,或写养猪饲羊,或写耕田犁地,或写筑室修屋,或写打猎服役,或写求雨救旱,或反映劳动人民的痛苦,或揭露统治阶级的残酷,或赞美庄稼的丰收、畜牧的发达,或描写劳动的艰辛,徭役的繁重,无不是通过农事劳动集中地反映当时的社会现实,广阔地展示当时的生活面貌。可以说农事诗是《诗经》现实主义诗歌中不可缺少的重要内容。

《诗经》之后,以农事为题材的诗歌逐消失。汉乐府民歌继承了《诗经》"劳者歌其事,饥者歌其食"的现实主义传统,但描写农事或农业生产的诗歌却寥若星辰,很少见到。直到晋末宋初的陶渊明的诗歌才重新以农事为题材,并取得了很高的成就。陶渊明不为五斗米折腰,归隐田园,为了解决生计,亲自参加了农业劳动,写下了许多以劳动和农事为内容的诗歌。《劝农》一诗劝勉农民勤力耕种,《归田园居》中"开荒南野际,守拙归园田。方宅十余亩,草屋八九间"。"相见无杂言,但道桑麻长,桑麻日已长,我土日已广,常恐霜散至,零落成草莽",描写自己对农业的关心。特别是第三首"种豆南山下,草盛豆苗稀。晨兴理荒秽,带月荷锄归。道狭草木长,夕露沾我衣。衣沾不足惜,但使愿无违",写自己亲自扛起锄头早出晚归到田间参加锄草劳动的情况,清新自然,生动亲切。他在《庚戌岁九月中于西田获早稻》诗中认为衣食是人生的首要条件,要谋衣食就得参加劳动,并描写了自己参加劳动的艰苦和劳动后的欢乐,表示了要长期"躬耕"劳动的愿望。在《癸卯岁始春怀古田舍》中认为孔子"忧道不忧贫"的遗训无法达到,还是要老老实实地种地。这些认识和体验是十分深刻的,也是难能可贵的。正因为参加了农业生产,所以陶渊明接近了农民:"秉耒欢时务,解颜劝农人,……日入相与归,壶浆劳近邻。"同农民有了某种共同的语言,建立了初步的感情。对农村的凋敝和农民的痛苦生活也有了一定程度的反映,如《归田园居》四描写农村战后的荒凉景象,《怨诗楚调示庞主簿邓治中》通过写自己的生活所反映的农民的贫困和疾苦。但应当看到,陶渊明虽继承

《诗经》以农事入诗,在一定程度上反映了当时社会动乱给劳动人民带来的灾难这一社会现实;然而陶诗描写农事的题材并不如《诗经》的广泛和深刻,没有揭示农村的矛盾,多是反映个人的悠闲生活,甚至将田园生活描写得十分美好,尽管这与丑恶的官场相对比是有着批判的积极意义的,但这究竟减弱了它思想内容的深刻性。

陶渊明之后,盛唐时期的王维、孟浩然等人虽曾写过田园诗,但却并未以农事入诗。只有杜甫才继承《诗经》的现实主义传统和陶渊明参加农业生产的实际行动,以大量农事入诗。但杜甫的农事诗与《诗经》和陶渊明的农事诗相较,其广度不如《诗经》,其自然不如陶渊明。《诗经》中一篇七月描写农事淋漓尽致,将农事中的各个方面皆已写出,杜甫夔州农事诗描写农事没有这样详尽。和杜甫一样,陶渊明也有童仆,也参加了农业劳动,但那是为了避世隐居。陶渊明"开荒南野际",主要为了生计,他并未种公田,因而只是劳动生产的参加者而不是组织者。杜甫却不同,他种有公田,故不仅自己参加劳动,更重要的是要组织管理参加劳动的人。所以陶渊明"带月荷锄归"是十分自然的,而杜甫"细雨荷锄立"就不那么自然了。但杜甫由于饱经世乱,仕途挫折,漂泊夔州,接近自然,是不得已"偷生长避地",并非为了逃避社会,故其农事诗在反映社会生活的深度上要超过《诗经》和陶渊明,在广度上亦胜过陶渊明。如"富家厨肉臭,战地骸骨白"这样深刻揭示社会矛盾的凝练诗句,在《诗经》的农事诗中不可能出现,在陶渊明的农事诗中亦不会出现。杜甫农事诗中那种忧国忧民的情怀,如《甘林》中"尽添军旅用,迫此公家威。主人长跪问:戎马何时稀?我衰易悲伤,屈指数贼围。劝其死王命,慎勿远奋飞!"既同情不堪赋税重压的劳动人民,又劝他们努力上前线,为国效力,这种矛盾的心情是真挚的,然而也是痛苦的。这种血泪凝成的诗句不仅陶渊明不能写出,而且《诗经》的农事诗中也很难见到。此外如《种莴苣》、《暇日小园散病将种秋菜督勒耕牛兼书触目》等寓意深刻的农事诗也是陶诗和《诗经》中所没有的。可见杜甫夔州农事诗是对《诗经》和陶渊明农事诗的继承和发展。浦起龙《读杜新解》在评杜甫《种莴苣》一诗时说:"当与《菁莪》《巷伯》诸篇并读。人知好《前、后出塞》、《三吏》《三别》等篇,不知好此种。彼为汉魏之后劲,此为风、雅之希声也。"黄生说:"杜田园诸诗,觉有傲睨陶公之色,其气力沉雄,骨力苍劲处,本色自不可掩耳。"俞犀月评杜甫《秋行官张望督促东渚耗稻向毕清晨遣女奴阿稽竖子阿段往问》一诗说:"诗亦潇洒清真,是陶公一派,而微加沉郁之思,故自不同。"他们分别指出了杜甫夔州农事诗与《诗经》、陶诗的继承和发展关系,是颇有见地的。

杜甫夔州的农事诗对后世作家亦有着不小的影响,特别是苏轼在贬谪黄州时所写的农事诗,就颇受杜诗的益处。苏轼贬居黄州,为了解决"空庖煮寒菜,破灶烧湿苇","债负山积"的穷困生活,亲自开荒种地,从事艰辛的农事劳动,与农民有了一定的共同语言,产生了较为融洽的思想感情。发而为诗,写下了不少的农事诗,如《戏作种松》、《东坡八首》、《东坡》、《浚井》、《密洒歌》、《向大冶长老乞桃花茶栽东坡》、《次韵孔毅父久旱已而甚雨三首》、《元修菜》、《南堂五首》等等。其中《东坡八首》写自己开荒种地的艰苦情景,对老农帮助自己耕种的感激之情和喜获丰收的高兴心情,更是杰出,可为代表。另在黄州所作《浣溪沙》词五首亦以农事为题材,写自身悲慨,推己及人,忧民忧国,实缘杜甫。苏轼晚年贬于海南,"入僧舍,历小巷,民夷杂糅",常常亲入民间,而且"谦冲下士,情及疏贱,日与诸黎游,无间也"。与少数民族人民亲密无间地相处,也写下了一些以农事为题材的诗词作品,如《撷菜》以自种蔬菜但能一饱,"虽粟肉不能及也",抒写自己的达观态度;《种茶》以"松间旅生茶"暗寓自己不容于小人,被朝廷遗弃,辗转流离,备尝艰辛,就与杜甫《种莴苣》《园官送菜》诗中寓托邪不敌正、伤小人妒害君子的诗意就有着共同之处。甚至苏轼诗中还化用杜诗描写农事的句子,如"闻道黄柑尝抵鹊,不容朱橘更论钱"就化用了杜诗"朱橘不论钱"的原句。可见苏轼的农事诗除学习了陶渊明以外,也是吸取了杜甫夔州农事诗的创作经验的。

总之杜甫夔州农事诗承前启后,既是对《诗经》和陶渊明农事诗的继承和发展,也对后来苏轼的农事诗产生了巨大的影响,在杜诗和我国诗歌宝库中有着重要的地位。

原载《杜甫研究学刊》1990 年第 3 期

孙光宪生平事迹考辨

房 锐

孙光宪的生平事迹,除脱脱等《宋史》卷四八三《孙光宪传》、吴任臣《十国春秋》卷一〇二《孙光宪传》记载稍详外,其他史传记载甚略。笔者力图在对史传、笔记、地方志、文集等相关文献进行一番梳理的基础上,对孙光宪的生平事迹进行较为详细的考辨。

孙光宪"生自岷峨,官于荆郢"[①],荆南归附宋朝后,又担任黄州刺史。他的一生可依此划分为三个阶段。

一、蜀中时期

孙光宪,字孟文,自号葆光子。陈振孙《直斋书录解题》卷一一《小说家类》、《宋史》卷四八三《孙光宪传》等说同。王圻《续文献通考》卷一八〇《经籍考·集上》称孙光宪"自号宝光子",误。沈雄《词评》上卷《孙光宪〈橘斋词〉》称:"《花间集》曰:孙字葆光。"亦误。

在今本《北梦琐言》中,孙光宪自称葆光子达26次之多。"葆光"二字出自《庄子》。《庄子》卷一《齐物论》云:"注焉而不满,酌焉而不竭,而不知其所由来,此之谓葆光。"成玄英疏云:"葆,蔽也。至忘而照,即照而忘,故能韬蔽其光,其光弥朗。"[②]孙光宪在《北梦琐言》卷九《王给事刚鲠》中指出:"当衰乱之时,须适时之宜。"他以葆光子为号,流露出欲在乱世中顺乎时势、隐藏才智、含而不露之意向。蜀人向以"君子精敏,小人鬼黠"[③]著称。事实证明,孙光宪堪称五代十国时期一位头脑清醒、通达时变、顺应时势的智者。

关于孙光宪的生年,史传失载,今人说法不一。如林艾园《北梦琐言·前言》说他"生年已不可考",庄学君《孙光宪生平及其著述》说他"生年约在公元895年"④,陈尚君《"花间"词人事辑》称他"约生于唐乾宁(894—897)间"⑤,刘尊明《"花间"大家孙光宪考论》称他"生年大约也应在公元896年或稍后一两年之间"⑥,贺中复《五代十国文学》则"暂定其生年为898年"⑦。在此,笔者在对有关文献进行考查的基础上,参考庄学君等人的研究成果,对孙光宪的生年作一考断。

《北梦琐言》"逸文"卷一《强绅望气》、周羽翀所编《三楚新录》卷三"梁延嗣"条对确定孙光宪的生年颇有帮助。《强绅望气》云:

> 唐凤州东谷有山人强绅,妙于三戒,尤精云气。属王氏初并秦、凤,张黄于通衢。强公指而谓孙光宪曰:"更十年,天子数员。"又曰:"并汾而来,悠悠梁蜀,后何为哉!"于时蜀兵初攻岐山,谓其旦夕屠之。强曰:"秦王久思妄动,非四海之主。虽然,死于牖下,乃其分也。蜀人终不能克秦,而秦川亦成邱墟矣。"尔后大卤与王凤翔不睦,秦王令终,王氏绝祚,果叶强生言。有鹿卢跻术,自云:"老夫耄矣,无人可传。"其书藏在深隐处古杉树中,因与孙光宪偕诣,开树皮,发蜡缄,取出一通缃书,选吉辰以授。为强妪止之,谓孙少年也,虑致发狂,俾服膺三年,方议可否。

此条辑自宋人李昉等编集《太平广记》卷八〇《方士五》,题为《强绅》。"秦",即秦州,在今甘肃省天水市一带;"凤",即凤州,在今陕西省凤县;"岐山",当为岐山县,今属陕西省凤翔县。要确定孙光宪的生年,必须解决"王氏初并秦、凤"、"蜀兵初攻岐山"的年代。

王氏为割据西蜀的大蜀皇帝王建,秦王为割据陇右凤翔的军阀李茂贞。双方辖境毗邻,时战时和。从梁太祖乾化元年(911)开始,蜀方曾多次对岐地发动大规模的军事进攻,"并秦、凤"、"攻岐山"就是其中较为重要的战役。

据欧阳修《新五代史》卷六三《前蜀世家第三》记载,永平五年十一月,"遣王宗俦等攻岐,取其秦、凤、阶、成四州,至大散关。梁叛将刘知俊在岐,于是特以其族来"。永平五年为前蜀王建年号,即均王贞明元年(915)。

《资治通鉴》卷二六九《后梁纪四》"均王贞明元年"云：

> （十一月）己巳，蜀王宗翰引兵出青泥岭，克固镇，与秦州将郭守谦战于泥阳川，蜀兵败，退保鹿台山。辛未，王宗绾等败秦州兵于金沙谷，擒其将李彦巢等，乘胜趣秦州。兴州刺史王宗铎克阶州，降其刺史李彦安。甲戌，王宗绾克成州，擒其刺史李彦德。蜀军至上染坊，秦州节度使李继崇遣其子彦秀奉牌印迎降。宗绛（胡三省注："宗绛"当作"宗绾"）入秦州，表排陈使王宗俦为留后。刘知俊攻霍彦威于邠州，半岁不克，闻秦州降蜀，知俊妻子皆迁成都；知俊解围还凤翔，终惧及祸，夜帅亲兵七十人，斩关而出，庚辰，奔于蜀军。王宗绾自河池、两当进兵，会王宗瑶攻凤州，癸未，克之。

此年，蜀军与岐兵交锋，蜀军大获全胜，吞并岐之秦、凤、成等数州。

凤州本为李茂贞的辖地，此时为蜀占据，故孙光宪得以在此与强绅相遇。从"王氏初并秦、凤，张黄于通衢"的描述来看，此地刚被前蜀吞并不久，时间当在均王贞明元年十二月或稍后。

庄学君《孙光宪生平及其著述》认为：

> 这年蜀岐交兵以蜀并岐之秦、凤、阶、成四州地告终。《北梦琐言》逸文卷一记光宪谒强绅时，"王氏初并秦凤，张黄于通衢"，"于时蜀兵初攻岐山"，定当在915年无疑。与"更十年，天子数员"，指923年梁亡唐兴亦相合⑧。

刘尊明《"花间"大家孙光宪考论》亦云：

> 此年蜀、岐交兵，以蜀吞并岐之秦、凤、成等州而告终。观上引孙光宪《北梦琐言》所记"并秦凤"、"攻岐山"，当同指一时一事，即前蜀攻岐山而并秦、凤之事，据《资治通鉴》所记，其时当在公元915年。⑨

按："并秦、凤"、"攻岐山"并非指一时一事。"并秦、凤"在均王贞明元年十一月，而"攻岐山"则在此年之后。《新五代史》卷六三《前蜀世家第三》云："通正元年，遣王宗绾等率兵十二万出大散关攻岐，取陇州。"通正元年为前蜀王建年号，即均王贞明二年（916）。《资治通鉴》卷二六九《后梁纪四》"均王贞明二年"云：

（八月）丙午，蜀主以王宗绾为东北面都招讨，集王宗翰、嘉王宗寿为第一、第二招讨，将兵十万出凤州；以王宗播为西北面都招讨，武信军节度使刘知俊、天雄节度使王宗侍、匡国军使唐文裔为第一、第二、第三招讨，将兵十二万出秦州，以伐岐。……

　　冬，十月，甲申，蜀王宗绾等出大散关，大破岐兵，俘斩万计，遂取宝鸡。己丑，王宗播等出故关，至陇州。丙寅，保胜节度使兼侍中李继岌畏岐王猜忌，帅其众二万，弃陇州奔于蜀军。蜀兵进攻陇州，以继岌为西北面行营第四招讨。刘知俊会王宗绾等围凤翔，岐兵不出。会大雪，蜀主召军还。复李继岌姓名曰桑弘志。

同书卷二七〇《后梁纪五》"均王贞明三年"云：

　　秋，七月，庚戌，蜀主以桑弘志为西北面第一招讨，王宗宏为东北面第二招讨，己未，以兼中书令王宗侃为东北面都招讨，武信节度使刘知俊为西北面都招讨。……

　　（十一月）蜀主以刘知俊为都招讨使，诸将皆旧功臣，多不用其命，且疾之，故无成功。……十二月，辛亥，收知俊，称其谋叛，斩于炭市。

同卷"均王贞明四年"云：

　　（二月）己亥，蜀主以东面招讨使王宗侃为东、西两路诸军都统。……

　　（四月）岐王复遣使求好于蜀。

　　（六月），壬寅，蜀主殂。

据《资治通鉴》卷二七一《后梁纪六》"均王贞明六年"，王衍继位后，曾对岐地发动过攻势。

可见，蜀军"攻岐山"，历时长达四年之久，且未能达到目的。孙光宪在凤州东谷与强绅相遇时，正值"蜀兵初攻岐山，谓其旦夕屠之"之际，即当在均王贞明二年十月。明确此点，甚为重要。后来发生之事，如"秦王令终，王氏绝祚"，与李茂贞及前蜀王氏的结局相符。"更十年，天子数员"，与庄宗灭梁（923），明宗入篡（926），中原地区先后出现三位天子的史实亦相吻合。

在公元 916 年,孙光宪刚好为"少年"。古代"少年"有"弱冠"、"弱龄"之意,类似于现在所说的青年。孙光宪能从蜀中远涉至凤州东谷,年龄当不会太小。据《北梦琐言》这条内证,我们可暂定其年纪为 20 岁左右。

另,《三楚新录》卷三"梁延嗣"条有"光宪与延嗣年甲相亚"之句。延嗣即梁延嗣,与孙光宪同为高氏政权的重臣。《宋史》卷四八三《梁延嗣传》称延嗣"开宝九年,卒,年八十一"。开宝九年为公元 976 年。据此上推,延嗣当生于唐昭宗乾宁三年,即公元 896 年。孙光宪与梁延嗣"年甲相亚",即年龄不相上下,生年当在公元 896 年左右。

据上述考辨,可初步把孙光宪的生年定为唐昭宗乾宁三年(896)。

孙光宪为陵州贵平县(今四川省仁寿县东北向家乡)人。贵平县,唐时属剑南道陵州仁寿郡⑩,五代时属陵州⑪,故王象之《舆地纪胜》卷一五〇《成都府路·隆州·人物》、李焘《续资治通鉴长编》卷二"太祖建隆二年"、《宋史》卷四八三《孙光宪传》、《续文献通考》卷一八〇《经籍考·集上》等均称他为陵州贵平人。清同治年间所编《仁寿县志》卷一三《胜迹志》载:"宋孙光宪故里在废贵平县署后。"可知,孙光宪当生于贵平县县城。

因时代变迁,贵平县属地屡易。宋时,贵平曾属成都府路陵井监⑫,故《三楚新录》卷三称孙光宪"本成都人也"。《直斋书录解题》卷一一《小说家类》称他为陵井人。贵平曾属隆州,亦名陵阳⑬,故曹学佺《蜀中广记》卷九四《著作记第四·子部》称孙光宪为"陵阳孙光宪"。明时,贵平曾属资州⑭,故杨升庵《词品》、《蜀中广记》卷一〇四《诗话记第四》称他为"蜀之资州人"。孙光宪在《北梦琐言序》中自称"生自岷峨"。岷山、峨眉山为蜀中名山,可代表蜀中,故孙光宪以此表明自己的蜀人身份。

《北梦琐言》题为"富春孙光宪纂集"。序中载有元澄"诸贤生在长安,闻事不迨富春"之语。齐己《白莲集》卷七《寄荆幕孙郎中》亦有"珠履风流忆富春"之句。富春在今浙江省富春县。永瑢等《四库全书总目》卷一四〇《子部·小说家类一》云:"其曰富春,盖举郡望也。"傅增湘《藏园群书题记》卷八《子部三·校北梦琐言跋》亦云:"本书题曰'富春',盖举郡望也。"

姜方锬《蜀词人评传》说得更为详细:"林山腴先生云:按卫卿有孙林文,凡孙氏皆望富春,盖始于魏晋。光宪本为陵州贵平人,而其著书自署曰'富春孙光宪',盖郡望族望,宋人皆重之。"⑮

据此,孙光宪为陵州贵平人,富春为孙氏郡望。

清嘉庆年间所编《仁寿县志》卷三《经籍》称:

> 光宪贵平人,成都有富春坊,光宪或居之,因以自署,非吴越所属之富春也。

按:此说纯属推测,于情于理不符。不能因为成都有富春坊,就推测孙光宪可能在此居住过,并进而称他所署之"富春","非吴越所属之富春也"。唐宋文人署名时,往往署郡望或籍贯,似尚未有人署曾居住过的街名。

又,陈尚君在《"花间"词人事辑》中说:

> 光宪占籍,除陵州贵平外,尚有三说:一、《北梦琐言》各卷署"富春孙光宪纂集"。富春应为光宪先祖所居之地。……二、《三楚新录》卷三云"本成都人也",与他书或泛称蜀人相同。三、明曹学佺《蜀中广记》卷一〇四作"蜀之资州人"。然《太平广记》卷二六二引《北梦琐言》云:"孙光宪在蜀时,曾到资州。"知曹氏误。⑯

据上述考辨,此说似也有不妥之处。

孙光宪生于陵州。此地"地瘠而力耕,家贫而好学,此风俗之古也"⑰。正是这块贫瘠的土地孕育了孙光宪这位蜀中奇才。从他朴直的性格、务实的态度、强烈的求知欲等方面都可看出陵州文化对他的深刻影响。

孙光宪父祖事迹无考。《宋史》卷四八三《孙光宪传》云:"世业农亩,惟光宪少好学。"《十国春秋》卷一〇二《孙光宪传》亦云:"家世业农,至光宪独读书好学。"可知孙光宪乃一贫寒的农家子弟,为孙家第一位读书人。

孙光宪家乡"其土瘠,故无万钟之家,其地左,故无千金之贾,其俗朴,不乐转徙"⑱。但从《北梦琐言》卷一一《关三郎入关》"愚幼年曾省故里"句,可知孙光宪很早便离开了陵州。

孙光宪"转徙"他乡,似与读书、游学、寻仙有关。据《北梦琐言》,孙光宪曾到过不少地方。如"逸文"卷二《赵生王舍人颜云迂诞》:"孙光宪在蜀时,曾到资州。""逸文"卷四《武休潭蛟》:"王蜀先主时,修斜谷阁道,凤州衙将白掌其事焉。至武休潭,……愚为诵岑参《招北客赋》。"同卷《周雄毙虎》:"唐大顺、景福已后,蜀路剑、利之间,白卫岭、石筒溪虎暴尤甚,号税人场。……仆尝行次白卫岭。"同卷《神山大蛇》:"孙光宪曾行次叙谷,宿于神山。"同卷《砂俘》:"愚始游成都,止于逆旅。"据此,孙光宪曾漫游至剑州(今四川省剑阁县)、利州(今四川省广元市)、凤州一带,也到过资州(今四川省资中县北)、成都等地。另据《北梦琐言》"逸文"卷一《马处谦谈命奇验》、"逸文"卷四《湫龙会亲》,孙光宪曾到过犍为(今四川省乐山市)、云安(今重庆市云阳县)等地(详后)。由于文献阙如,我们无法得知他还去过哪些地方。

贺中复《五代十国文学》指出:"早在前蜀王建的扩地战争尚未结束时,他(笔者注:指孙光宪)就投身社会,只身匹马周游巴蜀,也到过湖湘、江浙等地。"[19]高锋《花间词研究》的说法亦与此类似[20]。遗憾的是,笔者至今尚未发现孙光宪在前蜀时"到过湖湘、江浙等地"的证据,不知此说有何根据。

孙光宪勤奋好学,"游处之间,专于博访"[21],积累了丰富的历史文化知识,拓宽了视野,增加了社会阅历,为他日后成为著名的史学家、文学家奠定了坚实的基础。

孙光宪漫游各地,似亦与谋职有关。在兵荒马乱的年代,他北游秦、凤,可能就是为了谋取一官半职。为进入仕途,孙光宪久寓成都。他的两首《浣溪沙》词是他寓居成都期间生活、思想情感的真实写照:

落絮飞花满帝城,看看春尽又伤情。岁华频度想堪惊。风月岂惟今日恨,烟霄终待此身荣。未甘虚老负平生。

十五年来锦岸游,未曾行处不风流。好花长与万金酬。满眼利名浑信运,一生狂荡恐难休。且陪烟月醉红楼。[22]

孙光宪出身寒微,有着远大的志向,但在王蜀政权统治时期,却始终未受到重用。词中道出了他不甘沉沦的心声。透过狂荡颓废的生活场景,我们仿佛可以看到他那无可奈何、焦虑不安而又苦苦挣扎的痛苦灵魂。诚如贺中复《五代十国文学》所言:"在孙词中,第一次或直露或委屈地把一位有志于时却怀才不遇，放浪不羁又坚守节操，骚愁满腹而又旷达豪爽的失意士子形象呈现出来。"②

孙光宪的遭遇有着深刻的时代根源。张唐英《蜀梼杌》卷上云："唐自广明之乱，天下凌迟，奸猾亡命之徒，攘袂誓众於萑蒲之下，而所在横溃。"蜀中地形复杂，路途险要，受农民起义的冲击较小。蜀主王建"百战以立基业"㉔，统一三川，成就了一番霸业。在他统治期间，蜀中社会秩序较为安定，蜀人生活富足，耽于享乐。

唐末及唐梁易代之际，不少中原士大夫到巴蜀避乱。王建礼贤下士，厚待名臣士族。《新五代史》卷六三《前蜀世家第三》云："蜀恃险而富，当唐之末，士人多欲依建以避乱。建虽起盗贼，而为人多智诈，善待士，故其僭号，所用皆唐名臣世族。"《资治通鉴》卷二六六《后梁纪一》"太祖开平元年"亦云："是时唐衣冠之族多避乱在蜀，蜀主礼而用之，使修举故事，故其典章文物有唐之遗风。"在王建的周围，聚集了一大批衣冠士族。一些无能之辈也占据官职，坐享俸禄㉕。在王衍统治期间，卖官鬻爵盛行，像孙光宪这类本土出身的庶族贫寒士子却难以找到出路。

就史书所载，孙光宪在前蜀担任过的惟一官职是陵州判官。《资治通鉴》卷二七五《后唐纪四》"明宗天成元年"、《十国春秋》卷一〇〇《武信王世家》均称孙光宪为"前陵州判官"。《北梦琐言》卷一〇《钟大夫知命丹䘵》云："唐广南节度使下元随军将钟大夫，晚年流落，旅寓陵州，多止佛寺。有仁寿县主簿欧阳衎愍其衰老，常延待之。……葆光子时为郡倅，钟公惠然来访。"陈尚君《"花间"词人事辑》称："郡倅即指判官。"㉖按："郡倅"乃郡佐，郡丞，为郡守之副职，职责是辅佐地方行政长官处理政务。此职务似不能等同于"陵州判官"。

关于孙光宪任职的时代，诸家著述均称为唐时。《四库全书总目》卷一四〇《子部·小说家类一》云："仕唐，为陵州判官。"《十国春秋》卷一〇二《孙光宪传》云："唐时为陵州判官，有声。"林艾园《北梦琐言·前言》称："他在唐时曾为陵州判官。"按，朱温篡唐时，孙光宪仅10余岁，不可能仕唐。从《北梦琐言》的记载来看，他前期主要在蜀中一带活动，未曾为中原王朝所用。"仕唐,为陵州判官"等说法显然是错误的。而从他"十五年来锦岸游","未甘虚老负平生"的自述来看,他长期寄寓成都,且未能得到官职。因此,他担任陵州判官的时间当在前蜀后期,且为时不长。当时,中原一带正值后唐统治时期。如果解释成:(后)唐时,孙光宪曾任前蜀陵州判官,似较为妥当。

孙光宪担任陵州判官时的政绩如何,今已难考。结合他的理想、抱负,以及后来在荆南时的政绩,他应是前蜀一位称职的官吏。《十国春秋》称他任陵州判官时"有声",谅非虚言。

常明、杨芳灿等撰《四川通志》卷一二二《选举·进士》把孙光宪列为"唐进士朝代年份无考者"。如上所述,唐亡时,孙光宪尚年幼,不可能赴考,更不可能中第。包括《宋史》在内的各种史籍以及孙光宪的作品亦未载其中第一事,《四川通志》的说法显然不可取。孙光宪可能依靠荐举而踏上仕途,清同治年间所编《仁寿县志》卷七《选举制》把他列入"荐辟"类是恰当的。

在孙光宪担任陵州判官期间,王建一手创立,曾经无比强盛的前蜀正逐渐走向灭亡。前蜀在诸国中,地大物博,兵多粮足,府库充盈,经济力量十分雄厚。然而,在它富庶繁荣的背后,却潜伏着深刻的危机。正如蒲禹卿所言:"今朝廷所行者,皆一朝一夕之事,公卿所陈者,非乃子乃孙之谋。暂偷目前之安,不为身后之虑,衣朱紫者皆盗跖之辈,在郡县者皆狼虎之人,奸谀满朝,贪淫如市,以斯求治,是谓倒行。"[20]

庄宗同光三年(925)九月,魏王继岌、郭崇韬率军从洛阳出发,七十天后,兵临成都,仅维持了十八年的前蜀政权遂告灭亡。《资治通鉴》卷二七四《后唐纪三》"庄宗同光三年"载:"自出师至克蜀,凡七十日。得节度十,州六十四,县二百四十九,兵三万,铠仗、钱粮、金银、缯锦共以千万计。"据同书卷二七五《后唐纪四》"明宗天成二年"载:荆南高季兴乘机从西陵峡口掠取的"蜀珍货金帛"就达"四十万"之多。另据《北梦琐言》卷二〇《中令忍欲》:"魏王与郭侍中入居蜀宫,玉帛子女,它人无复见矣。"

前蜀的覆亡,对孙光宪震动很大。《北梦琐言》不仅记载了后唐军队平蜀,以及王衍宗族被杀的史实,还从各个不同的角度揭露了前蜀政治黑暗、官场贪鄙的社会现实。他对前蜀政权、对不施行仁政的当权者,批判多于同情,其作品贯穿着强烈的批判精神。

前蜀灭亡后,孙光宪失去了官职。《资治通鉴》卷二七四《后唐纪三》"庄宗同光三年"云:"丁酉,诏蜀朝所署官四品以上降授有差,五品以下才地无取者悉纵归田里;其先降及有功者,委崇韬随事奖任。"后唐统治者重视门第,出身农家、沉沦下僚的孙光宪显然不被后唐所用。

后唐军队的肆意掠夺,给蜀地人民带来了深重的灾难。"平蜀已来,军人剽略到西川人口甚多"㉘,蜀人家破人亡,控诉无门。史称"时成都虽下,而蜀中盗贼群起,布满山林"㉙。蜀中的社会经济秩序遭到了极大的破坏。平蜀不久,后唐统治集团出现内讧。郭崇韬被诬谋反,惨遭杀害,军心动摇,骚乱不断。新任西川节度使孟知祥入蜀,潜有割据之志。在中原,魏州兵变,波及河朔,受命镇压叛乱的统帅李嗣源与乱军合流。庄宗中流矢死,李嗣源篡位。

在纷乱不已的蜀中,孙光宪深感在政治上已难以找到出路。大约在明宗天成元年(926)春天,已过而立之年的孙光宪毅然携家人走出蜀中。从此,他再也未能返回生于斯、长于斯的故土。他在后来所写的《北梦琐言》中曾感叹道:唐末隐士唐求"亦可凌厉名场,而死丘樊,所谓蜀人无志怀土,正此也"。㉚有着高远的理想,不甘平庸人生的孙光宪不愿像唐求那样"无志怀土",他要寻找人生新的天地。

二、荆南幕府时期

在《北梦琐言》中,有两则笔记值得注意。"逸文"卷一《马处谦谈命奇验》云:

> 伪王蜀叶逢,少明悟,以词笔求知。常与孙光宪偕诣术士马处谦,问命通塞。马曰:"四十已后,方可图之。未间,苟或先得,于寿不永。"于时州府交辟,以多故参差,不成其事。后充湖南通判官,未除官之前,

梦见乘船赴任,江上候吏,旁午而至,迎入石窟。觉后,话于广成先生杜光庭次,忽报敕下,授检校水部员外郎。广成曰:"昨宵之梦,岂小川之谓乎?"自是解维,覆舟于犍为郡青衣滩而死。即处谦之生知,叶逢之凶梦,何其效哉?光宪自蜀沿流,一夕梦叶生云:"子于青衣,亦不得免。"觉而异之。泊发嘉州,取阳山路,乘小舟,以避青衣之险。无何篙折,为迅流吸入青衣,幸而获济。岂鬼神尚能相戏哉!

据《新唐书》卷四二《地理六》:剑南道"嘉州犍为郡,中。本眉山郡,天宝元年更名。……县八。"《十国春秋》卷一一一《十国地理表上》:"嘉州,领县七。"据谭其骧《中国历史地图集》,青衣水与大渡河在嘉州(今四川省乐山市)交汇,进入岷江[31]。

"逸文"卷四《湫龙会亲》云:

云安县西有小汤溪,土俗云此溪龙与云安溪龙为亲,此乃不经之谈也。或一日,风雷自小汤溪循蜀江中而下,至云安县,云物回薄入溪中,疾电狂霆诚可畏。有柳毅洞庭之事,与此相符。小汤之事自目睹。

据《十国春秋》卷一一一《十国地理表上》:"安州,旧为云安县,后置云安监,属夔州。前蜀永平时升安州。"

剔去这两则笔记所带有的神异色彩,可发现,它们极有可能记载了前蜀灭亡后,孙光宪由蜀中顺江而下,经嘉州、云安县等地进入荆南的事实。

当孙光宪抵达江陵(今湖北省荆沙市),伺机而起之时,南平第一代割据者高季兴正"奄有荆土,招致四方之士"[32]。高季兴的重要谋臣、蜀人梁震助了孙光宪一臂之力。《资治通鉴》卷二七五《后唐纪四》"明宗天成元年"载:夏,四月,乙未,"梁震荐前陵州判官贵平孙光宪于季兴,使掌书记"。《十国春秋》卷一〇〇《武信王世家》亦载:同光四年"夏四月,梁震荐前陵州判官孙光宪于王,王命光宪掌书记"。据此,任命孙光宪掌书记的是武信王高季兴。《三楚新录》卷三"及从诲嗣立",孙光宪"旅游江陵,方图进取。从诲辟之,用为掌书记",晁公武《郡斋读书志》卷四中《别集类中》"王衍降唐,避地荆南,从诲辟掌书记",以及《宋史》卷四八三《孙光宪传》"游荆渚,高从诲见而重之,署为从事"等说法均误。

孙光宪加盟高氏幕府后,主要担任文职工作。《三楚新录》卷三云:"自是凡笺奏书檄,皆出其手。"孙光宪学有所用,充分发挥特长,文采辞章,荆南无人能及。

由西蜀到荆南是孙光宪一生的转折点,他受到高氏的厚待,过着较为优裕的生活。尽管他仍时常系念被战火阻隔的家乡,但在新的环境中,他感受更多的却是生活上的充实与精神上的富有。齐己《寄荆幕孙郎中》云:

珠履风流忆富春,三千鹓鹭让精神。诗工凿破清求妙,道论研通白见真。四座共推操檄健,一家谁信买书贫。别来乡国魂应断,剑阁东西尽战尘。㉝

又《贺孙支使郎中迁居》:

别认公侯礼上才,筑金何啻旧燕台。地连东阁横头买,门对西园正面开。不隔红尘趋棨戟,只拖珠履赴尊罍。应逢明月清霜夜,闲领笙歌宴此来。㉞

此后,孙光宪一直身处荆南,为高氏政权的主要谋臣,时间长达37年之久。

《直斋书录解题》卷一一《小说家类》云:"光宪仕荆南高从诲,三世在幕府。"《宋史》卷四八三《孙光宪传》云:光宪"历保融及继冲,三世皆在幕府"。《蜀中广记》卷九七《著作记第七·集部》云:"高从诲辟掌书记,三世皆在幕府。"《十国春秋》卷一〇二《孙光宪传》亦云:"光宪事南平三世,皆处幕中。"后人多因袭此说。如谭兴国《蜀中文章冠天下——巴蜀文学史稿》称:光宪"游荆南,受割据荆南的南平王高从诲知遇,为高家三世幕府"㉟。按:诸说均误。孙光宪列事武信王高季兴、文献王高从诲、贞懿王保融、侍中保勖、侍中继冲等四世五主,而非三世。

除掌书记之外,孙光宪尚担任过其他幕府之职。据齐己上述两诗及《夏满日偶作寄孙支使》㊱、《孙支使来借诗集因有谢》㊲、《谢孙郎中寄示》㊳、《中秋夕怆怀寄荆幕孙郎中》㊴等诗,可知孙光宪曾担任过支使、郎中等职务。齐己在《夏满日偶作寄孙支使》后自注:"其年闰五月。"查陈垣《二十史朔闰表》,此诗当作于明宗长兴二年(931),当时孙光宪已担任支使之职⑩。《花间集》署其名为"孙少监光宪"⑪,《新五代史》卷六九《南平世家第九》、《续资治通鉴长编》卷四"太祖乾德元年"、《宋史》卷四八三《荆南高氏世家》均称他为"判官",《十国春秋》卷一〇一《侍中保勖世家》称他为"从事",《郡斋读书志》卷四中《别集类中》说他"历检校秘书监、御史大夫",《宋史》卷四八三《孙光宪传》亦说他"累官至检校秘书监兼御史大夫"。检校秘书监、御史大夫等职盖是虚衔。

关于孙光宪的官职,尚有一说。如《十国春秋》卷一〇二《孙光宪传》:"累官荆南节度副使、朝议郎、检校秘书少监、试御史中丞,赐紫金鱼袋。"林艾园《北梦琐言·前言》:"累官荆南节度副使、检校秘书少监。"王文才先生《蜀梼杌校笺序》:"累官节度副使,检校秘书少监。"刘尊明《"花间"大家孙光宪考论》:"累官荆南节度副使、朝议郎、检校秘书少监、试御史中丞。"⑫按:一直到入宋前夕,孙光宪仍自称"幕吏"⑬,可见他从未担任过荆南节度副使之职。贺中复《五代十国文学》指出:"今考自孙入荆南至荆南归宋,节度副使始终由高氏担任,未曾予人。孙于入宋前,仅任节度判官,当时此官权重,几等副使。"⑭所言甚是。

笔者推测,孙光宪任荆南节度副使之说似受《白莲集序》的影响。《白莲集序》题为"荆南节度副使、朝议郎、检校秘书少监、试御史中丞,赐紫金鱼袋孙光宪撰",末署"天福三年戊戌三月一日序"⑮。此序作于荆南,孙光宪断然不会冒任此职。所谓"荆南节度副使"一职,似有可能为齐己门人或后人为抬高齐己身价而添加。

五代之时,"天下大乱,豪杰蜂起,方是时,以数州之地盗名字者,不可胜数"⑯。荆南地处洞庭以北、汉水以西,仅辖有荆、峡、归三州,在十国中,是最小最弱的一国。它介于吴(后为南唐所取代)、楚、蜀和中原之间,处于四战之地,时刻面临着生存危机。正如胡三省所言:"以三郡之地介乎强国之间,惴惴仅能自全。"⑰

在荆南这一弹丸之地,孙光宪并未做出所谓惊天动地的大事业,但他却靠敏锐的目光、务实的作风、高明的治国之术,赢得了荆南统治者高季兴、高从诲等人的信赖。

孙光宪到荆南不久,便崭露头角。《资治通鉴》卷二七五《后唐纪四》"明宗天成元年"载:

> 季兴大治战舰,欲攻楚,光宪谏曰:"荆南乱离之后,赖公休息,士民始有生意,若又与楚国交恶,他国乘吾之弊,良可忧也。"季兴乃止。

经过多年的恢复与发展,荆南的军事、经济实力有所增强,雄心勃勃的高季兴致力于扩充地盘,争夺生存空间。早在均王乾化三年(913),高季兴便乘后梁衰弱之机,"造战舰五百艘,治城堑,缮器械,为攻守之具,招聚亡命,交通吴、蜀,朝廷浸不能制"。明宗天成元年,季兴乘中原王朝易主之时,大治战舰,欲攻打强邻楚国。这一扩张企图被孙光宪及时谏阻。由光宪的谏辞可看出,他目光敏锐,善于审时度势。能从荆南的实际出发,以民为本,注重休养生息,反对扩张战争,力图保境安民,与四邻和平相处。此举充分显示了孙光宪对现实深刻的洞察力。

后唐明宗天成三年(928),高季兴卒,长子高从诲即位。《资治通鉴》卷二七九《后唐纪八》"潞王清泰二年"记载了一则孙光宪劝谏高从诲的事例:

> 楚王希范好奢靡,游谈者共夸其盛。从诲谓僚佐曰:"如马王,可谓大丈夫矣。"孙光宪对曰:"天子诸侯,礼有等差。彼乳臭子,骄侈僭忕,取快一时,不为远虑,危亡无日,又足慕乎!"从诲久而悟,曰:"公言是也。"他日,谓梁震曰:"吾自念平生奉养,固已过矣。"乃捐去玩好,以经史自娱,省刑薄赋,境内以安。

孙光宪清醒地认识到,只有摆正南平国的位置,顺从以尊君为核心内容的礼乐制度,不触犯皇权,不骄奢淫逸,才能长治久安,否则,便会遭到中原王朝的打压和邻国的入侵,迅速灭亡。孙光宪察势见微,居安思危,对高从诲晓之以理,使其克服了刚刚萌生的奢侈腐化、妄自尊大的念头。正如胡三省所言:"高从诲之羡马希范,是侈心之萌芽也,而孙光宪力言之以防微;高从诲因光宪之言,捐玩好而乐经史,思所以阜民保境,是迁善也。"⑱

梁震退隐后,高从诲"自是悉以政事属孙光宪"⑲,孙光宪成为南平国最受倚重的官僚之一。他继续奉行梁震保境安民、善事朝廷之策。他才识超拔,治国有方,且忠直敢谏,引导从诲向善,使其"亲礼贤士"[59],"以经史自娱",成为"五代时之贤主"[60]。他辅佐高从诲的十几年间,是南平国历史上最为稳定安宁的时期。司马光在《资治通鉴》卷二七九《后唐纪八》"潞王清泰二年"记载孙光宪劝谏高从诲的史事后,论赞道:"孙光宪见微而能谏,高从诲闻善而能徙,梁震成功而能退,自古有国家者能如是,夫何亡国败家丧身之有。"

后汉高祖乾祐元年(948),高从诲卒,第三子高保融继任。

高保融才能平庸,《新五代史》卷六九《南平世家第九》称他"性迂缓,无材能,而事无大小,皆委其弟保勖",《续资治通鉴长编》卷一"太祖建隆元年"亦称他"御军治民皆无法,高氏始衰"。

孙光宪在此期间的政绩,史籍无载。

据《舆地纪胜》卷六五《荆湖北路·江陵府下》载,周显德二年(955),孙光宪曾撰《南平高王庙碑》,碑在江陵城西三王庙前。另据陆游《渭南文集》卷四八《入蜀记第六》,陆游在入蜀途中,在天庆观发现了"周显德中荆南判官孙光宪为知归州高从让所立碑"。据此,两碑南宋时尚存。

宋太祖建隆元年(960),高保融卒,从诲第十子保勖即位。

《宋史》卷四八三《荆南高氏世家》载:"及保勖之立,藩政离弱。"保勖不思进取,过着奢侈堕落的生活,成为南平国历史上惟一一个荒淫的国君。对保勖的所作所为,孙光宪深感痛心,并竭力谏阻。《续资治通鉴长编》卷二"太祖建隆二年"云:

> 保勖性淫恣,日召市倡集府署,择士卒之壮健者使相媟狎,保勖与姬妾帷帘共观笑之。又好营造台榭,极土木之巧,军民咸怨。记室孙光宪谏曰:"宋有天下,四方诸侯屈服面内,凡下诏书皆合仁义,此汤武之君也。公宜克勤克俭,勿奢勿僭,上以奉朝廷,中以嗣祖宗,下以安百姓,若纵佚乐,非福也。"保勖不从。

《十国春秋》卷一〇一《侍中保勖世家》亦云:

> 有估客自岭外来,得龙眼一枝,约四十团,共千枚,献于保勖。保勖命作琅玕槛子置之,名曰"海珠蘂"。其玩物多此类也。国政不理,军

民咸怨。从事孙光宪切谏不听。

孙光宪把推行"仁义"的大宋开国之君赵匡胤誉为"汤武之君",以上奉朝廷为忠,中嗣祖宗为孝,下安百姓为仁义,对僭越、淫泆无度、不施仁政的保勖进行谏阻,可惜其忠言未被保勖采纳。

宋太祖建隆三年(962),高保勖卒,保融之子继冲即位。

继冲能够重用孙光宪、梁延嗣等大臣。《续资治通鉴长编》卷四"太祖乾德元年"载:"高继冲自以年幼,未知民事,刑政、赋役委节度判官孙光宪,军旅、调度委衙内指挥使梁延嗣,谓曰:'使事事得中,人无间言,吾何忧也。'"

孙光宪人生中最重要的阶段是在荆南度过的。作为来自蜀地的一介贫寒士子,能够得到南平几代国君的重视,最大限度地发挥自身的才干,建功立业,就这方面来讲,孙光宪是幸运的。对高氏,他怀有很深的感情。对高氏的知遇之恩,他心存感激。在《北梦琐言》中,他对高季兴、高从诲等人的事迹均有记载,且不乏赞美之辞。

然而,从另一个方面来看,孙光宪又是不幸的。他博通经史,文采出众,有强烈的立言志向,立志于撰修史书,但却遭逢乱世,壮志消磨,抱负难展,他的内心充满着强烈的失落感。《三楚新录》卷三载:光宪"自负文学,常怏怏如不得志,又尝慕史氏之作,自恨诸侯幕府,不足展其才力。每谓交亲曰:'安知获麟之笔,反为倚马之用!'因吟刘禹锡诗曰:'一生不得文章力,百口空为饱暖家。'"可见,高氏的厚遇,仍无法平息孙光宪内心的苦痛、无奈。孙光宪的悲哀与不幸,是五代乱世造成的,令人颇增感慨。

难能可贵的是,在南平国势江河日下,危机日益严重,其良苦用心甚至不被保勖理解之时,年过花甲的孙光宪仍力尽所能地施展自己的才能。他对高氏政权忠心耿耿,殚精竭虑,真正做到了善始善终。

《十国春秋》卷一○二《孙光宪等传》末尾议论道:"南平起家仆隶,而能折节下贤。震以谋略进,光宪以文章显,卒之保有荆土,善始善终。区区一隅,历世五主,夫亦得士力哉!"荆南割据政权能够延续半个多世纪,与高季兴、高从诲等统治者励精图治,梁震、孙光宪等文臣武将的鼎立支撑有极大的关系。

　　同时,应该看到,天下大乱,中原王朝无暇也无力南顾,其他割据政权多奉行保境安民政策,也是荆南政权得以奇迹般存在达半个多世纪的重要原因。正如薛居正等《旧五代史》卷一三三《高季兴等传·史臣曰》所言:"自唐末乱离,海内分割,荆、湖、江、浙,各据一方,翼子贻孙,多历年所。夫如是者何也?盖值诸夏多艰,王风不竞故也。"陶懋炳《五代史略》把荆南视为"不过是分裂割据下出现的特殊情况"㉝,是有一定道理的。而当后周世宗柴荣及宋太祖赵匡胤等英主雄踞中原,加快了统一步伐之时,作为诸国中最弱一国的南平已逐渐丧失了生存的空间与机会。

　　《资治通鉴》卷二九二《后周纪三》"世宗显德二年"载:"帝常愤广明以来中国日蹙,及高平既捷,慨然有削平天下之志。"已日趋没落的南平国对朝廷愈加恭顺。《新五代史》卷六九《南平世家第九》云:"荆南自后唐以来,常数岁一贡京师,而中间两绝。及世宗时,无岁不贡矣。保融以谓器械金帛,皆土地常产,不足以效诚节,乃遣其弟保绅来朝。"赵宋的建立,标志着长期以来分裂割据局面的即将结束。《新五代史》卷六九《南平世家第九》云:"宋兴,保融惧,一岁之间三入贡。"据《十国春秋》卷一〇二《高保寅传》:"宋兴,保勖既袭荆南节镇,命保寅入觐汴京。"保寅回到荆南后,告诉保勖:"真主出世,天将混一区宇,兄宜首率诸国奉土归朝,无为他人取富贵资。"博古通今的孙光宪对此情形也看得非常清楚。

　　从《续资治通鉴长编》卷四"太祖乾德元年"所载事实,可看到南平国灭亡前夕的情景:

　　　　先是,卢怀忠使荆南,上谓曰:"江陵人情去就,山川向背,我尽欲知之。"怀忠使还,报曰:"高继冲甲兵虽整,而控弦不过三万,年谷虽登,而民困于暴敛。南通长沙,东距建康,西迫巴蜀,北奉朝廷,观其形势,盖日不暇给,取之易耳。"

　　这是宋人眼中的南平国势,不无贬责之辞。但从中可看出,直到南平统治末期,荆南仍是甲兵整齐,年谷丰登。在狭小的三州之地,竟然养活了三万士卒与十几万户居民,荆南的经济发展水平当已达到了较高的程度。在长达半个多世纪的时间里,荆南社会安定,没有出现过大的骚乱,统治者征收的赋税当在荆南人民能够承受的范围内。应该说,从总体上来讲,高氏政权对荆南的统治是比较成功的。

太祖乾德元年(963),武平节度使周行逢卒,其子周保权即位。部将张文表不服,率众作乱,袭击周保权所驻之潭州(今湖南省湘潭县),周保权向宋及荆南求救。周保权的求援,对于太祖来说,实乃天赐良机。太祖"召宰相范质等谓曰:'江陵四分五裂之国,今假道出师,因而下之,蔑不济矣。'壬戌,李处耘辞,上遂以成算授之"[58]。慕容延钊、李处耘等大将奉命假道荆南,率师"援救"。宋军在过荆南国境时,设计促使高继冲归附。《续资治通鉴长编》卷四"太祖乾德元年"较详细地记载了继冲纳土的经过:

> 李处耘至襄州,时慕容延钊被病,诏令肩舆即戎事。处耘先遣閤门使临洺丁德裕谕继冲以假道之意,请具薪水给军。继冲与其僚佐谋,以民庶恐惧为辞,愿供刍饩百里外。处耘又遣德裕往,光宪及延嗣请许之。兵马副使李景威说继冲曰:"今王师虽假道以收湖湘,然观其事势,恐因而袭我。景威愿效犬马之力,假兵三千,于荆门中道险隘处设伏,候其夜行,发伏攻其上将,王师必自退却,回军收张文表以献于朝廷,则公之功业大矣。不然,且有摇尾求食之祸。"继冲曰:"吾家累岁奉朝廷,必无此事,尔无过虑,况尔又非慕容延钊之敌乎!"景威又曰:"旧传江陵诸处有九十九洲,若满百则有王者兴。自武信王之初,江心深浪之中,忽生一洲,遂满百数,昨此洲漂没不存,兹亦可忧也。"光宪谓继冲曰:"景威,峡江一民尔,安识成败。且中国自周世宗时,已有混一天下之志。圣宋受命,凡所措置,规模益宏远。今伐文表,如以山压卵尔。湖湘既平,岂有复假道而去耶!不若早以疆土归朝廷,去斥堠,封府库以待,则荆楚可免祸,而公亦不失富贵。"继冲以为然。景威知计不行,出而叹曰:"大事去矣,何用生为!"因扼吭而死。景威,归州人也。继冲遣延嗣与其叔父掌书记保寅,奉牛酒来犒师,且觇师之所为。
>
> 壬辰,师次荆门,处耘见延嗣等,待之有加,谕令翼日先还。延嗣喜,驰使报继冲以无虞。荆门距江陵百余里,是夕,延钊召延嗣等宴饮

于其帐,处耘将轻骑数千倍道前进。继冲初但俟保寅、延嗣之还,遽闻大军奄至,即皇恐出迎,遇处耘于江陵北十五里。处耘揖继冲,令待延钊,而率亲兵先入,登北门。比继冲与延钊俱还,则王师已分据冲要,布列街巷矣。继冲大惧,即诣延钊,纳牌印,遣客将王昭济等奉表以三州,十七县,十四万二千三百户来归。

《三楚新录》卷三、《新五代史》卷六九《南平世家第九》、《宋史》卷二五七《李处耘传》、《十国春秋》卷一〇一《侍中继冲世家》、卷一〇二《孙光宪传》亦记载此事,可互相参看。

王师当以信义为上,而宋太祖等人却靠"借道"这一诡计来谋夺弱小的荆南,其用心昭然若揭,其手段也算不上光明磊落。但宋军压境这一严峻的现实已摆在荆南君臣面前,不能也无法回避。高继冲弱冠继任,幼稚单纯,自以"吾家累岁奉朝廷,必无此事",对太祖心存幻想。而阅历丰富的孙光宪、梁延嗣等人对太祖的用心看得非常清楚。李景威不甘亡国,试图先退宋军,再收张文表献朝廷。实际上,即使是在南平国最为强盛的时期,高氏政权也不敢与中原王朝进行公开的军事较量,何况在南平国势极弱,赵宋王朝正如日中天之时呢?就连高继冲也看出景威"非慕容延钊之敌",景威的主张显然是行不通的。在危急关头,孙光宪能够保持清醒的头脑,对形势做出准确的判断,及时制止了李景威以兵力与赵宋抗衡的企图,竭力促成继冲归顺朝廷,使荆南免于战火,从而保全了高氏家族及荆南人民的利益,自己在有生之年也归附大宋,为中央王朝效力。这一明智之举,充分展示了他不凡的识见。

路振《九国志》卷一二《李景威传》称:"及王师入城,继冲悔不用其言。"应该说,景威忠勇可嘉,其惨烈而死,令人痛惜不已。但如果景威的计划得以实施,后果将不堪设想。此以宋军灭周氏政权为例。据《续资治通鉴长编》卷四"太祖乾德元年"载,张文表被人所杀后,宋军仍长驱入潭州。观察判官李观象主张归朝,周保权在指挥使张从富等人的挑动下,阴谋抗拒。三江口之战,宋军"获船七百余艘,斩首四千余级"。后宋军攻打敖山寨,"贼弃寨走,俘获甚众。处耘择所俘体肥者数十人,令左右分食之,少健者悉黥其面"。军队伤亡惨重,人民饱受其祸。后张从富被杀,周氏政权最终没能保住。

事实证明,孙光宪的识见远在李景威、张从富等人之上。当统一已成为不可抗拒的历史潮流,"荆南高氏父子事大以保其国"㊾的国策失去效力之时,纳土归顺朝廷实乃唯一可供之选择。《十国春秋》卷一〇一《侍中继冲世家论》说得好:"真人出,四海一,理势之必然也。天水肇兴,群雄渐削,即无伐虢灭虞之谋,高氏其能常守此土乎? 光宪知几,所由与卖国以徼富贵者异矣。"这一说法是符合当时的实际情况的。孙光宪劝主纳土之举,既是基于儒家的君臣之义,也是他天下归一思想的实践,与卖主求荣者有着本质的不同。就连一贯以褒贬自任的欧阳修对此也没有提出非议。可见,孙光宪的所作所为是为封建正统史家所认可的。而荆南的率先归附,顺应了历史的潮流,加快了赵宋王朝统一中国的步伐。对于孙光宪这一顺应时势的明智行为,我们应给予高度的评价。

三、黄州时期

先后历经了唐、后梁、后唐、后晋、后汉、后周六个朝代的孙光宪,在有生之年终于步入了国势蒸蒸日上的大宋王朝。据《宋史》卷四八三《孙光宪传》,孙光宪劝继冲归附宋朝,"太祖闻之甚悦,授光宪黄州刺史,赐赉加等"。

黄州在今湖北省黄冈市,孙光宪在这里度过了生平的最后一个阶段。《宋史》卷四八三《孙光宪传》载:光宪"在郡亦有治声"。《十国春秋》卷一〇二《孙光宪传》亦云:"在郡亦称治。"《大清一统志》卷二六四《黄州府》把孙光宪列为名宦。可见,已风烛残年的孙光宪仍老当益壮,造福一方人民。

然而,才华横溢、治郡有声的孙光宪却未被新朝看重、提拔。似乎可以说,新朝很快就把他这位"功臣"遗忘了。

乾德六年(968),一代才子孙光宪卒于黄州任上,享年约73岁。

孙光宪的黯然辞世,带给后人无尽的遗憾。《直斋书录解题》卷一一

《小说家类》云:"有荐于太祖者,将用为学士,未及而卒。"《宋史》卷四八三《孙光宪传》亦云:"时宰相有荐光宪为学士者,未及召,会卒。"

据《宋史》卷二一〇《宰辅表》,从乾德二年(964)正月至开宝六年(973)九月,一直由赵普担任宰相。乾德五年丁卯,"十二月,赵普丁母忧,丙子起复"。开宝三年庚午,"三月戊辰,右仆射赵普落起复,加特进"。开宝三年(970),孙光宪已辞世。赵普荐孙光宪为翰林学士,显然不可能在其"起复"之后。乾德六年十一月癸卯,太祖改年号为开宝,孙光宪则在改年号前去世。因此,赵普荐孙光宪为学士当在其"丁忧"之前,即乾德五年十二月之前,而孙光宪恰在此后不久辞世。

但笔者认为,太祖将任用孙光宪为学士的说法不一定可靠。孙光宪归附宋朝长达数年之久,且治郡有声,太祖完全可以尽早重用他。但事实上,孙光宪一直被弃置在黄州。因此,太祖要任用孙光宪为学士,而孙光宪却不幸去世之说颇值得怀疑。

孙光宪之不受重用,似与他的"降臣"身份有关。太祖提倡名节,褒扬为主尽节的忠臣。《宋史》卷四四六《忠义传》云:"士大夫忠义之气,至于五季,变化殆尽。宋之初兴,范质、王溥,犹有余憾,况其他哉!艺祖首褒韩通,次表卫融,足示意向。"据《续资治通鉴长编》卷四"太祖乾德元年":当太祖得知李景威的谋略后,称他为"忠臣",并"命王仁赡厚恤其家"。孙光宪为荆南德高望重的谋臣,声望在梁延嗣等人之上。为一统天下,太祖需要孙光宪这样的人才归附,但其内心对孙光宪却不一定赏识。因此,并非太祖来不及重用光宪,而是其存心不用光宪。

尽管如此,太祖欲用光宪之说却从另一个方面反映了宋人对才高博学而未被重用的孙光宪的普遍同情。

孙光宪安葬何处,是否叶落归根,史无记载,清代所编《仁寿县志》也未提及。但近年所修《仁寿县志》却称孙光宪墓"在向家乡贵平村,俗称'天官坟'"。㊿

在孙光宪卒前三年,即乾德三年(965),宋军入蜀,后蜀政权灭亡,光宪似有可能归葬故里。但是否葬于今仁寿县向家乡贵平村,仍不能肯定,姑存疑。

孙光宪二子孙谓、孙说,学有所成。据《宋史》卷四八三《孙光宪传》,两人"并进士及第"。清嘉庆年间所编《仁寿县志》卷三《选举》把孙谓列为庆历年间进士,孙说列为皇祐年间进士。误。两人及第时间当在宋初。

孙光宪生活在唐末、五代及宋初这一从分裂割据走向统一安定的过渡时代,人生遭际独特。他凭借自己超群的识见、高明的治国之术及务实的作风,在青史上留名,并得到司马光等史臣的高度评价。清嘉庆年间所编《仁寿县志》卷四《宋人物》收录了一首清人姚德椿撰写的诗,诗云:

> 五季纷纷相僭窃,日习战争民命绝。天心厌乱主有真,书生见机贵明决。伟哉孙公生不辰,博学多智非常人。少游荆南相契合,高氏辟为入幕宾。是时宋存混一志,公劝继冲降弗贰。规模宏远受于天,豪杰当思择主事。不用干戈率土归,世儒亦或议其非。那知顺逆存乎势,此事乌容昧厥机。兵加而悔必无及,智者烛事在于微。既随入朝太祖喜,授公黄州之刺史。卒也人复荐其才,召为学士公已死。聚书千卷无一存,我之怀矣葆光子。

此诗虽非上乘之作,但基本上符合孙光宪的生平实际,可视为对他一生的一个总结。

注　释

① ㉑《北梦琐言序》,上海古籍出版社1981年版,第1页。
② 郭庆藩辑:《庄子集释》,中国书店1988年版。
③ 常璩著、刘琳校注:《华阳国志校注》卷三,巴蜀书社1984年版,第175页。
④ ⑧《四川师范大学学报》(社会科学版)1986年第4期,第67页。
⑤ ⑯㉖《唐代文学丛考》,中国社会科学出版社1997年版,第403、402、403页。
⑥ ⑨㊷《唐五代词史论稿》,文化艺术出版社2000年版,第240、240—242、243页。
⑦ ⑲㉓㊹吴庚舜、董乃斌主编:《唐代文学史》下册,人民文学出版社1995年版,第746、725、727、746页。
⑩《新唐书》卷四二《地理六》,中华书局1975年版,第1091页。

⑪《十国春秋》卷一一一《十国地理表上》,中华书局1983年版,第1595页。

⑫王存撰,王文楚、魏嵩山点校:《元丰九域志》卷七《成都府路》,中华书局1984年版,第319页。

⑬祝穆:《方舆胜览》卷五三《隆州》,台湾商务印书馆影印文渊阁四库全书,第471册,第960页。又《舆地纪胜》卷一五〇《成都府路·隆州·风俗形胜》载有"三嵎青,陵阳荣,三嵎翠,陵阳贵"的古民谣。

⑭常明、杨芳灿等撰:《四川通志》卷九《舆地志八·形势·资州直隶州》,巴蜀书社1984年版,第705页。

⑮成都古籍书店1984年版,第101页。

⑰⑱《舆地纪胜》卷一五〇《成都府路·隆州·风俗形胜》,中华书局1992年版,第4033、4034页。

⑳江苏古籍出版社2001年版,第186页。

㉒《尊前集》卷下,台湾商务印书馆影印文渊阁四库全书,第1489册,第86、87页。

㉔《资治通鉴》卷二七〇《后梁纪五》"均王贞明四年",中华书局1956年版,第8824页。

㉕参见孙光宪撰,贾二强点校:《北梦琐言》卷二〇《于高疏阔》、《韦周庸劣》等条,中华书局2002年版。

㉗《蜀梼杌》卷上,台湾商务印书馆影印文渊阁四库全书,第464册,第230页。

㉘薛居正等:《旧五代史》卷三八《明宗纪第四》,中华书局1976年版,第523页。

㉙《资治通鉴》卷二七四《后唐纪三》"庄宗同光三年",第8952页。

㉚阮阅:《诗话总龟》前集卷一四《警句门》引《北梦琐言》,人民文学出版社1987年版,第164页。

㉛《中国历史地图集》第五册(隋唐五代十国时期),地图出版社1982年版,第65—66页。

㉜《十国春秋》卷一〇二《孙光宪传》,第1463页。

㉝㊳《白莲集》卷七,四部丛刊初编本,第172册,第49页。

㉞彭定求等:《全唐诗》卷八四五,中华书局1960年版,第9561页。亦见《白莲集》卷八,第56页。

㉟谭兴国:《蜀中文章冠天下——巴蜀文学史稿》,四川人民出版社2001年版,第142页。

㊱《白莲集》卷四,第30页。
㊲《白莲集》卷六,第42页。
㊴《白莲集》卷九,第64页。
㊵中华书局1962年版,第115页。亦见陈尚君:《"花间"词人事辑》,《唐代文学丛考》,第405页。
㊶赵崇祚辑、李一氓校:《花间集校》,人民文学出版社1958年版,第136、143页。
㊸《北梦琐言》"逸文"卷三《孙光宪异梦》,第159页。
㊺陈尚君:《"花间"词人事辑》称:"可据知光宪其时的官守全称。"《唐代文学丛考》,第404页。
㊻苏轼著、孔凡礼点校:《苏轼文集》卷一七《表忠观碑》,中华书局1986年版,第499页。
㊼《资治通鉴》卷二七四《后唐纪三》"庄宗同光三年",第8946页。
㊽㊾㊿《资治通鉴》卷二七九《后唐纪八》"潞王清泰二年",第9135页。
○51 吕思勉:《隋唐五代史》,上海古籍出版社1984年版,第687页。
○52 孙光宪所吟之诗句,出自《刘禹锡集》卷三二《郡斋书怀寄河南白尹,兼简分司崔宾客》。诗云:"漫读图书二十车,年年为郡老天涯。一生不得文章力,百口空为饱暖家。绮季衣冠称鬓面,吴公政事副词华。还思谢病今归去,同醉城东桃李花。"
○53 人民出版社1985年版,第177页。
○54 《续资治通鉴长编》卷四"太祖乾德元年",中华书局1979年版,第82页。
○55 《资治通鉴》卷二八六《后汉纪一》"高祖天福十二年",胡三省注,第9337页。
○56 四川人民出版社1990年版,第496页。

原刊《巴蜀文化研究》(第一辑),巴蜀书社2003年版

作者简介:房锐,1966年生,文学博士后,四川师范大学文学院副教授,四川师范大学巴蜀文化研究中心副研究员。

论花间词的传播及南唐词对花间词的接受

赵晓兰

《花间集》是我国第一部文人词选集,它结集于五代十国时词的创作中心之一西蜀。南唐则是五代十国时词的另一创作中心,其创作年代稍晚于花间词。有关这两个词的创作中心的关系,前人有过一些值得深入探究的论述。"今观延巳之词,往往自与唐《花间集》、《尊前集》相混。"[1](《跋欧阳文忠公近体乐府》)"冯正中词,虽不失五代风格,而堂庑特大,开北宋一代风气。"[2]"正中虽不乏寄意深远之作,选声设色,犹不尽脱花间习气。"[3](《读词偶记》)诸家所论,均认为南唐词的代表作家之一冯延巳不失五代、花间风格。据统计,北宋陈世修编辑冯延巳词集《阳春集》,其中有十二首见于《花间集》。有论者亦认为,南唐亡国前的词作大体皆受有花间词的影响。关于花间词的传播及南唐词对花间词的接受,本文拟作一初步探索。

一

从唐昭宗天复七年(907)九月蜀王王建在成都称帝,到广政二十八年(965)宋师伐蜀,蜀后主孟昶奉表请降,地处西南一隅的前、后蜀割据政权前后维系了近五十年。

前蜀高祖王建虽目不知书,却是一位有才略、有治术的统治者。他"革弊从新,去华务实"[4](卷一),留心政事,容纳直言,善待士人,用人各尽其才。"是时唐衣冠之族多避乱在蜀,蜀主礼而用之,使修举故事,故其典章文物有唐之遗风"[5](卷二百六十六),"所用皆唐名臣世族"[6](《前蜀世家》)。王建认为

"安民为先,丰财为本"[7](《冯涓传》),曾下诏劝农桑[8](《前蜀先主》)。除了孜孜求治,王建奉行的外交政策也是灵活务实、功效卓著的。

后蜀孟知祥入蜀后,"择廉吏使治州县,蠲除横赋,安集流散,下宽大令,与民更始"[5](卷二百七十四)。后主孟昶继位之初也算求治之主,整顿吏治,发展经济。由于奉行守境安民的国策,社会得以保持较长时期的安定,社会经济取得了长足发展。

巴蜀大地原本"土地肥美,有江水沃野、山林竹木疏食果实之饶",王建推行的保境息民国策,不仅让前蜀拥有辽阔的疆域,也积累了数量惊人的财货。后唐灭前蜀,"得节度十,州六十四"[5](卷二百七十四),"上蜀簿,得兵三十万,马九千五百匹,兵器七百万,粮二百五十三万石,钱一百九十二万缗,金银二十二万两,珠玉犀象二万,文锦绫罗五十万匹"[6](《郭崇韬传》)。北宋灭后蜀,"凡得州四十六,县二百四十,户五十三万四千二十九"[9](卷六乾德三年)。据曾巩《隆平集》二十《妖寇》载,"自乾德间孟昶既降,府库充溢。重货铜布由舟运下三峡,轻货设传置,以四十兵隶为一纲,号曰进纲。水陆兼运,十余年始悉归内库"。从后唐、北宋破蜀所获之丰,可见其时蜀国力之强盛,是国力仅次于吴、南唐的割据势力。

在五代十国割据分裂时期,雄踞江南的南唐系烈祖李昪(徐知诰)受吴"禅让"而来,经李昪苦心经营,南唐"东暨衢、婺,南及五岭,西至湖湘,北拒长淮,凡三十余州,广袤数千里"[10](《李昪传》),"内外寝兵,耕织岁滋,文物彬焕,渐有中朝之风"[12](《钓矶立谈》),是南方割据诸国中最强盛者。

南唐社会安定,经济繁荣,国力强盛。它承"吴之基绪,据有江淮。'控朱方而定霸,总泽国以称雄。'其地北隔长淮与中原相对,东邻闽越,西有荆、楚,南倚南汉,处于南北中国交通之冲要,战略地位十分重要"[13](《五代分合与南唐的历史地位》)。当时的政治形势大体呈这样的态势,即"各割据政权实际上是以中原和江淮为核心,形成了对立的两大集团,互相对抗,互相牵制"。南唐和西蜀,"咸有窥伺中原之意,而唐尤盛"[14](第十三章《五代十国始末》下)。据记载,"自徐温执吴政,屡泛海使契丹,欲与共图中国,至唐烈祖及今主皆然"[5](卷二百九十三)。"初,(李)景之袭父位也,属中原多故,卢文进、李金全、皇甫晖之徒皆奔于景。跨据江、淮三十余州,擅鱼盐之利,即山铸钱,物力富盛。尝试贡士《高祖入关诗》,颇有窥觎中土之意"[15](《世家》一《南唐李氏》)。南唐和西蜀除了与中原对峙、窥伺中原,在防止、抵御中原政权挥师南下、包举南方的重大决策上,又成为牢固的"战略伙伴",有一荣俱荣、一损俱损的依存关系。当时的政治格局是:中原与吴越、楚等交好,南唐则与后蜀、荆南等过从密切,各国间的政治、外交活动,即按照此格局展开。

吴(南唐)、蜀这一对"战略伙伴"在当时政治格局中举足轻重的地位早已被其对手所认识。当时的中原政权在政治、外交、军事的战略决策中,每每吴,蜀并举,或连类而及,将其视为劲敌。天祐三年(906),武贞节度使雷彦威屡寇荆南,朱全忠以为怯,遣将"将兵万千戍荆南以备吴、蜀"[5](卷二百六十五)。龙德元年(921),将佐及藩镇劝晋王李克用称帝,张承业闻之,谏曰:"王何不先灭朱氏,复列圣之深仇,然后求唐后而立之,南取吴,西取蜀,泛扫宇内,合为一家。"[5](卷二百七十一)庄宗同光元年(923)李存勖灭梁后,"遣使以灭梁告吴、蜀,二国皆惧"[5](卷二百七十二)。其时高季兴守中书令,入朝,庄宗待之甚厚,"从容问曰:'朕欲用兵于吴、蜀,二国何先?'季兴以蜀道险难取,乃对曰:'吴地薄民贫,克之无益,不如先伐蜀。蜀土富饶,又主荒民怨,伐之必克。克蜀之后,顺流而下,取吴如反掌耳。'"[5](卷二百七十二)周世宗显德二年(955),比部郎中王朴献策,以为"中国之失吴、蜀、幽、并,皆由失道"[5](卷二百九十二)。从这些例子,可见五代十国之时,吴、蜀两国间休戚与共、唇齿相依的关系。应该说,这样的依存关系,对两国的外交活动、文化交流、商贸往来等都有积极的推动作用。这种依存关系,对花间词的传播及南唐词对花间词的接受都产生了不容忽视的影响。

二

面对前文述及的客观情势,吴、蜀二国具"战略伙伴"关系是顺理成章的事。实际上,吴、蜀间不仅有较密切的往来,在对外关系的大政方针上也大体保持一致。据记载,开平元年(907),后梁灭唐,遣使者谕王建,建拒而不纳,"因驰檄四方,会兵讨梁。四方知其非诚实,皆不应"[6](《前蜀世家》)。然而,就在四方"皆不应"的孤立形势下,"与蜀王移檄诸道,将会兵复唐"[7](《吴世家》)的,正是吴王杨渥。关于"移檄诸道"一事,《资治通鉴》卷二百六十六太祖开平元年的记载则更为详尽:"蜀王与弘农王(杨渥)移檄诸道,云欲与歧王、晋王会兵兴复唐室,卒无应者。蜀王乃谋称帝,下教谕统内吏民,又遗晋王书云:'请各帝一方,俟朱温既平,乃访唐宗室立之,退归藩服。'晋王复书不许,曰:'誓于此生靡敢失节。'"就在移檄的这一年(907),王建便"各帝一方",在蜀称帝。龙德元年(921),前蜀后主王衍、吴主又"屡以书劝晋王称帝,晋王以书示僚佐曰:……此议非所闻也"[5](卷二百七十一)。

咸康元年(925),后唐庄宗李存勖起兵攻蜀,前蜀亡。明德元年(934),孟知祥建后蜀。吴天祚三年(937),李昇废杨溥自立,国号唐,史称南唐。在吴、蜀经历了政权更迭后,仍一如既往,两国间保持着友好、亲密的关系。升元三年(939)即南唐建国后的第三年,"蜀使来贺即位"[11](《烈祖本纪》)。升元七年(943),李昇死,子李璟即位,"与蜀通好,尝以赵季札至南唐。见《宋史》李昊传:'自言唐相绅之后。昶与江南李景通好,遣其臣赵季札至江南,购得李绅武宗朝入相制书以遗昊,昊结彩楼置其中。尽召成都声伎,昊朝服前迎归私第,大会宾客,宴饮所费无算,以帛二千匹谢季札'"[8](《后蜀后主》笺补录)。保大二年(944),"唐遣使来聘,副以六鹤。帝命少府监黄筌写六鹤于便坐之壁,名曰六鹤殿"[7](《后蜀本纪》)。广政十七年(954)周谋伐蜀。次年六月,"蜀主遣间使如北汉及唐,欲与之俱出兵以制周,北汉主、唐主皆许之"[5](卷二百九十二)。陆游《南唐书·元宗本纪》所载亦同,曰:"保大十三年……夏六月,周攻秦、凤,蜀使间使来告难。"就在蜀主遣使聘南唐、北汉的这一年,蜀军大败,秦、成、阶、凤复入周。

除了外交、军事上的交往,江南与蜀"未知何年,又结为婚姻之好。《方舆胜览》载曾极《金陵百咏·凤州柳酒》云:'蜀主函封遣使时,芳根原自凤州移。'注:'蜀主与江南结婚,求得其种,凤州出手、柳、酒。'移柳江南,自是广政十年何重建以秦州降蜀之后"[8](《后蜀后主》笺补录),江南与蜀"结为婚姻之好",对原本已相当密切的两国关系,更是一种有力的促进。

前文已言及吴、南唐与蜀曾多次互通聘问。关于各国间的通问修好,似还可作进一步的探究。

唐昭宗天复三年(903)夏四月,"王建出兵攻秦陇,乘李茂贞之弱也。遣判官韦庄入贡,亦修好于朱全忠。全忠遣押牙王殷报聘,建与之宴。殷言蜀甲兵诚多,但乏马耳。建作色曰:'当道江山险阻,骑兵无所施,然马亦不乏。押牙少留,当共阅之。'乃集诸州马,大阅于星宿山。官马八千,私马四千,部队甚整,殷叹服。"[5](卷二百六十四)

前蜀通正元年(916)正月,"梁祖使封舜钦聘于蜀。时歧阳睚眦,关路不通,遂泝汉江而上,路出全州,全帅致筵于公署。舜钦素轻其山川,多所傲睨,及执觯索令,曰:'麦秀两歧。'伶人骇为未闻,以他曲代之。舜钦摇首曰:'不可。'又再呼'麦秀两歧'。主人惭怒,杖其乐将。次至汉州,伶人已知全州事,忧之。及饮会,又曰:'麦秀两歧。'如是三呼,不能应。有乐将王新殿前曰:'略乞侍郎一唱。'舜卿唱未遍,已入乐工之指下矣。其乐工白师曰:'此是大梁新翻,西蜀未有,请写谱一本。'飞递入蜀,具言经过二州事。洎舜卿至蜀,长吹'麦秀两歧'于殿前,施芟麦之具,引数十辈贫儿,褴褛衣裳,挈笼筐而拾麦,仍合声唱,其词凄楚。舜卿惭恨而退。及复命,历梁汉、安康等道,不敢更言'两歧'字"[7](《前蜀本纪》引《太平广记》卷二五七)

后唐遣李严聘蜀觇虚实,王衍与李严俱朝上清宫,《五国故事》卷上云:"谒享之日,蜀中士女夹道观之,珠翠帘幕,为之照耀。及严回,乃言可取之状。"《儒林公议》下又云:"王建子衍嗣于蜀,侈荡无节,庭为山楼,以彩为之。作蓬莱山,画绿罗为水纹地衣,其间作水兽菱荷之类,作《折红莲队》。盛集锻者,以山内鼓橐,以长籥引于地、地衣下,吹其水纹,鼓荡若波涛之起覆。以杂彩为二舟,辘轳转动,自山门洞中出,载妓女二百二十人,发棹行舟,周游于地衣之上,采所扳莲列阶前,出舟致辞,长歌复入,周回山洞。俄而唐庄宗遣李严入蜀,复作此舞以夸之,严归于朝贡策,未几灭王氏。"[8](《前蜀后主》笺引)

以上引录使者聘蜀的相关记载,使者聘于江南亦不乏记述。

陶穀使吴越,钱王因举酒令曰:"白玉石,碧波亭上迎仙客。"对曰:"口

耳王,圣明天子客钱塘。"[16](二卷引《云麓漫钞》)

陶榖使江南,"甚欲假书,韩熙载令馆伴驿中誊六朝书,半年乃毕"[17](《南唐拾遗记》)。

陶榖奉使,"恃上国势,下视江左,辞色毅然不可犯。韩熙载命妓秦弱兰诈为驿卒女,每日弊衣,持帚扫地。陶悦之,与狎,因赠一词曰《风光好》云:'好因缘,恶因缘,只得邮亭一夜眠。别神仙。琵琶拨尽相思调,知音少。待得鸾胶续断弦,是何年?'明日,后主设宴,陶辞色如前。乃命弱兰歌此词劝酒。陶大沮,即日北归。"[18](卷二)

由此可知,聘问之国往往派遣使者报聘即对来聘之国作回访,这就大大增加了聘问双方友好交往的机会,吴、南唐与蜀的聘问正是如此。其次,对聘问使者的接待其活动内容多种多样,仅上面摘引的资料,其活动内容便有阅兵、朝谒宫观、借阅藏书、酒宴、歌舞、献诗、行酒令等。其中尤以酒宴、歌舞、歌词劝酒、行令等为必不可少。上述王衍"作折红莲队"、作舞以夸之,即和王衍的荒嬉有关。王衍不理朝政,耽于酒色,"惟宫苑是务,惟宴游是好",好歌舞宴游,善唱曲填词。他国使者入蜀聘问修好,正是王衍等嬉戏游乐、炫耀自身的大好时机。南唐、后蜀君主亦好文学,多技艺(详后文),他们的喜好自然会影响两国外交活动的内容。从这个角度看,通过外交活动的渠道,名家辈出、美不胜收的花间词广泛传播,对同样偏安富庶、人才济济的南唐词坛产生重要影响亦在情理之中。

三

唐末,黄巢起义军攻克两都,各路诸侯窃夺焚掠,"家家流血如泉涌,处处冤声声动地。舞伎歌姬尽暗捐,婴儿稚女皆生弃"[19](《秦妇吟》)。随着唐廷入川,大批文人乐工歌妓也移入蜀中,为西蜀词的隆盛提供了可遇不可求的历史机遇。后唐灭蜀后,"魏王通谒李廷安献蜀乐工二百余人"[5](卷二百七十四)。《旧五代史·唐书·庄宗纪》的记载则更翔实:"(同光四年正月)西川行营都监李廷安进西川乐官二百九十八人。"宋用兵后蜀,"平西川得一百三十九人"[15](《乐志·教坊》)。西蜀乐官艺人通过中原政权与南唐的交往亦可能对南唐词产生一定的影响。

花间词的鼻祖温庭筠,青年时代曾客游江淮间,后又依徐商于襄阳,被署为巡官,其后客江陵、归江东、过广陵,频频往来于江淮湘鄂一带。其诗集中可考行迹者,以金陵等地为最多,足迹达于润州、丹阳、常州、苏州、台州、越州、会稽、湖州、杭州、扬州等地[20](《温飞卿系年》)。有论者认为:"庭筠诗中,言其故乡太原者绝少,而言江南者反甚多,恐幼时已随家客游江淮,为时且必甚长……(温)自称曰'江南客',至江南曰'归'曰'回',两唐书本传亦曰'归江东'。飞卿在江南日久,俨以江南为故乡矣。"[20](《温飞卿系年》引顾肇仓语)检《花间集》中温庭筠词,这种"俨以江南为故乡"、言江南之词作可谓俯拾皆是:"画楼音信断,芳草江南岸。鸾镜与花枝,此情谁得知"(《菩萨蛮》);"京口路,归帆渡,正是芳菲欲度"(《更漏子》);"钿筐交胜金粟,越罗春水渌"(《归国遥》);"馆娃宫外邺城西,远映征帆近拂堤"(《杨柳枝》);"若耶溪,溪水西,柳堤,不闻郎马嘶"(《河传》);"楚女欲归南浦,朝雨,湿愁红"(《荷叶杯》)……这些言江南、"以江南为故乡"的词作,字里行间浸透了作者对江南风物人情的款款深情和无限眷恋。可以说,是江南秀丽的山水、美好的人物、丰厚的文化滋润着作者苦涩倦怠的心田,引发了他的创作激情,让这位"士行尘杂,不修边幅"的天才词人创作出一首首精美绝伦的作品。花间词派的鼻祖温庭筠,实际上是吮吸着江南风物文化的乳汁成长、成熟的,这就使得以其为代表的花间词与南唐词有一种与生俱来、剪不断的血脉关系。南唐词对温词的承传,便是这种血脉关系的体现。

花间词另一代表人物韦庄,在黄巢起义军攻占长安时,曾身陷军中,后逃离长安赴洛阳,又离洛阳南下,入镇海节度使周宝幕府,避地婺州,漂泊江南。这段在江南的漂泊生活前后绵延了约十年之久,韦庄对江南水乡之美、佳人之丽的热情赞美似比温庭筠对江南佳丽地的深深眷恋更为人们所熟知:"人人尽说江南好,游人只合江南老。春水碧于天,画船听雨眠。垆边人似月,皓腕凝霜雪。未老莫还乡,还乡需断肠。"[21](《菩萨蛮》)江南丰厚文化的浸润给韦庄词的创作个性、创作风格留下了深深的印记。从这点说,南唐词和韦庄词也是血脉相联的。

　　花间词人皇甫松,睦州新安(今浙江淳安)人,他工诗善词,然久试进士不第,终身未仕。皇甫松身为江南人,对江南有特殊感情,故乡旖旎的风光,让他魂牵梦绕,无限眷恋。其名篇《梦江南》云:"兰烬落,屏上暗红蕉。闲梦江南梅熟日,夜船吹笛雨潇潇,人语驿边桥。"对江南水乡的深情忆恋,使南唐词人对其作品有一种天生的亲和力。这样的词章在江南流播似乎也是再自然不过的事。

　　上文述及温庭筠、韦庄、皇甫松的生活、词作和江南的渊源关系。其中,温韦和江南关系之深似不在皇甫松之下。由于温韦在江南盘桓时间之长,所历地域之广,他们在江南生活期间,肯定有词作问世。尽管这些作品已不易确定其创作时间和地点,但有一点是可以确定的,即这些作品一旦完成,便会在江南广为传唱。实际上,温韦的一些作品(如韦庄《菩萨蛮·人人尽说江南好》),有很大可能是在江南某地的花间尊前倚声而成的(《新唐书·温庭筠传》有温"丐钱扬子院"之说)。如果这样的假说可以成立,南唐词对以温韦为代表的花间词的承传实际上是直接的。

　　花间词的另一重要词人孙光宪,陵州贵平(今四川仁寿东北)人,初为陵州判官,后避江陵,事南平(即荆南),效力于高氏政权三十余年。荆南是"十国中最小最弱之国",但因其地理位置特殊,故虽四面受敌,其政权仍延续了五十七年之久。荆南作为其时"南北贸易的陆上交通中枢",在与各国商贸往来上具有不容忽略的战略地位(详后文)。

　　孙光宪曾漫游蜀中,"也到过湖湘、江浙等地",其词作为我们提供了探讨其行踪的大体可靠的线索:"风飐、波敛、团荷闪闪,珠倾露点。木兰舟上,何处吴娃越艳?藕花红照脸"[21]《河传》;"石城依旧空江国,故宫春色。七尺青丝芳草绿,绝世难得"[21]《后庭花》;"古台平,芳草远,馆娃宫外春深。翠黛空留千载恨,教人何处相寻"[21]《思越人》;"渚莲枯,宫树老,长洲废苑萧条。想象玉人空处所,月明独上溪桥"[21]《思越人》。至于孙光宪去江浙之由,似可从其生平中寻绎出线索。天成元年(926),"梁震荐前陵州判官贵平孙光宪于(高)季兴,使掌书记"[5](卷二百七十五)。天成二年(927)五月,高季兴"请举镇自附于吴",徐温"受其贡物,辞其称臣,听其自附于唐"[5](卷二百七十五)。天成三年(928),"高季兴复请称藩于吴,吴进季兴爵秦王,帝诏楚王殷讨之"[5](卷二百七十六)。孙光宪的江南之行,与高季兴的上述外交活动或不无关系。

南平王高从诲,高季兴嫡子。"从诲明音律,好弹胡琴,女乐数十,皆擅其技"[16](二卷),"晋学士王仁裕来聘,王出十妓弹琴以乐之。《韵府群玉》载从诲有句云:红妆齐抱紫檀槽,一抹朱弦四十条"[16](一卷补引《十国春秋注》)。这里的四弦"紫檀槽",似即为琵琶。又据孙光宪《北梦琐言逸文》卷四载,王蜀黔南节度使王保义,有女适荆南高从诲之子保节。此女性聪敏,善弹琵琶。相传因梦异人,频授乐曲,所传凡二百以上曲。荆南称藩于吴、蜀,其时吴与南唐为阻止中原政权南进,曾封锁江淮漕路。荆南因此成为交通中枢,商业繁荣。从蜀中传入荆南的乐曲及曲子词,完全有可能从荆南传入吴地。南唐词对花间词的接受,其渠道是多种多样的。

四

从唐贞观年间起,唐王朝的经济创造了百余年持续繁荣的奇迹。当时的交通已十分发达,"且如天下诸津,舟航所聚,旁通蜀汉,前指闽越。七泽十薮,三河五湖,控引河洛,兼包淮海。洪舸巨舰,千舳万艘,交货往还,昧旦永日"[22](卷八十六)。发达的交通又为商业的发展、经济的进一步繁荣奠定了坚实的基础。其时经商已成为许多人向往、热衷的职业。而以金陵、扬州为中心的江淮地区及与成都为中心的蜀中地区则成为商业经济最活跃、最发达的区域。江南诸郡"川泽沃衍,有海陆之饶,珍异所聚,故商贾并凑"[23](《地理志》下)。元稹的《估客乐》云:"求珠驾沧海,采玉上荆衡。北买党项马,西擒吐蕃鹦。炎洲布火浣,蜀地锦织成。越婢脂肉滑,奚僮眉眼明。"张籍《贾客乐》云:"金陵向西贾客多,船中生长乐风波。……停杯共说远行期,入蜀经蛮远别离。"这些作品都从不同角度描绘了当时江淮、蜀中两地商业经济之繁盛。扬州为吴之都城,是隋唐时长江下游第一都会。"唐世盐铁转运使在扬州,尽斡利权,判官多至数十人,商贾如织。故谚称'扬一益二',谓天下之盛,扬为一而蜀次之也。杜牧之有'春风十里''珠帘'之句,张祜诗云:'十里长街市井连,月明桥上看神仙。人生只合扬州死,禅智山光好墓田。'王建诗云:'夜市千灯照碧云,高楼红袖客纷纷。如今不似时平日,犹自笙歌彻晓闻。'徐凝诗云:'天下三分明月夜,二分无赖是扬州。'其盛可知矣"[24](卷九)。扬州"富庶甲天下",都市生活极度繁华,十里长街,市井相连,笙箫歌舞,通宵达旦。李昪代吴,建立南唐,以江宁(即金陵)为都。金陵,秦始皇时即有望气者称其"有王者之气",六朝著名诗人谢朓在其《入朝曲》中曾饱含激情赞颂这座繁荣昌盛、富丽堂皇的城市:"江南佳丽地,金陵帝王州。"金陵本为商业繁荣之地,南唐在此建都后,"制度壮丽,甚为繁荣"[11](《烈祖本纪》)。繁华的都市生活、浮靡的歌舞宴游之风,必然导致对妓乐的大量需求,成为妓乐及曲子词传播、发展的驱动力。这种"服务于日常的小型饮筵"的妓乐,即饮妓音乐,其重心即在江南地区[25](第八章)。据《唐阙史》记载,唐代的扬州"胜地也。每重楼向夕,倡楼之上,常有纱灯万数,辉罗耀烈空中,九里三十步街中,珠翠填咽,邈若仙境"。会昌年间,武宗"诏扬州监军取解酒令妓女十人进入"[6](卷三)。韦庄对江南的眷恋也和妓乐有不解之缘,"如今却忆江南乐,当时年少春衫薄。骑马倚斜桥,满楼红袖招"[21](《菩萨蛮》)即为其证。

  南唐君臣的好尚是妓乐、曲子词流播、兴盛的又一驱动力。南唐二主均好文学,精音律,工书画。中主李璟"嗣位之初,春秋鼎盛,留心内宠,宴私击鞠,略无虚日"[18](卷二)。后主李煜性尚奢侈,"大展教坊,广开第宅。下条制则教人廉隅,处宫苑则多方奇巧","以户部侍郎孟拱辰宅与教坊使袁承进"[26](《谏后主书》)。后主"常微行倡家,乘醉大书石壁曰:'浅斟低唱偎红倚翠大师,鸳鸯寺主,传风流教法。'"[7](《后主本纪》引《诗话类编》)。后主昭惠国后周氏,"通书史,善歌舞,尤工琵琶,能创为新声。宫人流珠者,性通慧,工琵琶"[11](卷十六)。中书侍郎韩熙载,"后房蓄声妓,皆天下妙绝。弹丝吹竹、清歌艳舞之观,所以娱侑宾客者,皆曲臻其极,是以一时豪杰如萧俨、江文蔚、常梦锡、冯延巳、冯延鲁、徐铉、徐锴、潘佑、舒雅、张洎之徒,举集其门"[12]（《钓矶立谈》）。太子太傅冯延巳，"以金陵盛时，内外无事，朋僚亲旧，或当宴集，多运藻思为乐府新词，俾歌者倚丝竹而歌之，所以娱宾而遣兴也"[27]《阳春集序》）。冯延巳还有与元宗以词相谑的佳话。这样的氛围中，为了满足"娱宾而遣兴"的需求，除了南唐君臣花间尊间即兴命笔倚声填词外（如南唐潘佑尝应李后主令作词），对原有曲子词的歌唱也不可或缺（《鉴诫录》卷七有前蜀内臣"搜求名公艳丽绝句为《柳枝》词"的记载可参考）。西蜀得天独厚的自然条件、繁华的都市、时尚的游赏之风，前后蜀君臣的声色之好，美不胜收的花间词作，理应成为南唐词作者、歌者的不二之选。

五代十国时，吴、蜀文艺冠于全国。吴、蜀间，吴蜀与其他地方政权间的文化交流亦较活跃。后蜀广政七年（944），当时据有淮南的吴遣使赴蜀通问修好，蜀即令翰林待诏、名画家黄筌与其子黄居寀"同手画《四时花雀图》、《青城山图》、《峨眉山图》、《春山图》、《秋山图》，用答国信"[28]（卷中）。也是在广政年间，"荆南高太王令邸务丁晏入蜀，请（李）文才写兴义门两双石笋，兼征其故实，将归本道"。当时的文化交流，除了上述的赠画、求画等友好往来，它还是各国商业往来、商品交易的重要组成部分。如蜀中的名家画作，往往成为外地客商重金争购的抢手货："张玄者，简州金水石城山人也。攻画人物，尤善罗汉。当王氏偏霸，武成年，声迹赫然，时呼玄为'张罗汉'。荆、湖、淮、浙令人入蜀，纵价收市，将归本道"[20]（卷中）"（杜）敬安，子瑰子也，美继父踪，妙于佛像……蜀偏霸时，江、吴商贾入蜀，多请其画，将归本道。""（阮）惟德者，知诲子也。袭承父艺，美继前踪，父子同时入内供奉……蜀广政初，荆湖商贾入蜀，竞请惟德画'川样'美人卷簇，将归本道，以为奇物。"[28]（卷中）值得注意的是，欧阳炯的《花间集序》署为"大蜀广政三年夏四月"，则《花间集》的纂辑当在此前。如果说，其时蜀中名画已获荆、湖、淮、浙客商的广泛关注，这部"集近来诗客曲子词五百首"的词集，当会引起外地尤其是江南商家的浓厚兴趣。《花间集》现存最早的刻本为南宋绍兴十八年（1148）晁谦之刻本，晁氏跋曰："建康旧有本。比得往年例卷，犹载郡将、监司、僚幕之行，有《六朝实录》与《花间集》之贶"。将《花间集》与《六朝实录》一起，作为曾在建康任职的各级官员卸任时的赠送礼品，可见此书受重视的程度。晁本的底本是"建康旧有本",有论者认为"极大可能是北宋本"。据《十国春秋》记载,"(宋)太宗常幸崇文院观书,召后主及南汉后主令纵观,谓后主曰:'闻卿在江南好读书,此简策多卿旧物,归朝来颇读书否?'后主顿首谢"[7](《南唐后主本纪》)。被认为"极大可能是北宋本"的"建康旧有本"是否即后主之"旧物",是西蜀本、南唐本或北宋翻南唐本,大概将成为千古之谜了。但在当时南唐朝野对曲子词的需求旺盛,而南唐与蜀地的经济、文化交流又十分活跃的条件下,《花间集》完全有可能流播至南唐,成为南唐君臣、文士、市民、歌妓的新宠。如果这样的假说能够成立,南唐词人便拥有了可以站立其上的"巨人的肩膀",南唐词也及时获得了进一步发展的宝贵借鉴。

参考文献

[1]罗泌:《六一词跋》[A],张惠民:《宋代词学资料汇编》[Z],汕头:汕头大学出版社 1993 年版。

[2]王国维:《人间词话》[M],北京:人民文学出版社 1982 年版。

[3]詹安泰:《宋词散论》[M],广州:广东人民出版社 1980 年版。

[4]勾延庆:《锦里耆旧传》[A],王文才:《蜀梼杌校笺》[M],成都:巴蜀书社 1999 年版。

[5]司马光:《资治通鉴》[M],北京:中华书局 1956 年版。

[6]欧阳修:《新五代史》[M],北京:中华书局 1974 年版。

[7]吴任臣:《十国春秋》[M],北京:中华书局 1983 年版。

[8]王文才:《蜀梼杌校笺》[M],成都:巴蜀书社 1999 年版。

[9]李焘:《续资治通鉴长编》[M],北京:中华书局 1979 年版。

[10]薛居正:《旧五代史》[M],北京:中华书局 1976 年版。

[11]陆游:《南唐书》[M],《文渊阁四库全书》[Z],台北:商务印书馆 1983 年版。

[12]史虚白:《钓矶立谈》[M],《文渊阁四库全书》[Z],台北:商务印书馆 1983 年版。

[13]吴枫、任爽:《五代分合与南唐的历史地位》[J],中国史研究 1994 年第 3 期。

[14]吕思勉:《隋唐五代史》[M],上海:上海古籍出版社 1984 年版。

[15]脱脱等:《宋史》[M],北京:中华书局1977年版。

[16]王士稹、郑方坤:《五代诗话》[M],北京:人民文学出版社1989年版。

[17]毛先舒:《南唐拾遗记》[M],《丛书集成初编》[Z],上海:商务印书馆1935年版。

[18]郑文宝:《南唐近事》[M],《文渊阁四库全书》[Z],台北:商务印书馆1983年版。

[19]韦庄:《秦妇吟》[A],《全唐诗》[M],北京:中华书局1960年版。

[20]夏承焘:《唐宋词人年谱》[M],上海:上海古籍出版社1979年版。

[21]赵崇祚:《花间集》[M],贵阳:贵州人民出版社1981年版。

[22]王溥:《唐会要》[M],北京:商务印书馆1955年版。

[23]长孙无忌等:《隋书》[M],北京:中华书局1973年版。

[24]洪迈:《容斋随笔》[M],上海:上海古籍出版社1978年版。

[25]王昆吾:《唐代酒令艺术》[M],上海:东方出版中心1996年版。

[26]张宪:《谏后主书》[A],《唐文拾遗》[M],北京:中华书局1983年版。

[27]陈世修:《阳春集序》[A],张惠民:《宋代词学资料汇编》[Z],汕头:汕头大学出版社1993年版。

[28]黄休复:《益州名画录》[M],成都:四川人民出版社1982年版。

原刊《四川师范大学学报》2003年1期

作者简介:赵晓兰,1948年生,现为四川师范大学文学院教授,主要论著有《宋人雅词原论》、《歌谣学概要》等。

贯休入蜀考论

张 海

贯休,字德隐,俗姓姜氏,晚唐五代时期著名的诗僧,有《禅月集》传世。婺州兰溪(今浙江省兰溪县)人,生于唐文宗太和六年(832),卒于梁乾化二年,即前蜀永平二年(912),年 81 岁。贯休一生奔走四方,干谒权贵,希望在政治上有所建树。他的足迹几乎遍及整个中国南方,但是却屡屡碰壁,颇不称意。最后,在他古稀之年,飘然入蜀,在蜀中度过了他一生中的最后十年。

一、贯休入蜀前的蜀中形势

王仙芝、黄巢领导的唐末农民起义,沉重地打击了唐王朝统治者,震撼了李家王朝。唐僖宗广明元年(880)初,起义军逼近潼关,长安危在旦夕。当时的权臣田令孜为了逃避农民起义军的惩罚,乃"阴为幸蜀之计"[1](卷二五三)。十二月,黄巢军攻破长安,田令孜仓促率领 500 名神策军簇拥着僖宗逃往蜀中。中和元年(881)正月,僖宗到达成都,蜀中形势发生了巨大的变化。

在僖宗逃往蜀中之前,田令孜就操纵僖宗任命他的亲信陈敬瑄、杨师立和牛勖分别为西川节度使、东川节度使和山南西道节度使,"三川帅臣皆令孜腹心"[1](卷二五三)。特别是陈敬瑄,为了讨好田令孜和僖宗,僖宗刚刚逃离长安,他就一面派人奉表欢迎,一面在成都缮治行宫。僖宗到达后,成都集中了一大批官僚、宦官、军队、侍从,需要大量的物资供应和经费开支。为了供奉流亡朝廷,陈敬瑄大肆搜刮民脂民膏,使西川的百姓陷在水深火热之中,阶级矛盾异常尖锐。陈敬瑄本人也是生活豪奢,行政荒废,"一月六设曲宴,即自有平生酒徒五人狎昵,焦菜一碗,破三十千。常有告设吏偷钱,拂其牒而不省"[2](逸文卷一)。在这种形势下,蜀中先后爆发了阡能起义和韩秀升起义。这两次起义虽然很快即被镇压,但都是在黄巢大起义的感召下爆发的,都起到了牵制朝廷、支援黄巢起义的作用。

在镇压农民起义和支撑起流亡朝廷的同时,陈敬瑄个人的势力也急剧膨胀,逐渐成为与朝廷对抗的藩镇。就在陈敬瑄妄图扩大自己的势力范围、与朝廷相抗衡的同时,又一军阀在三川崛起,他就是后来成为前蜀高祖皇帝的王建。

王建,字光图,许州舞阳(今河南省舞阳县)人。他出身贫寒,年轻时干过杀牛、盗驴、贩卖私盐、抢劫民户等勾当。他"机略权勇,出于流辈"[3](卷四十一),伙同一些人,"以屠牛、盗驴、贩私盐为事"[3](卷四十一),贯行盗窃,人称"贼王八"。后来王建投入蔡州忠武军,由于"从讨王仙芝有功"[3](卷四十一),步步高升,从士兵到都头,领有一千士兵,跻身于将领之列。在唐僖宗两次播迁中,王建竭力保驾,得到赏识,由一个都头晋升为璧州刺史。公元887年,王建任利州(今四川广元)刺史后,乘唐末中原混战之机进行兼并,与陈敬瑄争夺地盘。经过三年混战,王建攻占成都,自称西川留后。朝廷不得不任命他为检校司徒、成都尹、剑南西川节度副大使知节度事、管内观察处置、云南、八国招抚等使。这时的王建,实际上已经成为三川地区首屈一指的强藩。在随后的十年中,王建先后攻取了东川和山南西道,三川之地,尽归王建所有。天复三年八月,唐王朝"加西川节度使西平王王建守司徒,进爵蜀王"[1](卷二六四)。这年冬天,"王乘江陵成汭之变,命王宗本为开道指挥使,攻下夔、忠、万、施四州。议者以瞿唐为蜀险要,王乃弃归峡,屯军夔州,于是并有三峡之地"[3](卷四十一)。这样,王建的势力范围北至今陕西南部,南至今云南,西至今川西高原,东至三峡,为前蜀的建国奠定了基础。

二、贯休入蜀的原因

贯休在入蜀前,曾投靠荆南节度使成汭。《宋高僧传》本传云:"比谒荆帅成汭,初甚礼焉,于龙兴寺安置。时内翰吴融谪官相遇,往来论道论诗。融为休作集序,则乾宁三年也。"成汭出身行伍,乃一介武夫。贯休为人倔强孤傲,因此常为一些小事得罪于成汭。孙光宪《北梦琐言》卷二〇《休公真率》载:"风骚之外,精于笔劄,举止直率,诚高人也。然不晓时事,往往谪诋评朝贤,他亦不知己之是耶非耶。荆州成中令问其笔法非耶,休公曰:'此事须登坛而授,非草草而言!'成公衔之,乃遽于黔中,因病以《鹤诗》寄意,曰:'见说气清邪不入,不知尔病自何来?'以诗见意也。"《唐诗纪事》卷七五、《唐才子传》卷十、《十国春秋》本传亦载此事。陶岳《五代史补》卷一《僧贯休入蜀》条云:"……尝游荆南,时成汭为荆南节度使。生日有献歌诗颂德者仅百余人,而贯休在焉。汭不能亲览,命幕吏郑準定其高下。準害其能,辄以贯休为第三。贯休怒曰:'藻鉴如此,其可久乎?'遂入蜀。"《宋高僧传》本传云:"寻被诬谗于荆帅,黜休于功安。郁悒中题砚子曰:'入匣始身安。'弟子劝师入蜀……"《十国春秋》本传所载大致相同:"郁悒中题砚子曰:'入匣始身安。'或以为匣者蜀也,相劝来蜀……"上述材料均言贯休受到成汭的忌恨和迫害后,在不得志的抑郁苦闷中,由人相劝来蜀。这是贯休入蜀的一个直接原因。

昙域《禅月集序》:"吾闻岷峨异境,山水幽奇,四海骚然,一方无事。遂乃过洞庭,趋渚宫,历白帝。旋闻大蜀开基创业,奄有坤维。叹曰:'不有君子,宁能国乎?'遂达大国。"贯休一生游历四方,出入名山大川,生逢乱世,居无定所,对于"一方无事"的蜀中,自然是心向往之。

蜀地相对安定,无战乱之忧,这是贯休入蜀的第二个原因。

黄巢起义席卷了大半个中国,一些地方军阀趁镇压农民起义之际,纷纷乘机起兵,争夺地盘,扩大势力范围。兵火连年,战祸惨烈,"大河之北,易水之南,久困兵戈,聚成疮痍,男孤女寡,十室九空"[4](卷九十五,"帝王部·赦宥十四"),"江淮之间,东西十里,扫地尽矣"[1](卷二五八)。而蜀中因地势复杂,路途险要,因此几乎没有受到黄巢起义的冲击。再加上蜀中自古就是沃野千里的天府之国,物产丰饶,人民殷富,社会安定,早在秦汉时期已是"居给人足,以富相尚,故工商致结驷连骑,豪族服王侯美衣,娶嫁设太牢之厨膳,归女有百辆之从车,送葬必高坟瓦椁,祭奠而羊豕夕牲,赠禭兼加,赙赗过礼"[5](《蜀志》)。这和战火纷飞的中原地区、"满眼尽疮痍"[6](卷十六《士马后见赤松舒道士》)的江南一带可谓是天壤之别。特别是王建在蜀中的崛起,统一了三川,在客观上减少甚至避免了长期的军阀混战,使得蜀中"地宁得一,富人侯王旦奭摩诘"[6](卷五《大蜀高祖潜龙日献陈情偈颂》)。因此,漂泊流浪了大半生的贯休,终于选择了蜀地作为他生命的最后归宿,于是"一瓶一钵垂垂老,万水千山得得来"[6](卷二十《陈情献蜀皇帝》)。

蜀主王建礼贤下士,广纳人才,这是贯休入蜀的第三个原因。

当时蜀中的最高统治者王建出身贫寒,并未受到较好的教育,后来以镇压农民起义发迹,最后又"以干戈定秦蜀"[3](卷四十一),成就一番霸业。但是王建在创建前蜀政权的过程中,礼贤下士,广纳人才,因此在他的周围聚集了一大批文人贤士,其中不少人皆是唐代的衣冠士族。《十国春秋》编入列传的有近五十人之多,著名的有诗人韦庄、卢延让,眉州刺史张琳,吏部尚书冯宿之孙、大中进士冯涓,宰相张濬次子张格,诗人道士杜光庭等,他们都先后得到了一介武夫王建的重用。故史称王建"目不知书,好与书生谈论,粗晓其理。是时唐衣冠之族多避乱在蜀,蜀主礼而用之,使修举故事,故其典章文物有唐之遗风"[1](卷二六六)。

王建的宽以待人、礼贤下士与成汭的小肚鸡肠、冷漠无情形成了鲜明的对比。贯休在遭到成汭的迫害(前文已述)后,看到他的一些旧交故友如卢延让、韦庄等大多在蜀中受到重用,发出了"故人多在蜀,不去更何之"[6](卷十八《秋过相思寺》)的感叹,并毅然入蜀,慕名来投王建,就是希望得到王建的礼遇。而此时的王建正图谋霸业,招揽四方人才。因此,名扬海内的一代高僧贯休自然地受到了王建的赏识和恩遇。

三、贯休入蜀的时间和路程

贯休入蜀的时间,史籍记载不详。《宋高僧传》本传云:"弟子劝师入蜀,时王氏将图僭伪,……"《十国春秋》本传和《唐才子传》本传均未言其入蜀时间。后蜀何光远《鉴戒录》卷五《禅月吟》条云："上人天复中自楚游蜀。"《益州名画录》卷下云："天复年入蜀。"《宣和书谱》卷十九云："天复中入蜀，往益州东禅院，赐号禅月。"这三条材料均言天复年间，但并未明确何年入蜀。

《禅月集》卷十九有《蜀王入大慈寺听讲》自注云："天复三年作。"诗云："登楼喜色禾将熟，望国明诚首不回。"诗写秋景，可知天复三年秋，贯休已在蜀。又《禅月集》卷十一《秋末寄张侍郎》诗云："静住黔城北，离仁半岁强。雾中红黍熟，烧后白云香。多病如何好，无心去始长。寂寥还得句，溪上寄三张。"此诗当作于贯休被黜黔中之时。《唐才子传校笺》考订贯休被黜黔中在天复二年初，而天复三年秋贯休已在蜀。此诗题为"秋末"，可知天复二年秋贯休仍在黔中。《禅月集》卷十有《游云顶山晚望》诗云："云顶聊一望，山灵草木奇。黔南在何处，堪笑复堪悲。菊歇香未歇，露繁蝉不饥。明朝又西去，锦水与峨眉。"按《太平寰宇记》卷七二："云顶山，旧名石城山，其状如城，在（金堂）县东四十五里。……天宝六载，改为云顶山。"《新唐书》卷四二《地理志》六，剑南道汉州所属有金堂县。又由于诗写秋景，故《唐才子传校笺》定贯休到达成都的时间为天复三年秋。我认为此说不妥。

检《禅月集》卷十九有《到蜀与郑中丞遇》诗："深隐犹为未死灰，远寻知己遇三台。如何麋鹿群中出，又见鹓鸾天上来。剑阁霞粘残雪在，锦江香甚百花开。谩期王谢来相访，不是支公出世才。"诗题有"到蜀"二字，可见此诗为贯休刚到蜀中不久与老友重逢之作。由"残雪在"、"百花开"为初春之景，按上考，天复三年秋贯休已在蜀，天复二年秋仍在黔中，故知此诗当作于天复三年春，此时贯休已在蜀。

又，《全唐诗》卷八四〇齐己有《寄贯休》一诗："子美曾吟处，吾师复去吟。是何多胜地，销得二公心。锦水流春阔，峨嵋叠雪深。时逢蜀僧说，或道近游黔。"诗写蜀中深冬初春之景，由"时逢蜀僧说，或道近游黔"可知，贯休从黔中出发，于天复二年冬末或天复三年初春到达蜀中。

又，《禅月集》卷十九有《蜀王登福感寺塔三首》，诗题"蜀王"，可见此诗作于王建称帝，即908年前。其三云："步步层层孰可陪，相轮边日照三台。喜欢烝庶皆相逐,惆怅銮舆尚未回。金铎撼风天乐近,仙花含露瑞烟开。一年一度常如此,愿见文翁百度来。"由"惆怅銮舆尚未回"可知,此时昭宗仍在凤翔,尚未返京。按《资治通鉴》卷二六二、二六三,昭宗天复元年十一月,朱全忠进逼京师,中尉韩全诲劫昭宗赴凤翔,天复三年正月己巳还京。《旧唐书》卷二〇上《昭宗纪》,天复元年十一月:"中尉韩全诲与凤翔护驾都将李继诲奉车驾出幸凤翔……",天复三年正月己巳自凤翔还京师。由此可知,贯休在天复三年正月前,已在蜀。综上所考,贯休入蜀的时间可定在天复二年冬末,至迟不超过天复三年初春。

另《禅月集》卷十四有《三峡闻猿》:"历历数声猿,寥寥渡白烟。应栖多月树,况是下霜天。万里客危坐,千山境悄然。更深仍不住,使我欲移船。"这是诗人途经三峡时作,然贯休仅入蜀时才过三峡,诗写秋景,故我们可以断定,贯休于天复二年深秋开始从黔中出发,经三峡,沿长江逆流而上,于是年冬末,至迟不超过次年(即天复三年)初春到达成都。而《唐才子传校笺》所引《游云顶山远望》一诗,极有可能是贯休入蜀后秋游金堂所作。

四、贯休在蜀中的活动

贯休入蜀,蜀主王建"得休甚喜,盛被礼遇,赐赉隆洽"[7](卷三十),并"特修禅宇,恳请住持。寻赐师号曰禅月大师,曲加存恤,优异殊常"[6](《禅月集序》)。"幸生白发逢金圣"[6](卷十九《酬周相公见赠》)。历经磨难、年老体弱,漂泊了大半生的贯休在自己古稀之年受到这样的隆恩厚遇,感激之情,溢于言表。他在《陈情献蜀皇帝》中写道:"河北江东处处灾,唯闻全蜀勿尘埃。一瓶一钵垂垂老,万水千山得得来。奈苑幽栖多胜景,巴歈陈贡媿非才。自惭林薮龙钟者,亦得亲登郭隗台。"将自己遇蜀主王建比作郭隗之遇燕王,可见其欣喜之情。

王建"虽越戎伍,为人饶智略,善待士,故所用皆唐名臣世族"[3](卷四十一),因此,蜀中社会稳定,经济富庶,人民安居乐业,"是时,蜀中久安,赋役俱省,斗米三钱。城中之人,子弟不识稻麦之苗,以笋笋俱生于林木之上,盖未尝出至郊外也"[8](卷下)。这种情景使饱受战乱、居无定所的贯休受到了强烈的震撼。他写下了《大蜀高祖潜龙日献陈情偈颂》、《大蜀皇帝寿春节进尧铭舜颂二首》、《寿春进祝圣七首》、《蜀王入大慈寺听讲》、《蜀王登福感寺塔三首》、《大蜀皇帝潜龙日述圣德诗五首》、《寿春节进大蜀皇帝五首》等诗颂蜀中之盛势。这些诗描绘了蜀中繁荣富裕、边疆和睦安康的情景。"家家锦绣香醪熟,处处笙歌乳燕飞"[6](卷二十《寿春节进大蜀皇帝五首》其四),"封疆岁暮笙歌合,孺袴正初锦绣新"[6](卷十九《蜀王登福感寺感寺塔三首》其一),"九野黎民耕浩浩,百蛮朝骑日骎骎"[6](卷二十《寿春节进大蜀皇帝五首》其五)。而更多的则是对王建治国安民的丰功伟业的歌颂,如《寿春节进》,这首诗题注云"武成元年作",即 908 年。此时王建称帝不久,贯休在这首长达百句的五言律诗中对王建极尽歌功颂德之能事,称赞大蜀"盛如唐创业,宛胜晋朝仪","境静消锋镝,田香熟稻黍","轩顼风重振,皇唐鼎创移",一派盛世景色。同时歌颂王建"俭德为全德,无思契十思"的治国之道。又如《大蜀皇帝寿春节进尧铭舜颂二首》:

尧　铭

金册昭昭,列圣孤标。仲尼有言,巍巍帝尧。承天眷命,罔厥矜骄。四德炎炎,阶莫不涮。永孚于休,垂衣飘飘。吾皇则之,小心翼翼。秉阳亭毒,不遑暇食。土阶苔绿,茅茨雪滴。君既天赋,相亦天锡。德辀金镜,以圣继圣。汉高将将,太宗兵柄。吾皇则之,日新德盛。朽索六马,罔坠厥命。熙熙蓼萧,块润风调。舞摮干羽,围入蒭荛。既玉其叶,亦金其枝。叶叶枝枝,百工允釐。享国如尧,不疑不疑。

舜　颂

高高历山,有黍有粟。皇皇大舜,合尧玄德。五典克从,四门伊穆。大道将行,天下为公。临下有赫,选贤用能。吾皇则之,无斁无逸。绥厥品汇,光光得一。千辐临顶,十在随跸。大哉大同,为光为龙。吾皇则之,圣谋隆隆。纳隍孜孜,考考切切。六宗是禋,五瑞斯列。排麟环凤,披香立雪。四夷纳贐,九围有截。昔救世师,降生竺乾。寿春亦然,万年万年。

这两首诗将王建比作尧舜,王建治蜀犹如古时尧舜垂衣而治天下。这些虽是溢美之辞,但将蜀中盛世与中原混战相比,王建确实"能当浊世为清世"[6](卷二十《寿春节进大蜀皇帝五首》其五),这也不算过誉。

贯休在蜀中十年,除了歌颂蜀中盛世之外,另一项重要的活动就是与蜀中名士交游。贯休入蜀时,早已是名冠海内的一代宗师,仰慕者众,交游者广。入蜀后,一些蜀中名士(大多是由唐入蜀者)也与贯休来往,如韦庄、张格、王锴、周庠等。

韦庄,杜陵人,乾宁进士,入蜀后官至门下侍郎、吏部尚书、掌书记。《禅月集》卷十二有《和韦相公见示闲卧》、卷十四有《和韦相公话婺州陈事》、卷十九有《酬韦相公见寄》。这几首诗如话家常,推心置腹,表现了二人的真挚友情,特别是《和韦相公话婺州陈事》云:"昔事堪惆怅,谈玄爱白牛。千场花下醉,一片梦中游。避耕初平石,烧残沈约楼。无因更重到,且副济川舟。"《全唐诗》卷六九七韦庄有《婺州屏居蒙右省王拾遗车枉降访,病中延候,不得因成寄谢》一首,首句云"三年流落卧漳滨",可知韦庄早年曾寓居婺州多年。而婺州恰恰又是贯休的桑梓之地。晚年二人俱在蜀,闲话婺州,使贯休感慨万千,故园之情油然而生。

张格、王锴、周庠均为晚唐贵族,入蜀后都受到了王建的重用,官居高位。《全唐诗》卷七六〇有张格《寄禅月大师》、王锴《赠禅月大师》、周庠《寄禅月大师》,《禅月集》卷十九有贯休分别回赠的《酬张相公见寄》、《酬王相公见赠》和《酬周相公见赠》。特别值得一提的是张格的诗:"龙华咫尺断来音,日夕空驰咏德心。禅月字清师别号,寿春诗古帝思深。画成罗汉惊三界,书似张颠值万金。莫倚名高忘故旧,晚晴闲步一相寻。"诗中首先表达了对贯休的思念之情,接着从诗、书、画三个方面对贯休的艺术造诣做了高度的概括和极高的评价,最后以幽默亲切的口吻再叙友情。王锴和周庠的诗也表达对贯休的敬重和友情,如:

　　常爱吾师性自然,天心明月水中莲。……太平时节俱无事,莫惜时来话草玄。(王锴《赠禅月大师》)

　　有时捻得休公卷,倚柱闲吟见落霞。(周庠《寄禅月大师》)

贯休可确定的蜀中诗仅上述歌功颂德和交游寄赠两类。一生壮游天下的贯休在蜀中十年,几乎没有留下一首描绘巴蜀大地锦绣风光的诗作,这也许是此时贯休年事已高,不能像早年那样壮游天下,只能"闭户不知芳草歇,无能惟拟住山深"[6](卷十九《酬张相公见寄》)的缘故吧。

前蜀永平二年(912),一代高僧贯休在蜀中仙逝,次年葬于成都北门。贯休在蜀中度过了一生中的最后十年,受到蜀主礼遇,目睹蜀中盛世,也算是最终实现了他"须佐圣明君"[6](卷九《闻征四处士》)的愿望吧。

参考文献

[1]司马光等:《资治通鉴》[M],北京:中华书局1956年版。
[2]孙光宪:《北梦琐言》[M],上海:上海古籍出版社1981年版。
[3]吴任臣:《十国春秋》[M],北京:中华书局1983年版。
[4]王钦若等:《册府元龟》[M],北京:中华书局1960年版。
[5]常璩:《华阳国志》[M],刘琳校注,成都:巴蜀书社1984年版。
[6]贯休:《禅月集》[M],《文渊阁四库全书》[Z],台北:商务印书馆1986年版。
[7]赞宁:《宋高僧传》[M],北京:中华书局1987年版。
[8]张唐英:《蜀梼杌》[M],《文渊阁四库全书》[Z],台北:商务印书馆1986年版。

原刊《四川师范大学学报》2002年第4期

作者简介:张海,1975年生,文学博士,四川师范大学文学院讲师。

论贯休与前蜀高祖王建的交往

田 道 英

贯休浪迹大半辈子,由于其耿介正直的性格,先后在钱镠、成汭等处碰壁,后来在其友人及弟子的劝促之下来到四川成都。当时中原其他地区社会动荡,兵燹连年,而四川由于其独特的地理优势,再加上王建据有成都后,努力做到"留心政事,容纳直言,好施乐士,谦恭俭素"和"雅好儒臣",关心农事,使得蜀中相对于其他地区社会比较安定,秩序较为良好。"蜀主虽目不知书,好与书生谈论,粗晓其理,是时唐衣冠之族之避乱在蜀,蜀主礼而用之,使修举故事,故其典章文物有唐遗风"[①]。正因为如此,贯休才不顾自己年老体衰,拄着禅杖,携着衣钵,老态龙钟地跋山涉水,步行千里来到远离家乡的成都,投奔时辖两川之域的王建。

据《唐诗纪事》和《十国春秋》贯休本传记载,贯休一到蜀中成都,就向当时的两川之主王建献上《大蜀高祖潜龙日献陈情偈颂》和《陈情献蜀皇帝》二诗。今录如下。

《大蜀高祖潜龙日献陈情偈颂》[②]云:

> 有叟有叟,居岳之室。忽振金汤,下彼巉崒。闻蜀风景,地宁得一。富人王侯,旦奭摩诘。龙角日角,紫气盘屈。揭日月行,符汤禹出。天步孔艰,横流犯跸。穆穆蜀俗,整整师律。鬐发垂雪,忠贞贯日。四人苏活,万里丰谧。无雨不膏,有露皆滴。有叟有叟,无实行实。一瓶一衲,既朴且质。幸蒙顾盼,词暖恩郁。轩镜光中,愿如善吉。

"潜龙日"即是指王建天复七年九月即位为大蜀皇帝之前的意思。诗题称王建为"大蜀高祖",当是昙域编辑《禅月集》时所改而成。"有叟有叟,居岳之室。忽振金汤,下彼巉崒"四句,是贯休写自己不顾年老体衰,千里迢迢来到蜀中的情状。"闻蜀风景,地宁得一。富人王侯,旦奭摩诘"四句,是写自己未到蜀之前,就遥闻蜀中百姓安居乐业的生活现状,故慕名前来。"龙角日角,紫气盘屈。揭日月行,符汤禹出"四句,是对蜀王王建的称颂,赞其有帝王将相之气概。"天步孔艰,横流犯跸"与"穆穆蜀俗,整整师律"相对比,前面两句是写乱世景象,后面两句是写蜀中由于王建各种政策举措,使得社会安定。"髻发垂雪,忠贞贯日"是对王建仁德的称颂。"一瓶一衲,既朴且质"是贯休自我形容。"幸蒙顾盼,词暖恩郁"是写自己承蒙王建看顾。"轩镜光中,愿如善吉"是对王建的祝福和期望。

《陈情献蜀皇帝》③云:

> 河北江东处处灾,唯闻全蜀少尘埃。一瓶一钵垂垂老,万水千山得得来。秦苑幽栖多胜景,巴歈陈贡愧非才。自惭林薮龙钟者,亦得亲登郭隗台。

此诗原本作于王建称帝前,之所以诗题称王建为蜀皇帝,大概也是昙域所改。首句"河北江东"在《唐诗纪事》卷七十五中作"河北河南",考贯休一生行踪来看,应该是"河北江东"更为正确,贯休事实上为避江东战乱,四处流浪,最后才来到蜀中的。"一瓶一钵垂垂老,万水千山得得来"两句,贯休写自己作为一个龙钟老者,因为听说蜀中比较安宁,如何不远千里来到成都之情状。贯休后来常被蜀主呼为"得得来和尚",盖缘于此。"巴歈陈贡愧非才"一句,关于"巴歈"一词,司马相如《上林赋》有"巴渝宋蔡淮南干遮",郭璞注:"巴西阆中,有渝水,獠居其上,皆刚勇好舞。初高祖募取,以平三秦。后使乐府习之,因名巴渝舞也。""巴渝"即"巴歈"。卢知猷的祖父卢纶有"空愧巴歈并子虚"诗句,以及喻凫"惭于郢客坐,一此调巴歈"诗句,唐人多以"巴歈"一词以喻自己非才之自谦,贯休在这里用"巴歈陈贡愧非才"一句也是自谦之辞。"亦得亲登郭隗台"中的郭隗,战国时代燕人,燕昭王欲招纳贤士以报齐仇,郭隗对燕昭王曰:"王必欲致士,先从隗始。况贤于隗者,岂远千里哉?"于是昭王为隗改筑宫而师事之。乐毅自魏往,邹衍自齐往,剧辛自赵往,士争趋燕,燕国遂强。此句是贯休自谦之辞,自谓自己也是一垂垂老者,而能够得到王建赏识和重用,深表惭愧之语。

论贯休与前蜀高祖王建的交往

天复二年秋天,贯休不远千里来到蜀中成都,深受蜀主王建厚遇。昙域《禅月集后序》云:

遂达大国,进上先皇帝诗,其略云:"一瓶一钵垂垂老,万水千山得得来。"高祖礼侍,膝之前席,过秦主待道安之礼,逾赵王迎图澄之仪。特修禅宇,恳请住持,寻赐号曰禅月大师。曲加存恤,优异殊常。

赞宁《宋高僧传》为贯休作传时称贯休为"成都府东禅院贯休",则贯休在成都是住东禅院。而《蜀梼杌》卷上有云:王建于永平(912)二年二月,曾亲临贯休住持龙华禅院,令贯休诵新近诗作。《十国春秋》贯休本传云:"高祖大悦,呼为得得来和尚,留住东禅院,赐赍优渥,署号禅月大师。已而建龙华道场,令居之。"则贯休初到成都时,王建令其居住在成都东禅院,后来就在居住之地方建龙华道场,令贯休为其住持。道安和图澄都是东晋十六国时候有名的高僧,前秦苻坚曾将道安迎居京都长安五重寺。图澄曾经跟随石勒征战,言胜负凶吉辄中,勒僭称皇帝后,对图澄弥笃,事必谘而后行,号曰大和尚。王建对待贯休比他们甚至过之而无不及。王建对贯休非常礼遇,这一点也可以从他赐给贯休的封号看出大概:

大蜀国龙楼待诏明因辩果功德大师、祥驎殿首座引驾内供奉讲唱大师、道门子使选錬校授文章应制大师、两街僧录封司空太仆卿云南八国镇国大师、左右街龙华道场对御讲赞大师、兼禅月大师,食邑八千户,赐紫大沙门。④

如此长的封号,可谓是前无古人,后无来者。在唐代,朝廷常常给予高级僧人以种种殊遇,赐予他们各种各样的头衔。王建身边许多大臣都来自李唐王朝,使得前蜀许多典章制度都有唐朝遗风。同样,对僧人的礼遇和赐予殊荣也与唐代无两样。贯休来到蜀中之前,已是名扬海内的高僧,所以他一到蜀中,就得到蜀主王建如此厚待,也是理所当然之事。

天复三年秋天,贯休曾经在当时成都的第一名刹大圣慈寺开讲筵,蜀主王建曾率领百官随从前来听讲。

《蜀王入大慈寺听讲天复三年作》⑤云:

玉节金珂响似雷,水晶宫殿步徘徊。只缘支遁谭经妙,所以许询都讲来。帝释镜中遥仰止,善法堂前,有七宝镜,照四天下。魔军殿上动崔嵬。千里香拥鳞龙立,五种风生锦绣开。上界天王,欲下游行,先有三种风生。一开其殿台楼阁,二香气芬馥,三吹去萎花,更雨新者。宽似大溟生日月,秀如四岳出尘埃。一条紫气随高步,九色仙花落古台。谢太傅须同八凯,姚梁公可并三台。登楼喜色禾将熟,望国明诚首不回。驾驭英雄如赤子,雌黄贤哲贡琼块。六条消息心常苦,一剑晶荧敌尽摧。木铎声中天降福,景星光里地无灾。百千民拥听经座,始见重天社稷才。

大圣慈寺在蜀都锦城东门,唐肃宗至德二年创建。肃宗敕赐"大圣慈寺"四字书额。王建据有成都后,对其进行修复营造,气势更为阔大。特别是到了宋初,大圣慈寺的规模非常之大,有东廊、西廊、南廊、北廊、文殊阁、普贤阁、华严阁、多宝塔、观音堂、僧伽和尚堂、极乐院、六祖院,乃至三学院的壁画等,在三学院的壁画中,供有卢楞伽、赵公祐、李洪度、张南本等名家画师的佛教名画作品。"玉节金珂响似雷,水晶宫殿步徘徊"两句,描绘出了蜀主随从威仪以及大圣慈寺作为当时成都的第一名刹之庄严气派。"只缘支遁谭经妙,所以许询都讲来"两句用典,许询即是与戴逵、孙绰等一起的晋代名士,支遁晚年离开会稽山阴讲《维摩诘经》时,许询曾为都讲设难,二人一起共同阐述此经深奥的哲理:

> 晚出山阴,讲《维摩诘经》。遁为法师,许询为都讲,遁通一义,众人咸谓,询无以厝难。询每设一难,亦谓遁不复能通。如此至竟,两家不竭。凡在听者,咸谓审得遁言,回令自说,得两三反,便乱。⑥

贯休在这里自比支遁。"帝释镜中遥仰止善法堂前,有七宝镜,照四天下"缘自佛教经典,《大智度论》云:"天帝释,以大宝镜,照四大神州。每月一移,察人善恶。正五九月,照南赡部州。"唐朝在此三月不行死刑,宋人戴埴记云:

> 今俗人食三长月素,按释氏智论。……唐人于此三月,不行死行,曰三长月节镇。因戒屠宰不上官,是以天帝释为可欺也,妄诞可笑。然月令于春孟言,无伤胎卵,毋聚大众,不可称兵。于仲夏言,君子斋戒,必掩身,毋躁,薄滋味,节嗜欲,静事毋刑。于季秋言,命众百官,无不务

内,以会天地之藏,无有宣出,岂时令当然耶?⑦

天帝释的宝镜可以观照人间之善恶,蜀都大圣慈寺善法堂前也立有此镜,警戒世人不要作恶,是佛教劝人向善之举。"五种风生锦绣开"一句,其注云:"上界天王,欲下游行,先有三种风生。一开其殿台楼阁,二香气芬馥,三吹去萎花,更雨新者。"这是贯休的美好想象,大圣慈寺接近散花楼,故有是语。王象之《舆地纪胜》记载,散花楼于隋开皇中建立,是天女散花之所在。唐代大诗人李白有《登锦城散花楼诗》云:"日照锦城头,朝光散花楼。金窗夹绣户,珠箔悬琼钩。飞梯绿云中,极目散我忧。暮雨向三峡,春江绕双流。今来一登望,如上九天游。""九色仙花落古台"一句,是说天女因为有感于蜀王亲临大慈寺来听讲,散下九色仙花来助兴。"谢太傅须同八凯"一句是用典,《尚书》舜典有"纳于百揆,百揆时叙"。孔颖达疏云:"揆,度也,度百事总百官,纳舜于此官。舜举八凯,使揆度百事,百事时叙,无废事业。"而《左传》文公十八年有云:"昔高阳氏,有才子八人。苍舒、隤敳、梼戭、大临、尨降、庭坚、仲容、叔达,齐圣广渊,明允笃诚,天下之民,谓之八凯。"这里是指高阳氏的八大名臣。"姚梁公可并三台"一句中"三台"是指三公。谢太傅即晋代谢安,姚梁公即唐梁国公姚崇,这两句是对句,表达了贯休对蜀中重臣的敬意。"六条消息心常苦"一句中"六条"是用典,《汉书·百官公卿表》上注引《汉官典职仪》云:

> 刺史班宣,周行郡国,省察治状,黜陟能否,断治冤狱,以六条问事,非条所问,即不省。一条,强宗豪右田宅逾制,以强凌弱,以众暴寡。二条,二千石不奉诏书遵承典制,倍公向私,旁诏守利,侵渔百姓,聚敛为奸。三条,二千石不恤疑狱,风厉杀人,怒则任刑,喜则淫赏,烦扰刻暴,剥截黎元,为百姓所疾,山崩石裂,祅祥讹言。四条,二千石选署不平,苟阿所爱,蔽贤宠顽。五条,二千石子弟恃怙荣势,请托所监。六条,二千石违公下比,阿附豪强,通行货赂,割损正令也。⑧

汉制以此六条来考核百官政绩。此外晋武帝咸熙二年十一月,亦曾颁布六条,即"一曰忠恪匪躬,二曰孝敬尽礼,三曰友于兄弟,四曰洁身劳谦,五曰信义可复,六曰学以为己"。⑨西魏苏绰有"六条"诏书曰:清心,敦教化,尽地利,擢贤良,恤狱讼,均赋役。⑩这一句是写蜀主王建为了蜀中百姓能够安居乐业地生活,非常操心。

贯休寓居蜀中,深受蜀主礼遇,其于王建称帝前献的诗篇很多,今略举一二。

《蜀王登福感寺塔三首》⑪云:

> 天资忠孝佐金轮,香火空王有宿因。此世喜登金骨塔,前生应是育王身。佛记育王造四万八千塔。封疆岁暮笙歌合,襦袴正初锦绣新。释子沾恩无以报,只擎章句贡平津。
>
> 似圣悲增道不穷,忧民忧国契尧聪。两鬓有雪丹霄外,万里无尘一望中。南照微明连莽苍,峨嵋拥秀接崆峒。林僧岁月知何幸,还似支公见谢公。
>
> 步步层层孰可陪,相轮边日照三台。喜欢烝庶皆相逐,惆怅銮舆尚未回。金铎撼风天乐近,仙花含露瑞烟开。一年一度常如此,愿见文翁百度来。

"喜欢烝庶皆相逐,惆怅銮舆尚未回",此组诗称王建为蜀王,当作于王建被封为蜀王后。《通鉴》天复三:"七月丁卯,以山南西道留后王宗贺为节度使。八月庚辰,加西川节度使西平王王建守司徒,进爵蜀王。"《蜀梼杌》卷上云:"(天复三年)八月,封建司徒,进蜀王。"由此可见,王建于天复八年始封为蜀王。诗言"惆怅銮舆尚未回",当是指天祐元年昭宗受朱全忠胁迫迁都洛阳之事。《通鉴》天祐正月"壬戌,车驾发长安,全忠以其将张廷范为御营使,毁长安宫室百司及民间庐舍,取其材,浮渭沿河而下,长安自此丘墟矣。……甲子,车驾至华州……二月乙亥,车驾至陕"。天祐元年八月,昭宗在椒殿遇弑。此诗未提及昭宗遇弑之事,估计此诗作于天祐元年昭宗遇弑之前。

《大蜀皇帝潜龙日述圣德诗五首》⑫(之四)云:

> 紫髯青眼代天才,韩白孙吴稍可陪。只见赤心尧日下,岂知真气梵天来。听经瑞雪时时落,登塔天花步步开。尽祝庄椿同寿考,人间岁月岂能催。

"紫髯青眼代天才"一句,是对王建形貌雄伟的称赞,"代天才"是称赞王建有代天治民的才华,代天治民是中国古代皇帝的天职。"听经瑞雪时时落,登塔天花步步开"两句,是对王建曾经前往大慈寺听讲,以及登福感寺塔时感天动地的描绘,由此可见,此诗当写于蜀王于大慈寺听讲以及登福感寺塔之后。"尽祝庄椿同寿考,人间岁月岂能催"两句,是贯休祝愿蜀主王建万寿无疆之辞。"庄椿"缘于《庄子》中《逍遥游》有云:"上古有大椿者,以八千万为春,八千岁为秋,而彭祖乃今以久特闻。众人匹之,不亦悲乎?"贯休熟谙儒、道、释三教经典,在他诗篇中随处都有反映。

天复七年三月,梁王朱全忠逼昭宣帝逊位,四月,朱全忠继皇帝位,改元开平。九月,王建在蜀中称帝,国号大蜀,以王宗佶为中书令,韦庄为左散骑常侍判中书门下事,郑骞为御史中丞,任命张格和王锴为翰林学士。时唐朝衣冠士族多在蜀,蜀主多厚遇之,故蜀中典章文物制度多有唐朝遗风。翌年正月丁丑,以韦庄为门下侍郎同平章事,辛巳蜀帝祀南郊,壬午大赦,改元武成。二月,因为王宗佶居功自傲,专权骄恣,罢中书令为太师,罢政事,以张格为中书侍郎同平章事,张格为相,辄迎合主意,胜己者必以计排去之。三月,宗佶因为被罢官,心怀怨望,阴蓄死士,企图谋乱,蜀主不堪其忿,于是命令卫士扑杀之,贬其党御史中丞郑骞为维州司户,赐死于路[13]。

天复七年九月,王建称帝后,翌年正月,改元武成,是岁,蜀主王建以降生日为寿春节,诸僧进辟支佛牙,道士献《武成混元图》。在贯休现存诗篇中,有十五首是贯休寿春节向王建献的诗篇,其中《寿春节进》[14]是武成元年所作,即是王建第一个寿春节所献诗篇,诗云:

圣运关天纪,龙飞古帝基。振摇三蜀地,耸发万年枝。出震同中古,承乾动四夷。恩颁新命广,泪向旧朝垂。大宝归玄谶,殊祥出远池。时有黄龙,见于嘉州之野……相得离兼夔。盐出符真主,盐涌于野。麟来合大规。麒麟见……寡欲情虽泰,忧民色未怡。盛如唐创业,宛胜晋朝仪。旰食宫莺啭,宵衣禁漏迟。多于汤土地,还有禹胼胝。……兄呼春赫日,师指释牟尼。大梵天王帝释,以佛为师也,今上皇帝亦然。佳气宸居合,淳风乐府吹。急贤彰帝业,解网见天慈。粟赤千千窖,军雄万万儿。八蛮须稽颡,四海仰昌期。玉辇嫔嫱拥,宫花锦绣攲。尧云同暧叇,汉祖太驱驰。……银轮随宝马,玉沼见金龟。金色龟见……寿春跻寿域,万国尽虔祈。捧日三车子,恭思八彩眉。愿将千万岁,匍匐进瑶墀。

"殊祥出远池",其注云:"时有黄龙,见于嘉州之野。"《十国春秋》卷三十五云:天复七年夏六月,黄龙见于嘉阳江。"相得离兼夔"中的"离"即契,二人见于《尚书·舜典》,重华名臣二十二人有二人之名。"盐出符真主"一句,注云:"盐涌于野",《十国春秋》卷三十五云:"是岁(天复七年),遣官祭盐井玉女之神,其神出半面享之。初,帝见傀体妇人于盐井,告曰:'若当为吾国土地主,富贵至矣。'故有是命。"盐井在成都府仁寿县南二十里丽甘山下,即十二玉女故迹之处⑮。"麟来合大规"一句,其自注云:"麒麟见"。缘于《春秋》获麟故事。"盛如唐创业"与前面"泪向旧朝垂"相照应。"多于汤土地,还有禹胼胝"是贯休想象,成都东门有禹庙。《后汉书》卷一百十三戴良传载,大禹出西羌。《史记正义》引扬雄《禹王本纪》记,大禹出生于汶川石纽山,禹本蜀人,故张俞上书求在成都建禹庙⑯。"禹胼胝",《庄子·天下篇》云:"墨子称道曰:昔者禹之堙洪水。……禹亲自操橐耜,而九杂天下之川。腓无胈、胫无毛,沐甚雨,栉疾风,置万国。禹大圣也,而形劳天下也如此。……不能如此,非禹之道也,不足谓墨。"贯休在这里是说王建治蜀就像大禹那样辛苦,这无疑寄托了贯休对王建治蜀寄予多么大的期望。"玉沼见金龟"一句,其自注云:"金色龟见。"《十国春秋》卷三十五云:天复七年夏六月,会昌庙岸侧穴中有四龟,各三、二寸,背有金书"王"字大吉。多种吉祥物的相继出现,表明蜀主王建建国称帝是顺应天时和民意的。

在《禅月集》中,寿春献诗除了上面提到的这首外,还有三组诗是寿春节所献,只不知道具体是哪一年的。王建于天复七年称帝,翌年即武成元年才把自己生日改为寿春节,贯休卒于永平二年,则寿春节献诗共有四次。《尧铭》和《舜颂》二诗是他另外一次寿春节献诗,是贯休的儒家思想的深刻反映。

《大蜀皇帝寿春节进尧铭、舜颂二首》⑰云:

金册昭昭,列圣孤标。仲尼有言,巍巍帝尧。承天眷命,罔厥矜骄四德炎炎,阶蓂不凋。永孚于休,垂衣飘飘。吾皇则之,小心翼翼。秉阳亭毒,不遑暇食。土阶苔绿,茅茨雪滴。君既天赋,相亦天赐。德辀金镜,以圣继圣。汉高将将,太宗兵柄。吾皇则之,日新德盛。朽索六马,罔坠厥命。熙熙蓼萧,块润风调。舞擎干羽,囿入萏莐。既玉其叶,亦金其枝。叶叶枝枝,百工允釐。享国如尧,不疑不疑。

高高历山,有黍有粟。皇皇大舜,合尧玄德。五典克从,四门伊穆。大道将行,天下为公。临下有赫,选贤用能。吾皇则之,无斁无逸。绥厥品汇,光光得一。千辐临顶,十在随毕。大哉大同,为光为龙。吾皇则之,圣谋隆隆。纳隍孜孜,考考切切,六宗是禋。五瑞斯列,排麟环凤。披香立雪,四夷纳赟。九围有截,昔救世师,降生竺乾。寿春亦然,万年万年。

"金册昭昭"之"金册",是指金书记录功绩的策文。《史记·封禅书》有云:"功成治定,告成于天,有金册石函,金泥玉检之封。""仲尼有言,巍巍帝尧"用典,《论语·泰伯》第八云:"子曰:'大哉尧之为君也,巍巍乎,唯天为大,唯尧则之。'""承天眷命"一句,缘于《尚书》舜臣益赞美尧德之言:"益曰:都。……皇天眷命,奄有四海,为天下君。""罔厥矜骄"一句,《史记·五帝本纪》有:"帝尧者,……富而亡骄,贵而不舒。""四德炎炎"之"四德",即《周易·乾卦》云:"元者善之长也,亨者嘉之会也,利者义之和也,贞者事之干也。君子体仁足以长人,嘉会足以合礼,利物足以和义,贞固足以干事。君子行此四德者,故曰乾元亨利贞。""阶蓂不凋"之"蓂",《帝王世纪》:"尧时,蓂荚夹阶而生。每月朔则生一荚,至月半而十五荚,十六日后,日落一荚,至晦而尽。若月小,尽则余一荚,厌而不落。王者以之占历,应和气而生。"关于以蓂荚生长周期为历,诸书多有记载。《田俅子》云:"尧为天子,阶生于庭,为帝成历。"《瑞应图》云:"叶圆而五色,日生一荚,至十六则落一荚,及晦而尽。""垂衣飘飘"之"垂衣",《周易·系辞下》传云:"黄帝尧舜,垂衣裳而天下治。"这里是说黄帝尧舜时代,都是实行无为而治。"吾皇则之"缘自《论语》中"唯天为大,唯尧则之"一句。"秉阳亭毒"之"秉阳",缘于《礼记·礼运篇》"天秉阳,垂日星"语,"亭毒"见于《列子》的"停之毒之"句注释:"亭谓品其形,毒谓成其质。"是说宇宙万物生长形成过程。孔颖达《周易正义》之序云:"夫易者变化之总名,改换之殊称。自天地开辟,阴阳运行,寒暑迭来,日月更出,孚萌庶类,亭毒群品,新新不停,生生相续,莫非资变化之力换代之功。""土阶苔录,茅茨雪滴",是形容尧之朴素,《韩非子·五蠹篇》云:"尧之王天下也,茅茨不剪,采椽不斫。粝粢之食,藜藿之羹。""德辀金镜,以圣继圣"之"金镜",《洛书》有"泰失金镜",郑玄注云:"金镜喻明道。"《周易正义》序云:"及秦亡金镜,未坠斯文,汉理珠囊,重兴儒雅。""汉高将将,太宗兵柄。吾皇则之,日新德盛。"这里贯休把王建比作汉高祖、唐太宗,称赞王建具有文韬武略。"朽索六马",《尚书》五子之歌,夏太康之五弟追述先祖大禹时所作之歌,云:"予临兆民,懔乎若朽索之驭六马。""罔坠厥命"与五子之歌中的"荒坠厥绪"相应。这里是形容尧为了治理好国家,整日胆战心惊,诚惶诚恐,生怕有什么闪失的心理情状。"熙熙蓼萧,块润风调"一句,语出《周易·系辞》上传云:"鼓之以雷霆,润之以风雨,日月运行,一寒一暑。"是形容因为蜀主王建的辛苦为政,使得蜀地风调雨顺。"舞擎干羽",出自《尚书·大禹谟》,"禹拜昌言曰:班师振振,帝乃诞敷文德,舞羽干两阶,七旬有苗格。""干楯"和"羽翳"都是舞者所执之物,这里是说因为尧帝重视习武修文,使得远方之民族都前来投靠他。"百工允厘"语自《尚书·尧典》中"允厘百工"。"享国如尧,不疑不疑"是贯休王建的称赞和祝福,整首诗都对王建寄予了深切的厚望,希望王建能够向尧帝一样勤政爱民,无为而治。

第二首是《舜颂》,开篇即云:"高高历山,有黍有粟。"《尚书·大禹谟》中益称赞大禹之辞云:"帝初于历山,往于田。""皇皇大舜,合尧玄德"一句,语自《尚书·舜典》中云:"玄德升闻,乃命以位。"舜在畎亩间,潜修德行,名声逐渐元播,上达天听,尧于是禅位于舜。"五典克从,四门伊穆"一句,同样出自《舜典》:"慎徽五典,五典克从。……宾于四门,四门穆穆。""五典"即指父义、母慈、兄友、弟恭、子孝等教民向善之五常。"选贤用能",崔豹《古今注》云:"王既受尧禅,广开视听,求贤人以自辅。""无斁无逸"中的"无斁",即《诗经》周南《葛覃》云:"为絺为绤,服之无斁。""无逸",《尚书》

周书有《无逸》篇名。这里贯休期望蜀主王建能够像舜帝一样努力为民,不要懈怠。"绥厥品汇"是《尚书》武成之"绥厥士女"之转用。"光光得一"一句,语自《楚辞·远游篇》之"奇傅说之托辰星兮,羡韩终之得一"。韩终又称韩众,齐国人,韩终为王采药,王不肯服,终自服之,于是得以成仙。"千辐临顶"之"千辐",这里指佛法轮。"十在随跸"之"十在",即命、心、财、业、生、愿、信解、如意、智、法等十自在之谓。"大哉大同"语自《尚书·洪范》中"汝则有大疑,谋及乃心,谋及卿士,谋及庶人,谋及卜筮。汝则从,龟从筮从,卿士从,庶民从,是之谓大同"。"六宗是禋,五瑞斯列。"《尚书·舜典》云:"禋于六宗,望于山川,遍于群神,辑五瑞。既月,乃日觐四岳群牧,班瑞于群后。"舜受禅于尧后,就开始祭祀六宗。六宗即六尊之义,指六位尊神,具体是指哪六位尊神,历史上说法颇多。孔传以四时、寒暑、日、月、星、水旱为六神。而刘歆则以乾坤六子,即水、火、雷、风、山泽为六神。贾逵则以日、月、星三天宗和河、海、岱三地宗为六宗。马融则以天、地、春、夏、秋、冬为六宗,郑玄以星、辰、司中、司命、风师、雨师为六宗。"五瑞"即公侯伯子男所执之圭璧,"公执桓圭,侯执信圭,伯执躬圭,子执谷璧,男执蒲璧。"是说祭祀完天地诸神后,舜又把象征权力的圭璧分发给各等爵位的臣子,表示他们已经是自己的臣子了。"四夷纳贽"一句,《舜典》云:"而难任人,蛮夷率服。"孔传云:"任佞也,难拒佞人,斥远之,则忠信昭于四夷,皆相率而来服。""九围有截"之"九围",《诗经》商颂《长发》云:"帝命式于九围。"毛传云:"九围九州也。""昔救世师,降生竺乾,寿春亦然,万年万年。"点出是祝寿之辞。

通读《尧铭》、《舜颂》二诗,可以知晓贯休对儒家经典之熟悉,通篇以《尚书》虞书为依傍,旁采夏书,以及《周易》、《诗经》、《楚辞》、《礼记》等,可以深刻地感受到贯休儒学素养之深厚。

在贯休向王建寿春节献诗中,可以看出贯休心目中理想社会状况,如:《寿春节进大蜀皇帝五首》[18](录二首)云:

> 上玄大帝降坤维,箕尾为臣副圣期。岂比赤光盈室日,全同白象下天时。文经武纬包三古,日角龙颜遏四夷。今日降神天上会,愿将天福

比须弥。

积劫修来似炼金,为王为帝万灵钦。能当浊世为清世,始见君心是佛心。九野黎民耕浩浩,百蛮朝骑日骎骎。今朝献寿将何比,愿似庄椿一万寻。

"坤维"即指西南方,《易》的《坤卦》为西南卦,这里代指蜀地,昙域《禅月集后序》云:"旋闻大蜀开基创业,奄有坤维。""箕尾"典出《庄子·大宗师》:"傅说……乘东维,骑箕尾,而比于列星。"言傅说死后,其精神跨于箕尾二宿之间,为傅说星,这里用箕尾代指傅说。"上玄大帝降坤维,箕尾为臣副圣期"两句,是说蜀帝王建降临蜀地,有像傅说那样贤良之臣来辅佐他。"岂比赤光盈室日,全同白象下天时"之"赤光"出自光武帝故事,传说光武帝在济阳县舍降生之时,有赤光照室中。"白象下天"表示佛的降生。《普耀经》云:"尔时,菩萨观降胎时至,即乘六牙白象,发兜率宫。无量诸天作诸妓乐,烧众名香,散天妙花,随从菩萨,满虚空中,放大光明,普照十方。以四月八日,明星出时,降神母胎,于时摩耶夫人,于眠寤之际,见菩萨乘六牙白象,腾虚而来,从右胁入身。"这里是把蜀帝王建的降生比作像后汉光武帝和佛主那样的伟人降生,感天动地。"文经武纬包三古"之"三古",伏羲时代称上古,周文王时代称中古,孔子时代称下古。"日角龙颜遏四夷"之"日角",《后汉书·光武本纪》云:"隆准日角。"是说额上的骨头隆起如日,古人认为那是一种天子之相。"今日降神天上会,愿将天福比须弥"两句,很明显包含了道家、佛家思想,"三古"、"四夷"则缘于儒家思想,此诗表示贯休期望蜀帝王建儒、释、道三教德行兼备。

"积劫修来似炼金,为王为帝万灵钦"两句,是说王建前世经历几亿劫,就像道士炼金,乃是自己千辛万苦修来的现世果报,现在身为蜀帝,深受百姓爱戴和钦慕,这两句很明显是包含释、道二家思想语汇。"能当浊世为清世,始见君心是佛心"两句,是佛家用语。"九野黎民耕浩浩,百蛮朝骑日骎骎"之"百蛮",《诗经》大雅《韩奕》云:"以先祖受命,因时百蛮,王锡韩侯。"此两句是对句,源于儒家思想。"今朝献寿将何比,愿似庄椿一万寻"两句,出自道家经典。

贯休尚有一组寿春献诗,共七首,诗名按顺序分别是:《千载降祥》、《文有武备》、《从谏如流》、《搜扬草泽》、《守在四夷》、《大兴三教》以及《山呼万岁》,今略举两首来分析。

《寿春节进祝圣七首》⑩(录二首)云:

文有武备

　　武宿与文星,常如掌上擎。孙吴机不动,周邵事多行。旰食炉烟细,宵衣隙月明。还闻夔进曲,吹出泰阶平。

大兴三教

　　瞳瞳悬佛日,天倪动云韶。缝掖诸生集,麟州羽客朝。非烟生玉砌,御柳吐金条。击壤翁知否,吾皇即帝尧。

先看《文有武备》一首,"孙吴机不动,周邵事多行"两句,是言治为用兵之道。"旰食炉烟细,宵衣隙月明"两句,是写王建为了使蜀中百姓能够安居乐业,如何废寝忘餐地工作。"还闻夔进曲,吹出泰阶平"两句,夔是舜的大臣,《尚书·舜典》云:"帝曰:'夔,命汝典乐,教胄子。直而温,宽而栗,刚而无虐,简而无傲。诗言志,歌咏言,声依永,律和声,八音克谐,无相夺伦,神人以和。'夔曰:'于予击石拊石,百兽率舞。'"在《益稷》里面有云:"夔曰:'戛击鸣球,搏拊琴瑟以咏。祖考来格,虞宾在位,群后德让,下管鼗鼓,合止柷敔,笙镛以间,鸟兽跄跄,箫韶九成,凤凰来仪。'"即是说夔典掌乐事,教华胄子弟诗乐,击打石磬,率百兽而舞。此诗总体就是写因为有蜀帝王建废寝忘餐地勤政爱民,使得蜀中出现一片太平盛世景象。

再看《大兴三教》一诗,"瞳瞳悬佛日,天倪动云韶"两句,"瞳瞳"即日初出渐明貌,是说在瞳瞳佛日照耀之下,响起了虞舜时代的韶乐。"缝掖诸生集,麟州羽客朝"两句,是说缝掖的儒生和麟州的道士此刻都聚集在朝廷上,共来祝蜀帝寿辰。《海内十州记》云:"凤麟州,在西海之中央。"庾信有诗云:"麟州一海阔,玄圃半天高。""击壤翁知否,吾皇即帝尧"之"击壤"一词,王充《论衡·感虚篇》云:"尧时,天下大和,百姓无事,有五十之民,击壤于途,观者曰:'大哉,尧之德也。'击壤者曰:'吾日出而作,日入而休,凿井而饮,耕田而食,尧何等力。'""大兴三教"反映了贯休的社会理想,希望王建能够振兴三教,使三教能够相互妥协,共同发展,最终实现三教共同为理想社会服务的政治理想。

公元911年正月,蜀帝王建改元永平,是年为永平元年。永平二年二月朔日,王建率领百官随从前来贯休住持的龙华东禅院,如《蜀梼杌》卷上云:"(永平二年)二月朔,游龙华禅院。召僧贯休坐,赐茶药彩缎,仍令口诵近诗。时诸王贵戚皆赐坐,贯休欲讽。因作《公子行》曰:'锦衣鲜华手擎鹘,闲行气貌多轻忽。艰难稼穑皆(以上五字《禅月集》作稼穑艰难总)不知,五帝三皇为(《禅月集》作是)何物。'建称善,贵瘫皆怨之。贯休本兰溪人,善诗,与齐己齐名,有《西岳集》十卷。"[20]

《蜀梼杌》卷上提到的《公子行》又称《少年行》,共有三首,另外二首如下:

　　自拳五色毯,进入他人宅。却捉苍头奴,玉鞭打一百。
　　面白如削玉,猖狂曲江曲。马上黄金鞍,适来新赌得。

此组诗都是讽刺公子王孙不学无术、奢侈享乐的堕落生活。在蜀帝幸龙华禅院后的十二月,贯休逝世,死后蜀帝对他仍然恩宠有加,给予厚葬。关于此点,贯休弟子昙域在其《禅月集序》中有详细记载:

　　无何,壬申岁十二月,召门人谓曰:"古人有言曰:'地为床兮天为盖,物何小兮物何大。苟惬心兮自忻泰,声与名兮何足赖。'吾之住世,亦何久耶!然吾启手足,曾无愧心,汝等以吾平生,事之以俭。可于王城外,藉之以草,覆之以纸而藏之,慎勿动众而厚葬焉。"言讫,奄然而绝息。遂具表闻天,先帝戚然久之,乃命所司备一期葬事。于时在城仕庶无不悲伤。昙域遂以先师遗言上奏,请以薄葬之礼。帝曰:'朕治命可行焉。'敕令四众,共助葬仪,特竖灵塔,敕谥白莲之塔。以癸酉年三月十七日,于城都北门外十余里,置塔之所,地号升迁。

从昙域记载的贯休临终遗言来看,贯休最后是看透了人生的,人去世不过是重新回归大自然,终其一生所追求的功名与利禄最终也只不过是身外之物,真是赤条条来去无牵挂。贯休死后,蜀主王建非常伤心,为了表示对贯休的厚待,不顾贯休临终要求其弟子为其薄葬的遗嘱,特别为其举行一期葬礼,给予厚葬,以表哀悼之情。综观贯休八十余年的生命历程中,他的一生可谓是坎坷的,但所幸的是,在他的晚年,因为有了前蜀高祖王建的赏识,使得一心想在政治上有所作为的贯休,终于有了一个施展自己才智的大舞台。

注　释

①司马光:《资治通鉴》卷二百六十六,中华书局1956年版,第8695页。

②贯休:《禅月集》卷五,四部丛刊初编本。

③贯休:《禅月集》卷二十。

④贯休:《禅月集》卷首附。

⑤贯休:《禅月集》卷十九。

⑥慧皎撰:《梁高僧传》卷四"支道林传",见《高僧传合集》,上海古籍出版社1991年版,第29页。

⑦戴埴:《鼠璞》卷上"正五九三长月"条,《四库全书》子部收录。

⑧班固:《汉书》卷十九上《百官公卿表》注引《汉官典职仪》,中华书局点校本,第742页。

⑨房玄龄等撰:《晋书》卷第三,中华书局1974年版,第50页。

⑩令狐德棻等撰:《周书》卷二十三《苏绰传》,中华书局1971年版,第381—391页。

⑪贯休:《禅月集》卷十九。

⑫贯休:《禅月集》卷二十。

⑬吴任臣:《十国春秋》卷三十五、三十六,中华书局1983年版,第481—529页。

⑭贯休:《禅月集》卷十六。

⑮曹学佺著、刘知渐点校:《蜀中名胜记》卷八,重庆出版社1984年版,第118页。

⑯曹学佺著、刘知渐点校:《蜀中名胜记》卷二,第23—24页。

⑰贯休:《禅月集》卷五。

⑱贯休:《禅月集》卷二十。

⑲贯休:《禅月集》卷十八。

⑳张唐英著,王文才、王炎校笺:《蜀梼杌校笺》卷上,巴蜀书社1999年版,第113—114页。

原刊《巴蜀文化研究》(第一辑),巴蜀书社2003年版

作者简介:田道英,文学博士,四川师范大学文学院讲师。

苏氏蜀学文艺思想的巴蜀文化特征

李 凯

"蜀学"一词出自《汉书》卷八九《文翁传》。传述汉景帝时文翁治蜀,派遣蜀中学子入长安习经学,在成都立石室,由此蜀风大变。"蜀地学于京师者比齐鲁焉"。文翁治蜀、兴学,使巴蜀文化得到极大发展。对此,常璩《华阳国志》作了记载和肯定。一于《蜀志》云"学徒鳞萃,蜀学比于齐鲁。巴、汉亦立文学",一于《先贤士女总赞》云"蜀承秦后,质文刻野,太守文翁遣宽诣博士东受七经,还以教授,于是蜀学比于齐鲁,巴、汉亦化之"[1](711—712页)。

"蜀学"成为学派,始于北宋中期,由苏洵创始,苏轼、苏辙总其成。苏氏蜀学指学术派别(思想流派),主要包含三苏的哲学思想。但三苏被世人所知的首先是其文学创作,因此文艺思想实应属于苏氏蜀学的重要内容。

苏氏蜀学作为一个整体,不仅在其哲学思想上表现出很多共同点,在其文艺观上亦复如是。苏氏文艺思想的核心是苏洵的文艺思想,影响最大、成就最高的是苏轼的文艺思想。苏辙在父兄之外,也有不少独到之处。

苏氏文艺思想是特定时间、空间的产物。三苏父子出生、成长于四川,巴蜀地域文化对他们的浸润、影响是很自然的事情。文化(包括地域文化)是生于斯、长于斯的人们的无意识的积淀。文化母体的原型影响,复现于个体身上,也是为当今事实所证明了的。因此,从古代巴蜀文化的特征这一角度来探讨、分析苏氏文艺思想的来源、形成就不应是空中楼阁、臆想之测了。

一、"以西汉文词为宗师"与两汉先贤意识

三苏崛起文坛、学界,适当北宋诗文革新处于关键时期。细缕事实,不

难看出北宋诗文革新出现的必然性。宋自太祖建国至仁宗庆历以前,文坛充满晚唐五代卑弱之气。诗歌方面,西昆派以李商隐为宗,专事用典、讲求词藻,用以显示诗者自己的博学和雍容悠闲,点缀朝廷的歌舞升平。散文方面,晚唐以来流行的骈俪之文充斥朝野。在欧、苏(舜钦)之前,有柳(开)、穆(修)、石(介)、宋祁等人群起反对西昆体。王禹偁则以白居易为宗,倡浅近平易的白体。上述诸人虽在北宋诗文革新中着先鞭,但因其创作成就、社会地位等方面的限制,未能做到登高一呼,响者云集。宋代诗文革新取得突破和胜利是在嘉祐三苏加盟之后。

宋代诗文革新,实为诗文复古运动。复谁的古,以什么为对象,可以说三苏与欧、曾、王是不同的。欧、曾要恢复的是唐韩、柳所倡的古文及儒家的道统,而三苏却主张"以西汉文词为宗师"。所谓"以西汉文词为宗师",就是向《史记》、《汉书》、贾谊、晁错、董仲舒、司马相如、扬雄等两汉作家作品学习。这首先是苏洵自27岁发愤苦读之后的体会。苏洵以此教育二子,遂形成三苏父子的共同观点。苏轼说:"始朝廷以声律取士,而天圣(1023—1032)以前,学者犹袭五代文弊。独吾州之士,通经学古,以西汉文词为宗师。方是时,四方指以为迂阔。"[2](352页)又说:"轼长于草野,不学时文,词语甚朴,无所藻饰。"[2](1425页)苏辙也说:"文律还应似两京。"[3](368页)"废兴自有时,诗书付西京"[3](1491页)。"西汉"、"西京"、"两京"所指不完全相同。从大者言,三苏以两汉文辞为师;就主要而言,三苏"以西汉文辞为宗师"。这二者不同的用法都在三苏的创作中得到体现。

缘何三苏"以西汉文辞为宗师"而迥异于欧、曾诸人,原因当然不只一个。但我们认为,这与三苏出生、成长于巴蜀文化之中大有关系,具体说就是巴蜀文化中所具有的两汉先贤意识。论者或以为,何处无先贤意识,为何独巴蜀有两汉先贤意识呢?欲明此点,不得不追述一下个中缘因。巴蜀文化为长江流域三大地域文化之一,约在春秋战国已初步形成。欲推其上源,则广汉三星堆遗址已表现出迥异于中原文化的特色。兹不赘。两汉之前,巴蜀文化载籍罕见,其以"蜀"为名在中华大地大放异彩是在汉代之时。《汉书·地理志》云:

> 景、武间,文翁为蜀守,教民读书法令。未能笃信道德,反以好文刺讥,贵慕权势。及司马相如游宦京师诸侯,以文辞显于世,乡党慕循其迹。后有王褒、严遵、扬雄之徒,文章冠天下。由文翁倡其教,相如为之师。[4](1645页)

汉代巴蜀文化,尤其是文学创作以集团军的形式显耀两汉文坛,成为巴蜀人为之自豪的历史。"乡党慕循其迹",是很自然的。两汉先贤的功绩不仅是生于此邦者的骄傲,也是他邦者的企羡和赞叹对象。左思《三都赋》写道:

> 近则江汉炳灵,也载其英。蔚若相如,皭若君平。王褒韡晔而秀发,扬雄含章而挺生。幽思绚道德,摛藻掞天庭。考四海而为隽,当中叶而擅名,是故游谈者以为誉,造作者以为程也。[5](189页)

正如一个家族出现一个耀眼的大人物而后代引以为榜样一样,两汉时期巴蜀先贤所创立的宏绩,就成为巴蜀人永远师法的对象。这就是为什么巴蜀人"两汉先贤"意识强烈的原因,这也是三苏"以西汉文词为宗师"的重要原因。同时,由于巴蜀文化在两汉时形成第一个高峰,而两汉学术以经学为主张,所以,包括眉州在内的整个四川地区"通经学古"、"词语甚朴"就成为巴蜀的学风、传统。此传统被欧阳修所赏识,就在于此时的欧阳修正以黜时文之浮华为己任,三苏"词语甚朴"、"通经学古"正好切合了此时的需要。

二、重文轻道与异端色彩

三苏重文轻道,也是其共同点。熟悉中国文学理论发展史的人不难记得,文道关系是中国古代文学理论中一个重要的内容。历代有影响的作家和文论家都无法绕开这一问题,自魏晋而下尤其这样。在文道关系的论述中,文以载道、文以贯道是一贯的主张。尽管对"道"的理解各有不同,但自刘勰之后,道为儒学却是主要的看法。在宋代,随着新儒学——理学的兴起,文道关系再次成为讨论的热点问题,理学家,尤其是二程——三苏与二程同时——提出了"作文言道"的说法,径直要取消"文"

的地位。明确这一点,就不难理解三苏的"重文轻道"论的意义了。诚如朱东润先生所言:

> 自古论文者多矣,然其论皆有所为而发,而为文言文者绝少。古文家论文多爱言道,虽所称之道不必相同,而其言道则一,韩柳欧曾,罔不外此。王安石论文,归于礼教政治,然亦有为而作。至于苏氏父子,始摆脱羁勒,为文言文,此不可多得者也。[6](112页)

"为文言文"、"重文轻道"确实是三苏文论有别于同时诸人之处。那么,三苏为何能在道学(理学)兴起的时代坦言"重文轻道",其卓异言论来自何方? 笔者认为,这也与巴蜀文化的异端色彩、杂学学风有密切联系。

儒学是中国社会流行最久、影响最大的思想,汉武帝"罢黜百家"、"独尊儒术"之后,更长时期成为中国封建社会的官方意识形态,其经典性和神圣性是不容置疑的。先秦原始儒学发生之时,孔子及孔门即以排异端为己任。孔子欲小子"攻乎异端";孟子"好辩",批墨责许(行);荀子"非十二子",皆以维护儒学的正统和纯净为己任。自兹而后,凡倡儒学者,无不以排异端、灭邪说为职责。以近三苏前论,韩愈之力排释教,石介、柳开等鼓吹道统,都是显例。这种情形主要发生在中原,尤以京城所在为盛。而四川地处偏僻,自然环境相对隔绝,其学术主流与学风向与中原不侔。即以两汉而论,司马相如生活的时代,正是董仲舒提出"罢黜百家"、"独尊儒术"之时,但相如却未受其影响。相如好读书击剑、博学多才,与章句之儒相比,显然不是同路人。扬雄当东汉末年经学炽盛、谶纬弥漫之时,"不为章句,训诂通而已,博览无所不见"[4](3514页)。扬雄在巴蜀学者之中已是儒学气味最浓的人,但从正统儒家看来,仍不免有异端之嫌。扬雄不仅通儒学,而且精老、庄之学。由此可见,博学百家、富异端色彩是巴蜀士人的特异传统。唐代的陈子昂少任侠使气,求仙学道,儒学之外,兼采老学。李白喜老庄,好纵横术,炼丹学道之志甚笃,时人谓其有"仙风道骨"。三苏也是如此,援佛、老入儒,鲜明地体现了三教融合的特色。苏氏父子合作的《易传》(今题《东坡易传》、《毗陵易传》,归名于苏轼,实三苏父子合作之成果),苏辙的《老子解》,苏洵的《六经论》,都有此特点。尽管援佛、道入儒,是整个理学的致思方式和学术路径,但三苏,尤其是苏轼,体现出来的特色却是迥异的。因此,苏氏蜀学为王安石目为战国纵横之学,被朱熹斥为"杂学",朱熹特作《杂学辨》,指斥三苏淆乱圣道。影响所及,清人全祖望补《宋元学案》,犹称苏氏蜀学为"学略",不称"学案",以别于纯正的理学。

以上所言,主要就三苏轻"道"——儒道而言。就"重文"一方面言,三苏也是继承了巴蜀文化的特征与传统的。"通经学古"自是三苏生活时巴蜀士人的特点,但巴蜀文化在两汉大盛就因为文学创作,重文章是巴蜀文化中的重要传统。汉唐弗论,略早于三苏的苏舜钦、田锡即是例子。三苏之得大名,也是缘于文学创作。因此,重文轻道成为三苏文艺思想的一部分就是顺理成章的了。

三、"言必中当世之过"与"作赋以讽"

三苏论文不重"道",并不是不重文之用。苏氏父子非常重视文学的社会功用。这一点又受到汉代司马相如、扬雄开创的"作赋以讽"传统的影响。苏洵是此观点的首倡者。他说:"君子之为书也,犹工人之作器也,见其形可以知其用。"[7](63页)苏洵将文章之用视同器物之用,这一看法是偏狭而有害的,但其强调文章之用的苦心是可见的。由此出发,苏洵认为历史应起到惩劝小人的作用(《史论·上》),诗文应"言必中当世之过"[2](313页)。他批评诸儒所谓的《洪范》是可付诸实践的"天地之大法"实属空谈;批评孙武只是"言兵之雄"而非"用兵之雄"。他评价自己的文章说:"洵著书无他长,及言兵事,论古今形势,至自比贾谊。所献《权书》,虽古人已往成败之迹,苟深晓其义,施之于今,无所不可。"[7](100页)这虽有高自称许之嫌,但其为文的动机可鉴。对"言必中当世之过"的前辈,苏洵赞扬备至,如说陆贽"遣言措意,切近的当"[7](111页),又说"董生(仲舒)得圣人之经,其失也流而为迂;晁错得圣人之权,其失也流而为诈;有二子之才而不流者,其惟贾生乎。"[7](107页)。

苏轼兄弟幼禀父学,表现出相同的价值取向。苏辙说:"予少而力学。

先君,予师也。亡兄子瞻,予师友也。父兄之学,皆以古今成败得失为议论之要。以为士生于世,治气养心,无恶于身。推是以施之人,不为苟生也;不幸不用,犹当以其所知著之翰墨,使人有闻焉。"[3](187页)苏轼也说:"昔吾先君适京师,与卿士大夫游,归以语轼曰:'自今以往,文章其日功,而道将散矣。士慕远而忽近,贵华而贱实,吾已见其兆矣。'以鲁人凫绎先生之诗文十余篇示轼曰:'小子识之,后数十年,天下无复为斯文者也。'先生之诗文,皆有为而作,精悍确苦,言必中当世之过,凿凿乎如五谷必可以疗饥,断断乎如药石必可以伐病。"[2](313页)苏洵"自比贾谊",苏轼兄弟则以贾谊、陆贽为榜样。苏轼曾乞朝廷校正陆贽奏议,以为"治乱之龟鉴"[2](1013页)。苏辙说:"昔先君博观古今议论,而以陆贽为贤。吾幼而读其书,其贤比汉贾谊,而简炼过之。"[3](1270页)又说苏轼"少与辙皆师先君,初好贾谊、陆贽书,论古今治乱,不为空言"[3](1421页)。

三苏父子以"言必中当世之过"为创作指针,期于实用,时人及史传也如此评价他们。如说苏洵有"王佐才",可为"帝王师"[8](119页),其文"不为空言而期于有用"、"博于古而通于今"、"实有用之言"[9](190页)。《宋史》本传评苏轼:"器识之闳伟、议论之卓荦、文章之雄隽、政事之精明,四者皆能以特立之志为之主,而以豪迈之气辅之,故意之所向,言足以达其有猷,行足以遂其皆为。"[10](10818页)评苏辙说:"论事精确,修辞简严。"[11](10837页)这些评价说明,为文尚用,在三苏不只是一种观念,更是他们付之实践的行为。苏洵的《权书》、《几策》、《衡论》、《上皇帝书》等,具体分析北宋王朝面临的种种危机,积极为治国者出谋划策。苏轼兄弟终身为文字而吃尽苦头,特别是苏轼,几因文字祸而丧命。但他们终身不改其锋芒,这正是因为他们对文学的功用抱有明确而坚定的认识。

苏氏为文尚用的文艺思想与巴蜀先辈"作赋以讽"的传统分不开。司马相如写《子虚》、《上林》赋,"其卒章归之于节俭,因以讽谏"[12](3002页)。武帝好神仙,相如作《大人赋》以讽,武帝读后,反"飘飘有凌云之气"。这虽与相如创作的动机相反,却可看出相如的用心所在。扬雄提倡明道、宗经、征圣,上承荀子,下启刘勰,对儒家文学观的系统化,厥功甚伟。扬雄本为辞赋大家,晚年认为作赋乃"童子雕虫篆刻"、"壮夫不为",分赋为"诗人之赋"和"辞人之赋",肯定了前者的"丽以则",贬斥后者为"丽以淫"。表面上看,扬雄是在自我否定,其实是对赋"讽一而劝百"的失望。唐陈子昂、李白倡建安风骨,反齐梁绮艳,正为其不能承载经国治世的重任。略与苏洵同辈的苏舜钦及同属眉州的前辈田锡,在三苏之前已明显出革新文风的举动。巴蜀先贤及前辈对文学功用的重视的影响,三苏务求有补于世的入世志向,加之三苏本身所受儒家影响(儒家文艺观中,讽谏是一大传统),数者合力,构成了三苏为文"必中当世之过"的观念。

四、"不得已而言"与任情适性

前面所引《汉书·地理志》谓巴蜀人"未能笃信道德,反以好文刺讥,贵慕权势",这在班固笔下是贬辞,但确实道出了巴蜀民风的特点。正为不能笃信道德,故巴蜀人多任情而作。可以说,强调任情适性既是巴蜀之民风,也是巴蜀文人的特点。任情适性,就是强调情感的自由表达和身心的自然愉悦,就是强调为文的真情、率直、流畅。证之古代巴蜀文学史,不难见出此特点。司马相如、扬雄、陈子昂、李白等都是显例。司马相如本为汉景帝武骑常侍,景帝不好辞赋,相如常郁郁。时梁孝王来朝,其属下邹阳、枚乘、严忌皆善辞赋,相如见而悦之,遂称病免官,游梁,为梁孝王门下客。放着皇帝的近侍不做,去当诸侯王的门客,旁人看来,此盖有悖仕宦之道。但相如为悦己者容,投奔梁孝王,只为一适情而已。至于琴挑文君、夤夜私奔,更是只能在"未能笃信道德"的蜀地才会有的壮举。嵇康,这位魏晋名士,越名教而任自然的领袖,其《高士赞》对相如表达了敬佩和赞美。文云:"长卿慢世,越礼自放。犊鼻居市,不耻其状。托疾辞官,蔑此卿相。乃赋《大人》,超然莫尚。"[13](《全三国文》卷五十二)其实无需再举例,只此一家已能说明问题。

三苏在此点上可谓认同了先贤。他们对为文"不得已而言"的论述颇多,兹举数例明之。苏洵《权书·引》云:"我以此书为不得已而言之之书。"对史书,苏洵认为应"遇事而记之,不择善恶,详其曲折,而使后世得知而善恶之自著者,是史书之体也"[7](152页)。这里的"不得已而言"是主张"实录"。对其他文章而言,"不得已而言"是"得乎吾心",也就是要表达出内心的真情实感。在《太玄论·上》中,苏洵说:"言无有善恶也,苟得乎吾心而言也,则其词不索而获。""不索而获"就是汩汩滔滔,自然成文。在苏洵看来,《易·系辞》、《春秋》、《论语》这些著作皆为作者"思焉"、"感焉"、"触焉"而得,更何况抒情达意的文章呢?苏洵又说:"方其为书也,犹其为言也;方其为言也,犹其为心也。"这显然来自扬雄的"心声"、"心画"的影响。

苏轼继承乃父观点并发扬光大。他说:"夫昔之为文者,非能为之为工,乃不能不为之为工也。山川之有云雾,草木之有华实,充满勃郁,而见于外,夫虽欲无有,其可得耶!自少闻家君之论文,以为古之圣人有所不能自已而作者。故轼与弟辙为文至多,而未尝敢有作文之意。"[2](323页)苏轼此文直接来自其父,其实是远绍刘勰。《文心雕龙·原道》云:"旁及万品,动植皆文:龙凤以藻绘呈瑞,虎豹以炳蔚凝姿;云霞雕色,有逾画工之妙,草木贲华,无待锦匠之奇。夫岂外饰,盖自然耳。"[14]强调自然为文,就是要情动于中而后形于言。苏轼说自己的散文"常行于所当行,常止于所不可不止,文理自然,姿态横生"[2](1418页),其实就是对自然为文,"不得已而言"的最佳诠释。

任情适性一方面是要求表达真情,另一方面是要求顺从、满足人的正常欲求。反之则是矫情戕性。苏轼说:"孔子不取微生高,孟子不取于陵仲子,恶其不情也。陶渊明欲仕则仕,不以求之为嫌;欲隐则隐,不以去之为高;饥则扣门而乞食,饱则鸡黍以延客,古今贤之,贵其真也。"[2](2148页)以此,陶渊明成为苏轼最心仪的诗人,以致遍和陶诗,追其心迹。以人情论文,本非高明之论,但放在宋代理学兴起、文网渐密之时,却是需要胆量和勇气的。

总之,强调为人的任情适性,强调为文的抒写真情,是巴蜀文学的鲜明特征,也是三苏文艺思想的突出内容。

五、"成一家之言"与巴蜀士人特异个性

有鲜明独特的人格个性,方有自标一格的文风。三苏虽为父子兄弟,但其文风各异、面目鲜明。以散文而论,老苏的"指事析理、引物托喻,侈能尽之约,远能见之近,大能使之微,小能使之著,烦能不乱,肆能不流。其雄壮俊伟,若决江河而下也;其辉光明白,若引星辰而上也"[15](560页)。不同于苏轼的"文理自然,姿态横生",嬉笑怒骂、皆成文章,辩驳无碍、涉笔成趣,也不同于苏辙的"汪洋淡泊,有一唱三叹之声"[2](1427页)。

三苏文风各异,是他们自觉追求的结果。他们一直提倡风格的独立性和多样性,以此作文,也以此衡文。苏洵评司马迁之文"淳健简直,足成一家";《上欧阳内翰第一书》评孟子、韩愈、欧阳修、李翱、陆贽之文,认为欧阳修之文"纡余委备,往复百折,而条达流畅,无所间断;气尽语极,急言竭论,而容与闲易,无艰难劳苦之态",这是"欧阳子之文",而"非孟子、韩子之文",肯定了欧阳修的戛戛独造,成为欧文的千古的评。至于苏轼对风格的重视和强调更是触处可见,兹从略。苏辙也十分重视风格的独立性和丰富性,如其说"文章自一家"(《开窗》)、"凛然自一家"(《题东坡遗墨卷后》)、"优柔自好勇自强,各自胜绝无彼此"(《王维吴道子画》)等皆是。

同时,三苏文风各异也与巴蜀士人的奇异特行有关。自汉迄宋,巴蜀多一流作家,这些作家无一不以鲜明风格引起文坛注目。"务一出己见,不肯蹑故迹"[15](561页),不只是苏洵一人的个性而是整个巴蜀士人的群体特性。盖巴蜀本为西南夷,夷风的存留,山多水多、相对隔绝的地理环境,远离王权中心的疏离状态,都适宜培养个性的张扬。"女娲补天"、"蜀犬吠日",两个成语,一褒一贬,但都鲜明地折射出巴蜀人的个性。"未能笃信道德"、狂傲自放、好奇逐异,成为蜀风的标志。检诸载籍,此类文字处处可见。司马相如无论也,扬雄之淡泊自守,陈子昂之碎百万之琴,李白之使高力士殿上脱靴,薛涛之歌伎身份,苏涣之拦截商旅、劝人造反,苏舜钦之以伎乐娱神,张俞之数征不就,等等。

自然,人格个性不等同于文学风格个性,但文学风格却可折射出人格个性。巴蜀士人的奇特异行与巴蜀文学的奇风异彩是有内在联系的。

参考文献

[1] 常璩:《华阳国志》[M],刘琳校注,成都:巴蜀书社1987年版。

[2] 苏轼:《苏轼文集》[M],北京:中华书局1986年版。

[3] 苏辙:《栾城集》[M],上海:上海古籍出版社1987年版。

[4] 班固:《汉书》[M],北京:中华书局1962年版。

[5] 左思:《三都赋》[A],文选[Z],上海:上海古籍出版社1986年版。

[6] 朱东润:《中国文学批评史大纲》[M],上海:上海古籍出版社1983年版。

[7] 苏洵:《苏洵集》[M],北京:中国书店2000年版。

[8] 邵博:《闻见后录》[M],北京:中华书局1983年版。

[9] 欧阳修:《荐布衣苏洵状》[A],苏洵集:《附录》[M],北京:中国书店2000年版。

[10] 苏轼传[A]:脱脱:《宋史》[M],北京:中华书局1977年版。

[11] 苏辙传[A]:脱脱:《宋史》[M],北京:中华书局1977年版。

[12] 司马迁:《史记》[M],北京:中华书局1959年版。

[13] 嵇康:《高士传》[A],严可均:《全上古三代秦汉三国六朝文》[Z],北京:中华书局影印本1958年版。

[14] 刘勰:《文心雕龙》[M],范文澜注,北京:人民文学出版社1958年版。

[15] 老苏先生哀词[A]:《曾巩集》[M],北京:中华书局1984年版。

原刊《四川师范大学学报》2001年第5期

作者简介:李凯,1966年生,文学博士,四川师范大学文学院教授。

苏洵"杂学"特色及其文艺思想

李 凯

在唐宋八大家中,苏洵一向为其二子之盛名所掩,故苏洵的研究在三苏研究中显得较为薄弱,在文艺思想上尤其如此。苏轼文艺思想以其内容的丰富精深,早已硕果累累;即使苏辙,研究其文艺思想的专篇尚有曾枣庄先生和王水照先生之文及拙文等[①],而苏洵的文艺思想,虽然前有曾枣庄先生的《三苏文艺思想初探》和《三苏文艺思想》[②],对苏洵文艺思想进行了探讨,但迄今仍然没有一篇研究苏洵文艺思想的专篇论文。这种情况显然是还没有充分认识到苏洵文论在苏氏文艺思想中的重要地位。有鉴于此,笔者曾撰有《苏洵文艺思想散论》、《苏氏蜀学文艺思想的巴蜀文化特征》[③],就三苏文艺思想的共同性及其显示的巴蜀文化色彩进行了分析。近在研读苏洵文集的过程中,感觉学界对苏洵的文艺思想认识尚不到位,原因在于没有从苏洵更深刻的思想根源入手去分析苏洵包括三苏文艺思想形成之"所以然"。

本文认为,苏洵的"杂学"特色,正是其文艺思想的基础,由此形成了特色鲜明的苏洵文论。

一

对苏洵的哲学思想,历史上向以"苏学"命名,这是把三苏的哲学思想作为一个整体来看待的,例如《宋元学案》就以《蜀学略》来叙述三苏的哲学思想。这种理解当然有其合理性,因为苏氏蜀学确实有较多共同之处,但是相比较而言,苏洵的思想没有苏轼兄弟那样庞杂和丰富,特别是融合儒道释三家思想，在苏洵身上并没有明显的显示。苏洵的思想当然也不是纯粹的儒家，其中包含了大量道家思想，此外，还有兵家、法家、纵横家的思想。因此，在宋代对苏洵的学术和哲学就有带贬斥的称呼和评价。如王安石就说"苏明允有战国纵横之学"[1](111页)，朱熹说苏洵之文"自史中《战国策》得之，故皆自小处起议论"[2](3307页)，金代宗苏（轼）的文人王若虚也说苏洵"喜纵横而不知道"[3](3页)，以致黄宗羲、全祖望编《宋元学案》，不将三苏列入《学案》而是列入《学略》，朱熹则径直称苏洵之学为"杂学"，并作《杂学辨》。可见，苏洵的思想，在其对立者看来，显然是儒学之"异端"。当然，王安石和朱熹带有贬斥和敌对的说法并没有完全指出苏洵思想的特点。欲了解苏洵哲学思想形成之源，首先应该对其读书、求学以及著述的情况有所了解。

苏洵出生、生活在一个崇尚读经的地区和时代。宋代，四川学术发达，"通经学古"是当时眉山地区读书人的普遍好尚，苏轼说："始朝廷以声律取士，而天圣以前学者犹袭五代文弊。独吾州之士通经学古，以西汉文辞为宗师。方是时，四方指以为迂阔。"[4](352页)这说明当时包括眉山在内的四川，学习经学的风气是甚浓的，苏洵自然也不例外。但与一般人从小就开始苦读经书不同，苏洵小时并没有受到这种严格训练。他发愤读书已在成年之后。虽然时间比一般人晚，但苏洵仍然深入、系统地钻研过儒家经典。苏洵在《上欧阳内翰第一书》中叙述自己的读书和写作的体会说：

> 洵少年不学，生二十五年，始知读书，从士君子游。年既已晚，而又不刻意厉行，以古人自期。而视与己同列者，皆不胜己，则遂以为可矣。其后困益甚，然后取古人之文而读之，始觉其出言用意，与己大别。时复内顾，自思其才则又似夫不遂止于是而已者。由是尽烧曩时所为文数百篇，取《论语》、《孟子》、《韩子》及其他圣人、贤人之文，而兀然端坐，终日以读之者七八年矣。方其始矣，入其中而惶然，博观于其外，而骇然以惊。及其久矣，读之益精，而其中胸中豁然以明，若人之言固当然者，然犹未敢自出其言也。时既久，胸中之言日益多，不能自制，试出而书之，已而再三读之，浑浑乎觉其来之易矣。然犹未敢以为是

矣。[5](112页)

苏洵在27岁发愤读书之后,用10年左右的时间大究六经百家之旨,成为了一名大儒。嘉祐元年(1056),苏洵携二子苏轼、苏辙上京应举,献其文与当时文宗欧阳修,欧阳修视苏洵为"荀卿子"[5](113页),又在推荐苏洵的奏表中称赞苏洵"通经学古"。当时大臣韩琦也称他为"名儒"[5](188页)。由此可见,苏洵的经学确实是为时人所充分肯定的。

既然被视为"荀卿子"、"名儒",那么,就不仅仅是立身处世所显示出的儒者风范,更重要的是他的著述中表达的儒家思想。苏洵有文集20卷,今流传者为15或16卷。就流传文字来看,经论就占了3卷,包括第六卷《六经论》、第七卷《洪范论》、第八卷《太玄论》、还有第九卷中的《三子知圣人污论》和《利者义之和论》,第十五卷之《孔子论》。苏洵经论所占比例不能算少。此外,还有没有完成的《易传》。对于未完成的《易传》,苏洵十分自信,他在《上韩丞相书》中说:"自去岁以来,始复读《易》,作《易传》百余篇。此书若成,则自《易》以来,未始有也。"[5](120页)可惜天不假年,苏洵未能完成此巨著就去世了,其子苏轼、苏辙完成了他的心愿,这就是现题名《东坡易传》或《毗陵易传》的著作。

总之,从苏洵的求学读书以及著述来看,苏洵占首要地位的思想应该是儒家思想,但同时也非常鲜明地体现出整个蜀学的特色,这就是"杂学"色彩。

二

在世人和后代评价苏洵思想的时候,"杂学"成为一个使用频率很高的词语。在苏洵对立面看来,这个词语应该是对苏洵学术思想的贬斥,因此,许多维护苏洵的人都不满意这一看起来有贬义的称谓。无论古代还是今天,都有这种情形。我们认为,这其实大可不必。因为说苏洵思想是"杂学",一方面是实情,苏洵身上确实不仅体现出一种思想色彩;另一方面,说苏洵思想是"杂学",并不能否定苏洵思想的价值和历史地位。

那么，苏洵"杂学"究竟体现于何处呢？

首先，这种"杂"体现在苏洵儒家思想的非正统和不纯粹上面。苏洵是巴蜀文化孕育出的思想家，因此，他不能不受到该地域文化的影响。巴蜀文化是长江上游一种独特的区域文化，从考古文化层面看，早在5000年前即已出现，到3000年前已经发展成为著名的三星堆文化。而典籍文化的出现、发达主要是从汉代开始，文翁兴学对巴蜀文化具有极大的奠基和促进作用。两汉之时，巴蜀文化就以文学创作而光耀中华。作为偏处一隅、相对封闭的巴蜀文化，从两汉之时，就已经体现出它自身的特色。同样，在儒学的接受和发展上，巴蜀也显示出融道于儒的特色，如汉代扬雄。这是一方面。另一方面，在儒家经典的接受和研究中，《周易》最受重视。从两汉开始奠定的巴蜀文化特色，可以说在三苏身上都得到了鲜明的体现。

苏洵受知于雷简夫、张方平、欧阳修、韩琦，这是他以一介文人能够迅速扬名全国的重要的因素。雷简夫称赞苏洵有"王佐才"，"真良史才"[6](278页)。这说明，雷简夫最初所认识到苏洵的才能在史才和政治才能上。张方平则称赞苏洵文似司马迁。欧阳修第一次见到苏洵所写《六经论》，称赞他说："子之《六经论》，荀卿子之文也。"[5](113页) 这里有一个问题值得探究，为什么雷简夫和张方平称赞苏洵具有史才，而欧阳修却称赞为荀卿子呢？据笔者理解，这有两方面的原因：一是苏洵送给雷简夫和张方平的是《权书》、《衡论》、《几策》等文章，送给欧阳修的除上述文章外，又增加了《六经论》，因此，欧阳修就不止看到苏洵在史学方面的才能；二是雷简夫和张方平都是地方官员，他们所看中的是苏洵的经世治国的才具，而欧阳修作为京师文坛领袖，一位儒学的热心提倡者，所以更看重苏洵在儒学上的造诣。同为儒学名家，为什么欧阳修不说苏洵之《六经论》似孟子文，而要说像荀子文呢？这看起来不应该成为问题的问题是否有更深刻的含义呢？应该是有的。因为苏洵本人、同时人及后代的评论都说苏洵之文似孟子，何以欧阳修要独独说像荀子？我认为，恐怕欧阳修正是从《六经论》中看出了苏洵儒学不纯的原因。大家知道，在先秦儒学三大家中，荀子的儒学与孔子、孟子是有较大差异的。按照韩愈的说法，孟子的儒学是纯而纯，荀子的儒学就已经不纯了。体现出荀子儒学与孟子儒学最大不同的是:在人性论上,孟子主张人性本善,而荀子主张人性恶;在历史观上,孟子法先王,而荀子主张法后王;在政治上,孟子重视"民"的地位作用,荀子强调"君"。那么,苏洵的《六经论》是否有荀子的这种主张呢?《易论》中说:"圣人之道,得《礼》而信,得《易》而尊。信之不可废,尊之不敢废,故圣人之道所以不废者,《礼》之为明而《易》之为幽也。……人之好生也甚于逸,而恶死也甚于劳,圣人夺其逸死而与之劳生,此虽三尺竖子知所趋避矣。故其道之所以信于天下而不可废者,《礼》为之明也。虽然,明则易达,易达则亵,亵则易废。圣人惧其道之废,而天下复于乱也,然后作《易》。……圣人不因天下至神,则无所施其教。……于是因作《易》以神天下之耳目,而其道遂尊而不废。此圣人用其机权以持天下之心,而济其道于不穷也。"[5](45页)在苏洵看来,五经都是圣人设教之具,不过《礼》可以明白告人,而《易》则应该幽而难明,使百姓不能测知。这也是《易传》中谈到的"圣人以神道设教"的意思。如果说此意来自于《易传》尚无可厚非的话,苏洵在该文中提出圣人有"机权",则较为露骨地揭示出统治阶级治理国家之术。这些话,本来是不宜揭穿的,但是苏洵把它点破了,所以朱熹对此十分不满,他说:"看老苏《六经论》,则是圣人全是以术欺天下。"[2](3118页)正是在这种意义上,朱熹说三苏之儒学是"杂学"。前面谈到欧阳修视苏洵文为荀子文,似也应该从这个角度去进行理解。因为,孔孟都没有明确教统治者以权术治天下,只有荀子是如此。

应该注意,"机权"二字在苏洵思想中具有十分重要的地位。苏洵的《几策》、《权书》、《衡论》,乃至《六经论》、《利者义之和论》,不仅在篇名上显示出来,而且在具体论述中更随处可见。"经权"本来一对矛盾的概念,最早见于《论语·子罕》。孔子说:"可与共学,未可与适道;可与适道,未可与立;可与立,未可与权。"[7](2491页)孟子进一步发展了这一观点,《孟子·离娄上》说:

淳于髡曰:"男女授受不亲,礼与?"孟子曰:"礼也。"曰:"嫂溺则援之以手乎?"曰:"嫂溺不援,是豺狼也。男女授受不亲,礼也。嫂溺援

之以手者,权也。"[7](2722页)

孟子认为,"礼"是根本,是"经",即"常道",但是"礼"也有变通之时,比如说男女授受不亲是"常道",而在嫂子落水时伸手援救,则是变通,是权变。后来《春秋公羊传》着力发挥了"经权"的思想,使之上升为一对哲学范畴。汉儒一般坚持"反经合道",认为二者是一种对立统一的关系。宋代谈论这一话题的也很多,如苏洵同时的王安石、二程。

"权"也就是"变",所以苏洵特别强调审时度势,以"变"应对"不变"。他不仅有《审势》、《审敌》的专论,还有《权书上》和《衡论》诸篇。可以这样说,"权变"思想是苏洵思想的核心。在《审势》中,他援引《礼记》中"夏之尚忠,商之尚质,周之尚文"的说法,说明时代不一样,所尚则不相同,因此"圣人审其势而应之以权","故用刑不必霸,而用德不必王,各观其势之何所宜用而已"[5](1—2页)。在《权书引》中,针对有人说"儒者不言兵,仁义之兵无术而自胜",他批评说:"使仁义之兵无术而自胜也,则武王何用乎太公?而牧野之战,'四伐、五伐、六伐、七伐,乃止齐焉',又何用也?《权书》,兵书也,而所以济仁义之术也。……然则权者,为仁义之穷而作也。"[5](9页)在正统的儒者看来,仁义本身是无穷的,仁义可以应对天下一切事物,但是苏洵却认为,仁义也有穷尽之时,则显然认为"仁义之道"并非万能的。换言之,这简直是在说儒家之道并非"恒久之至道,不刊之鸿教"(刘勰语)。苏洵认为,《权书》"以为其用可以至于无穷,而亦可以至于无庸,于是又作《衡论》十篇"[5](23页)。他知道,在以儒学为指导的封建统治阶级那里,他为统治者所设想的"权变"思想未必为人所用,于是进而伸论"衡"。此"衡"即王充《论衡》之"衡",是要为统治阶级制订一个治理国家之标准,所以他说:"圣人之道,有经,有权,有机。"又说:"夫使圣人而无权,则无以成天下之务;无机,则无以济万世之功。"他又批评说:"后世见三代取天下以仁义,而守之以礼乐,则曰圣人无机。夫取天下与守天下,无机不能,顾三代圣人之机,不若后世之诈,故后世不得见也。"[5](23—24页)在论及《乐》的产生原因时,他说:"为之君臣、父子、兄弟者,《礼》也;礼之所不及,而《乐》及焉。"[5](48页)这是认为"礼"也有穷尽之时,因此采用更易人所接受的"乐",

这也是涉及"权变"的意思。《书论》中说:"风俗之变,圣人为之也。圣人因风俗之变而用其权。圣人之权用于当世,而风俗之变益甚,以至于不可反复。"[5](49页)在《谏论上》中,苏洵说:"仲尼之说,纯乎经者也。吾之说,参乎权而归乎经者也。"[5](80页)

除了"权变"思想而外,苏洵在义利观上,也显示了他与一般儒者的不同。在《利者义之和论》这篇文章中,他借用《易传·乾·文言》中的这句话,分析了"义"与"利"的辩证联系,那就是"利在则义存,利亡则义丧",因此,"义利、利义相为用,而天下运诸掌矣"。那么,为什么儒者要反对言"利"呢?他认为君子之所以"耻言利,亦耻言夫徒利而已"[5](89页)。所以君子从根本上是不反对言"利"的,只是不单纯言"利"而已。这与孔子"君子喻于义,小人喻于利"以及董仲舒"正其谊不谋其利,明其利而不计其功",是大不相同的;也与二程所谓将"义"视为"天理",而将"利"视为"人欲",且以"天理"灭"人欲"根本不同。

其次,苏洵思想的"杂学"色彩还体现为他在主要接受儒家思想的同时,还广泛吸收了兵家、道家、纵横家的思想。关于苏洵的兵家和纵横家思想,笔者不拟多谈,这里谈一谈苏洵受道家思想影响的情形。前面说到,巴蜀文化的一个特点是儒学和道学的紧密结合与相互渗透,苏洵也不例外。虽然在苏洵文集中没有直接论述道家的文章,但从其"权变"思想中所涉及的辩证思想以及他对《易传》的喜好以及精深研究来看,他对道家学说应该是有深入了解的。一是在他的文学思想上,明显地体现出道家自然无为以及真情、真心的观念;二是从他把苏轼、苏辙送到道士那里求学可以看出。

三

苏洵的文艺思想说不上丰富,但是却很深刻,具体而言,苏洵的文艺思想受到儒家和道家的影响主要体现于两方面。

首先,是对儒家文论的直接继承。这具体是强调文章的实用功能;反对"时文",学习"古文";肯定文章的独立价值;强调"治气养心"。

苏洵是一个有志于世的文人,这从现存著述中保留的大量政论及时论可以看出。他曾多次在文章中谈到他的志向,比如,在《上富丞相书》中说:"洵,西蜀之人也,窃有志于今世,愿一见于堂下。"[5](104页)在《上余青州书》中说:"洵,西蜀之匹夫,尝有志于世,因循不遇,遂至于老。"[5](108页)可以说,在中国历史上,凡是有志于世的文人,没有不以儒家思想为指导的。儒家思想作为指导,不仅体现在政治理想上,也表现于文学思想上,这就是强调文学的实用功能。苏洵说:"君子之为书,犹工人之作器也,见其形以知其用。"[5](63页)苏洵不仅自己如此奉行,也以此教育其二子。苏轼说:

> 昔吾先君适京师,与卿士大夫游,归以语轼曰:"自今以往,文章其日工,而道将散矣。士慕远而忽近,贵华而贱实,吾已见其兆矣。"以鲁人凫绎先生之诗文十余篇示轼曰:"小子识之,后十年,天下无复为斯文者也。先生之诗文,皆有为而作,言必中当世之过,凿凿乎如五谷必可以疗饥,断断乎如药石可以伐病。其游谈以为高,枝词以为观美者,先生无一言焉。"[4](313页)

时人也以同样的眼光来认识苏洵。欧阳修在《荐布衣苏洵状》中称苏洵之文"博于古而通于今,实有用之文"[5](190页),雷简夫也说苏洵文章"讥时之弊","惶惶有忧天下之心"[1](119页)。

从文章的实用功能出发,苏洵反对"时文",倡导学习"古文"。所谓"时文",是指晚唐以来所流行的词采华美、内容空虚的文章,具体则指"太学体"。对于这种文风,不仅当时有识之士明确表示反对,如石介、柳开、王禹偁、欧阳修等,甚至连朝廷也颁布文告予以禁止。在学习古文方面,苏洵主要是以西汉文辞为宗师,广泛地学习先秦两汉的优秀文章。在《上田枢密书》中,他曾叙述他的学习经历:"数年来退居山野,自分永弃,与世俗日疏阔,得以大肆力于文章:诗人之优柔,骚人之精深,孟、韩之温淳,迁、固之雄刚,孙、吴之简切,投之所向,无不如意。"[5](107页)

从上可以看出,苏洵的学习古文,显然是与欧阳修、石介、柳开等人以韩愈为正宗,以恢复儒家之道为目的显然不同。苏洵所述包括了兵家孙子、吴起的著作,同样是强调文章的功用。朱东润先生曾经说到三苏论文的一个重要特点：
> 自古论文者多矣，然其论皆有为而发，而为文言文者绝少。古文家论文多爱言道，虽所称之道不必相同，而其言道则一，韩柳欧曾，罔不外此。王安石论文，归于礼教政治，然亦有为而作。至于苏氏父子，始摆脱羁勒，为文言文，此不可多得者也。[8](112页)

在苏洵身上，尤其体现出这一特点。当然，苏洵所谓文章的实用主要是针对散文而言的，而且这种认识有其片面性。

苏洵充分肯定文章的独立价值。自《左传·襄公二十四年》首先提出"三不朽"之后，文人一直以"立言不朽"作为自己人生的追求。身为帝王的曹丕将文章的价值提高到"经国之大业，不朽之盛事"的地步。苏洵接受了"立言不朽"的观点，充分肯定文学的价值。在《答雷太简书》中说："其（这里指苏洵自己）文章议论，亦可以自足于一世。"[5](124页) 这既是对自己文章的自信，也是对文学著述事业的肯定。苏辙回忆说："予少而力学。先君，予师也；亡兄子瞻，予师友也。父兄之学，皆以古今成败得失为议论之要。以为士生于世，治气养心，无恶于身。推是以施之于人，不为苟生也；不幸不用，犹当以其所知著之翰墨，使人有闻焉。"[9](137页) 可以说，苏洵的这种思想深刻地影响了苏轼和苏辙，这是"一门三父子，都是大文豪"的来源。

治气养心是儒者的分内之事。孟子知言养气说对后世文人修身养性和创作主体的人格修养有极大影响。唐代韩愈"气盛言宜"的理论是直接对此理论的继承。苏洵十分喜好韩愈的文章，不仅深入钻研过，也接受了"养气"的学说。他谈养气的体会，在《上欧阳内翰第一书》中有详细的叙述，此不赘。前引苏辙的文字，也明确谈到"治气养心"是苏洵教育他们兄弟的重要内容。

其次，受到道家影响，苏洵在文论上提出了自然为文、"得乎吾心"的主张。如果说受制于儒家的影响，苏洵文论显示出积极与消极并重的特点，那么，受道家影响之下的苏洵文论显示的则更多是积极因素。

关于自然为文和"得乎吾心"，苏洵谈得较多。在《权书引》中，他说："我以此书为不得已而言之之书也。"[5](9页) "不得已"就是内心有真实想法和情感不得不抒发,也就是文章要写出真情实感。在《太玄论上》,他说:"言无有善恶也。苟得乎吾心而言也,则其词不索而获。"为什么能够"不索而获"呢?他引用扬雄的"心声心画"的理论说:"方其为书也,犹其为言也;方其为言也,犹其为心也。"[5](61页)由此他指责扬雄写作《太玄》是"书有以加乎言,言有以加乎其心,圣人以为自欺。后之不得乎其心而为言,不得乎其言而为书,吾于扬雄见之矣。疑而问,问而辩,问辩之道也。扬雄之《法言》,辩乎其不足问也,问乎其不足疑也,求闻于后世而不待其有得,君子无取焉耳。《太玄》者,雄之所以自附于夫子而无得于心者也"[5](61页)。受到苏洵的影响,后来苏轼也说扬雄"以艰深文浅陋之辞"。在《上欧阳内翰第一书》中,他叙述自己的写作经过时说:"时既久,胸中之言日益多,不能自制,试出而书之,已而再三读之,浑浑乎觉其来之易矣。"[5](112页)这种为文的"来之易"是由于胸中之言不能自制的结果。在向张方平介绍他两个儿子在写作上的才能时,他说:"(轼、辙)引笔书纸,日数千言,坌然溢出,若有所相。"[5](117页)所谓"坌然溢出"就是不得已而为文、自然为文。对于自然为文,苏洵最精彩的论述见于其《仲兄字文甫说》。文章说:

> 且兄尝见夫水与风乎?油然而行,渊然而留,渟回汪洋,满而上浮者,是水也,而风实起之。蓬蓬然而发乎太空,不终日而行乎四方,荡乎其无形,飘乎其远走,既往而不知其迹之所存者,是风也,而水实行之……故曰:"风行水上,涣。"此亦天下之至文也。然此二物者,岂有求乎文哉?无意乎相求,不期而相遭,而文生焉。是其为文也,非水之文也,非风之文也,二物者非能为文,而不能不为文也,物之相使而文出于其间也,故此天下之至文也。今夫玉非不温然美矣,而不得以为文;刻镂组绣,非不文矣,而不可以论乎自然。故夫天下之无营而文生之者,唯水与风而已。[5](145页)

这里表面看来与论文无关,其实不然。中国古代文论中"文"是一个广义的概念,刘勰谓有天文、地文、人文。风水相遭是天文与地文之相遇,这与外物与人心相遇产生诗歌、音乐、舞蹈是同样的道理。这正是庄子所谓天籁、地籁、人籁高下差异的原因。天籁纯乎是天然产物而非人力所为,故最高。苏洵这里所谓"风水相遭""不能不为文",也就是自然为文之意。自然为文也是发乎内心之文,这种文章强调的是一个字:真。正是从"真"出发,苏洵父子指责扬雄是不得乎其心而为文;也正是从"真"出发,无论是在史书写作上强调"遇事而记之,不择善恶,详其曲折,而使后世得知而善恶自著者,是史书之体也"[5](152页),还是碑铭的写作上反对"虚浮不实之事"[5](《与杨节推书》),目的都是一样的,那就是强调"真"。可以看出,苏洵之所谓"真",一方面是指真情、真心,一方面是指真实,指历史真实、事实真实。当然后一方面与今天所谓艺术真实还有距离,但他强调一个"真"字是值得肯定的。

在受到道家自然思想提倡"不得已而为文"之外,苏洵还非常强调"人情"对于文学创作的作用,《诗论》是这方面的代表。《诗论》分析了《诗经》出现的原因。《诗经》出现在《周易》和《礼》之后,在苏洵看来是因为人之"好生"、"好色"非《礼》所能控制,但是"好生"、"好色"又是人的本性,于是《诗经》可以起到"好色而不至于淫,怨而君父兄而无至于叛"的作用,"故《诗》之教,不使人之情至于不胜也"[5](48—49页)。苏洵反对"不近人情",他之所以认定王安石将来会成为祸国祸民之大奸,就是因为王安石"不近人情"。历史上曾经对苏洵是否写过《辨奸论》而引起争论,曾枣庄先生已经做出了令人信服的结论[10](98—115页)。我们认为,即使只从主张"近人情"这一点而论,苏洵写作《辨奸论》也能成立。

本乎自然,顺情适性是道家养生修身的重要理论,苏洵之主张要顺应和满足人的基本欲望,正是从道家这里受到了影响。当然,儒家诗教提倡"发乎情,止乎礼义"以及"《诗》可以怨"对苏洵此观点也有影响。"近人情"正是苏洵"机权"思想在文论上的体现。

总之,苏洵文论受到其"杂学"思想的影响,在文论上鲜明地表现出如下特色。第一,重视文学的价值和功能;倡导学习古文,反对时文;肯定文学的独立价值;主张"治气养心",这主要是受到儒家思想的影响。第二,提倡自然为文,强调真情实感,这主要受到道家思想的影响。第三,论证方法上的辩证思想,主要来自于老庄和《易传》的影响,而这些特点,既是三苏文艺思想的共同特点,也是巴蜀文化中文艺思想的一个普遍特征。

注 释

①见曾枣庄:《苏辙的文艺思想》,《文艺理论研究》1986 年第 1 期;王水照《苏辙的文学思想和散文特色》,《四川师范大学学报丛刊》(第十三辑)1987 年;李凯《苏辙文论的价值和地位》,《社会科学研究》1997 年第 1 期。

②曾枣庄:《三苏文艺思想初探》,《社会科学研究》1982 年第 3 期;《三苏文艺思想》,四川文艺出版社 1985 年版。

③见《内江师专学报》(社会科学版)1996 年第 1 期,《四川师范大学学报》(社会科学版)2001 年第 5 期。

参考文献

[1]邵博:《邵氏闻见后录》[M],北京:中华书局 1983 年版。
[2]黎靖德:《朱子语类》[M],北京:中华书局 1986 年版。
[3]王若虚:《滹南遗老集》[M],上海:上海书店影印,四部丛刊初编。
[4]苏轼:《苏轼文集》[M],北京:中华书局 1986 年版。
[5]苏洵:《苏洵集》[M],北京:中国书店 2000 年版。
[6]曾枣庄、舒大刚(主编):《三苏全书》第六册[M],北京:语文出版社 2001 年版。
[7]阮元:《十三经注疏》[Z],北京:中华书局 1980 年版。
[8]朱东润:《中国文学史批评大纲》[M],上海:上海古籍出版社 1983 年版。
[9]苏辙:《栾城集》[M],上海:上海古籍出版社 1987 年版。
[10]曾枣庄:《苏洵评传》[M],成都:四川人民出版社 1983 年版。

原刊《四川师范大学学报》2004 年第 2 期

文同文艺思想及其艺术成就

李 凯

巴蜀文化包含内容极其广泛,从学术而言,最能代表四川古代学术的,一般称为"蜀学"。宋代正是"蜀学"鼎盛的时期,不仅出现和形成了具有学派性质的"蜀学"(以三苏为代表),而且在多方面展示出巴蜀文化的异彩。作为一个发展中的概念,"蜀学"有不同的含义,既可指古代四川的儒学,也可泛指整个四川地区的文化学术。一般谈及"蜀学"时,多从宽泛意义上使用该词。现代享命不永而著述甚丰的四川学者刘咸炘说:"统观蜀学,大在文史。"[①]这种说法,有一定道理。文同正是在宋代巴蜀文化中做出重要贡献的著名书法家、画家、文学家。长期以来,人们对于文同的认识多停留在其绘画成就及其与苏轼兄弟的亲密关系上,对其全人全文缺乏较为全面的介绍和研究。本文尝试从三方面谈谈文同:一,仕宦经历和人品;二,文艺思想;三,艺术成就。

一

文同(1018—1079),字与可,自号笑笑先生、锦江道人,人称石室先生。画史多称"文湖州",梓州永泰(今四川盐亭县)人。

文同在当时和后世都享有盛名,其基本情况,史籍记载比较清楚。不过,作为流传最广的《宋史》对文同的记载却不足取信,不仅未能准确传达出文同的风貌,甚至有错误。我们不妨先看原文:

> 文同,字与可,梓州梓潼人,汉文翁之后,蜀人犹以"石室"名其家。同方口秀眉,以学名世,操韵高洁,自号笑笑先生。善诗、文、篆、隶、行、

草、飞白。文彦博守成都，奇之，致书同曰："与可襟韵洒落，如晴云秋月，尘埃不到。"司马光、苏轼尤重之。轼，同之从表弟也。同又善画竹，初不自贵重，四方之人持缣素请者，足相蹑于门。同厌之，投缣于地，骂曰："吾将以为袜。"好事者传之以为口实。初举进士，稍迁太常博士、集贤校理，知陵州，又知洋州。元丰初，知湖州，明年，至陈州宛丘驿，忽留不行，沐浴衣冠，正坐而卒。

　　崔公度尝与同同为馆职，见同京南，殊无言，及将别，但云："明日复来乎？与子话。"公度意以"话"为"画"，明日再往，同曰："与公话。"则左右顾，恐有听者。公度方知同将有言，非画也。同曰："吾闻人不妄语者，舌可过鼻。"即吐其舌，三迭之如饼状，引之至眉间，公度大惊。及京中传同死，公度乃悟所见非生者。有《丹渊集》四十卷行于世。②

　　先说其错误。这里将司马光与文同之信误为文彦博。此说影响甚大，今人承袭其误者仍有，如何增鸾、刘泰焰编选之《文同诗选》在《前言》中说司马光、文彦博皆称他"襟韵洒落如晴云秋月，尘埃所不能到"，又于《文同年谱表》中说："文彦博曾致书同曰：'与可襟韵洒落，如晴云秋月，尘埃不到。'"显然，这种说法应该抛弃。次说其不足：一是对文同的仕宦经历叙述不够完整，如文同任邛州军事判官兼摄蒲江、大邑，知普州，判登闻鼓院等皆未叙述；二是引入小说家言，歪曲文同的为人。因此，欲了解文同，不能以《宋史》为依据。范百禄的《文公墓志铭》、苏轼文集、苏辙文集、家诚之《石室先生年谱》、文同《丹渊集》，这些才是比较可靠的材料。下面即以上述材料为据，就文同的成长、仕宦、人品，做一叙述。

　　文同的先祖是汉代著名循吏文翁。文翁对四川的经济和文化建设的贡献巨大，在川人心目中享有崇高地位，故人称文同为"石室先生"，正是对其先祖的追念。文同先世三代皆为处士，因此，其父把重振家声的希望寄托在文同身上。《文公墓志铭》中记载文同父亲教诲他说："吾世为德，汝其起家乎？将高吾门于吾庐之东偏以待汝，宜勉之。"③时年13岁的文同即立下志向，奋发学习，希望重振家风。

　　文同的经历相对比较简单，可以明显分为两期。前期为家居和求学时期。这一时期包括从他出生到 32 岁中进士以前。文同幼时即知向学,志向远大,学习刻苦,举凡经史子集,无不钻研。未及 20 岁,已能属文。庆历中(庆历四年至六年,见家诚之《石室先生年谱》),文彦博守成都,文同以文为贽,文彦博大加赞赏。其后,文彦博一直看重文同,极力为之延誉。后期为仕宦时期,包括 32 岁中进士后到 62 岁去世。皇祐元年(1049),文同以第五名的好成绩中进士,此后即进入仕途。第一次任职为邛州军事判官,其间曾兼摄蒲江、大邑,前后共四年。至和元年(1054),邛州代还,调靖难军节度判官,在职二年。嘉祐元年至四年(1056—1060),在邠州。同年,召试官职,判尚书职方兼编校史官书籍。在京一年余,旋即再次任职邛州。不到一年时间,因丁父忧还家。治平二年(1065),通判汉州,又摄守邛州一年余,又知普州(今四川安岳县)二年,以丁母忧去职归家。熙宁三年(1070),知太常礼院。次年归乡,赴陵州。同年冬,改知兴元府,凡二年。熙宁九年,改知洋州,凡二年。元丰元年(1078),入京,判登闻鼓院。数月,乞郡东南,除知湖州。在任职的去途中,病卒于陈州之宾馆。

  从 32 岁中进士进入仕途至其去世,除去丁父母忧之外,文同仕宦的时间有 25 年。文同仕途不通达,也无明显的仕途挫折(只有因为议宗室袭封事,执据典礼坐非是夺一官)。但在京任职的时间只有 2 年,其余时间都在四川和陕西的偏僻地区任职。以当时众多大员的看重和推荐而言,文同的仕途当不如此。何以如此?世人是怎样来看待和评价文同的呢?

  且看时人对文同的评价。司马光在给文同的信中说:"渺然想见与可襟韵游处之状,高远潇洒如晴云秋月,尘埃所不能到。某所以心服者,非特词翰之美而已也。"④这是对其人格的高度赞誉。所谓"心服",指司马光发自内心的尊重。赵抃则表示"叹服",他在给文同的信中说:"向以芜旨况闻,承未鄙诮,过有称肯,副之佳颂为况。读复数四,益用感慰。其理明语快,到古作者,第叹服而已。"⑤范镇赠诗与文同:"史君老手笔,文字窥化工。"⑥王安石赠诗:"文翁出治蜀,蜀士始文章。司马唱成都,嗣音得王、扬。荦荦汉守孙,千秋起相望。操笔赋《上林》,脱巾选为郎。拥书天禄阁,奇字校偏旁。忽乘驷马车,牛酒过故乡。时平无谕檄,不访誓罗祥。问君行何为,关陇正繁霜。中和助宣布,循吏缀前芳。岂特为亲荣,区区夸一乡。"⑦苏轼把文同视为圣人之徒,在《与可字说》中,苏轼认为文同是孔子著名学生子张那样的人。《祭与可文》中说:"孰能敦德秉义如与可之和而正乎?孰能养民厚俗如与可之宽而明乎?孰能为诗与楚词如与可之婉而清乎?孰能齐宠辱、忘得丧如与可之安而轻乎?"又说文同:"忠信而文,志气方刚"。苏辙则说:"忠信笃实,廉而不刿,柔而不屈。发为文章,实似其德。风雅之深,追配古人。翰墨之工,世无拟伦。"⑧至于对其艺术方面才能和成就,论述甚多,下面再细论。

正如家诚之在《丹渊集拾遗卷跋》中说:"湖州之文一出,东坡兄弟皆敬而爱之。前辈大老,如文潞公,亦为之延誉。司马温公则至于心服,赵清献公则至于叹服,荆公、蜀公又皆形之歌咏。湖州之为人,可知矣。"⑨家诚之所述诸家之文,已见上。的确如此,一个能够赢得当代巨公文人的"叹服"与"心服",甚至成为苏轼的"知音",并不是一件轻易的事情。固然,对文同的认识,首先来自于其艺术才能和成就,但同时与其个人的人格魅力是分不开的。这一点,司马光在给文同的信中即说得非常明白。苏轼之所以在文同去世后一再撰文纪念和怀念文同,原因就在于不仅是对文同全能的艺术才能的钦佩和敬重,更由于其与文同的真挚情感和知音难得的慨叹。

文同出生于一个耕读之家,就其接受的主导思想而言,毫无疑问,最主要的仍然是儒家思想。这方面,文同没有留下比较系统的论述。不过,从其仕宦中的作为,还是可以感知到的。比如在初次担任为邛州军事判官时,"绳治豪放,或辨折欺伪,然后敦学";知陵州时,"访民疾苦";知兴元府时"先治庠序"⑩等,都显示了文同积极入世和关心民众的特点。由于自己的出身,文同有一种浓厚的平民情结,因此在处理政务时,他很自然地站在下层民众的角度来进行思考,比如在知洋州时,奏请盐茶榷法之不当。同苏轼一样,文同思想也复杂多样。在仕途不顺的地方官宦生涯中,文同隐退的思想意识比较浓郁,诗歌有较多的表露。道家和佛教对他的影响也是明显的,从其为佛寺撰写文字以及与僧人的交往可以见出。

由于长期担任陕西和四川的地方官吏,文同"达则兼善天下"的愿望难以得伸,因此将多方面的艺术才能寄寓在艺术活动中,其在后世的影响主要来自于其巨大的艺术成就。

二

文同巨大艺术成就的取得首先与其鲜明的艺术思想分不开。与苏轼等著名艺术家不同的是,文同没有比较完整的艺论、文论,我们只能通过他人的记述和文同本人的零星表述及其艺术实践进行分析。

文同的艺术创作集中在文学、书法、绘画三方面,而其艺术理论又集中在绘画和书法方面。综而言之,文同的艺术观有以下三个方面。

第一,充分肯定艺术源自于生活这一基本观念,认为生活本身和学习是取得艺术成功的根本原因。苏辙在《墨竹赋》中转述文同的话说:

> 夫予之所好者,道也,放乎竹矣。始予隐乎崇山之阳,庐乎修竹之林。视听漠然,无概乎予心。朝与竹乎为游,莫与竹乎为朋。饮食乎竹间,偃息乎竹荫。观竹之变也多矣。若夫风止雨霁,山空日出。猗猗其长,森乎满谷。叶如翠羽,筠如苍玉。淡乎自持,凄兮欲滴。蝉鸣鸟噪,人响寂历。忽依风而长啸,眇掩冉以终日。笋含箨而将坠,根得土而横逸。绝涧谷而蔓延,散子孙乎千亿。至若丛薄之余,斤斧所施。山石荦埆,荆棘生之。蹇将抽而莫达,纷既折而犹持。气虽伤而益壮,身已病而增奇。凄风号怒于隙穴,飞雪凝冱乎陂池。悲众木之无赖,虽百围而莫支。犹乎苍然于既寒之后,凛乎无可怜之姿。追松柏以自偶,窃仁人之所为。此则竹之所以为竹也。始也予见而悦之,今也悦之而不自知也。忽乎忘笔之在手与纸之在前,勃然而兴而修竹森然。虽天造之无朕,亦何以异于兹乎?[①]

众所周知,文同的画竹在历史取得了极大的声名,在绘画史上开创了写意墨竹画的"湖州派"。其之所以有此成就,显然与他对竹的热爱、细致观察和烂熟于胸分不开。在现存文同诗歌中,仅仅咏竹的就有三十多首。出生于四川乡下的文同,小时就非常熟悉竹——这种四川平原和丘陵地区随处可见的植物。没有在四川乡下生活过的人是很难于理解竹在四川农村生活中的重要地位的。竹可以修房造屋、提供柴火、编制用具。文同不仅在其早年的生活中非常熟悉和喜爱竹,而且在其为官的时间,特别在知洋州时,更开辟了竹院,筼筜谷即最著名者。当然有了生活,并不是就一定成为艺术家;但没有生活,却绝难成为艺术家。因此,文同的诗歌和绘画成就的取得首先与其生活的地理环境和生活经历是分不开的。文同诗歌中大量景物诗,是他长期生活于四川和陕西这两个风景优美的地区的结果。

第二,"胸有成竹"的创作论。"胸有成竹"是"得成竹于胸中"的简称,它已成为一个成语,可见其影响之深远。此理论首见于苏轼《文与可画筼筜谷偃竹记》,中说:

> 竹之始生,一寸之萌耳,而节叶具焉。自蜩腹蛇蚹以至于剑拔千寻者,生而有之也。今画者乃节节而为之,叶叶而累之,岂复有竹乎?故画竹必先得成竹于胸中,执笔熟视,乃见其所欲画者。急起从之,振笔直遂,以追其所见,如兔走鹘落,少纵则逝矣。与可之教予如此。予不能然也,而心识其所以然。⑫

长期以来,人们都把此理论归之于苏轼。其实,这只不过因为苏轼的声名太大的缘故。苏轼也说得很清楚,这是文同告诉他的。文同所提出的"胸有成竹"的理论实质上是对创作过程的分析。对于创作的分析,中国古代艺术家进行了不少的探讨,但最主要还是集中在构思过程的研究上,特别是艺术思维上,比如陆机和刘勰。文同此理论,则对创作的全部过程进行了深入的分析。这一过程包括从生活积累——对生活尤其是对创作对象的深入细致的观察、体验和研究到创作构思——在内心经过长期咀嚼和组合,形成清晰完整的审美意象,最后在审美意象完全形成的情况下,以最快最简洁的符号将其形式化,成为可以为人感知的作品。创作最关键的地方就在于审美意象的形成。审美意象的形成需要前提,这就是生活和经验的积累和体验,尤其是体验,因为体验使生活材料通过情感的孕育,使物象与情感交相融合,使景中含情,情中含景。因此,艺术创造有三难:一难在于生活,没有生活的积累和体验,难以形成创作动机;二难在于构思过程中审美意象的形成;三难在于心手相应的传达。而最难在于第二个环节,即构思。构思的过程是体验的过程,体验的过程也是思维激发、灵感触发的过程,所以,文同提到"灵感"和"悟"的问题。文中所谓"少纵则逝矣"即是。这一点,苏轼也有相同的感受,他曾经说:"作诗火急追亡逋,清景一失后难摹。"[13]灵感和"悟",是为了促使审美意象的形成。但是审美意象仅仅停留于胸中,尚不能成为艺术,还有一个艺术传达的问题,所以苏轼后来发挥说:"夫言止于达意,即疑若不文,是大不然。求物之妙,如系风捕影,能使是物了然于心者,盖千万人不一遇也;而况能使了然于口与手者乎?是之谓辞达。辞至于能达,则文不可胜用矣。"[14]正如苏珊·郎格所说:"艺术是有意味的形式。"而如何赋予构思中的审美意象以最好的形式,正是艺术家区别于常人之所在。将艺术形式化还有一个重要的心理现象——"悟"。文同曾说:"余学书凡十年,终未得古人用笔相传之法。后因见道上斗蛇,遂得其妙。乃知颠、素之为,各有所悟,然后至于如此耳。"苏轼跋云:"留意于物,往往成趣。昔人有好草书,梦则见蛟龙纠结。后数年,或昼日见之,草书则工矣,而所见亦可患。与可之所见,岂真蛇耶?抑草书之精也。予平生好与与可剧谈大噱。此语恨不令与可闻之,令其一捧腹绝倒也。"[15]入宋以来,以禅论诗成为时尚,文同也受此影响。当然更直接的是来自于亲身的体验。唐代著名书法家怀素由挑夫争道"悟"草书之理,张旭观公孙大娘舞剑器而"悟"绘画之理,与文同此说完全是相同的。

第三,在艺术风格方面,文同也有自己的理解和主张。文同偏爱清幽、清绝的风格。他大量的写景诗即体现出这一特点。他十分喜爱晋朝大诗人陶渊明的诗歌,其《读渊明集》说:"吏人已散门阑静,公事才休耳目清。窗下好风无俗客,案头遗集有先生。文章简要惟华衮,滋味醇秾是太羹。也待将身学归去,圣时争奈正升平。"[16]在这首诗中,文同表现了他愿意学习陶渊明的归隐,同时认为文章(包括诗歌),一要简要,二要滋味醇秾。尤其是醇秾诗味,更是他终身的追求。文同的诗歌主要是写景诗,诗风趋于平淡清新。对于同时代诗人梅圣俞,文同表达了仰慕之情。《问景逊借梅圣俞诗卷》中说:"前日读子诗,快我烦病躯。若坐大暑中,琼杯饮琳腴。辞严意清绝,敢谓人所无。子乃不自高,尚尔尊圣俞。为我诵佳句,实也郊、岛徒。遂云有家藏,两轴如椽粗。我方嗜此学,常恨失所趋。愿子少假之,使之识夷途。"⑰诗中称赞朋友张景逊的诗作"辞严意清绝"。所谓"辞严",就是用语的简要、精确。"清绝",则是他对诗味的追求。在文同看来,真正的诗味是"醇秾"。那么,"醇秾"和"清绝"看起来不是矛盾的吗?当然不是的。正如苏轼所言,真正的"平淡"应该是"凡文字,少小时须令气象峥嵘,彩色绚烂。渐老渐熟,乃造平淡。其实不是平淡,绚烂之极也。汝只见爷伯而今平淡,一向只是此样。何不取旧时应举时文字看,高下抑扬,如龙蛇捉不住,当且学此"。⑱宋代真正开创平淡诗风的是梅圣俞,他在《依韵和宴相公》一诗中说:"因吟适情性,稍欲到平淡",又在《读邵不疑学士诗卷……》说:"作诗无古今,惟造平淡难。"⑲钱钟书先生说文同:"诗歌也还是苏舜钦、梅尧臣时期那种朴质而带生硬的风格,没有王安石、苏轼以后讲究辞藻和铺排典故的习气。"⑳确实,读文同的诗歌,时有不很顺畅的感觉,这就是钱钟书先生所谈到的"朴质而生硬"。但是不管怎么说,文同对"清绝"诗风的追求正好代表了宋诗的新追求。他对宋诗风格的定型是有很大贡献的。

三

对于文同在艺术上的成就,他的从表弟苏轼有极高的评价。苏轼说:

亡友文与可有四绝:诗一,楚词二,草书三,画四。与可尝云:"世无知我者,惟子瞻一见,识吾妙处。"既没七年,睹其遗迹而做是诗:

笔与子皆逝,诗今谁为新?空遗运斤质,却断断弦人。㉑

在给文同的信中,苏轼称赞文同:"老兄诗笔,当今少俪。"㉒又说:"与可之文,其德之糟粕;与可之诗,其文之毫末。诗不能尽,溢而为书,变而为画,皆诗之余。其诗与文,好者益寡。有好其德如好其画者乎?悲夫!"㉓《黄州再祭与可文》说:"艺学之多,蔚如秋黄,脱口成章,粲莫可耘。驰骋百家,错落纷纭,使我羞叹,笔砚为焚。"㉔

在当时文人中,能够受到苏轼如此称赞的人,殆不多见。显然,苏轼对文同艺术才能的肯定并非因为他们是亲戚的缘故,更不是一般的官场应酬文字。文同去世后,苏轼一再跋语文同之书画以寄托其哀思和知音难得之感,读之令人感怆。

文同的艺术成就首先表现在绘画上。因其画名太盛,以致掩盖了他多方面的艺术才能和成就,比如,前引苏轼感叹世人仅好文同之画,而对文同之人、之诗,却鲜有好如其画者即是。

文同的绘画题材涉及山水人物,内容广泛,枯木竹石是他常见的绘画题材,尤以画竹享有盛名。他开创了画史上著名的写意墨竹画派——湖州画派。自孔子而后,自然物的欣赏多被赋予人的品行、道德,这就是著名的比德说。竹以其"群居不倚,独立不惧"的品格一向为中国文人所喜爱,成为诗画的重要题材。早在唐代,竹即成为独立的绘画题材。唐代萧悦、唐末程修己、五代郭崇韬夫人李氏、西蜀黄筌、南唐徐熙、后主李煜等都有墨竹之作,文同虽非"始用墨"来写竹的第一人,但却度越前人,创建名震画坛的"湖州竹派"。正如元代画竹名家李衎所评:"文湖州最后出,不异杲日升空,爝火俱息;黄钟一振,瓦釜失声。"[25]

文同画流传至今者尚有四幅,二幅今藏台北故宫博物院,一幅流至国外。《墨竹图》就是他的传世佳作。下面试以《墨竹图》为例看看他在绘画上的造诣。该图为绢本水墨,纵131.3厘米,横91.5厘米,左方上角钤"静闲□室"、"文同与可"二印。明代王直所题七言古诗一首,陈循题苏轼等人诗句。王直称此图是北宋文同的作品。

该图画面简洁:竹干向左倾斜,似被大风吹得左摇右晃。竹干下部分布着稀疏的枝叶,左右各一枝;竹的末梢枝叶稠密;竹竿劲节,竹叶锋利若剑。作品构图合理,疏密有致,大部分空白在浓墨的映衬下,显得生意无穷。该图充分显示了文同墨竹"富潇洒之姿,逼檀栾之秀,疑风可动,不笋而成者也"[26]的特点。虽然文人画不求形似而重意兴抒发,但文同还是注重对它的自然形态的描绘。一竿竹,数枝茎,都从竹节处顺势而出,沉着劲利。这和文同平时种竹、赏竹、知竹、画竹是分不开的。米芾说画竹"以墨深为面,淡为背,自与可始也"㉗。万叶丛中,文同用墨色浓淡来表现竹的正反向背,得风势,增动感,看似随意中有细致笔墨。到元代,文人所画竹的浓淡就不再注意叶面的反正,只是为虚实相生的艺术效果,轻重缓急的心绪抒发的需要了。

文同的墨竹画在当时流传甚广,比如仅见于苏轼题跋的墨竹图就有八幅之多,但今日传者已少。虽然不能见到文同太多的真迹,通过苏轼和同时代的评价,我们还是可以看出文同墨竹画的特点和成就。苏轼《戒坛院与可画墨竹赞》中说:"风梢雨箨,上傲冰雹,霜根雪节,下贯金铁。谁为此君,与可姓文。惟其有之,是以好之。"㉘《石室先生画竹赞并序》说:"与可,文翁之后也。蜀人犹以石室名其家。而与可自谓笑笑先生。盖可谓与道皆逝,不留于物者也。顾尝好画竹。客有赞之者曰:先生闲居,独笑不已。问安所笑,笑我非尔。物之相物,我尔一也。先生又笑,笑所笑者。笑笑之余,以竹发妙。竹亦得风,夭然而笑。"㉙苏轼之文,既有对文同之画形象的描绘,也由画及人,说明惟有此人,方有此画。画与人是合而为一的。所谓"墨竹",指画竹叶时,以深墨为面,淡墨为背,不施勾勒,兼备书法之妙的写意画。写意画充分展示了唐宋文人求神似而遗形似的审美追求。苏轼曾经说过,"论画以形似,见与儿童邻。赋诗必此诗,定知非诗人。诗画本一律,天工与清新"㉚。事实上,文同也正是将写意竹作为自己心情的寄托。他说:"吾乃者学道未至,意有所不适而无所遣之,故一发于墨竹,是病也。"㉛文同不仅首创了写意墨竹,而且带出了苏轼这样的墨竹大家。苏轼在《文与可画筼筜谷偃竹记》回忆说:"及与可自洋州还,而余为徐州。与可以书遗余曰:'近语士大夫,吾墨竹一派,近在彭城,可往求之。袜材当萃于子矣。'"㉜这里所说的"袜材",指文同初画墨竹时,一点不珍重自己的成果,于是四方之人持缣素以求,文同不胜其烦,扬言要将作为画材的缣素作为袜子的材料,于是士大夫之间传以为口实。苏轼这里以与文同开玩笑的声容笑貌表达他对文同的怀念。

不仅像苏轼这样的人学习文同的墨竹画法,而且在后世也引起广泛的模仿和学习。元代画坛四大家之一的吴镇搜集了宋元时学习墨竹画法的

25人，编为《文湖州竹派》。对于文同在绘画史上的地位及其成就的取得，《宣和画谱》中说："文臣文同，……善画墨竹，知名于时。凡于翰墨之间，托物寓兴，则见于水墨之戏。顷守洋州，于筼筜谷构亭其上，为朝夕游处之地。故于画竹愈工。至于月落亭孤，檀乐飘发之姿，疑风可动，不笋而成，盖亦进于妙者也。或喜作古槎老枿，淡墨一扫，虽丹青家极毫楮之妙者，形容所不能及也。盖与可工于墨竹之画，非天资颖异而胸中有渭川千亩、气压十万丈夫，何以至于此哉。"㉝元代李衎《竹谱》说："文湖州挺天纵之才，比生知之圣，笔如神助，妙合天成。驰骋于法度之中，逍遥于尘垢之外。纵心所欲，不逾准绳。"㉞

一般说来，善画者，其书法也较有成就。文同正是这样的。苏轼说文同：诗一，楚词二，草书三，画四。将草书排在第三，足见其对文同书法评价的肯定。苏轼在《与可飞白赞》中说："呜呼哀哉！与可岂其多好奇也与？抑其不试，故艺也。始，予见其诗与文，又得见其行、草、篆、隶也，以为止此矣。既没一年，而复见其飞白。美哉，多乎！"㉟《跋与可草书》说："李公择初学草书，所不能者，则杂以真、行，刘贡甫谓之'鹦哥娇'。其后稍进，问仆：'吾书比来何如？'仆对曰：'可谓秦吉了矣。'与可闻之大笑。是日，坐人争索与可草书。落笔如风，初不经意。刘意谓鹦鹉之于人言，止能道此数句耳。十月一日。"㊱以苏轼这样的书家尚且如此肯定文同书法的成就，即使没有看到文同墨宝真迹，也可以感受到文同书法的神采了。

四

文同能诗善文，苏轼称赞文同艺术才能首在诗歌，这并不是虚美。文同现存诗歌882首。单从数量看，文同的作品在宋代诗人中不算多，但是其诗歌极有特色。不仅在当时赢得苏轼的赞叹，同时之著名人物，如王安石、赵抃、范镇，都充分肯定文同诗歌的才能和成就。吕祖谦奉命编《宋文鉴》，选录文同诗10首，这一数量已经不少。清代厉鹗编《宋诗纪事》，录文同诗6首，今人钱钟书先生《宋诗选注》录文同诗4首、何增鸾、刘泰焰编选《文同诗选》,录诗 215 首。由此可见文同之诗的成就。

从内容讲,文同诗歌反映和描写现实生活的不多,特别是反映当时生活重大内容的更少。写景诗是文同诗歌的主要内容。归纳起来,文同诗歌主要表现了以下方面的内容。

首先,表现了对下层民众的同情和对贪官污吏的谴责。文同出生在一个三代不仕的家庭,从小生活在四川乡下,生活是相当贫困的。文同年少之时,曾砍柴、卖柴以助家用。据说他 12 岁挑柴到县城卖,恰遇县官出行,因躲避不及,受到侍卫的毒打。这使文同对官吏的横暴给百姓带来的痛苦有切身的体会。由于自己的家庭以及亲身经历,文同在进入仕途之后,总是尽力减轻百姓的负担,他为自己未能给百姓做得更多而深感内疚和惭愧。《织妇怨》中写到:

> 掷梭两手倦,踏籋双足跙。三日不住织,一匹才可剪。织处畏风日,剪时谨刀尺。皆言边幅好,自爱经维密。昨朝持入库,何事监官怒?大字雕印文,浓和油墨污。父母抱归舍,抛向中门下。相看各无语,泪迸如倾泻。质钱解衣服,买丝添上轴。不敢辄下机,连宵停火烛。当须了租赋,岂暇恤裋裤?前知寒切骨,甘心肩骬露?里胥踞门限,叫骂嗔纳晚。安得织妇心,变作监官眼?(《丹渊集》卷三)

沉痛、同情、愤怒,多种复杂的心情洋溢于诗中。织妇及家人的辛酸与无赖,里胥的蛮横与无理,无不跃然纸上。尤其是最后两句,我们几乎听到诗人那愤怒的呼喊。这一现象是宋代社会的真实反映。北宋施行布帛和买制,春时预贷库钱于民,至夏秋令输绢于官。始于太宗时,称为便民,"以供军需",其后官吏勒索,责民以绢价折钱缴官,谓之折帛。重利盘剥,积久,遂为残民之弊政。蜀地乃产绢重地,这首诗就是对这一弊政的控诉。

《昝公溉》同样表达了诗人对百姓生计的关心,文中说:

> 晚泊昝公溉,船头余落晖。携家上岸行,爱此风满衣。村巷何萧条,四顾烟火稀。问之曰去岁,此地遭凶饥。斯民半逃亡,在者生计微。请看林木下,墙屋皆空围。好田无人耕,惟有荆棘肥。至今深夜中,鬼火流清辉。众稚闻此语,竞走来相依。错莫惊且哭,牵挽求速归。

(《丹渊集》卷四)

在这朴素而辛酸的叙述中,我们仿佛看到了唐代大诗人杜甫在《三吏》、《三别》中写到的情形。作者同杜甫的心情是一样的,对流失家园以及艰难熬日的百姓寄予了无限的同情。

前面说到,儒家思想是文同思想的主流,爱民及物是儒家人道精神的显示。对百姓的同情与对官府的指斥,二者是相互联系的。文同在其为官生涯中,总是竭其所能,为百姓争取。为此,文同对于自己无力为百姓做得更多而深感愧疚,自称为"窃禄先生"。《自咏》诗中说:"看画亭中默坐,吟诗岸上微行。人谓偷闲太守,自呼窃禄先生。"(《丹渊集》卷十六)为了实现自己的政治抱负和解决家人的生存问题,文同不得不去做官,而长期与下层民众的接触,又使他对自己因为无事可做的情形十分愧疚。这种难得的内省意识,使我们看到文同的严格解剖显示出的可敬的一面。《宿东山村舍》小序说:"是秋,粟为白虫所食,虫复为群鸦所食。"诗云:

八十雪眉翁,灯前屡嘘唏。问之尔何者,不语惟抆泪。良久云老矣,未始逢此事。种粟满川原,幸已皆茂遂。喜闻欲登熟,近复失所冀。有虫大如蚕,日夜啮其穗。群鸦利虫食,剪摘俱在地。驱呵力难及,十止余三四。供家固未足,王税何由备?瘠土耕至骨,所得几何利?又令遭此祸,不晓上天意。在世幸许年,必以饥馑死。闻之不敢诘,但愧有禄位。移灯面空壁,到晓曾不寐。(《丹渊集》卷四)

自然灾害固非天意,但是作为平民百姓,却只能望天兴叹。尤其老者"在世幸许年,必以饥馑死"两句,可以让任何有良知的人为之辛酸。良知,正是社会良知,使诗人夜不能寐。诗人既无力来帮助老者,于是只有以同情来为自己解脱。这副不敢面对老者哭诉的真实情景,又使我们感到文同极富人情的一面。

儒家所谓"仁",不仅是"老吾老以及人之老,幼吾幼以及人之幼",还在于推己及物。《大热见田中病牛》即表达出此点。诗云:

垅上病牛良可悲,皮毛枯槁头角垂。两鼻谽谺只自喘,四蹄弸岌曾不皮。牧童默坐罢牵挽,耕叟拱立徒嗟咨。朝驱暮使气力尽,尔死主人安得知?

　　这里借牛而喻,牛被主人无穷无尽地驱使,最终因过度劳累而病倒。尽管主人对牛之病表示同情和无助,但这不正是因为主人无休止的使用而造成的吗?联想及宋朝的冗官、冗兵、冗费给百姓所造成的痛苦以及给农村所带来的凋敝,这不是以物喻人,人牛同类吗?这里既是对牛的同情和悼惜,也是对宋代百姓的同情和悼惜。

　　总之,文同由于长期生活在下层民众之中,由于与民众的接触较多,这使他的诗笔不能不描绘出当时社会的真实的一面。

　　第二,文同诗歌十之九是写景,集中体现文同诗风的正是这类诗。这些写景诗一方面表现了他对祖国河山的热爱和赞美,另一方面也寄予了他的退隐之情。应该说,以景物抒愤懑及闲情逸致是文同写景诗最主要的内容。这方面例子很多,兹举二例证之。比如《新晴山月》:

　　　　高松漏疏月,落影如画地。徘徊爱其下,夜久不能寐。怯风池荷卷,病雨山果坠。谁伴予苦吟?满林啼络纬。

　　在淡淡的哀愁之中,文同不经意地描绘新晴山月的特点:带着丝丝泥土味的山间,月光洒落在稀疏的松树上。地上的余光现出松树挺拔的身躯和散乱的枝叶。闲愁使诗人难以入眠,于是披衣起床,徘徊于山涧树下。微风吹来,池中荷叶翻卷;因为久雨,山果被风一吹,纷纷坠地。在这寂寞的夜晚,有谁来陪伴诗人度过?只有不停啼叫的草虫。又比如《晚至村家》:

　　　　高原硗埆石径微,篱巷明灭余残晖。旧裙飘风采桑去,白袷卷水秧稻归。深莽绕涧牛散卧,积麦满场鸡乱飞。前溪后谷暝烟起,稚子各出关柴扉。

　　诗人对村居生活的满足和喜爱,通过鲜明的画面得以展示:土地坚硬而瘦薄,山间小路盘旋弯曲,残晖斜照在篱巷的小路上,隐隐约约。穿着旧裙的采桑女回家了,为插秧而打湿了裤脚的农夫也归家了。山谷茂密的芦苇丛中,牛闲散地卧着,堆满赛场的麦子,引来群鸡的喧闹。山间溪谷,家家户户燃起了炊烟,小孩子各自去关上自家的柴门。该诗颇具陶渊明诗歌的风味,同样的题材,同样的画面情景,村居生活的浓厚气息一一展示在读者面前。

文同诗歌有极高的艺术成就,具体体现为三点。

首先,以画入诗。这里包括诗与画三方面的关系:一,指文同多题画诗;二,更主要的是指文同有意识地在诗歌表达画意、画境;三,将某种画面比喻成为某幅画。

关于第一点,此不多谈,因为从杜甫之后,诗人多有此举。第二、第三两点,我们要稍微详细地进行分析。文同的诗歌,无论是主要写景还是主要抒情,都带上了浓厚的画意。在大量的写景诗中,文同描摹出了一副副四川、陕西乡下的风景图。这不奇怪,文同本身就是一个大画家,他将绘画的手法带入诗歌是非常自然的事情。正如罗丹说,世界上缺少的不是美,而是缺少发现美的眼睛。艺术家的慧眼正是从常人难以见出的平凡事物中发现美的韵味。如《早晴至报恩山寺》:

山石巉巉磴道微,拂松穿竹露沾衣。烟开远水双鸥落,日照高林一雉飞。大麦未收治圃晚,小蚕犹卧斫桑稀。暮烟已合牛羊下,信马林间步月归。

这是一幅典型的山村风物图:从远处看,拂晓初亮的时辰,吃力的身躯在努力地攀登在狭窄的山路上。此人渐渐走入山林之中,只见他拂松穿竹,身上的衣服已经被露水打湿。攀至山顶,他坐在那里小憩,但见太阳升起,山上山下的烟雾逐渐散去,视线所在的远处,成双成对的鸥鹭贴着水面在飞来飞去。太阳升高了,林间的鸟都活跃起来了,鲜红的太阳下,衬托出一只野鸡在林间穿来穿去的身影。这正是农忙的时候,大麦还没有收割,田间需要加强管理,农夫只能抽出晚间一小会儿时间来管理菜园,采桑的农妇也少见到,小蚕还在酣睡中,不需要太多的桑叶。太阳落山了,落日余晖伴着升起的炊烟,被风吹得时相交合,牧童吆喝着将牛羊赶下山去。饱醉美景的诗人这时也信马悠悠回家了。

可以说,文同诗歌的此种特点随处可见。画面美的构成主要是色彩、形体这些形式美的因素。色彩鲜明是文同这些诗的突出特点,比如《后溪晚步》:

> 阴阴芳树暗回堤,路入蒙笼转野溪。泽雉应媒高复下,林鸦引子歇还啼。青蒲宛宛全淹水,紫笋斑斑半出泥。倚杖风前感时节,乱烟斜日一蝉嘶。

此诗色彩丰富,有绿色,如阴阴芳树;有锦色,如野鸡;有黑色,如乌鸦;有青色,如菖蒲;有紫色,如紫笋。一诗中有如此丰富的色彩,显然非着意安排,是难以见到的。事实正是如此,文同是有意识将绘画的着色运用于诗歌之中的。不仅如此,该诗歌还充分利用了声音的效果,如野鸡、乌鸦、蝉的鸣叫声来渲染山溪晚景的特点。视听感官的双重接受,给读者带来双倍的享受。

文同不仅有意识在诗歌中表达出绘画的意境,进而将某种山水景物比做某名家之画,如"独坐水轩人不到,满林如挂'暝禽图'"(《晚雪湖上寄景孺》),"君若要识营丘画,请看东头第五重"(《长举驿楼》),"峰峦李成似,涧谷范宽能"(《长举》)。对文同此特点,钱钟书先生说:"文同是位大画家,他在诗里描摹天然风景,常跟绘画结合联结起来,为中国的写景文学添了一种手法……在他以前,像韩偓的《山驿》:'叠石小松张水部,暗山寒雨李将军',还有林逋的《乘公桥作》:'忆得江南曾看着,巨然名画在屏风',不过偶然一见;在他以后,这就成为中国写景诗文里的惯技,西洋要到十八世纪才有类似的例子。文同这种手法,跟当时画家向杜甫、王维等人的诗句里去找绘画题材和布局的试探,都表示诗和画这两门艺术在北宋前期更密切地结合起来。"㊱

其次,文同诗歌追求"清幽"、"清绝"的平淡诗风。我们在前面已经谈到文同的艺术主张。杜甫曾经说过"诗清立意新"的话。文同曾经认真地学习杜诗(关于此点,以后再论)。而宋代普遍的风气又以崇尚和追求平淡为审美思潮,加之文同长期生活于风景秀美的四川和陕西两省,故其诗歌表现出"清"的特征。下面稍加分析,如下列诗句:

> 飞尘不可入,竹树围清涟。(《东谷沿小涧,树木丛蔚中有圆潭,爱之久坐,书所见》)

> 园林晓气清,篱巷夕阳明。(《田舍》)

山影复秋静,月色澄虚夜。(《墨君堂》)

平明携策下青苍,松叶纷纷洒新雨。(《采药归晚因宿野人山舍》)

嘉树正阴合,好禽新语圆。(《东窗》)

溪云生薄暮,山雨送微凉。(《闲乐》)

轩窗晓吹清,枕簟晴光冷。亭上逍遥人,满身摇水影。(《涵碧亭》)

修篁寒滴雨,老柏静吟风。(《吉祥院》)

尘滓外不到,衣襟清有余。每来聊自适,幽意满琴书。(《竹阁》)

开樽荫碧树,移席临清泉。(《玉峰院避暑》)

独向中庭待明月,一身清露泻金波。(《暑夕待月庭下夜深方归》)

无须再举例,文同诗歌表现的此种特点,可以说是触目可见。风物景致,在文同笔下是丰富多彩、变化多端的。对于该特点,研究已经较多,我们不再分析。

再次,文同诗歌的成就还体现在用语的简严精确上。文同曾经说过:"文章简要惟华衮,滋味醇秾是太羹。"(《读渊明集》)、"辞严意清绝"(《问景逊借梅圣俞诗卷》)。文同的诗歌追求清绝和清幽,喜欢模仿和学习杜甫的高古、瘦硬的用字特点。文同的赋尤其体现这一特点,如《松赋》:

度众木而特起兮,有高松之可觌。擢双干以旁达兮,耸千寻而上击。怪难入于图画兮,老莫知其岁历。含古意以茫昧兮,负天材而沉寂。柯磅礴而如枹兮,叶彻橡而若幂。停余雪而暖溜兮,凄宿雨而晴滴。险穴聚乎魑魅兮,阴柟藏乎霹雳。蒙烟雾之洒润兮,傲冰霜之惨戚。荣枯系乎所托兮,用舍由乎见觅。敢并名于杞梓兮,甘取诮于樗栎。(《丹渊集》卷一)

虽然没有明确说此松生长于何地,当从描写中,我们可以描写感受到崛立于悬崖之巅的古松,苍劲挺拔、傲霜斗雪、俯临下界的孤高。这完全是诗人不愿与世同流的人格之表现。其用语,殆如老松虬干,诘曲中显示傲气,精练中显示骨节。文同的大量写景诗更是体现出这一特点,如下面这首《北斋雨后》:

晓庭幽圃绝清佳,爱此常教放吏衙。雨后双禽来占竹,秋深一蝶下寻花。唤人扫壁开吴画,留客临轩试越茶。野兴渐多公事少,宛如当日在山家。(《丹渊集》卷十四)

此诗抒发了北斋雨后、公事多暇的愉悦之情。颔联两句,尤见作者用语的简严准确,如"占竹"之"占"字,将禽写得极富人性化;"下寻花",虽然用语平淡,但却十分切合蝴蝶的动作。颈联之六个动词,也用得十分准确。而六个动词的连续使用,极力渲染了作者的殷勤好客。又如《凝云榭晚兴》:

晚策倚危树,群峰天际横。云阴下斜谷,雨势落襃城。远渡孤烟起,前村夕照明。遥怀寄新月,又见一棱生。(《丹渊集》卷十四)

该诗几个动词和形容词的运用都极为准确生动。具体而言,"倚"表现出诗人年已渐老,精力不及,而游兴甚浓的情致,"横"则表现出群峰高耸入云的宏大气势,"阴"和"落"显示了夏天乌云来临之速,雨势之大。

文同诗歌用词的简严还表现在色彩词选用的准确上,比如,"花间蜂去抱黄粉,苔上燕来衔绿泥"(《春庭》),两句诗中,包含了多种色彩,有黄色(黄色花、黄色蜂黄粉)、黑色(燕子)、绿色(绿泥)、青色(青苔),真正构成了色彩斑斓的五彩画面。

文同在文学上的成就还体现在他的散文创作上。《捕鱼图记》和《纡竹记》是代表,兹分析后者,以见文同散文之特色。该文写于其为陵阳守之时。一天,作者上山采药,看到一垄奇怪的竹,一枝离地不高的竹竿分而为三,一枝为岩石所困无法伸直而成为弯曲之状。两位童奴以之为怪,而作者却看到:"观其抱节也刚洁而隆高,其布叶也瘦瘠而修长,是所谓战风日、傲冰霜、凌突四时、磨轹万草之奇植也。"作者进而发挥说,此竹虽然为外物所困,但不屈不挠,显示出旺盛的生命力;虽僻处山间,却不为不被人知而懊恼。其实,纡竹正是作者自己心境的真实写照。其对纡竹的坚毅和对纡竹不求人知的节操的赞美,正是对自己身怀才艺却无以施展的安慰。苏轼在《跋与可纡竹》中说:"纡竹生于陵阳守居之北崖,盖歧竹也。其一未脱箨,为蝎所伤,其一困于嵌崖,是以为此状也。吾亡友与可为陵阳守,见而异之,以墨图其形。予得其摹本以遗玉册官祁永,使刻之石,以为好事者动心骇目、诡特之观,且以想见亡友之风节,其屈而不挠者盖如此云。"苏轼比较准确地揭示了文同此图、此文写作的意图。文章于简洁之中见风致,叙述清晰而描写生动,夹叙夹议中显示出作者的情怀。

总之,作为巴山蜀水孕育出的一位艺术大师,我们对文同全方位艺术才能和成就的研究还很不够,本文主要在于引发大家研究文同的兴趣和热情,至于文同与巴蜀文化的联系,以后再做进一步探讨。

注　释

① 刘咸炘:《推十书·推十文集》卷一,巴蜀书社。
② 《宋史》卷443,中华书局,第13101—13102页。
③ 《丹渊集》附录,四部丛刊初编。
④ 《丹渊集》附录。
⑤ 《丹渊集》附录。
⑥ 《丹渊集》附录。
⑦ 《丹渊集》附录。
⑧ 苏辙:《祭文与可学士文》,《栾城集》,上海古籍出版社1987年版,第539页。
⑨ 《丹渊集》附录。
⑩ 范百禄:《文公墓志铭》,《丹渊集》附录。
⑪ 苏辙:《墨竹赋》,《栾城集》,上海古籍出版社1987年版,第416—417页。引者按:引文标点有所变易。
⑫ 苏轼:《文与可画筼筜谷偃竹记》,《苏轼文集》,中华书局1986年版,第365页。
⑬ 苏轼:《腊日游孤山访惠勤惠思二僧》,《苏轼诗集》,中华书局1982年版。
⑭ 苏轼:《答谢民师推官书》,《苏轼文集》,第1418页。
⑮ 苏轼:《跋与可论草书后》,《苏轼文集》,第2183页。
⑯ 《丹渊集》卷九。
⑰ 《丹渊集》卷十八。
⑱ 赵德麟:《侯鲭录》,转引自曾枣庄《三苏文艺思想》,四川文艺出版社1985年版,第166页。
⑲ 郭绍虞主编:《中国历代文论选》第二册,上海古籍出版社1979年版。

⑳钱钟书:《宋诗选注》,人民文学出版社1987年版,第35页。

㉑《丹渊集》附录。

㉒《丹渊集》附录。

㉓苏轼:《文与可画墨竹屏风赞》,《苏轼文集》,第614页。

㉔苏轼:《苏轼文集》,第1942页。

㉕李衎:《画谱》,台湾商务印书馆影印《四库全书》第814册,第320页。

㉖郭若虚:《图画见闻志》,四川美术出版社1985年版,第175页。

㉗米芾:《画史》,台湾商务印书馆影印《四库全书》第813册,第12页。

㉘苏轼:《戒坛院文与可画墨竹赞》,《苏轼文集》,第614页。

㉙苏轼:《石室先生画竹赞并序》,《苏轼文集》,第613页。

㉚苏轼:《书鄢陵王主簿所画折枝》,《苏轼诗集》。

㉛苏轼:《跋与可墨竹》,《丹渊集》附录。

㉜《苏轼文集》,第366页。

㉝《宣和画谱》,台湾商务印书馆影印《四库全书》第813册,第202页。

㉞李衎:《竹谱》,台湾商务印书馆影印《四库全书》第814册,第329页。

㉟《丹渊集》附录。

㊱《丹渊集》附录。

㊲钱钟书:《宋诗选注》,第35—36页。

原刊《巴蜀文化研究》(第一辑),巴蜀书社2003年版

黄庭坚蜀中词简论

王 红 霞

黄庭坚(1045—1105),字鲁直,号山谷道人,又号涪翁,洪州分宁(今江西修水)人。历任叶县尉,校书郎,(《神宗实录》)检讨官,国史编修等职。黄庭坚一生命运多舛,多次被贬斥。1094年,哲宗亲政,改元绍圣,政局大变,元祐大臣尽遭斥逐,旧党身份的黄庭坚也被新党中人作为攻击对象,指控他所参予编修的《神宗实录》中关于王安石新法的记载有失实之处,有诋毁朝政之嫌。绍圣二年(1095)黄庭坚因此被贬为涪州(今重庆涪陵)别驾,安置黔州(今重庆彭水)。1098年,庭坚的外兄张向任提举夔州路常平,朝廷借口"回避亲嫌",下诏庭坚移到戎州(今四川宜宾)。蜀中六年的贬居生活,生活极艰难,创作却精进。

作为"苏门四学士"之首的黄庭坚,在宋代文坛其声名与苏轼相埒,其文学成就主要在诗。江西诗派奉其为宗,在宋代诗坛享有盛誉;其词稍逊于诗,但亦有一定的名声。陈师道《后山居士诗话》将他与宋代词坛大家秦观相提并论:"今代词手,唯秦七、黄九尔,唐诸人不迨也。"[1]评价极高。黄庭坚在蜀中六年,诗歌创作相对减少,而更多地致力于词作,写了许多与其前期词风格迥异的佳作,并引起了评论家的注意。胡仔在《苕溪渔隐丛话》中说:"山谷自黔州以后,句法尤高,笔势放纵,实天下奇作。自宋兴以来,一人而矣。"[2](后集卷三十三)周必大的《文忠公集·省斋文稿》中评论说:"山谷自戎徙黔,身行夔路,故词章翰墨日益超妙。"[3](卷十七)可见,对黄庭坚蜀中时期的词作作具体分析,有利于品评词人的全人全词,有利于考察黄词本身的通变。

一、《定风波》《醉蓬莱》等词表现迁谪之恨

　　山谷早期生活优裕,政治得意,写了许多风格婉美的俚俗艳词,词风近似柳永,时人对此颇有微辞,故被讥为"山谷恶道"或"蒜酪体",与其交往甚密的法秀和尚还曾当面劝诫他少作此类"荡天下淫心"的艳语,以免日后会堕入"犁舌之狱"[2](前集卷五十七),刘熙载更在《艺概》中指责说:"黄山谷词用意深至,自非小才能办,惟故以生字俚语侮弄世俗,若为金、元曲家滥觞。"[4](卷四)而蜀中时期的黄庭坚,随着生活环境的改变,其思想感情和词风也随之有了较大的变化,词风豪迈、旷达,笔力纵横、雄壮,风格更近于苏轼。王灼《碧鸡漫志》有云:"晁无咎、黄鲁直皆学东坡,韵制得七、八。"[5](卷二)说的当是黄庭坚在蜀中所作词的词风。

　　放逐黔州,是词人第一次被贬斥,郁闷、沮丧之情可想而知。此时的黄庭坚已远离政治舞台,面对的是极其艰苦恶劣的环境,他曾在给友人的信中这样描述他在黔州的处境:"万死投荒,一身吊影,不复齿于士大夫矣。"[6](卷十九《答王补之书》)愤懑之情溢于言表。1095 年初,50 余岁的黄庭坚在其长兄黄大临的护送下,抵达黔州。古黔州,地理远僻,山洞阻深,地极荒陬。被放逐于此的黄庭坚却受到了当时黔州太守曹谱等人的同情和照顾,生活上颇多关照,彼此交情甚厚。黄庭坚抵黔的第二年重阳之日,黔州太守高左藏宴请将吏,山谷在坐,即席写下了《定风波》这首表现词人虽老而"气岸"犹存的佳作:

　　　　万里黔中一漏天,屋居终日似乘船。及至重阳天也霁,催醉鬼门关外蜀江前。　莫笑老翁犹气岸,君看,几人黄菊上华颠?戏马台南追两谢,驰射,风流犹拍古人肩。[7]

　　全词以黔州广阔的地域为背景,借用戏马台的两谢之典故,表现词人虽身处逆境,却仍傲岸耿直,毫无衰飒之感。"莫笑老翁犹气岸,君看,几人黄菊上华颠",词人处变不惊、贫不改豪的爽朗精神溢于言表,其不幸的身世遭际在词中竟无一语涉及,词人之豁达心胸由此可见矣。正如《宋史》本传

所言:"(山谷)泊然不以迁谪介意。"[8](卷四四四)

又如,被许多评论家称之为黄庭坚后期代表词作的《醉蓬莱》云:

> 对朝云叆叇,暮雨霏微,乱峰相倚。巫峡高唐,锁楚宫朱翠。画戟移春,靓妆迎马,向一川都会。万里投荒,一身吊影,成何欢意。 尽道黔南,去天尺五,望极神州,万里烟水。尊酒公堂,有中朝佳士。荔颊红深,麝脐香满,醉舞裀歌袂。杜宇声声,催人到晓,不如归是。[7]

全词本是表现词人的迁谪之恨,但词人却从描写黔州烟云迷蒙、惝恍迷离的自然美景开头,写词人赴黔州途中所见之奇景和美景。上片结尾将笔锋一转,写词人难以排遣的孤寂之情。下片仍尽情铺写宴会之盛况,词尾点题:"杜宇声声,催人到晓,不如归是。"全词含蓄蕴藉,境界雄阔,内蕴深厚。表现技巧极为高妙,用美景乐事来反衬词人内心的孤独、惆怅和难以言说的郁愤之情。用美景衬哀情,更显其哀,能起到倍增其哀的艺术效果,使读者不能不为之动容。正如清人田同之所言:"小调不学花间,则当学欧(阳修)、晏(殊)、秦(观)、黄(庭坚)。欧晏蕴藉,秦黄生动,一唱三叹,总以不尽为佳。"[9]

黄词似苏轼之词风,这已是公认的事实,共同的政治倾向,相同的生活经历和思想感情,使被放逐蜀中的黄庭坚继承了苏词的豪放风格,黄庭坚词中所流露出来的傲岸之性与苏词的豁达之情一脉相承,如《念奴娇》:

> 断虹霁雨,净秋空,山染修眉新绿。桂影扶疏,谁便道,今夕清辉不足?万里青天,姮娥何处?驾此一轮玉。寒光零乱,为谁偏照醽醁? 年少从我追游,晚凉幽径,绕张园森木。共倒金荷,家万里,难得尊前相属。老子平生,江南江北,最爱临风曲。孙郎微笑,坐来声喷霜竹。[7]

陆游《老学庵笔记》云:"鲁直在戎州(今四川宜宾),作乐府曰:'老子平生,江南江北,爱听临风笛。孙郎微笑,坐来声喷霜竹。'"[10](卷二)可见,这首词是词人避外兄张向之嫌,再迁戎州时作,是词人这一时期的真实心态和精神面貌之写照,历来为评论家所推崇,山谷本人也以为"或以为可继东坡赤壁之歌云"[2](《苕溪渔隐丛话》后集卷三十三引山谷语)

仕途失意,处境艰难的山谷这时并未就此沉沦,而能持节守正,与宋代大多数知识分子一样,山谷也是融儒释道为一体的世界观。贬斥蜀中后,支撑其精神信念的当是一种儒道混合的人生哲学,既有儒家不慕荣利,不忘忧现实的思想;更多的是避世退遁,超脱放达的思想。理由之一,从其赠给蜀中学子杨明淑的诗中可见:

    鱼去游濠上,鹎来止座隅。吉凶随我在,忧乐与生俱。决定不是物,方名大丈夫。今观由也果,老子欲乘桴。

    通常无一物,学要反三隅。喜与嗔同在,嗔时喜已俱。心随物外宰,人谓我非夫。利用兼精义,还成到岸桴。[6](卷六《次韵杨明淑二首》)

此中流露出来的是典型的道家思想。理由之二,道教在蜀中尤为盛行,尤其是涪陵,当地盛产道家炼丹的丹砂,道教传入也较早。被成汉政权(303—347)尊为"范贤"的范长生亦是涪陵人。彭水摩围山有摩围洞,相传为文昌帝君修炼之所,被道家视为"洞天福地"。黄谪居彭水时,与蜀中道士范道人等人过从甚密,他在给友人的书信中说:"二年得范道人于此,日闻所未闻,不知老之将至。""其人(范道人)闻道已久,多见前辈,道机纯熟,知虑深远,于士大夫中求之未易得。"[6](《答雍熙光禅师书》)可见,山谷受范道人的影响颇深。山谷在彭水开元寺寓居时,还曾汲水炼丹,后人名其井为丹泉;同时,山谷在蜀中,也作了不少论道的玄言诗。这首《念奴娇》表现的就是儒道混合的思想情绪,其豪情逸兴,亦如东坡。

上片巧用神话传说,描绘了雨后清朗的月色,并连用三个问句将词人遭贬之后的郁愤寂寞之情渲染得淋漓尽致,怨而不讽。下片通过叙事,抒发了词人对故乡的亲人的怀念之情。"老子平生,江南江北,最爱临风曲",这是词人的自我解脱之语,自嘲中露出几分对命运的无奈。

二、《谒金门》《减字木兰花》等表现亲情的词作

黄庭坚是性情中人,兄弟之间感情甚笃,在他被贬黔州后,其长兄黄大临(字元明)一直送至贬所摩围山下,淹留数月,不忍别,士大夫共慰勉之,乃省行,兄弟二人掩泪握手告别,山谷还写了一首《和答元明黔南赠别》送

给其兄,二人之深情厚意自不待言。其后,其弟知命又带着家眷护送山谷儿子及其生母从芜湖抵达黔州,路上之艰辛可想而知,兄弟二人见面,感慨万千,山谷用[谒金门]戏赠知命一词记录下这一瞬间:

> 山又水,行尽吴头楚尾。兄弟灯前家万里,相看如梦寐。君似成蹊桃李,入我草堂松桂。莫厌岁寒无气味,余生今已矣![7]

元好问曾在《新轩乐府引》中说:"坡以来,山谷、晁无咎,陈去非,辛幼安诸公,俱以歌词取称,吟咏情性,留连光景,清壮顿挫,能起人妙思……皆自坡发之。"[1](卷三十六)该词即体现了这一风格。虽名曰"戏"赠,但全词处处流露出词人难掩的兄弟情意,情真意切,神韵缥缈;同时词人对命运的感叹、人生的领悟也用"莫厌岁寒无气味,余生今已矣"一句表现得深沉而含蓄。词的上片仅用九个字"山又水,行尽吴头楚尾"就把知命探兄路上的艰险形象地描绘出来了。兄弟二人相见,百感交集,千言万语无从说起,感情极为复杂,词人化用杜甫《羌村三首》中的"相对如梦寐",将其改为"相看如梦寐",改得恰到好处,丝毫不见斧凿之痕,酣畅淋漓地表现了词人欣喜、感叹相交织的心态。下片转而劝慰知命,与其说是在安慰知命,不如说是在感慨兄弟二人共同的不幸遭遇。胡仔在《苕溪渔隐丛话》中曾评山谷词"不是当行家语,自是著腔子唱好诗"[6](后集卷三十三),这个评价有失公允。《谒金门》一词感情细腻,诗意盎然,绝不是矫情之作。

山谷被贬黔州,与其时当地太守曹谱交往频繁,交情颇深。是年中秋,他陪曹谱等人一同赏月,以[减字木兰花]调,写下了一组中秋月,其中第二首表现了词人身居异乡的去国怀乡之情:

> 中秋无雨,醉送月衔西岭去。笑口须开,几度中秋见月来。 前年江外,儿女传杯兄弟会。此夜登楼,小谢清吟慰白头。[7]

词的上片写景,用中秋朦胧之夜色来衬托诗人佳节思亲的惆怅情怀,"笑口须开"中的一个"须"字,把词人强颜欢笑之情很好地刻画了出来,文意隐约。下片直抒对亲人的怀念,"此夜登楼,小谢清吟慰白头",词人的无尽愁思跃然纸上。中秋之夜,登楼赏月,忆古思今,令人感慨,词人的愤懑之情仿佛触手可摸,真可谓言有尽而意无穷。故胡仔在《苕溪渔隐丛话》中称山谷"间作小词,固高妙"[2](后集卷三十三)。

三、《木兰花令》《踏莎行》等表现蜀中风情之作

古黔州,虽是一个蛮荒之地,但民风纯朴,山谷在黔州期间,写了不少反映黔州风土人情的诗、词、文。《木兰花令》即是一组描绘黔州风情的词作,这组词共六首,词人用清新的笔调、明丽的语言再现了这个当时远在五十三驿之外的少数民族地区的种种风土人情。如其中的第五首:

> 黔中士女游晴昼,花信轻寒罗袖透。争寻穿石道宜男,更买江鱼双贯柳。 《竹枝》歌好移船就,依倚风光垂翠袖。满倾芦酒指摩围,想守与郎如许寿。[7]

古黔州是苗族、土家族等少数民族聚居地,当地素有男女通过游春、对歌而定情的习俗,这种题材在诗歌中屡见不鲜,但用词来表现则较为罕见,山谷用形象的语言记下了黔州这一古老的习俗。上片词人用生动的语言描绘了黔州女子的装束,通过动作刻画表现了女子们按捺不住的浓厚的游春兴致,表现了她们对美好生活的向往。下片则写青年男女两情相悦,彼此用歌定情。这种描写大胆、真实,颇似民歌的魅力,同是写男女相悦的词作,却没有柳永那种"偎翠倚红"的妖艳,显得明净清淡。

黔州,是典型的丘陵地形,山高云雾多,故多产上等好茶,山谷用《踏莎行》表现了当地的这一特点:

> 画鼓催春,蛮歌走饷,雨前一焙谁争长,低株摘尽到高株,株株别是闽溪样。 碾破春风,香凝午帐,银瓶雪滚翻成浪。今宵无睡酒醒时,摩围影在秋江上。[7]

全词用通俗的语言描绘了黔州采茶女采茶时的忙碌景象。上片用"画鼓"、"蛮歌"、"争"等词尽显收茶时节,采茶女争先恐后采茶忙的劳动场面。下片则写采茶女们焙茶时之情景,"银瓶雪滚翻成浪",一句最有韵味,充满了生活气息。此时此刻,词人仿佛已完全忘掉了自己所遭遇的不公平,远离郁闷,欣然地融汇于这美妙的生活之中。山谷写词不同于其写诗,绝不好奇

使事,而是随意抒写,因而多轻巧流利之作,该词即是一例。

以上仅是对黄庭坚蜀中词的简单论述,固可见其多样的词风,但匆匆一瞥,难以概其全貌,愿请教于大方。

参考文献

[1] 陈师道:《后山居士诗话》,丛书集成初编,北京:中华书局 1985 年版。

[2] 胡仔:《苕溪渔隐丛话》,北京:人民文学出版社 1981 年版。

[3] 周必大:《文忠公集》,四库全书集部别集类,上海:上海古籍出版社 1987 年版。

[4] 刘熙载:《艺概》,上海:上海古籍出版社 1978 年版。

[5] 王灼:《碧鸡漫志》,词话丛编,北京:中华书局 1986 年版。

[6] 黄庭坚:《豫章黄先生文集》,四部丛刊初编,北京:中华书局影宋乾道刊本 1935 年版。

[7] 唐圭璋(编):《全宋词》,第二册,北京:中华书局 1986 年版。

[8] 脱脱等:《宋史》,北京:中华书局 1977 年版。

[9] 田同之:《西圃词说》,词话丛编,第二册,北京:中华书局 1986 年版。

[10] 陆游:《老学庵笔记》,北京:中华书局 1979 年版。

[11] 元好问:《遗山集》,四库全书集部别集类,上海:上海古籍出版社 1987 年版。

原刊《四川师范大学学报》2003 年第 3 期

作者简介: 王红霞,1969 年生,四川师范大学文学院副教授。

论杨升庵的散曲

刘益国

杨慎,字用修,号升庵,四川新都人,明代著名的学者。《明史》本传称"明世记诵之博,著作之富,推慎为第一"。他的诗歌"浓丽婉至",能在明前后七子之外独树一帜,雄视一代,流风远及清人。他的散曲渊雅旖旎,"流脍人口",吕天成《曲品》评之为"上品",对明清的散曲也产生了较大的影响。有《陶情乐府》、《陶情乐府续集》、《玲珑唱和》等散曲专集盛传于世。然而,非常遗憾的是,现在各种版本的文学史、散曲史,对杨升庵的散曲,有的只是略为提及,有的甚至只字未提,使人大有明珠沉埋之感。本文试图对杨升庵的散曲进行一些初步的探讨,以期引起研究者的重视。

一

在研究杨升庵散曲的时候,首先就会遇到一个无法回避的问题,这就是杨升庵夫妇散曲的归属问题。杨升庵夫人黄峨以一律"雁飞曾不到衡阳"以及[黄莺儿]"积雨酿轻寒"曲声振闺阁,名扬天下,亦有《杨升庵夫人词曲》行世。虽然夫妇都各有散曲专集,但不少篇目都彼此复见,混淆难辨。据任二北先生《杨升庵夫妇散曲弁言》考订,"《杨升庵夫人词曲》五卷,有套数八、重头百三十四、小令廿六。就中套数三、重头八十二、小令十五,复见于《陶情乐府》,而另有套数二、重头十七、小令三,据明人选本,则亦属升庵"[1]。所以,任二北先生在编辑《升庵夫妇散曲》时,"于《陶情乐府》四卷,一仍旧贯,无所增减;而于《夫人词曲》五卷中,汰其已见于升庵乐府者,且按套数、重头、小令三体,合并余作为三卷"[2]。王文才先生1984年辑校出版的《杨慎词曲集》,亦采用任二北先生的整理本,并对"当时尚有未见之书,或偶失校处",作了补校[3]。对于《杨升庵夫人词曲》,任先生认为"必出明季坊贾之手,摭拾传闻之作,不过十一,充以升庵诸篇,而假借夫人之名,以见新异,便于诱致时人耳"[4]。王先生亦认为此集"本为坊贾伪撰,托名徐渭编订,假造序文,俱出杨禹声之手"[5]。因而,两集中复见之篇目,基本上都属于升庵。实际上,从这些复见篇目的内容考查,除[黄莺儿]"积雨酿轻寒"等极少数篇目外,也基本上应该是属于升庵所作。

任二北先生在编辑《升庵夫妇散曲》时,尚未见《陶情乐府续集》刊本,王文才先生才将续集编入《杨慎词曲集》中。此续集卷末有嘉靖乙巳门生王畿跋文,称此续集一卷,乃同门李君锡手辑,刻于滇中,"名曰《陶情续集》,盖拾鲁泉董公所刻之遗也"。可见所续的并非现在所传杨拙庄,余澹斋所辑的嘉靖刊本《陶情乐府》四卷,因而,集中所载散曲八十首,有五十首复见于《陶情乐府》,并且误收有元人和明初其他作家的作品。王世贞《艺苑卮言》附录一指责杨升庵"多剽元人乐府,如'嫩寒生,花底风'[6]、'凤儿疏剌剌'[7]诸阕,一字不改,掩为己有。盖杨多抄录秘本,不知久已流传人间矣"。所举的这两首曲子,都出于《续集》。实际上这都是升庵门生误收,与升庵本人毫无关系,根本谈不上什么"剽窃"的问题。李调元在《雨村曲话》卷下中曾为之辨析,任二北《杨升庵夫妇散曲弁言》亦云:"以升庵著作之富,一二小曲何足多之,钞录秘本之说,亦何诋罟之甚欤!"这都是因续集误收而贻人以口实,因而对续集所收的复见于正集以外的散曲,必须持谨慎态度。

《玲珑唱和》在明代已有单刻本流行,《陶情乐府》正续集与万历本《升庵长短句》中只收杨升庵[七犯玲珑]原作八阕,未录和曲。经王文才先生重新校补之后,载入《杨慎词曲集》中。王先生还把复见于《陶情乐府》正续集和《杨升庵夫人词曲》以外的明人选本中的杨升庵的散曲辑为《升庵乐府补遗》,收入《杨慎词曲集》中,但他明确指出:"明人选集,好事伪托,妄题名家姓氏,彼此互异,这类作品很难相信确是杨慎的佚词。"[6]因而,对这些散曲,则更应该持谨慎态度。

刘益国

《升庵长短句》正续集中还杂有不少散曲,如［天净沙］、［殿前欢］、［黄莺儿］、［驻马听］、［四块玉］、［水仙子］等,元明人的词集中往往兼收散曲小令。所以,从王文才先生所辑校的《杨慎词曲集》中,即可尽见杨升庵散曲之全貌。

二

杨升庵24岁中状元,授翰林修撰。他才华横溢,正真无私,"临利不敢先人,见义不敢后身"[9]。在"议大礼"中,他冒死强谏,奋抗暴君,两次遭到廷杖,死而复苏。先后有18人毙于杖下,但他仍然不肯屈服,结果被世宗谪戍云南永昌(今云南保山县),"永远充军"。正当他意欲大展雄才,报效国家的时候,竟遭此横祸,从此决定了他一生的悲惨命运。他的愤懑是不可言谕的,这些就构成了他散曲中最重要的内容。《谪滇南》的一套曲子就比较集中地表现了他的愤恨与不平,这里摘取其中几曲:

［仙吕］点绛唇

万里云南,九层天栈,千盘险。一发中原,回望青霄远。

［天下乐］瘦马凌兢蝶梦残,雾偬风偈怎消遣,断角残钟几度孤城晚。回首送衡阳去雁,忍泪听泸溪断猿,乱云堆何处是西川!

［那吒令］怕见他盘江河毒瘴愁烟,关索岭冰梯雪巇,香炉峰撩寨苗川。千寻井下坡难,万丈梯登山倦;硬黄泥污尽旧青衫。

［赚尾］且听沧浪吟,休诵卜居篇。爱碧山石磴红泉,策杖行歌兴渺然,醒来时对陶令无弦,醉来时学苏晋逃禅,不似他憔悴骚人泽畔。任苍狗白衣屡变,笑蛙声紫色争妍。浮名与我无萦绊,再休寻无事散神仙。

——《陶情乐府》卷一

明世宗嘉靖三年(1524),杨升庵被谪戍云南。7月,他带着伤病的身体,在黄峨的陪伴下离京南下。在江陵,夫妻分别,升庵集中有《江陵别内》诗,又有《临江仙·戍云南江陵别内》词。黄峨孤舟独回西川,杨升庵则途经湘黔,病驰万里,历尽艰辛,至第二年正月,才抵达永昌。这套曲子即作于初到永昌之时。套曲渊雅博丽,笔势纵横,历叙沿途的艰难跋涉,慨叹心中的郁闷愁怨,并表示了今后的人生态度:从此心灰意懒,不愿意再去管朝中的是非了。那埋藏在胸中的怨恨,是无法形容的。曲辞色调苍凉,愁雾悲风,令人感慨不已。明陈所闻《北宫词纪》卷四评云:"此套虽多出韵,而摹写述情甚是悲壮,读之令人哽咽。"《杨升庵夫人词曲》把此套归属黄峨,但黄峨在江陵已告别升庵回川,这次并未陪升庵到云南,她不可能知道升庵在沿途如泸溪、盘江、关索岭、香炉峰、千寻井、万丈梯等地的跋涉,所以,当是升庵所作。

明清曲家论曲,往往以华艳称颂杨升庵散曲的风格。杨升庵言情的散曲的确以华艳见长,但他成就最大的却是这些叹世抒愤的作品。沈泰在《盛明杂剧》二集中引冯具区先生话云:"《兰亭序》郗歔满纸,《金谷序》正自不及。今升庵谱入北调,悲歌更尽其致。"《陶情乐府》卷二有[落梅风]四首,其第三、四首云:"思乡泪,远戍人,夜更长砌成幽恨。四年余瘴海愁春,梦儿中上林花信。""烹蚕豆,煮马鱼,扶困起西园南浦。倩长陶长歌慰谪居,把朱颜酒中留住。"曲子作于嘉靖七年(1528),时杨升庵充军到云南已有4年多了,他思念故乡,梦中都盼望着"上林花信",希望得到赦免,但始终归期无望,只得长歌当哭,用酒来忘掉忧愁,消磨时光。这是何等的悲怆!

在远离家乡的蛮烟瘴海,带罪充军的杨升庵虽然壮志满怀,但却无以施展,眼看时间就这么一年一年地过去了,他的心情总是难以平静。《陶情乐府》卷四[水仙子]曲云:"英雄回首即神仙,山水清音当管弦,园林好处都题遍。不烧丹懒坐禅,对花枝中酒高眠。任光阴眼前赤电,傲霜雪镜中紫髯,仗平安头上青天。"从作者貌似散诞的曲辞中,我们不难看出那埋藏在心灵深处的愤怒的火焰。曲辞比喻形象,神趣盎然。特别是后面三句鼎足对,更为明清曲家赞叹不休,被王世贞、李调元称之为"佳语"、"佳句"[10]。

两依居士杨南金《升庵长短句序》云:"吾闻君子之论曰:公辞赋似汉,诗律似唐,下至宋词元曲,文之末耳,亦不减秦七、黄九、东篱、小山。"元代曲家马东篱少怀壮志,但一生只做到江浙行省务官,晚年退隐林泉,写了很多出色的叹世抒愤的散曲。杨升庵的这一类散曲,深得东篱妙趣,比如《陶情乐府》卷三中的［折桂令］《道情》曲:"叹卢生休梦黄粱,半晌欢娱,无限凄凉。海底捞针,刀头吮蜜,刺里寻香。是谁弱是谁强,齐下手半斤八两。听人歌听人哭,急回头两鬓千霜。虞夏殷商,晋宋齐梁,付与渔樵,闲活商量。"我们再看一看马东篱的［双调·蟾宫曲］《叹世》:"咸阳百二山河,两字功名,几阵干戈。项废东吴,刘兴西蜀,梦说南柯。韩信功兀的般证果,蒯通言那里是风魔。成也萧何,败也萧何,醉了由他!"稍加比较,我们就可以看出,二曲具有异曲同工之妙。无论是尽二人的才气来看,或者是从二人参破世情的洒脱态度来看,都如出一辙,何其相似乃尔!又比如《陶情乐府》卷二的［庆宣和］曲:"酒圣忘情世态轻,吾受刘伶。醒了还醉醉还醒,酩酊,酩酊。"如果我们把这一组的四只曲子放到马东篱［南吕·四块玉］《叹世》和［双调·庆东原］《叹世》这两组胜子之中,纵然有千双慧眼,也很难分清楚哪些是马东篱的曲子,哪些是杨升庵的曲子。因为从失意、不平、佯作洒脱等方面来看,他们二人都是息息相通的。

　　杨升庵37岁谪戍云南,当时正是年富力强之时,按照惯例,只要人还活着,总是有被赦免机会的,可是杨升庵一直到死都未曾得到赦免。人到老年,对故乡的思恋之情就愈见痴迷。《玲珑唱和》中载有杨升庵的四阕《七犯玲珑》,曲前小序云:"湖州南坦刘公、箬溪顾公、石川张公、半溪李公,因木泾周公来滇,和余广心楼词四首,率尔口占以谢。惜往日,悲回风,感知音,怀良友,不知老泪之横集也。"读罢使人伤感不已。其中第一阕后四曲云:"［皂罗袍］和扬雄一曲畔牢愁,寄陶潜万里停云岫。耆英九叟,中山老刘;风流八咏,东阳隐侯。［桂枝香］枫叶含红泪,芦花笑白头。［排歌］寻三岛,访十洲,他生未卜此生休。［黄莺儿］吟罢更夷犹。"其灰心绝望之情,真是惨不忍闻。杨升庵就是这样抱恨终身,一直到72岁时病逝于云南戍所。死后,他的灵柩才回到故乡新都。张愈光《陶情乐府序》称杨升庵为"曲史",杨升庵的散曲,的确是他一生坎坷遭遇的真实写照。

三

杨升庵谪戍云南,在滇30余年,祖国西南边陲的名山胜水,奇风异俗,都被描绘在他的诗、词和散曲中。这正是前人极少涉猎的,他的作品刚好填补了文学史上的这一空缺。

初到云南,杨升庵是以罪臣的身份,拖着病体,怀着满腔的怨恨,跋涉万里而至的,所以在他的眼中,这里尽是些穷山恶水,蛮烟瘴海。就正如他在[仙吕·点绛唇]《谪滇南》套曲中所说的:"盘江河毒瘴愁烟,关索岭冰梯雪巘,香炉峰獠寨苗川。千寻井下坡难,万丈梯登山倦,硬黄泥污尽旧青衫"。"五华台望望愁心远,双洱河渺渺波涛限,七星关迭迭云岚嵌,琵琶亭下泪偏多,鹧鸪岭畔肠先断"。途中全是些危岩险境,哪有什么风景可言,哪有什么心情来观山望水。但事已至此,别无它法,也只得寄情于山水,忘怀于谪居。故而强作洒脱,"且听沧浪吟,休诵卜居篇,爱碧山石磴红泉,策杖行歌兴渺然"。

据简绍芳《赠光禄卿前翰林修撰升庵杨慎年谱》载,杨升庵至慎,寓家安宁。每到昆明,即寓居高峣海庄。此海庄为杨升庵好友毛玉之别业。在"议大礼"中,毛玉杨升庵同上"大礼议疏",触怒世宗,被廷杖而死,其子毛沂即将此海庄让杨升庵居住。嘉靖十六年(1537),杨升庵将此置为别业。二十六年(1547),60岁的杨升庵自安宁移居于此,称为"碧精舍",在此讲学著述。他的诗《高峣海庄见月蚀即事》、《高峣晓发过滇》,词《莺啼序·高峣海庄十二景图》、《浣溪沙·高峣晚晴》等都描绘了高峣的优美景色。在他的散曲中,也有不少描绘高峣的作品,比如:

[折桂令]高峣夕眺

枕高网坐占鸥沙,看晓渡帆樯,晚市鱼虾。红叶园林,黄花篱落,白水蒹葭。望东市双浮佛塔,指高峣一片人家。稳稳归槎,低岸乌沙,满酌村醪,闲话桑麻。

——《陶情乐府》卷四

[四块玉]高峣水泛夜归

远水明如镜,流萤点似星。喜吾庐地偏人静。趁渔灯归来风露冷,听农谈四邻相应。

——《升庵长短句续集》卷三

高峣在昆明西山海滨,《徐霞客游记》六云:"碧鸡关之东,向东南下为高峣,乃草海西岸山水交集处。"《大清一统志·云南府》云:"高峣山在昆明之西南,碧鸡山右,下有杨慎别业。"又云:"海庄在昆明县高峣山下,明杨慎谪居侨居于此。"杨升庵寓庐依山临海,这里渔户聚居,自成村落。第一首曲子描绘了高峣海庄秋天傍晚的美丽景色:此时菊花盛开,红叶满园,晚市摆满了鱼虾。村民们正一边喝酒,一边闲谈。第二首曲子描绘了高峣海滨深夜的静谧景色:此时水面如镜,流萤似星,风寒露冷,到处是星星点点的渔灯,邻居们互相谈话的声音都听得清清楚楚。

昆明西山,除高峣山外,还有碧鸡、华亭、太华、罗汉诸山。杨升庵的《陶情乐府》卷三,有两首都写到了太华山。其[金衣公子]《五阕为张愈光题》中的第一首《太华》云:"山翠合涟漪,看南天倚杵低,双林八水幽栖地。花深路迷,岩香草萋,绀园碧瓦龙鳞砌。倦攀跻,吟成半偈,清磬浴堂西。"太华山峰峦险峻,苍翠欲滴,山花遮住了小路,芳草长满了悬岩。太华山上有太华寺,《大明一统志》八十六《云南府·寺观》云:"太华寺在太华山顶,元赛典赤建,俯瞰滇池。"太华寺红墙上的碧瓦就像是一片片的龙鳞,佛殿中还不时传来一声声清磬的声音。这真算得上是人间仙境了。

昆明山青水秀,四季如春,繁花似锦。这里的四时景色,风花雪月,都被他的散曲写遍了,而写得最多的是春、花、月。比如《陶情乐府》卷二[对玉环带过清江引]《风花雪月》中所描绘的"花":"万绿枝头,胭脂新点破;七宝阑边,粉团抛几个。燕子拾香泥,蜂儿催晚课。暗减春光,乱红墙外过。乱红飞来千万颗,满地和烟堕,余香粉蝶寻,艳曲黄莺和,惜芳醉来清阴卧。"那万绿枝头上刚刚绽开的像胭脂一样鲜红的花朵,那七宝阑边到处抛洒着的像粉团一样的花球,那拾着香泥的燕子,那采花的蝴蝶、采蜜的蜂儿,那在花丛中尽情啼啭的黄莺,给我们描绘出了一幅色彩鲜艳的春花春景图。

杨升庵写景的曲子，常常是把风景与他当时的心情融汇在一起，借景抒情，情景交融。比如《陶情乐府》卷二的[寨儿令]曲："雪霁天，倚阑干，南枝头又惊梅蕊丹。鸡唱霜干，雁叫风酸，空翠冷危峦。引归心明月团团，锁归程白雪漫漫；银缸愁未灭，画阁梦初残。寒，万里客衣单"。曲中所描绘的寒冷景色与他思归无望的凄楚心情如水乳交融，给我们创造出一个十分感人的艺术境界。

四

据简绍芳《杨慎年谱》记载，杨升庵在原配王氏去世后，于明武宗正德十四年（1519）娶工部尚书遂宁黄珂之女黄峨为继室，时黄峨年22岁。世宗嘉靖三年（1524），27岁的黄峨在江陵告别升庵回新都，杨升庵独自去了云南戍所。嘉庆五年，杨升庵因父亲杨廷和病重，从云南赶回新都。待父亲病愈后，于"七月携家就戍所"，黄峨即同赴云南。嘉靖八年，杨廷和病卒，黄峨与杨升庵同回新都。办完丧事之后，杨升庵于11月回云南戍所，黄峨则留在新都理料家务。自此至嘉靖三十八年（1559）杨升庵病逝于云南，30年间，除升庵因事偶尔回新都外，夫妻二人常年都是天南地北，各在一方。那诉不尽的离愁别恨、想思怀恋，都深深地熔铸在他们的诗、词和散曲中。

黄峨饶有才情，杨升庵称之为"女洙泗，闺邹鲁"，有"道韫家声"[11]。认为她是女性中有才德的儒家君子，具有谢安的侄女谢道韫一样聪颖敏捷的才智。王世贞《艺苑卮言》附录一云："杨用修妇亦有才情。杨久戍滇中，妇寄一律云：'雁飞曾不到衡阳，……'又[黄莺儿]词：'积雨酿春寒，见繁花树树残，泥途满眼登临倦。江流几湾，云山几盘，天涯极目空肠断。寄书难，无情征雁，飞不到滇南。'杨又别和三词，俱不能胜。"张琦《衡曲麈谭》称此曲"字字佳绝"，"固奇品也"。杨升庵和曲三首，固然不及此曲，但仍不失为曲中佳品，如第一首和曲："夜雨滴空阶，傍愁人枕畔来，乡心一片无聊赖。泪眸懒揩，狂歌懒裁，沈郎多病宽腰带。望琴台，迢迢天外，怀抱几时开。"黄曲借景抒情,情景交融,而和曲直抒肺腑,真切感人,可以说是各有千秋。

杨升庵思念黄峨的这一类散曲深情执著、忧伤凄楚,既不同于他洒脱悲凉的叹世抒愤作品,也不同他风流旖旎的言情曲子。蒋一揆《尧山堂外记》九五云:"杨用修有[罗江怨]四阕,押四'热'字,最妙。"并且抄录了这四首曲子。其中第一首云:"离亭月影斜,东方亮也,金鸡惊散枕边蝶。长亭十里,阳关三迭,相思相见何年月。泪流襟上血,愁穿心上结,鸳鸯被冷雕鞍热。"这是多么刻骨铭心的思念!

杜甫的《月夜》诗,打破一般相思怀人的习惯写法,不直接写自己怎样怀念妻子,而是通过描写想象中妻子独自久久地望月怀念自己的情景,曲折地表达了对妻子的深切怀念。杨升庵在散曲中也借鉴了这种写法,其[水仙子]曲云:"晚妆眉黛月如钩,香湿云鬟露未收,清涵玉臂寒先透。想佳人倚画楼,隔天涯万里悠悠。度流萤鸳鸯机上,弹别凤鸡弦首,望牵牛乌鹊桥头。"其中"香湿云鬟露未收,清涵玉臂寒先透"二句,也是从杜诗"香雾云鬟湿,清辉玉臂寒"中幻化出来的。并由此进一步展开联想,想象到妻子正倚在画楼的栏杆上,弹着伤别的曲子,像乌鹊桥头遥望牵牛的织女那样,凝望着远在万里之遥的夫婿,从而反衬出自己对妻子的关切、怀念,这在散曲中的确也算得上是别开生面了。

《陶情乐府》卷一有一套思念家人的杰作,它淋漓尽致地抒发了杨升庵对黄峨的思念之深、之苦、之急切、之凄凉。这里摘引几曲:

[中吕]粉蝶儿

十二阑干,见暮秋两行归雁,海天空锦字难传。碧鸡寒,金马晚,叹年光如箭。玉关人万里情牵,这愁怀怎生消遣!

[耍孩儿]昨宵梦里分明见,醒来时枕剩衾单,费长房缩不就相思地,女娲氏补不完离恨天。相思离恨知多少,烦恼凄凉有万千。别泪铜壶共滴,愁肠兰焰同煎。

[一煞]藕断丝不断,月圆人未圆,月圆时枉把离肠断。半天儿风韵愁千里,一弄儿秋声闷几般。和愁和闷,经岁经年。

[尾]你留恋时咱留恋,天有缘时人有缘。玉骢嘶逢着红妆面,才是我相思债满。

其中"费长房缩不就相思地,女娲氏补不完离恨天"。"别泪铜壶共滴,愁肠兰焰同煎"。"和愁和闷,经岁经年"等句,被王世贞、李调元称为"佳语"、"佳句"[12]。如果没有经过像他们那样刻骨铭心的思恋。是无论如何也写不出这样的佳句的。

如果说在写前面这套散曲时,杨升庵还存在着与家人团聚的希望的话,随着岁月的流逝,他的团圆梦越来越渺茫,以至彻底破碎,他的"相思债"始终没能偿还。从他的一些散曲中就可以看出这种绝望的心情,比如《陶情乐府》卷二的[玉娇枝]曲:"刺桐花底,叹天涯年光如水。看红芳几换绿阴移,西风摇落堪悲。长安浮云一片飞,故乡明月三千里。问归来犹未有归期,放开怀且拼沈醉。"百般无奈,只得拼命喝酒,希望在沉醉中忘却这难圆的团圆梦。

五

因为杨升庵在"议大礼"中,始终不屈服于明世宗的淫威暴虐,所以,明世宗恨之入骨。杨升庵被充军云南后,不断有人奏请赦免,但上言者往往得罪。嘉靖十六年(1537),刑部请求赦还谪戍142人归田,唯有杨升庵等8人不准赦免。明世宗还密切注视着他的言行,常常问及"杨慎云何",必欲置之死地而后快。所以,杨升庵处境极为险恶,随时都有可能招来杀身之祸。因而他"陶情乎艳词,寄意乎声伎"[13],佯狂以避祸。据《乐府纪闻》载,杨升庵在戍所,"暇时红粉傅面,作双丫髻插花令诸妓扶觞游行,了不为怍"。有人"以书规之",他回答说,之所以这样做,只不过是"聊以耗壮心、遣余年耳"!正如谢章铤在《赌棋山庄词话》卷四中所说的那样,"傅粉插花,诸妓扶觞,迹其行事,颇类风狂,然胸中实不知有几斗热血,眼中实不知有几升热泪"。正因为如此,在他的散曲中,有不少歌筵妓席之作,比如《陶情乐府》卷四就有[金衣公子]《李菊亭携妓夜过》、[一封书]《粉席送别》等曲子。

在《陶情乐府》卷三中,有[驻马听]《再游宝珠寺》四首,其第二首云:"宝地曾游,树老花残僧白头。佳人易散,良会难逢,又是三秋。悠悠岁月水东流。及时行乐时难又。寻壑经丘,风流肯落他人后。"眼看岁月像流水那样一去不再复返,被赦免的希望也早被断绝,他百般无奈,只得及时行乐,强作风流。

明王骥德《曲律》卷四《杂论》下称赞杨升庵的散曲"俊而葩",吕天成《曲品》卷上称赞杨升庵的散曲"美才甘放"。这些评论,用来概括《陶情乐府》中的歌筵妓席之作,那真是再恰当不过的了,比如《陶情乐府》卷四[折桂令]《寄简绍芳》:"泛金波有女同舟,罗袜生尘,玉脸横秋。小雪晴夫,早梅时候,杜若芳洲。文字饮不须夸口,烟花寨正好藏头。掌上温柔,怀里风流。笑吟罢韩侯香奁,醉题在杜牧青楼。"曲辞俊逸俏丽,华美潇洒,具有名士风流的雅致。

王骥德《曲律》卷四《杂论》下又云:"升庵北调,未尽闲律,然最有佳者。余最爱其[沉醉东风]小令,云:'也不是石家的绿珠风韵,也不是乔家的碧玉青春。合双鬟梦里来,行万里云南近,似苏家过岭朝云。休索我花钿与绣裙,穷秀才床头金尽。'风流旖旎,即实甫能加之哉!"这一首曲子不载《陶情乐府》,却在《杨升庵夫人词曲》中。从曲辞的内容来看,当为杨升庵所作。其风格与王实甫雅丽艳冶、婉曲缠绵的曲辞极为相似,与《陶情乐府》中的歌筵妓席之作也没有什么两样。

值得注意的是,在《陶情乐府续集》和《杨升庵夫人词曲》中,有一些《陶情乐府》不载的,却复见于明人散曲选本的署名为杨升庵的言情小曲,这些小曲,的确有市井艳曲假托升庵所作的情况,但在没有确凿的证据之前,我们还不能把这些小曲都当成是托名升庵的市井艳曲。王畿在《陶情续集跋》中说:"吾师升庵先生在滇廿余年,寄情于艳曲,忘怀于谪居"。简绍芳为杨升庵之忘年交,多年追随升庵。他在杨升庵年谱中称升庵"陶情乎艳词,寄意于声伎",但在他作序的《陶情乐府》中却较少收录杨升庵的艳曲,亦或是怕影响杨升庵的声名所致。实际上,基于前面所说的原因,他写一些这类的艳曲也是不足为怪的,无损于他的声名。《陶情乐府》卷四附录有唐山范甫的一套[南吕·一枝花]《寄升翁》曲,其[梁州]曲云:"眼根儿惯见的是玉腕婵娟,梦魂儿怕听的是金殿传宣。者么的前生结下风流愿,今生受用缘非浅,乐便便清福无边。"但这些并不足影响他的伟大,所以,其[尾]曲云:"声名炫赫如雷电,忠贞传,留光焰,李杜文章天下显。"所以,我们在研究他的散曲的时候,也不必有什么忌讳。

他的这一类散曲风流艳冶,陶然痴迷,恍惚有身不由己之感。比如[折桂令]曲:

寄与她三负心那个乔人,不念我病榻连宵,不念我瘴海愁春。不念我剩枕闲衾,不念我乱山空馆,不念我寡宿孤辰。茶不茶饭不饭全无风韵,死不死活不活有甚精神。阻断音尘,那个缘因?好事多磨,天也生嗔。

此曲载《杨升庵夫人词曲》,《采笔情词》题为《离恨》,归升庵作,从内容和笔调来看,应该是升庵的作品。曲子风流痴迷,但并不俗气。

当然,在杨升庵的散曲中,也仍然有一些带有文人恶俗的曲子,比如《陶情乐府续集》的[朝天紫]曲:"月牙,笋牙,相映西厢下。金莲小小凤头斜,兜不起凌波袜。底样儿难裁,叶根儿难画,比将来刚半扎。看一看眼花,捏一捏手麻,犍一犍风瘫了罢。"此曲又载《采笔情词》卷七,题作升庵《美姬绣鞋》。实际上,这一类散曲也并不是杨升庵所独创,他只不过是承元人《佳人脸上黑痣》、《胖妓》等末流散曲的恶趣罢了。

在《杨升庵夫人词曲》中,有一首[雁儿落带得胜令]曲:"俺也曾娇滴滴徘徊在兰麝房,俺也曾香馥馥绸缪在鲛绡帐。俺也曾颇巍巍擎在他手掌儿中,俺也曾意悬悬阁他在心窝儿上。谁承望忽刺刺金弹订鸳鸯,支楞楞瑶琴别凤凰。我这里冷清清独守莺花寨,他那里笑吟吟相和鱼水乡。难当,小贱才假莺莺的娇模样。休忙,老虔婆恶狠狠做一场。"《采笔情词》归升庵,题作《写恨》。这是写妓女的曲子,不会是黄峨所作,当是杨升庵的艳曲。这首曲子俏丽娇艳、婉曲缠绵,简直可与关汉卿、王实甫的这类散曲媲美。

杨升庵的这类言情小曲在社会上有较大的影响,明清曲家一致称道的所谓"流脍人口"的曲子,主要就是指这类艳曲。由于这类艳曲在社会上流传较广泛,以致一些研究者都把这类曲子当成是杨升庵的代表作,并把这类散曲的绮丽风格当成是杨升庵散曲的基本特征;而有的研究者却因此又把这些曲子都当成是托名升庵的市井艳曲。杨升庵的这类散曲在内容上殊无足取,是作者在无可奈何的情况下,为耗磨壮心而写的,从中可以看到一个被封建暴君残酷迫害的正直文士心中所郁积的无限痛苦。

六

杨升庵的散曲对当时和后世都产生了较大的影响,明清曲家如王世贞、沈德符、王骥德、吕天成、张羽、沈泰、徐复祚、杨继礼、蒋一葵、张琦、陈所闻、李调元等对他的散曲都甚为称道。他们对杨升庵散曲的评论着重有三点:其一是公认杨升庵的散曲"流脍人口"。杨南金《升庵长短句序》云:"太史公谪居滇南,托兴于酒边,陶情于词曲,传咏于滇云,而溢流于夷徼。昔人云:吃井水处皆唱柳词;今也,不吃井水处亦唱杨词矣。"此足见其词曲在民间流传的广泛。其二是公认杨升庵"才名盖世",其散曲极有佳句。杨升庵的套曲渊雅博丽,才情纵横。他特别喜欢修改人家的旧曲,从中施展自己的才华。比如修改祝枝山《吟月》而作的[仙吕·八声甘州]套曲,几乎用到了所有关于月亮的典故,洋洋洒洒,简直就是一篇铺张扬厉的月赋。其散曲中的"佳语"、"佳句",则更是屡屡为曲家所称引。其三,除沈德符、李调元外,都普遍认为他的散曲不太合律。王世贞《艺苑卮言》附录一首先提出这个问题,称杨升庵的散曲"流脍人口,而颇不为当家所许。盖杨本蜀人,故多川调,不甚谐南北本腔也"。而沈德符《顾曲杂言》则认为,"杨升庵生平填词甚工"。王骥德《新校注古本西厢记》卷六以[黄莺儿]"何处闷仙妆"曲为例,指出了杨升庵散曲不合律的地方。张琦《衡曲麈谭》亦持王世贞所议,而李调元《雨村曲话》卷下则特意为之辩解,云:"蜀何尝有川调之名,南北《九宫谱》、《中原音韵》,世所通行之谱,岂独吴人许用,而蜀人不许乎?各分町畦,互相攻击,虽文人相轻,亦小人党习也。"对于这个问题,王季烈在《孤本元明杂剧提要》中作了比较中肯的评论:"特其于曲,不屑寻宫数调,信笔挥洒,故拗折天下人嗓子,殆比临川尤甚。"的确如此,杨升庵与汤显祖一样,把内容和文字的生动看得比韵律更为重要。

　　杨升庵风流旖旎的言情小曲对后世也产生过不良影响,它直接影响到隆庆、万历以后曲坛的风尚,由词曲及于戏文,使之同趋绮丽。当然,责任并不全在升庵,因为如前所述,这些言情小曲并不能代表杨升庵散曲的主流。

注　释

[1]任二北:《升庵夫妇散曲》。
[2][4]任二北:《杨升庵夫妇散曲弁言》。
[3][5][8]王文才:《杨慎词曲集·出版说明》。
[6]汤式:《笔花集》。
[7]陈铎:《秋碧乐府》。
[9]杨慎:《自赞》。
[10][12]王世贞:《艺苑卮言》附录一,李调元:《雨村曲话》卷下。
[11]《升庵长短句》卷二《千秋岁·壬寅新正二日寿内》、《寿内》。
[13]简绍芳:《赠光禄卿前翰林修撰升庵杨慎年谱》。

原刊《四川师范大学学报》1996 年第 2 期

　　作者简介:刘益国,1944 年生,四川师范大学文学院教授。主要论著有《马致元散曲校注》、《元曲熟语辞典》等。

四库馆臣与杜诗学

赵晓兰

清乾隆年间编纂的《四库全书》,历时十年而成。这部丛书规模巨大,收罗繁富,保存了大量的古代文化典籍,至今仍被当作我国传统文化的宝库,有很高的文献价值。《四库全书》缮录的杜集及四库馆臣撰写的《四库提要》、《四库全书简明目录》,在杜诗学上占有重要地位,对杜诗学的发展具有重要影响,下面拟就此问题作一初步探讨。

一

乾隆三十七年(1772)正月,为"稽古右文",乾隆帝下诏征求天下书籍。在谕旨中,乾隆明确规定了征书的范围,即"历代流传旧书内有阐明性学治法、关系世道人心者,自当首先购觅;至若发挥传注,考核典章,旁暨九流百家之言,有裨实用者,亦应备为甄择;又如历代名人泊本朝士林宿望向有诗文专集及近时沉潜经史,原本风雅……各著成编,并非剿说卮言可比,均应概行查明"。作为唐代名人的"诗文专集",杜集自然也在搜求之列。

由于地方官拖沓敷衍,办事不力,征求书籍的工作进展缓慢,收效甚微。乾隆三十七年十月,乾隆再次下令,要各省督抚"恪遵前旨,饬催所属,速行设法访求,无论刊本钞本,一一汇收备采,俟卷帙所积稍充,即开具目录,附折奏明,听侯甄择移取"。尽管乾隆督催颇严,征书工作的进展仍不理想,不仅数量不多,且多为近人解经论学诗文专集,而唐宋以来名家著作,或旧版仅存,或副稿略具,卓然可传者,竟不概见,这确是征书者始料未及的。

以朱筠校辑《永乐大典》之建议为契机,乾隆三十八年(1773)三月,乾隆再次下诏征书。乾隆明令绝不在书中寻摘瑕疵，罪及藏书之人，保证"民间所有藏书，无论刻本写本，皆官为借抄，仍将原本给还"。乾隆威胁道："若此番明切宣谕后，仍似从前疑畏，不肯将所藏书名开报，听地方官购借，将来或别有破露违碍之处，则是其人有意隐匿收存，其取戾转不小矣。"乾隆又指名道姓向"东南从前藏书最富之家，如昆山徐氏之传是楼、常熟钱氏之述古堂、嘉兴项氏之天籁阁、朱氏之曝书亭、杭州赵氏之小山堂、宁波范氏之天一阁"等征访书籍。由于充分利用行政手段，措施得力，各地督抚终于大力寻访，藏书家之书亦接踵而来，至乾隆四十三年（1778）为止，历时七年，共征集图书一万三千余种，其中不乏珍本、善本及名家著作，由乾隆发起并亲自干预的全国范围大规模征书，取得了丰硕的成果。

在这次历时七年的大规模征书中所征求到的杜集书目及数量，现在已不易知晓。但似乎可以肯定，这次对杜集的征求和整理，规模，空前，影响也至深至巨，是杜诗研究史上的重大事件。

据《四库提要》著录，《四库全书》收录的杜集来源及书目如下：

1. 内府藏本。即宫中收藏供皇帝阅览者：《九家集注杜诗》、《黄氏补注杜诗》、《杜诗详注》。

2. 各省采进本。即各省督抚、学政采集各地遗书送馆备用者：《集千家注杜诗》、《杜诗捃》、《杜工部年谱》、《杜工部诗年谱》、《草堂诗话》（均为江苏巡抚采进）。

上述典籍分属以下子目：

1. 史部传记类：《杜工部年谱》、《杜工部诗年谱》。

2. 集部别集类：《九家集注杜诗》、《黄氏补注杜诗》、《集千家注杜诗》、《杜诗捃》、《杜诗详注》。

3. 集部诗文评类：《草堂诗话》。

存目书亦由集部别集类立目，其来源如下：

1. 内府藏本：《杜律注》、《杜诗分类》、《杜诗说》、《杜诗会萃》、《杜诗论文》。

2. 各省采进本：《杜诗通》（安徽巡抚采进本）、《杜律意注》（陕西巡抚采进本)、《杜诗钞述注》(福建巡抚采进本)、《杜律意笺》(福建巡抚采进本)、《杜诗解》(浙江巡抚采进本)、《杜律注评》(浙江巡抚采进本)、《读书堂杜诗注解》(直隶总督采进本)。

3. 家藏本:《杜诗阐》(江苏周厚埌家藏本)、《杜律疏》(洗马刘权之家藏本)。

4. 通行本:《读杜愚得》、《读杜心解》。

这些被《四库全书》收录及存目之杜集,虽数量不多,有的却具有很高的文献价值。如《九家集注杜诗》为南宋宝庆元年(1225)曾噩覆刻本,书前有"御制题郭知达集九家注杜诗"字样,御题下注曰:"此书旧藏武英殿,仅为库贮陈编,无有知其为宋椠者。兹以校勘《四库全书》,向武英殿移取书籍,始鉴及之,而前此竟未列入《天禄琳琅》。"该本字书端劲而清楷,为宋版中之绝佳者,而曾噩之刻本仅有两种残本传世,四库本已具祖本性质。《集千家注杜诗》亦为宋版,书前有"御制题宋版千家注杜工部诗史"字样。《草堂诗话》:"凡二百余条,皆采自宋人诗话、语录、文集、说部,而所取惟《韵语阳秋》为多。……近代注杜者征引此书,多者不过十余则,皆似未见全帙。此本为吴县惠栋所藏,盖亦希觏之籍矣。"(《四库提要》)《杜诗捃》则向无刊本,《四库全书》据钞本录入,为该书祖本。《杜工部年谱》及《杜工部诗年谱》均为宋人旧本,亦具相当之参考价值。存目类中之《杜诗钞述注》、《杜诗说》皆为流传甚罕者。至于别集类缮录的《杜诗详注》,更是一部采据繁富、为历来研习杜诗者所必备的极具价值的杜诗注本。四库馆臣将上述诸书或缮录,或存目,实在是一件沾溉杜诗学的大事。

宋人喜言杜诗,自宋以来,注杜者林立,而宋人注杜诗者几无善本。明末清初,对杜诗的注解研习成果累累。据不完全统计,宋金元明时诸家注杜之作约有二百余种,明末清初的杜集数量也十分可观。这些杜集头绪纷繁,良莠不齐,治杜者要在如此浩瀚之杜学典籍中辟出路径,实非易事。四库馆臣人材济济,总纂官纪昀贯彻儒籍,旁通百家,凡六经传注得失、诸史异同、子集支分派别、词曲医卜之类,无不抉奥提纲,究源穷委。总纂官陆锡熊博闻强识、资禀绝人,纂修《四库全书》时,各省选书送到后,陆氏即潜心考订字画之讹误、卷帙之脱落、篇第之倒置、与它本之互异、各家议论之不同,为全书考证,又总纂人之生平,撮书中大概,作全书提要,用力极勤。其余总阅官、总目协勘官、纂修官、分校官中,亦不乏一流学者,不仅学识博洽,又极勤于馆务,数人因馆事而卒。由众多一流学者荟萃而成的四库馆编纂的杜集,无论就其书籍来源渠道之广、种类之多、甄择校刊考订之精审,以及缮写之精善,在杜诗学上都是没有先例的。这是杜诗研究史上的空前盛事。

四库征书之始,乾隆即下诏要各省督抚"将各书叙列目录,注系某朝某人所著,书中要旨何在、简明开载,具折奏闻"。各省遵照圣旨,将收采之书分别绎其要旨,摘叙节略,注明著书人姓名、年代及卷帙若干,专折呈报朝廷。四库开馆后,每校阅一书,便撰书前提要一篇,叙爵里,考版本源流,撮举要旨,考订文字得失。在书前提要纂成后,总纂官纪昀、陆锡熊考校笔削,字斟句酌,用力颇勤,殚十年之功,纂成《总目提要》二百卷。该书"总汇三千年间典籍,持论简而明,修词淡而雅,抉奥阐微,词明理正",杜集及存目之提要自然也不例外。这些提要"叙作者之爵里,评典籍之源流,别白是非,旁通曲证,使瑕瑜不掩,淄渑以别","剖析条流,斟酌古今,辨章学术,高挹群言",治杜者多"资其津逮,奉作指南",张之洞称其为"良师"、"学问门径"(《輶轩语》),并非谀美之词。

乾隆四十六年(1781)二月,《四库提要》在反复考订、修改、润饰、字斟句酌,数易其稿,历时数年后,终于纂成并缮写进呈。由于乾隆帝对编纂体例不满意,历尽磨勘的《四库提要》又遵照乾隆旨意,将体例尊奉改正,另行排次。修改体例的工作持续了一年多,乾隆四十七年(1782)七月终于竣工并得到乾隆认可,但因时有增删,仍迟迟不能定稿。乾隆五十七年(1792),在内廷四阁全书的复校工作结束后,总纂官纪昀等又对《四库提要》的选目、编次、内容等全面复勘,最后审核。乾隆六十年(1795),在历时十数年后,《四库提要》终于校勘完竣,初版印刷一百部,除其中四部分贮内庭四阁外,分陈宫内,并赏赐臣下。为便于民间士人翻阅,四库馆臣又奏请按照向办官书之例,集工刷印,发交京城各书坊领售。至此,《四库提要》终于面世。此时,上距乾隆三十七年下诏征求遗书已二十余年。在如此漫长的岁月中由四库馆臣撰写、修订之《四库提要》，其内容之精审、体例之谨严，是可想而知的。印刷出售后，对杜诗学发展之影响更不可低估。

遵照乾隆谕旨，纪昀等四库馆臣又将《四库全书》收录各书依四库门类、次第标列卷目并撰人姓名，撮举大要，纂成《四库全书简明目录》二十卷，于乾隆四十七年七月缮写进呈。当时即有馆臣赵怀玉录出《简明目录》副本，于乾隆四十九年（1784）刊刻于杭州，即《简明目标》较《四库提要》问世为早，其初印本与库本及总目间或有出入之处。除《四库提要》存目不录外，《简明目录》具体而微，而四库馆臣进呈之简目在不断修订后，于乾隆末年刊刻行世。

《简明目录》卷六著录《杜工部年谱》、《杜工部诗年谱》，卷十五著录《九家集注杜诗》、《黄氏补注杜诗》、《集千家注杜诗》、《杜诗捃》、《杜诗详注》，卷二十著录《草堂诗话》。《简明目录》不仅体例有新创，其说简明精当，有时甚至在《四库提要》之上，简目中著录的《杜诗详注》、《草堂诗话》等即为其例。

由于《四库全书》的搜罗，典章大备，遗文秘册有数百年博学通儒所未得见而今可借钞于馆阁者。乾隆四十七年《四库全书》告成后，特命如内廷四阁所藏，缮写全册，建三阁于江浙两省，谕令士子愿读中秘书者，就阁广为传写。四库卷帙繁多，难以遍览。提要一书，士子抄录尤勤。乾隆五十八年（1793）四月，安徽桐城胡虔单独刊刻《四库全书附存目录》十卷，仅列书名、卷数、朝代、作者姓名。乾隆五十九年，因学者钞录《四库提要》，求者不给，浙江地方官请于巡抚，借文澜阁藏本刊印，以惠士人。《四库提要》、四库存目、《四库全书简明目录》的广泛传播，对杜诗学的发展、昌盛提供了重要条件。

《四库全书》的编纂及《四库提要》、《四库全书简明目录》的撰修，为治杜者指出了一条由简目到提要再到杜集的治杜门径，治杜者得以从浩瀚的杜学典籍中解放出来。四库馆臣开出如此广大之治杜法门，实为功德无量。清代以后杜诗学的昌盛，四库馆臣功不可没。

二

四库馆是汉学家的大本营。四库馆臣具有强烈的学术责任感及深厚的学术功力,辨章学术,考镜源流,无不贯彻实事求是的精神。《四库提要卷首凡例》称:"每书先列作者之爵里,以论世知人;次考本书之得失,权众说之异同;以及文字增删、篇帙分合,皆详为订辨,巨细不遗;而人品学术之醇疵,国纪朝章之法戒,亦未尝不各昭彰瘅,用著劝惩。其体例悉承圣断,亦古来之所未有也。"《凡例》又称:"是书主于考订异同,别白得失,故辩驳之文为多。然大抵于众说互殊者,权其去取;幽光未耀者,加以表章……盖不可不辨者,不敢因袭旧文;无可复议者,亦不敢横生别解。凡以求归至当,以昭去取之至公。"《四库提要》中之杜集提要,即为这种实事求是精神的有力例证,现略述如下:

1. 考杜甫生卒年

子栎与鲁訔均绍兴中人,然子栎撰此谱时,似未见訔谱,故篇中惟辨吕大防谓甫生于先天元年之误。考宋人所作甫年谱,又有蔡兴中、黄鹤二家,皆以甫五十九岁为大历庚戌,独子栎持异议,以为卒于辛亥之冬,不知辛亥甫年六十矣。且子栎以五年庚戌晚秋《长河送李十二》(应作《长沙送李十一》)为甫绝笔,甫生平著述不辍,若以六年冬暴疾卒,何至一年之内竟无一诗?此又其不确之证也。

(《杜工部年谱》提要)

甫年谱创始于吕汲公大防,訔以甫生于睿宗先天元年壬子,卒于大历五年庚戌,盖承吕谱之旧也。考甫生卒之岁,诸书往往错误。《旧唐书》谓甫卒于永泰二年,永泰在大历之前,甫诗有大历三年以下诸作,则旧书为误,王观国辨之是也。然观国云甫生于先天元年癸丑,卒于大历五年辛亥,不知癸丑乃先天之二年,即开元元年,辛亥乃大历六年,则观国亦未深考矣。元稹作甫墓志云:"享年五十九。"王洙原叔注子美诗序曰:"大历三年,甫下峡入湖,南游衡山,寓居耒阳。五年夏,一夕醉饱卒。大历五年为庚戌岁,上据先天元年壬子适五十有九年,则甫生于壬子无疑。訾此谱根据吕谱,未尝误也。"

(《杜工部诗年谱》提要)

2. 考杜诗编年

《高都护骢马行》,(黄)鹤以为天宝七载作。考高仙芝平小勃律后,以天宝八载方入朝,诗中有"飘飘远自流沙至"语,则当在八载而非七载。

(《黄氏补注杜诗》提要)

《喜雨》一首,鹤谓永泰元年所作。考诗末甫自注"浙右多盗贼"语,正指宝应元年袁晁之乱,诗当作于是年。时甫方在梓、阆间,故有巴人之句,鹤说非是。似此者尚数十条,皆为疏于考核。

(《杜工部诗年谱》提要)

3. 考人

《遣兴》诗"赫赫萧京兆"句,鹤以京兆为萧至忠,不知至忠未尝官京兆尹,诗中所指当是萧炅。

(《黄氏补注杜诗》提要)

4. 考地

《郑驸马宅宴洞中》一首,鹤谓与《重题郑氏东亭》诗皆在河南新安县作。不知《长安志》有莲花洞,在神禾原郑驸马之居,即诗所云"洞中",并不在新安,不可与东亭混而为一。

(《黄氏补注杜诗》提要)

5. 考杜集作者

旧本题元虞集撰……卷首杨士奇序,称其解题《桃树》一篇,了然于仁民爱物之旨,深得杜意,必(虞)伯生所为。然欧阳元撰集墓志,不载其有此书。观其词意,亦皆浅近。考元赵汸学诗于集,而所注杜诗乃无一语及其师。董文玉为赵注作序,亦疑虞注之非真,然不云实出谁手。按曹安谰言长语,称元进士临川张伯成著《杜律演义》,曾昂夫作传有此名,又有刊版,惜其少传,往往误以为虞伯生。李东阳《怀麓堂诗话》亦云:徐竹轩以道尝谓予曰:杜律非虞伯生注,宣德初已有刊本,乃张姓某人注,渠所亲见。合二家之言观之,则此注实出张伯成手,特后人假集之名以行耳。

(《杜律注》提要)

国朝张远撰。按康熙中有两张远:其一侯官人,有《超然诗集》,别著录;此张远字迩可,萧山人,由贡生官缙云县教谕。朱彝尊《曝书亭集》有《送远之桂林》诗,即其人也。

(《杜诗会粹》提要)

6. 考注本源流

杜诗分类始于王洙千家注,(傅)振商此编则又因千家注本小为更定,殊无所取也。

(《杜诗分类》提要)

此书因顾宸所撰《辟疆园杜诗注解》繁琐太甚,又多穿凿,乃汰其芜杂,参以己意,以成是编。

(《杜律疏》提要)

7. 考注本体例

此书虽总题六卷,而卷首分上下二册,不入卷数,卷一分子卷六……实二十六卷也。自昔注杜诗者,或分体,或编年。起龙是编则于分体之中又各自编年,殊为繁碎。如《江头五咏》以二首编入五言古诗,三首编入五言律诗,尤割裂失伦。其赋及杂文,旧本皆系卷末,起龙亦散附各诗之后……至以《天狗赋》附《灵湫》诗后,以《雕赋》附《义鹘行》后,以《画太乙天尊图文》附《李道士松树障子歌》后,则强缀之甚矣,自有别集以来,无此编次法也。

(《读杜心解》提要)

8. 订正旧注

其中摭拾类书、小有舛误者,如注"忘机对芳草"句,引《高士传》叶干忘机,今《高士传》无此文,即《太平御览》所载嵇康《高士传》几盈二卷,亦无此文。又注"宵旰忧虞轸"句,不知二字本徐陵文,乃引《左传》注旰食,引《仪礼》注宵衣。考之郑注,"宵"乃同"绡",非宵旦之宵也。

(《杜诗详注》提要)

其最不检者,如八卷补注例第一条云:韩昌黎曰:人各有能有不能,抑而行之,必发狂疾。故杜云"束带发狂欲大叫"。如此注,那得不补云云。是杜诗乃用韩语,天下宁有是事?

(《杜诗解》提要)

9. 评旧注

自叙以为博撷群书,增释未备,时或附以己见,分体选注,成十六卷。然甫诗全集凡一千四百余首,巨制名章往往不录,而于《杜鹃行》《虢国夫人》二诗,向因黄鹤、陈浩然二本误人者,反并登选。其《秦州杂诗》二十首,则仅录八首。《游何氏山林十首》,则仅录六首,竟以"其一"、"其二"标写次第,似原诗止有此数,尤不可解。至注中援引事实多不注出典,此又明代著述之通病,非独兆珂一人矣。

(《杜诗钞述注》提要)

是编冠以新定年谱,亦未免附会。其笺释典放,皆剽掇千家注,无所考证。注后隐括大意,略为训解,亦循文敷衍,无所发明。至每篇仿《诗传》之例,注"兴也"、"赋也"、"比也"字,尤多所牵合矣。

(《读杜愚得》提要)

四库馆臣实事求是的精神还表现在:

1. 不强作解人

曾噩重刻序作于宝庆元年。噩据《书录解题》作"字子肃,闽清人"。凌迪知《万姓统谱》则作"字噩甫,闽县人。庆元中尉上高,复迁广东漕使"。与陈振孙所记小异。振孙与噩同时,迪知所叙又与序中结衔合,未详孰是也。

(《九家集注杜诗》提要)

(单)复字阳元,会稽人,《千顷堂书目》作嵊县人,洪武中为汉阳河泊官。又云一名复亨,举怀才抱德科,授汉阳知县。传闻异词,未详孰是。

(《读杜愚得》提要)

2. 不迷信盲从

自宋人倡"诗史"之说,而笺杜诗者,遂以刘昫、宋祁二书据为稿本,一字一句,务使与史传相符。夫忠君爱国,君子之心;感事忧时,风人之旨。杜诗所以高于诸家者固在于是,然集中根本不过数十首耳。咏月而以为比肃宗,咏萤而以为比李辅国,则诗家无景物矣。谓纨绔下服比小人,谓儒冠上服比君子,则诗家无字句矣。

(《杜诗捃》提要)

3. 不以瑕掩瑜

其句下篇末诸评,悉刘辰翁之语。……辰翁评所见至浅,其标举尖新字句,殆於竟陵之先声。王士祯乃比之郭象注庄,殆未为笃论。至编中所集诸家之注,真赝错杂,亦多为后来所抨弹。然宋以来注杜诸家鲜有专本传世,遗文绪论,颇赖此书以存。其筚路蓝缕之功,亦未可尽废也。

(《集千家注杜诗》提要)

《四库全书考证》的纂修,也是四库馆臣实事求是精神的体现。

四库馆校书时,附粘考订各书签子,附于卷尾。乾隆四十一年(1776),下诏令书馆总裁将诸书校订各签另为编次,名为《四库全书考证》,共一百卷,与《四库提要》一并付聚珍版刊刻流传。《四库全书考证》卷七十六考证《杜诗补注》、《集千家注杜工部诗集》二书,参校经史子集四部数十种典籍,如《左传》、《史记》、《汉书》、《后汉书》、《宋书》、《南史》、《北史》、《唐书》、《说文》、《西京杂记》、《洛阳伽蓝记》、《论衡》、《文选》、《全唐诗》、《东坡集》等。下面略举数条,于中可见四库馆臣治学态度之严谨求实。

《别赞上人》注乾元二年作。原本"二"讹"元",据年谱及仇本改。

(《杜诗补注》卷六考证)

《泛溪》"进舟泛回溪"注:对岭临回溪。原本"临"讹"林",据《文选》改。

(《杜诗补注》卷七考证)

《冬日有怀李白》"更寻嘉树传"王洙注:"宴於季氏,有嘉树焉。"刊本"有"讹"置",据《左传》改。

(《集千家注杜工部诗集》卷一考证)

《饮中八仙歌》"苏晋长斋绣佛前"杜修可注:苏晋,珦之子也。刊本"珦"讹"头",据《唐书》改。

(《集千家注杜工部诗集》卷一考证)

《寄董卿嘉荣》"秋天忆射雕"杜修可注:斛律光。刊本"律"讹"斯",据《北史》改。

(《集千家注杜工部诗集》卷十一考证)

对于总集类各种典籍中收录之杜诗,四库馆臣也认真进行了校订:

唐杜甫《韦讽录事宅观曹将军画马图》刊本"图"下衍"引"字,据少陵集删。

(《四库全书考证》卷九十九《御定历代题画诗类》卷一百四考证)

杜甫《后游》"舍此复何之"注:胡为遑遑欲何之。原本"为"下衍"乎"字,"遑遑"下衍"兮"字,并据渊明集删。

(《御选唐诗》卷十六考证)

四库馆臣还用杜集校勘他人之作品:

苏源明《子美八哀诗》"足踏凤昔跰",刊本"跰"讹"研",据杜集改。

(《四库全书考证》卷二百《唐诗纪事》卷十九考证)

杜子美条"一箭正坠双飞翼",原本"坠"讹"中",据工部集改。

(《唐音癸签》卷二十二考证)

《四库提要卷首凡例》称:"刘向校理秘文,每书具奏;曾巩刊定官本,亦各制序文。然巩好借题抒议,往往冗长,而本书之始末源流,转从疏略。王尧臣《崇文总目》、晁公武《郡斋读书志》、陈振孙《书录解题》,稍具崖略,亦未说明。马端临《经籍考》荟萃群言,较为赅博,而兼收并列,未能贯串折衷。"四库馆臣以其敏锐的学术眼光、严谨的治学态度撰写的杜集提要,是当时体例最完善、最详晰、最具学术价值的杜集书目提要。四库馆臣倡导并身体力行的实事求是的治杜学风,对杜诗学的发展产生的深远影响。

四库馆臣对杜诗的研究与评述,除见于上述杜集的提要,还散见于其他典籍,如《李义山诗集》、《文山集》、《须溪集》、《才调集》、《瀛奎律髓》的提要中,当另文探讨。

四库馆臣对杜集的大规模整理也有令人遗憾之处,如未能缮录更多宋白文本(如王洙《杜工部集》);由于遭禁毁,《钱注杜诗》等重要杜集未能收录等等。因"畏闻文字狱",四库馆臣曾对杜诗及其注本妄加篡改删削,以至有的诗篇面目全非,注文也残缺不全,这是应当认真清理的。

原刊《杜甫研究学刊》1996 年第 4 期

扬雄著述考略

王春淑

扬雄,西汉蜀郡人。班固《汉书》本传称其"默而好深湛之思,清静亡为,少耆欲,不汲汲于富贵,不戚戚于贫贱,不修廉隅以徼名当世",唯"好古而乐道,其意欲求文章成名于后世"。《汉书·楚元王传赞》又云:"自孔子后,缀文之士众矣,唯孟轲、孙况、董仲舒、司马迁、刘向、扬雄。此数公者,皆博物洽闻,通达古今,其言有补于世。《传》曰'圣人不出,其间必有命世者焉',岂近是乎?"扬雄作为西汉屈指可数的大学者,著述宏富。经、史、子、集都有作品,天文地理、文学史学、语言文字各个方面无不涉及。但是由于时代久远,诸书记载不一,其书又多有缺佚,所以对扬雄的有些著述历代颇有争议。本文即采诸家之说,分析辩证,对扬雄著述作一较为全面的述考。

一、经部:《训纂》、《苍颉训纂》、《方言》、《乐》四种

《训纂》一篇。《汉志》、《隋志》、两《唐书志》皆有著录。《汉志》著录:"《训纂》一篇,扬雄作。"又载:"《苍颉》七章者,秦丞相李斯所作也;《爰历》六章者,车府令赵高所作也;《博学》七章者,太史令胡母敬所作也。""汉兴,闾里书师合《苍颉》、《爰历》、《博学》三篇,断六十字以为一章,凡五十五章,并为《苍颉》篇。至元始中,征天下通小学者以百数,各令记字于庭中。扬雄取其有用者以作《训纂》篇,顺续《苍颉》。"《隋志》载:"《三苍》三卷,郭璞注。秦相李斯作《苍颉》篇,汉扬雄作《训纂》篇,后汉郎中贾鲂作《滂喜》篇,故曰《三苍》。"《旧唐书志》亦载:"《三苍》三卷,李斯等撰,郭璞解。"(《新唐书志》同)可见扬雄所撰《训纂》在隋唐时已与李斯《苍颉》、贾鲂《滂

喜》合称为《三苍》。无论是《训纂》，还是《三苍》，在宋时皆无著录，其书当亡于此时。清马国翰《玉函山房辑佚书》辑《训纂篇》一卷，十四条。又有诸书中混引《三苍》而不能区别者，仍总题《三苍》，独为一卷。

《苍颉训纂》一篇。《汉志》著录。《隋志》已无其目。至于其书的内容，姚振宗《汉书艺文志条理》认为："闾里书师所合《苍颉》五十五章，扬雄作《训纂》，顺续《苍颉》，又易《苍颉》中重复之字，凡八十九章。则扬雄《训纂》篇三十四章，取闾里书师所并五十五章之旧本，易其复字而别纂成文，加以训诂即《苍颉训纂》篇。"今有清黄奭《黄氏逸书考》辑《苍颉训纂》一卷，黄奭所辑《苍颉训纂》与马国翰所辑《训纂》内容完全相同，亦为十四条，唯字体偶有差异耳。

但是《汉志》为何既录《训纂》一篇，又录《苍颉训纂》一篇呢？这大概是因为二书内容有异，分别归类，即形成了这种状况。《训纂》的内容是取其有用之字，纂而次之，顺续《苍颉》。以这部分内容，此书可视为字书之类。所以刘歆《七略》将《训纂》列于古文《苍颉》、《凡将》、《急就》、《元尚》等字书之后，《汉志》因之。而《苍颉训纂》是取闾里书师所并《苍颉》五十五章之旧本，易其复字，别纂成文，加以训诂。以这部分内容，此书可视为注释字书的传释之书。所以班固作《汉志》时又将《苍颉训纂》增入。但二书的内容是密不可分的，所以在《汉志》之后，无论题扬雄《训纂》，还是扬雄《苍颉训纂》，渐渐被视为同一著述。例如《隋志·三苍》条下，注明扬雄作《训纂篇》，又注明后汉司空杜林注《苍颉》二卷，亡佚。杜林注《苍颉》二卷，即《汉志》所录杜林《苍颉训纂》一篇、《苍颉故》一篇。凡与《苍颉》有关的著述《隋志》都已注明，却不言及扬雄的《苍颉训纂》。这证明《隋志》很可能是将《汉志》所录扬雄《训纂》一篇与扬雄《苍颉训纂》一篇视为同一著述。马国翰与黄奭的辑本，一题为《训纂篇》，一题为《苍颉训纂》，而内容完全相同，其原因亦在于此。

《方言》，又称辅轩使者绝代语释别国方言》，十五卷。《汉志》及《汉书》本传皆无著录。最早有后汉应劭《风俗通义·序》载："周秦常以岁八月遣辅轩之使，求异代方言，还奏籍之，藏于秘室。及嬴氏之亡，遗脱漏弃，无见之者。蜀人严君平有千余言。林间翁孺才有梗概之法。扬雄好之,天下孝廉、卫卒交会,周章质问,以次注续,二十七年,尔乃治正,凡九千字。……张竦以为悬诸日月不刊之书。"应劭之说似乎源于刘歆《与扬雄书》及扬雄《与刘歆书》。刘歆书曰:"属闻子云独采集先代绝言,异国殊语,以为十五卷。……今谨使密人奉手书,愿颇与其最目,得使入篆,令圣朝留明明之典。"扬雄答书曰:"又敕以殊言十五卷,君何由知之?……雄少不师章句,亦于五经之训所不解。尝闻先代輶轩之使,奏籍之书,皆藏于周秦之室。及其破也,遗弃无见者。独蜀人有严君平,临邛林间翁孺者,深好训诂,犹见輶轩之使所奏言。翁孺与雄外家牵连之亲,又君平过误,有以私遇,少而与雄也。君平财(才)有千言耳,翁孺梗概之法略有。……雄为郎之岁……天下上计孝廉及内郡地卫卒会者,雄常把三寸弱翰,赍油素四尺,以问其异语,归即以铅摘次之于椠,二十七岁于今矣。而语言或交错相反,方覆论思,详悉集之,燕其疑。张伯松不好雄赋颂之文,然亦有以奇之。……曰:'是悬诸日月不刊之书也。'"刘歆、扬雄往来之书载于东晋郭璞注《方言》书中。晋常璩《华阳国志·蜀郡士女》记:扬雄以"典莫正于《尔雅》,故作《方言》"。又论:"(林间)善古学,古天子有輶车之使,自汉兴以来,刘向之徒但闻其官,不详其职,惟间与严君平知之,曰:'此使考八方之风雅,通九州之异同,主海内之音韵,使人主居高堂知天下风俗也。'扬雄闻而师之,因此作《方言》。"东晋时,郭璞注《方言》。其《方言注序》云:"盖闻《方言》之作,出乎輶轩之使。所以巡游万国,采览异言。车轨之所交,人迹之所蹈,靡不毕载,以为奏籍。周秦之季,其业隳废,莫有存者。暨乎扬生,沈淡其志,历载构缀,乃就斯文。是以三五之篇著,而独鉴之功显。"此后《隋志》、两《唐书志》、《宋志》皆有著录。唯卷数或为十三卷,或为十四卷,与刘歆、扬雄往来书,以及郭璞序中所称十五卷不同。至于《方言》作者,《隋志》诸书皆题扬雄而无异议。但是宋洪迈《容斋随笔》卷十五却认为:"今世所传扬子云《輶轩使者绝代语释别国方言》凡十三卷,郭璞序而解之,其末又有汉成帝时刘子骏(歆)《与雄书从取〈方言〉》及雄《答书》。以予考之,殆非也。"洪迈以为"非也"的理由主要有四。其一,扬雄《答刘歆书》自叙所为文初无所谓

《方言》。其二，扬雄书中称"蜀人严君平"，严君平本姓庄，后汉明帝讳庄，始改曰严；而作为西汉末的扬雄，不应预先得称"严君平"。其三，刘歆求书，扬雄答曰："必欲胁之以威，陵之以武，则缢死以从命"，何至是哉！其四，刘歆、扬雄往来书中，既云成帝，又云孝成皇帝，反复抵牾。其实洪迈的这些理由有的是出于个人臆想，有的则可以解释为是后人所改。认为刘歆、扬雄往来书及其《方言》为后汉时人伪作，实未有确证。但是，《汉书》本传及《汉志》皆不著录《方言》，这确实很值得探究。因此，隋唐时有人以为《汉志》所载《别字》十三篇即扬雄《方言》，以至将十五卷《方言》拼凑成十三卷，以与《汉志》所记《别字》十三篇相吻合。至清钱大昕《三史拾遗》仍曰：《别字》十三篇，即扬雄所撰《方言》十三卷也。本名《輶轩使者绝代语释别国方言》，或称《别字》，或称《方言》，皆省文。但是，《汉志》并不以《别字》为扬雄所作。这从《汉志》所统计的"凡小学十家，四十五篇"与"入扬雄、杜林二家二篇"皆可推算出来。如果以《别字》为扬雄所作，则小学只有"九家"，扬雄也远不止"二篇"。《四库提要》则以为："疑雄本有此未成之书，歆借观而未得，故《七略》不载，《汉志》亦不著录。"这一解释不仅使人信服地说明了《汉书》本传及《汉志》不录的原因，而且也很能说明其书书名、所收字数在诸书中记载不一的原因，以及为何东汉许慎《说文解字》有用《方言》之说者而皆不标扬雄《方言》的原因。这一切都是因为其书在扬雄手中尚未最后编成，所以其书书名、所收字数尚未一定，作者亦尚未广为世人所认识。扬雄之后，书稿辗转流传，递相增益。直至晋常璩《华阳国志》记扬雄以"典莫正于《尔雅》，故作《方言》"，此后，扬雄作《方言》才得以正名。《方言》今传本十三篇，一万一千九百余字，多于应劭所称九千字。

《乐》四篇。《汉志》著录。《隋志》及两《唐书志》无记载。但《隋志》有《乐经》四卷，不注撰人姓名。据《太平御览》卷八一五引桓谭《新论》："阳城子张，名衡，蜀郡人，王翁（王莽）时，与吾俱为讲乐祭酒。"又王充《论衡·超奇》云："阳城子张作《乐》。"故后世或以为《隋志》所记《乐经》四卷即阳成衡之书。姚振宗却认为：王莽在元始四年立乐经，当时成书不一其人。故王充归之于阳成衡，班固归之于扬雄[1]。书已佚。《水经注》引有扬雄《琴清英》。清王谟、马国翰皆以为《琴清英》乃扬雄《乐》四篇之一。王谟《汉魏遗书钞》辑《琴清英》一卷,五条;马国翰《玉函山房辑佚书》辑《琴清英》一卷,六条。两书去其重复,共六条。

二、史部:《蜀王本纪》、《州箴》、《官箴》、《续史记》、《志录》五种

《蜀王本纪》。《汉志》及《汉书》本传皆无著录,汉时亦不见他书称引。其书始见于《华阳国志·序志》,云:"司马相如、严君平、扬子云、阳成子玄、郑伯邑、尹彭城、谯常侍、任给事等各集传记,以作《本纪》,略举其隅。"《蜀王本纪》一书的内容多怪异不经,谈不上"信史"、"实录"。常璩就此提出了诸多疑难,并认为《蜀王本纪》非扬雄之书,而是后汉时祝元灵之书伪托。其说亦见于《华阳国志·序志》,云:"汉末时,汉中祝元灵性滑稽,用州牧刘焉谈调之末,与蜀士燕胥,聊著翰墨。当时以为极欢,后人有以为惑。恐此之类,必起于元灵之由也。惟智者辨其不然,幸也。"徐中舒先生则认为《蜀王本纪》的作者既不是西汉末年的扬雄,也不是后汉时的祝元灵,而是后汉末的谯周[2]。顾颉刚先生则认为:"扬氏所录固多不经之言,而皆为蜀地真实之神话、传说",常璩"以为此等不合理性之故事皆出于滑稽之流之信口编造,扬雄之书或经其窜乱。此则表示常氏全不认识神话、传说之本来面目"[3]。扬雄本是善长辞赋,以辞赋家手笔写《蜀王本纪》,多属意于神话传说、怪异不经,这倒可以证明其书正是扬雄所著。《隋志》、两《唐书志》著录《蜀王本纪》一卷,扬雄作。《宋志》已无著录,其书当亡于宋时。今有严可均《全汉文》辑《蜀王本纪》一卷,二十六条;又有《玉函山房辑佚书补编》辑《蜀王本纪》一卷,两条。两书去其重复,共二十七条。

《州箴》、《官箴》。《汉书》本传记:"(扬雄)以箴莫善于《虞箴》,作《州箴》。"又《后汉书·胡广传》:"初,杨(扬)雄依《虞箴》作《十二州二十五官箴》,其九箴亡阙。"[4]箴者,所以攻疾防患。作为文体,乃规劝告诫之词。

宋晁说之《景迂生集·扬雄别传》云："雄见(王)莽更易百官,变置郡县,制度大乱,士皆忘去节义,以从谀取利,乃作司空、尚书、光禄勋、卫尉、廷尉、太仆、司农、大鸿胪、将作大匠、博士、城门将尉、上林苑令等箴,及荆、扬、兖、豫、徐、青、幽、冀、并、雍、益、交十二州箴,皆劝人臣执忠守节,可为万世戒。"今有《全汉文》辑扬雄十二《州箴》及二十一《官箴》,共三十三篇。又有清王谟《重订汉唐地理书钞》辑《十二州箴》一卷。

《续史记》。王充《论衡·须颂》记："司马子长纪黄帝以至孝武,扬子云录宣帝以至哀、平。"刘知几《史通·古今正史》亦载:《史记》所书,年止汉武,太初以后,阙而不录。其后刘向、刘歆、冯商、卫衡、扬雄……等"相次撰续,迄于哀、平间,犹名《史记》"。其书无传。

《志录》。其书世无称引,唯见记于梁任昉《文章缘起》。其书无传。

三、子部:《太玄》、《法言》、《难盖天》三种

《太玄》。《汉志》著录为十九篇。《汉书》本传记："《太玄》三方、九州、二十七部、八十一家、二百四十三表、七百二十九赞,分为三卷,曰一二三。……有首、冲、错、测、摛、莹、数、文、倪、图、告十一篇,皆以解剥《玄》体,离散其文,章句尚不存焉。"《汉志》与《汉书》本传所记已相违异。萧该《汉书音义》云："刘向《别录》,扬雄经目有玄首、玄冲、玄错、玄测、玄舒、玄莹、玄数、玄文、玄掜、玄图、玄告、玄问合十二篇。"桓谭《新论》又云:"《大玄经》三篇,传十二篇。"以上两说与《汉书》本传所记又不相同。以今传本《太玄》校之,其篇目合于《汉书》本传所记。姚振宗《汉书艺文志条理》认为:"(刘向)所记在子云未成书之时,其间容有与定本互异,不足怪也。"至于《汉志》十九篇之说,《四库全书总目提要》认为:"《汉志》所云十九篇,乃合其章句言之。今章句已佚,故篇数有异。"扬雄曾自作《太玄章句》,于本传已可得知。此外,阮孝绪《七录》称:"《太玄经》九卷,雄自作章句。"《隋志》亦载:"扬雄《太玄经章句》九卷。"《华阳国志·蜀郡士女》云:"(扬雄)以经莫大于《易》,故则而作《太玄》。"《汉书》本传又云:"哀帝时丁、傅、董贤用

事，诸附离之者或起家至二千石。时雄方草《太玄》，有以自守，泊如也。"太玄的内容，玄湛渊懿，"观之者难知，学之者难成"，"刘歆亦尝观之，谓雄曰：'空自古！今学者有禄利，然尚不能明《易》，又如《玄》何？吾恐后人用覆酱瓶也。'"而桓谭以为绝伦，云"扬子之书文义至深，而论不诡于圣人，若使遭遇时君，更阅贤知，为所称善，则必度越诸子矣"[5]。后世学者张衡、崔瑗、宋衷、王肃、陆绩、范望、司马光等皆注《太玄》。今通行本有晋范望注《太玄经》十卷，宋司马光《集注太玄经》六卷等。

《法言》。《汉志》及《汉书》本传皆记十三卷。本传云："雄见诸子各以其知舛驰，大抵诋訾昔圣人，即为怪迂，析辩诡辞，以挠世事。虽小辩，终破大道而惑众，使溺于所闻而不自知其非也。及太史公记六国，历楚汉，讫麟止，不与圣人同，是非颇谬于经。故人时有问雄者，常用法应之，撰以为十三卷，像《论语》，号曰《法言》。"《法言》目录如下：《学行》第一，《吾子》第二，《修身》第三，《问道》第四，《问神》第五，《问明》第六，《寡见》第七，《五百》第八，《先知》第九，《重黎》第十，《渊骞》第十一，《君子》第十二，《孝至》第十三。今有晋李轨注《扬子法言》十三卷。

《难盖天》。诸书无著录。《隋书·天文志上》引扬雄《难盖天》八事。唐瞿昙悉达《开元占经》亦引。严可均辑入《全汉文》。

四、集部：赋十二篇，诗、文十余篇

赋十二篇。《汉志》著录。严可均《铁桥漫稿》以为即《反离骚》、《广骚》、《畔牢愁》、《甘泉赋》、《河东赋》、《羽猎赋》、《长杨赋》、《蜀都赋》、《核灵赋》、《太玄赋》、《逐贫赋》、《酒赋》十二篇。其中《反离骚》、《甘泉赋》、《河东赋》、《羽猎赋》、《长杨赋》五篇，本传载其辞。《蜀都赋》、《太玄赋》、《逐贫赋》三篇，见于《古文苑》等书。至于《蜀都赋》，徐中舒先生认为："既为《昭明文选》所不取"，且"蜀之为都自蜀汉称帝始，杨（扬）雄时代蜀哪能有都？此赋非扬雄作，不辨自明"[6]，以为乃是晋人伪托。《核灵赋》无全文，《文选注》、《太平御览》有引文。《酒赋》，又作《酒箴》，《汉书·陈遵传》

引录全文;《北堂书钞》、《太平御览》有引文。《广骚》、《畔牢愁》,因《汉书》本传仅存其目而失传,诸书无引文。

诗文十余篇。有《解嘲》、《解难》两篇,《汉书》本传收录其辞。有《赵充国颂》,《汉书·赵充国传》录。有《对诏问灾异》,《汉书·五行志》录。有《剧秦美新》,《文选》录。有《答刘歆书》、《元后诔》,分别见记于《文心雕龙》"书记"、"诔碑"篇,《艺文类聚》、《古文苑》录。有《上书谏勿许单于朝》,《汉书·匈奴传》录。有《与桓谭书》、《连珠》,《文选注》、《艺文类聚》征引。有《答桓谭书》、《答茂陵郭威书》二篇,诸家辑本,如《汉魏六朝一百三家》、梅鼎祚《西汉文纪·扬雄》、四库全书本《扬子云集》等皆录。但严可均以为此二篇乃桓谭、郭威缀拾扬雄之语,而非扬雄所答之书。又有《天问解》,见记于东汉王逸《楚辞章句·天问·叙》;有《县邸铭》、《玉佴颂》、《阶闼铭》、《成都城四隅铭》、《绣补灵节龙骨铭诗》三章,见记于扬雄《答刘歆书》。以上数篇诗文,诸书皆无引文。扬雄集部著述可考知其目者,大抵如上所列。

《隋志》又著录《扬雄集》五卷,两《唐书志》著录亦同。据《崇文总目·别集类》记:两汉人之集,仅有董仲舒、蔡邕、陈琳三家。如此,则隋唐时流传的《扬雄集》五卷,已亡于唐五代之乱,所收篇目亦不可得知。赵希弁续编《郡斋读书志·后志》云:"《扬雄集》三卷。古无雄集,皇朝谭愈好雄文,患其散在诸篇籍,离而不属,因缀辑之,得四十余篇。"陈振孙《直斋书录解题》卷十六记:《扬子云集》五卷,不著编辑者名氏。但云:"大抵皆录《汉书》及《古文苑》所载。"《宋史志》有《扬雄集》六卷。刘克庄《后村诗话续集》卷三亦云:"《扬雄集》六卷,四十三篇。"各家卷数不一。可见宋时辑《扬雄集》者,不止一家。今流行者,主要有《四库全书》本《扬子云集》六卷,为明万历中遂州郑朴在《扬子云集》五卷的基础上,又取《太玄》、《法言》、《方言》三书及类书所引《蜀王本纪》、《琴清英》诸条,与诸文赋合编之,厘为六卷,而以逸篇之目附卷末。又有严可均《全汉文》辑扬雄文、赋,以及《难盖天》、《蜀王本纪》、《州箴》、《官箴》、《琴清英》,合编为四卷,辑文注明出处,内容最为详尽。

参考文献

[1] 姚振宗:《汉书艺文志条理》。

[2][6] 徐中舒:《论〈蜀王本纪〉成书年代及其作者》。

[3] 顾颉刚:《〈蜀王本纪〉与〈华阳国志〉所记蜀国事》。

[4] 严可均:《全汉文》云:"所谓亡阙者,谓有亡有阙,……(其)五箴多阙文,其四箴亡,故云九箴亡阙也。"

[5]《汉书·扬雄传》。

原刊《四川师范大学学报》1996 年第 3 期

作者简介:王春淑,1950 年生,四川师范大学历史系教授。

陈寿《益部耆旧传》探微

王 仲 镛

陈寿的著作,除《三国志》以外,据《华阳国志》和《晋书》中的《陈寿传》记载:还有《益部耆旧传》十篇,《古国志》五十篇,《官司论》七篇,以及《释讳》、《广国论》等。此外《隋书·经籍志》著录有他纂辑的《魏名臣奏事》四十卷。另有《汉名臣奏事》三十卷,不著撰人;而《旧唐书·经籍志》、《新唐书·艺文志》著录,题陈寿撰。可惜,这些著作,今天全部佚亡了,只有《益部耆旧传》,从别的书籍引用和唐宋类书中,还能见到少数零星破碎的佚文,已无从了解其全貌。别的几种,俱无可考。

陈寿是我国历史上最优秀的史学家之一。对《三国志》,古今学者已经作了多方面的研究,今后还要向进一步纵深发展。对于《益部耆旧传》,尽管材料丛残,但它在当时和后代都曾产生过较大影响,为了全面研究陈寿,我们却不可以完全忽视它。

因此,拟就以下几个问题作初步的探讨。

一、《益部耆旧传》撰作的时代背景

我们知道,自东汉建立以来,光武帝刘秀惩于西汉末年士风败坏,王莽摄政,儒生们比之周公,歌功颂德,遍于天下,于是提倡名节,用人选官,注重"经明行修"之士;而把进退铨衡的重任,放在乡邑州里。订立制度,所谓"乡举里选"。对于一个推举入仕的人,必先考其生平行事,进行评议,作出品目高下的鉴定,所谓"品第",因此有"一经品题,便成佳士"的话;主持这种评议的,是地方上有高名重望,而又善于"核论人物"的人,这种评议,称为"清议"。东汉末年,"天下言拔士者,咸称许(劭)、郭(泰)"。在《后汉书》二人《传》中,我们可以见到他们活动的一些情况。

这种"清议",渐渐形成一代风俗。从好的方面说,它使人人爱重名誉,如有赃污淫盗,触犯礼法,一玷清议,便为人所不齿。而且,直接影响到他进身的道路;即使出仕以后,其升沉废黜,还要受到"清议"的制约。这类事实,史书上记载很多。当然,这种"清议",主要还是操持在地方的世家大族手中;所谓"礼法",也在于维护封建秩序,而且还常被用来打击报复,互相攻讦,造成种种冤滥的弊病。

三国时,曹操出身寒族,他少时"任侠放荡,不治行业"(《三国志·魏书·武帝纪》),得到桥玄指点,结交了许劭,但在起兵以后,他却主张"唯才是举"(建安十五年春令,见《武帝纪》。下同),以为"有行之士未必能进取,进取之士未必能有行"(建安十九年十二月乙未令),明令征求"负污辱之名,见笑之行,不仁不孝而有治国用兵之术者"(建安二十二年秋八月令,见《武帝纪》引《魏书》)。而且立意要扫除借"清议"以互相攻讦的弊俗。下令说:"阿党比周,先圣所疾也。闻冀州俗,父子异部,更相毁誉。昔直不疑无兄,世人谓之盗嫂;第五伯鱼三娶孤女,谓之挝妇翁;王凤擅权,谷永比之申伯;王商忠议,张匡谓之左道:此皆以白为黑,欺天罔君者也。吾欲整齐风俗,四者不除,吾以为羞。"(建安十年九月令,见《武帝纪》)一段时期,为了实行这些主张,对"清议"之风,曾经发起巨大的冲击。可是当他死后,曹丕嗣立,代汉,即帝位,在黄初元年(220),即采纳陈群的建议,制九品官人之法。其制:郡邑设小中正,州设大中正,由小中正品第人才,以上大中正核实以上司徒,司徒再核,然后付尚书选用。这是走回头路,把推举人才之权,仍然付之乡邑"清议"。唐代的史学家柳芳在所著《姓系论》中说:"魏氏立九品,置中正,尊世胄,卑寒士,权归右姓已。"结果造成所谓"上品无寒门,下品无士族"的局面。而"清议"中所发生的造谣诬陷、互相攻讦的事实,更是史不绝书。

这种"清议"的风俗在当时的巴蜀地区还有其特殊之处。最先作益州牧的刘焉,就是以"积学教授,举贤良方正"起家的人物。他死后,与族弟许劭一同举行"月旦评",享有海内高名的许靖,应刘璋招请入蜀,相继任巴郡、广汉、蜀郡太守,在他直接治理的地域以内,"清议"之风自然受到极大的鼓励。刘备入蜀以后,许靖也受到尊礼,封为司徒。史载:"靖年七十,爱乐人物,诱纳后进,清谈不倦。丞相诸葛亮皆为之拜。"(《三国志·许靖传》)这可说明为什么在陈寿之前,就会有那么多的人:"蜀郡郑伯邑、太尉赵彦信及汉中陈申伯、祝元灵、广汉王文表以博学洽闻,作巴、汉《耆旧传》"的缘故(见《华阳国志·陈寿传》)。

原来,这种《耆旧传》是直接与当时乡里品第人物的"清议"之风连结在一起的。它的作用,一是通过记载本地区名宦乡贤的事迹,来揭示选举所要求的功德材行的标准。二是记载本地区重要门族及其人物,兼及家庭、师友、官属等社会关系,评述他们之间的行为得失。三是称颂懿德高行,表彰奇节义举,借以砥励名节,辅助教化。在"清议"成风的时代,评论人物,已经成为一代人的共同习尚,而撰写人物传记,一时也成了这一时期历史著作的主要内容。除了《耆旧传》或《先贤传》这种以地区分的人物传记之外,还有以人的行为分的《高士传》、《逸民传》、《高隐传》、《孝子传》、《孝友传》、《孝德传》、《止足传》、《知己传》、《良吏传》、《忠臣传》、《文士传》以至《高才不遇传》、《阴德传》、《悼善传》之类。同时,各大士族的《家传》与名贤钜公的《别传》、《行状》等等也不少。有人统计,不下千种以上。其名目,在《三国志注》、《世说新语注》及《隋书·经籍志》中,略可考见。

陈寿的《益部耆旧传》,就是在这样的历史时代背景中撰写而成的。

二、陈寿身世与《益部耆旧传》的撰作动机

据《华阳国志·陈寿传》记载,陈寿是不满意郑伯邑、赵彦信等人所作巴、汉《耆旧传》,以为"不足经远",因此才从事撰作的。这里,我们准备就如何理解"不足经远"的问题,作些探讨。这就关涉到陈寿的身世及其撰作动机。

据《华阳国志》载,他是在"大同后,察孝廉,为本郡中正"的时候,撰写

此书的。安汉（今四川南充）陈氏，是一个新起的士族。汉顺帝时，陈禅出身乡举里选，为司隶校尉，子澄，有清名，官至汉中太守，子孙由是"显名州里"（《后汉书·陈禅传》）。距陈寿之生，不过八九十年。陈寿生于蜀汉后主建兴十一年癸丑之年（233），距今一千七百六十年。所谓"大同"，指蜀汉为曹魏所灭（263）之年。两年后，司马炎受魏禅，即帝位，建立晋朝，改元泰始（265—274）。据《三国志·谯周传》陈寿自言"泰始五年，予尝为本郡中正"，则他撰写《益部耆旧传》当在此前后数年之间，约为三十五六岁。在"察孝廉，为本郡中正"以前，他因受乡里"清议"的攻讦，曾经吃过很大的苦头。《晋书·陈寿传》载：

  陈寿字承祚，巴西安汉人也，少好学，师事同郡谯周。仕蜀为观阁令史。宦人黄皓专弄威权，大臣皆曲意附之，寿独不为之屈，由是屡被谴黜。遭父丧，有疾，使婢丸药，客往见之，乡党以为贬议。及蜀平，坐是沉滞者累年。

看来史文叙述有些含混，把"被谴黜"和"坐是沉滞"记为两段时间的事情。据《晋书·何攀传》载：

  攀居心平允，莅官整肃，爱乐人物，敦儒贵才，为梁、益州中正，引致遗滞，巴西陈寿、阎义，犍为费立皆西州名士，并被乡闾所谤，清议十余年，攀申明曲直，咸免冤滥。

这说明陈寿"屡被谴黜"和"乡党贬议"、"坐是沉滞"是一回事，其时间长达十余年之久。而他之所以遭"乡党贬议"，必然与忤黄皓有关。这种事情，在当时是常见的，如《晋书·卞壸传》所载，卞壸的父亲卞粹的情况就是如此："父粹以清辨鉴察称。弟裒，尝忤其郡将，郡将怒讦其门内之私，粹遂以不训见讥议，陵迟积年"。因得罪郡将，乡里"清议"便以不能训弟加罪于他，和陈寿因得罪弄威权的宦官黄皓，竟因生病让婢女做药丸，被"清议"见贬，"谴黜"十余年，不是一样吗？遭受这种"冤滥"，达十余年之久，他的感受，当然是极其深刻的。

  泰始初，他受到巴郡地方官（或州大中正）的推举，"为本郡中正"，承担了品第本郡人才的职责。这时，他一方面深知乡里"清议"的流弊，对九品中正的制度，不无怀疑；另一方面，他对诸葛亮用人，开诚心，布公道，循名责实，不拘资次的做法，十分钦佩。甚至对曹操用人唯才，不问品行的主张，也相当赞赏。这两种思想，在《三国志》中表现得极为清楚：他对诸葛亮的正面肯定不须说；对曹操三次下令，征用"负污辱之名，见笑之行，不仁不孝而有治国用兵之术者"的做法，都一一详加记载，著其令文。又载其建安十年九月令，指责"阿党比周"，"更相毁誉"，"以白为黑，欺天罔君"的弊俗，表明"四者不除，吾以为羞"的志愿。其意存赞许，也是较然可知的。另一方面，他对于九品中正的制度，则在《三国志》全书中，只有《陈群传》"制九品官人之法，群所建也"一语，不载其疏，也更无详细的记述。他对二者所持的态度，不是十分清楚吗？

但是，他毕竟出身于士族，又职居中正，他厌恶"清议"弊俗，却不可能完全否定"清议"本身的作用。他仍然想通过《益部耆旧传》的撰作，和《三国志》一样，来达到"辞多劝诫，明乎得失，有益风化"（范頵《上〈三国志〉表》）的政治效果，这就是他所谓"经远"的实在意义。而原有诸作，则以为"不足经远"。同时，这也与写作文章的工拙有关。当时曹丕就有"文章经国之大业，不朽之盛事"的话（《典论·论文》）。"言之不文，行而不远"（《左传》襄公二十五年），"不足经远"当就内容与形式两方面言之。自陈寿的《益部耆旧传》出来，果然，原先五人所作的《耆旧传》都不传了。

把陈寿的《益部耆旧传》上呈晋武帝的是文立。文立与陈寿同为巴郡人，都是当时巴西大儒谯周门下的高材生。文立被时人比作孔子门下的颜回，陈寿则为子夏。文立在晋朝建立以后，被晋武帝司马炎首批重用，借以招纳人才，安抚梁、益二州的人。他"甄致二州人士，铨衡平当，为士彦所称"（见《晋书》及《华阳国志·文立传》）。陈寿书成，由他疏表上呈晋武帝，并得到武帝的赞赏，他们实际上都是从当时的政治需要着眼的。接着，陈寿也与寿良、李宓、王崇、李骧、杜烈等西州才士，同入京洛了（见《华阳国志·王化传》）。

陈寿的老师谯周是蜀中最号"渊通"（见《华阳国志》）的学者，尤精蜀中掌故，著有《古史考》、《后汉纪》、《蜀本纪》、《益州志》、《三巴记》等历史著作。陈寿学于谯周的时候，"治《尚书》、三《传》，锐精《史》《汉》"，也是专攻史学，《益部耆旧传》是他用意"经远"之作，其成就自有可观。《晋书·陈寿传》于因使婢丸药，遭乡党贬议，沉滞累年之后，接着记载："司空张华爱其才，以寿虽不远嫌，原情不至贬废，举为孝廉，除佐著作郎。"看来，又把他的经历搞乱了。在"文立表上"他的《益部耆旧传》之前，张华不曾见到他的著作，何从"爱其才"？常璩是与他时代相隔最近的蜀中后辈，自当以他的记载为事实："察孝廉，为本郡中正"在入洛之前。看来是他的《益部耆旧传》，在"文立表上"之后，得到武帝赞赏，接着才是"司徒张华爱其才"，"除佐著作郎"的。《晋书》在"除佐著作郎"后，又云："出为阳平令，撰《蜀相诸葛亮集》，奏之。除著作郎，领本郡中正。"而《三国志·诸葛亮传》载陈寿《上〈诸葛氏集目录〉表》，篇末自署："泰始十年二月一日癸巳，平阳侯相臣陈寿上。"他在泰始五年，已"为本郡中正"，《晋书》却把此事叙在上《诸葛亮集》之后，又把"平阳侯相"改为"阳平令"，其误显然。《益部耆旧传》得到了朝廷的重视，因此还有"续陈寿《耆旧》作《梁益篇》"的常宽等著作出现（《华阳国志·常宽传》）。常宽就是著《华阳国志》的常璩的族祖。

九品中正的制度，自曹魏建立以后，一直施行于两晋、南北朝，几百年间不断有人指出种种流弊，倡议改革，却仍然因循下去，直到隋唐为止。而与之为一体的乡里"清议"，亦百弊丛生，以至宋、齐、梁、陈四朝，在每朝皇帝即位开国实行大赦的诏令当中，都无例外地要提到"其犯乡论清议，脏污淫盗者，皆洗除先注，与之更始"这样的话（俱见《宋书》、《南齐书》、《梁书》、《陈书》中的《武帝纪》）。这一制度的存在，是与当时的门阀政治相终始的。当时"清议"的威力很大，不仅在于乡里，即使已经出仕服官，仍然受到"清议"的制约，如《晋书·卞壸传》："淮南小中正王式父没，其继母终丧，归于前夫之子，后遂合葬于前夫。卞壸劾之，以为犯礼害义。诏以式付乡邑清议，废弃终身。"而陈寿从入朝任佐著作郎，平阳侯相，再任著作郎，又经杜预推荐，"授御史治书"，以后"以母忧去职。母遗言令葬洛阳，寿遵其志，又坐不以母归葬，竟被贬议，再致废辱"（《晋书·陈寿传》）。在今天看来，他顺从母亲遗愿，葬在洛阳而不归葬于蜀的做法，本合情理，丝毫无可非议，竟会遭到这样的结果。我们结合《华阳国志》中另外一些事实记载：如说"（张）华表令兼中书郎,而《魏书》有失(荀)勖意,勖不欲其处内,表为长广太守"(《陈寿传》)。又说:"(李骧)初与(陈)寿齐望,又相昵友,后与寿情好携隙,还相诬攻"(同上)。"(王化)少弟崇,与寿良、李宓、陈寿、李骧、杜烈同入京洛,为二州标俊,五子情好未必能终"(《王化传》)等等。这都说明当时上有朝廷大官中书监荀勖的不满,下有同入洛阳的巴蜀人士彼此间的矛盾倾轧,而陈寿为人,性格比较正直,在人物传记中,明于是非得失,秉笔直书,有所褒贬,必多恩怨。韩愈说过:"夫为史者,不有人祸,则有天刑。"(《与刘秀才论史书》)我们再看他仕蜀时不附宦官黄皓,以及谯周告诫他:"卿必以才学成名,当被损折,宜深慎之"的话,他的生遭毁谤,死受讥评,是不足为怪的。在那样的时代里,他撰《益部耆旧传》的"经远"之意,自然无法实现。随着九品中正制的废止,"清议"之风,随以息灭,其书虽见重一时,也不能不和其他千百种以人物传记为主要内容的历史著作一样,同归于佚亡的命运了。

三、《益部耆旧传》的影响及其佚存情况

《益部耆旧传》大约亡于唐代。唐初所著《隋书·经籍志》著录:"《益部耆旧传》十四卷,陈长寿撰。"陈长寿,即陈寿,盖所据传本作"长寿",未加订正,殆以书不常见之故。清人沈涛《铜熨斗斋随笔》遂谓"疑亦术之一字",以此书为汉中陈术字申伯者所撰。章宗源、姚振宗的《隋书·经籍志考证》已辨其非。新、旧《唐志》俱作"《益部耆旧传》十四卷,陈寿撰",可证《隋志》之误。至于"十篇"作"十四卷",乃书帙分合之故。刘知几《史通·杂述篇》"郡书"一流,举到陈寿《益部耆旧传》,而未加以评论。下面说:"郡书者,矜其乡贤,美其邦族,施于本国,颇得流行,置于他方,罕闻爱异。其有如常璩之详审(指《华阳国志》),刘昞之该博(《新唐书·艺文志》刘昞有《凉书》十卷,《敦煌实录》二十卷,书亡),而能传诸不朽,见美来裔者,盖无几焉。"所称赞的,已不及陈寿的书了。唐人著书征引及所编类书中,今可见者,司马贞《史记索隐》三条,颜师古《汉书注》一条,李贤《后汉书注》六条,李善《文选注》一条,类书《北堂书钞》十条,《艺文类聚》二十条,《初

学记》七条。其他少见征引。因此，我们疑心在唐末五代时期，《益部耆旧传》原书已很难见到，《旧唐书·经籍志》所载，也是根据《隋志》移录。欧阳修曾参加《崇文总目》的编纂，而《目》中不载《益部耆旧传》，说明当日内府亦不存此书了。《新唐书·艺文志》所载，亦出《隋志》，但他们对《隋志》所载"《续益部耆旧传》二卷"，未见原书，因《三国志注》引有《益部耆旧杂记》，遂改"《续益部耆旧传》二卷"为"《益部耆旧杂记》二卷"，纯出推断。清人侯康《补三国艺文志》和章宗源、姚振宗的《隋书·经籍志考证》各有不同的说法，沈涛甚至以《续益部耆旧传》二卷即为陈寿所作，真是愈说愈远了。

宋初所修的大型类书《太平御览》引用《益部耆旧传》最多，共有六十六条。《太平广记》只两条。细加考察，我们发现《御览》所引此书的条文，与引用他书者不同，引用他书者，与原书无大出入。偶有文字异同，多为传写之误。而引自此书者，每一人一事，而记载情节不同，文字出入很大，几乎不像同出一书。并且重复很多，如张宽、王忳、何祗等人，同记一事，凡四五见，也有详略字句的不同。似乎俱采自他书征引，不一定出于原书。至于乐史《太平寰宇记》所载"任文公"、"黄帛"、"赵瑶"三条，则完全引自《太平御览》。自《崇文总目》以下，尤袤《遂初堂书目》、晁公武《郡斋读书志》、陈振孙《直斋书录解题》俱未著录《益部耆旧传》，颇疑此书，宋人已不复得见了。

把以上诸书所能见到的佚文，加上更早引用在《三国志注》中的十三条，《水经注》一条，合起来看，共有七十三人《传》文的零星片段，有的只有一二句，所记的事，也只有一枝一节。明人陶宗仪(《说郛》卷五十八)和清人王仁俊(《玉函山房辑佚书续编》)曾有辑本，俱不完全。陶辑只有十六条，王辑只一条，都没有超出上举范围。对着这些残缺的佚文，再一回顾晋武帝当年见到此书的赞赏，以及常璩"较美《史》、《汉》"的评价，真是不可想像了。值得庆幸的，是被刘知几与《益部耆旧传》同归于为"郡书"一流，而称其"详审"，以为"能传诸不朽，见美来裔"的常璩《华阳国志》，除小有残缺外，原书还赫然具在。连同时被他称为"该博"的刘昞的著作，也都佚亡于南北宋之交了。《华阳国志》是现存四川有史以来的第一部地方志，也是中国的第一部地方志。在此书中，常璩写了《陈寿传》。他根本不记载当时人们对陈寿所造作的诬谤流言，而对他的《耆旧传》、《三国志》、《古国志》等历史著作，称其"品藻典雅"；对《官司论》等论政之作，则称其能"依据典故，议所因革"。又记载了"(陈)寿《魏志》有失(荀)勖意，勖不欲其处内"和"遵继母遗令，不附葬，以是见讥"二事，痛惜他"英贤排摈"，"位望不充其才"的遭遇。常璩可算陈寿的同乡后辈中真正的知己。

在三国晋初，巴蜀地区，文学不如北方，乃至江南；而史学则特别发达。当时从事著作的人很多，常璩撰作《华阳国志》时，作了一个回顾和总结。他说：巴蜀自汉以来，"司马相如、严君平、扬子云、阳成子玄、郑伯邑、尹彭城、谯常侍、任给事等各集传记，以作《本纪》，略举其隅。其次圣称贤，仁人志士，言为世范，行为表则者，名著史录。而陈君承祚，别为《耆旧》，始汉及魏，焕乎可观。然三州土地，不复悉载。《地理志》颇言山水，历代转久，郡县分建，地名改易，于以居然辨物知方，犹未详备。"他分别从历史、人物、地理三个方面来考察有关巴蜀地区的历史著作过去所达到的水平，进一步要求自己当前所撰作的《华阳国志》必须开辟一条新路，综合前人成果，把地理志、编年史、人物传三种体裁融为一体，因而使《华阳国志》成为中国方志史上的开山之作。特别值得注意的，是他对过去在三方面的历史著作中，最为赞赏，以为无复遗憾的只有人物传方面的陈寿《益部耆旧传》一书。所谓"焕乎可观"，语出《论语·泰伯》"焕乎其有文章"。史尚文，所以有"文胜质则史"（《论语·雍也》）的话。在他看来，陈寿此书，已经达到了历史著作的最高标准。

由于《益部耆旧传》的存在，所以常璩在《华阳国志》的人物传方面，采取了陈寿《三国志》在《杨戏传》中对杨戏所写《季汉辅臣赞》的处理办法。陈寿说："其戏之所赞而今不作传者，余皆注疏本末于其辞下，可以确知其仿佛云尔。"他把杨戏对每个人物所写的《赞》列在前面，下面再注出这个人物的事迹。常璩则说："故《耆旧》之篇，较美《史》、《汉》，而今志州部区别，未可总而言之，用敢撰约其善，为之述赞，因自注解，甄其洪伐，寻事释义，略可知其前言往行矣。"（《先贤士女总赞》序）陈寿的《益部耆旧传》所载人物是没有分地区的，常璩则按现行州部区域，再吸取《益部耆旧传》的内容和精神实质，仿效杨戏《季汉辅臣赞》，为每个历史人物作《赞》；并据以自注于下。他的整个《先贤士女总赞》，就是这样写出来的。这种情况，也就是他在本书《序志》篇中所讲的"约取《耆旧》士女英彦"。在《先贤士女总赞》序中，他总结全书的人物传部分，更说："璩晚生长乱，故老已没，莫所咨质，不详其事，但依《汉书》、《国志》，陈君所载（《益部耆旧传》）凡士女二百四十八人而已。后贤二十人，合二百六十八人，以示来世之好事者。"由此，我们可以推知，《益部耆旧传》所载全部人数，共为二百四十八人。而今我们从上述所能见到的佚文当中，能知其姓氏的，已不过四分之一了。后贤二十人，主要是根据他族祖常宽"续陈寿《耆旧》作《梁益篇》"撰成的，但他明白地说："揆之《耆旧》，竹素宜阐。今更撰次损益，足铭后观者凡二十人，缀之斯篇。"（《后贤志》序）他是以《益部耆旧传》作为典范，来进行"撰次损益"的。除此以外，常璩在《巴志》、《汉中志》、《蜀志》、《南中志》的地理史部分和《先主志》、《后主志》的编年史部分中，也时时采用了《益部耆旧传》的内容。至于《三国志》，就更不用说了。刘知几称举到陈寿的《益部耆旧传》，而归美于常璩的《华阳国志》。其实，没有前者，后者是不可能"传诸不朽，见美来裔"的。

四、余论

从以上的探讨中我们可以看到，陈寿所著的《益部耆旧传》，原是他所生活的历史时代的产物，随着时代的变迁，它有自己的兴亡史。但是，由于陈寿是一个优秀的史学家，在写作中，既含有他的爱憎理想，也体现了他的史德和文学才能，其书虽亡，在《三国志》的《蜀书》中，关于巴蜀人物的传记，必有所采用。特别是常璩的《华阳国志》，从它的《先贤士女总赞》中我们可以考知《益部耆旧传》所载二百四十八人的姓名和主要事迹。它是"约取《耆旧》士女英彦"而来的。"约取"就是"节录"。因此我们在今天所见到的佚文中，有溢出"约取"所不及的材料。有还在《华阳国志》的其他部分,可以见到,细审可知。而后来范晔修《后汉书》亦有所掇取。我们甚至可以这样说:陈寿的《益部耆旧传》虽然佚亡,它的内容,它的精神实质,还大体存在。正由于这个原因,我们考察两汉,特别是后汉至三国一段时期巴蜀地区的历史人物,陈寿此书的作用已为《华阳国志》以及《三国志》《后汉书》所取代,所以唐人注书,已不甚引用《益部耆旧传》了。司马贞《史记索隐》、颜师古《汉书注》、李善《文选注》等,所引不过一二条,他们不是直接引用《三国志》《后汉书》,就是引用《华阳国志》了。

今天,如果我们要了解《益部耆旧传》,单凭辑佚的工作是没有多大作用的,我们必须同时结合《华阳国志》以及《三国志》、《后汉书》来进行研究。比如,我们在上文讨论到陈寿《益部耆旧传》的写作动机时,曾说他结合自己身世的遭遇,对当时用人的九品中正之法和"清议"之风,有自己的见解,便可在《益部耆旧传》的佚文中,见到这样一段:

> 每朝会,祗次洪坐。嘲祗曰:"君马何驶?"祗曰:"故吏马不敢驶,但明府未著鞭耳。"众传之以为笑。(《三国志·杨洪传》注引)

这是对《杨洪传》文的一点补充。《传》文说:

> 始洪为李严功曹,严未去犍为而洪已为蜀郡。洪迎门下书佐何祗,有才策功干,举郡吏,数年为广汉太守,时洪亦尚在蜀郡。是以西土咸服诸葛亮能尽时人之器用也。

陈寿撰写《三国志》,把当时与何祗相嘲的一段插曲丢掉了,而《华阳国志》却载了全过程:

> 初,洪为犍为太守李严功曹,去郡数年,已为蜀郡。严故在职;而蜀郡何祗为洪门下书佐,去郡数年,洪故在官。是以西州咸服亮之能揽拔英秀也。后洪祗俱会亮门下,洪谓祗曰:"君马何驶?"祗对曰:"故吏马不为驶,明府马不进耳。"(《刘先主志》)

从上举材料可以看到,陈寿对诸葛亮用人能各尽其材,不拘资次,是十分赞美的。而另一方面,在《华阳国志》中,对当时以善于评论人物最为著名的许靖,却记载了这样的事:

> (刘备入蜀以后)以亮为军师将军,署左军府事,正扬武将军,蜀郡

> 太守。关羽督荆州事,张飞为巴西太守,马超平西将军,不用许靖。法正说曰:"有获虚名而无实者,靖也。然其浮名称播海内,人将谓公轻士。"乃以为长史。(《先主志》)

原来,刘备、诸葛亮对许靖的尊重,是照顾他的虚名太大。这在《三国志·许靖传》没有写进去的情节,却记入《华阳国志》里,其来源盖出于蜀中故老的传闻。陈寿被"时人称其善叙事,有良史之才"(见《晋书·陈寿传》),这也是他"明乎得失"的一个表现。

材料真是过于零星破碎了。我们也许还能以某些片段佚文为线索,再找到原书中其他的消息。如所见佚文中,有记载妇女的材料十多条,这是与它同时或先后出现的那些《耆旧传》、《先贤传》当中所没有的。当然,有刘向的《列女传》在前,但刘向意在兴王教,昭法戒,"以戒天子"(见《汉书·刘向传》),而陈寿于《益部耆旧传》中,载有为妇女所写的传记五十多个,把妇女的品德才智,嘉言懿行,加以记载,与耆旧、先贤,相提并论。这对当时轻视妇女的社会意识,是一个突破。后来范晔《后汉书》特立《列女传》一目,是正史中的创举。他在《列女传序》中说:"高士弘清淳之风,贞女亮明白之节,则其徽美未殊也,而世典咸漏焉。"说明他是受到陈寿的启发才这样做的。在《后汉书·列女传》中,"广汉姜诗妻"、"汉中程文矩妻"、"犍为盛道妻"、"孝女叔先雄"各传,皆与《华阳国志》所载事实相同,盖俱出于《益部耆旧传》。而其中的《孝女叔先雄传》,与《益部耆旧传》文字、情节几乎完全一致。试看:

> 孝女叔先雄者,犍为人也。父泥和,永建初为县功曹。县长遣泥和拜檄巴郡太守,乘船堕湍水物故。尸丧不归。雄感念怨痛,号泣昼夜,心不图存,常有自沉之计。所生男女二人,并数岁,雄乃各作囊,盛珠环以系儿,数为诀别之辞。家人每防闲之,经百许日稍懈。雄因乘小船,于父堕处彻哭,遂自投水死。弟贤,其夕梦雄告之:"却后六日,当共父同出。"至期伺之,果与父相持,浮于江上。郡县表言,为雄立碑,图象其形焉。(《后汉书·列女传》)

再看《益部耆旧传》的记载:

> 孝女叔光(先)雄者,犍为人也,父泥和,永建初为县功曹,乘船堕

湍水物故,尸丧不归。号泣昼夜,心不图存,所生男二人,并数岁,雄乃各为囊,盛珠环以系儿,数为诀别之辞。家人每防闲之。稍解,因乘小船,于父堕处痛哭,遂自投水死。弟贤,其夕梦雄告之:"却后六日,当共父同出。"至期伺之,果与父相持(浮于)江上。郡县表上,为雄立碑,图象其形焉。(《太平御览》卷三九六引《益部耆旧传》)

又看:

永建元年十二月,县长赵祉遣吏尼(泥)和拜檄巴(蜀)郡守,过成湍滩,死。子贤求丧不得。女络年二十五,乃分金珠作二锦囊,系儿头下。至二年二月十五日,女络乃乘小船至父没所,哀哭自沉。见梦告贤曰:"至二十一日与父尸俱出。"至日父子浮出。县言郡,太守萧登高之,上尚书,遣户曹椽为之立碑。(《华阳国志·蜀志》"符县"下)

它们三者之间的关系,是十分清楚的("叔先",复性,省作"先";"雄"乃"雒"之讹,"雒"一作"洛",与"络"形近而误。《华阳国志·黄帛传》"符有先络婪道帛","络"与"帛"叶韵。据钱大昕、熊会贞说)。

此外,在《后汉书·方术传》中,任文公、杨由、李郃、折像、段翳、董扶、郭玉诸人《传》,亦当出于《益部耆旧传》。其中任文公、杨由、段翳、董扶、郭玉诸人事迹,《北堂书钞》、《太平御览》均引用了《益部耆旧传》的片段佚文,可相对证。李郃、折像事见《华阳国志》,实亦出于陈寿此书。值得特别一提的,是《后汉书·方术传》中的《郭玉传》,它说:

郭玉者,广汉雒人也。初,有老父不知何出,常钓于涪水,号涪翁。乞食人间,见有疾者,时下针石,辄应时而效,乃著《针经》、《诊脉法》,传于世。弟子程高寻求积年,翁乃授之。高亦隐迹不仕,玉少师事高,学方征六微之伎,阴阳隐侧之术。

而在《北堂书钞》卷二二引《益部耆旧传》有"广汉有老翁,钓于涪水,自号涪翁"一条,可知《后汉书》即采自《耆旧传》。再取《华阳国志》所载《郭玉传》、《李助传》参看:

郭玉字通直,新都人也。明方术,伎妙用针,作《经方颂说》,官至太医丞。

(李)助字翁君,涪人也,通名方,校医术,作《经方颂说》,名齐郭玉。

我们就可以发现,当时的巴、蜀地区,乃是针灸疗法发展很大的地区,涪翁即是在民间行医的一代大师,他著《针经》,说明其地位的重要,医家奉行,有如经典。传至郭玉、李助,都著有《经方颂说》,以阐其术。这在我国医学发展史上,是应当特别记上一笔的。任乃强先生认为《针经》即《隋书·经籍志》著录的《黄帝针经》(见(《华阳国志校补图注》)。我国中古时代的医书多托之神农、黄帝,他的说法,是有道理的。

由于对技术知识的重视,他在《益部耆旧传》中还为出生于阆中的西汉改《颛顼历》为《太初历》的著名历算家洛下闳写了《传》(《史记·历书》司马贞《索隐》引,并见《北堂书钞》卷一三〇、《艺术类聚》卷五及《太平御览》卷二、卷一六)。后来,在《三国志·魏书》还写了《方伎传》。由此可见,陈寿的《益部耆旧传》,不仅在我国方志的发展史上,有其重要作用;即在"正史"的编纂中,也是有影响的。自《后汉书》以下,唐人编纂《晋书》、《隋书》,以至后来的新、旧《唐书》等,一般都立有"艺术"(或称"方伎")、"列女"二者的《列传》了。

原刊《四川师范大学学报》1994年第3期

作者简介:王仲镛,1915年生,曾任四川师范大学文学院教授。主要论著有《唐诗纪事校笺》、《升庵诗话笺证》等。

《益州记》佚文考辨

李巧思

六朝时期的巴蜀方志要籍,继晋常璩《华阳国志》[1]之后,有刘宋时任预、梁李膺的《益州记》二种。二书都亡于宋元之间,在唐宋的类书和地理书中还保存大量的佚文,约有180条。但引文有时只录书名,不标作者,遂不能分辨是谁所著,只好合而论之。《四库全书总目提要·地理类》曾经指出:"其书虽不尽传,而大要亦多杂载事迹,取备掌故。则掇拾搜罗,正考订者所不废。"[2]它的考订价值,一方面可以补充《华阳国志》的不足,因为常璩的书是由地方史、地方志和人物三部分组成,所以地方志部分只能纪要,不能详载。任、李二书详于州郡建置迁徙、水道名山胜迹,给唐宋时编撰地志遗留下丰富的资料。一方面更可以纠正明清地理书的错误,因为明清方志辗转抄引二书,时有改窜,再掺杂己意,混入他书,讹误滋增,面目全非,必须靠原文来校正。而近代学人重视明清方志,视为珍贵史料,往往以讹传讹,郢书燕说,甚至据以非议史籍,反而自诩新有所得。这些错误都不是原书之误,而是引文或解释之误。

兹举出后代署名,书名、体例及引文,侨县等三事,略加考辨。

一、作者与署名

任预《益州记》历代经籍艺文志目都未著录,引文始见于《水经·江水注》[3],唐宋类书《艺文类聚·礼部》[4]、《初学记》[5]及《太平御览·地部》[6]抄录条文不多。《说郛》[7]中有任《记》十五条,来历不明,大多是从《初学记》抄出,也不尽属任《记》。考《隋书·经籍志》有"宋太尉参军任预

《礼论条碟》十卷"[8]，因知他是晋宋间人，义熙时曾任太尉刘裕（宋武帝）的参军。继仕于宋。《高僧传·慧严传》载："何承天问佛国历法，（武）帝敕任预受焉。"[9]他的年代，正与郦道元注《水经》时相符合。或误为杜预，《史记·河渠书》"二江"条注引杜预《益州记》：二江者郫江流江也[10]。《后汉书·郡国志》注同引杜《记》：巴国有涂山，禹娶涂山氏女[11]。而《左传·定公八年》杜注涂山在寿春[12]，《左传》中也没有岷江分支为二江之文，无从作注，因知杜预应是任预。《北堂书钞·酒食部》"卓王孙井"条亦称杜预《益州记》[13]，显然是与任字形近而误。

李膺事迹见《梁书·刘季连传》[14]，齐明帝时为涪县令。《南史·邓起元传》附有李传，云：膺字公胤，梁武帝时，从益州主簿升为别驾，"著《益州记》三卷行于世"[15]。《太平御览·职官部》引《三国典略》载李膺事迹，与《南史》相同，称"梁李膺公胤，广汉人"。后代误以李膺任涪令为涪人，或与梁太仆卿梓潼李膺相混。《隋书·经籍志》最先著录"《益州记》三卷，李氏撰"，已不知其名字。《旧唐书·经籍志》[16]臆题为李克之书。据《新唐书·艺文志》[17]知李克为李充之讹，新旧史俱误认此书是后汉蜀人李充所著。唐人于此书作者既已不明，故引文多误题姓名。如《文选·蜀都赋》注引谯周《益州记》"成都濯锦"一条[18]，然谯周有《三巴记》，却与成都故事无关，姚振宗《隋书经籍志考证》据此增补谯周《益州记》[19]，实属张冠李戴。《初学记·居处部》与《寰宇记》"成都司马相如宅"条更误为王褒《益州记》[20]，明人《千顷堂书目》[21]误著录褒《记》，遂成奇闻。

李膺以《益州记》一书著名于世，后世每将不明作者的地理志归属于他。《寰宇记》"梓州（三台）"下引李膺《蜀记》七条（"大禹覆舟山"、"邓通铜官山"、"犁刀山"、"五城山"及"宋置怀归县"、"西宕渠郡"、"盐亭县"），唐宋时有《蜀记》数种，都不知其作者，梓州方志引文臆题为李膺，所以乐史从之而误。《益州记》另有"覆船山"条，全文与《蜀记》不同，可知署名李膺《蜀记》之误。《舆地纪胜》"怀安军（今金堂）铜官山"条又引李膺《成都记》[22]。成都地志中不应有中江铜山，其误甚明。《蜀中名胜记》又改《蜀记》"犁刀山"条为李膺《益州记》[23]，尤为荒谬。《舆地纪胜》又在"永康军

(今都江堰市）离堆伏龙观"条引李膺《治水记》，此记当是五代时杜光庭《续成都记》的佚文，与光庭《青城山记》同属《续成都记》的分篇，不能署名李膺。又《蜀中名胜记》引李《记》"开明氏造成都七宝楼"条，本是孟蜀时释仁显《华阳记》的佚文，妄改为李膺的书。明人引书，如此混乱，怎能令人相信。《升庵文集》卷七十八所引"李公胤《益州记》"尤为混乱。略云：玉女房下作三石人立水中，刻石要江神，浅无至足，深无没腰；又立淘滩作堰之法[24]。此条实因《江水注》于大堰下引任预《益州记》文，接着又采用常璩《华阳国志》"玉女房下作石人刻石誓水"，未注出处。杨升庵将上下文同视为一书，乃改题任《记》为李《记》，又在文后增补明正德时出土石刻"立堰之法"三句，混入古书。这也无怪升庵，明人引书多取大意，好以意改，风气如此，随处可见。清人修志，既未查唐宋地志类书所引任、李二《记》，辗转抄袭，又凭己意改窜文句，已经面目全非，再作穿凿附会的解说考证，便成了呓语。影响至今，余风犹存。

二、书名、体例及引文

二书同名《益州记》，是借用古称来包括巴蜀地区。汉初益州为汉中、巴、蜀、广汉四郡，武帝开西南夷于犍为（黔蜀间）、越巂（西昌一带）及今滇黔（益州、柯二郡）地区增置四郡，共有八郡。到蜀汉时从益州分出梁州，统辖汉中及今川北川东十郡，益州只剩有三蜀之地。及至晋宋，仍以梁益二州分辖各郡。梁改旧制，大增州郡，梁益二州在巴蜀境内已有二十一州五十七郡，益州实际上已缩小了，所以书名与梁时益州范围大不相同。

李膺《记》的下限是梁武帝时，如《寰宇记》"蜀郡广都县"下引李《记》："阿育王使鬼兵造八万四千塔，广都江原有其一也。"传说流行于梁代，《南史·蛮貊传》载：武帝天监三年改造阿育王佛塔，塔为王役鬼神造八万四千塔之一。正好证明李《记》的时代。又如《舆地纪胜》"潼川府"引《李》记："梁大同于此置盐亭"，时代相同。全书的体例，应像常璩《华阳国志》巴蜀四志那样，按当时州郡，分叙各州建置、沿革、大事、山川、名迹，并按地理书的惯例，必须采用梁时郡县名称。今存李《记》佚文，应编排为十六州，其目如下：

    益州（治成都） 江州（治犍为，今彭山北） 东益州（治九陇，今彭州） 绳州（治茂州） 邛州（治依政，今邛崃东南） 巂州（治邛都，今西昌） 青州（治齐通，今眉山北） 嘉州（治平羌，今乐山北） 戎州（治道，今宜宾） 楚州（治垫江，今重庆） 信州（治鱼腹，今奉节东） 潼州（治涪县，今绵阳） 新州（治北五城，今三台） 北巴州（治阆中） 安州（治南安，今剑阁） 黎州（治晋安，今昭化）

州下包括汉嘉（今雅安）荒郡在内，只有一十五郡。任预《记》佚文过少，体例不详。唐宋引文又按当时地名，改变了六朝州郡的名称，《太平御览·地部》和《寰宇记》各州下引二《记》都已更名。因此今见佚文，已非任、李原貌，如求旧著的原文，首先必须还原六朝地名，否则便以唐宋郡县冒充古地。

仅举蜀郡（成都）为例。梁益州蜀郡辖郫、繁、广都、牛鞞四县，《寰宇记》"犀浦县"引李膺《记》"蒋碗宅"条，而唐时才有犀浦县，在李书中应属于郫县。又"双流县"之"汉程郑家于牛饮水"条，在李书中应属广都。又"简州阳安县"引《益州记》蜀人谓岭为栋，此条作者不明，地名当是牛鞞。梁时郡县位置还有特殊之处，如齐基郡治青城，在今灌口南，所辖青城县在河西。又从灌口移汶山郡还绵虒，属于绳州，灌口仍是绵虒东境的乡镇。唐宋后三地都在灌县，而李膺《记》中，"青城山"佚文应归齐基郡。"灌口天彭阙"、"玉女房"及"岷江立堰"、"分流"诸条皆应归汶山郡，不能混为一地。

三、侨置郡县

晋末梁益二州，北有氐羌作乱，南因僚族内迁，蜀中多侨置郡县。常璩《华阳国志》巴蜀二志各郡中虽未标明侨置，实际已有侨置的郡县，而李膺《记》却有明确的记载。如《寰宇记》"剑州废茂陵县"引《益州记》云："宋大明年置，后魏废。"茂陵原属关中扶风郡，侨县在今剑阁西南百余里，"后魏废"句却非原文所有,为引文时所增补。同书"剑州武连县"引李膺《记》云:"宋文帝元嘉二十九年,以武都流人于下辩县安置。"汉武都郡下辩原在今甘肃东南,宋侨置于辅剑郡,即今剑阁西南八十里的武功驿。《舆地纪胜》"隆庆府(剑州)阴平县"亦引《记》云:"宋太始初,以旧阴平流移之户置北阴平。"阴平郡本在甘肃文州,晋永嘉后为氐羌占有,宋因侨置到今剑阁西北一百六十里的马角坝。

南部僚族内迁是成汉时的历史大事,侵扰巴蜀数十州县。《华阳国志》原有记载,宋时已缺,唯《水经·漾水注》中能见残文:"李寿之时,僚自牂柯北入,所在诸郡,布满山谷。"此条过于简略,《北史·僚传》[25]《晋书·李势载记》[26]和《资治通鉴·晋纪》[27]都曾参考李膺《记》增补为:蜀本无僚,李势时诸僚始出,巴西、渠川、广汉、阳安、资中、犍为、梓潼、攻破郡县,十余万落,布满山谷,不可禁止。李《记》叙述尤详:"李势又从牂柯引僚入蜀境,自象山以北,尽为僚居。蜀本无僚,至是始出,巴西、渠川、广汉、阳安、资中、犍为、梓潼,布在山谷,十余万落。时蜀人东下者十余万家,僚遂挟山旁谷与土人参居,参居者颇输租税,在深山者不为编户。"《北史·僚传》全用李《记》之文:"李势在蜀,诸僚始出,巴西、渠川、广汉、阳安、资中、攻破郡国,为益州大患。又蜀人东流,山险之地多空,僚遂挟山傍谷,与夏人参居者颇输租税,在深山者仍不为编户。"只省去从牂柯入蜀,及象山以北尽为僚居二事。僚人自牂柯(黔南)出,由江阳(泸州)北上,经资中,阳安(简阳),犍为(武阳今彭山北),至于广汉(指郡属郪县与德阳二县、今三台遂宁地),梓潼,巴西(阆中),渠川(渠县)。巴西与梓潼最为荒废,所以寄理于涪县,渠川流人四散,所以宋齐有东西南北四宕渠侨郡。《北史》又载:僚在"邛(西昌)笮(汉源)之间",是土著民族,因黔中僚人北迁入蜀,也越过象山(汉源大相岭)内迁,尽陷黎、雅、邛三州,三州诸县因侨置于齐基(灌口东)、江源(崇州)二郡,李《记》也有记载:"玉垒山在沉黎郡,去蜀城南八百里,去县西北二十九里。""晋永嘉分崩,李雄窃据,蜀地荒废,将二十纪。夷人侵轶,僚又间亡,公私路绝,无可推访。"前条有脱字,谓沉黎郡"原"在成都南八百里(今汉源九襄),"侨"至都安县西北二十九里灌口。后条唐宋引文在雅州下指汉嘉郡,也侨置在都安县南。宋齐立越嶲僚郡和沉黎僚郡,标明是僚人所居,而汉嘉至梁仍然荒废无郡县。临邛侨置在江原,约150年,详见《寰宇记》,并引李《记》说之。梁大同中改越嶲为嶲州,又在临邛故址东南立邛州,实是荒郡。

参考文献

[1] 常璩:《华阳国志》[M],成都:巴蜀书社1984年版。

[2] 纪昀:《四库全书总目提要》[M],北京:中华书局1963年版。

[3] 郦道元:《水经注》[M],北京:商务印书馆1958年版。

[4] 欧阳询:《艺文类聚》[M],上海:上海古籍出版社1982年版。

[5] 徐坚:《初学记》[M],北京:中华书局1960年版。

[6] 李昉:《太平御览》[M],北京:中华书局1960年版。

[7] 宗仪:《说郛》[M],上海:商务印书馆1930年版。

[8] 魏征:《隋书》[M],北京:中华书局1978年版。

[9] 惠皎:《高僧传》[M],北京:中华书局1981年版。

[10] 司马迁:《史记》[M],北京:中华书局1959年版。

[11] 范晔:《后汉书》[M],北京:中华书局1985年版。

[12] 左丘明:《左传》[M],成都:巴蜀书社1988年版。

[13] 虞世南:《北堂书钞》[M],北京:中国书店1989年版。

[14] 姚思廉:《梁书》[M],北京:中华书局1973年版。

[15] 李延寿:《南史》[M],北京:中华书局1975年版。

[16] 刘昫:《旧唐书》[M],北京:中华书局1975年版。

[17] 欧阳修:《新唐书》[M],北京:中华书局1975年版。

[18] 萧统:《文选》[M],上海:上海古籍出版社1986年版。

[19] 姚振宗:《隋书经籍志考证》[M],北京:中华书局1955年版。

[20] 乐史:《寰宇记》[M],上海:上海古籍出版社1990年版。

[21] 黄虞稷:《千顷堂书目》[M],上海:上海古籍出版社1990年版。

[22] 王象之:《舆地纪胜》[M],清浙江刻本。

[23] 曹中俘:《蜀中名胜记》[M],成都:清中叶刻本。

[24] 杨慎:《升庵文集》[M],成都:清乾隆刻本。

[25] 李延寿:《北史》[M],北京:中华书局1974年版。

[26] 房玄龄:《晋书》[M],北京:中华书局1974年版。

[27] 司马光:《资治通鉴》[M],北京:中华书局1976年版。

[28] 清嘉庆官修:《清一统志》[M],《四部丛刊续编》影印本,上海:商务印书馆1934年版。

[29] 王先谦:《汉书补注》[M],长沙:清光绪刻本。

原刊《四川师范大学学报》2002年第3期

作者简介:李巧思,1959年生,四川师范大学图书馆副研究馆员。

峨眉山书目文献考述

罗清华

峨眉山被列入世界遗产,自有其悠久的历史,丰富的文化。自汉以来,文献可征,书目可考。此山著名甚早,蜀王开明时,以"玉垒峨眉为城郭",已为蜀国之镇山。文献记载,始于汉代,即为道家方士所依托。《抱朴子内篇·地真》云"昔黄帝到峨眉山见天真皇人于玉堂,请问真一之道",《三国志·姜维传》注引《汉晋春秋》云"登峨眉之岭而从赤松游",更远托于上古。蜀史记载,始于常璩《蜀志》:"南安县南有峨眉山,《孔子地图》言有仙药,汉武帝遣使者祭之,欲至其药不能得。"[1](卷3)此《图》为东汉纬书,亦方士之言。但《后汉书》即从常《志》著录峨眉,载入国史,迄今盛名不衰,实因佛文化故。兹分为道书、释典、山志三类,列举诸目。

曹学佺《蜀中著作记》著录峨眉仙经山志凡若干种,胡世安《译峨籁》因之撰成《典籍纪》一篇,蒋超《峨眉山志·典籍志》略为之补,虽犹未备,实关系名山文献,亦撰山志者所不可缺。而近世许止净为印光《峨眉山志》标示纲要,既不能补正旧志诸目,反尽加删削,殊为失体。因检载籍,就所见闻,列为此目云。

九仙经 《郡斋读书志》神仙类著录:"天真皇人《九仙经》一卷,右天真皇人为黄帝说,一行、罗公远、叶法静注。论水火龙虎,造金丹之术,崇文书也。按《九仙经兴废记》云:此经黄帝留峨眉山石壁,汉武帝时得之,大中尝禁断。"[2](后志卷2)

按:《蜀中著作记》五云:"天皇真人《九仙经》一卷,晁氏云云。"改天真皇人为天皇真人,蒋志《典籍》从之,嘉庆《峨眉县志》杂著门典籍类同。并谓"天皇真人即广成子,黄帝时人",亦从蒋说,详见仙释。胡氏《典籍纪》只引《兴废记》以下三句,著录不明。至于黄帝留经、汉武得之,固出伪托,然其书兴废于唐代,是可知也。

飞玄羽经 《飞行羽经》曰:"峨眉之山,金台之室,《飞玄羽经》秘其内。"见《太平御览》六十三,《蜀中名胜记》十一引"飞行"作"飞玄",涉本经而误,书名《太上飞行羽经》是也。胡纪、蒋志俱入"典籍"。

三一经 《著作记》五:"《三一经》、《元气论》曰:黄帝求道于皇人,皇人问所得者,凡一千二百事。乃曰子所得皆末事也,子欲长生,三一当明。夫三一者,乃上皇黄箓之首篇也,能知之者,万祸不能干矣。"[3](卷95)蒋志著录:"《三一经》亦皇人授黄帝者,出《元气论》"[4](典籍)《县志·典籍》改作天皇真人授黄帝者。胡纪只引《元气论》文,入其《玄览纪》中,谓"黄帝至峨眉,求道于皇人云云"。

峨眉石经 《著作记》五:"《峨眉山洞石经》二十字,《云笈七签》:峨眉山北洞中石室,户枢刻石书字'郁仪引日经,结璘致月神,得道处此宫,位称大夫真'二十字,不解其意义,是何等事。如此仙人不见其篇目者多矣,皆不得飞行上清。欲行此道,不必贤愚,但地上无此文。"[3](卷95)

三十九章经 同上:"《三十九章经》,《七签》云:太无宸中君刊此峨眉山洞宫玉户曰:太无在洞景之表,太素在幽玄之上;九宫列金门于太素之表,丹楼沓九重于太无之庭。乃三元君所游也。"[3](卷95)

八道命籍 同上:"《八道命籍》、《七签》云:东海小童、四极真人、西城王君封此籍于峨眉山西室中,万劫一传,有'玄名帝简紫字青宫玉藏'之文。千年之内,听得三传,上学不得此文,虚困山林,终不得道。所谓八道者,四月四时八节所行也。日行赤道,月行黄道,赤黄二道,阴阳之所恒行。至于立春春分,日月行青道二(原注:出黄道东),立夏夏至,日月行赤道二(出黄道南),立秋秋分,日月行白道二(出黄道西),立冬冬至,日月行黑道二(出黄道北),北八道也。"[3](卷95)

按:胡纪、蒋志《典籍》于此三书,皆据《著作记》,以引《七签》之文。《县志·典籍》于《丹经》条下附录:"又《云笈七签》峨眉山北洞中石室,户枢刻石凡二十字,不解其意义。又太元宸中君刊《三十九章经》于峨眉山中。"未载《八道命籍》。

黄表丹经 《著作记》五:"《黄表丹经》一通,《神仙传》曰:阴长生裂黄表写《丹经》四通,其一通以黄金之简刻而书之,封以白银之函,置蜀绥山。"绥山,即二峨山。胡纪、蒋志、县志皆同,并引其文曰:"有物有物,可大可久云云。"凡丹诀十六句。[3](卷95)

珞琭子 《郡斋读书志》五行类著录:"《珞琭子三命》一卷,李献臣曰:珞琭者,取珞珞如玉,琭琭如石之义,推人生休咎否泰之法。"[2](卷3下)《蜀中著作记》二云:"《珞琭子》鬼谷子著,《大峨志》云:山有鬼谷洞,相传先生于其中著《珞琭子》,而上升去。《通考》以为即今禄命之书。"蒋志《典籍》著录同《著作记》。县志《典籍》云:"珞琭子,鬼谷子撰。《书录解题》:《珞琭子》禄命家以为本经;《明一统志》。曹侯官集:鬼谷子著《珞琭子》峨眉山洞,洞今名鬼谷洞。"所称"曹侯官集",实指侯官曹学佺之《著作记》,非别有他文。

峨眉山神异记 嘉庆县志《典籍》著录:"《峨眉山神异记》三卷,张道陵撰。道陵,侯六代孙也,曾得黄帝《丹经》,琅函玉笈之书。"[5](卷10)此亦道士伪托之书,妄为之说。

道德经注 蒋志著录:"天宝初蜀人薛季昌,昔在峨眉山注《道德经》二卷。后隐居衡岳华盖峰,撰《玄微论》三卷,并《大道颂》一首及注,得司马弟子王仙峤写进。上诏住降真观,赐供器、御书、玄元皇帝圣像一铺十三事,通光座高一丈七尺,经六百七十卷。仙峤性好澹泊,因看《列仙传》有物外操,尝谓五千言外皆土梗耳。携岳中茶入京师,于城门内施茶,遇高力士而异之,问所来,答是南岳山九真观道童,为殿宇颓毁,特将茶来恭化施主。力士喜其言,因闻明皇,召见问曰,卿有愿否。对曰:愿郁郁家国盛,济济经道兴。帝喜,令拜司马先生为师,于内殿披戴,厚赐回山。"[4](内籍)按《列仙通纪》薛昌于天宝间居洞天观,《舆地纪胜》谓其浴丹井泉在清都观,观在青城山中,蒋志乃谓注《老子》于峨眉,下叙王仙峤事,凡百六十字,尤与峨眉无关。《古今图书集成》峨眉山部纪事全录其文,姑附记之。

又蒋志著录严君平《老子指归》,引《丹铅馀录》以为解题,并谓"《道德经》本黄帝容成旧文,故自古称黄老",其以老子为黄帝,本属无稽,意以君平著书峨眉,尤乖旧闻。盖因《枕中书》云,君平治峨眉,故及之。按《高士传》:"严遵字君平,蜀人也。隐居不仕,常卖卜于成都市,日得百钱以自给。卜讫则闭肆下帘,以著书为事。杨雄少从之游,屡称其德,劫不仕也,时人服之。"《华阳国志》蜀郡士女亦称:严遵"专精大《易》,耽于《老》、《庄》。常卜筮于市,假蓍龟以为教。日阅人,得百钱,则闭肆下帘,授《老》、《庄》,著《指归》,为道书之宗。年九十卒"。兹据旧史,删除此目。

孙真人丹经 胡纪引"《峨眉传》云:无肇自然,万化太悠云云。此即孙真人思邈所书"。中凡韵诀三十八句,论养气吐纳之术,兹不备录。《峨眉传》为光明道士所著,其详不得而知,参见后文[6](典籍)。

隐书 嘉庆县志《典籍》著录:"《隐书》三卷,梁鼎撰。鼎字凝正,华阳人,皇祐中进士。尝居峨眉著《隐书》,见《峨山志》。"[5](卷10) 按梁鼎事迹,并见胡纪、蒋志《隐逸》。

道藏 蒋志:"宋郫县道士姚若谷率徒仇家(宗)正、邓月利、飞鸟县道士朱知善奏请《道藏》,凡二千卷,分送成都、郫县、青城、飞鸟、绵州等道院。嘉祐年,端明殿学士户部侍郎成都知府韩公奏言:释氏书满天下,而道家所录,独散落不全,愿得京师官本,以足其传。遂即建隆观膳写,凡得五百轶,四千五百卷,溢于唐者千九百廿一卷。按道书除《道德经》外,皆杜光庭、张君房撰。光庭隐青城,今登仙籍,为岷峨主司。"[4](典籍)

按:范镇《道藏记》,治平初,郫县姚若谷、青城仇宗正等言,愿得京师官本。诏给建隆观本四千五百卷,益于唐者千九百二十二卷,因缮写五本,分藏成都、郫县、青城、梓州、绵州。蒋志分别为二事,实与峨眉无关,然就蜀藏言,亦要籍也。其称光庭为岷峨主,但谬悠之说耳。

杂化经 峨眉为普贤道场,举世皆知,其为佛教圣迹,尤关峨眉大事,此说之由来,不可不究其所以。宋太祖《重修峨眉山普贤寺碑铭》云:"乘六牙之瑞兽,降右蜀之灵峰。"又:"范铜为像,拟普贤之容,高二十尺。"(此文为朝廷大典,自《成都文类》《全蜀艺文志》即已失收,明清山志更不知有此碑铭矣。)宏文载录,庄严造像,使人敬信,唯非最早之记录,释典所载,见于

《杂化经》文。曹学佺于宝掌传前引《楞严经·圆通品》:普贤白佛,"我于尔时,乘六牙象,分身百千,皆至其处"。继解释为:"普贤自唱本因,故《杂化经》云,现相海于峨眉山中。"《译峨籁》亦据以录入,然增文解经,非经固有,且此经非大乘典籍,乃六朝后杂钞经文传说而成。故蒋《志》不用此文,另据曹《记》贤胜事迹,改用《华严经·菩萨住处品》:"西南方有处,名光明山,从昔已来,诸菩萨众,于中止住。现有菩萨,名曰贤胜,与其眷属三千人俱,常在其中而演说法。"竟又窜改经文,以贤胜为普贤。印光法师新志《菩萨圣迹》卷中颇不以为然,遂大抄经文,说明普贤现相,无所不在,因对旧志引经、地理诸误,一一加以驳斥。最后结论是:"攀《华严》以证峨眉之住者,未免拘墟,而别峨眉于普贤之外者,更同梦呓。"话虽如此,实不得已之言,仍不能明其究竟。传说约略起于何时,至少应有一合理解释,方能服人之口。否则《传灯录》记宝掌礼普贤,即为今见最早之记载,但书成于宋,尚嫌稍近。

峨眉开山,旧传始自西域宝掌和尚,曹学佺《蜀中高僧记》略云:周烈王三十二年(前403,战国之始)有宝掌和尚名曰千岁,来礼普贤,设像供养。汉永平六年(63)蒲公采药入山见异光,来问千岁,答曰:此普贤祥瑞,现相于此,汝可诣摄摩腾竺法兰二师究之。遂于甲子(永平七年)奔白马寺,以所见告,师曰:菩萨依本愿而现相峨眉山也。胡世安《译峨籁·宗镜纪》据此录之,蒋超《峨眉山志》又从胡书录入名胜类。印光新《志》改列为"历代高僧"之首,称之为"晋千岁宝掌和尚",生威烈王十二年(前414)丁卯。曹《记》宝掌传改写旧文,本多混乱。新志指出,蒋志之"甲子"赴洛阳,当明帝永平七年造使西域寻法之时,二师尚未来华。因据《传灯录》宝掌传改其东来为东汉献帝建安二十四年(219)来中国,晋太康元年(265)间游此土,入蜀礼普贤,留太慈寺。如此处理,较为合适。

别峰语录 《县志·典籍》著录:"《语录》别峰禅师撰。按别峰龙游人,李氏子,世居峨眉之麓。绍熙元年卒于灵隐山,门人集其语录若干卷,见《渭南集》。"[5](卷10) 详陆游《别峰塔铭》。

僧史 同上:"《僧史》一百卷,《华严经集解》、《金刚经集解》若干卷,

释祖觉撰。《总志》祖觉姓杨,嘉州人。住峨眉山中岩,倡明佛学,学者云集。儒释之书,无所不读。"[7](卷10)

经解 同上:"《心经·楞严解》、《八识规矩注》、《会心录》、《禅林功课》、《大乘百法注》、《峨眉传》,光明道人著。按光明道人住峨眉山,建会宗堂。"又见蒋志,误为明光道人。《县志·人物》仙释:"明,光明道人,仙。住峨眉山,建会宗堂,祀普贤、广成子、楚狂。所著有《心经·楞严解》《八识规矩》《会心录》《禅林功课》《大乘百法注》《峨眉传》等书。"[5](卷10)

实如语录 同上:"《语录》若干卷,释实如撰。实如号眉岩,峨眉人。居伏虎寺,著《语录》《禅余集》等卷。或以为宝如,误。"按"仙释"类:"国朝、实如、释。峨眉县人,居伏虎寺,贯之和尚四世法嗣也。受业于可闻法师,有集若千卷。"[5](卷10)

峨眉山志 衢州本《郡斋读书志》地理类:"《峨眉(山)志》三卷,右皇朝张开撰。峨眉,山名也,隋开皇十三年以名其邑,奇胜冠三蜀。郡守吕勤命开考《图经》及传记石刻,缀辑成书,析为十四门。宋白、吴中复诗文附于后。"

按:山志所据《图经》并见晁目:"《嘉州志》二卷,右皇朝吕昌明撰,以《嘉州图经》增广之。"山志收宋白、吴中复诗,白为玉津令,与峨眉令杨徽之时为文酒之会,流风所被,文教兴焉。中复第进士,知峨眉,三人皆宋初名臣,传见《宋史》。《舆地纪胜》记峨眉景物,每注出"本山志",应即张开之志。

又《蜀中著作记》六:"《峨眉志》三卷,晁氏曰:张开撰,郡守吕勤命开考《图经》及传记石刻,缀辑成书,析为十四门,宋白、吴中复诗文附于后。"并录《嘉州志》序云:"宋吕勤为守,命张开修《峨眉志》,至吕昌明以《嘉州图经》增广之,为《嘉州志》二卷。"曹目删晁志之"峨眉,山名也"数句,与州志并存,张开之书似成县志。曹氏《广记》中之《方物》、《高僧》、《画苑》各记,尝引《嘉州志》八则,多记峨眉事,此则明时之州志,非宋时之吕志也。

胡纪、蒋志《典籍》并据曹目云:"宋吕勤为嘉州守,命张开修《峨眉志》。晁氏云:张开撰《峨眉志》三卷,吕勤命开考《图经》及传记石刻,编辑成书,析为十四门,宋白、吴中复诗文附于后。"

峨眉兴于晋而盛于唐,王羲之《与周益州书》云:登汶(即岷)岭峨眉,实不朽盛事,此心已驰于彼矣,即因佛教之盛而向往之。《高僧传》慧远之弟慧持,于安帝降安三年(399)来成都传化,"兼欲观瞻峨眉",其前已多高僧入蜀,而峨眉兴焉。《元和志》已分列为峨眉大山、中峨眉山、绥山,以见其教区之广。敦煌本《诸山圣迹志》残卷,为唐代僧人朝拜名山之记录,有一大段峨眉的叙述:峨眉山在眉州(按隋末至唐初之间,眉州并有嘉州),其山周围五百里。寺院五十余所,僧尼一千余人。每年三月十五日大会,僧凫盈于时(此句似有脱误),遍山总如银色,即普贤菩萨所居于此,故号为白银世界。此志所记唐以来峨眉之盛况,又可补宋修《峨眉山志》佚文之不足。

峨眉山记 《著作记》六:"《峨眉山记》一卷,《宋史新编》此记次在卢鸿下。"[3](卷96)胡纪、蒋志并云:"《宋史新编》:《峨眉山记》一卷,次在卢鸿下。"《县志》谓"不知何人"。案《蜀中诗话记》载窦谊事,注出《峨山记》,不知所转录卢记出于何书,若尝亲见此记,便是嘉靖山志,而非宋人之记。

峨山志 胡纪于卢记条附注:"按熊南沙过《志跋》,近又有张子家《峨山志》。"又于《星野纪》中引张子家《峨山志》及熊过跋,即是此编。蒋志卢记下附注同,另又著录:"夹江张九山氏著《岷峨志》,载旧县志,尹宗吉序。"二者实是一书,九山为兀山之讹。按嘉庆《县志·典籍》著录详明:"《岷峨志》张庭撰,庭字子家,夹江人。嘉靖中进士,历吏部文选郎。博学有才识,以直言忤权贵,左迁副使。著有《兀山存稿》《夹江志》《玄览要略》等书。见郡《志》行谊卷。"[5](卷10)其志亦成于嘉靖中,尹宗吉《峨眉县志序》曾道及是书云:正德戊寅巳卯间,受督学王浚川、教谕姚震命,撰《峨眉志》,藏稿二十三年矣。"今年夏六日,邑侯袁子让氏莅任,雅尚斯文。值大中丞刘公(大谟)重修国志(指《总志》),取及峨眉事文,遂以邑志委余。方援笔更订,适有客入揖告曰:张子兀山庭氏,有《岷峨志》,志备矣,子复志之,宁无赘乎?吉起而应曰:张之志,志岷峨也故专,专故弗遍,犹弗志也。"序署嘉靖辛丑,知张志在前,宗吉邑人,以贡士仕塞安知县。《蜀中著作记》著录《珞琭子》,注出《大峨志》,当即张书,时别无他志。又《神仙记》所引《峨眉图经》说三皇山为三峨,则是县志,正是尹宗吉所撰。

嘉定二山志 蒋志著录:"明嘉定守袁子让以凌云峨眉志合为一书,作《嘉定二山志》,内载峨眉御制文二章,睿制文一章,记十首,游记七首,铭一首。五言古诗五十六首,七言古诗十八首,五言排律十首,七言排律一首,五言律诗一百一首,七言律诗一百四十九首,四言古诗三首,长短句五首,五言绝句三十九首,六言绝句一首,七言绝句七十九首,板今毁。"[4](典籍)按《县志·典籍》称:"《峨眉凌云二山志》袁子让撰。子让郴州人,进士,官历嘉定守,以峨眉凌云志合为一书,作《嘉定二山志》。内载云云(御睿制文三章,记铭十八首,各体诗四百六十首),板今毁。见郡《志》。"[5](卷10)因知蒋志所录,同出《州志》。

峨眉山志 峨眉教谕俞志祥撰,卷帙未详。曹熙衡《峨眉山(蒋)志序》云:"自明代己卯,菊潭先生游峨已云,索山志旧著(张志),罕有存者,唯俞广文志祥有《山志》脱稿。菊潭谓其搜罗博而未精,考核详而不要,去取臆而附会多,尤劣于山一卷(详胡世安《题喻广文峨山志》)。经菊潭评驳,其书遂不传矣。"知此志之芜杂,故菊潭胡世安之书行而俞书遂废;然胡又求精过简,至蒋超志出而胡纪渐埋没矣。

译峨籁 嘉庆《峨眉县志·典籍》著录:"《译峨籁》胡世安撰。《蜀雅》:世安井研人,官至大学士,著述甚富。《四库全书》收其《异鱼图赞补笺》,诗集多散佚,散见于《译峨籁》中。盖世安曾三游峨,故纪录独详云。"[5](卷10)胡书甚略,而称其"纪录独详",知当时未见原书,但凭蒋志所收诸序而言耳。盖《四库》著录蒋志时,胡纪已微,故存目未收,迄嘉庆时,县人更不得而详矣。

按书分星野、形胜、典籍、图绘、玄览、宗镜、道里、文翰、诗歌、方物十纪,即峨山志也。自叙谓:"己未、甲子、己卯,峨游者三,所杂著汇成帙,题曰《译峨籁》,盖一家言也。"原有大学士金之俊、陈名夏、陈之遴,礼部尚书王铎,翰林学士陈具庆、吴统虞序六首。其中九纪多取材于明郡县志,及张喻二山志,尤赖曹学佺《蜀中广记》诸分记,尽所资取,唯《道里纪》一篇出自新撰,详载诸寺沿革,里程景物。蒋超尝言,其志之成,"原本井研胡阁老《译峨籁》,兵火之余,山中片纸只字俱无,其书所载,不忍一字遗失。"因就是编增广。故自蒋志出,乃取胡纪而替之,今唯北京图书馆藏有孤本。

世安生平,略见《清史稿》本传云:世安,四川井研人。明崇祯元年进士,官至少詹事。顺治初授原官,四迁礼部尚书。十五年授武英殿大学士,兼兵部尚书。圣祖即位,与之俊同改秘书院大学士。以疾乞休,累加少师兼太子太师,康熙二年卒。

峨眉志略 《四库总目提要》地理类存目:"《峨眉志略》一卷,国朝张能鳞撰。能鳞有《诗经传说取裁》已著录,是编于峨眉形胜古迹,标撮甚略,末附诗文数篇,而自作乃登其二。《佛光解》一篇,命意虽善,措辞则未能免俗也。"又嘉庆《县志·典籍》:"《峨山志》张能鳞撰。郡《志》:能鳞字玉甲,号西山,大兴人。顺治四年进士,十八年以礼部郎分巡上川南道。道著《峨山志》外,著有《大学衍义补》《孝经衍义补》等书。"[5](卷10)其书或据胡纪而成,故仍略于形胜古迹,嘉庆县志仅据州志著录,似亦未见其书。《图说》一文,载入蒋志,尝有所资取。康熙壬子四川巡抚罗森序蒋志,称其"访道遗帙,乃得井研胡相国菊潭先生所著《译峨籁》,及吾同年上南道张公玉甲新修山志"。即指此编。罗森与之同年,则能鳞并为蒋超之同年。

峨眉山志 《四库总目》地理类存目:"《峨眉山志》十八卷,浙江汪启叔家藏本,国朝蒋超撰。超字虎臣,金坛人。顺治丁亥进士,官翰林院编修。晚入峨眉为僧,因辑是书。(中略)盖不与士大夫之为僧也,故今于超斯志,亦仍题其原名云。"前有康熙十一年壬子四川巡抚罗森、布政金雋序,廿四年乙丑上南道傅作揖序,廿六年丁卯布政李辉祖、建昌道曹熙衡、马湖知府何源濬序,廿七年戊辰巡抚姚缔虞,按察使王业兴,嘉定知州马震序,廿八年己巳嘉定知州胡挺、摄峨眉县事范士联后序,一书传世,众吏附焉。卷一为山图、凡例、星野,卷二形胜、附诸经发明,卷三寺观,卷四高僧,卷五神仙、附隐逸,卷六方物,卷七典籍,卷八古迹、附书画,九至十二录文,十三至十七录诗,末卷志余,并伏虎寺僧海源序。燕台罗森序云:"同年蒋太史虎臣,慨然以峨山之志是问,访道遗帙,乃得井研胡相国菊潭先生所著《译峨籁》,及吾同年上南道张公玉甲新修《山志》,验之以耳目之所听睹,证之以载籍之所传述,删其繁秽,标以新奇。上察星缠,下稽形胜,举凡宫室瑰丽,台榭玲珑,高僧羽客,异卉珍闻,莫不考核精研,叙致潇洒。而于艺文,尤加意探讨,黜荒陋,撷菁华,使读者爽然心目。复著《志余》一卷,辟诸纰缪妄传之说,归于雅正,即古诗句,或以一时兴致,有累明德者,必反复言之。"考其编纂,凡例尝谓:"是编除原本《译峨籁》外,只括《四川总志》及嘉定州、峨眉县《志》、《蜀中广记》等书。"而所资取,实以《广记》之名胜、方物、神仙、高僧、著作、画苑诸记为主,诚如《四库总目》之言"谈蜀中掌故者,终以《全蜀艺文志》及是书,为取韦之渊薮也"。于州县二志,多采其艺文,他少录取,以"《峨眉县志》所列山水无多"故也。或"考太史之前,有关峨眉之撰述,共十四种",以供其去取,此乃影响之谈,误以胡纪、蒋志所引郡县志中之分志为一书矣。其自我独成者,正在《形胜》附山道水道及《寺观》两卷,所谓"验之以耳目"是也。新收僧诗一卷,不免从俗,志余一篇,尤所用心。并取胡世安另绘《山图》冠首,乃使门类尽备。

今传蒋志,亦非悉如原著。书成于康熙十一年海源《志余序》谓:"太史虎臣蒋先生来峨,止蒲榻于山寺,出其奚囊所藏《峨山志》稿,与衲订以见闻,风雨晦明,两易寒暄,成帙一十八卷。"似入蜀前略有底草,而备成于山中。虎臣卒后,稿存山僧处,迄二十六年,方由上南道曹熙衡,因知府何源濬,嘱戎州宋肄樟重理旧稿。肄樟《修山志说》自言:为之"厘正伦次,汰黜影附,分别条项,校订讹舛,增益新闻,每条以小序数语引其端,稗便省览"。则并有所删补,而各分志小序,即出其手,以兹稿而托之乡儒,庸谬滋增,亦难免矣。曹氏初刻,今无传本。其后书板蛀蚀,又经添刻,道光甲午峨眉知事胡林秀序云:"惜书多脱简,不能遍观,爰访得旧志一部,错讹残缺者,旧本不载,未敢妄增,仍缺以待补焉。"今北京图书馆藏,文有缺版,诗多错简,即属此本,书贾揭去胡序,以充康熙原刻也。光绪十一年,伏虎寺再加翻刻,《山图》往往失注地名,书属下品。民国十八年重印,改题为《峨山志书全图》,称名不类,并佚去诗及志余六卷,更非完本矣。

《四库》及《县志》著录,附记于后:

《四库总目提要》地理类存目:"《峨眉山志》十八卷,浙江汪启叔家藏本,国朝曹熙衡撰。熙衡字素徽,锦州人。顺治中,官至贵州按察使。是编因蒋超旧志成于疾病之余,未能条理明晰,故即其本而重订之。然据卷首《修山志说》,实戎州宋肆樟所定,熙衡时分巡建昌道,董其事耳。末一卷为《志余》,仍题超名,而中论普贤住世一条,有宜太史蒋公之辩论语,则亦非超之本文矣。"

嘉庆《峨眉县志·典籍》:"《峨眉山志》曹熙衡撰。衡,锦州人,康熙中分巡建昌道。按《峨眉山志》有三:一明人张庭所著,一康熙初年张能鳞所作,今皆无存,一蒋超所作。熙衡此书,盖以超为蓝本,《自序》颇以超为乏伦次,今观其书,亦未尽合也。峨眉山僧照裕有重刊《峨山志》一书,此其重刊者与? 所幸超《志余》一卷,未经弃置,是可宝贵也。"[5](卷10)

又:"《峨山志》《志余》《绥庵集》,蒋超撰。超,金坛人。顺治丁亥及第,官修撰,不乐仕。康熙壬子入蜀,居峨山,《峨山志》《志余》二书,成于是年。《绥庵集》则以二峨旧为绥山,因以名集也。"[5](卷10)

《提要》两录其书,同出汪氏家藏,一称蒋撰,一称曹撰,未言异同,知是一书重录,应合为一条。《县志》亦题曹撰,疑为山僧重刊之书。据以推之,是书初刻,似用曹名,故库本两录之。若原刻题为曹某修纂,尚非掠夺,当时官衙刻书之例如此。犹杨慎《全蜀艺文志》为按察周复俊所刻,即题其名,然人皆知本升庵之书。若果题为曹撰,则熙衡有意盗窃,岂可因加编次删补而攘其书,仅以末卷归主,俗吏贪名,人所不许。

峨眉山志 民国二十三年,释印光就蒋志重编为八卷本,板藏苏州。卷一"星野",并采光绪中黄绶芙《峨眉山志图说》之文五十三首,尽以录入。二新增"菩萨圣迹"一门,下分六目,广抄经疏。三"形胜",四"寺庵",仍旧,新立"灵应"以附之。五"高僧",仍旧。六王臣与仙隐,自艺文析出为"外护"。七"艺文",八"物产""志余"。其例云:"普贤菩萨为此山之主,故引《华严》《法华》各大乘经,将普贤菩萨本迹感应,表彰出之,为圣迹门。俾阅者得生信仰,而有所遵行,以获受用实益耳。"

因新辟"圣迹"类,广抄经疏,几占全编十之二,欲假兹编以布象教,殊乖志体。又云:"光灯示现之奇特,岂非普贤之大愿力有以致之欤,故特辟

'灵异'一门。"此类实只聊聊数事,其荒怪与方士技同。又云:"山志以宏扬佛法为主要,至于艺文益末矣。"因芟除当时官吏附庸之诗,一洗芜秽,而于僧诗滥作,却全存之。此志既多删削蒋志之事,又每改窜所载之文,于唐宋以来名家篇什,亦加摒斥,尤为妄庸。并尽废旧志"典籍"一门,而以书画附于志余,用灭道家遗迹,居心良苦。要其成书甚易,仅扫除道家,剔减歌咏,而猛增佛典耳,素被讥诃,亦所宜矣。

峨眉山图　《全蜀艺文志》引《舆地纪胜》蜀山考佚文:"《金陵随笔》云:蜀人绘蜀山作六图,一曰峨眉.去嘉(州)百里。为六山之最。自白水寺登山,初二十里有石磴可登;又二十里多无路,以木为梯,行三二里方着实地;又二十里有雷洞,始到光相寺,则峨眉绝顶。其上树木禽鸟多与平地异,天气尤不同。九月初已下雪,应绵衣絮衾用尽,而终夜燃火。山上水煮饭不熟,饭食皆从白水寺造上。所谓光相、绵云、天灯,阴雪不见。"观引文所记,此图已近测绘,道里分明,非如《益州名画录》李昇、黄居之画峨眉山水也。且载其鸟树天象之异,则不只于图绘,当为图志之属。

游峨图记　蒋志《典籍》著录:"川南道富公好礼春山著《游峨图记》,余承勋序。"[4](典籍)此凭存序著录,当作《游峨图志》,原书久佚。好礼字子超,号春山,华亭人。正德进士,嘉靖中以四川按察副使分守上南道。承勋字懋昭,号方池,兵部尚书青神余子俊之孙,正德进士,翰林修撰。嘉靖初放归,著书山中,屡荐不起。

峨山图　凡一卷,图十一页,文三首。胡世安《峨山图说》云:"余既集众言,以测厥蕴,先兹图以晷厥位,三百余里鄗廓,直欲尺寸规之。"则此图与其志相辅而行。蒋超既因其书为志,复取此图冠之,故姚缔虞序蒋志云:"川南宪副曹君持《峨眉山志》相示,《图说》出近代胡菊潭相国手。"按绘图人为李遵美,图中多存古名,可考山史,唯绘为横幅,位置综错,观览稍有不便。

峨眉舆图　哈点《重修卧云庵记》云:康熙十一年,特遣一等侍卫,祭告峨眉,"兼命绘图以进,藏之内府"。又康熙乙丑,分巡上南道按察司佥事傅作楫序蒋志"甲子夏,复以绘献舆图,须登高探指形胜,乃登峰造极"云云。

其图已入大内,不知当时别有副本流传否。

峨山图说 凡二卷,自《总图》至《四峨图》共五十四帧,各附文说。光绪十四年,湘人谭钟岳绘图,黄绶芙撰文。前有钟岳《峨山记》一文,后附其《纪胜杂诗》并注三十六首。黄锡焘为之序云:"候补道黄君绶芙,有事于峨,搜求旧志,则缺略惟多,而黄君毅然以纂修山志为己任,谭君晴峰工绘事,以图委之,廖君笙堂俾辑说。"明年黄卒,故志未成,乃就《图说》刊于成都,绘刻精工,堪称佳品。其《总图》较之蒋志载图,颇便观览,其后伏虎寺僧复据总图攀刻成大幅,尤为清晰,有加盖御印者,今更难得。

峨眉县志 嘉庆十八年峨眉知事宛平王燮纂修,凡十卷。自叙云:"旧本乃乾隆五年前邑令文曙偕邑人张宏昳重修者,迄今盖数十年矣。会大府奏修《通志》,各属皆以志往。遂定体例:乾隆五年以前,则以《县志》为本;五年以后,则以《郡志》为本。《郡志》者,郡伯宋梅生先生之书也,成于嘉庆八年,时予亦协理其役。乃以此书为本,而博采广搜,以足成之。分为十门,卷如门数,其每门之中,各从其类。"志例谨严,略见乾嘉风尚,所收各条,"必实有关于大端者"。于"峨山一志,渔猎颇宏,今志采取,不得过滥,故凡艺文古迹之类,必其卓然可传,历劫不磨者,乃登什一"。其书虽有资于蒋志,而方舆、建置、人物、艺文各门类中,又多补蒋志之缺,相得益彰,故附录之。

九僧诗集 九僧之诗,风行宋初,影响一时,峨眉怀古其一也。《郡斋读书志》总集类著录:"《九僧诗集》一卷,右皇朝僧希昼、保暹、文兆、行肇、简长、惟凤、惠崇、宇昭、怀古也。陈充为序,凡一百十篇。此本出李美中家,其诗可称者甚多,惜乎欧公不尽见之。"[2](卷4下)欧公未见,《六一诗话》自称未见全集。嘉庆《县志·典籍》云:"《九僧选句图》一卷,怀古诸僧撰。《书录解题》:九僧诗凡一百七首,景德元年直昭文馆陈充序,目之曰:琢玉工以对,姚合射雕手。"[5](卷10)

峨眉诗录 汉寿易顺鼎撰,诗凡一卷。光绪中其父佩绅为布政,因侍从入蜀。《石遗室诗话》谓:"君于学无所不窥,为考据,为经济,为骈体文,为诗词,生平诗将万首,与樊樊山布政称两雄。其集名甚多,曰《丁戊之间行卷》，曰《摩围阁集》，曰《出都诗录》《吴船诗录》《巴山诗录》《锦里诗录》《峨眉诗录》《青城诗录》……。盖足迹及十数行省，一地一集也。"

秋山诗集 荣县赵熙撰，诗凡一卷。《石遗室诗话》云："余谓尧生蜀人也，蜀中山水巉刻，而其甚肖蜀中山水。尧生好游，足迹所至，泰岱崧高伊阙，以及吴越平远秀丽之区，然其游峨眉最久，居京师思之不已，宜其所为诗，载蜀山蜀江之青碧而出也。"考其生平，尝八出巫峡，六上峨眉，各有诗数百首。此编为光绪二十一年初游峨眉之诗，序载本集。

参考文献

[1]常璩：《华阳国志·蜀志》[M]，四部丛刊：初编[Z]，上海：商务印书馆1935年版。

[2]晁公武：《郡斋读书志》[M]，四部丛刊：三编[Z]，上海：商务印书馆1940年版。

[3]曹学佺：《蜀中广记·著作记》[M]，四库全书[Z]，台北：商务印书馆1986年版。

[4]蒋超：《峨眉山志》[M]，峨眉山刻本，康熙二十八年(1689)。

[5]王燮：《峨眉县志》[M]，嘉庆十八年(1813)峨眉县刻本，宣统三年(1911)李锦成补刻本。

[6]胡世安：《译峨籁》[M]，北京图书馆藏孤本。

原刊《四川师范大学学报》2003年第1期

作者简介：罗清华，1958年生，四川师范大学图书馆副研究馆员。

孙光宪著述考

房 锐

孙光宪(896？—968)，字孟文，自号葆光子，陵州贵平县(今四川省仁寿县东北)人，五代著名史学家、文学家、藏书家。郑方坤《五代诗话·例言》云："十国文物，首推南唐、西蜀，……吴越似稍亚，然有罗江东一人，便大为浙水吴山生色。孙光宪之于荆南也亦然。"高度肯定了孙光宪的创作成就。

孙光宪学识渊博，勤于著述。脱脱等《宋史》卷四八三《孙光宪传》称他"博通经史，尤勤学，聚书数千卷，或自抄写，孜孜雠校，老而不废，好著撰"。据统计，孙光宪的著作存目竟多达一百余卷。卷帙之丰，在当时实属罕见。其著述涉及史、子、集类，但多有亡佚。今则遍检典籍簿录，详加考辨。

一、史类

《续通历》十卷，佚。

此书为孙光宪续唐人马总《通历》而著。欧阳修、宋祁《新唐书》卷五八《艺文二·编年类》："马总《通历》十卷。"王尧臣等《崇文总目》卷三《编年类》、《宋史》卷二〇三《艺文二·史类》、焦竑《国史经籍志》卷三《史类·编年》等亦著录。尤袤《遂初堂书目·编年类》："马总《通略》。"误。晁公武《郡斋读书志》卷二上《编年类》："总纂太古十七氏，中古五帝、三王及删取秦、汉、三国、晋、十六国、宋、齐、梁、陈、元魏、北齐、后周、隋世纪兴灭，粗述其君贤否，取虞世南《略论》分系于末，以见义焉。"

《通历》堪称我国现存最早的编年体通史。刘节《中国史学史稿》称：

"马总《通历》,上起三古,下终隋代,开编年通史之先路。""《通历》一书虽简略,但唐人所作编年通史,此为仅存于今日者。"[1](145页,149页)对此书评价较高。

《崇文总目》未录孙光宪《续通历》。《四库阙书目·编年类》:"孙光宪《续历》十卷。"《秘书省续编到四库阙书目》卷一《编年》:"孙光宪撰《续通历》十卷。"《遂初堂书目·编年类》、郑樵《通志》卷六五《艺文略第三·史类第五·编年》、《宋史》卷二〇三《艺文二·史类》、马端临《文献通考》卷一九三《经籍二十·史(编年)》、《国史经籍志》卷三《史类·编年》、《蜀中广记》卷九二《著作记第二·史部》①、常明、杨芳灿等《四川通志》卷一八四《经籍志二·史部·载记》等皆著录此书。《郡斋读书志》卷二上《编年类》:"荆南孙光宪撰。辑唐洎五代事,以续马总《历》,参以黄巢、李茂贞、刘守光、阿保机、吴、唐、闽、唐、湖越、两蜀事迹。太祖朝诏毁其书,以其所纪多非实也。"据此可推知,《续通历》是一部广泛记载唐五代及十国事迹的编年体杂史。孙光宪"尝慕史氏之作"[2](卷三),此书当是他立志著史的成果。

遗憾的是,《续通历》在宋初即遭到粗暴查禁。由晁《志》可知,此书当毁于宋太祖赵匡胤在位之时(960—976)。《宋史》卷四八三《孙光宪传》载:"又撰《续通历》,纪事颇失实,太平兴国初,诏毁之。""太平兴国"为宋太宗赵光义的年号(976—984)。据此,《续通历》似又当毁于宋太宗即位后不久。《十国春秋》卷一〇二《孙光宪传》亦沿袭此说②(此说不确,详后)。清人张金吾《爱日精庐藏书志》卷九《史部·编年类》推测:"《续通历》好载符瑞、梦兆及鬼神怪异之事,体近小说,此宋祖所以诏毁其书欤?"

梁启超在《中国历史研究法》中指出,"史部书之容易湮废"的一个重要原因,在于"所记事实,每易触时主之忌"[3](190页)。笔者推测,《续通历》五代部分似有可能依各家私史编成,它采用了一些众说纷纭的传闻入史,书中又记载有黄巢、李茂贞、刘守光、阿保机等人的事迹,难免有触犯新朝之讳处。因此,为整肃思想,宋初最高统治者以此书"所记多非实"、"纪事颇失实"为理由,下令销毁。

但《续通历》直到北宋中后期仍未绝迹,司马光在修撰《资治通鉴》时,

曾见到此书,并以之参核唐五代史。如《资治通鉴》卷二六四《唐纪八十》"昭宗天复三年"云:

> 二月……上议褒崇全忠,欲以皇子为诸道兵马元帅,以全忠副之;崔胤请以辉王祚为之,上曰:"濮王长。"胤承全忠密旨,利祚冲幼,固请之。己卯,以祚为诸道兵马元帅。

司马光在《资治通鉴考异》中征引了《续通历》等书:

> 《金銮记》"上曰:'朕以濮王处长'"云云。……按新、旧《传》,昭宗诸子皆无濮王。孙光宪《续通历》:"濮王名,昭宗之子,母曰太后王氏。哀帝被杀,朱全忠册为天子,改元天寿。明年,禅位于梁。"此乃光宪传闻谬误也。昭宗亦无王皇后。《金銮记》所云濮王,盖德王改封耳。

从《资治通鉴考异》所征引唐昭宗之子濮王的事迹来看,《续通历》记事与正史出入较大。因此,司马光认为"此乃光宪传闻谬误也"。

孙光宪在笔记《北梦琐言》中,记载唐梁易代的史实颇为周详,且多与正史相合,从中可看出他的写作态度相当严谨。《续通历》是他的史学著作,下笔尤当谨慎。而书中竟然出现这种情况,令人费解。笔者推测,这似有可能与孙光宪"兼存异说"有关。在《北梦琐言》中,孙光宪记载史实时,往往并录两种不同的说法,以备后人采择。这些异说往往有一种与正史相吻合。应该说,在典籍散佚、众说纷纭、真伪难辨的五代,这不失为一种比较妥当的保存史料的方法。在《续通历》中,孙光宪可能仍采用这种手法,把"传闻之异辞"附录于后,或略作辩证[③]。而司马光在征引时,略去了《续通历》所录之书名,从而使后人对该书所载史实的准确性产生了怀疑。

除《资治通鉴考异》外,宋人王铚《默记》卷上亦提到了《续通历》:

> 晏元献守长安,有村中富民异财,云素事一玉髑髅,因大富。今弟兄异居,欲分为数段。元献取而观之,自额骨左右皆玉也,瑰异非常者可比。见之,公喟然叹曰:"此岂得于华州蒲城县唐明皇泰陵乎?"民言其祖实于彼得之也。元献因为僚属言:"唐小说:唐玄宗为上皇,迁西内,李辅国令刺客夜携铁槌击其脑。玄宗卧未起,中其脑,皆作磬声。上皇惊谓刺者曰:'我固知命尽于汝手,然叶法善曾劝我服玉,今我脑

骨皆成玉。且法善劝我服金丹,今有丹在首,固自难死。汝可破脑取丹,我乃可死矣。'刺客如其言取丹,乃死。孙光宪《续通历》云:玄宗将死,云:'上帝命我作孔升真人。'爆然有声。视之,崩矣。亦微意也。然则,此乃真玄宗之髑髅骨也。"因潜命瘗于泰陵云。肃宗之罪著矣。或云,肃宗如武乙之死,可验其非虚也。

清人袁枚《随园随笔》卷下《唐明皇不善终之疑》亦沿用了王铚的说法。《续通历》所载玄宗之语实出自唐郑处诲所撰《明皇杂录》。《白孔六帖》卷三八引《明皇杂录》云:

明皇自为上皇,尝玩一紫玉笛,一日吹笛,有双鹤下,顾左右曰:"上帝召吾为孔升真人。"未几,果崩。

今本《通历》包括续书五卷。陈振孙《直斋书录解题》卷四《编年类》:"《通历》十五卷。唐泉州别驾、扶风马总会元撰。书本十卷,止于隋代,今书直至五代,增五卷者,后人所续也。"王应麟《玉海》卷四七《艺文·编年》引《中兴馆阁书目》:"唐马总撰,起天皇氏,……迄于隋季,为十卷,今存。自十一卷起唐高祖者,即孙光宪所续也。光宪,皇朝人,作《续通历》十卷,起唐高祖,止闽王审知,今附于《通历》后者,惟五卷尔。"《爱日精庐藏书志》卷九《史部·编年类》:"《通历》十五卷(明人抄本),唐马总撰。总撰《通历》十卷,孙光宪续十卷,宋时合为一书。"周中孚《郑堂读书记》卷一六《史部二·编年类》:"《通历》七卷,唐马总撰,《续通历》五卷,宋孙光宪撰。"丁丙《善本书室藏书志》卷七《史部二》:"《通历》十五卷(旧抄本)……其十一卷至末则孙氏所续也。"

《通历》又题为《通纪》(为避清高宗爱新觉罗弘历讳而改)。永瑢等《四库全书总目》附录《四库未收书目提要》云:"此书起自太古,迄于隋季,共十卷。中间历代之事,粗陈其概,展帙了然。后荆南孙光宪者,复辑全唐洎五代事迹十卷,以续总所纪,率多未实。今自十一卷唐高祖起,闽王审知止,系孙氏所续,然宋时即仅存其五卷矣。"

《中国丛书综录》第二册《史部·编年类·通代》称"《通纪》(一名《通历》)二十卷(原缺卷一至三、卷十六至二十)","(唐)马总撰,(宋)孙光宪续"。许肇鼎《宋代蜀人著作存佚录》云："今存《通纪》(包括马总《通历》十卷、孙光宪《续通历》十卷),收入《宛委别藏》。"

今存《通历》除清人阮元所辑《宛委别藏》本外,尚有叶德辉所印活字排印本④。

据笔者所见,《宛委别藏》本所收马总《通历》从第四卷晋宣帝时起,迄卷十隋恭帝时止,缺晋以前部分,仅存七卷。续书从卷一一唐高祖时起,迄卷一五北汉刘崇时止,未署名。

陈尚君在《"花间"词人事辑》中指出:

> 参以晁《志》所云,值得注意的有以下几点:一、今本卷次与宋人所载,缺少五卷。二、今本与宋人所记不合。晁公武所云阿保机事,今本无。《资治通鉴考异》卷二七录孙光宪《续通历》云:"濮王名,昭宗之子,母曰太后王氏。哀帝被杀,朱全忠册为天子,改元天寿。明年,禅位于梁。"今本亦无。而今本记周恭帝"开宝六年春崩"、记南汉"至皇朝开宝四年,凡五十五年而亡",皆光宪身后事。三、今本所载五代十国,与《旧五代史》对核,不难发现系据《旧五代史》本纪及《承袭》、《僭伪》各传节写而成。《旧五代史》成书于开宝七年(973),时光宪已卒。综以上诸证,知今本《通纪》后五卷与孙光宪《续通历》并无关系。"[4](406—407页)

陈尚君所言甚确。此外,尚有两点可以补充。

其一,《通历》后五卷大量摘抄正史,偶尔亦兼采小说,但并未参考《北梦琐言》。

《通历》后五卷记事甚为简略,多依正史。如卷一一《唐玄宗》所载玄宗事迹多与《旧唐书·唐玄宗本纪》相合。在结尾部分,兼采小说,带有一定的传奇色彩:

> 又有天宝故事:元宗移太内安置,后遂辟谷,服气。张皇后进樱桃、蔗浆,悉不食。常玩一紫玉笛,自吹数声,有双鹤下庭,徘徊而去。圣皇谓持节者宫爱曰:"吾奉上帝所召,为元始孔升真人,此笛非汝所宝,送与代宗。"即令具汤沐,"我若就枕,慎勿惊我"。宫爱闻眠中有声,颇甚

惊,候之,崩矣。

此处引用异闻,似有意对《旧唐书·唐玄宗本纪》进行补充。《默记》卷上所引《续通历》内容与此有相似之处。

若把《通历》卷一二至卷一五与《旧五代史》相对照,可发现,《通历》大多摘抄、沿袭《旧五代史》,创作成分极少。如《旧五代史》卷三九《明宗纪第五》云:"襄邑县民闻威,父为人所杀,不雪父冤,有状和解,特敕处死。"《通历》卷一三《后唐明宗》亦云:"襄邑民闻威,父为人所杀,有状和解,特敕处死。"而在《北梦琐言》卷一八《诛不孝》中,"闻威"却写作"周威"。可见,即使是记载同一历史事件或人物,《通历》与《北梦琐言》亦多不相同。

其二,《通历》后五卷首尾完具,且不存在"所记多非实"、"纪事颇失实"的缺陷。

陆心源《仪顾堂题跋》卷三《通历跋》云:"《续通历》十卷,荆南孙光宪撰。宋太祖以光宪书所纪非实,诏毁其书,见《郡斋读书志》。惟《直斋书录》、王氏《玉海》所载皆云十五卷,必因太祖之言,而光宪书有所削并矣。……卷十一至十五,多载黄巢、李茂贞、刘守光、阿保机及十国事迹,固孙光宪原书也。"

此说不太准确。据诸家著录,孙光宪《续通历》当为十卷,但今本只有五卷,且首尾完具,无"削并"之痕迹,与原书数目不符。如陈尚君所言,今本既无《资治通鉴考异》所征引的条目,也无《郡斋读书志》提及的阿保机事迹,今本五代部分体现的实际上是宋初统治者的观念,绝无异端色彩,与孙光宪的原书已有很大的不同。

据此,《通历》后五卷当在宋初统治者销毁《续通历》之后,由佚名文人仓促编成。它基本上抄录《旧唐书》、《旧五代史》,故无甚新意。由于它附于马总《通历》之后,不少人(包括宋人)误把它当成孙光宪的续书。

其实,周中孚已经意识到所谓孙氏续书"止掇取刘昫、薛居正两史之崖略,所记宋太祖禅授之事,亦属薛史所有,不知何以犯太祖所忌也"[5](卷一六《史部二·编年类》)。可惜的是,由于他过于轻信前人的结论,且对孙光宪缺乏必要的了解,故仍然坚持错误的观点。

通过上述考辨，我们可以得出如下结论：《续通历》一书早已亡佚，《宛委别藏》本所录《通历》卷一一至卷一五乃宋人摘抄正史而成⑤，非孙光宪所续。陈尚君"今本《通纪》后五卷与孙光宪《续通历》并无关系"的说法是正确的。《玉海》、《郑堂读书记》、《四库全书总目》、《中国丛书综录》、《宋代蜀人著作存佚录》所载有误。

二、子类

1.《北梦琐言》二十卷，存

孙光宪在《北梦琐言序》中自述：

> 三纪收拾筐箧，爰因公退，咸取编连。先以唐朝达贤一言一行列于谈次，其有事类相近，自唐至后唐、梁、蜀、江南诸国所得闻知者，皆附其末，凡纂得事成三十卷。《禹贡》云"云土梦作乂"，《传》有"畋于江南之梦"，鄙从事于荆江之北，题曰《北梦琐言》，琐细形言，大即可知也。

据此，《北梦琐言》当作于荆南幕府时期，历时约三十年方才完成，为光宪用心之作。

胡可先在《〈北梦琐言〉志疑》一文中称："本书是他（指孙光宪）在江陵时所作，因其一生活动主要在晚唐、五代，对此间事情了解甚多，再加上后唐时已写成此书，而且大多出于亲见亲闻，所以大部分是可信的。"[6](6页)

按：《北梦琐言》写于江陵，可信度较高，但并非完成于后唐时。如卷三《李氏瑞槐赵令公橘附》、卷六《以歌词自娱蜀相韦庄晋相和凝附》、卷一八《韩伊二妃夏夫人附》、"逸文"卷三《土偶避位》、卷四《斗龙》等则笔记均写于后唐灭亡之后。又卷一〇《非意致祸》中，有"周先帝命内臣李廷玉赐马与南平王"之句。"周先帝"即后周太祖郭威（951—954 在位）。《十国春秋》卷一〇一《贞懿王世家》载：广顺二年（952），"周主命内臣李廷玉赐王马"。故可肯定，《非意致祸》当写于郭威卒后，甚至宋立国后。又"逸文"卷三《孙光宪异梦》载有高保融卒,其弟高保勖继任一事。此事发生在建隆元年(960),故《孙光宪异梦》写作时间当更晚。

由此可知,《北梦琐言》的结集时间似应在宋太祖乾德元年(963)孙光宪入宋前夕。

关于《北梦琐言》的卷数,有三种说法。孙光宪《北梦琐言序》、《崇文总目》卷四《传记类》、《郡斋读书志》卷三下《小说类》、《直斋书录解题》卷一一《小说家类》、《通志》卷六五《艺文略第三·史类第五·杂史》、《宋史》卷四八三《孙光宪传》、《国史经籍志》卷三《史类·杂史》等均作三十卷,《文献通考》卷二一六《经籍考四十三·子(小说家)》、《蜀中广记》卷九二《著作记第二·史部》、钱曾《钱遵王述古堂藏书目录》卷五《子·小说家》、《读书敏求记》卷二《史》、钱谦益《绛云楼书目》卷二《小说类》、《爱日精庐藏书志》卷二七《子部·小说类》、《四库全书总目》卷一四〇《子部·小说家类一》、傅增湘《藏园群书经眼录》卷九《子部三》等作二十卷,《宋史》卷二〇六《艺文五》则作十二卷。

《郑堂读书记》卷六四《子部·小说家类二·杂事中》称:"《崇文目》及陈氏作三十卷,《宋志》作十二卷,皆字之误也。"

按:《崇文总目》是著录孙光宪著作最早的书目,其言与孙光宪《北梦琐言序》相符合,可信原书确为三十卷。《北梦琐言》尝为后人所删,故现存仅二十卷。《宋史·艺文志》误把"二十"写作"十二",当据改。

《北梦琐言》宋刻本无存,仅有明代商浚稗海本及卢见曾雅雨堂本行于世。四库全书、丛书集成初编本均出自雅雨堂本。清末缪荃荪云自在龛本不仅收录了雅雨堂本,还从《太平广记》中辑得逸文四卷,较为完备,中华书局1959年断句本即以此本为底本。上海古籍出版社1981年出版的林艾园校点本又以中华书局本为底本,参校他书,创获颇多,为目前最好的本子。

2.《纪遇录》二卷,佚

《秘书省续编到四库阙书目》卷二《子类·小说》:"孙光宪撰《纪遇录》二卷(阙)。"

3.《五书》二卷,佚

《崇文总目》卷五《杂家类》:"《五书》一卷。"未署撰者姓名。《秘书省续编到四库阙书目》卷一《集类·别集》:"孙光宪《五书》二卷(阙)。"

4.《蚕书》二卷,佚

《崇文总目》卷五《农家类》:"孙氏《蚕书》二卷。"《直斋书录解题》卷一〇《农家类》:"《蚕书》二卷,孙光宪撰。"《文献通考》卷二一八《经籍考四十五·子(农家)》、《通志》卷六六《艺文略第四·蔡养》、《宋史》卷四八三《孙光宪传》、《四川通志》卷一八五《经籍志三·子部·农家》所载同。《宋史》卷二〇五《艺文四·农家类》:"孙光宪《蚕书》三卷。"《蜀中广记》卷九四《著作记第四·子部》:"《蚕书》三卷。"恐作"三卷"等有误。

5.《五湖日擎歌》一卷,佚

《秘书省续编到四库阙书目》卷二《子类·五行卜筮》:"葆光子《五湖日擎歌》一卷(阙)。"除此之外,不见其他书籍著录。

按:孙光宪自号葆光子,此书当系于他的名下。关于"五湖"所指,历来有多种说法。朱胜非《绀珠集》卷一三《诸集拾遗》所录《五湖》云:"《吴录》:'五湖者,太湖之别名,以其周围五百余里,故名五湖。'《扬州记》曰:'太湖,一名宫亭,一名震泽,一名洞庭。'《荆州记》曰:'宫亭,即彭泽也,一名青草湖,以青草山得名也。'"曾慥《类说》卷六〇《拾遗类总》亦载《五湖》条,文字与《绀珠集》略有不同。从书名来看,此书似有可能作于荆南时期,或入宋以后。今补录此书。

6.《太元金阙三洞八景阴阳仙班朝会图》五卷,佚

《崇文总目》卷九《道书类》:"《太上金阙三洞八景阴阳仙班朝会图》五卷",未署撰者姓名。《通志》卷六七《艺文略第五·道家三》:"《太元金阙三洞八景阴阳仙班朝会图》五卷孙光宪撰。"《国史经籍志》卷四上《子类·道家》:"《太元金阙三洞八景阴阳仙班朝会图》五卷,孙光宪。"《四川通志》卷一八五《经籍志三·子部·道家》亦著录此书,并把它系于孙光宪名下。

三、集类

(一)诗文集若干

1.《巩湖编玩》三卷,佚

《崇文总目》卷一一《别集类·别集二》:"《巩湖编玩》三卷。"未署撰者姓名。《郡斋读书志》卷四中《别集类中》:"孙光宪《巩湖编玩》三卷。"《宋史》卷二〇八《艺文七·集类四·别集类》、《国史经籍志》卷五《集类·别集》、《蜀中广记》卷九七《著作记第七·集部》、《四川通志》卷一八六《经籍志四·集部·别集》同。《文献通考》卷二三三《经籍考六十·集(别集)》作:"孙光宪《巩湖编》三卷。"误。

2.《纪遇诗》十卷,佚

《崇文总目》卷一二《别集类·别集四》:"《纪遇诗》七卷(阙)。"未署撰者姓名。《宋史》卷二〇八《艺文七·集类四·别集类》:"《纪遇诗》十卷。"《秘书省续编到四库阙书目》卷一《集类·别集》:"(孙光宪)《纪遇诗》一卷(阙)。"

3.《橘斋集》二卷,佚

《崇文总目》卷一二《别集类·别集五》:"孙光宪《橘斋集》二卷。"《宋史》卷二〇八《艺文七·集类四·别集类》、《四川通志》卷一八六《经籍志四·集部·别集》同。

4.《笔佣集》十卷,佚

《崇文总目》卷一二《别集类·别集七》:"孙光宪《笔佣集》十卷。"《宋史》卷二〇八《艺文七·集类四·别集类》、《国史经籍志》卷五《集类·表奏》、《蜀中广记》卷九七《著作记第七·集部》同。

5.《荆台集》四十卷,佚

《崇文总目》卷一二《别集类·别集七》:"孙光宪《荆台集》四十卷。"《宋史》卷二〇八《艺文七·集类》、《国史经籍志》卷五《集类·表奏》、《蜀中广记》卷九七《著作记第七·集部》同。《续文献通考》卷一八〇《经籍考·集上》未注明卷数。

以上别集可能收录有孙光宪的词作。沈雄《古今词话》之《词评》上卷《孙光宪〈橘斋词〉》称："词见《橘斋》、《蓉湖》诸集。""蓉"当为"巩"字之误。

6.《乐府歌集》，佚

诸家书目未著录，可能未曾结集行世。齐己《谢荆幕孙郎中见示〈乐府歌集〉二十八字》云："长吉才狂太白颠，二公文阵势横前。谁言后代无高手，夺得秦皇鞭鬼鞭。"[7](卷一〇)据此可知，孙光宪曾创作过乐府诗，其诗风与李白、李贺相似。

7.《纂唐赋》一卷，佚

《秘书省续编到四库阙书目》卷一《集类·别集》："（孙光宪）《纂唐赋》一卷。"

齐己《寄荆幕孙郎中》称赞孙光宪"诗工凿破清求妙"，"四座共推操檄健"[7](卷七)，对其诗文极为推崇。遗憾的是，孙光宪的诗文集竟无一保存至今，殊为可惜。

现仅存七言绝句一首，句一联，散文二篇。

《荆台》诗："百尺荆台草径荒，如何前日谓云阳？古今不尽迁移恨，依旧台边水渺茫。"载《全唐诗续拾》卷五〇[8](1507页)，乃陈尚君从《舆地纪胜》卷六四《荆湖北路·江陵府上》中辑出。

句一联："晓厨烹淡菜，春杼织橦花。"彭定求等从《北梦琐言》中辑出。《北梦琐言》卷七《洞庭湖诗附李洞包贺卢延让顾况》："仆早岁尝和南越诗云：'晓厨烹淡菜，春杼织橦花。'牛翰林览而绝倒，莫喻其旨。牛公曰：'吾子只知名，安知淡菜非雅物也。'后方晓之。"

《全唐诗》卷八七一孙光宪名下载有《引自落便宜句》："窗下有时留客宿，室中无事伴僧眠。"按：《北梦琐言》卷七《洞庭湖诗附李洞包贺卢延让顾况》："世传逸诗云：'窗下有时留客宿，室中无事伴僧眠。'号曰'自落便宜诗'。"据此，此联非孙光宪所作，《全唐诗》误。

《白莲集序》[7](1页)、《北梦琐言序》各一篇，均作于荆南。前文亦见于董诰等《全唐文》卷九〇〇。

（二）词八十四首，存

《十国春秋》卷一〇二《孙光宪传》："光宪又雅善小词，蜀人辑《花间集》，采其辞至六十余篇。"

五代后蜀赵崇祚编《花间集》，卷七收录孙词 13 首，卷八收录孙词 48 首，计 61 首，《尊前集》卷下另收孙词 23 首，共计 84 首。《全唐诗》卷八九七收孙词 80 首，卷七六二收孙诗 8 首，计 88 首。但其中《竹枝词》2 首，《八拍蛮》1 首，均复见于词，《采莲》一首实非孙光宪所作⑥。除去这些复见、误入的作品，另四首即《花间集》所载孙光宪《杨柳枝》词。《全唐诗》实载孙词 84 首。刘毓盘《唐五代宋辽金元名家词集六十种辑》、王国维《唐五代二十一家词辑》载孙光宪词亦 84 首。在花间词人中，孙光宪的词作数量名列第一。在整个唐五代，其数量仅次于南唐冯延巳。

孙光宪富有开创精神，其词作内容较为丰富，在一定程度上拓宽了晚唐词的狭小题材范围，突破了花间派"香而软"的词风⑦。贺中复指出：孙光宪"直接汲取由唐入五代的韦庄、牛峤、牛希济等长辈的写词经验，在创作上走着与同辈人和凝、欧阳炯不同的道路并能突进领先，成绩斐然，堪称五代前期词的有力后殿"[9](719—720页)。孙光宪在花间词人中独树一帜，地位仅次于温庭筠、韦庄。詹安泰认为："宋人张子野（先）、贺方回（铸）均由孙出，张得其意，贺得其笔。"[10](122页)充分肯定了孙光宪在唐五代词史上的重要地位及其对宋词的影响。

四、几部有争议的作品

除上述作品外，另有四书值得考辨。

1.《蜀武成永昌历》三卷，佚

《崇文总目》卷八《历数类》、《宋史》卷二〇七《艺文六·历算类》均著录此书，作三卷，但未署撰者姓名。《蜀中广记》卷九三《著作记第三·史部》："宋经籍系孙光宪名下，武成，王建年号也。"陈尚君《"花间"词人事辑》把此书列为孙光宪的著述[4](408页),刘尊明《唐五代词史论稿》亦把此书系于孙光宪名下,并归入编年史类[11](250—251页)。

　　按:据《崇文总目》、《宋史》,《蜀武成永昌历》当为历书。武成(908—910)为前蜀王建的年号。此时,孙光宪尚为少年,似不可能制定历法。此书的作者应为胡秀林。《北梦琐言》"逸文"卷一《蜀后主王衍拜唐》:"胡秀林是唐朝司天少监,仕蜀,别造《永昌正象历》,推步之妙,天下一人。"《通志》卷六八《艺文六·历数》:"《武成永昌历》二卷,伪蜀司天监胡秀林撰。"《四川通志》卷一八五《经籍志三·子部·天文算法》:"《武成永昌历》三卷,[五代]蜀司天监胡秀林撰。"《十国春秋》卷三六《高祖本纪下》:武成二年十月,"司天监胡秀林献《永昌历》,诏行之。"同书卷四五《胡秀林传》:"高祖即位,仍官司天监,累著《武成永昌历》二卷,《正象历经》一卷,后人咸取法焉。"

　　据此,《蜀武成永昌历》非孙光宪所著。《蜀中广记》误,陈尚君、刘尊明袭其误。

　　2.《贻子录》,佚

　　洪迈《容斋随笔》"续笔"卷一三《贻子录》:"先公自燕归,得龙图阁书一册,曰《贻子录》,有'御书'两印存,不言撰人姓名,而《序》云:'愚叟受知南平王,政宽事简。'意必高从诲擅荆渚时,宾僚如孙光宪辈者所编,皆训儆童蒙。"《十国春秋》卷一〇二《孙光宪传》:"《容斋三笔》载有《贻子录》,疑亦光宪辈撰。"

　　《秘书省续编到四库阙书目》卷二《子类·小说》:"《贻子录》一卷(阙)。"《宋史》卷二〇六《艺文五·小说类》在著录"柳珵《家学要录》二卷"之后,载有"《赂子解(一作'录')》一卷",亦"不言撰人姓名"。按:"赂"似为"贻"字之误,此书当为《贻子解》,即《贻子录》。

　　《贻子录》为"训儆童蒙"之作,孙光宪本人并不轻视这类作品。《北梦琐言》卷一九《诙谐所累》云:"北中村墅多以《兔园册》教童蒙,……《兔园册》乃徐庾文体,非鄙朴之谈,但家藏一本,人多贱之也。"孙光宪博学多识,颇受高季兴、高从诲父子的重视。因此,有可能编撰《贻子录》。

荆南"受知南平王"的宾僚除孙光宪外,尚有李载仁等人。《三楚新录》卷三:"载仁自负文学,常感季兴见知。"《北梦琐言》"逸文"卷三《薛韦轻高氏》:高从诲"辟李为掌记。他日,录其长息为子婿,第三子皆奏官,一门朱紫辉如也"。

据此,《贻子录》似有可能为孙光宪、李载仁等荆南文人所编⑧。

3.《曲谱》一卷,佚

清同治年间所编《仁寿县志》卷一一《艺文志·书目》:"《曲谱》一卷,孙光宪同毛熙震、李珣撰,皆赋后主故事,不著宫调,而调各四句。"据此,《曲谱》当作于前蜀时期。

按:除《仁寿县志》外,此书不见其他书目著录。王灼《碧鸡漫志》云:"伪蜀时孙光宪、毛熙震、李珣有《后庭花》曲,皆赋后主故事,不著宫调,两段各四句,似令也。"《仁寿县志》似在《碧鸡漫志》此说的基础上作了发挥,与《碧鸡漫志》本意不合。

4.《荆台佣稿》,不详

《唐五代宋辽金元名家词集六十种辑》录有孙光宪《荆台佣稿》。刘毓盘跋云:"乙酉春,过黄文恪公家,见所藏《荆台佣稿》一册,无序目,为鼠齿所余,古色尽然,字皆完好,宋本也。"赵万里《校辑宋金元人词·唐五代宋辽金元名家词辑提要》对"《荆台佣稿》据宋刻本"表示怀疑[12](741页)。陈尚君《"花间"词人事辑》对此说作了辨驳:

> 今未详此本存何处,然就刘氏所刊,颇有可疑处。书名不见宋人著录,但显为据《荆台》、《笔佣》二集名拼合而成,此其一。今存光宪词凡八十四阕,六十一阕见《花间集》,二十三阕见《尊前集》。此册所收,恰合此数,似为取二集所收词而成,似非宋人之旧,此其二。此册中词,异文误字较多,胜义极少,此其三。疑此册为后人所辑,非宋时原刻[4](409页)。

孙光宪"博物稽古","性嗜经籍"[13](卷一〇二《孙光宪传》),所撰文史著作是他数十年心血的结晶,也是他生命价值的重要体现。可惜这些著作大多数在宋时即已逐渐亡佚,仅《北梦琐言》一书传世。故《四库全书总目》卷一四〇《子部·小说家类一》称:孙光宪"所著有《荆台集》、《橘斋集》、《笔佣集》、《巩湖集玩》(笔者注:'集'当作'编')、《蚕书》、《续通历》等书,自宋代已散佚,惟是书独传于后"。此外,尚有诗一首,句一联,文二篇,词八十四首传世⑨。

注　释

①《蜀中广记》卷九四《著作记第四·子部》又称孙光宪著有"《续通历》一卷",误。

②徐敏霞、周莹把此句误标为:"又撰《续通历纪事》,颇失实,太平兴国初,诏毁之。"误。

③《资治通鉴》卷二六二《唐纪七十八》"昭宗天复元年"载:(十一月)"壬子,韩全诲等陈兵殿前,……(上)不得已,与皇后、妃嫔、诸王百余人皆上马,恸哭声不绝,出门,回顾禁中,火已赫然。是夕,宿鄠县。"司马光在《资治通鉴考异》中说:"《续宝运录》:'其年十月,朱全忠发士马。十一月,入长安。圣上幸凤翔,宰臣裴贽、翰林学士令狐涣等扈从。其皇后王氏及千官、太子、玉印、龙服,并是汴州迎在华州,相次修东都宫室,旋迎赴东都。……'其说妄谬,今不取。"可见,《续宝运录》称昭宗皇后为王氏。孙光宪《续通历》似有可能征引过此书。

④此书印于1915年,仅印两百部,世所罕见。参见张承宗《叶德辉印〈通历〉一书简介》,《河南大学学报》(社会科学版)1985年第1期。

⑤应该指出,《通历》后五卷仍具有一定的史料价值和文献校勘价值。今本《旧五代史》乃乾隆年间邵晋涵等四库馆臣从《永乐大典》中辑出,再以《册府元龟》、《资治通鉴考异》等书所引用的《旧五代史》材料作为补充而成,已非原本,故可据《通历》补正薛史的残缺部分。《爱日精庐藏书志》卷九《史部·编年类》云:"所载五代事迹,间有出新旧两史外者,是亦足资参考,有唐旧籍,世不多有,其珍秘之哉!"叶德辉在《通历》排印题记中指出:"今殿本中《旧五代》出自《永乐大典》各韵中,湖南马殷诸子传残缺最甚。此独一一完具,虽有删节,终可补《旧五代》之残编。"(参见张承宗《叶德辉的政治生涯与学术活动》,《文史》1999年第2辑)同时,还可据《通历》补正《旧五代史》的一些讹误之处。如《旧五代史》卷九九《汉高祖纪上》云:"应顺初,晋高祖镇常山;唐明宗召赴阙,会闵帝出奔,与晋高祖相遇于途,遂俱入卫州,泊于邮舍。"应顺(934)为闵帝李从厚年号。此时,明宗已死,其召石敬瑭"赴阙"显然不合常理。而在《通历》卷一四《汉高祖》中,"唐明宗召赴阙"句作"闵帝召赴阙"。此外,四库馆臣辑录《旧五代史》时出于政治

顾忌，对不少字句作了改动，而《通历》则较完好地保留了《旧五代史》的原貌。如《通历》卷一四《汉高祖》在叙述契丹入侵中原一节时，使用"伪制"两次、"伪诏"一次。今本《旧五代史》卷九九《汉高祖纪上》则仅出现"伪制"一次。

⑥《花间集》卷二、《全唐诗》卷八九一均题为皇甫松词。

⑦沈雄《古今词话》之《词评》上卷《温庭筠金荃集》引《北梦琐言》，见唐圭璋编《词话丛编》第二册，第970页。

⑧许肇鼎《宋代蜀人著作存佚录·仁寿县》（第432页）把此书称为《贻孙》，令人费解。

⑨许吟雪、许孟青《宋代蜀诗辑存·仁寿县》（第418页）称：孙光宪"曾续唐马总所撰《通纪》，……著有《蜀武成永昌历》三卷、《孙氏蚕书》二卷、《贻孙》等，今已佚。《续通历》一〇卷、《北梦琐言》三〇卷，传世"。多以讹传讹，不足取。

参考文献

[1] 刘节：《中国史学史稿》[M]，郑州：中州书画社1982年版。

[2] 周羽翀：《三楚新录》[M]，文渊阁四库全书[Z]，台北：台湾商务印书馆1986年版。

[3] 梁启超：《梁启超史学论著四种》[M]，长沙：岳麓书社1985年版。

[4] 陈尚君：《"花间"词人事辑》[A]，唐代文学丛考[C]，北京：中国社会科学出版社1997年版。

[5] 周中孚：《郑堂读书记》[M]，北京：商务印书馆1959年版。

[6] 胡可先：《北梦琐言》志疑[J]，《徐州师范学院学报》1987年第1期。

[7] 齐己：《白莲集》[M]，四部丛刊初编[Z]，上海：商务印书馆1935年版。

[8] 陈尚君：《全唐诗补编》[M]，北京：中华书局1992年版。

[9] 吴庚舜、董乃斌：《唐代文学史（下）》[M]，北京：人民文学出版社1995年版。

[10] 詹安泰：《读词偶记》[A]，宋词散论[C]，广州：广东人民出版社1980年版。

[11] 刘尊明：《唐五代词史论稿》[M]，北京：文化艺术出版社2000年版。

[12] 施蛰存：《词籍序跋萃编》[C]，北京：中国社会科学出版社1994年版。

[13] 吴任臣：《十国春秋》[M]，北京：中华书局1983年版。

原刊《四川师范大学学报》2002年第5期

《北梦琐言》与唐五代史籍

房 锐

唐末五代是中国历史上最黑暗、最动荡的时期之一。自黄巢起义开始，唐王朝便陷入动荡不安的局面中。五代之际，干戈纷攘，数十年间，中原一带几易其姓，战乱相寻，中国古代文化典籍遭到极大的破坏。孙光宪在《北梦琐言序》中指出："唐自广明乱离，秘籍亡散，武宗已后，寂寞无闻，朝野遗芳，莫得传播。"出于保存历史的意识，以及"非但垂之空言，亦欲因事劝戒"，"庶勉后进子孙，俾希仰前事"的目的[1](1页)，孙光宪对当时的文化典籍，尤其是对晚唐五代的史料极为重视。其笔记《北梦琐言》网罗广泛，保存了大量可贵的文献，是后世学者研究晚唐五代历史与文化不可缺少的重要典籍。

唐五代史籍是《北梦琐言》最重要的文献来源之一。孙光宪广泛涉猎这些史籍，择优而取，从而增强了作品的信实度。当这些史籍绝大多数已经亡佚后，《北梦琐言》成为保存晚唐五代史籍最重要的笔记之一。

为论述方便，本文着重从五代实录和其他唐五代史籍两个方面对《北梦琐言》的文献来源进行探讨。

一、五代实录

五代虽然是一个动荡不安的乱世，但史馆组织依然存在，史官们也在力所能及的范围内发挥着作用。欧阳修在《崇文总目叙释·实录类》中指出："五代之际，尤多故矣。天下乖隔，号令并出，传记之士，讹谬尤多。幸而中国之君，实录粗备。其盛衰善恶之迹较然而著者，不可泯矣。"[2](1000页)较为公正地评价了五代史官及其所著实录的价值。

后代为前代修撰实录,是五代史学的一个重要特色。据《宋史》卷二〇三《艺文二·编年类》记载,五代宋初时编写的中原王朝实录有10余种,它们是:张衮、郗象等撰《梁太祖实录》三十卷,赵凤、张昭远等撰《唐懿祖纪年录》一卷,《唐献祖纪年录》一卷,《唐庄宗实录》三十卷,姚顗等撰《唐明宗实录》三十卷,张昭远等撰《唐愍帝实录》三卷,张昭等撰《唐废帝实录》十七卷,窦贞固等撰《晋高祖实录》三十卷,《晋少帝实录》二十卷,苏逢吉等撰《汉高祖实录》十卷,张昭、尹拙、刘温叟等撰《汉隐帝实录》十五卷,《周太祖实录》三十卷,王溥等撰《周世宗实录》四十卷。此外,后梁敬翔所撰《大梁编遗录》具有实录性质,亦可列为实录。

五代实录保存了唐末至五代后周之际丰富的原始资料,为宋人撰写史书提供了坚实的基础。随着时间的流逝,这些实录已先后亡佚。但令人欣慰的是,它们的部分内容却借《旧五代史》、《册府元龟》、《北梦琐言》等书间接保留了下来。

《旧五代史》为官修史书,编于宋太祖开宝六年(973)至开宝七年(974),由薛居正监修,卢多逊、张澹、李昉等同修。《册府元龟》为宋代著名类书之一,编于宋真宗景德二年(1005)至大中祥符六年(1013),由王钦若、杨亿等人负责编修。

关于两书大量采掇五代实录之事,早已成为学者的定论。赵翼《廿二史札记》卷二一《薛史全采各朝实录》云:"五代诸帝本各有实录,薛居正即本之以成书,故一年之内即能告成。"陈垣在《影印明本册府元龟序》中说:"《册府》所采大抵以'正史'为主,间及经子,不采说部。""当其修《册府》时,唐五代各朝《实录》存者尚众,故今《册府》所载,每与旧史不尽同也。"[3](第二集,206页)

孙光宪在《北梦琐言序》中,并未提及曾采用过五代实录。一千多年来,历史学家们也往往忽略了《北梦琐言》与五代实录之间的联系。但事实上,五代实录确为该书最重要的文献来源之一。

庄学君在《〈北梦琐言〉研究》一文中,已注意到这一事实,并作了极有价值的探讨。她把《北梦琐言》与《旧五代史》的部分文字进行比较,发现两者有一些相同、相似之处。她从《北梦琐言》字里行间残存有明显的实录语言风格,《资治通鉴考异》中《大梁编遗录》一则与《北梦琐言》卷一六中一则文字完全相同入手,得出《北梦琐言》曾抄录五代实录的结论[4](70页)。

经笔者反复查阅,不仅发现了《旧五代史》与《北梦琐言》更多相同、相似之处,还发现《北梦琐言》与《册府元龟》也存在着不少"不谋而合"的现象。以下罗列数条史料。

1.《北梦琐言》卷一六《木星入斗》:

唐乾符中,荆州节度使晋公王铎,后为诸道都统。时木星入南斗,数夕不退。晋公观之,问诸知星者吉凶安在,咸曰:"金火土犯斗即为灾,唯木当应为福耳。"咸或然之。时有术士边冈洞晓天文,精通历数,谓晋公曰:"唯斗帝王之宫宿,唯木为福神,当以帝王占之。然则非福于今,必当有验于后,未敢言之。"它日,晋公屏左右密问冈,曰:"木星入斗,帝王之兆,木在斗中,'朱'字也。"

《册府元龟》卷二〇三《闰位部·征应》:

唐乾符中,木星入南斗,数夕不退,诸道都统晋国公王铎观之,问诸知星者吉凶安在,咸曰:"金火土犯斗即为灾,唯木当应为福耳。"或亦然之。时有术士边冈者,洞晓天文,博通阴阳历数之妙,穷天下之奇秘,有先见之明,虽京房、管辂不能过也。铎召而质之,冈曰:"惟木为福神,当以帝王占之。然则非福于今,必当有验于后,未敢言之,请他日证其所验。"一日,又密召冈,因坚请语其详,至于三四,冈辞不获。铎乃屏去左右(笔者注:《宋本册府元龟》作"冈辞不获,诺,乃屏去左右"。)。冈曰:"木星入斗,帝王之兆也。木在斗中,'朱'字也。以此观之,将来当有朱氏为君者也,天戒之矣。且木之数三,其祯也应在三纪之内乎。"铎闻之,不复有言。

2.《北梦琐言》卷一八《明宗独见》:

庄宗晏驾,明宗皇帝为将相推举,霍彦威、孔循上言,唐运已衰,请改国号。明宗谓藩邸近侍曰:"何为改正朔?"左右奏曰:"先帝以锡氏宗属，为唐雪冤仇，为昭宗皇帝后，国号唐。今朝之旧人不欲殿下称唐，请更名号耳。"明宗泣下曰："吾十三事献祖，洎太祖至先帝，冒刃血战，为唐室雪冤，身编宗属。武皇功业，即吾功业也，先帝天下，即吾天下也。兄亡弟绍，于意何嫌？运之衰隆，吾当身受。"于是不改正朔，人服帝之独见也。

《册府元龟》卷一一《帝王部·继统三》、卷五七《帝王部·英断》均记载此事，前者云：

  霍彦威、孔循等请改国号，不行土德正朔。豆卢革不能决，安重晦（笔者注："晦"当作"诲"）具奏。上顾谓藩邸近侍曰："若何改国号为正朔？"左右奏曰："先帝以锡氏宗属，为唐雪冤，继为昭宗皇帝后，国号曰唐。今伪朝旧人，不欲殿下称唐，请更名号耳。"帝因呜噎泣下曰："异乎予所闻也。予年十三事献祖，文皇帝以予宗属，爱幸不异所生，事武皇帝垂三十年，何艰险之不尝！排难解纷，栉风沐雨，冒刃血战，体无完肤，辟土开基，以至今日。即武帝功业，予功业也，先帝天下，予天下也。兄亡弟绍，于义何嫌？同宗异号，出何典礼？人之多僻，可见其心。历之衰隆，吾当自受。莠言无所取也。"彦威等言唐之运历已衰，不如自创新号。故上言衰隆自受。

3.《北梦琐言》卷一九《座主门生同入翰林》：

  封舜卿，梁时知贡举。后门生郑致雍同受命入翰林为学士。致雍有俊才，舜卿才思拙涩，及试五题，不胜困弊，因托致雍秉笔。当时议者以为座主辱门生。

《册府元龟》卷九三九《总录部·讥诮》：

  封舜卿仕梁，为礼部侍郎，知贡举。开平三年，奉使幽州，以门生郑致雍从行，复命之日，又与致雍同受命入翰林为学士。致雍有俊才，舜卿虽有文辞，才思拙涩，及试五题，不胜困弊，因托致雍秉笔，当时讥者以为座主辱门生。

如上所言，《册府元龟》属官修类书，虽大量采用五代实录，却"不采说部"。而《北梦琐言》属私家著述，从时间上来看，该书乃孙光宪在荆南幕府任职期间所作，其结集时间当在宋太祖乾德元年（963）孙光宪入宋之前[5](136页)。它之所以会出现与《册府元龟》"不谋而合"的现象，原因在于，孙光宪率先采用了五代人修撰的实录。这一发现，再次有力地证明了《北梦琐言》曾抄录过五代实录的事实。

因此，尽管孙光宪在《北梦琐言序》中并未标明曾采用过五代人修撰的实录，但把《北梦琐言》与《旧五代史》、《册府元龟》进行比较，以及查核《北梦琐言》的行文后，可知该书大量摘抄五代实录已成为一个不争的事实。庄学君所作的结论是可靠的。

值得注意的是，为什么长期以来竟然没有人指出《北梦琐言》与五代实录之间的关系呢？

笔者推测，这不仅与五代实录自宋元以来已先后亡佚有关，也与间接保存了部分五代实录内容的《旧五代史》、《册府元龟》、《北梦琐言》没有得到有关学者足够的重视有关。

自欧阳修的《新五代史》问世后，《旧五代史》便逐渐受到冷落，直至失传。而多达一千卷的《册府元龟》亦"不为艺家所重"[6](卷下)，命运不比《旧五代史》好多少。《册府元龟·校印后记》说：自从该书"刊印以后，直到明末崇祯十五年（1642）才有黄国琦的重刻本。明朝人很少看到宋本，当时藏书家大都转相传钞"。"无论初印本或补版后的印本，印数都不会很多，所以保存到现在的只有极少数的几部了"。

由于受传统观念的影响，一些学者把《北梦琐言》当作不登大雅之堂的"小说家言"。如清人王鸣盛《十七史商榷》卷九一《张浚依杨复恭》称《北梦琐言》"多有虚诞"。而后人的擅自删削，又导致书中不少珍贵史料湮灭，留下了难以弥补的遗憾。

在这种情况下，人们根本不可能把《北梦琐言》与《旧五代史》及《册府元龟》进行系统的比较，更不可能得出《北梦琐言》曾大量摘抄五代实录的结论。

值得庆幸的是，尽管五代实录早已亡佚，但它记载的不少史料却借《北梦琐言》等书间接保存了下来。因此，与不少唐五代笔记小说相比，《北梦琐言》具有极高的信实度。

二、其他唐五代史籍

除五代实录外,《北梦琐言》还采用了其他唐五代史籍。

唐自宣宗以后,国势衰微,政局动荡不安,农民起义不断。朱温篡唐,朝代更迭,战火纷飞,大量史籍亡佚。陶岳《五代史补序》云:"五代之相承也,其辟土则不广,享祚则不永,干戈尚被于原野,声教未浃于华夏,虽唐室名儒,或有存者,然俎豆军旅,势不两立,故其史书漏落尤甚。"

令人称道的是,五代之际,后唐明宗、后晋高祖等人比较注意史籍的搜集与整理工作,并做了几件颇有意义的大事。

《册府元龟》卷五〇《帝王部·崇儒术二》载:"明宗天成二年,都官郎中庾传美访图书于三川孟知祥处,得九朝实录及杂书传千余卷,并付史馆。"

又贾纬搜访遗文及耆旧传说,于后晋天福六年(941)撰成《唐年补遗录》六十五卷。《旧五代史》卷一三一《贾纬传》云:贾纬"以唐代诸帝实录,自武宗已下,阙而不纪,乃采掇近代传闻之事,及诸家小说,第其年月,编为《唐年补录》,凡六十五卷,识者赏之"。《册府元龟》卷五五四《国史部·恩奖》云:贾纬"采访遗文及耆旧传说,编成六十五卷,目为《唐年补遗录》,以备将来史官修述"。《新五代史》卷五七《贾纬传》亦云:"纬长于史学。唐自武宗以后无实录,史官之职废,纬采次传闻,为《唐年补录》六十五卷。当唐之末,王室微弱,诸侯强盛,征伐擅出,天下多事,故纬所论次多所阙误。而丧乱之际,事迹粗存,亦有补于史氏。"

后晋天福五年(940)至开运二年(945),由刘昫监修,张昭远、贾纬等同修的《旧唐书》完成。这部官修史书多达二百卷,保存了大量的唐代史料。

晚唐先后出现了不少私人所写的历史闻见录。这里仅录《新唐书》卷五八《艺文二·杂史类》著录的部分史籍:裴廷裕《东观奏记》三卷,令狐澄《贞陵遗事》二卷,柳玭《续贞陵遗事》一卷,郑言《平剡录》一卷(裴甫事),

韦昭度、杨涉《续皇王宝运录》十卷,张云《咸通解围录》一卷,郑樵《彭门纪乱》三卷(庞勋事),王坤《惊听录》一卷(黄巢事),郭廷诲《广陵妖乱志》三卷(高骈事),《乾宁会稽录》一卷(董昌事),韩偓《金銮密记》五卷,王振《汴水滔天录》一卷,公沙仲穆《大和野史》十卷。

五代时也出现了不少史籍,如张昭远《朱梁列传》十五卷,《后唐列传》三十卷[7](卷二〇三《艺文二·正史类》),黄彬《庄宗召祸记》一卷,《三朝见闻录》八卷[8](卷五《杂史类》),毛文锡《前蜀纪事》二卷[8](卷五《伪史类》),王仁裕《入洛记》一卷[8](卷七《传记类》)。

尽管孙光宪并未提及曾采用过哪些史籍,但通过查核,我们可以发现他大量采用唐五代史籍的实证。如《北梦琐言》卷二《骆山人告王庭凑》:

> 唐田弘正之领镇州,三军杀之而立王庭凑,即王武俊支属也。庭凑生于别墅,尝有鸠数十只,朝集庭树,暮集檐下,有里人骆德播异之。及长,骈胁,善《阴符》、《鬼谷》之书。历军职,得士心。曾使河阳回,在中路,以酒困寝于路隅。忽有一人荷策而过,熟视之,曰:"贵当列土,非常人也。"仆者寤,以告庭凑。庭凑驰数里及之,致敬而问。自云:"济源骆山人也,向见君鼻中之气,左如龙而右如虎。龙虎气交,王在今秋。子孙相继,满一百年。"又云:"家之庭合有大树,树及于堂,是其兆也。"是年,果为三军扶立为留后。归别墅,而庭树婆娑,暗北舍矣。墅西飞龙山神,庭凑往祭之,将及祠百步,有人具冠冕,折腰于庭凑。及入庙,神乃侧坐。至今面东起宇尚存焉。庭凑清俭公正,忠于朝廷,勤于军民,子孙世嗣为镇帅。至朱梁时,王镕封赵王,为部将张文礼灭之。

此条不见于《旧唐书》卷一四二《王庭凑传》。《太平广记》卷二二三《骆山人》引《唐年补录》云:

> 王庭凑始生于恒山西南三十里石邑别墅。当生之后,常有鸠数十,朝集庭树,幕宿檐户之下,有里人路德播异之。及长,骈胁,善《阴符》、《鬼谷》之书。历居戎职,颇得士心。以长庆元年春二月曾使河阳,回及沇允水,酒困,寝于道。忽有一人荷策而过,熟视之,曰:"贵当列土,非常人。"有从者窦载英寤,以告庭凑。庭凑驰数里及之,致敬而问。

自云："济源骆山人，向见君鼻中之气，左如龙而右如虎。龙虎气交，当王于今年秋。子孙相继，满一百年。吾相人多矣，未见有如此者。"复云："家之庭合有大树，树及于堂，是兆也。"庭凑既归，遇田弘正之难。中夜，有军士叩门，伪呼官称，庭凑股栗欲逃，载英曰："骆山人之言时至矣。"是夜七月二十七日也。庭凑意乃安。及为留后，他日归其别墅，视家庭之树，婆娑然暗北舍矣。墅西有飞龙山神，庭凑往祭之，将及其门百步，见一人被衣冠，折腰于庭凑。庭凑问左右，皆不见。及入庙，神乃侧坐，众皆异之。因令面东起宇，今尚存焉。寻以德播为上宾，载英列为首校。访骆山人，久而方获，待以函丈之礼。乃别构一亭，去则悬榻，号骆氏亭，报畴昔也。

两书记载同一事实，《唐年补录》详言之，《北梦琐言》略言之，因袭痕迹非常明显。由于《唐年补录》早已亡佚，我们只能从保存在《太平广记》等书的只言片语中，寻找《北梦琐言》采自《唐年补录》的证据。

又《北梦琐言》卷一《郑氏女庐墓》：

> 唐大中年，兖州奏："先差赴庆州行营押官郑神佐阵没，其室女年二十四，先亡父未行营已前，许嫁右骁雄军健李玄庆，未受财礼。阿郑知父神佐阵没，遂与李玄庆休亲，截发往庆州北怀安镇，收亡父遗骸，到兖州瑕丘县进贤乡，与亡母合葬讫，便于茔内筑庐。"识者曰："女子适边，取父遗骸合葬，烈而且孝，诚可嘉也。庐墓习于近俗，国不能禁，非也。"广引《礼经》而证之。

《旧唐书》卷一九三《列女传》云：

> 大中五年，兖州瑕丘县人郑神佐女，年二十四，先许适骁雄牙官李玄庆。神佐亦为官健，戍庆州。时党项叛，神佐战死，其母先亡，无子。女以父战殁边城，无由得还，乃剪发坏形，自往庆州护父丧还，至瑕丘县进贤乡马青村，与母合葬。便庐于坟所，手植松槚，誓不适人。节度使萧俶以状奏之曰："伏以闾里之中，罕知礼教，女子之性，尤昧义方。郑氏女痛结穷泉，哀深《陟岵》，投身沙碛，归父遗骸，远自边陲，得还闾里。感《蓼莪》以积恨，守丘墓以誓心，克彰孝理之仁，足厉贞方之节。"

诏旌表门闾。

两书虽所载史实相同，但各有侧重。笔者推测，它们似有可能同据《唐年补遗录》之类的史籍。

《北梦琐言》似受《续皇王宝运录》的影响较大。如卷一《宣宗称进士》：

  洎僖宗皇帝，好蹴球、斗鸡为乐。自以能于步打，谓俳优石野猪曰："朕若作步打进士，亦合得一状元。"野猪对曰："或遇尧、舜、禹、汤作礼部侍郎，陛下不免且落第。"帝笑而已。

《资治通鉴》卷二五三《唐纪六十九》"僖宗广明元年"云：

  上好骑射、剑槊、法算，至于音律、蒲博，无不精妙；好蹴鞠、斗鸡，与诸王赌鹅，鹅一头至五十缗。尤善击球，尝谓优人石野猪曰："朕若应击球进士举，须为状元。"对曰："若遇尧、舜作礼部侍郎，恐陛下不免驳放。"上笑而已。

司马光在《资治通鉴考异》中说：

  《新·田令孜传》："帝冲駮，喜斗鹅，一鹅至直五十万钱。"按鹅非可斗之物，至直五十万钱，亦恐失实，《新传》误也。今从《续宝运录》。

可见，《资治通鉴》此条当采自《续宝运录》。而《北梦琐言》卷一《宣宗称进士》虽简略，大意却与《资治通鉴》此条相似。据此，可推知，《北梦琐言》似亦采自《续宝运录》。

孙光宪博学多识，视野开阔，尽可能参照记载史实较为准确的史籍，故《北梦琐言》所载，时有与正史相合之处。王文才先生在《蜀梼杌校笺序》中说："书载唐末五姓十国故事，素为考史者所重，欧史叙事有与《北梦琐言》同者，若非欧抄自此，即同出故籍，故文字类似。"《北梦琐言》亦常为后世家所征引，司马光在《资治通鉴》中多次采用了《北梦琐言》的说法。如《资治通鉴》卷二五三《唐纪六十九》"僖宗广明元年"云：

  左拾遗侯昌业以盗贼满关东，而上不亲政事，专务游戏，赏赐无度，田令孜专权无上，天文变异，社稷将危，上疏极谏。上大怒，召昌业至内侍省，赐死。

司马光在《资治通鉴考异》中说：

《续宝运录》云：……司天少监侯昌业上疏，其略曰，……又曰："伏惟陛下，暂停戏赏，救接苍生，于殿内立揭谛道场，以无私财帛供养诸佛，用资世禄，共力攘灾。"……《北梦琐言》曰："唐自广明后，阉人擅权，置南北废置使。军容田令孜有回天之力，中外侧目。而王仙芝、黄巢剽掠江、淮，朝廷忧之。左拾遗侯昌业上疏，极言时病，留中不出，命于仗内戮之。后有传侯昌业疏词不合事体，其末云：'请开揭谛道场，以消兵厉。'似为庸僧伪作也。必若侯昌业以此识见犯上，宜其死也。"今从之。

《资治通鉴考异》所引《北梦琐言》此条今存。司马光采《北梦琐言》，弃写作时代较早的《续宝运录》，显然是因为《北梦琐言》更接近历史真相，信实度在《续宝运录》之上。

《北梦琐言》卷四《妖人伪称陈仆射》云：

唐军容使田令孜擅权，有回天之力。尝致书于许昌，为其兄陈敬瑄求兵马使职，节将崔侍中安潜不允。尔后崔公移镇西川，敬瑄与杨师立、牛勖、罗元杲以打球争三川，敬瑄获头筹，制授右蜀节旄以代崔公。中外惊骇。报状云，陈仆射之命，莫知谁何。青城县弥勒会妖人窥此声势，乃伪作陈仆射行李，云山东盗起，车驾必谋幸蜀，先以陈公走马赴任。乃树一魁妖，共翼佐之。军府未喻，亦差迎候。至近驿，有指挥索白马四匹，察事者觉其非常，乃羁縻之。未供承间，而真陈仆射亦连辔而至，其妖人等悉擒缚而俟命，颖川俾隐而诛之。

两《五代史》无此内容。《资治通鉴》卷二五三《唐纪六十九》"僖宗广明元年"云：

初，崔安潜镇许昌，令孜为敬瑄求兵马使，安潜不许。敬瑄因令孜得隶左神策军，数岁，累迁至大将军。令孜见关东群盗日炽，阴为幸蜀之计，奏以敬瑄及其腹心左神策大将军杨师立、牛勖、罗元杲镇三川，上令四人击球赌三川，敬瑄得第一筹，即以为西川节度使，代安潜。……

西川节度使陈敬瑄素微贱，报至蜀，蜀人皆惊，莫知为谁。有青城妖人乘其声势,帅其党诈称陈仆射,马步使瞿大夫觉其妄,执之,沃以狗血,即引服,悉诛之。六月,庚寅,敬瑄至成都。

就"妖人伪称陈仆射"这一节来看,两书微有不同,而导致这一现象的原因,多半与它们所据史籍的不同有关。

由于孙光宪与司马光采用的史籍不尽相同,反映在作品中,两人的说法时有异同。如《资治通鉴》卷二五四《唐纪七十》"僖宗中和二年",在"王铎为都都统"条后所附《资治通鉴考异》中有如下一条:

《北梦琐言》曰:"王铎初镇荆南,黄巢入寇,望风而遁。他日,将兵潼关,黄巢令人传语云:'相公儒生,且非我敌,无污我锋刃,自取败亡也。'后到成都行朝,拜诸道都统。所以高骈上表,目之为败军之将也。"按铎自荆南丧师贬官,未尝将兵潼关。

《资治通鉴考异》所引此条见《北梦琐言》卷一四《儒将成败》。《北梦琐言》卷三《王中令铎拒黄巢》亦云:"洎荆州失守,复把潼关。黄巢差人传语云:'令公儒生,非是我敌,请自退避,无辱锋刃。'于是弃关,随僖皇播迁于蜀。再授都统。"

笔者认为,孙光宪当是在参考有关史料,确认王铎守潼关一事可信后方才写入笔记的。《册府元龟》卷三三六《宰辅部·识暗》亦保存了一则王铎守潼关的史料:

巢不得已,乃北渡淮,西抵洛阳,……继攻陕、虢,逼潼关,陷华州,留将乔钤守之,河口(笔者注:"口"当作"中")节度使李侃表于贼,朝廷使田令孜率神策军拒之。贼以王铎失守,乃自潼关谷路入,遂陷京师。

方积六在《黄巢起义考》中称:"我推测他(笔者注:指王铎)自洛阳逃到潼关。由于王铎一贯疯狂镇压起义军,先后两次主动要求到前线作战,他鉴于守卫潼关事关重要,就主动停留下来为唐王朝把守潼关效劳。潼关之战失败后,他再逃往长安、成都。"[8](130页)可见,孙光宪此说并非毫无依据,司马光"铎自荆南丧师贬官,未尝将兵潼关"的说法也并非已成定论。

应该看到,由于孙光宪并未明确指出《北梦琐言》曾采用了哪些史籍,这给我们的研究工作带来了较大的难度。同时,也应看到,"五代士人撰录国书多不凭旧文,出于记忆及传闻,虽本国近事亦有抵牾者"[10](卷二八二《后晋纪三》"高祖天福四年"所附《资治通鉴考异》)。尽管孙光宪言必有据,但由于他所依据的史籍可能有误,因此,《北梦琐言》仍不可避免地沿袭了一些错误的说法。对此,我们应采取审慎的态度,认真甄别。

参考文献

[1] 孙光宪:《北梦琐言》[M],林艾园校点,上海:上海古籍出版社1981年版。

[2]《欧阳修全集》[M],北京:北京市中国书店1986年版。

[3] 陈垣:《陈垣学术论文集》[M],北京:中华书局1982年版。

[4] 庄学君:《北梦琐言》研究[J],《西南师范大学学报》1990年第1期。

[5] 房锐:《孙光宪著述考》[J],四川师范大学学报(社会科学版)2002年版。

[6] 袁褧:《枫窗小牍》[M],宋元笔记小说大观[Z],上海:上海古籍出版社2001年版。

[7] 脱脱:《宋史》[M],北京:中华书局1977年版。

[8] 陈振孙:《直斋书录解题》[M],文渊阁四库全书[Z],台北:台湾商务印书馆1986年版。

[9] 方积六:《黄巢起义考》[M],北京:中国社会科学出版社1983年版。

[10] 司马光:《资治通鉴》[M],北京:中华书局1956年版。

原刊《四川师范大学学报》2003年第4期

谈宋代蜀刻韩愈集

常思春　林　琳

　　四川是板刻印刷术的发祥地之一。《全唐文》卷624冯宿《禁板印时宪书奏》:"准勅。禁断印历日板,剑南西川及淮南道皆以板印历日鬻市,每岁司天台未奏颁下新历,其印历亦已满天下,有乖敬授之道。"冯宿卒于唐文宗开成元年(836),《旧唐书·文宗纪》载大和九年(835)十二月禁"诸道不得私置日历板",是大和九年前,剑南西川已板印日历鬻市。柳玭《家训序》载:"中和三年癸卯(883)夏,銮舆在蜀之三年也,余为中书舍人,旬休,阅书于重城之东南,其书多阴阳杂记、占梦、相宅、九宫五纬之流,又有字书小学,率雕版印纸,浸染不可晓。"咸通六年(865),日本来唐僧人宗叡携带回日本的杂书中即有西川印本《唐韵》、《玉篇》各一部(《中国版刻图录序》)。五代前蜀乾德五年(923)昙域和尚刻印贯休《禅月集》(见昙域《禅月集序》),后蜀时宰相母昭裔主持刻印《文选》、《初学记》、《白氏七帖》(《宋史·西蜀世家》),蜀中雕版印书,已规模可观。至宋,成都遂成为国家的一个刻书中心,中央编辑的大型图书,多送成都刻印,如太祖开宝年间中央编辑的《大藏》五千余卷,即由成都刻印,后世称为《开宝藏》,这是当时规模最宏大的刻本书。两宋时代,蜀刻书籍至为丰富,且多为其书的首刻本,而刻印甚精致,颇享盛名,号称"蜀本"。唐、五代及宋蜀刻本是巴蜀文化研究的一个重要方面,本文谈谈宋蜀刻韩愈集。

一、韩愈集的第一个刻本为蜀刻

　　欧阳修《记旧本韩文后》云:

> 余少家汉东，汉东辟陋无学者，吾家又贫无藏书。州南有大姓李氏者，其子彦辅颇好学。予为儿童时，多游其家，见有弊筐储故书在壁间，发而视之，得《唐昌黎先生文集》六卷，脱略颠倒无次第，因乞李氏以归。读之，见其言深厚而雄博，然予犹少，未能悉究其义，徒见其浩然无涯若可爱。是时，天下学者杨、刘之作，号为"时文"，能者取科第，擅名声，以夸荣当世，未尝有道韩文者，予亦方举进士，以礼部诗赋为事。年十有七，试于州，为有司所黜。因取所藏韩氏之文复阅之，则喟然叹曰：学者当至于是而止尔。因怪时人之不道，而顾己亦未暇学，徒时时读念于予心，以谓方从进士干禄以养亲，苟得禄矣，当尽力于斯文，以偿其素志。后七年，举进士及第，官于洛阳，而尹师鲁之徒皆在，遂相与作为古文，因出所藏《昌黎集》而补缀之，求人家所有旧本而校定之。其后天下学者亦渐趋于古，而韩文遂行于世，至于今盖三十余年矣。学者非韩不学也，可谓盛矣！……集本出于蜀，文字刻书颇精于今世俗本，而脱谬尤多。凡三十年间，闻人有善本者，必求而改正之。其最后卷帙不足，今不复补者，重增其故也。予家藏书万卷，独《昌黎先生集》为旧物也。

欧阳修所记这个蜀本，即是韩愈集的第一个刻本。欧阳修生于真宗景德四年（1007），文中记他得此蜀本韩愈集在十七岁前（仁宗天圣元年即1023年前），而称其本为"故书"，且残缺仅存六卷，则其传已久，当是前、后蜀或宋初所刻。

欧阳修这篇《记》写在仁宗嘉祐四年（1059）、五年（1060）间，其谓"脱谬尤多"，乃参校当时流行本而言，他后来收采金石，得韩文石本以校韩集，遂改变了看法，甚称此蜀本比校本为善。《集古录跋尾》卷八跋韩文石本《田弘正家庙碑》云：

> 自天圣以来，古学渐盛，学者多读韩文，而患集本讹舛，唯余家本屡更校正，时人共传，号为善本。及后集录古文，得韩文之刻石者如《罗池神》、《黄陵庙碑》之类，以校余家集本，舛谬犹多，若《田弘正碑》则又尤甚，盖由诸本不同，往往妄加改易。以碑校集印本，初未必误，多为校

雠者妄改之。乃知文字之传久而转失真者多矣，则校雠之际，决于取舍不可不慎也。印本云"衔训事嗣，朝夕不怠"，往时用他本改云"衔训嗣事"，今碑文云"衔训事嗣"，与印本同，知其妄改也。印本云"以降命书"，用他本改为"降以命书"，今碑文云"以降命书"，与印本同，知为妄改也。印本云"奉我天明"，用他本改云"奉我王明"，今碑文云"奉我天明"，与印本同，知为妄改也。此类甚多，略举三事，要知改字当慎也。治平元年三月八日元书。

欧阳修此文写在英宗治平元年（1064），其时韩集刻本除欧阳修《记旧本韩文后》所记蜀本外，又有真宗大中祥符二年（1009）杭州明教寺刻本（见方崧卿《韩集举正叙录》）、仁宗嘉祐六年（1061）眉山苏溥刻本（见今存南宋文谠注本韩集附录载苏溥刻韩集《书文集后》）、嘉祐七年杭州刻本（见朱熹《韩文考异》卷九）三种，然文中云"印本初未必误"，则文中"印本"指最初印本，即《记旧本韩文后》所记蜀本。

欧阳修所记蜀本为成都刻。眉山苏溥刻韩集《书文集后》云"益部所雕《昌黎先生集》，虽传行久矣，文字脱烂，实难披阅"，即欧阳修所记蜀本，益部即成都。南宋孝宗淳熙年间，方崧卿广搜韩文古本、旧本、石本以校正韩集，撰《韩集举正》十卷，其《叙录》云："今馆中尚有旧本韩集四十卷，亦印本大字，乃兴仁府常家所藏旧川本，如《寄崔立之诗》'敦敦凭书案'、《月蚀诗》'完完上天东'，皆与古本合。"此亦欧阳修所记蜀本，是此蜀本为大字本。方氏所云"古本"，指宋初蔡齐所得唐咸通年间令狐澄藏写本韩集诗赋十卷（以蔡齐校本及苏颂校本传后），其谓此蜀本"皆与古本合"，与欧阳修以韩文石本校此蜀本所得结论一致。《举正》校语称"三馆旧本"者即此蜀本。苏轼《仇池笔记》卷上云："近世人轻以意改书。鄙浅之人，好恶多同，故从而和之者众。遂使古书日就讹舛，深可忿疾。孔子曰：吾犹及史之阙文也。自予少时，见前辈皆不敢轻改书，故蜀大字书皆善本。蜀本《庄子》云'用志不分，乃疑于神'，此与《易》'阳疑于阴'、《礼》'使人疑女于夫子'同（按：谓"疑"为"拟"之借字），今四方本皆作'凝'。"苏轼这里讲了蜀大字本遵孔子"阙文"之义不轻改字的特点，欧阳修、方崧卿所记蜀大字本韩集与石本、古本多合,亦具备苏轼所讲不轻改字的特点。

晚唐以来,文坛文风浮靡,好韩文者少,宋初尤甚,而蜀中刻韩集,足见其时蜀中文风与中原及江南有所不同,好韩文者尚众。此蜀本于北宋古文运动贡献特大。欧阳修少年得此蜀本,而知韩文,而好韩文,而成为北宋古文运动后期的领袖,上引欧阳修《记旧本韩文后》言之甚明,文中欧阳修亦洋溢对此蜀本的珍爱之情。苏洵与其子苏轼、苏辙是北宋古文运动的中坚人物、古文大家,北宋古文运动的成功与"三苏"尤其是苏轼的古文创作成就关系至为密切,上举记此蜀本韩集的苏溥即是苏洵从兄弟,是苏家藏有此蜀本韩集,可见"三苏"亦由少年时读此蜀本韩集造就。

二、韩愈集第一个汇校、有外集之本为眉山苏溥编刻

今存南宋文谠注本韩集附录载苏溥校刻韩集后序《书文集后》一文,其文云:

> 益部所雕《昌黎先生集》,虽传行久矣,文字脱烂,实难披阅,唯余杭本稍若完正。庆历辛巳岁,溥求荐王府,时从兄涣以小著宰鄢陵,因即观之,语及古学,且谓退之文,自轲、雄没,作者一人而已。予近获河东先生所修正本,虽甚惜之,于子无所隐耳。比之杭、蜀二本,其不相类者十三四。越明年,从兄改秘书丞倅南隆,复以故龙图烨所增修本为示,又且正千余字,并获《集外》三十八篇。又得嘉州李推官诩传欧、尹二本,重加校勘。溥既拜厚赐,不敢藏于家,期与好古之士共之,乃募工镂板,备于流行。其所增修字数及加音切,具诸目录。后《集外》、《顺宗实录》为十卷。仍以河东先生《后序》附于末。谨迹传授之自,庶信于人尔。时嘉祐六年六月旦。

此文是研究北宋前期韩集传本至为珍贵的文献。文中称苏涣为从兄,苏涣天圣二年(1024)第进士,是苏洵之兄,则苏溥为苏洵从兄弟,眉山人。文云"募工镂板",则苏溥本为家刻本,即眉山刻本。文署"嘉祐六年(1061)六月旦",是苏溥本刻成于其时(后人称嘉祐蜀本)。由此文得知,苏溥刻本

前即嘉祐六年前，韩集仅有"益部所雕"本及"余杭本"二刻，苏溥本是韩集的第三个刻本。"益部所雕"本，即欧阳修《记旧本韩文后》所记蜀刻本，为成都刻，上文已详述。"余杭本"即方崧卿《韩集举正叙录》所记"祥符杭本"，大中祥符二年（1009）杭州明教寺刻，四十卷，上文亦已提及。文中苏溥于参校他本皆言异同，而未言"余杭本"与"益部所雕"本异同，当是"余杭本"与"益部所雕"本歧异甚微，或是"余杭本"由"益部所雕"本而来并略有校订。方崧卿《韩集举正》校语记"祥符杭本"甚详。文云"河东先生本"，即宋初柳开校本；"龙图烨本"，即龙图阁大学士刘烨校本；"欧、尹本"，即欧阳修、尹洙校本。方崧卿《韩集举正叙录》记苏溥本目录后注：

  河东先生本增修五千七百五十八字。刘龙图烨本增修一千六百九十二字，并《集外篇》，《音切》一百七十二字。欧、尹二本修正六百八十一字。

又云：

  右蜀人苏溥庆历间所校，嘉祐中刊于蜀。洪庆善之所谓蜀本，此也。时景元以为欧本，非也。韩文之有《集外篇》、有《音切》，自此本始也。第此本已经四校，故比旧本时有增损。然校之今本则不侔矣。况四君子大儒，决非妄肆胸臆者。故旧本之所不通者，犹赖此本以为证。韩文古本题下皆有一首字，与《文选》同，此本多存之。《集外篇》今本脱误，殆不可读，唯此本为刘氏之旧。苏尝序其集后，今别见。

由苏溥《书文集后》及方氏所记可知，苏溥本当以"稍若完正"之"余杭本"为底本，以"益部所雕"本及柳、刘、欧、尹四家本参校，于增修字句出校语记其依据之本（亦或详记参校诸本异同，方氏《举正》校语所出柳本、刘本、欧本当即采自苏溥本校语）。柳开是北宋古文运动初期的领袖，刘烨是北宋古文运动中期的核心人物，欧阳修、尹洙是北宋古文运动后期的领袖，而尹洙是北宋古文运动中期领袖穆修的学生，穆修曾多年致力于韩、柳集的校勘（所校柳集曾刊印），尹洙韩集校本当采入了穆修的校勘成就。苏溥本汇聚了北宋古文运动权威人物校勘韩集的成就，具有对宋初以来韩集传本校理作阶段性总结的意义。苏溥本之前，尚有蔡齐校本及苏颂校本，其诗赋十卷为采唐咸通写本,惜苏溥本未采得。

方氏《举正叙录》称"韩文之有《集外篇》,有《音切》,自此本始也",推重苏溥本这两项特点为首创。苏溥于《书文集后》及目录后注反复交代,其《集外篇》为采刘烨本所辑佚文三十八篇与《顺宗实录》五卷合编为十卷,其《音切》采有刘烨所作一百七十二字(苏溥当有增作音切),唯恐干没他人成果,实事求是,学风谨严。苏溥本正集四十卷、《集外》十卷,成为后传韩集定式(只改《集外》为《外集》)。朱熹《韩文考异》谓韩集《外集》十卷即李翱《韩愈行状》所云《小集》十卷,乃臆度,《韩愈行状》所云《小集》十卷当是单行之韩愈制诰集,宋初已亡。宋时尚存唐代实录多种,唯《顺宗实录》五卷赖苏溥收入韩集《集外》而传至今,他种皆亡,此乃苏溥编刻韩集《集外》之一重要价值。

三、韩愈集的最早详注本出于蜀人注和蜀刻

南宋宁宗庆元年间(1195—1200),建安魏怀中编刻《新刊五百家注音辩昌黎先生文集》,号称五百家,其《韩集所收评论诂训音释诸儒名氏》所载有名氏、无名氏者实仅三百七十余家,虽夸大不实,所采亦堪称广博,其中为注韩集者仅"东蜀樊氏,名汝霖,字泽之,著《韩文公志》及《谱注》。眉山孙氏,名汝听,字良臣,《全解》。临邛韩氏,名醇,字仲韶,《全解》。眉山刘氏,名崧,字公辅,《全解》。文溪祝氏,名充,字廷宾,《全解》"五家,他家多为议论或校勘者。所载五家中其樊汝霖、孙汝听、韩醇、刘崧四家为蜀人,是四家之书刻本庆元年前已远传福建。检《五百家注》书中所采诸家之注,乃以樊汝霖、孙汝听、韩醇三家为主,占全书注文三分之二以上,且多为关键之注,是三家之注最详。刘崧之注,《五百家注》本仅偶一采之,是其注不及樊、孙、韩三家详悉。

《宋史·艺文志七》著录"樊汝霖《谱注韩文》四十卷"。陈振孙《直斋书录解题》卷十六著录《韩文公志》五卷,云:"金堂樊汝霖泽之撰。汝霖尝为《韩集谱注》四十五卷;又集碑志祭文序谱为一编,此是也。《谱注》未之

见。汝霖宣和六年(1124)进士,仕至泸帅以卒。"《五百家注》本后附《韩文类谱》载樊汝霖《韩文公年谱》一卷,《年谱》后云:"予既集公行状、墓志、神道碑、新旧传、祭文诗、配飨书、辨谤文、潮州庙记、文录序、集序、后序、欧(欧阳修)、吕(吕夏卿)所书与夫汲公(吕大防)所谱,分为五卷,目曰《韩文公志》;其谱所未尽也,则为此《年谱》于其后,证据甚明,览者其详之。绍兴壬戌年五月初吉樊汝霖泽之跋。"绍兴壬戌年即绍兴十二年(1142),是其《韩集谱注》撰成于绍兴十二年。其书附有《韩文公志》五卷,《韩文公年谱》为五卷中一卷,乃纠正及补充吕大防《韩吏部文公集年谱》疏误。陈振孙《直斋书录解题》谓《谱注》四十五卷为是,《宋史·艺文志》载四十卷则未计入《韩文公志》五卷。又陈氏谓樊汝霖为金堂人亦是,《成都文类》卷二十九载樊汝霖《新繁三贤堂记》,文中自称金堂人。《五百家注》本《所收诸儒名氏》及《韩文公年谱》皆称"东蜀樊汝霖",未当,金堂在成都之北,今属成都市。

《五百家注》本《所收诸儒名氏》称孙汝听《全解》,《全解》非孙氏书名,乃魏氏所称。宋元书目无著录,今亦不存。孙汝听又注柳集,见《五百家注柳集》及《百家注柳集》附《所收诸儒名氏》。《舆地记碑目》卷四《成都府碑记》云"眉山孙汝听修《成都古今前后记》六十卷,见《眉州江乡志》";又《眉州碑记》云"《眉州古志》,孙汝听撰"。是孙汝听熟于蜀中方志。孙汝听为眉山人,其所注韩、柳集,或即刻于眉山。其注韩集成书年月不详,大约与樊汝霖注韩集同时。

《五百家注韩集》附《所收诸儒名氏》称韩醇《全解》,《全解》非韩醇书名,乃魏氏所称。宋元书目无著录。清《天禄琳琅书目》卷三著录韩醇《诂训唐昌黎先生文集》五十一卷宋刻本一部,此即魏氏所谓《全解》;又著录韩醇《诂训唐柳先生文集》宋刻本一部,谓柳集后有醇《记》作于宋孝宗淳熙丁酉(四年,1177),则所注韩、柳集当刻于其时,或为成都刻。《四库全书》收韩醇《诂训唐柳先生文集》而未收《诂训唐昌黎先生文集》。《天禄琳琅书目》著录韩醇《诂训唐昌黎先生文集》,今下落不明。

南宋前期,蜀人详注韩集除《五百家注》本所采樊汝霖、孙汝听、韩醇、刘崧四家外，尚有北京国家图书馆藏宋本《新刊经进详注昌黎先生文集》一种，其书题"迪功郎普慈文谠词源详注、通直郎致仕淡斋王俦尚友补注"。文谠为普慈人，普慈即今四川乐至县。补注者王俦，《四川通志》卷七上《名宦》载其为平阳人（今山西平阳县），乾道中知普慈，当是南北宋之际由北入蜀，遂定居蜀中，官于蜀中。此书缺卷十二至卷十八，配另一无注宋本。书首有杜莘老序四百余字，题《详注韩文引》；又文谠《进书表》，署"迪功郎新授达州东乡县尉兼主簿臣文谠上表，乾道二年五月进呈"。又文谠自序，署"绍兴己巳孟春"。是其书撰成于高宗绍兴十九年（1149），孝宗乾道二年（1166）缮写进呈朝廷（故刻本题称"经进"）。较樊汝霖《谱注》成书后七年。宋元明书目无著录。首见于清末江标《聊城杨氏海源阁藏书目》著录，集四十卷、《外集》十卷、《遗文》三卷、《志》三卷，未言由何处收得。傅增湘《藏园群书经眼录》卷十二亦著录，仍称海源阁藏，云："十行（半叶），行十八字，注双行同。白口，左右双阑。版心下方记刻工姓名，记首二册有张昌、李正、杨定、杨先、张德先、史丙、王公济、王龟、田正（或加西字）、文来、正伯、姚明、单回已等。"又云："字兼颜柳格，瘦劲有骨。刊工有眉史丙字，则为眉山刻本矣。"傅氏以刻工书"眉史丙"而判为眉山刻本，未免牵强。此书与宋本《新刊增广百家详补注唐柳先生文》版式、书法尽同，刻工亦多同，书、刻、印皆极精妙；又二书刻工史丙、王龟又见于庆元五年成都府学刻《太平御览》，二书当是成都或广都刻本，当刻于庆元五年前后。文谠亦注柳集，《新刊增广百家详补注唐柳先生文》附《所收音辩诂训评论诸人名氏》中有其人。

樊、孙、文、韩注有下面几个共同特点：其一，熟于唐代史事和典章制度，考据详悉，韩诗韩文编年考订、史实考订、人物地理考订大案都详尽。其二，征引广博，凡韩诗韩文涉及经书、史书、子书、总集别集、笔记丛谈等有关资料皆于征引，其中颇有今已亡佚或残缺者，可为辑佚之渊薮，至可珍贵。

韩集在宋代被推为文学教科书，对宋代文学的影响巨大，北宋前期改革文风的古文运动以韩集为旗帜，欧阳修纠正古文运动中的太学体苦涩文风亦以韩文平正通达文风为倡，而蜀刻韩集及蜀人注释韩集总是走在当时全国之前,是研究宋代文学值得注意的一个现象。

原刊《巴蜀文化研究》(第一辑),巴蜀书社2003年版

作者简介:常思春,1945年生,四川师范大学文学院教授。主要论著有《韩愈全集校注》(主编)等。

清修《四川通志·经籍志·集部》考论三篇

庚光蓉

清嘉庆时修撰的《四川通志》,立《经籍志》一门,云遵《四库全书》之例,"分类排纂"历来四川文人学者著述,并节录《四库提要》。对《四库全书》未录诸书,"亦附存其目,间采前人评骘于后,盖亦仿《书录解题》、《经籍考》等书遗意"。今读其中《集部》著录的《扬雄集》、《徐氏花蕊夫人诗》和《苏学士集》三种,觉得有一些问题还需要略作研讨,故撰为考论三篇,以就教于治四川文献的大方之家。

一、《扬雄集》六集

《四川通志》著录曰:"《汉志》作扬雄赋十二篇,《隋志》、《唐志》俱作集五卷。其本久佚,宋谭愈始裒合残剩,厘为五卷;明万历中,郑璞又补辑为六卷,即此本也。所收诸《箴》,凡三十篇,然雄《箴》实止二十八篇,此杂以崔骃、崔瑗之作,殊失考订。"对于这一著录,需要讨论的问题约有三点。

其一,历代《史志》对扬雄集的著录。

此著录曰"《汉志》作扬雄赋十二篇,《隋志》、《唐志》俱作集五卷",这比《四库全书总目》云"《汉书·艺文志》、《隋书·经籍志》、《唐书·艺文志》皆载《雄集》五卷"更准确。因为检《汉书·艺文志·诗赋》,著录"扬雄赋十二篇",而不可能著录所谓的"扬雄集"。余嘉锡先生《四库提要辨证》对此有论,可参。

又,《旧唐书·经籍志》亦著录曰:"《扬雄集》五卷",而《四库全书总目》未举。此著录统言"《唐志》",义有不明。

其二,《扬雄集》的卷数。

此著录曰"其本久佚,宋谭愈始裒合残剩,厘为五卷;明万历中,郑璞又补辑为六卷,即此本也",亦系节录《四库全书总目》之文。《四库全书总目》云:"其本久佚,宋谭愈始取《汉书》及《古文苑》所载四十余篇,仍辑为五卷,已非旧本。明万历中,遂州郑朴又取所撰《太玄》、《法言》、《方言》三书,及类书所引《蜀王本纪》、《琴清英》诸条,与诸文赋合编之,厘为六卷,而以逸篇之目附卷末,即此本也。"

按:谭愈辑《扬雄集》,见《郡斋读书志》著录:"《扬雄集》三卷。右汉扬雄子云也。古无《雄集》,皇朝谭愈好雄文,患其散在诸篇籍,离而不属,因缀辑之,得四十余篇。"此云"三卷",与诸书不合,故姚振宗《隋书经籍志考证》云:"案此三卷似五卷之写误。"又检《直斋书录解题》著录:"《扬子云集》五卷,汉黄门郎成都扬雄子云撰。大抵皆录《汉书》及《古文苑》所载。"而《文献通考·经籍考》著录:"《扬子云集》五卷",并录《郡斋读书志》、《直斋书录解题》之文。则马端临所见二书,亦并作五卷。

至于"六卷"之本,宋时亦有。余嘉锡先生《四库提要辨证》云:"《宋史·艺文志》有《扬雄集》六卷,刘克庄《后村诗话续集》卷三亦云'《扬雄集》六卷四十三篇',盖又别是一本。然则宋之辑《雄集》者,非只一家而已。"但从篇数观之,曰"四十三篇",与谭愈所辑五卷本的"四十余篇"大抵相埒,而与明代郑朴所增辑的六卷本,自有不同。

其三,关于扬雄诸《箴》。

《四川通志》所言甚为简约,且有失误,兹参考诸家考证,略作讨论。

《后汉书·胡广传》云:"初,扬雄依《虞箴》作十二州、二十五官《箴》。其九《箴》亡阙。后涿郡崔骃及子瑗又临邑侯刘驹马余增补十六篇,广复继作四篇,文甚典美。乃悉撰次首目,为之解释,名曰《百官箴》,凡四十八篇。"据此,则东汉时所传扬雄诸《箴》,完整的是二十八篇。而《四库全书总目》引《胡广传》,未抄"阙"字,而曰"其九《箴》亡",并云:"则汉世止二十八篇。"对此,可参严可均《全汉文》卷五十四的考订,余嘉锡先生《四库提要辨证》亦录以驳《四库》馆臣。

又，宋时所传扬雄诸《箴》单刻本，则仅二十四篇。《直斋书录解题》在著录"《扬子云集》五卷"后又著录："《二十四箴》一卷，扬雄撰。今广德军所刊本，校集中无《司空》、《尚书》、《博士》、《太常》四《箴》。集中所有，皆据《古文苑》，而此四《箴》或云崔骃，或云崔子玉，疑不能明也。"又《文献通考·经籍考》、《宋史·艺文志》亦著录"《二十四箴》一卷"。与《扬子云集》相较，集中多《司空》、《尚书》、《博士》、《太常》四《箴》，而集中所多乃是据《古文苑》收入（参前引《直斋书录解题》）。检章樵注《古文苑》卷十五，有此四《箴》，而《司空箴》、《太常箴》下注云"一作崔骃"，《尚书箴》、《博士箴》下注云"一作崔瑗"。至于郑朴所增，一是《太官令箴》，二是《太史令箴》。检《太平御览》卷二百二十九，引"扬雄《太官令箴》"云云；卷二百三十五，又引"扬雄《太史令箴》"云云（严辑《全汉文》录），则郑朴所增，当是有根据的。对此，《四库全书总目》有说，可参。而今观《四川通志》的著录，曰"雄《箴》实止二十八篇"，大概是根据《四库全书总目》"汉世止二十八篇"而言，有误；又曰"此杂以崔骃、崔瑗之作"，盖指"三十篇"中杂以崔骃、崔瑗之作，这才叫做"殊失考订"。而据严可均辑《全汉文》，则总录扬雄诸《箴》（包括残篇）凡三十三篇，并有考证。余嘉锡先生指出："严氏所考，至为精密，过陈振孙、章樵辈远甚，可以释《提要》之疑矣。"当然，也可据以正《四川通志》著录之误。

二、《徐氏花蕊夫人诗》一卷

《四川通志》著录曰："《辍耕录》：蜀王孟昶纳徐匡璋女，拜贵妃，别号花蕊夫人，意似花蕊之羽轻也。或以为姓费氏，误。《湘山野录》：王平甫安国奉诏定蜀氏、楚氏、秦氏三家所献书可入三馆者，令令史李希颜料理之，其书多剥落，得一敝纸，所书花蕊夫人诗，乃花蕊手写，而其词甚奇，与王建《宫词》无异。建之辞自唐至今，诵者不绝口，而此独遗弃不见取，受诏定三家书者，又斥去之，甚为可惜也。遂令令史郭祥缮写入三馆。既归，口诵数篇与荆公。荆公明日在中书语及之，而禹玉相公当时参政，愿传其本，于是盛行。"

对于这一著录,需要讨论的问题主要有两点。

其一,花蕊夫人姓氏问题。

花蕊夫人姓氏,历来本有二说,一曰姓费,一曰姓徐,且曰姓费在前。

陈师道《后山诗话》云:"费氏,蜀之青城人,以才色入蜀宫,后主嬖之,号花蕊夫人。效王建作《宫词》百首。国亡,入备后宫。太祖闻之,召使陈诗,诵其《国亡》诗"云云。则花蕊夫人不但姓费,且系后蜀孟昶妃。又,《郡斋读书志》(袁州本)赵希弁《附志》著录云:"《花蕊夫人诗》一卷,右蜀孟昶爱姬也,青城费氏女。幼能属文,长于诗,《宫词》尤有思致。蜀平,以俘输织室。后有罪赐死。此卷乃王安国写入馆者,毛恕镌于衡阳。"明人何宇度《益部谈资》亦云:"花蕊夫人宅,在灌县。夫人姓费氏,青城人,以赋《宫词》百首著名。"曹学佺《蜀中名胜记》引陈师道语,亦主花蕊夫人姓费之说。

但是,南宋吴曾《能改斋漫录》以为徐匡璋纳女于孟昶,拜贵妃,别号花蕊夫人。此后元人陶宗仪《辍耕录》力主花蕊夫人姓徐之说,且云:"或以为费氏,则误矣"。此说后世亦有从之者,如清人吴任臣《十国春秋》卷五十记"后蜀花蕊夫人"云:"慧妃徐氏,青城人。幼有才色,父国璋纳于后主,后主嬖之,拜贵妃,别号花蕊夫人,又升号慧妃。……徐氏长于诗咏,居恒仿王建作《宫词》百首,时人多称许之。"至于清修《全唐诗》卷七百九十八载花蕊夫人《宫词》,题名"花蕊夫人徐氏",注:"一作费。"又云:"徐氏,青城人,幼能文,尤长于《宫词》。得幸蜀主孟昶,赐号花蕊夫人。诗一卷。"据此,则《四川通志·经籍志》之著录,亦有所本。

其二,花蕊夫人《宫词》与王建《宫词》的关系。

前录宋释文莹《湘山野录》所谓"其词甚奇,与王建《宫词》无异"。曰"无异",提法似欠准确。宋人刘攽《中山诗话》云:"孟蜀时,花蕊夫人号能诗,而世不传。王平父(甫)因治馆中废书,得一轴八九十首,而存者才三十余篇,大约似王建句。"陈师道《后山诗话》云:"效王建作《宫词》百首。"《蜀中名胜记》亦云:"夫人效王建作《宫词》百首。"《十国春秋》亦云:"居恒仿王建作《宫词》百首,时人多称许之。"对于花蕊夫人"效""仿"王建作《宫词》,前人著述中亦有举例。如《中山诗话》就抄录了花蕊夫人的两首《宫词》。其一曰:"厨船进食簇时新,列坐无非侍从臣。日午殿头宣索脍,隔花催唤打鱼人。"其二曰:"月头支给买花钱,满殿宫娥近数千,遇着唱名多不语,含羞急过御床前。"第一首,纯系对王建《宫词》的仿作。王氏诗云:"御厨不食索时新,每见花开即苦春。白日卧多娇似病,隔帘教唤女医人。"元人蔡正孙《诗林广记》前集卷六《王建宫词》条亦录王建本诗,并附花蕊夫人《宫词》,以证《苕溪渔隐丛话》所云"花蕊夫人词与王建此宫词,记事虽异,造语颇同"。第二首,依刘攽之意,当亦仿效王建。但今检王建《宫词》,无与之"造语颇同"者。测刘攽所录,盖欲说明花蕊夫人作词仿效了王建词意。

若论花蕊夫人《宫词》"大约似王建句"、"效王建作《宫词》",今对照阅读二人的《宫词》,还可以举出一些例子。如,花蕊夫人《宫词》云:"供奉头筹不敢争,上棚传唤近臣名。内人酌酒才宣赐,马上齐呼万岁声。"又云:"自教宫娥学打球,玉鞍初跨柳腰柔。上棚知是官家认,遍遍长赢第一筹。"而王建《宫词》云:"对御难争第一筹,殿前不打背身球。内人唱好龟兹急,天子鞘回过玉楼。"至于王建的另一首同一题材的诗作云:"殿前铺设两边楼,寒食宫人步打球,一半走来争跪拜,上棚先谢得头筹。"《全唐诗》"王建"卷注云:"一作花蕊夫人诗";《全唐诗》"花蕊夫人"卷则注:"一作王建诗"。

花蕊夫人作诗,除了仿效王建《宫词》,亦仿效王建其他诗作。如花蕊夫人《宫词》云:"苑东天子爱巡游,柳岸花堤枕碧流。新教内人工射鸭,长将弓箭绕池头。"而王建《御猎》诗云:"青山直绕凤城头,浐水斜分入御沟。新教内人唯射鸭,长随天子苑东游。"比较二诗,花蕊夫人不但步王建诗韵,抄袭其第三句(仅改一字),而且第四句亦以"长"字领起,还改造王建诗第一句,而作"长随天子苑东游",以写自己与天子同爱巡游。《苕溪渔隐丛话》云"花蕊之词尤工,建为不及也",此为一例。

至于花蕊夫人《宫词》独特风致,古今学人亦有评说,其以宫内人写宫内事,自然较外人揣摩之作(包括王建《宫词》),多了一番真味。故宋人魏庆之《诗人玉屑》卷二十举其"龙池九曲远相通"、"梨园子弟簇池头"、"月头支给买花钱"、"内人承宠赐新房"四首,曰:"皆清婉可喜。""月头"一诗前已录,可参。

三、《苏学士集》十六卷

《四川通志》著录曰:"苏舜钦撰。其歌行多雄放如其为人,近体乃敛为妥帖。欧阳修作是集《序》,亦极推其古文。盖舜钦虽一蹶不复振,抑郁没世,不能与当代作者争雄长,而当代作者固以为屹然劲敌也。"

对以上著录,可以讨论的有三点。

其一,《苏学士集》的卷数问题。

《四川通志》所录,当与《四库全书》所收十六卷本(浙江鲍士恭家藏本)相同。然此书的编纂传刻,似可略作考论。

据欧阳修《苏氏文集序》云:"予友苏子美之亡后四年,始得其平生文章遗稿于太子太傅杜公之家,而集录之以为十卷。子美,杜氏婿也,遂以其集归之。"但欧阳修《与梅圣俞书》则曰:"近为子美编成文集十五卷。"欧阳修所言,一作"十卷",一作"十五卷",恐有一误,而参之宋人著录,盖以"十五卷"为是。如:《郡斋读书志》(衢州本)著录:"《沧浪集》十五卷。"《直斋书录解题》著录:"《沧浪集》十五卷。"并云"欧阳公序其文"云云,则欧阳修集本十五卷。又,孝宗乾道年间,施元之刻苏舜钦集,作《序》云:"《苏子美集》十五卷,欧阳文忠公为之首《序》。"则此本盖亦欧阳修所集传本。马端临《文献通考·经籍考》,仍著录"《沧浪集》十五卷",一仍晁、陈。

后来出现了十六卷本。《宋史·艺文志》著录:"《苏舜钦集》十六卷。"但十六卷与十五卷的区别,不得其详。至清康熙时,徐惇复校刊宋荦所藏善本《苏子美集》,可能就是十六卷本。何焯对"新开《苏子美集》"的误谬不满,尝取吴氏丛书堂钞本校勘,并云:"按欧公《序》,出于公之所集录者十五卷。今必纷更旧次为十六卷,是亦好妄而已。"(参傅平骧、胡问陶《苏舜钦集编年校注·校注说明》)

其二，关于对苏舜钦诗歌的评价。

《四川通志》著录所云，乃系约引刘克庄《后村诗话》。检《后村诗话》卷二云："苏子美歌行雄放于圣俞，轩昂不羁，如其为人。及蟠屈为吴体，则极平夷妥贴。"此前言"歌行雄放"云云，实非刘克庄首倡，而是本于欧阳修的评论。欧阳修《祭苏子美文》云："子于文章，雄豪放肆。"《六一诗话》还将苏舜钦与梅尧臣（字圣俞）作了比较，云："圣俞、子美齐名于一时，而二家诗体特异。子美笔力豪隽，以超迈横绝为奇；圣俞覃思精微，以深远闲淡为意。各极其长，虽善论者不能优劣也。余尝于《水谷夜行诗》（按即《水谷夜行寄子美、圣俞》）略道其一二云：'子美气尤雄，万窍号一噫。有时肆颠狂，醉墨洒滂霈。譬如千里马，已发不可杀。盈前尽珠玑，一一难拣汰。梅翁事清切，石齿漱寒濑。作诗三十年，视我犹后辈。文词愈清新，心意虽老大。有如妖韶女，老自有余态。近诗尤古硬，咀嚼苦难嘬。又如食橄榄，真味久愈在。苏豪以气轹，举世徒惊骇。梅穷独我知，古货今难卖。'语虽非工，谓粗得其仿佛，然不能优劣之也。"

比欧阳修稍晚，魏泰《临汉隐居诗话》亦云："苏舜钦以诗得名，学书亦飘逸，然其诗以奔放豪健为主。梅尧臣亦善诗，虽乏高致而平淡有工。世谓之苏、梅，其实与苏相反也。"其他评论之语，亦多承欧阳修而言，不引。

至于刘克庄说苏舜钦"蟠屈为吴体，则极平夷妥贴"，《四川通志》引为"近体"（《四库全书总目》亦引作"近体"）。按："吴体"指一种拗体律诗。

其三，关于欧阳修极推其古文。

欧阳修此类言论甚多，后人也乐于引用。如其《苏氏文集序》云："子美之齿少于予，而予学古文反在其后。天圣之间，予举进士于有司，见时学者务以言语声偶摘裂，号为时文，以相夸尚，而子美独与其兄才翁及穆参军伯长作为古歌诗杂文，时人颇共非笑之，而子美不顾也。其后天子患时文之弊，下诏书讽勉学者以近古，由是其风渐息，而学者稍趋于古焉。独子美为于举世不为之时，其始终自守，不牵世俗趋舍，可谓特立之士也。"验之苏舜钦本人的主张，以上推许非为过言。如其《上三司副使段公书》云："尝谓人之所以为人者，言也。言也者，必归于道义。道与义，泽于物而后已。至是则斯为不朽矣。故每属文,不敢雕琢以害正。"苏舜钦是北宋诗文革新运动中的重要作家,文学史上已有定论,兹不赘言。

原刊《四川师范大学学报》1998年第3期

试论戊戌年四川维新派的喉舌《蜀学报》

凌 兴 珍

《蜀学报》是戊戌年(1898)四川维新派创办的"蜀学会"的学术刊物,是四川维新派的重要舆论宣传喉舌。《蜀学报》非常集中地反映出1898年四川地区的维新思想及其运动开展情况。通过对《蜀学报》创刊原因、编辑思想及其报刊内容的分析,就可从一个侧面了解当时四川进步思想和报刊的面貌和特点,弥补四川戊戌维新运动史和四川报刊史研究的不足。鉴此,笔者查阅了《蜀学报》的馆藏情况,发现四川师大图书馆收藏的《蜀学报》(1—12册)尚属四川地区较齐全的,因此撰写此文,供同行专家参考和纪念戊戌变法一百周年。

一、《蜀学报》的创刊原因

(一)《蜀学报》的创办缘于宋育仁应聘任省城尊经书院山长,由重庆赴成都

1896年清政府任命"新学巨子"[1]宋育仁任川省矿务商务监督。宋育仁到渝后,就联络了一批同志于1897年11月创办了四川第一家报刊《渝报》,为"邦人士谋"[2],以传播西学、开通风气、启迪民智为宗旨,以宣传维新变法、救亡图存为主题。

1898年初,宋育仁应聘任尊经书院山长,由重庆赴成都。

1898年5月5日(光绪二十四年闰三月望日)宋育仁主持的"蜀学会"在成都创刊了《蜀学报》[3],《蜀学报》就成为"蜀学会"的学术刊物。1898年4月中旬(光绪二十四年三月下旬)《渝报》出刊到第16期即行宣告改

组,另出通俗白话的工商小报《渝州新闻》[4]。

《蜀学报》在办刊人员、栏目设置、日常开支、代派地点等方面基本承袭了《渝报》格局。《蜀学报》在创刊号上亦明确表示:"启者本馆移设成都,更名《蜀学报》,即续《渝报》。"《蜀学报》初为半月刊,每逢望(15)朔(30)日出刊,从光绪二十四年四月下旬(1898年6月)第4期改为旬刊[5],直到光绪二十四年八月初旬(1898年9月20日左右)第14期正在编印未及出刊时,因戊戌政变发生而被迫停刊[6]。但是,《蜀学报》作为"蜀学会"创办的学会学术刊物,不仅每期要刊登学会讲义和会员论撰,而且其创刊原因、编辑宗旨、报刊内容均与《渝报》有所不同(下文详述)。

(二)《蜀学报》的创刊原因在于蜀学衰微,蜀中风气不开通

1898年春,我国阶级矛盾和民族矛盾异常尖锐,农民起义时有发生,列强瓜分豆剖之祸日益加剧,但是,成都乃至四川各界仍因循守旧、愚昧颟顸,蜀学亦呈衰微之势[7],"吾蜀守旧之党牢确不解","求新之徒寥寥晨宿,剔除旧习如曳牛尾","富者酣嬉,只问田舍,贫者奔走,仅免沟壑,材力涣散,智巧琐屑,短于瞻瞩,艰于远行,夔剑之间老死如牢"[8],"蜀中人士谈及洋务,往往互相诋排,多方阻挠,……诚由蜀土僻居西陲,闭关自守,读书耕田,耳目之见闻多有不及。虽略知历年战事而不识时局之变,迥异昔时"[9]。鉴此,宋育仁遂约集杨道南、潘清荫、廖平、吴之英、邓镕等人组织了"蜀学会",创办了《蜀学报》。并在章程中明文规定:"以振兴蜀学为念"[10],"意在昌明蜀学,开通邻省","为蜀中开风气而设"[11]。因此,《蜀学报》创刊就是为了昌明振兴蜀学,推动蜀学和蜀省进步,进而将成都乃至四川、西南变成宣传托古改制、维新变法的基地,共同图谋西南乃至全中国的救亡图存大业,达到"慨济时艰"、"扶圣教而济时艰"[12]的目的。事实上,《蜀学报》的内容就是按此选材的。

(三)《蜀学报》的办刊宗旨是以有用西学昌明蜀学,开通蜀中风气

"蜀学会"与《蜀学报》皆为昌明蜀学、开通蜀中风气而设。蜀学会、报所指的"蜀学"是什么呢?这是我们需要首先弄清的问题,弄清了它,《蜀学报》的办刊宗旨也就不言自明了。

《蜀学会章程》明确规定:"会学原为发扬圣道,讲求实学……皆以孔子

经训为本,约分伦理、政事、格致为三大门。伦理,以明伦为主。政事,首重群经,参合历代制度、各省政俗利弊、外国史学、公法律例、水陆军学、政教农商各务。格致,统古今中外语言、文字、天文、地舆、化重光声、电气力、水火汽、地质、全体动植、算、医、测量、牲畜、机器制造、营建、矿学。皆听人自占,与众讲习。""此会以经训为主,与祖尚西人、专门西学者有别。"[13]吴之英在《蜀学会报初开述义》中也明确指出:"蜀何学?曰学周孔耳。""今言时事者右西法,盖爱其富强而窃憾我之不若也。然论其所执,周孔末迹也。""然则会何以购西报、何以采西说?曰此所以尊周孔也。"[14]刘立夫亦称:"吾蜀学之会,本以讲明经训为主,经训之致用尤以先王之礼典法则为要。"[15]可见,蜀学会、报所指的"蜀学",是以孔子经训为本,以西学为末迹、枝节和一个组成部分的"周孔经训之学"。以西学来昌明蜀学,以西学来开蜀中风气,就成了《蜀学报》的办刊宗旨。

《蜀学报》所指的西学,又是有严格范围限定的,并非一切西学,而是有用西学、实用洋务,是"与祖尚西人、专门西学者有别"[16],只取"有关实用,可以考镜得失"的西学,"今于中法成书中专取切于蜀事及近今能行之事,取西法各报相同之条谱为图式,缀以论断,由浅人深,俟风气渐开,再行添人泰西机器新法"[17]。只是借西学、西艺以求得中国救亡图存和独立富强之道,"吾所谓从西法者,并非漫不加察"[18],"用西法振兴之","非徒震炫于西学,亦期求补于时艰"[19],"中外各有短长,去短取长是为交易"[20]。同时,西学只是中学的一个组成部分,是周孔经训之学的末迹、枝节;中国的伦理道德才是中国根本之学,经子史儒学才是小学的根基,这些皆是西学所缺乏的东西,在中国的主导地位不可动摇、不能替代。《蜀学报》指出:"今日而有志斯世,非遍读西书不可,读西书而不折衷于经史子尤不可。"[21]这表明《蜀学报》既认同西学尚实精神,主张学习西方有用技艺和政治经济等制度即"形而下"的东西,而又不放弃中国伦理道德和儒学即"形而上"的东西。这种思想虽有局限,却是戊戌前后维新派的共同思想,亦是当时最进步的思想。

对于作为"周孔之学"末迹、枝节的有用西学,《蜀学报》认为它是中国

"周孔之学"所固有而为后来历史湮没了的东西,是外国亦是中国致治致富致强的根本手段。廖平说:"今之泰西诸国……考丌政治法令丌得者,颇有合于古之圣人。"[22]宋育仁也说:"顾议救时而必斤斤复古者,诚见外国盛强在于治法之密而近于古,非因循补苴之治术所能与之争。"[23]他还牵强附会地论证:西方资本主义工业即《周官》"考工",西方资本主义商业即《周官》"司空",此两者"大同而小异",甚至西方资产阶级上下议院制度"于《周礼》有征"。他说:"受成于学者,下议,士为主,广询于朝;上议,君为主,君为议主。故三公与众庶咸在,不嫌于僭越。外国得其近似,而遂以致治。"[24]以此证明西方君主立宪制度是中国古已有之的制度。既然西方之制近于古,那么学习西方就是复古,就是尊周孔之学,就是变今、维新;既然西学是中国亦是外国致治致富致强的根本手段,那么学习西方就成了中国救亡图存和达到独立富强的救世良方,这就阐明了学习西方与托古改制、变法维新的关系。因此,《蜀学报》所要昌明振兴的蜀学,实质上就是"托古维新"、"托古改制"之学。这就回归到了宋育仁、廖平、吴之英等人的"托古改制"理论思路上。同时,《蜀学报》所宣传的"西学"与戊戌维新运动前先进的中国人所讲的西学亦有所不同,其内涵、外延均有所扩大,已由西学的技艺性层面扩展到了制度性层面,将西方制度性西学纳入了西学的范畴。这反映出四川维新派同其他地区维新派一样对西方了解、认识的深化和提高。

《蜀学报》所宣传的"蜀学"与以前四川士林所讲求的"蜀学"迥然不同。张之洞创办尊经书院,四川蜀学复兴,经世致用之风兴起。但因师资等条件所限,四川最高学府尊经书院始终未能开讲西学,致使戊戌前的四川士林几乎未受西学浸润。随宋育仁长尊经书院,蜀学会、报相继创办,尊经书院开设经济课程[25],蜀学会、报亦明文规定西学为周孔经训之学的一部分,并在蜀学会、报中宣传西学,西学才开始浸润四川蜀学和士林意识。因此,蜀学会、报宣传宗旨的积极作用应该充分肯定。

二、《蜀学报》的报刊内容

（一）揭露帝国主义列强对中国、西南、四川的侵略，鼓吹救亡图存，提出反侵略主张

对于列强瓜分豆剖中国，王荣懋揭露道：自俄人经营西伯利亚铁路，"駸駸焉有囊括八道之势"，"若英若日若德法若美意奥比，狡焉思启，咸觊瓜分"[26]。邓镕揭露道："环球诸国瀜涎睒瞵，故瓜分中国之说哄传五洲。今虽徘徊迁延，郁而未泄……不能保其终不分也。"[27] 刘立夫也对列强"欲据蜀藏、窥中原而臣民夷平我……华夏"的阴谋予以了揭露[28]。《蜀学报》还刊发了大约70条消息、译文，揭露列强对中国的侵略阴谋[29]。

面对列强侵略中国的危局，《蜀学报》不仅号召中国政府和人民救亡图存、发愤图强，"天子恭己于上而四方臣民奋臂而驱逐之"[30]，而且提出了具体反侵略主张。1. 针对俄国侵略东北而各国震动的情况，《蜀学报》载文提出了"联英日诸国以拒俄人"的主张，并指出"欲立和局，莫亟于发愤为雄也。则维持之道，岂徒恃英日诸国而已哉"[31]。《蜀学报》于闰三月望日（1898年5月5日）提出的主张与康有为三月二十二、二十六日（1898年4月12、16日）提出的"密联英日，坚拒勿许"俄人胁割的策略主张基本一致，只是康有为进一步提出了拒俄的上中下策而已[32]。2. 随列强瓜分危机加剧，《蜀学报》反侵略思想亦进一步发展，在五月下旬及以后几期中，提出了"封列国以保中国"的主张，企图通过"封建"以建立君主立宪政治制度，达到救亡图存目的[33]。3. 为了唤醒无知民众共同救亡图存，《蜀学报》提出用"演义、盲词、演义兼盲词"教授评书、金钱、优伶艺人及圣谕宣讲者，共同宣讲国耻，激发民众救亡意识的主张"[34]。《蜀学报》的救亡图存思想就由外交方面转向了内政改革和唤醒民众方面，与其他地区的维新变法、救亡图存彼此呼应，共同汇成全国救亡图存洪流。

对于列强侵略西南、四川，《蜀学报》同仁不仅有切肤之痛，而且予以揭露，并提出了保蜀、保西陲，进而保中国的主张。《蜀学报》揭露道：列强"垂

羡四川,馋涎欲滴","拉萨、札什伦布等城不入于俄,则入于英矣。开化、缅宁、腾越诸地不悬于英,则悬于法矣。藏与滇不保而谓吾蜀之岿然独存、画疆以守者……尚不可必矣"[35]。《蜀学报》进一步揭露了俄入侵略后藏,法国经商滇省,英国修路于滇省、驶轮船于金沙江和侵略前藏,致使两藏不保、全蜀皆墟,威胁荆湘秦陇的情况[36]。《蜀学报》指出:"欲守东南,以全蜀为要地,而欲守全蜀,以两藏为首图,而防金沙江次之,防滇黔又次之,防陕甘更次之"[37],"考西陲,四川不及二塘,二塘不及三藏,设防三藏而全川兵力财赋助之,此安边要道也"[38]。鉴此,《蜀学报》提出了南联滇黔、北联秦陇、西联藏卫、东蔽湘鄂的防守策略,尤以西联藏卫为防守策略中的重点[39]。西联藏卫可以采取易大臣、通客籍、审厄塞、收群部等办法[40]。《蜀学报》声称:通过内举新政立学会,防外筹边,联关中滇黔藏卫,就可控荆湘上游,据长江远势,实现兴蜀以兴天下的目的[41]。

(二)抨击清政府的弊政和国人陋习,宣传维新变法,提出了"托古改制"的政治主张

对清朝君主专制集权弊端,《蜀学报》揭露道:中国"但用尊君卑臣之法,至于政敝不可收拾"[42];中国纯用文家之治,尊君卑臣,扶阳抑阴,"积重弊"[43];"今所以积衰积弱而人得以拾其弊而蹴之者,皆以公而不能私之故"[44];君主专制制度是列强"挟一人以陵天下"和"君臣转弱"的原因所在[45]。由于合天下以奉一人,造成"各省大吏粉饰因循","旷废职事,营私舞弊"[46],大部分士大夫"味讲章之余唾,激帖婚之陨波",一切新政举措均遭到诋毁、横议、痛恨[47]。为了改变"人视昭昭,我视昏昏"[48]的局面,《蜀学报》提出了"封列国以保中国"的"封建"、"迁都"、"农兵"主张。

邓镕在《封列国以保中国论》中首先提出了"使外国分中国,又何如中国自分"的主张。他认为:"惩孤立之弊,究众建之利,内立宗室,外封重臣……无事则各君其国,各子其民,有事则人自为战,家自为战。而天子撵宅中土,控制群藩。"通过分封,中国尚有保其部分甚至全部疆土的可能。不仅如此,还可使封国得而私之,消除君主专制集权的弊端[49]。宋育仁、徐昱等蜀学会员均表示赞同,称"封建者,使天下各保有其私而不敢陨越,自

不相侵陵。乃古今之公理,万世而不敝","即拨乱世反之正,救元元存中国,亦未有不由于此也"[50],封建"为经纶天下之大经","可以制乎至奇者也"[51]。《蜀学报》宣传的"封建"思想与康有为在戊戌年以前的维新思想即"当以列国并立之势治天下,不当以一统垂裳之势治天下","列国并立则争雄角智,一统垂裳则拱手无为",要求建立君主立宪政治制度思想相吻合[52],但是却落后于戊戌变法时康有为提出的"开制度局而定宪法"的思想主张[53]。

在如何分封的问题上,蜀中人士则意见不一。宋育仁主张"以一县为一国,不必封裂太大",杨南皋附合;吴之英主张"以一省为一国",杨范九支持;吴之英又主张"封建千里为国";杨赞襄则主张"广浙七省,宜以总督,为民主各县。为君主仍如畴昔。节制重兵、巨财,皆掌于民主"[54]。后来吴之英主张"制东、北一法,制西、南一法",制东、北"用封建",以一省为一国,包括直隶、盛京、山东、安徽、江苏、江西、浙江、福建、广东、广西,略及南省;制西、南则"省分为乡,复管子轨里连乡之旧",以拱卫拟移到周畿故里的京师,包括陕西、山西、甘肃、四川、云南、贵州、湖南、河南等内陆省份[55]。

至于王圻之地,蜀学报同仁均主张迁都西南。杨南皋主张"宜都湘省","千里已足"[56];吴之英主张"关中旧都"[57],"宜视周畿加倍"[58]。吴之英的迁都主张与康有为、梁启超主张一致[59]。

关于封国之君,宋育仁主张"仍即各现任州县。劣者,听民自逐",为免蚕食昏暴,"宜仍设牧伯先王之制";杨赞襄则主张"宜选建本地才智","复素王之名,奉孔子为共主,择圣智为将相及各公侯"[60];吴之英主张"始封之君,天子所自简也。其建置世子,必请命于天子,天子择贤而立之"[61]。

关于封国之军队,蜀中人士均主张"寓兵于农"的乡兵、农兵制度,"团练以合九州,即三代之农兵也"[62];在对外关系上,吴之英主张"闭港永不通商,且将清理内地洋教",杨赞襄主张"海中通商,毋许上岸",将居华教士护送出境[63]。

综观《蜀学报》提出的"封建"、"迁都"、"农兵"等主张,无疑是针对列强瓜分和清朝君主专制制度弊病而提出的一种变革政治体制的改良主义维新主张。其对君主专制、大公危害的揭露是十分深刻、透彻,正中其要害的;其力图通过"封建"而建立君主立宪政治制度的设想[64],亦具有先进性,符合资产阶级改良政治的要求,是当时较先进的思想主张。但是,就其"封建"的系统设计和构想来说,又是十分幼稚和不成熟的。它并未触及旧政治体制和旧官僚体系;其构想的农兵、对外关系还显得十分落后、反动,不及洋务派的主张;还未考虑列强的态度,并为此预备应对的办法;其采用的托古改制形式也有明显的局限性,"今取证于外国富强之实效而正告天下,以复古之美名名正言顺,事成而天下悦"[65],"夫封建古也,农兵亦古也,诚通其变,以并行之,则新法也,皆救敝之良药也"[66],宋育仁、廖平等人与康、梁所主张的托古改制形式一样,虽可减少变法阻力,但也显示了资产阶级改良派在思想、理论、组织上准备的不充分。因此,《蜀学报》的"封建"主张虽然很先进,但却难于付诸实践,这种主张的两面性正是四川维新派,亦是戊戌维新派改良主义思想两面性的反映和体现。由于《蜀学报》宣传的"封建"主张存在严重不足和明显悖谬,在当时就受到了指责。张之洞就斥责《封列国以保中国论》、《五月望日学会讲义》"悖谬骇闻",要求其"删毁更正",并警告宋育仁"此后立言选报,务须斟酌,否则必招大祸"[67]。

《蜀学报》还积极配合全国变法维新形势,宣传维新派主张,报道维新派及维新变法活动。在1~3期上转载《经世报》上《学会兴国议》全文;4期刊载《南海康先生保国会序并章程》,并附跋语;4—7期又刊康有为《呈请代奏及时发愤革旧图新折》;5期刊载《公车上书》;10期载《会能保国》,报道康有为呈帝阅览各国变政考情况等等,直至被迫停刊。

(三)提倡振兴农业和发展民族资本主义工商业

《蜀学报》认识到:农工商"三民之业所以图富强者"[68],中国不能自兴物殖,"必且见并于商战,必且见噬于群雄"[69],因此提出了"习兵战不如习商战","习商战不如习农战"的主张[70]。《蜀学报》进而指出:中国农工商业不兴旺的原因在于中国政府"政不明","不厘税则、兴公司、立赛会而保利权",农工商业"无与为保护维持者";"与吾民言利而独不与吾官司士大夫以利。夫不与之以利,彼乃得私言利而政受其蠹"。因而只有汰冗官,俸高薪,实行封建,建立君主立宪制度,才能改变"政不明"的状况,促进农工商业发展[71]。这就将资产阶级要求改良政治以适应经济发展的要求明确地表达了出来。

《蜀学报》重视农业、农政,认为"习商战不如习农战"。因为"商之所运皆工之所成,而工之所用皆土之所生","土产不兴而欲振兴工艺而讲商务,是犹割弃臂胫而养指趾",因此农战重于商战[72];"今夫商之见重,以能通天下之财。而财出于土,土重于农,农为商之本也,明矣。农既为商之本,则重农愈于重商"[73],所以,为今之计,务农乃所以自救[74]。这些言论反映了四川维新派的农本思想,也反映了四川农业经济仍占主导地位的经济现状。

《蜀学报》进而提出了振兴四川农业的办法,即宜精核考较农政之得失,广开垦,兴水利,设农部、农学会、农学报及农学堂,"开垦以为经,水利以为纬,而又辨其土宜,精其种植,利其器用",则"农以植其体,商以济其用,而富国如操左券矣"[75]。《蜀学报》尤以农学会为"蜀中农学下手第一要义"[76],认为"宜于省垣设大农会,各州县乡间设小农会","或辨土宜而审高下肥瘠之异,或讲化质而求磷钙钾养之方,或购新器而妙电气风车之用,或讲施治而除谷蝥木蠹之灾,自百谷而外,花木蔬果以至畜牧林渔胥入会中逐一参考"[77]。在《蜀学报》的倡议下,四川先有井研廖平于"敞祠兴设农会",后有郭中元于威远东川创设农学会,兴建具有资本主义性质的农场,集股捐田,择地试验,讲求农艺,改革农具,"总以广树艺,兴畜牧,浚利源,究新法"[78]。

在工商业方面,针对列强觊觎四川地产、矿利、商务阴谋,《蜀学报》主张"宜讲艺学",宜兴商会、工会,开设公司,"或绅商合办,或商办官督","惟不准招集洋匠,不动公款"[79]。《蜀学报》倡言士大夫宜讲求艺学,"艺学则天算格致、化重光声、电汽水火、矿产物殖、制造测量,各随性之所近,自习专门","且化学、矿学尤切于蜀省",蜀学宜亟讲求。此外,商务局中制造以开利源,转运以广销路,两者都为要图,尤以制艐为急,宜广设商会,"取各种制法而精求之,购各式机器而试办之"。另外,蜀中人满而价廉,游手者众,宜广设工会,劝善旌能,务使国无游民[80]。由于公司可以总商权开利数,

《蜀学报》倡议广设公司,"内则省垣,外则重庆,先设总公司,各府州县又设分公司,因地产以饬化八材,流通上下"[81];"如开金矿、运煤铁、修路行车、制造等事,或集绅商为之,或请国家举之"[82]。

在《蜀学报》倡议下,四川民族资本主义工商业得到了一定程度的发展,出现了兴办实业之风。重庆设立了白蜡玻璃公司[83]和与西人合办的又一家火柴公司[84];冕宁紫谷塌、麻哈等处金厂进入筹办阶段[85];开采四川煤油已列入议事日程,1898年8月重庆设立煤油公司,集股开办[86];修路行车也由宣传进入实施阶段,《蜀学报》1期载《论川省行车利益说》,3期载《川西北宜修路行车议》、《论轮车省力之理》,宣传修路行车的利益,7期载《四川商务局创办快轮车务公司咨文并章程》,宣告成都快轮车务公司成立[87]。此时,"合股已近百万,其中无一洋股,先后开办洋车、洋烛、玻璃、烟卷、药材、白蜡、竹棕、青麻、煤油、煤矿、钨砂各公司,均经资呈川督立案"[88],四川资本主义经济开始起步。

(四)大力宣传西方先进科学技术,提倡大力兴办学校学会

《蜀学报》不仅在办刊宗旨中明确提出以有用西学来昌明蜀学、开蜀中风气,而且在报刊内容中大力提倡学习和引进西方先进的君主立宪政治制度、农工商等经济制度和文教制度以及数理化等先进科技。这些内容集中在论撰和国内、海外近事栏目中,此处从略。

《蜀学报》还提倡大力兴办新式学校,认为西方国家所以国富民强,原因在于学校。"要其致强之本仍在于学","西国学堂以千万数,国无人而无学"[89],"其国自宫府、商会、工厂、公司用人,无业不出于学,无职不用其考"[90],"夫外洋立国之根本在议院,议院之根本在学校","人才聚于议院,而其源出于学校"[91]。因此,中国要造就有用人才,也必须兴办学校。特别在民族危机严重之际,举办新式教育尤显得重要和迫切。"时事多艰,需才孔亟,非屏弃贴括,讲求实学,无以造成有用之材"[92];"今日说用人,当先说复学校,当先说复学校之弊'[93];"儒生无虚学,则圣人之教有实用。圣人之教有实用,天下学者有实用。人人皆务实,可以强天下。否则本之不求而徒议变法、议练兵、议制器,虽有耀于外观,终无裨于实

济"[94]。基于这种认识,《蜀学报》大声呼吁发展四川新式教育,"今各州县乡塾"不可不讲时务、西学[95];"欲使通省人士咸知变其习尚,争务实学,必自书院始"[96];"拟请蜀中大吏广立各种学堂,札饬通省,凡秀良之士概行来省学习"[97]。在《蜀学报》的倡议下,四川陆续兴办了一批新式学校,有蓬溪"崇实学堂",遂宁"经济学堂",成都"中西学堂"、"算学馆",江津"西文学堂"、"算学馆",彭县"经济学舍",荣县"新学书院",重庆"中西学堂"等[98]。同时各书院纷纷购求时务书,开设时务课,钻研实学成为士子们的风尚,"士之操业者率皆改弦更张,一时坊间如《中西时务策要》、张溥《历代史论》、姚鼐《古文辞类纂》诸书销售迨罄,书贾亦挟之以邀利"[99]。

《蜀学报》还认为学会以集讲为主,可以励成学,"推广学堂之意即寓其中"[100],因此号召兴办学会。"今蜀中学会仅成都一处,拟请各府州县遍立分会讲学"[101],"为蜀谋,曰学会有四",即士学会、农学会、商学会、工学会[102]。在《蜀学报》倡议下,除四川威远东川创立农学会外,蓬溪牧令方旭亦创立学会,为四川士林先锋[103]。

经过《蜀学报》的倡导,四川言时务、言改革、阅西书、支持民族经济发展的风尚渐渐兴起。据载:成都自创办《蜀学报》,马君子波创售《时务报》,始见《国闻报》、《时务报》等类,"阅报之风气渐次开矣"[104]。据《名山县志》载:"朝野上下皆拟变法图强,县中从此始有购阅外国图志及时务书报之文人。"[105]又据《华阳县志》记载:宋育仁"适归教尊经书院,辄首倡设《蜀学报》,与海内时流相应和。坊间则《海国图志》、《瀛环志略》、《校邠庐抗议》、《盛世危言》、《孔子改制考》、穆勒《名学》、赫胥黎《天演论》诸书,自白首儒、黄口僮殆无不家习而户诵焉。学使者发策决科,诸生试卷中或能撦用登廿世纪大舞台、不自由毋宁死等语者,并得受宏奖、猎高第以去,一时风气波荡如此",华阳任宪吉"乃结社成都,纳新吐故。旧凡沪、浙、湘、鄂所出丛报,无不筐筴邮致用,开通锢蔽为己任,复集数千金,仿日本人力车,推行都市,赫然称实业"[106]。

三、《蜀学报》的报刊特色

（一）重视有用西学的宣传和实用洋务的推行

这一点在《蜀学报》办刊宗旨和报刊内容的讨论中,已有涉及,此处不再赘述。值得注意的是,《蜀学报》还将有用西学的宣传、实用洋务的推行与变法维新、救亡图存的宣传融为一体,扣紧了时代主题。

（二）重视发挥政论、评论的作用

《蜀学报》与这一时期的其他报刊一样,十分重视对政论的运用。《蜀学报》对维新变法主张的阐述、宣传,对封建专制制度和帝国主义列强的抨击、揭露,主要是通过政论方式铺陈展开的。蜀学会的大批骨干人物如廖平、宋育仁、吴之英、王荣懋、刘立夫、黄英、邓镕、陈其昌、王式训等人都成为《蜀学报》政论的撰稿者,其中吴之英、王荣懋、刘立夫、邓镕撰稿较多。他们针对现实生活中迫切需要解决的问题有感而发,饱含救国醒民的爱国激情,以生动的语言、鲜明的色彩,抒发其强烈的爱国主张。这种文章使人读后生机勃勃、热血沸腾。这些政论文章集中反映了戊戌年四川维新派的思想、政见,是研究戊戌年四川维新派思想特点的原始资料。

《蜀学报》还寓评论于政论文之后,以"跋"、"书后"的形式表达报刊编辑者对文稿的倾向和态度,这是《蜀学报》政论的一大特色。《蜀学报》4、5、6期中,相继发表了6篇附跋或书后。在4期《南海康先生保国会序并章程》后附跋称:"本馆用亟登之,为巢于幕、游于釜者告,且识数语于后而助之哭",表明其对保国会的赞同、支持。《威远创办农学会章程》后亦附"井研廖平跋",盛赞郭中元此举为"蜀中农学下手第一要义"[107]。在邓镕《封列国以保中国论》后附宋育仁《问琴阁书后》,称邓文"缨冠之情,涕泣而道,其言近封建之意乎,抑犹未究公私之辨与古今得失之源也","其乐闻而听之者乎,则以此为嚆矢矣"[108]。此外,《蜀学报》在新闻消息中还寓以评论,虽只短短数语或寥寥数字,即事而议,借题发挥,但却及时表明了编写者对某些问题的看法,成为《蜀学报》政论的又一补充。

(三)注意编采等业务的开展和改进

蜀学报馆分省、渝局,"渝局用铅字专办日报及物价表,排印时务书,并采访云贵川东新闻,汇寄省局。省局用木刻专办学报。省局报出,专脚寄渝……按期交换,互相寄发"[109],省、渝局统归蜀学报馆,互相配合,分工合作,共同对总理负责。报馆还实行总纂、协理负责制[110],这种组织形式十分精干、简练,运转亦十分灵活。

《蜀学报》栏目有谕旨、奏折、论撰、学会讲义、海外近事、中国近事、蜀中近事,其中论撰所占篇幅最多。在转载消息时,注意"略分新旧",随闻即录者归入新闻,他报早登者则归入近事,而且注意"详略取舍,务避钞胥之嫌"[111]。《蜀学报》稿件来源广泛,注意组稿和访事采访工作。稿件有国内外电讯、省外访事消息、转载国内外的报刊沦文和消息、蜀学会友论撰和讲义。《蜀学报》发行范围遍及省内外,省内外各有22处派报点[112],期发行数在2000—2500份之间[113],学界、商界均有人购阅[114]。它还十分注意刊后校勘工作,在4、6、9、11、12期末附有"校勘记"。

《蜀学报》系集资创办的民营刊物,集资额达4500两[115],但后期因发行量扩大,报资回收困难,遂定于11期后略为提高报费,并于刊后告白中刊载收费广告,以弥补亏损[116]。

(四)注意边事的探究

《蜀学报章程》规定:"蜀居数省之中,今既先开报馆,自宜与各省联为一气,务求详于边务,以与东南各报彼此相资。"《蜀学报》十分注意陕甘云贵四川藏卫之事的采访报道,发表了大量关于蜀藏卫的防务、商务之见,如《统筹蜀藏全局论》、《经藏卫以固蜀疆议》、《蜀藏界务图说》等文章。这些反映了《蜀学报》不限于关心四川而欲关心西部内陆边陲几省的编辑旨意。

综上所述,《蜀学报》是戊戌年(1898)四川维新派宋育仁等人创办的具有资产阶级改良思想性质的,融民营性、时务性、学术性为一体的成都第一家近代报刊。它以昌明蜀学、推动蜀省进步为宗旨,以宣传维新变法、救亡图存和有用西学为内容，以推行实用洋务和探究边事为特色，以政论、评论为舆论宣传形式，是 1898 年成都、四川乃至西南的重要宣传阵地，直接推动了四川维新变法事业的发展，并在启迪民智、发展经济、解放思想等方面发挥了重要历史作用。它是研究四川维新派思想面貌和特点的重要文本资料，许多言论至今仍有借鉴意义。

注　释

[1][106]《民国华阳县志》卷十六，人物十，民国二十三年刊本。

[2]《学报序例》，《渝报》创刊号。

[3]方汉奇主编《中国新闻事业通史》第一卷（中国人民大学出版社 1992 年版）第 627 页误将《蜀学报》创刊日期编排为 1898 年 5 月 15 日。

[4]参见周勇：《论〈渝报〉》，《社会科学研究》1983 年第 6 期）及隗瀛涛主编《四川近代史》，（四川人民出版社 1990 年版），第 316 页。

[5]"本馆告白"，《蜀学报》第 4 册末。隗瀛涛主编《四川近代史》第 317 页误编为"5 月和 6 月都是半月一期，从 7 月上旬开始，分上中下旬出版，每月出三期"，显系编者疏忽。

[6]停刊日期无确证。但据《蜀学报》4 期告白："诸君有鸿篇巨制见示者，务于每旬前三日内交来本馆主笔房或派报处收，以便即期选刊。"可以推测 4 期后的出刊日期应为每旬后七日，扣除编排日期，在每旬后四日出刊的可能性较大。结合戊戌政变发生时间 9 月 21 日（八月初六）或 9 月 19 日（八月初四），可以得出《蜀学报》最多只能出版 13 期，八月初旬的 14 期尚在排印，未及出版，即因政变发生而被迫停刊。

[7][14]吴之英：《蜀学会报初开述义》，《蜀学报》第 1 册，尊经书院光绪二十四年刊印。

[8][35][39][48]黄英：《四川利害论》，《蜀学报》第 8 册。

[9][16]徐昱：《创办煤油以存利权保蜀境论》，《蜀学报》第 9 册。

[10][11][12][13][17][100]《蜀学会章程》，《蜀学报》第 1 册。

[15][28]刘立夫：《读礼书后附跋》，《蜀学报》第 5—6 册。

[18]王荣懋：《开风气说》，《蜀学报》第 4 册。

[19][41][69][80][81][83][95][102]王荣懋:《统筹蜀藏全局论》,《蜀学报》第2—4册。

[20][22][43]廖平:《改文从质说》,《蜀学报》第2册。

[21][82][97][101]都永和:《联民以弭乱条议》,《蜀学报》第12册。

[23][65][90]宋育仁:《时务论》,《蜀学报》第8册。

[24]转引自易公度:《宋育仁先生事略》,《富顺县文史资料选辑》(内部发行)第一辑,富顺县印刷厂1986年印。

[25][92][96]《四川提督学院吴通饬各府厅州县变通书院章程札》,《蜀学报》第10册。

[26][31]王荣懋:《维持地球和局议》,《蜀学报》第1册。

[27]邓镕:《封列国以保中国论》,《蜀学报》第5册。

[29]据《蜀学报》1—12册海外、中国、蜀中近事统计而得。

[30][45][51][62]徐昱:《封建说》,《蜀学报》第6册。

[32]李文海、孔祥吉主编:《戊戌变法》,中国史专题讨论丛书,巴蜀书社1986年版,第132—137、372页。

[33]见邓镕《封列国以保中国论》,刘立夫《读礼书后附跋》,徐昱《封建说》、《五月望日学会讲义》(《蜀学报》8册)、吴之英《法家善复古说》(《蜀学报》9册)等都或多或少地阐述了"封建"、"迁都"、"农兵"等主张。

[34][47]邓镕:《明国耻以激公愤议》,《蜀学报》第12册。

[36][37]彭仕勋:《蜀中防守策》,《蜀学报》第7册。

[38]陈其昌:《经藏卫以固蜀疆议》,《蜀学报》第10册。

[40]见陈其昌:《经藏卫以固蜀疆议》、彭仕勋《蜀中防守策》、王荣懋《统筹蜀藏全局议》。

[42][91]宋育仁:《泰西各国采风记》,《小方壶斋舆地丛钞》再补编第11帙,上海著易堂刊印。

[44][49][50]邓镕:《封列国以保中国论附问琴阁书后》,《蜀学报》5册。

[46]《六月十五日上谕》,《蜀学报》第12册。

[52]康有为等:《公车上书》(1895年5月2日),《公车上书记》,转引自:翦伯赞、郑天挺主编:《中国通史参考资料》(近代部分),修订本,下册,中华书局1980年版。

[53]中国史学会主编:《戊戌变法》(丛刊)第二册,第197—202页。

[54][56][58][60][63]《五月望日学会讲义》,《蜀学报》第8册。

[55][57][61][66]吴之英:《法家善复古说》,《蜀学报》第9册。

[59]王栻遗著:《维新运动》,上海人民出版社1986年版,第120—121页。

[64]徐溥:《早期改良主义思想家宋育仁》,《社会科学研究》1979年第5期,及廖平:《改文从质说》,《蜀学报》第2册。

[67]转引自高成祥:《清末时期成都报刊》,《成都市地方志·报刊志》(长编,摘录),打印稿,第34页。

[68][71][77]王荣懋:《论富附跋》,《蜀学报》第6册。

[70][72][75]王式训:《农战论》,《蜀学报》第7册。

[73]朱华绶:《昭信股票开通有益中国论》,《蜀学报》第8册。

[74][76][78][107]《威远创办农学会章程并序跋》,《蜀学报》第4册。

[79][85]《四川将军恭奏冕宁金厂折片》,《蜀学报》第2册。

[84]《公司畅行》,《蜀学报》第10册。

[86]王以鏖:《四川煤油应归土著自办论》,《蜀学报》第10册。

[87]《四川商务总局创办快轮车务公司咨文并章程》,《蜀学报》第7册。

[88]廖次山:《经学家井研廖季平年谱》,转引自《四川近代史》,四川人民出版社1990年版,第321页。

[89][94]王荣懋:《论强》,《蜀学报》第5册。

[93]《四月初一日讲义》,《蜀学报》第4册。

[98]见《蜀学报》第1、6、9、10册。

[99]《书肆踊跃》,《蜀学报》第8册。

[103]《广立新学》,《蜀学报》第6册。

[104]傅樵村:《成都通览·成都之报界》,成都通俗报社宣统元年(1909)印。

[105]《民国新修名山县志》,民国十九年刊本。

[108]邓镕:《封列国以保中国论附问琴阁书后》,《蜀学报》第5册。

[109][110][111]《蜀学报章程》,《蜀学报》第1册。

[112][115]"本馆告白",《蜀学报》第1册末。

[113]"本馆告白",《蜀学报》第2、9册末。

[114]孙少荆:《成都报界回想录》,《中国近代报刊发展概况》,新华出版社1986年

版,第 569 页。

[116] 见《蜀学报》第 9、11、12 册末尾的"告白"。

原刊《高校编辑出版论集》,四川科技出版社 2000 年版

作者简介: 凌兴珍,1965 年生,四川大学历史学博士研究生,四川师范大学社科学报编审。

文史现地探究易于求实得实
——读简锦松教授《杜甫夔州诗现地研究》

郭祝崧

高雄中国古典诗学会简锦松会长惠赐大著《杜甫夔州诗现地研究》,细读一遍,深受教益。持相涉地理的古代文学著作进行现地研讨,既有助于确当理解该作品,还能凭借诗文描述,借知其地的历史情况。简教授大著中,对此均有引人注目的展示。

文史研究相互参证,古今学者常用,多有借助地理的。不过,如果仅据古籍所记研判,缺少实地查考,则易予误断。杜诗研究方面就有突出事例。钱谦益著《草堂诗笺》,声称"取伪注之纰缪,旧注之驳驳者,痛加绳削",并引述颜之推"观天下书未遍,不得妄下雌黄"语,以自诩注杜极其踏实。可是,他正由于缺乏实地研究,又对所见古籍记述不作详辩,以致作出误笺。如笺注《石笋行》,他广征博引古籍十数种,竟然把李贤等所记"成都县北百二十步"的武担山石镜、段成式等所记成都子城"西门之外大街中"的石笋、范德昭所说城郊多见的"蚕丛启国镇蜀之碑"的五块石,纠合成"三合一"笺证。

纵然对实地得解前贤多有体验,可也会由于该当详加考辨时予以忽略而致误。陆游解说杜诗,就有此种情况。放翁说他偶经犀浦松林茂密处,"乃悟杜诗'黄师塔前水向东'之句";又据《梅雨》发出成都"古今地气有不同耶"的质疑。两例均表明放翁对实地解诗有卓识,尤其是后者,40年前经世界著名自然科学家进行的科考,确证唐宋时期川西平原有过气候异常现象。殊不知他偏偏在多次亲履万里桥、百花潭、浣花溪之后,竟然令人难解地论断:"杜少陵在成都有两草堂,一在万里桥,一在浣花,皆见于诗中。万里桥故迹不可见,或云:房季可园是也。"放翁说有两草堂的依据,想必是诗圣所吟"万里桥西侧,百花潭北庄";"万里桥西一草堂,百花潭水即沧浪";"浣花流水水西头,主人为卜林塘幽";"当时浣花桥,溪水才尺余……秋夏忽泛溢,岂惟入吾庐"等句。此项失误的产生,也许在于他忽略了常常经过的浣花溪,乃是检江流经南城外的濯锦江段,西起百花潭、东达万里桥那一小截的名称。百花潭北畔地段,实际上就在浣花溪西头,也是位于万里桥西。陆游之前,未见有过老杜在浣花溪建有两草堂的记述,老杜更说自阆梓返蓉系葺旧居再住,而且约一年后即去夔州。此外,还存在着旁证。唐末,韦庄着力探寻草堂遗址,发现其"芜没已久,而柱砥尤存,因命芟夷,结茅为室",就只一处。北宋中期,宋祁、田况、赵抃、吕大防等又都寻求不得,宋祁还指出"野僧作屋号草堂,不是柴门旧时处"。田况、赵抃皆按诗圣咏及的草堂形状,各建于青城山中以纪念前贤。吕大防则在百花潭北岸同梵安寺相接之处,"建草堂,绘少陵像",其地至明末仍为"人日"春游重地,何宇度《益部谈资》、曹学佺《蜀中名胜记》等书有详述。

陆游最具代表性的误断,当数他实地观察成都石笋后,竟然否定杜甫"恐是昔时卿相墓,立石为表今尚存"的实地判断。而认定必为诗圣摒斥的"海眼",说是"所谓海眼亦非妄"。其实,对于成都石笋,常璩早在《华阳国志·蜀志》里就说过:"每王薨,辄立大石,长三丈,重千钧,为墓志,今石笋是也,号曰笋里。"唐宋诗文也多指认石笋为"墓志"、"石碑断片"、"华楼残基"等等。放翁自诩实地查证的真知灼见,实为误断的事例,简教授书中还有:放翁说他先在夔州大宁县见过"仙井"出盐水,后在荣州见着盐井、火井,认为前者井眼大,应属盐井,后二者井眼小,定是"海眼",绝对不可混同。

简教授大著"卷首·自序"部分,提及众多学者研究杜甫夔州诗作的论著给予的启导。其中,有我相识的程千帆、祁和晖、濮禾章等教授,有我同门学长王仲镛、屈守元、钟树梁、雷履平、李国瑜诸兄;另在书前"感谢"页上略涉我名。但是,我们尽都无缘与他相见。20世纪40年代初,我执教世界历史、世界文学后,就没有再学本国文史。十余年前偶游浣花草堂,将实地观感草成短稿,经《社会科学战线》刊于"补白"页上,得简教授见及。20世纪90年代中期,以视力障碍不再教学后,我才重学本国文史,试写过少许文史互参、地理佐证的体会,谨略陈部分浅见于次。

20世纪70年代末以来,多次出现"天下第一长联"热,全国关注此事的报刊,多认定青城山李善济联为现存最长者,从而使得花蕊夫人《宫词》随之受到瞩目。依据联语"曲和《甘州》,霓裳同咏"及"兼之花蕊《宫词》,巾帼与谯岩共秀"句,可知此位花蕊夫人应是王建妃。可是,许多谈说此联的文章,无不认定《宫词》系孟昶妃所作,依据的是陈师道《后山诗话》、蔡絛《铁围山丛谈》等书,《全唐诗》、《全五代诗》等总集。但是,始见于文莹和尚引述的三十六首花蕊《宫词》、《全唐诗》等收录的全部,尽都说蜀国后宫总称"宣华苑",亭台松阁名号,摩诃池改称"龙跃池"等等,全系王建父子所定。王蜀亡国全被废弃,孟蜀又另自定名,摩诃池名则复旧。因而足可据《宫词》所记的实地名号判定作者必是王蜀后妃。李联提及的"曲和《甘州》",更是指《蜀梼杌》及《五代史》等所记王衍奉母、姨登青城山祭祀王建。随侍宫女着霓裳羽衣沿山舞蹈,歌唱王衍所作的《甘州词》。联语"谯岩"云云,也足以实地作据证明"巾帼"为王蜀花蕊夫人,因为谯岩就是供祀王建铜像的文人观所在牡丹坪。谯定深居青城山主山大面山之前,曾先在丈人观侧牡丹坪习道。《全五代诗》、《鉴戒录》等书也收有王蜀花蕊夫人徐氏姊妹在青城山中所吟多诗。孟昶妃费氏花蕊夫人虽是青城县农家女,却未必是青城山中人;按孟蜀收民女入宫上限十四岁例,费氏入宫后至亡国时,为时不过三、五年,难能学得诗艺吟成《宫词》百首。《全唐诗》所收《宫词》后,还有《述国亡》七绝,篇题下即加注"一作蜀臣王承旨诗";《七修类稿》所载同诗,更列作者为"王蜀兴圣太子"。至于《蜀中诗话》所记:"花蕊夫人《宫词》之外,尤工乐府。蜀亡入汴,道经葭萌,题驿壁云:'初离蜀道心将碎,离恨绵绵;春日如年,马上时时闻杜鹃。'书未毕,为军骑催行。"实地查诗,完全足以判定这半阕《采桑子》绝非费氏所吟。杜鹃为夏候鸟,夏初才从南飞至成都平原,而宋将王全斌奉赵匡胤密诏送费氏至汴,至晚也在正月末,葭萌在平原北高寒山区,其时绝不可能有杜鹃求偶啼鸣。近三年两次游古蜀道,我都就此问询过山村民众,十多位均说听到杜鹃啼鸣,是在端阳前后。

又,古乐府相和歌辞《蜀道难》,自梁简文帝、刘孝威等咏及"飞梁架绝岭,栈道接危峦","轮摧九折路,骑阻七星桥",直至李白的"蜀道之难,难于上青天"传世后,人众均据以视蜀道为畏途。殊知略晚于李白,陆畅却创作《蜀道易》辩称蜀道不难,可惜此诗已失传。明初,方孝孺效法陆畅吟成同名诗篇,开头即据实情质疑:"西蜀之道,何今易而昔难?陆有重岩峻岭,百仞镵天之险阁;水有砯雷掣电,悬流怒吼之江关。自昔相戒不敢至,胡为乎今人操身舟秣马,夕往而朝还?"古今谈论蜀道难易悬殊的文章,大多认定相关诗篇的作者系就政局的安定与否而发,无关道路实际。如此论断,自有其依据。可是,传说的陆畅诗篇内容,上引正学诗句,却都表明蜀道难易系行人步履所及的实际情况,并非行路时缘于政局而产生的思想活动。就方诗说,古人经过的是镵击打垮的冲天峻岭,今人则在道路间秣马;古人面对的是狂泻飞瀑,今人则在流水中行船,明明白白地表明道路不同。何况,赵抃更说剑阁蜀道"一百年来自坦途",陆游也曾"细雨骑驴入剑门",杨端更在"阁上几回搔首望",尽情欣赏"鬼斧势开千仞壁"的景色。左黻甚至笑话:"李白诗碑虽未残,苔浸藓蚀不能看。可知苔藓非无意,免得人吟《蜀道难》!"又正是我游剑门关,在实地了解到乔钵诗语"休称蜀道难,错算剑门路",正是李、陆异说的依据,也是希古断语"王道有通塞,蜀道无古今"的补充说明。其实,李、陆异说产生的原因,和他们同时在世的杨凝就在《送客入蜀》里作过解说:"剑阁迢迢梦想间,行人归路绕梁山。明朝骑马摇鞭去,秋雨槐花子午关!"却原来是在"征战何年定"(戎昱)的岁月里,需要"闭关防老寇"(韩昭),人众就不准进出"两扇平分曲径通"(杨端)的关门正路,只能"促泪行猿道"(李端),也就是走梁山那"难于上青天"的"九折路"。实地情况是,关门外向东为盘旋转折的缓坡宽路,关内向西则为平坦直道,走不多远就是场镇。关外南侧过小桥,上陵坡进入崖腔横道,再北登近于笔直上升的夹壁磴道,约行一公里就到达关门侧后,此系闭关时期守军往返关内外的通道。由崖腔道路南行三四公里,跨越悬瀑半山腰的小桥,再登坡度小于20度、宽不足一米的千把级夹道,才到达梁山寺后石壁缺口。"归路绕梁山"所经过的这几公里，才真正算得上"一夫当关，万夫莫开"的所在，剑门关蜀道的难行就是指的此路。李白据梁山寺路况撰《蜀道难》，陆畅、方孝儒据剑门关路况撰《蜀道易》，两者均合乎实际。又，梁山寺西侧一带山岭名翠屏山，距寺约两公里处山麓农田边，有石墓碑署赵云墓。据此应可判定史载诸葛亮病故五丈原的当晚，刘禅梦见翠屏山崩即此，不该是明清以来文人记述的戎州（今宜宾市）翠屏山。

　　借助地理实况，还能纠正史书的误断。常璩《华阳国志·南中志》记述："有竹王者，兴于遁水。有一女子浣于水滨，有三节大竹流入女子足间，推之，不肯去。闻有儿声，取持归。破之，得一男儿。长养，有才武，遂雄夷狄，氏以竹为姓。……后渐骄恣。……（汉）武帝转拜唐蒙为都尉，开牂牁，以重币谕告诸种侯王；侯王服从，因斩竹王。……后夷濮阻城，咸怨诉竹王非血气所生，求立后嗣。（吴）霸表封其三子列侯，死，配食父祠，今竹王三郎是也。"同书后文又记有"夜郎县，郡治。有遁水通广郁林。有竹王三郎祠，甚有灵响也"。晚约百年，范晔在《后汉书·西南夷列传》里，纠合《史记》、《汉书》所记夜郎侯事，说汉成帝时，"夜郎侯迎降，天子赐其王印绶，后遂杀之"，即定夜郎侯为竹王。可是成帝时，夜郎国早已不存在。由于《后汉书》属"正史"之一，影响较常《志》为大，因而后世文人多据之将遍及几省的竹王、竹郎祠，认定为被汉王朝诛除的夜郎侯得民间拥戴所建。其实，《史记》已说及"夜郎自大"："滇王与汉使者曰：'汉孰与我大？'及夜郎侯亦然。"而且多种史籍（包括范《书》）也记有夜郎族同汉、彝等族相敌对的事例。如此看来，各族人众怎会在非夜郎国辖地立庙奉祀夜郎侯，而且历时两千年？刘琳著《华阳国志校注》更引述《旅行杂志》文章，统计出川、滇、桂、湘、鄂五省，以及黔省非夜郎族故地，存在着百多座竹王祠，就只原夜郎国辖区没有。如果竹王就是夜郎侯，又怎会出现如此情况？就四川地区说，竹王、竹郎庙见于古籍的，有《太平寰宇记》的大邑县，《元丰九域志》的邛州，《太平御览》的荣州，《蜀中名胜记》的荣州、嘉州，唐宋诗篇还提及怀州。成都府华阳县有竹王山、竹郎庙，见于明清地志及现地——今琉璃乡场北面浅丘陵上，20世纪五六十年代间废庙，山名改"竹旺"。世纪末新建成的成仁公路,在此处的路标复旧称"竹王"。薛涛游嘉州青衣江畔吟成《题竹郎庙》:"竹郎庙前多古木,夕阳沉沉山更绿。何处江村有笛声,声声俱是迎郎曲。"这表明竹郎属婚配神祇。嘉州(今乐山市)既远距黔中夜郎族故地,更远距遁水(今北盘江)。(曹学佺定荣州城边的荣川——今荣县旭水河为遁水,误。)

　　薛涛诗篇与历史、地理相参,足以辨明竹王并非夜郎侯;历史、地理也可联证薛涛诗集里存在赝品。《全唐诗·第十一函·第十四册》所收涛诗有《送郑眉(一作资)州》,诗语为:"雨暗眉山江水流,离人掩袂上高楼。双旌千骑骈东陌,独有罗敷望上头。"就地理判定"雨暗眉山",应属依山得名的眉州,不当是依水得名的资州。眉州却又东临岷江,并无东陌;江东是东川陵州辖地,西川官员随从不能列队其间。两者又表明此诗也不涉眉州。就相关双旌、千骑的史实说来,此诗不仅非涛作,甚至不是唐宋作品。两《唐书》、《资治通鉴》等史籍记述,藩镇节度使受任时,均须陛见谢恩,届时得皇帝亲手授予双旌双节,作为统领民事、军务的象征(唐代节度使不管财政)。节度使至藩镇就任,旌、节由皇朝派遣的"护军"掌管;护军为宦官担任,藩镇调遣官军,须由其持旌节前去军寨传令。边地知州多由节度使兼任,拥有的旌节不属州守名下。内地知州无旌节,更不统官军。《宋史》也说节度使才拥有旌、节、门旗等。眉州、资州俱为内地辖一二县的小州,自必无旌、节,不统千骑,唐宋史籍也无此二州州守晋升节度使的记载。再就史地相参,作为西川营妓的薛涛,不可能随侍东川州守;纵使是西川州守,也无可能从藩镇调去营妓随侍。另就文学作品的流传说来,州守与罗敷为夫妻的记述,始见于唐末五代初的《秋胡变文》,不同于汉乐府《陌上桑》,薛涛未必能读及前者。再者,据历史、地理和本人行实判断,《谒巫山庙》也属涛集中的赝品。

　　文史研究借助地理参证,有着不容忽略的情况,就是同一地名,在不同的甚至同一历史时期,共存于相距极远的地域,必须明辨。就成都说,始置县于秦惠王二十七年,此前,其地以古蜀国的存在,与其周围广大地区共称为"蜀"。唐太宗年间,就成都城区分置"蜀县",后改名华阳。秦国年间曾以古蜀国地区为"蜀郡",隋朝初年废置,旋即恢复。可是从商朝到春秋时期,今山东省泰安市一带也称"蜀",甚至就在春秋时期,今陕西省汉中市也是"蜀郡",还简称"蜀"。南北朝时期,成都与今甘肃省成县地区,都设置"益州",而且早在汉朝就已经把今云南省宜良县定作"益州",并未废置。如此情况,全国多有,若不辨明,文史地记述与研究就易失误。本稿多次提及的《蜀中名胜记》,就把四川德阳县同湖北旌阳县混一,因为德阳城郊也名旌阳。

原刊《四川师范大学学报》2002 年第 2 期

从语言学等证据论治水神话的起源

李 恕 豪

在我国古代的神话中,鲧、禹治水的故事是非常重要的。由于历史久远,文献散失,今天我们虽然不能完全看清这个神话的每个细节,但从古代文献的零星记载中仍然可以了解其大致的轮廓:

洪水滔天,鲧窃帝之息壤以堙洪水,不待帝命。帝乃令祝融杀鲧于羽郊。鲧复生禹,帝乃命禹卒布土,以定九州。(《山海经·海内经》)

鲧死三年不腐。(《山海经·海内经》郭璞注引《开筮》)

永遏在羽山,夫何三年不施?伯禹复鲧,夫何以变化?(《楚辞·天问》)

伯禹念前之非度,厘改制量,……高高下下,疏川导滞。(《国语·周语下》)

禹尽力沟洫,导川夷岳,黄龙曳尾于前,玄龟负青泥于后。(《拾遗记》卷二)

类似的记载还见于多种古籍,这里不再具列。不过还应当补充一点,由于禹治水有功,舜将帝位禅让给了他①。

而在古代的蜀地,却流传着另外一个关于治水的神话,这就是鳖灵治水的故事。《太平御览》卷八八八引《蜀王本记》说:

后有一男子名曰杜宇,从天堕,止朱提,有一女子名利,从江源地井中出,为杜宇妻。宇自立为蜀王,号曰望帝,治汶山下邑郫。……望帝积百馀岁,荆有一人名鳖灵,其尸亡去,荆人求之不得,鳖灵尸至蜀复生,蜀王以为相。时玉山出水,若尧之洪水。望帝不能治水,使鳖灵决玉山,民得陆处。鳖灵治水去后,望帝与其妻通,帝自以薄德,不如鳖灵，委国授鳖灵而去，如尧之禅让。鳖灵即位，号曰开明。

晋代的常璩在其《华阳国志·蜀志》中也说：

> 后有王曰杜宇，教民务农，一号杜主。时朱提有梁氏女利游江源，宇悦之，纳以为妃。移治郫邑，或治瞿上。七国称王，杜宇称帝，号曰望帝，更名蒲卑。自以功高诸王，乃以褒斜为前门，熊耳、灵关为后户，玉垒、峨眉为城郭，江、潜、绵、洛为池泽，以汶山为畜牧，南中为园苑。会有水灾，其相开明决玉垒山以除水害。帝遂委以政事，法尧、舜禅让之义，遂禅位于开明，帝升西山隐焉。时适二月，子鹃鸟鸣，故蜀人悲子鹃鸟鸣也。

胡小石在其《屈原与古神话》一文中，揣测这两个治水神话出自一个共同的来源。他说："关于西南民族治洪水的故事，《华阳国志》载古蜀杜宇，在七国时称帝，号曰望帝，以褒斜为前门，熊耳、灵关为后户。会有水灾，其相开明决玉垒山以除其害。望帝即将帝位让给他，自升西山隐居。后化为杜鹃鸟云云。因此，后来蜀人听子规鸟鸣，即认为是杜宇的声音。此事虽然屈原赋中不见，但传说的基本精神是治水除害，这和大禹治洪水的神话，恐怕是一个来源。"②

笔者认为，胡先生的看法是正确的。这两个神话都包含有死而生子（或死而复生）、治水、禅让这样一些极为相似的情节，这绝不是偶合，应当是同一神话在不同地域演变的结果。如果进一步探讨，则可以证明鳖灵与鲧、禹、启实乃一人。理由如下。

首先，鲧、禹、启是一脉相传的三代人，鳖灵从死而复活，从治水到称帝虽然是同一个人，但却可以分为三个阶段。第一阶段是未死的鳖灵，第二阶段是死而至蜀复活后受命治水的鳖灵，第三阶段是登上帝位更名为开明的鳖灵。这三个阶段正好与鲧、禹、启三代的事迹类似。

其次，是治水地点的重合。关于鳖灵的治水地点，《蜀王本记》说："（望帝）使鳖灵决玉山，民得陆处。"《华阳国志·蜀志》说："会有水灾，其相开明决玉垒山以除水害。""玉山"就是"玉垒山"。《水经注·江水》说："江水又东别为沱，开明之所凿也。"《读史方舆纪要》卷六七说："（金堂峡在金堂）

县东二十里,两山拱峙,河流其中,相传望帝相鳖灵所凿。"这是指穿过龙泉山的沱江金堂峡。巫峡的开凿相传也与鳖灵有关。《水经注·江水》引来敏《本蜀论》说:"望帝立(鳖令)以为相。时巫山峡(狭)而蜀水不流,帝使令③凿巫峡通水,蜀得陆处。"《尚书·禹贡》说:"岷山导江,东别为沱。"把分江水(指岷江)入沱江的功绩归于大禹。《山海经·大荒南经》说:"有云雨之山,有木名曰栾,禹攻云雨。"袁珂先生说:"云雨山……以地望衡之,当即此经前文所记之巫山,亦即《大荒西经》所记之灵山也。"④又说:"禹攻云雨神话,当即禹巫山治水之神话也。"⑤郭璞《江赋》也说:"巴东之峡,夏后疏凿。"(《文选》卷十二)"巴东之峡"就是巫峡,"夏后"即是大禹。《山海经》和郭璞都将疏通巫峡的功劳归于大禹。总之,在巴蜀一带的两个重要的治水地点上,禹和鳖灵都是重合的。

第三,《蜀王本纪》言鳖灵外出治水,望帝在家与鳖灵妻私通。但另一种说法是,"自从杜宇把帝位让给鳖灵,自己隐居在西山,而鳖灵却乘机霸占了他的妻子"⑥。总之,或是杜宇,或是鳖灵,在两性问题上是不太光彩的。而禹与涂山氏的结合,似乎也遭到非议。《楚辞·天问》说:"禹之力献功,降省下土四方,焉得彼涂山女,而通之于台桑?闵妃匹合,厥身是继,胡维嗜不同,而快朝饱?"在古代,"朝(调)饥"、"饥",以及这里的"朝饱"都是男女关系的隐语⑦。

两个治水神话虽然有以上三个方面的相似,但仍嫌证据不足。笔者认为,最重要的是语言学上的证据,因此我们打算对鲧、禹、启和鳖灵的名字进行仔细的研究,以期找到它们之间的内在联系。

我们先考察"鲧"和"鳖灵"的关系。"鲧"字的本义是指一种鱼。《说文解字》十一篇下鱼部:"鲧,鱼也。"鳖虽然是一种爬行动物,但古人把鳖归于鱼类,所以《尔雅·释鱼》说:"鳖三足,能。"今亦称鳖为甲鱼或团鱼,也归为鱼类。其字从黽,写作"鼈";也可从鱼,写作"鳖"。《左传·昭公七年》:"昔尧殛鲧于羽山,其神化为黄熊,以入于羽渊。"《经典释文》卷第十九《春秋左氏音义之五》"黄能"下曰:"如字,一音奴来反。亦作熊,音雄,兽名。能,三足鳖也。解者云:'兽非入水之物,故是鳖也。'一曰:'既为神,何妨是兽。'"⑧《经典释文》写作"黄能",可见其所据之本不作"熊"而作"能",但又说:"亦作熊,音雄,兽名。"可见,也有写作"熊"者,今本《左传》正写作"黄熊"。但"能"(或写作"熊")到底是鳖还是兽,陆德明自己也决定不下来。从"入于羽渊"以及"兽非入水之物,故是鳖也"来看,应当采纳《尔雅》"鳖三足,能"的解释,音亦应当读成"奴来反"(音 nái)。其实,将"能"写成"熊"字,是一个书写错误,因而导致了错误的解释。《史记·夏本纪》:"乃殛鲧于羽山以死。"张守节《正义》:"鲧之羽山,化为黄熊,入于羽渊。熊音乃来反,下三点为三足也。束晳《发蒙记》云:'鳖三足曰熊。'"鲧死后入于羽渊,化为三足鳖,显然是一种神物,非一般的水族,因此可以称为鳖神。而鳖灵正是"鳖神"的意思。"灵"即"神"。《楚辞·离骚》:"名余曰正则兮,字余曰灵均。"王逸注:"灵,神也。"《楚辞·九歌·湘夫人》"九嶷缤兮并迎,灵之来兮如云"中的"灵"也是"神"的意思。这类例子,不胜枚举。可见,从鲧的名字含有"鱼"义,以及鲧死后其神化为三足鳖的"黄能"来看,"鲧"与"鳖灵"的联系并非偶然。

至于"禹"的意思,《说文》十四篇下:"禹,虫也。"段玉裁注:"夏王以为名,学者昧其本义。"我们也虽然不知道禹所以如此命名的原因,但"禹,虫也"的解释却可以帮助我们找到"禹"和"鳖灵"之间的意义联系。《说文》十四篇下虫部:"虫,有足谓之虫。"鳖有足,因此可以称为虫,故《说文》十三篇下黾部说:"鳖,甲虫也。""禹"到底是个什么样的"虫",不得而知,但至少"禹"、"鳖"为一类之物。

大禹的儿子名叫"启",是因为他是从裂开的石头而出生的缘故。《汉书·武帝纪》:"见夏后启母石。"颜师古注引《淮南子》说:"涂山氏……至嵩高山下化为石,方生启。禹曰:'归我子!'石破北方而启生。"鳖灵治水成功后,杜宇禅位于他,"鳖灵即位,号曰开明"。"启"、"开"两字在意义上是相近的。《说文》二篇上口部:"启,开也。"《左传·隐公元年》:"夫人将启之。"杜预注:"启,开也。""启"、"开"两字的古音也相近。"启"古音为支部溪母,拟音为[*kˇie];"开"古音为微部溪母,拟音为[*kˇəi]⑨。在古代,"开"、"启"两字甚至可以互相借代。《管子·大匡》中的"卫公子开方"。

《吕氏春秋·知接》作"卫公子启方"。章炳麟说:"语言之始,义相同者,多从一声而变;义相近者,多从一声而变;义相对相反者,亦多从一声而变。"⑩王力说:"凡音义皆近,音近义同,或义近音同的字,叫做同源字。……同源字,常常是以某一概念为中心,而以语音的细微差别(或同音),表示相近或相关的几个概念。"⑪王力在其《同源字典》中,将"开"、"启"两字确定其为同源字⑫。可见,"启"与"开明"的"开"在音义上的联系也非偶然。

由此可见,鲧、禹治水和鳖灵治水确实有同一个来源。这样,两个治水神话就可以相互印证和补充了。鲧之死,是因为盗窃息壤而被天帝所杀,《山海经》有明载,而鳖灵为何而死,其尸为何亡去,却无法得到合理的解释。但我们既然认为鲧和鳖灵实系一人,那就非常容易回答这个问题了。鳖灵(即鲧)之死,是因为盗窃了天帝的息壤。而对于《楚辞·天问》"阻穷西征,岩何越焉?化为黄熊,巫何活焉?"的回答应是,鲧化为三足鳖(即鳖灵),溯长江,穿三峡,越过巫山的重岩叠嶂,到蜀地去求群巫用药把他救活。《山海经·海内西经》载有群巫用药救活窫窳的故事:"开明东有巫彭、巫抵、巫阳、巫履、巫凡、巫相,夹窫窳之尸,皆操不死之药以距之。"郭璞注:"皆神医也。为距却死气,求更生。"群巫与众神上天下地必经天梯,《山海经》中的天梯有灵山(《大荒西经》)、登葆山(或登备之山)、肇山(《海外西经》、《大荒南经》、《海内经》)和昆仑山或昆仑之虚(《海内西经》)。高大的树木也可以作天梯,《山海经》中有三桑(《北山经》、《海外北经》)、寻木(《海外北经》)和建木。这里着重谈建木。《海内经》说:"有木,青叶紫茎,玄华黄实,名曰建木。百仞无枝,有九欘,下有九枸,其实如麻,其叶如芒,大皞爰所过,黄帝所为。"《淮南子·地形篇》说:"建木在都广,众帝所自上下,日中无景,呼而无响,盖天地之中也。"《海内经》说:"西南黑水之间,有都广之野,后稷葬焉。"《海内西经》说:"后稷之葬,山水环之。"郭璞注:"在广都之野。""广都"就是"都广",为开明氏立国之初时的都城。《蜀王本纪》说:"蜀王据有巴蜀之地,本治广都,后治成都。"广都在今成都与双流间,与杜宇所都的郫邑邻近。"阻穷西征"的鲧(或鳖灵之尸)正是到都广所在的建木去求群巫用药把他救活。这样便可以解释为什么"鳖灵尸至蜀复生"的原因了。《淮南子·地形篇》说:"后稷垄在建木西,其人死复苏,其半鱼在其间。"这就是说,化为三足鳖的鲧(或鳖灵之尸)溯江水而上,到了都广建木时就复活了。鲧的复活是通过其腹中生出他的儿子禹来实现的,因此他原来三足鳖的身体就只剩下一个干瘪的躯壳了,这就是所谓"其半鱼在其间"的道理。

既然大禹和鳖灵两个治水神话出自同一个来源,那么它最初起源于什么地方呢?

许多典籍都载有这场洪水是由一个叫做共工的神发动的。例如,《淮南子·本经篇》说:"舜之时,共工振滔洪水,以薄空桑。"《国语·周语下》:"共工……欲壅防百川,堕高堙卑,以害天下。"禹的治水,是从与共工的斗争开始的。《荀子·成相》:"禹有功,抑下鸿(洪),辟除民害逐共工。"《山海经·大荒西经》说:"有禹攻共工国山。"《海外北经》和《大荒北经》记载了禹杀共工之臣相柳(繇)的事情。因此,从语言学的角度对"共工"这一专名进行研究,是解开治水神话起源秘密的关键。

《左传·昭公十七年》说:"共工氏以水纪,故为水师而水名。"《淮南子·本经篇》说:"舜之时,共工振滔洪水,以薄空桑。"高诱注:"共工,水官名也。"《汉书·刑法志》:"颛顼有共工之陈以定水害。"颜师古注引文颖曰:"共工,主水官也。""共工"是水官,到底是何水之官呢?这就应当分析"共工"这一名称了。在古代汉语中,"工"有"官"义。《书·尧典》:"允厘百工,庶绩咸熙。"孔安国传:"工,官。""百工"就是"百官"。《诗·周颂·臣工》:"嗟嗟臣工。"毛传:"工,官也。""官"又有"君"、"长"的意思,《广雅·释诂》:"乾、官、元首、主上、伯、子、男、卿、大夫、令、长、龙、嫡、郎、将、日、正,君也。""共工"就是共水之官,亦即共水之君、共水之长,也就是共水之神。这与湘水之神叫"湘君",黄河之神叫"河伯"相类似[13]。那么,共水又是指哪一条河呢[14]?笔者认为应当是长江,"共工"就是"江神",即长江水神。《山海经·海内经》说:"祝融降处于江水,生共工,共工生术器,术器首方颠,是复土壤,以处江水。"共工生于江水,其后代也处于江水,必为江神无疑。从古音上来看,"共"、"江"两字音近,可以把"共"看成是"江"的通假字。两字在上古同属东部见母,只是"江"为二等字,"共"为三等字。前苏联的语言学家雅洪托夫认为,上古汉语中的二等字都是带有[1]的复辅音,这个复辅音也存在于三、四等字中[15]。因此,"江"和"共"大致都可以构拟为 *klong,与泰语 k˙long(运河、水渠)一词相合。从文字上看,"洪"从"共"得声,两字古音相近,因此,与"江"相通的"共"也可以与"洪"相通。"共水"就是"江水",也就是"洪水"。"洪水"最初的意义是"江水",由于江水宽广浩荡,经常泛滥,于是就引申出了"大水"的意思了。《山海经·大荒西经》中的"禹攻共工国山"即是江源岷山[16]。《说文》十一篇上水部:"江,江水,出蜀湔氐徼外崏(岷)山。"岷山在蜀,因此治水神话应当起源于蜀。另外,《左传·昭公二十九年》:"共工氏有子曰句龙,为后土。""句龙"是由"共"(江)衍变而来的,即 *klong(共)→ *kolong(句龙)。"句龙"后来成为一个姓氏。臧励龢主编《中国人名大辞典》说:"炎帝十一世孙句龙,能平九州,辨土地之宜,为颛顼土正,其后为氏。……宋有句龙廷实、句龙如渊。蜀州多此姓,皆其后。"[17]"蜀州多此姓"恐怕与其祖先共工处蜀地江源岷山有关。

如前所述,"共工"乃"江官"的意思,这只是一种称号,那共工叫什么名字呢?《楚辞·天问》:"康回冯怒,地何故以东南倾?"王逸注:"康回,共工名也。"

在古代汉语中,往往有慢声为二、急声为一的语言现象。所谓"慢声为二"即双音节词,"急声为一"即单音节的合音词,它们可以互相转化。例如:蒺藜→茨,葫芦→壶,丁宁→钲,僻倪→陴,奈何→那,和同→降,句渎→谷,邾娄→邹,明旌→铭,终葵→椎,大祭→禘,不律→笔……[18]

在中国古代的神话中,神话人物的得名,往往是由一个单音节的普通名词,转化为双音节的名词,作为神话中的人物的专名。例如,古代齐人称"椎"为"终葵",这本来是一个普通名词的急声和慢声在不同方言中的不同表现形式,但由于椎可以逐鬼避邪,到了唐代遂演化成了钟馗逐鬼的故事。"终葵"也就写成了"钟馗",成了一个人(神)名,姓钟名馗[19]。可以表示为:"椎→终葵(钟馗)"。

《楚辞·离骚》："前望舒使先驱兮,后飞廉使奔属。"王逸注："飞廉,风伯也。""风伯"即"风师",也就是掌管风的神。洪兴祖补注："《吕氏春秋》曰:'风师曰飞廉。'应劭曰:'飞廉,神禽,能致风气。'"张永言先生从"词的内部形式"出发,证明"飞廉"得名于"风"。他说:"如果我们有古音学的知识,就知道'风'的上古音本是复辅音声母,plum(比较四川彝语 brum'风'),正好是'飞''廉'二字的合音。"㉑由此可见,'飞廉'这个词的内部形式是(疾)风。表示为:"风→飞廉"。

《离骚》:"吾令蹇修以为理。""雄鸠之鸣逝兮。"姜亮夫先生认为"蹇修"就是"鸠"。他说:"'蹇修',王逸说是伏羲氏之臣也。有人又说是'美'的通称。章太炎先生认为'蹇'等于'謇'。这也没有解决问题。我则认为这两字是'鸠'字,两字快读便为'鸠'。从语言学的角度看,'鸠'就是蹇修。"㉒姜先生的看法是正确的。从古音上看,"蹇"是元部见母字,"修"是幽部心母字,"鸠"是幽部见母字。"鸠"字的声母与"蹇"字相同,而韵母则与"修"字相同。可以表示为:"鸠→蹇修"。

笔者认为,"康回"得名于"夔","夔"正是"康回"的快读,即"夔→康回"。"康"字的古音为溪母,"回"字属于微部。"夔"字古音为群母脂部。溪、群一类,在音韵学中都属于牙音,即舌根音;微、脂两部相近,这两部的字在《诗经》及其他上古韵文中经常合韵。《山海经·大荒东经》:"东海中有流波山,入海七千里,其上有兽,状如牛,苍身而无角,一足,出入水则必风雨,其光如日月,其声如雷,其名曰夔。"可见,夔是一种像牛的独角怪兽。而在《中山经》中,则把夔看做是一种牛:"又东北三百里,曰岷山,江水出焉,……多夔牛。"郭璞注:"今蜀中有大牛,重数千斤,名曰夔牛,即《尔雅》所谓犩。"《中山经》又说:"又东一百五十里,曰崌山,江水出焉,东流注于大江……,其兽多夔牛。"蒙文通认为"崌"字当是"岷"字之讹㉒。夔牛产生于蜀地江源岷江,与共工生于江水暗合。《淮南子·天文篇》说:"昔者共工与颛顼争为帝,怒而触不周之山。"《说文》四篇下角部:"觸,牴也,从角蜀声。"二篇上牛部:"牴,触也,从牛氏声。""触"(觸)字从"角","牴"字从"牛","触"、"牴"两字互训,都是牛的最形象的动作,这也透露出共工牛形象的信息。《史记·河渠书》:"穿二江成都之中。"张守节《正义》引《风俗通》载李冰斗江神的故事,江神正是牛的形象。

仔细考察"夔"字,原来是来自汉藏语系侗台语族的借词,并非汉语中固有的词语。"夔",《广韵》在脂部,其反切为"渠追切",古音应读为[*giwei]。而在侗台语族诸语言中,"水牛"的读音分别是:

侗语 kwe　　毛难语 kwi　　水语 kui　　仫佬语 wi　　布依语 vaːi

傣语(西双版纳)xwaːi　　傣语(德宏)xaːi　　壮语 vaːi　　黎语 tui㉓

很明显,"夔"与上述民族语言中表示"水牛"的词,有着共同的来源。考虑到前面所说"江"字与同属侗台语族的泰语 k'long(运河、水渠)有同源关系,那么,古代的蜀地(至少是岷江流域一带)的先民应当是属于讲侗台语族的人民。有学者认为,三星堆文化分布区域内的主体民族是濮人,亦即后来的僚人㉔。濮僚系民族正是属于侗台语族的民族。

至于广为流传的李冰治水的故事,笔者认为与鳖灵治水亦出一源,李冰即是鳖灵。关于李冰,最早的记载是《史记·河渠书》,但仅称其名"冰",而未言其姓。《河渠书》曰:"蜀守冰凿离碓,辟沫水之害,穿二江成都之中。"《河渠书》中,除禹以外,凡是与治水有关的人物,都是既称其姓,亦称其名,如西门豹、郑国、汲黯、郑当时、徐伯表等人。司马迁到过蜀地,亲自观看过离碓,他说:"余……西瞻蜀之岷山及离碓。"(《河渠书》)这说明司马迁本人不知道"蜀守冰"的姓,因此没有记录,这并非他的疏忽。《汉书·沟洫志》使用《河渠书》文,但在"冰"前加了一个"李",称"蜀守李冰"。秦灭巴蜀前后,与蜀地有密切关系的人物如司马错、张仪、张若在《史记》中都有记载,而治水及开发蜀地有功的"蜀守冰"在《史记》中居然没有留下完整的姓名,这是不可思议的。如前所述,"鳖灵"即"鳖神",这是使用别名在前共名在后的语法组合顺序,而在上古,却广泛存在着共名在前别名在后的组合,这就是所谓"大名冠小名"。俞樾在《古书疑义举例》卷三《以大名冠小名例》中说:"《荀子·正名篇》曰:'物者也,大共名也;鸟兽也者,大别名也。'是正名百物,有共名别名之殊。乃古人之文,则有举大名而合之于小名,使二字成文者。如《礼记》言'鱼鲔',鱼其大名,鲔其小名也。《左传》言'鸟乌',鸟其大名,乌其小名也。《孟子》言'草芥',草其大名,芥其小名也。《荀子》言'禽犊',禽其大名,犊其小名也。"他接着还举了"虫蝗"、"虫螟"、"舟虚"等例子。"大名冠小名"是汉语中相当古老的一种构词方式,在越是古老的文献中,这种构词方式就越多。如从地名来看,甲骨卜辞中有"丘商"、"丘雷"等,《左传》中有"丘舆"、"丘获"、"城颍"、"城濮"等;人名则《庄子》中有"庖丁"、"轮扁"等。因此,"鳖灵"最初极有可能被称作"灵鳖",共名在前别名在后。后来由于语法类推的作用,变成了"鳖灵",别名在前共名在后,但民间仍然有人称"灵鳖"。人们不了解古人共名在前别名在后的组合规则,而"灵"的古义"神"也渐渐为人们遗忘。但人们在心理上总想给词语做出一定的语义上的解释,于是就发生了语音的变化,把"灵鳖"读成了"李冰",即 *lieŋpĭŭt(鳖灵)→lĭəpĭəŋ(李冰)与当时人们普遍的姓氏习惯保持一致。这在语言学上就叫做"流俗词源"(folk etymology)。《汉书·沟洫志》采纳了当时的人的看法,将"蜀守冰"改成了"蜀守李冰",从此,李冰的名字便广为人知。李诚先生曾怀疑李冰原本就是少数民族的首领。他说:"莫非李冰就是从这'湔氐'地区脱颖而出的少数民族的头领?或者是长期往来汉、羌氐之间而为羌氐人民所信赖的地方低级官员,然后从这头领、低级地方官而被拔擢至蜀守的?因此在羌氐族人民心目中不啻是神?这一切猜想,都只好托付给历史的烟云去流荡飘散了。"㉟李冰原本就是少数民族的首领的揣测,与笔者提出的李冰即是鳖灵的看法是一致的。

  治水神话起源与蜀,还可以从禹生于岷江上游的一些历史文献来证明。《史记·六国年表》说:"禹兴于西羌。"裴骃《集解》引皇甫谧曰:"《孟子》称禹生石纽,西夷人也。"张守节《正义》:"禹生于茂州汶川县,本冉駹国,皆西羌。"《史记·夏本纪》说:"夏禹,名曰文命。"张守节《正义》:"《帝王纪》云:'父鲧妻脩己,……胸坼而生禹。……本西夷人也。'扬雄《蜀王本纪》云:'禹本汶山郡广柔县人也,生于石纽。'"《吴越春秋·越王无余外传》、《三国志·蜀志·秦宓传》、《水经注》等都有类似的说法。《太平御览》卷51引《随巢子》、《淮南子·修务篇》甚至说禹生于石。禹子启传说生于石头,《汉书·武帝本纪》颜师古注引《淮南子》说:"涂山氏……至嵩高山下化为石,方生启。禹曰:归我子!石破北方而启生。"启的得名,是因石头裂开而生。古代的蜀王,无论是蚕丛氏或开明氏都崇拜石头。《古文苑·蜀都赋》章樵注引《先蜀记》说:"蚕丛始居岷山石室中。"《华阳国志·蜀志》说:"有蜀侯蚕丛,其目纵,始称王,死作石棺石椁,国人从之,故俗以石棺椁为纵目人冢也。"又说:"(开明氏)每王薨,辄立大石,长三丈,重千钧,为墓志,今石笋是也。"考古证明,在岷江上游、安宁河及邻近的云南地区,普遍存在着一种大石修的墓葬。在成都一带也存在着或存在过不少独石遗迹,这些事实与禹生石纽及启由裂石而生的传说互相印证,进一步表明禹生于蜀,治水自蜀始的可信性。禹妻为涂山氏。关于涂山的所在有三种说法:1.在今安徽怀远县东南,载于《左传·哀公七年》;2.在今浙江绍兴市西北,载于《越绝书·记地传》;3.在今重庆市,载于《华阳国志·巴志》。蒙文通认为涂山应是四川重庆的涂山,禹兴于西羌娶于涂山是很近情理的[⑳]。

干宝《搜神记》卷十三说:"秦惠王二十七年,使张仪筑成都城,屡颓。忽有大龟浮于江,至东子城东南隅而毙。仪以问巫。巫曰:'依龟筑之便就。'故名龟化城。"杜宇都郫邑,开明氏徙治成都,先于张仪筑成都城。龟鳖同类,张仪依龟迹筑成都城,实际上是指他依鳖灵之法(或在鳖灵旧城的基础上)筑城。《礼记·祭法》孔颖达《正义》引《世本》说鲧"作城郭"。《吕氏春秋·君守》有"夏鲧作城"。《淮南子·原道篇》有"昔者夏鲧作三仞之城"。可见这个传说是古老的,它再次暗示了鳖灵和鲧的关系。城、堤都是垒土石而成,平原上的城亦有防水的作用。"堤"字的古音属端母支部,"城"字为禅母耕部,端禅皆舌音,支耕有阴阳对转的关系,因而"城"、"堤"为一对同源词。依龟迹筑成都城的传说可作为治水神话起源于蜀的一个旁证。

有史以来蜀就是一个农业发达的地区。《华阳国志·蜀志》说:"后有王曰杜宇,教民务农,一号杜主。"又说:"巴亦化其教而力农务,迄今巴蜀民农时,先祀杜主君。"岷江在崇山峻岭中蜿蜒数百里,一出玉垒山便进入平原,往往泛滥成灾。古代蜀民必须与洪水作斗争才能把这块平原开发为良田沃土,因而治水神话产生于蜀就其地理环境来讲也是自然的。

既然治水神话产生于蜀,就有一个向外传播的问题。笔者认为这个神话有两个传播方向。一个是向东传到楚。蒙文通说:"楚文化是受到巴蜀文化影响。巴蜀和楚,从文化上说是同一类型,应该是可以肯定的。"㉒徐中舒、唐嘉弘依据文献及出土文物,也断定"蜀文化受有楚文化影响,楚文化中亦有蜀文化影响"。㉓这种传播反映在《山海经》和《楚辞》、《淮南子》中,保留了较原始的神话面貌。今安徽怀远、浙江绍兴的关于涂山及禹的传说和遗迹,大概是这一神话随着楚的向外扩张而传播的结果。另一路先向北传到今陕西一带。《诗经》中《小雅·信南山》和《大雅》的《文王有声》、《韩奕》都提到了禹(二雅是今陕西一带西周王畿的诗歌,时代比较古老)。再向东传到中原,见于《鲁颂·閟宫》和《商颂·长发》、《殷武》。《鲁颂》和《商颂》都是春秋前期的诗歌,后者是宋国的作品。其后便演化为历史,载于《尚书》、《孟子》及其他多种先秦典籍中。鲧、禹的治水,作为历史得到了人们的普遍承认,而在蜀地却流行着由同一神话演化来的鳖灵治水的故事,以后,历史化了的鲧、禹治水的故事回过头来传到蜀地,凭借中原文化的正统地位取得压倒的优势,同一神话便演化成为两个故事,禹和鳖灵也就判若两人了,因而《蜀王本纪》言蜀之洪水及望帝禅位于鳖灵时竟会说:"若尧之洪水"和"如尧之禅舜"。

结论:鲧、禹治水和鳖灵治水的神话是同一神话分化的结果,原始的治水神话产生于蜀。

注　释

① 《尚书·大禹谟》。
② 《胡小石文录》第一辑,南京大学 1979 年版,第 19 页。
③ "令"即"鳖令"的简称。"令"是"灵"的通假字,"鳖令"即是"鳖灵"。
④ 袁珂:《山海经校注》,上海古籍出版社 1980 年版,第 376 页。
⑤ 同上,第 377 页。

⑥袁珂:《中国古代神话》,中华书局1960年版,第234页。

⑦闻一多:《诗经通义·周南·汝坟》,载《古典新义》上册,上海古籍出版社1956年版。

⑧《经典释文》,中华书局1983年版,第278页。

⑨据王力《汉语史稿》拟音,下同。

⑩《国故论衡》上卷《转注假借说》。

⑪《同源字论》,载《同源字典》,商务印书馆1982年版,第3页。

⑫《同源字典》,第413页。

⑬见《楚辞·九歌》。

⑭《山海经》中"共水"出现了三次。《北山经》:"又东三百七十里,曰泰头之山,共水出焉,南注于虖池。"《中山经》:"中山经薄山之首,曰甘枣之山,共水出焉,而西流注于河。"《中山经》:"共谷,多竹。共水出焉,西南流注于洛。"《山海经》中,山水之名多同名者,故"共工"之"共"并不一定即指上述河流。

⑮《上古汉语中的复辅音》,《国外语言学》1983年第4期。

⑯在明代徐霞客写《溯江纪源》(一名《江源考》)以前,人们都相信《书·禹贡》"岷山导江"的说法,认为长江的源头是岷江,因而把岷山定为长江的发源地。

⑰《中国人名大辞典》"附录"中的《姓氏考略》,上海书店1980年据商务印书馆1921年版影印,第11页。

⑱顾炎武:《音论》卷下《反切之始》。

⑲顾炎武:《日知录》卷32"终葵"条。

⑳《关于词的"内部形式"》,华中工学院《语言研究》1981年第1期(创刊号)。

㉑《楚辞今绎讲录》,北京出版社1981年版,第46页。

㉒《略论〈山海经〉的写作时代及其产生地域》,《中华文史论丛》第1辑,第52页。

㉓以上少数民族语言材料,系根据国家民委编辑的《中国少数民族语言简志丛书》中的相关简志"词汇附录"中的词语材料。

㉔罗二虎:《论三星堆文化居民的族属》,载李绍明等主编:《巴蜀历史·民族·考古·文化》,巴蜀书社1991年版。

㉕《巴蜀神话传说刍论》,电子科技大学出版社1996年版。

㉖《巴蜀史问题》,载《巴蜀古史论述》,四川人民出版社1981年版,第33页。

㉗同上,第100页。

㉘《古代楚蜀的关系》,《文物》1981年第6期。

原刊《巴蜀文化研究》(第一辑),巴蜀书社2003年版

作者简介:李恕豪,1942年生,四川师范大学文学院教授。

《杜诗注解商榷》拾补

徐 仁 甫

拙著《杜诗注解商榷》,从1979年发行以来,承蒙不少读者提出宝贵意见,这使笔者很受鼓舞。但《商榷》仅六万六千字,篇幅太小,对于杜诗,缺而未解者尚多。爰得若干条选此以飨读者,不免错误,敬请指正。

《奉赠鲜于京兆二十韵》
学诗犹孺子,乡赋忝嘉宾

蔡梦弼笺孺子谓小子也。甫谦言能诗不过小子之学耳。《论语·阳货篇》:"子曰,小子何莫学夫诗。"乡赋,犹言乡举也。

按蔡氏谓甫谦言能诗不过小子之学耳。此读"学诗犹孺子"之"犹"为"犹如"之"犹",非也。杜诗尝云:"七龄思即壮,开口咏凤凰。"又云:"甫昔少年日,早充观国宾。"可见杜公从小就学诗,并以此自负,何谦言之有?此诗云"学诗犹孺子","犹"非"犹如"之"犹",而是"由从"之"由"。谓学诗从孺子,即从小就学诗,故乡举忝列为嘉宾。"犹"犹"由",自从也。吴迈远《杞梁妻》:"灯竭从初明,兰凋犹早薰。""从""犹"互文,是"犹"犹"由"也。薛道衡《昭君诗》:"专犹妾命薄,误使君恩轻。""犹"亦犹"由"。贾岛《荒斋》:"朴愚犹本性,不是学忘机。""犹"一作"由"。亦可见"犹"犹"由"。蔡氏误读"犹如"字,故说亦失之!

《自京赴奉先县咏怀五百字》
盖棺事则已,此志常觊豁

仇注:"常觊豁,冀成稷契。"引荀悦《汉论》(纪)"众庶觊其名迹"注:

"觊,希幸也。"又引庾信诗:"有情何可豁。"而于"豁"字无注。

蔡梦弼《会笺》:"觊,幸也。"亦不注"豁"字。

按"盖棺事则已","则"犹"裁"(才),谓盖棺事才止。然而人尚未盖棺,其志则不容稍懈。"此志常觊豁",《说文》豁,通谷也。徐锴注:"前有所通也。"是"豁"有"通"义。《史记·高祖纪》:"意豁如也。"《集解》引服虔曰:"豁,达也。""通""达"义同。《楚辞·九章·思美人》:"志沉菀而莫达。"志本贵达也。豁者,希望通达也。"此志常觊豁",谓此志常希望达到,亦即此志不容稍懈之意。

《羌村三首》之三
父老四五人,问我久远行;
手中各有携,倾盏浊复清

"倾盏浊复清",或注云:"从盏里倒出酒来,先是混浊的,后渐渐澄清"。把"浊复清"解为由浊转清。(见《杜诗析疑》引)

按"复"犹"与",连词。李颀《渔父歌》:"寓宿湍与濑,行歌秋复春。"岑参《送王著作赴淮西幕府》:"燕子与百劳,一西复一东。"又《送郑甚归东京汜水别业》:"对酒风与雪,向家河复关。"又《寄宇文判官》:"终日风与雪,连天沙复山。"又《终南东溪口作》:"洗药朝与暮,钓鱼春复秋。"以上诗皆"复""与"互文,明"复"犹"与"也。杜诗上文是"父老四五人","手中各有携",则酒多至四五盏。酒不一样,自然倾盏就是浊与清了。旧注引徐邈曰:"酒清者为圣人,浊者为贤人。"亦可见父老携酒不一,有浊与清,非谓浊者又清也。此"复"字作"与"用,不当训"又"。或注当作"又"用,未确。

《北征》
猛虎立我前,苍崖吼时裂

按"时"犹"或"也,表态副词。王充《论衡·书虚》等九篇,累以"或时"二字连文,"或"与"时"异字同用。何逊《寄江州褚谘议》:"清吹或忘日,繁文时间作。"陆倕《以诗代书别后寄赠》:"李郭或同舟,潘夏时方驾。"韦应物

《幽居》："时与道人偶，或从樵者行。"以上诗皆"时""或"互文，明"时"犹"或"也。杜诗："猛虎立我前，苍崖吼时裂。"谓猛虎一吼，苍崖或裂也。一个"或"字，其为拟物险恶，而非真虎可知。苏轼《后赤壁赋》："据虎豹，登虬龙"亦是拟物，可以为证。读者不可拘泥，以为实事也。

平生所娇儿，颜色白胜雪

仇注引《杜臆》：白胜雪，乃饥色。按平生犹夙昔。杜诗《严仆射》："老亲如夙昔，部曲异平生。""夙昔""平生"互文，是平生犹夙昔。又《咏怀古迹五首》之一："庾信平生最萧瑟，暮年词赋动江关。"平生与暮年对言，知平生有夙昔义。又《移居公安赠卫大郎》："平生感意气，少小爱文词。"平生与少小互文，皆谓夙昔也。"所"犹"之"，介词。《史记·六国表》"东方物所始生，西方物之成孰"。"所""之"互文，是"所"犹"之"。杜诗《自京赴奉先县咏怀》："彤庭所分帛，本自寒女出。"谓彤庭之分帛。此诗"平生所娇儿"谓夙昔之娇儿。然则"颜色白胜雪"，谓夙昔记忆中之娇儿，其颜色本雪白可爱也。《杜臆》以白胜雪乃饥色，误过去为现在，其失诗旨远矣。

那无囊中帛，救汝寒凛栗

张相《诗词曲语辞汇释》云：那，犹奈也。杜甫《北征》诗："那无囊中帛，救汝寒凛栗。"又《季秋苏五弟缨江楼夜宴》诗："对月那无酒？登楼况有江。"那无，均犹云奈无也。

按那，犹岂也，反诘词。杜牧《咏云》："东西那有碍，出处岂虚心。""那""岂"互文，此"那"犹"岂"之证。杜甫《北征》："那无囊中帛，救汝寒凛栗？"言我岂无囊中财帛，救汝寒凛栗乎？岂无为反诘之词，意则囊中有财帛，可救汝之寒凛栗也。故下文接言"粉黛亦解包，衾裯稍罗列"。既是解包罗列，则囊中非无财帛也。怎能说"奈无"呢？又《季秋苏五弟缨江楼夜宴》："对月那无酒？登楼况有江。"谓对月岂无酒吗？岂无，亦反诘词，意即对月有酒也。此诗三首，皆有酒，可证。若言对月奈无酒何，则失诗之本意矣。又杜诗《暮秋遣兴呈苏侍御》："盈把那须沧海珠？入怀本倚昆山玉"。

那须,岂须也,亦即不须。可见张解未允。

《新安吏》

白水暮东流,青山犹(一作闻)哭声

按"青山犹哭声",谓青山有哭声也。"犹"字杜诗多作"有"用。《负薪行》:"十犹八九负薪妇。""犹"一作"有",谓十有八九也。《秋日夔府咏怀一百韵》:"两京犹薄产,"谓两京有薄产。《别唐十五诫因寄礼部贾侍郎》:"饿有易子食,兽犹畏虞罗。""有""犹"互文,谓兽有畏虞罗。皆可证"犹"有"有"义。一本"犹"作"闻"者,不知"犹"杜诗多作"有"用,而妄改为"闻"耳。

《石壕吏》

室中更无人,惟(《文粹》所作。按惟、所都有尚义)有乳下孙;孙有母未去,出入无完裙。

杭州知友郭在贻君《杜诗札记》云:更犹已。《新安吏》:"借问新安吏,县小事无丁。"言县小已无丁。《石壕吏》:"室中更无人,惟有乳下孙。"言室中已无人。(见《文史哲》1981年2期)

按杜诗"更"有"已"训。郭君所见甚是。但《新安吏》及《石壕吏》两诗之"更",不当训"已",而当训"岂"。《新安吏》已见本书。此诗上言"室中已无人",于事于理,均欠通顺,因下句曰"惟有乳下孙",又曰:"孙有母未去。"明明室中尚有两人,那能说"室中已无人"呢?"更"若训"岂",则为反诘副词,句末省了"乎"字。此乃杜公行文自问自答:先自问曰"室中岂无人乎?"又自答曰"尚有乳下孙",而且"孙有母未去",但"出入无完裙"耳。文理何其曲折回荡!谨以此与郭君商讨,不知为何如?

夜久语声绝,如闻泣幽咽

按"如"犹"又",副词。此义释词书不见,另详《广释词》。杜公诗亦可以为证。《杜鹃》:"行飞与跪乳,识序如知恩。""如"一作"又"。《后游》:

"寺忆曾游处,桥怜再渡时。江山如有待,花柳更无私。""如"训"又",则"曾""再""更"均表后游。《送李校书二十六韵》:"每愁悔吝作,如觉天地窄。""每""如"互文,"每"不只一次,则"如"当训"又"可知。

《无家别》
久行见空巷(一作室),日瘦气惨凄

仇注:日瘦,谓日色无光。《前汉·刘向传》:"寒日青无光。"

按日色无光,当言日暗,不得谓之日瘦。"日"犹明有逾益义,表态副词。梁鸿《适吴诗》:"哀茂时兮愈迈,愍芳香兮日臭。""日"、"逾"互文,"日"犹"逾"也。鲍照《代白头吟》:"周王日沦惑,汉帝益嗟称。""日"、"益"互文,"日"犹"益"也。杜公《扬旗》:"此堂不易升,庸蜀日已宁。"谓庸蜀逾益宁也。又《地隅》:"平生心已折,行路日荒芜。"谓行路逾荒芜也。此诗"日瘦气惨凄"谓无家别的主人公,久行见此空巷(室),身逾瘦而气惨凄也。不闻日色有光曰"日肥",则日色无光,不得谓之"日瘦",可以断言。

永痛长病母,五年委沟溪;
生我不得力,终身两酸嘶

仇注:两酸嘶,谓母子饮恨。

《杜诗析疑》:杜甫是封建社会儒家礼教的奉行者,在他脑子里回旋的应该是"生,事之以礼,死,葬之以礼"。"生我不得力"是说生不能事,"五年委沟溪"是说死未能葬,这是诗中的"我""终身两"件"酸嘶"的事。

按"两酸嘶"当求之文法,不得单凭理论。"永痛长病母",主语是诗中的"我",宾语是"长病母"和"委沟溪"。其实是"久病"和"惨死"两件事情。"生我不得力"这个因句的主语是"母",则"终身两酸嘶"这个果句,也应当是说的母。而其母的"终身酸嘶"者,岂非即上两句所谓"久病"与"惨死"乎!这是杜公行文之法所规定的,读者不能舍文法而别觅理论。"终身两酸嘶"既是指母,那就不能指子了。故说"两酸嘶"为母子饮恨者,亦未得也。

《梦李白》二首之二
冠盖满京华,斯人独憔悴;孰云网恢恢,将老身反累

仇注云:此伤其遭遇坎坷,深致不平之意。又引《道德经》"天网恢恢"。

按读杜公此四句诗,足抵司马迁一篇伯夷传。伯夷饿死于首阳山,司马迁传伯夷,亦深致不平之意。《伯夷传》引或曰:"天道无亲,常与善人。"与此"孰云网恢恢,"即指《道德经》"天网恢恢,疏而不失"相同。可知此"网恢恢"在修辞法上,系用的歇后语"疏而不失"。而李白既是"独憔悴"、"身反累",此岂天道哉?故诗用"孰云","孰云"者,反诘之辞也。仇注只引《道德经》"天网恢恢"一句,而不将"疏而不失"同时引出,非也。

《月夜忆舍弟》
露从今夜白,月是故乡明

按:"月是故乡明",有人解为"月亮还是故乡的明"。又有人解为"月还是跟故乡一样的明"。究竟谁是杜公诗的本义?我看问题出在"是"字上。"是"犹"似":李贺《苦昼短》"谁是任公子,云中骑白驴?"曾本、姚经三本作"谁似"。白居易《早冬》:"老柘叶典如嫩树,寒樱枝白是狂花。""如""是"互文,"是"犹"似"也。薛能《升平乐》:"何期于此地,见说似仙宫。""似"一作"是","是"犹"似"也。杜诗"月是故乡明",言月似故乡明。如此,则异说统一,意义明确。

《促　织》
促织甚微细,哀音何动人

按此两句,"甚""何"互文,则"何"有"甚"义,谓哀音甚动人也。《入衡州》"汉仪甚照耀,胡马何猖狂",亦"甚""何"互文,谓胡马甚猖狂。《光禄坂行》"安得更似开元中?道路即今多拥隔"。"多"一作"何",是"何"犹"多","多"与"甚"义近,明"何"亦"甚"也。《潼关吏》"士卒何草草,筑城潼关道"。谓士卒甚劳苦,此用《诗·巷伯》"劳人草草",单用"草草"作截

头语,是修辞法。《石壕吏》"吏呼一何怒,妇啼一何苦"。谓吏呼乃甚怒,妇啼乃甚苦。皆"何"犹"甚"之证。

《茅屋为秋风所破歌》
南村群童欺我老无力,忍能对面为盗贼

按"能"犹"如此"。《晋书·山简传》:"时人歌曰:'时时能骑马,倒著白接䍦'。"谓如此骑马,即倒著白接䍦骑马也。此诗"忍能对面为盗贼",谓忍心如此对面为盗贼。"对面为盗贼",还包括下句"公然抱茅入竹去"。这样解,可见杜诗字无虚设,而且生动、形象。

床头屋漏无干处

仇注:床头,从郭知达,一作床床。并引庾信诗:"书卷满床头。"

按浦二田、杨伦均作"床床"。盖屋内不止一床,两床就可称床床,犹言每床也。宋曾茶山《七月大雨三日》诗云:"不愁屋漏床床湿,且喜溪流岸岸深。"清陈南宾《游草堂诗》:"茅屋秋歌风瑟瑟,布衾铁冷雨床床。"两诗均作床床,可证今本之误。

《杜鹃行》
业工窜伏深树里,(英华作头)四月五月偏号呼

今人曹慕樊谓这个"工"字,疑是"黑"字的误抄。《夜听许十损诵诗爱而有作》:"许生五台宾,业白出石壁。"业,佛教用语,本义是造作。有造作必有报应,故引申有果报的意义。白、黑犹说好恶。诗说望帝以恶报化为鸟。(《杜诗杂说》186页四川人民出版社)

按"业工"自来无注。尝告友人何蕴若共思之。蕴若疑"业业"之误。引《尔雅释训》业业危也。《书·皋陶谟》:"兢兢业业,一日二日万几。"则"业工窜伏深树里"谓业业窜伏深树里。业业状杜鹃之孤苦,故下句云:"四月五月偏号呼。"《心解》本所收集外诗一首,虽断其必非杜作,然其诗云:"鹨形不敢栖华屋,短翮惟愿巢深丛。""不敢栖华屋"与此"业业窜伏深树

里"其意正同。"业业"重文作"业彡","彡"误为"工",犹"彡"误为"之"(见《左传疏证》276页)

《遭田父泥饮,美严中丞》
感此气扬扬,须知风化首。

仇注:感其意气之殷,而推本风化之自,仍归美于新尹也。

施鸿保《读杜诗说》云:今按意气扬扬,语本《史记·管晏列传》:"拥大盖,策驷马,意气扬扬,甚自得也。"言田父意气自得,非谓相待之殷。"感"亦感叹之感,感田父之意气,由于民情欢乐,严公得政化之本也。注既误谓公感田父相得之殷,又谓归美新尹,若下句亦田父言,非也。

按仇氏以为田父意气殷勤,施氏以为田父意气自得,皆非也。这里"感此"与"须知"的主语是杜甫自己。从文法上看,上文"叫妇开大瓶,盆中为吾取"主语是田父。"感此气扬扬,须知风化首"两句,是承"为吾取"的"吾"字而来,是上句之宾,作下句之主。叫做暗换了主语,又把它省略了。杜公自谓我感到田父的殷勤,而自己意气扬扬甚为自得。但要知道,这是严公的风化有以使然。所谓仍归美于新尹也。旧日误解,坐不知文法。

原刊《草堂》1982年第1、2期

作者简介:徐仁甫,1901年生,曾任四川师范大学中文系教授。主要论著有《广释词》、《古诗别解》等。

杜诗疑难词语考辨

王启涛

杜诗里有一些词语,至今未得其解,或者未得其正解。因为杜甫很喜欢用方言①,用俗语②,用当时刚刚流行的口语词汇③,这与他的用韵风格恰好形成了鲜明的对照④。

正是因为这个原因,所以对杜诗的一些疑难词语,往往不能用传统训诂学尤其是乾嘉朴学方法去"破译"(乾嘉诸老对唐宋以后文献典籍中的方俗语词往往不太重视⑤),而必须走其他路子,甚至用现代方言相印证,才能有收获、有突破。

在我们看来,像杜诗这样乐于用方俗语的文学作品,应该值得语言学家们的万分珍视,因为它能充分反映当时的语言风貌,是我们研究近代汉语词汇的第一手语言资料⑥,这就好比李白诗不太墨守近体诗格律,却恰好能充分反映当时的实际语音系统一样⑦。

最近几十年,不少学者对杜诗的疑难词语进行了精到的考释⑧,取得了丰硕的成果,从而为诞生一部科学的《唐宋词汇史》奠定了基础,但直到目前,有一些词语仍未得诠释。笔者对杜诗极为敬重喜好,却不敢言有任何研究,今不揣鄙陋,呈献这篇粗疏短小的拙文,以就教于治杜诗的前辈和方家。

莽《遣兴》:"穷庐莽牢落,上有行云愁。"⑨《有怀台州郑十八司户》:"相望无所成,乾坤莽回互。"《寄刘峡州伯华使君四十韵》:"年华纷已矣,世故莽相仍。"《逃难》:"故国莽丘墟,邻里各分散。"《忆昔行》:"玄圃沧州莽空阔,金节羽衣飘婀娜。"《送樊二十二侍御赴汉中判官》:"居人莽牢落,游子方迢递。"《送韦十六评事充同谷防御判官》:"况乃胡未灭,控带莽悠悠。"

以上诸句中的"莽"字怎么讲?仇兆鳌无注,今人亦未诠释,近年由中华书局出版的王锳《诗词曲语辞例释》,是近年来国内研究近代汉语的重要成果,但该书也把"莽"字列入《存疑录》中待考[10]。

按:"莽"意即"很"、"极"、"非常厉害地",川北方言至今尤用该词。考陈与义《夜赋诗》:"阿瞒狼狈地,山泽空峥嵘,强弱与兴衰,今古莽难评","莽"在副词"难"之前作修饰语,其为程度副词"很"明矣。又考陆游《七月十一日雨后夜坐户外观月》:"四时莽相代,所叹岁月奔",则言"四时非常厉害、非常明显地更替",其意正《楚辞·离骚》所言:"日月忽其不淹兮,春与秋其代序。"

今再以杜诗证杜诗。杜诗《送樊二十二侍御赴汉中判官》里,"莽"与"方"对文,为副词明矣,而《遣兴》中,"莽"与上句"尽"相对映,在《寄刘峡州伯华使君四十韵》里,"莽"更与"纷"形成互文,"莽"为"很"明矣。

仇兆鳌虽未给"莽"直接做注解,但有两处仍给人以宝贵启发。一是在《有怀台州郑十八司户》"莽"字句下有一注:"故人杯酒,前事难寻,相望无成,今皆寥落,《海赋》:乘蛮隔夷,回互万里。"[11]按"寥落"即"牢落",今人已得其证,"今皆寥落",不正好可移注杜诗《遣兴》"穷庐莽牢落"么?"莽"即"皆"明矣,而"回互万里"正言"回互之极",亦正"莽回互"之义。二是在《刘峡州伯华使君四二韵》"世故莽相仍"下,仇注:"嵇康书:世故繁其",可见"莽"即"繁"之义。

再以音之通假相证。王锳氏在《诗词曲语辞例释》里考证"猛"字在古代诗文及口语里有"亟急"义,有"多甚"义,兼作副词与形容词,例证繁富,今不述[12]。其实"莽"即"猛",考《庄子·应帝王》:"乘夫莽眇之鸟,以出六极之外",《释文》:"'莽',崔本作'猛'",是其明证。又《庄子·齐物论》:"夫子以为孟浪之言",《文选·笙赋》:"浪孟以惆怅",徐德庵氏考证"孟浪"即"浪孟"、亦即"卤莽"、"孟"、"莽"同音相转[13],徐说甚是。今再拈用"猛"字之例与上文用"莽"之例互相比较:黄机《六调歌头》:"望家山何在?欲划还生,猛堪惊",六十种曲《金莲记》剧二:"阅史披图,猛欲追谟于贤圣","猛堪"、"猛欲"与"莽难"、"莽牢落"对照,"猛"即"莽"也。

"莽、猛"又音转为"满"、"漫"、"毛"[14],在北京话和四川话里至今尤存[15],均表程度,今本《辞源》于"莽"字下宜补上此文。

妥 《重过何氏五首》:"问讯东桥竹,将军有报书。倒衣还命驾,高枕乃吾庐。花妥莺捎蝶,溪喧獭趁鱼。重来休沐地,真作野人居。"

按这里描绘了一幅优美、恬淡、清新的图画,但诗中的"妥"怎么讲?仇兆鳌有一注:"黄希曰:《曲礼正义》云:妥,下也。苏氏云:关中人谓落为妥。三山老人曰:花妥,即花堕也。"

仇氏之注,有些沾边,但不准确。考今之四川方言,还广泛使用"妥"字,如"花儿妥在地上","衣裤太长,妥在地上啦","妥"的确切意思是:"垂到地上,但还是与上端连着。"并不是指断落在地上。杜甫此诗之"妥",正应当"下垂"讲。请看:"那些花儿垂在地上,招来莺蝶飞舞",如果讲为"那些花儿掉落在地上"则凋落无生机,与整首诗的意蕴相抵触,故不取。

"妥"在古代尤其是在中古当"下垂至地上"讲者不乏其例。如宋石孝友《点绛唇》:"日薄风迟,柳眠无力花枝妥",宋朱敦儒《清平乐》:"春寒雨妥,花萼红难破",尤其是后一例中,形象地把雨描绘成丝线,从天空飘洒、下垂至地上,备添了一种凄婉缠绵之感,如果将"妥"讲为"落",则索然无味矣。

"妥"表示"下垂至地上",大概首先在西北方言中。宋胡仔《苕溪鱼隐丛话》前集卷十引《三山老人语录》:"西北方言以堕为妥。"这个词后来被传播到四川方言里。从历史角度看,西北方言属秦方言,四川方言属梁益方言,它们同属于一个大方言区——秦晋方言区。刘君惠、李恕豪二先生考证:秦方言(西北方言)曾对梁益方言(四川方言)以很大的影响[16],从"妥"字的传播历程来看,二先生的观点是很站得住脚的。

浣 《虢国夫人》:"却嫌脂粉浣颜色,淡扫蛾眉朝至尊。"仇注:"《广韵》:浣,泥着物也。《杨妃外传》:妃有姐三人,皆丰硕修整,工于谑浪,每入宫中,移晷方出。虢国不施妆粉,自炫美艳,常素面朝天。"

按:"浣"在今日四川方言中仍然广泛使用,意思是"弄脏、污染",一般针对衣物或丝棉制品,如"墨水把衣服浣脏了",读如"卧",这恰好与《虢国夫人》"浣"字下的反切注音"乌卧切"相符合。从历史词汇学角度讲,"浣"在古代的使用面要大一些,如本诗便可用于面部,今天的运用面变窄了,属于词义的缩小(Narrowing of meaning)。

"浣"在近体诗中不乏其例。如元乔吉《双调·殿前欢·里西瑛号懒云窝自叙有作奉和》"风月诗分破,富贵尘沾浣",考《广韵·过韵》"浣,泥著物也。亦作污,乌卧切,又乌官浣,又于阮切"⑰,可见"浣"在古代有三音,其中一音即为"乌卧切",异文作"污",很能说明问题⑱。再考杜甫《寄狄明府博齐》诗:"黄土污衣眼易眯"。仇注:"污,去声,浩然本作黄污人衣。梁末童谣:不见马上郎,但有黄尘起,黄尘污人衣,皂夹相料理"则可知,该诗之"污",实为"浣",亦读为 wo,与今四川方言用法完全一致。

展 《夏日李公见访》:"墙头过浊醪,展席俯长流。"又《次空灵岸》:"沄沄逆素浪,落落展清眺。"又《咏怀》二首:"结托老人星,罗浮展衰步。"

三处之"展",仇氏无注。在近代汉语文献里,类似之"展"颇多见。学者们一般讲为"伸",即"张开"意。如《广雅·释诂四》:"展,舒也",《字汇·尸部》:"展,开也",《庄子·盗跖》:"盗跖大怒,两展其足。"

按"展"有"伸"意,自古及今依然,成都方言至今仍说:"伸展"、"展伸"、"展展(后一字轻声)伸"。但我们注意到:成都方言中"展"还有一个用法,那就是"移动"、"转移",如"把这个东西展一下嘛,不要让它挡路",这恐怕才是杜诗里"展"的真义。

"展"有"转、移"义,源远流长。考《说文·尸部》:"展,转也"(由于受"转"之偏旁类化,展又写成辗,终于构成"辗转"结构。)《世说新语·德行》:"(陈)遗已聚敛得数斗焦饭,未展归家。"《西游记》第一百回:"须臾间,那马打个转身。"尤其是《红楼梦》第七十回:"展眼已是夏末秋初",句中之"展眼",不正可以和杜诗《次空灵岸》"落落展清眺"相对照吗?"展"正"转"、"移"之义。

旋 《晨雨》:"雾交才洒地,风折旋随云。暂起柴荆色,轻沾鸟兽群。"仇注:"旋,去声。"

仇氏虽未直接注义,但其注音颇为重要。考今四川方言,常用"旋",意为"刚刚"、"才"、"临时",正好读如去声。如"旋做也不迟嘛,着什么急呢","等一等,我旋找",这正是杜甫诗中"旋"字的意义。

请试以杜诗本身相证。该诗上句言"才"、下句言"旋","才"、"旋"互文,其义自见。赵汸注:"必雾起而方能洒地,经风折而旋即随云"[19],可谓对杜诗心领神会了。"旋即"即"赓即",意为"临时"。

争 《奉献赠卢五丈参谋琚》:"赐钱倾府待,争米驻船摇。"又《题忠州龙兴寺所居院壁》:"小市常争米,孤城早闭门。"

按"争"字仇氏无注。"争"意为"差"、"欠"、"缺"。如"我跟他比,还争一截","我还争他三块钱","我争点儿攀不到他们"[20]。

"争"在唐宋诗文中不乏此种用法,今人张相及张永言先生已有精到考证[21],兹不赘述。

"争"有"差"义,故凝固成"争差",请比较吴自牧《梦梁录》卷十六"米铺":"虽米市搬运混杂,皆无争差",这与杜诗"小市常争米"正好可以互相对照,"争"为"差"义无疑。

"争"为什么有"差""缺"义?盖由其本义"争斗"、"竞争"引申而来,因为"争斗、竞争""争抢"的原因往往是因为"欠缺"。杜诗表"争抢"、"争斗"、"争先"之诗句亦不乏其例。如《洗兵行》:"寸地尺天皆入贡,奇祥异瑞争来送。"

拱 《观公孙大娘弟子舞剑器》:"金粟堆南木已拱,瞿唐石城草萧瑟。"仇注:"《左传》:尔墓之木已拱矣。"

按仇氏实未释"拱",而只言其出处。"拱"字之训,乃训诂史上之一大公案。

考《左传·僖公三十二年》:"尔何知?中寿,尔墓之木拱矣。"王力《古代汉语》注:"拱,两手合抱。"

什么是"两手合抱",王氏不得其解。并且很容易让人误会成"两只手张开拥抱",今再考杜预在《左传》"拱"字下的注文:"合手曰拱",亦让人不甚明了。

还是清代学者段玉裁讲得清楚。他在《说文》"拱"字下注道:"赵岐云:合两手。徐锴云:两手大指头相拄。"按徐说极是。大指头相拄以估量树木之粗细,仍广泛盛行于蜀北山乡,盖古风之遗也。

今读宋王德臣《麈史·辨误》,书中有一段话很有助于理解"拱"之真义:"凡言木之巨细者,始曰拱把,大曰围,引而增之,曰合抱,盖拱把之间,才数寸耳,围则尺也,合抱则五尺也。"则"拱把、围、合抱"乃古时迥然不同之丈量单位,王氏《古代汉语》误训,盖曲解杜注"合手"之真谛欤?今本《辞源》"拱"字下云"两手合围","合围"条列义项为:"1.四面包围,2.合抱",恐亦非精核之训。

又考《淮南子·缪称》:"交拱之木,无把之枝",高注:"拱,抱也。把,握也";《韩诗外传》:"传曰:故盈把之木,无合拱之枝",两处之"拱",亦当训为"两手大指头相拄"。

饮子 《寄韦有夏郎中》:"饮子频通汗,怀君想报珠。"仇注:"饮子。古人称汤药为饮子。孙真人有甘露饮子。"今本《辞源》从之。

按仇注基本不误,但不准确。首先,"饮子"并不是"古代称",在唐宋诗文中广泛使用,如《太平广记》二一九《田令孜》引《玉堂闲话》:"长安完盛日,有一家于西市卖饮子,用寻常之药,不过数味。"在今日四川方言里也广泛使用着,因此,"饮子"一词大概是"俗语"或"方言"。其次,从今日四川方言中"饮子"的使用情况看:"饮子"一般指"中草药",如果加上水,熬成汤汁,便叫"饮子水水",因此,无论是杜诗还是《玉堂闲话》中的"饮子",可能都指"中草药"而非指"汤药"。

伤 《曲江》二首:"一片花飞减却春,风飘万点正愁人。且看欲尽花经眼,莫厌伤多酒入唇。"仇注:"伤多,伤于酒也。"

按仇注大误。"伤"即"多",今四川方言仍言吃酒肉或其他食物过多"吃伤了",仇注纯属望文生义。

"伤"表示"过多"义,在古书中不乏其例。但却常被误释。考《金瓶梅》八十六回《雪蛾唆打陈经济,王婆售利嫁金莲》:"(陈经济骂西门大姐)我在你家做女婿,不道的雌饭吃伤了,你家都收了我许多金银箱笼。"[22]今人张惠英释"吃伤"为"吃穷",并详细阐发道:"陈经济认为,他有好多金银箱笼在西门庆家,所以他说在西门庆家做女婿,也不会吃穷了西门家。下文1293页'我与你家做女婿,不道的酒肉吃伤了,有侈在怎么行来'中的'吃伤了',也是吃穷了的意思。"[23]张惠英的诠释亦殊无理据,不足取。倒是魏子方释为"意为吃撑着了"沾得一点边儿[24]。

今再考《金瓶梅》卷六一:"先生道:'敢是饱闷伤,饮馔多了。'"此处之"伤",与"闷""饱"联文,更能形象地说明"伤"的真实意义,有趣的是,四川人至今还说"吃伤了","吃闷了"。"吃饱了"尤其是吃肥肉吃得太多而感到不舒服时,既说"好伤人",又说"好闷人"。今人白维国认为《金瓶梅》此句之"伤"是"饮食过量引起的消化不良"[25],还算八九不离十。

杜诗中的"莫厌伤多酒入唇"下面的仇注,早年黄季刚氏就不赞成[26],可惜黄氏并未详细考证。

注　释

①杜诗《已上人茅斋》"天棘蔓青丝"仇注:"《抱朴子》及《博物志》皆云:天门终一名颠棘,以其棘故也。然不载天棘之名,疑是方言。"杜诗里有许多巴蜀方言词,如"郫筒"、"青钱"、"长年三老"、"筓桥"、"盘涡"、"獠"、"乌鬼"。杜诗还有楚语词,如"於菟"。此外,杜甫必通晓吴语,因为他在《夜宴左氏庄》里吟喝道:"诗罢闻吴咏,扁舟意不忘",仇兆鳌注:"吴咏,谓诗客作吴音。"杜甫一生到过不少地方,每到一个地方写诗时,就有意无意地用一些当地的方言词,这为我们考察唐代汉语方言提供了宝贵的第一手资料。

②《北征》"耶背面啼"仇注:"俗人谓父曰耶",又《舟前小鹅儿》"鹅儿黄似酒"仇注:"杜诗有用俗字而反趣者,如鹅儿、雁儿,本谚语也,一经韵手点染,便成佳句。"

③正因为杜诗爱用口语,非常浅显易通,仇兆鳌在《南楚》"呼婢取酒壶"下注:"此不似诗语。"杜诗里有许多唐代口语,如"遮莫"、"若个"。

④杜诗用韵非常严格,严于李(白)诗,但杜诗用方语、俗语、口语却胜过李诗,盖用韵严则用词宽,详参拙文《李白诗歌用韵考》,载《李白学术研究论丛》第三辑(四川师大学报出版)。

⑤本师刘君惠先生见告。

⑥所谓"近代汉语",是指公元6世纪到12世纪左右,即隋、唐、宋时期的汉语,该分类综合了王力和吕叔湘二先生的意见,参向熹:《简明汉语史》上册,高等教育出版社1993年版,第42页。

⑦参拙文《李白诗歌用韵考》。

⑧早期的代表作如张相《诗词曲语辞汇释》,中华书局1953年版。

⑨杜诗原文一般参考仇兆鳌《杜诗详注》(中华书局1979年版)及陈昌渠、张志烈等:《唐诗三百首注释》,四川人民出版社1982年版。

⑩王锳:《诗词曲语辞例释》(增订本),中华书局1986年版。

⑪着重点为笔者所加。

⑫⑬参王锳:《诗词曲语辞例释》。

⑭因此我估计杜诗《阁夜》"卧龙跃马终黄土,人事音书漫寂寥"中的"漫"实即"莽"之音转,意义与"莽"完全一样,当"很"讲,原因有三:1.该诗"漫"字有异文"颇"和"久",很能说明问题;2."漫"在形容词前,为程度副词明矣;3.此诗与我们所举其他三句杜诗实为近义,这三句诗是:"居人莽牢落","控带莽悠悠","穹庐莽牢落"。"牢落"与"寂寥"义近,"莽"与"漫"义亦近。因此,我们认为仇注"漫、徒然也"不可取。

⑮四川人至今仍然既说"莽",又说"毛",其例如"莽(起)吃"、"毛(起)吃"。

⑯详参刘君惠、李恕豪等:《扬雄方言研究》,巴蜀书社1992年版,第149页。

⑰参考:《钜宋广韵》(宋孝宗乾道五年闽中建宁府黄三八郎书铺刊本),中华书局1983年重印。

⑱近读李实:《蜀语》,又得一证。《蜀语》云:"污秽曰涴,涴音饿,汙同。"又考《俗书刊误·俗用杂字》亦云:"泥污物曰涴,音饿。"恰好与今日四川方音完全吻合。

⑲转引自仇兆鳌《杜诗详注》。

⑳例子引自梁德曼:《四川方言与普通话》,四川人民出版社1982年版。

㉑参考张永言:《语文学论集》,语文出版社1992年版,第8页。

㉒参考《全本金瓶梅词话》(明万历刊本),香港太平书局1992年影印。

㉓张惠英:《金瓶梅俚俗难词解》,社会科学文献出版社1992年版,第271页。

㉔参考魏子方:《金瓶梅词语注释》,中州古籍社1987年版,第593页。

㉕参考白维国:《金瓶梅词典》,中华书局1994年版,第459页。

㉖参考黄侃:《文字声韵训诂笔记》,上海古籍社1987年版。

原刊《杜甫研究学刊》1997年第2期

作者简介:王启涛,1965年生,文学博士、博士后,现为四川师范大学文学院教授。主要论著有《魏晋南北朝语言学史论考》、《吐鲁番学》等。

四川方言词义考释

宋子然

［纠］［纠纠］

　　四川方言谓纠缠绞绕曰"纠"（音久）、"纠起"，形容弯状之物曰"弯纠纠"。字在《说文·丩部》即丩字："丩，相纠缭也。一曰瓜瓠结丩起。"按：纠绕与弯状义通，故在词义上"纠"可引申为"纠纠"。《诗·豳风·狼跋》："公孙硕肤，赤舄几几。"毛传云："赤舄，人君之盛屦也。几几，絇貌。"郑笺："屦赤舄几几然。"按："几几"一词历来被训释为"盛貌"，笔者认为诗之"几几"即四川方言之"纠纠"（"丩丩"），词义当为弯曲貌。说未必允，兹考释如下。

　　诗里描写的是成王（公孙）硕大且美，足著天子之屦（赤舄）几几然。"几几然"者何义？毛传云"絇貌"。"絇貌"者何义？两注皆未明确训释。笔者认为"絇貌"乃"絇"之貌。至于"絇"为何物，古注释之甚详，即屦头之装饰物。如《周礼·天官·屦人》"青句素屦"郑玄注云："青絇者，王白舄之饰。"意思是青色之絇是白色之屦的装饰物。《周礼》字作"句"。按照周礼，屦人掌王及后之服屦，屦有等级之分，不同颜色之屦配以不同颜色之絇，如《屦人》郑注中所说的"黄屦白饰，白屦黑饰，黑屦青饰"就是指屦之间的颜色搭配。又如《礼记·檀弓上》说"绳屦无"，谓父母丧，足著麻屦，屦头无装饰之，以示丧吊之意。又《玉藻》云："童子不裘不帛，不屦絇。"郑注云："皆为幼小不备礼也。絇，屦头饰也。"谓童子服屦无需装饰，故屦头无饰，以示纯朴之意。可见"絇"为屦头的装饰物无疑。而"絇"之状貌为何？据《士冠礼》"青絇繶纯"郑玄注："絇，状如刀衣鼻在屦头者。"孔颖达疏："状如刀衣鼻在屦头者，此以汉法言之，今之屦见有下鼻似刀衣鼻，故以为况也。"刀衣鼻竟为何等形状，今日笔者不甚明了，但揣而摩之，所谓"鼻"者云云，为物其必有孔，屦头前的绚之所以类鼻，也因其有孔以供穿绳。这有如现今山区的草鞋，它们或用稻草或用麻缕捆织而成，鞋头纠合数缕麻绳弯曲而成鼻状，鼻上缕头可以分成细丝以成绒球状，这就是鞋头的装饰物，大概就是古人的"绚"了。清人陈奂在其《诗毛氏传疏》中说："赤舄之绚，以金为饰，其状则几几然。"按：毛传云："几几，绚貌。"这里陈疏云绚者"其状则几几然"，是"绚貌"与"几几"同义，而没有明确解释为何义。陈奂又引胡承珙云："说文己部引诗作'赤舄己己'，手部又引作'赤舄掔掔'。绚在屦头，如刀衣鼻，自有诎形，故曰己己。"查《说文》引诗在己部"弖"字下，云："读若诗云赤舄己己。""己"字下云："象万物辟藏诎形也。"段注："字象其诘诎之形也。"可知"绚貌"之义"几几"、"己己"，义为诘诎之貌，诗云"赤舄几几"者犹曰赤舄之绚弯弯然也。若以今之四川方言读之，当云赤舄之绚"弯纠纠"。"绚"字古音在四部，与"纠"字音近义通。(《说文》云："句，曲也，从口丩声。""丩，相纠缭也，象形。"二字形近，故部次相邻，古音在四、三部。)另从音义关系上看，不少从"句"之字皆含曲义，如"句"字下段注云："凡地名有句字者皆山川纡曲，如句容、句章、句余、高句丽皆是也。"又《句部》云："鉤，曲也。"段注："曲物曰鉤，因之以取物亦曰鉤。"按：鉤字今作钩。今俗谓月如钩者，即指弯月也。《车部》云："軥，轭下曲者。"即车轭两边向下叉马颈之器，因其器下端呈圆弧形，故軥字有曲义。《刀部》云："劬，镰也。"旧时农民收割稻麦用的镰刀，其形如弯月，故劬字也有曲义。又《句部》云："笱，曲竹捕鱼笱也。"捕鱼之笱，乃弯曲竹子以成笼状，故"笱"字亦有曲义。《病部》云："痀，曲脊也。"此所谓佝偻了，俗称驼背，故"痀"字有曲义。同理，前面所引毛传之"绚"，作为一名物之词而言，它是古人屦头上的一种装饰物，因其形状为弯曲之貌，故毛传的"绚貌"，应释为曲貌，也即是说"几几"、"己己"、"纠纠"都可以形容物弯曲的样子。

[娄][娄溲]

四川方言称人邋遢、粗俗为"娄"或"娄溲"[1]。按："娄溲"当属连语，或骈或单，词义相同，即或曰"娄"，或曰"溲"，或曰"娄溲"，大意不差。清代李实著有《蜀语》一书,里面说道:"不精彩曰㣎,㣎音松,浊声。"[2](48页)按:"㣎"即"㩦"。《方言》卷三:"庸谓之㣎,转语也。"郭璞注:"㣎,犹保㣎也,今陇右人名嬾为㣎,相容反。"戴震疏证云:"嬾,即古嬾字。"《集韵·平·钟》:"㣎,一曰嬾也。"又《上·缓》:"嬾,鲁旱切,或从心,亦作㦨。"按:嬾字今作懒,陇右人曰㣎,蜀人曰㩦,皆是懒散、邋遢、不精彩之义。

《诗·邶风·北门》:"终窭且贫。"毛传:"窭者,无礼也;贫者,困于财。"陈奂《传疏》云:"传释为无礼者,言无以为礼也,无礼由于无财。""窭"字本作"寠",《尔雅·释言》:"寠,贫也。"《说文·宀部》:"寠,无礼居也,从宀娄声。"是"窭"与"贫"统而言之词义相同,分而言之略有差异,如段注所说:"《仓颉篇》云:'无财曰贫,无财备礼曰窭。'则贫窭有别。……有富而窭陋者矣。"可见"窭"除了"贫"义而外,还含有"陋"义,有的人衣衫形貌不加修饰,则为时俗认为不"礼",故诗曰"窭",四川方言曰"娄",它不一定与"贫"有必然的联系。"窭"音其矩切,又音郎侯切。

《颜氏家训·治家》引时谚云:"落索阿姑餐。"因谚文简晦,其"落索"一词甚为费解。旧说有二,似皆未允。卢文弨曰:"落索,当时语,大约冷落萧索之意。"郝懿行云:"落索盖绵联不断之意,今俗语犹然。"王利器先生认为:"家训此文,并无绵联不断之意。把'落索'一谚放在全文中去理解,仍以卢说为长。"[3](53页)按:"落索"似即"落拓"之声转,"落拓"有邋遢之义。故"落索"即今四川方言之"娄㩦"。川东、鄂西一带谓人邋遢、不能干为"落松"。观《治家》这段文字,大意是在说明婆媳矛盾是"家之长弊",告诫妇人不可虐待儿媳,因为你的儿媳也即人家的女儿,你的女儿也属人家的儿媳。自己责备儿媳邋遢(娄㩦),也该检查自己是否在邋遢地教女儿。故孔齐《至正杂记》引证颜氏此文云:"自作之,自受之。"指出这段文字有自作自受、自食其果的告诫之意。

[能个][浪个][朗个]

四川方言称"这么"为"能个"(能亨),称"那么"为"浪个"(浪亨),称"怎么"为"朗个"(朗概)。按:作为指示代词"这么"和"那么",在唐宋时代的口语里就有了相当的说法,如:"能"、"能个"、"能许"、"能样"、"能底"、

"能亨"、"能地"、"尔许"、"宁许"等,这在张相的《诗词曲语辞汇释》等书中可以查到。王力先生在其《汉语史稿》中还指出,这些指示代词可能是来自上古的"尔"字,与六朝时代出现的"宁馨"是一声之转,它们代表着不同的时代和不同的方言。王力先生的这些说法都是很正确的。

笔者在这里要补充的是,以上这些由"尔"字发展出来的指示代词,都兼表"这么"和"那么"(近指和远指),至于到底该讲作"这么"或是"那么",需要随文释别。而在四川方言里,却将二者加以了区别,如称"这么"为"能个"(表近指),称"那么"为"浪个"(表远指)。另外,在四川方言里,又将"能个"声转为"朗个",来作为疑问代词(表物),义为"为什么"、"怎么"。如四川话说:"他朗个没有来?"(就是"他为什么没有来?")"你去问他,他朗个回答的?"(意即"他怎么回答的?")仅用这种声转的办法,不但区分了近指和远指,而且还产生出了疑问代词,这是令人感兴趣的事。作为指示代词的"能个",可以溯源到"尔"字,而作为四川方言中疑问代词的"朗个",却不知源于何处。笔者仅在吴方言中可以看到它的踪迹,如《负曝闲谈》十七:"媛媛道:'大少,而舍能格早介?'"这里的"能格"即四川方言的"朗个"。又如《海上花列传》十七:"双玉稍微生意好仔点,俚就希奇煞仔,生意勿好末,能概苦吓?"这里的"能概"也即四川方言的"朗个"、"能概",皆表疑问。

[獒][恶躁]

川东方言谓人倔强不驯曰"獒",称犬猛曰"恶躁",称人性格凶厉、口舌不饶人也曰"恶躁"。李实《蜀语》:"谓人躁曰炸炸,音乍。恶犬谓之獒狗,獒音敖。"[2](117页)《左传·宣公二年》:"公夫獒焉。"杜注:"獒,猛犬也。"按:"獒"本指犬,以其性猛,故也以"敖(獒)"、"恶"喻人。"恶躁"也即"獒躁",皆谓性格凶猛不驯。

郭在贻先生在其《〈太平广记〉词语考释》中释及"昂藏"、"敖曹"二词,所引原文《太平广记》册四卷二〇〇"高昂"条云:"北齐高昂字敖曹,胆力过人,资彩殊异。其父次同,为求严师教之,昂不遵师训,专事驰骋,每言男儿当横行天下,自取富贵,谁能端坐读书,作老博士也。其父以其昂藏敖曹,故名之。"郭先生认为"昂藏"乃习见之联绵词,其义为气度轩昂;"敖曹"则颇罕见,查各大型辞书均不载。他认为"敖曹殆即麈糟,四字并隶《集韵》平声豪韵,可通假。《集韵》卷三平声六豪韵:'尽死杀人曰麈糟',是麈糟一词有勇猛无畏之意,此正与上文'胆力过人'、'横行天下'诸语相呼应"。[5](160页)按:依《集韵》"麈糟"义为"尽死杀人",观《太平广记》原文,其义似欠妥帖,古人之名与字,其义皆相关联,"高昂"与"敖曹"皆指性情而言,"敖曹"当是倔强不驯之义,殆即"恶躁"、"敖躁"之谓。且父命子名,岂有寓"尽死杀人"之义者?

[便][便嘴]

四川方言中的"便"(piàn),"便嘴",俗语又称"磨嘴皮子",意思是与人辩论,或者是卖弄口才,与"辩"字义近。《尚书·冏命》:"无以巧言令色,便辟侧媚。"便,《释文》音婢绵反,其词义从句中可见是"巧言"之谓。孔疏亦云:"便辟,是巧言令色之类。"《论语·乡党》:"其在宗庙朝廷,便便言,唯谨尔。"郑注云:"便便,辩也。"此"便便"在《史记·孔子世家》中字作"辩辩"。又如《古诗为焦仲卿妻作》:"年始十八九,便言多令才。"可见"便"是辩、善辩的意思,重言"便便"是善辩的样子。便、辟并举,统而言之二字同义,皆是"近习嬖幸之人"。如《孟子·梁惠王上》:"便嬖不足使令于前与?"朱熹注云:"便嬖,近习嬖幸之人。"分而言之,则二字亦有区别,即"便"指"巧言",善于辞令之谓;"辟(嬖)"指"令色",俗谓善作"乖样子"。这两种人都是令君王喜欢的,故常在左右,亦谓之"近习"。

黄生《义府》有"便辟"条,云:"今按:便者,顺易之意,故有习义;但辟字费解。余谓辟当与襞积之襞音璧同,谓仪节过繁,如衣之襞积也。如此,则曰足恭、曰威仪、曰容止,皆可通矣。足恭之人,必为人所喜,故转为嬖幸之嬖。古但作辟,通借用耳。"按:黄生将"便"理解为"顺易之意",不符古义矣。

今北京话云"贫"、"贫嘴"者,即"便"、"便嘴"之音转。

[摽][彪]

四川方言谓快跑、快逃曰"摽"(biāo)。如说:"汽车在高速公路上摽得飞快。""鱼儿从网缝中趤走了。"字形依李劼人《大波》所记。按:"趤"字见于《说文·走部》云:"轻行也,从走票声。"《广韵》:"趤,甫遥切,轻行也。"汉字从"票"之字皆有"轻疾义",如人之轻疾曰嫖、僄、剽、慓、趤,鸟之轻疾曰鹩,风之轻疾曰飘,车之轻疾曰嘌,等。《说文·火部》:"熛,火飞也。"《说文》"票"字段注:"此与熛音义皆同。《玉篇》、《广韵》亦然。引申为凡轻锐之称。"《说文·女部》:"嫖,轻也。"段注:"与人部僄音义皆同。汉霍去病票姚校尉,票姚读如飘摇,谓轻疾也。"《汉书·地理志下》:"自全晋时已患其剽悍。"颜师古注:剽,急也,轻也。"剽通慓。《汉书·高帝纪上》:"项羽为人,慓悍祸贼。"颜师古注:"慓,疾也。"《广韵》:"鹩,抚招切,鸟飞。"《集韵》:"纰招切,鹩鹩,鸟飞轻貌。"《尔雅·释天》:"回风为飘。"《诗经·小雅·何人斯》:"其为飘风。"《释文》注:"飘风,疾风也。"按:飘同飙。飙与猋音同义通。《说文·犬部》:"猋,犬走貌。"段注:"引申为凡走之称。九歌:'猋远举兮云中。'王注:'猋,去疾貌。'甫遥切。"这种表轻疾义的字在上古又作"逋"、作"播",如《尚书·牧誓》:"乃为四方之多罪逋逃,是崇是长。"又《大诰》:"予惟以尔庶邦,于伐殷逋播臣。"这里是逋、播连文,还可以播、荡连文,如《左传·襄公二十五年》:"夏之乱,成公播荡。"杜注:"播荡,流离失所,……成公奔晋。"其中播、荡、奔同义。还可以逋、荡连文,如《汉书·丙吉传》:"吉使吏嗜酒,数逋荡。"是逋、播、荡、奔皆有快逃、快跑义。至六朝,字又作"波"。如《乐府诗集·企喻歌》:"鹞子经天飞,群雀两向波。"意即雀儿见了鹞子,便向两边快逃。蒋礼鸿先生《敦煌变文字义通释》"波逃"条下释之甚详,此不复举。

　　元代杂剧《西厢记·寺警》:"飑了僧帽,袒了偏衫。"又"飑了僧伽帽"。"飑"字历来无解。《康熙字典》引《字汇补》云:"飑,巴收切,音彪。元曲:飑了僧伽。"未释其义。《中华大字典》:"飑,巴收切,音彪,尤韵,义未详。"现代的《辞海》、《辞源》皆未收录这个词,张相的《诗词曲语辞汇释》和其他元曲俗语词典之类均未释及"飑"字。日本的《大汉和辞典》和台湾的《中文大辞典》虽然收了"飑"字,但都说"义未详",只是转录了《字汇补》的切语注音而已。按:"飑"即上述之猋、趤,也是快跑、逃散之意,元曲中的"飑了僧帽",即跑掉了僧帽、丢失了僧帽,与四川方言的"犥"字音义相同。

参考文献

[1]罗韵希等:《成都方言词典》[M],成都:四川人民出版社1987年版。
[2]黄仁寿、刘家和等:《蜀语校注》[M],成都:巴蜀书社1990年版。
[3]王利器:《颜氏家训集解》[M],上海:上海古籍出版社1982年版。
[4]袁珂:《从积累、钻研到写作》[J],文史知识1985年版。
[5]郭在贻:《训诂丛稿》[M],上海:上海古籍出版社1985年版。

原刊《四川师范大学学报》2000年第6期

作者简介:宋子然,1943年生,四川师范大学文学院教授。主要论著有《古汉语词义丛考》等。

成都东山客家方言中"公"、"嫲"的用法

兰 玉 英

生殖是人类的一件大事,它在人类早期尤为重要,因为当时的人们囿于认识而百思不得其解,于是便出现了关于生殖的非真理性的认识,出现了生殖崇拜。生殖崇拜是世界各地原始初民普遍存在的一种现象。原始初民对生殖、生殖器、性行为的重视程度及其思考是现代人很难想象的。他们已经离我们远去,隔着时间的屏障我们无法与之对话,幸好他们在创造历史的活动中留下的种种足迹可以让我们去寻觅他们并没有因时光流逝而消失殆尽的精神;就生殖来说,那些彩陶上的图案,那些陶雕、石雕、玉雕,都可以让我们窥见到他们对生殖加以崇拜的思想观念。

今天存在的每一种语言都来自遥远的古代,语言是一条长流常新的河流,它会把一些生生不息的东西带到我们面前,让我们去阅读古人的所思所想。换句话说,语言,作为思想载体的人类最重要的交际工具,可以由词组成句子来表达思想,还会通过一些词语直接沉淀一些观念,它们是语言中的化石。成都东山客家话中的"公"、"嫲"便是这样的化石,由它们命名的某些词语阐释着客家先民对自然界普遍生命力的重视和他们的生殖观。

一、公、嫲的性别意义用法

1. 基本用法

公、嫲的基本用法是相对称说动物的性别。"公"的意思是"雄性的";

"嫲"的意思是"雌性的",适用对象是哺乳动物和家禽,相当于普通话里面的"公"、"母"的意思和用法,一般用"动物名＋公/嫲"的格式给动物分类,如:

(1)鸡公、狗公、猫公、鹅公、牛公、兔公、鸭公、羊公

(2)鸡嫲、狗嫲、猫嫲、鹅嫲、牛嫲、兔嫲、鸭嫲、羊嫲

可以在它们后面加"个"[ke53]构成名词性短语;"个"与普通话里的"的"用法相同;还可以在后面加后缀"子"构成两个意义相对的名词,用来广泛指雄性类和雌性类禽兽。例如:

(3)你个白夹子(鸽子)是公个还是嫲个?

(4)偓屋下老猪嫲下哩10条猪节子(小猪),五条公子,五条嫲子。

在东山客家方言里,人的性别用"男、女","公"可用来称呼家族里面系列的男性角色,如"老公"、"阿公"、"太公"、"祖公",与之相对的是"老婆"、"阿婆"、"太婆"、"祖婆"。"嫲"可以指妇女或女人,但仅限于个别词语,如:

怀子嫲:指怀上了胎儿的妇女;

烂婊嫲:指妓女;

泼嫲、歪刁嫲:指泼妇。

2．延伸用法

公、嫲的基本用法是关于性别的,其延伸用法则是性别的误解或跟性别无关的指称。请看:

(1)鼻公、舌嫲、勺嫲

这组的"公"指挺立的或突出的意思。能够挺立突现出来是雄性动物生殖器的特征,用这一特征去观察事物,于是鼻子在客家方言中获得了"鼻公"的名称,因为不论是在人脸上还是在动物脸上,鼻子都是一峰突起。人的鼻子就称为"鼻公",动物的鼻子一般前加动物名来称说,如"猪鼻公","狗鼻公"、"牛鼻公"。

这里的"嫲"同"公"相反,是不突出或凹下的意思,这个认识来源于对雌性生殖器形体特征的观察。舌头放在口腔里,不像鼻子那样显眼,故言

"舌嫲",动物的舌头也一样,所以有牛舌嫲、猪舌嫲的名称;水瓢中间是凹下的,故曰"勺嫲",一种糯米果跟牛舌头的形状一样,东山客家人把它叫成牛舌嫲。

(2)公子、嫲子——指成套物品中突起和凹下、凹进的部分

子母扣:子扣中心是突起的,为公子,母扣中心是凹下去的,为嫲子;

螺栓、螺母:螺栓是突出的,叫公子,螺母是凹下的,叫嫲子;

门闩、栓住门闩的部分:门闩是突出的,称公子,门闩需套进门孔,门孔是凹进的,所以栓门闩的部分称嫲子。

(3)钱币的两面

铜钱或镍币有两个不可分割的面,正面标明面值,字形突出,所以叫公子,背面叫嫲子。抛镍币用正面背面来作出决定,东山客家人叫做猜公子嫲子。

(4)鲤嫲、黄鸡嫲、虱嫲、牛虱嫲、姜嫲

这是对几种动植物的称呼。鲤嫲指的是鲤鱼;黄鸡嫲可以指黄母鸡,还可以指七星瓢虫;虱嫲指的是虱子,牛虱嫲是长在牛身上的虱子;姜嫲指的是姜,老姜叫老姜嫲,仔姜叫嫩姜嫲。

怎么会这样得名?显然这里的"嫲"并非雌性的意思但又跟雌性的意思紧密相关。日常生活中见到的鱼,一般数鲤鱼的形体大,而且鲤鱼又不像乌鱼、草鱼是棒子样的细长,它是大肚子,不论公母看起来都像是母的,所以就被叫成了鲤嫲。七星瓢虫体呈卵圆形,背面作半球形拱起,跟母鸡下蛋时的形体相似,因为其背上是橙黄色的,故曰黄鸡嫲。雌性的动物要繁殖后代,具有繁殖能力,通过隐喻,那些具有很强孳生能力的昆虫和植物也带上"嫲"去命名。虱子的繁殖能力强,就把它叫做虱嫲,把一小块姜种进土里却可以收获由几小块构成的一大块,姜的孳生能力无疑是很强的,因此姜叫成了姜嫲。

(5)索嫲、笠嫲、色嫲

这是三种物品,索嫲指的是绳子,笠嫲指的是斗笠,色嫲即色子,又叫骰子。它们本来都是无生命的东西,为何也用嫲去命名?仔细思忖,仍跟表示

"雌性的"不无关系。雌性动物要繁殖后代,而且总是一窝一窝地繁殖,这就有了多聚集的特点,这几个物品恰恰都具有这样的特点。绳子是多股的纠结;斗笠一般是用箬竹叶或棕叶层层地聚集。色子的六面都分别刻着点,最小是一点,最大的是六点,显然这是点的聚集,无点不成色子,赌钱时的输赢差不多取决于那些点子的配合,故要命之为色嫲。

二、公、嫲运用所沉淀的生殖观

"如果说世界对于人类是一种现实存在,那是因为人类语言给人的感官和机能所能感受到的事物取了名字。就事物本身来说,有无名称并不重要,然而对于生活在事物当中的人却非常要紧。"[1]这个论述很概括地讲到名与实的关系、名称的获得方式以及名称对于人的重要性,其中的"非常要紧"颇耐人寻味。因为要紧,所以名称里面所涵盖的东西实在是丰富得很。东山客家方言用"公"、"嫲"命名的独特性不禁让我们追问跟本文有关的下列问题:

1. 为何会用"嫲"去给鲤鱼、虱子、绳索、姜等命名?
2. 为何鼻子和舌头会分别带上"公"、"嫲"去称呼?
3. 成套的物品为何用"公子"、"嫲子"对称?

鲤嫲的名称是性别的误解,非生命物以性别词语去言说令人纳闷。然而结合人类早期的生殖崇拜来看,这里隐藏了客家先民关于生殖的来由、形成等问题的看法。古往今来,人生儿育女,鸡鸭鹅多多下蛋,猪牛羊多多生子,五谷丰登都是好事情。人类早期曾冥思苦想生殖的奥妙,但由于认识的局限未能破解生殖之谜。从生殖是由雌性类动物来完成这一直观现实出发,人们当初认为生殖是雌性单独完成的,客家先民赋予"嫲"以"凹下"、"肚子大"、"孳生能力"、"多聚集"的意义正是这种思索和认识的结晶。这里既有直观的表象,更有抽象的认识,应该说这种思考在当时非常难能可贵。把这些认识结果投注于外物,"舌嫲、鲤嫲、虱嫲、姜嫲、勺嫲、索嫲"等词就应运而生了,显然,在这些词语背后起支撑作用的是对生命来源的思考,对生命力的思考和重视,是雌性动物单独完成生育繁衍的思想观念。没有雄性的作用,雌性焉能受孕繁殖后代?雌性和雄性在生殖中合而为一的关系终于被知晓。东山客家方言中的"公、嫲"和"公子、嫲子"在哺乳动物中的广泛相对使用,尤其是用"公子、嫲子"去指称那些无生命的物品是这种观念最充分的体现,可以说这种称呼隐喻了性生殖器官和性行为。它有以下的特点:

①特征上的相似性;

②是一个事物的两个不可分割的部分;

③嫲子套着公子的。

诚然,按扣和螺丝是后起之物,把它们的两部分也称为"公子"、"嫲子",应该是受到"门"的"公子"、"嫲子"的启发,是称说习惯的沿袭,是这个民系的心理积淀。重要地,是对性生殖器官形体和作用的突出。无独有偶,以"突出来、凹下去"代表男女生殖器在澳洲土著华昌地族至今犹存。有人目睹了他们举行舞会的情景:"舞会就在月光之下四周围以灌木的凹地举行起来。凹地和灌木因其形似他们用以代表女性的器官,同时男子手中摇动的枪是代表男性的器官。男子们围绕着跳跃,把枪捣刺凹地,用最野蛮最热烈的体势发泄他们性欲上的兴奋。"[2](152页)这与客家的称呼可谓异曲同工。异曲者,一是舞蹈艺术,一为语言符号也;同工者,均抓住了生殖器的形体特征和作用来表现也。"公子"、"嫲子"的这种用法体现了生殖观的进步,把这种认识加以泛化,用象征、隐喻、形象化、拟人化的手法参与对非生命物的命名,形成了一种独特的称谓艺术。

黑格尔说:"东方所强调和崇敬的往往是自然界普遍的生命力,不是思想意识的精神性和威力而是生殖方面的创造力。……更具体地说,对自然界普遍的生殖力的看法是用雌雄生殖器的形状来表现和崇拜的。"[3]东山客家方言中"公"、"嫲"的延伸用法明显的特点正是重视了自然界普遍的生命力并用雌雄生殖器的形状来表现,可以说,它对黑格尔说法提供了一个很好的支持。而这正是生殖崇拜的遗存。

东山客家人的生殖崇拜观念在敬奉"送子娘娘"的事象里体现得非常

明显。东山客家人对"送子娘娘"怀有虔诚的敬重和殷切的希望。祭祀时他们要专门到间[kan44](卧室)中去祭送子娘娘,感谢她赐给了孩子,祈望她保佑孩子健康成长。解放以前,如果男女结了婚不生育子女,他们会盼望每年三月三在燃灯寺进行的抢童子习俗中得到那个"童子"——拿树干雕刻成小孩子模样的东西,很多年长的客家人还能够回忆起抢童子时热闹非凡的情景。如果结了婚尽生女孩子,则拿有嘴的茶壶并把代表睾丸的木炭装到茶壶里埋到十字路口或三盆路口,如此这般心诚意切,他们相信送子娘娘定会赐给自己子嗣了。

从雌性动物单独完成生殖,到雌性雄性合而为一的作用,再到送子娘娘的赐予孩子,过去有关生殖的三部曲在今天的东山客家方言里通过"公"、"嬷"的运用让我们找到了清晰的线索,读出了明显而有趣的符号表现。为此我们感谢东山客家方言。

参考文献

[1] 海然热:《语言人:论语言学对人文科学的贡献》,[M].北京:生活·读书·新知三联书社1991年版。

[2] 杨琳:《汉语词汇与华夏文化》[M],北京:语文出版社1996年版。

[3] 黑格尔:《美学》[M],北京:商务印书馆1996年版,第三卷上第40页。

原刊《客家》2004年第2期

作者简介:兰玉英,1959年生,四川师范大学巴蜀文化研究中心兼职专家,成都信息工程学院社会科学系副教授。

《华阳凉水井客家话记音》译注献疑

兰 玉 英

本文所说的凉水井今指成都东山地区客家人的一个聚居点,其方圆约2公里,离成都双桥子有6公里;过去它还指成都通往洪河、大面镇古道途经的一个小店子。在明代时该小店子旁有一口深井,井水清澈甘甜,每逢夏季清凉解渴,故称之为凉水井,井旁的小店子和其周围也因之得名。这口井大约在1976年被填,其遗址在成都龙泉驿区十陵镇双林村五组路边。关于这口井有着非常动人的传说,那里的男女老少差不多个个对此都耳熟能详。

东山的客家人自称为广东人,他们把自己说的话称为广东话,把四川话称为湖广话,把说四川话的人称为湖广人。

1946年,董同和先生做了凉水井的客家方言调查,给我们留下了非常宝贵的《华阳凉水井客家话记音》一书,凉水井之名因董先生大作的影响而被外界所知晓。

《华阳凉水井客家话记音》(下面简称《记音》)材料用国际音标记录了20段自成片段的语料,并用国语加以译注。它保存了当时凉水井客家话活生生的语言面貌,很好地实现了作者调查的主旨——"供给材料"[1](81页),材料还记录了多达3500个左右的词。总的说来,这个记音材料翔实深入,丰富有趣,是客家方言研究的重要文献,对我们今天研究东山客家方言,对研究移民的方言,都有非常重要的价值。

董先生的调查已经过去近60年了。笔者最近细细地拜读了董先生的记音,怀着极大的兴趣就董先生所用的材料对凉水井客家话进行了新的调查,发现了一些变化,同时也发现了个别词语的译注和记录欠妥之处。其不妥之处与全部记音材料的价值相较而言,实在是白璧微瑕,微不足道,但为了让客家研究者更好地利用它,笔者在此不揣浅陋和冒昧,斗胆对其译注献疑,若有不当,请方家批评指正。

本文结合上下文和词语的音义关系,在四川官话方言和东山客家话两个平台上来辨析多处词语译注,结合四川官话方言来讨论的目的便于印证某个说法,更好地理解《记音》中某些词语的意思。

凉水井客家话与东山其他地点客家话具有很强的一致性,文中的讨论有时不言"凉水井客家话"而言"东山客家话",意在概括某个说法在东山的共同性,如果说法有别,则另外说明。

1. k'a⁵⁵[①]

没有人添就算了,剩下来我们自己栽,k'a⁵⁵不倒我。(第107页[②])

这句话出自第七段会话材料,谈论的是关于栽秧的内容。栽秧时节东山客家人中专门有被称为"秧班长"的人负责组织人手为各家各户栽秧。说话人A家要30多人才栽得完,因为人还不够,还得增加人,A说不要抽鸦片烟的人栽秧,B转述秧班长的话说如果不要抽鸦片烟的人的话就无法增加人,在这种情况下A说出了上面的句子。

k'a⁵⁵,原文译注为"遏止",这是不妥的。"遏止"是用强力阻止的意思,语意很重,其适用对象是来势凶猛而突然的重大事物,如战争、进攻、暴动、潮流等。此词应译注为"刁难"。这个词广泛地出现在四川的官话方言中,一般写作"卡",也写作"秋",它还有一个同义词"卡拿",如果对译可以写作"卡"。

2. çi⁵⁵p'a⁵⁵nan³¹

到处都是çi⁵⁵p'a⁵⁵nan³¹。(第111页)

这句话出自第十段关于修路的对话材料,çi⁵⁵p'a⁵⁵nan³¹译注为"极坏",在词汇意义、语法意义和用法上都欠妥当。

"坏"作为表示性质的形容词,其意义是:缺点多的,品质恶劣的;使人不满意的或起破坏作用的,它一般用于人、天气、习惯、思想、品德等,主要跟表示抽象意义的名词搭配。作为动词,它的意义是使破损或使败坏[2](209页),在其后面加上"了",可以跟路、书、玩具等表示具体事物的名词搭配,表示事物由好到破、烂的变化。çi⁵⁵pʻa⁵⁵nan³¹是一个形容词的生动形式,属于状态形容词,在这里描述的是路烂的状态。译注为"路极坏",其意义可以推知,但说法别扭,因为"极坏"用于指路不符合其意义所规定的词语组合。在这里对译为"稀巴烂"就很好,因为第一,普通话里有这个词;第二,四川各地的官话方言中基本上也说 çi⁵⁵pʻa⁵⁵nan⁵³,四川的一本方言词典中记的正是这样的音[3](401页)。

3. mieʔ⁵tieʔ³²

我 mieʔ⁵tieʔ³²你格外的事情噻,这个事情我倒不管。(第114页)

这句话出自第十二段假托夫妻口吻而写的对话材料。妻子看到丈夫焦眉愁眼的,说自己愿意想办法替丈夫分忧,但是她从丈夫口中得知他下身长了一个疮以后却不愿意管了。在她丈夫问她"你早先不是对我讲你给我想法子吗"后她说出了上面的句子。mieʔ⁵tieʔ³²原文译注为"没有"是错误的。根据上下文,mieʔ⁵tieʔ³²显然是"以为"的意思,先前的主观设想与现在的客观实际不相符合,做妻子的很生气,所以后面讲"我唯愿烂完了都没得来头"。mieʔ⁵tieʔ³²中的 mieʔ⁵ 是"默"字,这个词四川方言作"默倒",笔者调查了凉水井、洛带、同安、黄土的客家人对"默倒"的说法,大家都说成 mieʔ⁵tau³¹。估计董先生调查的时候发音合作人出现了口误,把 tau³¹ 说成 tieʔ³² 了。

默,《广韵》默北切,入得明。这是一个曾开一等字,在凉水井客话中曾开一等舒声韵的字读为 ien 韵(例外是"蹦朋"读 uŋ 韵),与之对应的入声韵则读 ieʔ,"得北贼"在《记音》中也是 ieʔ 韵。需要说明的是"北"字《记音》词汇部分记为 pieʔ³²(第133页),在"北风跟太阳争哪个本事大"的材料中却记为 pʻaʔ⁵(第125—129页)。pʻaʔ⁵ 这个音极可能是发音人的误读,是把"北"与"白"的音混成一个音了。因为第一,"北"是帮母字,为清音声母,声母不应读为送气音,声调不应读为阳入;第二,韵母读 aʔ,不符合对应规律;第三,今天凉水井客话不读 pʻaʔ5 风而读 pieʔ¹ 风,有的受成都话的影响读成 peʔ¹。一位东山客家话讲得很好的客家人曾很骄傲地告诉我说,客家人可以做到"北、白、百"三字念字不混,而湖广人把这几个字都念成了一个音 pe^{21}。

默，从字义上讲，有"暗中、无形"的意思，如"潜移默化"、"默而识之"中的"默"，经过引申，在四川方言中有"心中估量、计算"和"考虑"的意思，例子分别如：

  总共要好多钱嘛，你好生～一下考虑。
  我再～一下，明天给你回话。[4](146页)

"默"的意义经过进一步引申并增加一个词根"倒"，产生了"默倒"一词，表示"以为"。这应该是一个从西南官话中进入凉水井客话的词，成都话读为 me^{21}tau^{31}。译注为"没有"，意思上讲不通，读音上不吻合。普通话的"没有"在动词的用法上凉水井客话说的是 mau1^{13}tieʔ^{5}，在副词的用法上说 m^{13}nien^{13}，而不说 mieʔ^{5}tieʔ^{32}。

4. iau^{55}pa^{31}

  我回去对 iau^{55}pa^{31} 说……（第115页）

iau^{55}pa^{31} 原文译注为"叔叔"，这会让人以为东山客话把叔叔叫成 iau^{55}pa^{31}。东山客家人一般用排行+阿爷[a^{55}ia^{13}]的方式称呼父亲的哥哥，一般用排行+叔的方式称呼父亲的弟弟，叔叔可以统称阿叔，最小的叔叔叫 iau^{55}pa^{31}（幺爸）或 iau^{55}suʔ^{1}（幺叔），所以应译注为"小叔"。iau^{55}pa^{31} 的称呼跟成都话相同，在黄土镇一般说幺叔不说幺爸，黄土镇的一位客家人曾告诉我说，说"幺叔"才正宗，"幺爸"是跟倒湖广人说的。

5. ka^{55}vuʔ^{32}

  ka^{55}vuʔ^{32} 这样败，还是很快就穷。（第116页）

这句话与上例都出自第十五段材料。这段材料通过有钱人和穷人不同景况的比较说明钱的重要。材料中"幺爸"说到有钱人家讲吃讲穿时说出了上面的句子。ka^{55}vuʔ^{32} 原文译注为"人家"，在语汇第185页对译为"家屋"，译注也是"人家"。这是难于讲通的。从意思上讲，ka^{55}vuʔ^{32} 应该是"家产"的意思，天天讲吃讲穿，坐吃山空，这是一种败家子行为，所以说 ka^{55}vuʔ^{32} 这样败，还是很快就穷。"人家"在东山客家话里不说 ka^{55}vuʔ^{32}，而就说 ŋin^{13}ka^{55}。

ka^{55}vu$?^{32}$应对译为"家物"。下面分别说明。

家,《广韵》古牙切,平麻见。这是个见母拼假开二平声的字。见母中古拟音为[k],假开二拟音为[a],其中古音正是[ka]平声。今天在东山客家话中"大家"、"自家"、"老家"、"外家"(娘家)、"过家"(走亲戚)中"家"字都念 ka^{55}。

物,臻合三入物微。微母字今东山客话读为 v 和 m 两个声母,"物"字读 v 声母,"物"字又是古次浊声母入声字,古次浊入声今在东山客家话中有阴入和阳入两读,"物"字选择的是阴入。"物"有"东西"、"物品"的意思,与"家"组合表示"家产"的意义应该是不难理解的。若是注为"屋"音合义却不合,因为"屋"在东山客家话中表示"房屋"或"屋子"的意思而不表示"东西"之类的意思。

四川方言把"家产"说成 tɕia^{55}vu^{213},一般写成"家务",为何后字读成去声今还不得而知。两个方言中前字的音完全能对应,后字由于入声与非入声的不同却不能对应。两相比较,用"家物"的词形去对应 ka^{55}vu$?^{32}$一词,音合且意义可解,"家务"则难解,故不用"家务"对译。可是把 ka^{55}vu$?^{32}$解成"人家"就十分费解了。

6. tu$?^{32}$

喊你表嫂去 tu$?^{32}$几块腊猪肉下来就是了。(第 119 页)

这句话出自谋夫案的材料。任子林的老婆与老表通奸,他们已经合谋好了怎样加害于任子林,可善良老实的任子林浑然不觉,老表要留在他家喝酒,还问有没有菜,任子林便说出了上面"tu$?^{32}$几块腊猪肉"的话来。东山客家人把"腊肉"说成"腊猪肉",因为腊肉一般是用猪肉做的。过去腊肉做好以后一般挂在厨房里让烟熏,要吃腊肉就用竿子去戳下来洗净,然后把腊肉放到锅里煮,煮熟以后再切成块状来吃,其过程是不"剁"的。tu$?^{32}$原文译注为"剁","剁"是用刀用力向下砍,其结果或者是把肉或菜都剁碎剁细,或者是把物砍成几段。就腊肉挂的位置和吃法来讲是无法剁也无须剁的,所以译注为"剁"是不准确的。在这儿应该是"戳"的意思,可以写成"揬"[5](第三卷,4017),四川方言用字一般是"挣"[4](123页)。

7. tsŋʔ³¹ tien⁵³

(1) 黄鳝在嘴巴里 tsŋʔ³¹ tien⁵³ 转。（第 120 页）

(2) 老鸦在堰塘里 tsŋʔ³¹ tien⁵³ 飞扑。（第 121 页）

在谋夫案的故事中说道，歹毒的老表与表嫂趁任子林喝醉了，就在碗里放了一条黄鳝并把黄鳝倒到任子林嘴里，但黄鳝却钻不下去而在任子林的嘴里 tsŋʔ³¹ tien⁵³ 转；任子林被害死的第二天，县太爷坐轿子从池塘边过，乌鸦围着他的轿子使劲地叫，他感到事情不对，叫把轿子放下，轿子刚放下，乌鸦就在池塘里 tsŋʔ³¹ tien⁵³ 飞扑。两处的 tsŋʔ³¹ tien⁵³ 都是一样的意思，原文都译注为"只见"，"黄鳝在嘴巴里只见转"，"乌鸦在池塘里只见飞扑"，这是讲不通的。tsŋʔ³¹ tien⁵³ 是一个副词，表示"不断"或"不停地"、"一个劲儿地"的意思，四川方言学者和作家写作"直见"。如：

(1) 他在前头～走，我撵都撵不赢。

(2) 娃娃～问我要风筝，我又莫得钱买。[4](2页)

(3) 你～掀啥子呀！（克非《春潮急》）

(4) 锅头咕嘟咕，米汤～扑。（四川方言朗诵诗）

"直见"这个词今天在成都话中用得很普遍，还见于成都所辖的金堂、都江堰、崇州、彭州、邛崃等县市③，就笔者的调查还见于成都东面的邻县简阳（过去叫简州，管辖今东山的大多数乡镇）。

8. ka⁵³ sŋ⁵³

贼娃子 ka⁵³ sŋ⁵³ 好偷哦。（第 120 页）

"贼娃子"去偷任子林家，趁任子林的妻子及其姘夫弄死人弄累了睡大觉的时候，就 ka⁵³ sŋ⁵³ 偷东西。ka⁵³ sŋ⁵³ 原文译注为"肆意"，基本意思是对的，但词义的侧重点不同："肆意"的意义侧重点在"随意"，在这儿译注为"肆意"，就是贼娃子想偷什么就偷什么，不顾一切，强调的是思想上的无所顾忌；ka⁵³ sŋ⁵³ 的意思是"使劲地"、"尽力地"，侧重讲对力量的运用，强调的是能力上的最大实现。虽然当时贼娃子可以想偷什么就偷什么，可"ka⁵³ sŋ⁵³ 偷"是能够偷多少就偷多少，"贼娃子 ka⁵³ sŋ⁵³ 好偷哦"这句话说的是贼娃子使劲地偷，偷了很多东西。

$ka^{53}s\gamma^{53}$写作"架势",在四川方言中用得很普遍,一般读为[$t\varepsilon ia^{53}s\gamma^{53}$],成都话也读[$t\varepsilon ia^{53}s\gamma^{53}$]。它在动词前面用作副词,表示"使劲地"、"尽力地"的意思,今天东山客家话这个词还读为$ka^{53}s\gamma^{53}$,意思跟四川方言相同,语音也完全能够对应。目前我们在闽粤赣的数个客家方言点中还没有发现这个词,姑且认为它是从成都方言进入到东山客家话的。

架,《广韵》古讶切,去祃见。其中古音是[ka]去声,这是一个假摄开口二等字,假开二拼见组的字今天在东山客家话中声母没有腭化为舌面音即保留了古读,如"家假嫁"读[k]声母,"牙芽衙"读[ŋ]声母,在成都话中前者的声母已经腭化为[tɕ]声母,后者的舌根鼻音消失了;所以在这里成都话与东山客家话的对应规律是:

见母拼假开二等字   例字

成都话 tɕia→东山客家话 ka 家加稼假贾嫁架

所以 $ka^{53}s\gamma^{53}$ 译注为"使劲地"之类的意思更妥当。

从上面的辨析中可以看出,我们所谈到的例子除了"稀巴烂"以外都是方言词,其中"直见"使用的范围较狭窄,"架势"今天还见于湘方言,八个词都是成都方言里有的,除了"直见"以外的 7 个词是四川其他地点的官话方言也说的。

四川官话方言与客家方言同根同源,东山客家方言与其周边的官话方言两三百年有密切的接触,所以结合四川方言的说法来讨论问题除了可以印证那些词语的用法和意义以外,还可以通过方言之间的碰撞、渗透看出方言工作者所面临的难题、挑战。

东山的客家方言是从康熙末年以后由客家人移民迁徙带来的,董先生1946 年调查的时候,这个方言在这里已历时 200 多年,虽然有"宁卖祖宗田,不卖祖宗言"的"乡土根性"的力量让它保存了客家方言的基本特点,但是"人与人之间交往的'交际'的力量"[6](187页)必然使它与周边的西南官话发生碰撞,就董先生的《记音》提供的材料看,其碰撞还是很强烈的。张振兴先生曾把汉语的双方言或多方言现象归纳为四种类型,其中第二种是"双方言或多方言并存,但居民群体内部说一种本地方言,在群体外部说一种通行范围更广的方言"[7](252页),东山客家人的语言状况正是属于这种类型。同时,他还说到这种现象"大大地丰富了方言研究的内容,也对方言研究提出了挑战","凡是双方言或多方言并存、融合的地区,都是方言研究的难点,甚至是空白点"[7](155页)。

《华阳凉水井客家话记音》所记录和反映的调查不但在当时就是在今天看来也是很深入的,因为它成段甚至成篇的口语材料表现了当时东山客家话的"言语真面目",在语音、词汇和语法三方面给我们呈现了一个鲜活的方言移植以后的标本,而且这个调查深入到了意义,即便是难理解的虚词也用国语加以译注,这实在是难能可贵。意义的理解和研究向来被语言学家们认为是最困难的事情,更何况对这样一个复杂的方言做深入的调查,因此对《记音》中个别译注错误不应苛求。

注　释

①注音尊重原文,为了方便,音节的调值根据《记音》文中的标音说明,采用今较为通行的数字表示法。

②本文各例句都出自董同和《华阳凉水井客家话记音》。

③来自于四川民族出版社黄尚军先生2003年的田野调查材料。

参考文献

[1]董同和:《华阳凉水井客家话记音》[M],北京:科学出版社1956年版。

[2]李行健:《现代汉语规范字典》[M],北京:语文出版社1998年版。

[3]王文虎、张一舟、周家筠:《四川方言词典》[M],成都:四川人民出版社1990年版。

[4]梁德曼、黄尚军:《成都方言词典》[M],南京:江苏教育出版社1998年版。

[5]许宝华、宫田一郎:《汉语方言大词典》[M],北京:中华书局1998年版。

[6]索绪尔:《普通语言学教程》[M],北京:商务印书馆1985年版。

[7]张振兴:《著名中年语言学家自选集·张振兴卷》[M],合肥:安徽教育出版社2002年版。

原刊《四川师范大学学报》2004年第4期

仁寿话的语气词"哆"和"喔"

邓 英 树

仁寿县位于四川省成都市南面约90公里。仁寿话属于北方方言。仁寿话的语气词和普通话的语气词有较大的一致性,有的语气词虽然发音同普通话有别,但这种差别纯属语音差异,因为它们的语义和功能完全一样。如:

1. 他吃过饭了吗?
2. 他去过北京的。
3. 他看过这本书了。

上述例句中加点的词都是语气词。其中的"吗"仁寿话念[wa^{55}],"的"仁寿话念[le^{55}],"了"仁寿话念[lo^{21}]。这些不同的语音形式同普通话的"吗""的""了"并不存在语法方面的任何差异。

仁寿话中有的语气词却很特殊,普通话中没有完全与之相应的语气词。"哆"和"喔"即是其中的两例。

一、语气词"哆"

仁寿话中有一个语气词"哆",其发音为[to^{55}]。如:

1. 坐会儿哆。
2. 吃了饭哆。
3. 做完作业哆。
4. 让我想一下哆。
5. 你先说了哆。

语气词"哆"用于祈使句,表示命令或请求。用"哆"煞尾的句子同一般祈使句一样,通常不出现主语,如上面的1—4例。如果主语不明确,或需要特别强调,也可以补出,如例5。

从表达上看,"哆"除了表示命令或请求的语气之外,实际上还赋予句子更为复杂的含义。这种含义可以概括为"先做完某事再做某事"。比如对起身告辞的客人说"坐会儿哆",其完整的含义是"先坐会儿再走";对来家里修理窗户的师傅说"坐会儿哆",其完整的含义是"先坐一坐再动手修理"。这"再做的某事",其具体内容总是借助于语境来体现的,尽管如此,它却不同于通常所说的"言外之意",因为以"哆"煞尾的句子具有"先做完某事再做某事"的意义,这种理解对使用仁寿话的所有社会成员来说,都是共同的,并且,一旦去掉句末的"哆",原句的这一含义便不复存在。如:

1:坐会儿哆。→坐会儿。

2:做完作业哆。→做完作业。

"坐会儿"和"做完作业"这两个句子本身都没有"先做完某事再做某事"的含义。

在仁寿话中,语气词"哆"同"再做的某事"互相排斥,不能共现。一旦"哆"出现,"再做的某事"就必须隐去。"再做的某事"出现,就不可能再使用"哆"。如:

6.你先猜一下哆。

7.你先猜一下我再告诉你。

6、7都成立。但如果让"哆"与"我再告诉你"共现,则无论是"你先猜一下哆我再告诉你",还是"你先猜一下我再告诉你哆",就都不能成立。

以语气词"哆"煞尾的句子,动词一般都要带上时量补语、结果补语或动态助词"了",否则不能成立。如:

8.还要晒两天哆。→※还要晒哆。

9.穿好衣服哆。→※穿衣服哆。

10.等他走了哆。→※等他走哆。

有时,动词重叠,表示"短暂"或"尝试"的形式似乎也可满足带"哆"的条件。如:

11. 坐一坐哆。

12. 让我先看看哆。

但这种重叠形式是受普通话影响形成的,它们并不是真正的仁寿方言形式,因为,这种重叠形式在仁寿人的口语中并不常见。

如果动词没有带时量补语、结果补语或动态助词"了",但动词关涉的宾语带有数量定语时,句末也可以用语气词"哆"。如:

13. { ——我要去泳泳。
     ——喝一杯水哆。

14. { ——我要看电视。
     ——写一篇字哆。

如果宾语带的是其他性质的定语,句子就站不住。如:

15. *喝糖水哆。

16. *写大字哆。

二、语气词"喔"

仁寿话中的语气词"喔",用法比较复杂。根据"喔"的发音及其所表示的语气可以分为3个不同的"喔",我们分别把它们记作"喔$_1$""喔$_2$""喔$_3$。"

"喔$_1$"读作[o^{21}](或读作[jo^{21}])。"喔$_1$"可以表示不同的语气。如:

1. 好高喔!(多高哇)

2. 走喔!(快走哇)

3. 你说的啥子喔!(你说的什么呀)

"喔$_1$"在例 1 中表示赞叹,在例 2 中表示催促,在例 3 中表示不满。显然"喔$_1$"所表示的语气同普通话中的"啊"(包括各种变读)比较一致。

在仁寿话中,用法比较特殊的是"喔$_2$"和"喔$_3$"。

"喔$_2$"读作[o^{55}](或读作[jo^{55}]。它可以用于祈使句,也可以用于陈述句。

"喔₂"用于祈使句,表示提醒或告诫。如:

4. 要爱干净喔。

5. 不要偷懒喔。

6. 注意身体喔。

7. 小心上当喔。

"喔₂"也可用于陈述句,仍然表示提醒或告诫。但是当"喔₂"用于陈述句时,说话人所要表达的并不是陈述句表面的意思。如:

8. 他没有在家喔。

9. 十元钱不够喔。

10. 要下雨喔。

11. 车要开了喔。("了""喔"合读为[lo⁵⁵])

12. 我吃过饭了喔。(同11)

上述5例都是以"喔₂"煞尾的陈述句。由于"喔₂"表示提醒或告诫,所以说话人的本意并不在于向受话人陈述一件事实。例8—12,它们的句外意义,或者说它们所传递的实际信息可能分别是"你别上他家去了","多带一点钱吧","带上雨具吧","时间抓紧一点","别去为我做吃的了"。当然,它们的实际含义也可能是别的什么意思,这得根据说话的情景来确定。

总之,在仁寿话中,以"喔₂"煞尾的句子可以是祈使句,也可以是陈述句,但即使是陈述句,它所表达的也是祈使句的内容。凡是"S 喔₂"句都有一种共同的语义信息,这种信息虽然不在句子表面,但却是可以概括的,它们的概括意义可以表述为"提醒或劝告受话人做什么或不做什么"。

"喔₃"读作[o²³²]。"喔₃"所表达的语气同"喔"相近,仍然含有提醒、告诫的意味。用"喔₃"煞尾的陈述句和"喔₂"煞尾的陈述句表达功能也相近,其真实含义都是表示"提醒或劝告受话人做什么或不做什么"。正因为如此,陈述句末尾的"喔₂"和"喔₃"往往可以互换,如前面的例8—11。

但是,"喔₃"同"喔₂"还有一个明显差别,即"喔₃"同时表示强烈的猜测语气。凡"S 喔₃"句都表示说话人对自己所陈述的事实把握性不大。试比较下面两例：

13. 他看过这部电影喔$_2$[o^{55}]。
14. 他看过这部电影喔$_3$[o^{232}]。

两个句子都可以表示"就别给他买票了"，或"咱们别去邀他了"，但例 13 陈述的事实极为肯定，相当于说"他看过这部电影的"，例 14 陈述的事实却属于一种猜测，相当于说"他大概看过这部电影吧"。

"喔$_2$"和"喔$_3$"的这种语义差别，决定了它们用法上的不同。当陈述句所表示的是一种确定无疑的事实时，句末就只能用"喔$_2$"而不能用"喔$_3$"了。如前面的例 12：

我吃过饭了喔$_2$→＊我吃过饭了喔$_3$。

关于"喔$_3$"还有一个值得讨论的问题。在仁寿话的声调系统中一共有 4 个调类——阴平、阳平、上声、去声，其调值分别为 55、21、53、213。"喔$_3$"的 232 念法很特殊。它可能同句调因素有关。但同时必须指出的是：除"喔"之外，其他任何语流末字都不可能念作 232 调，即使句子本身确实表达了强烈的猜测语气。"喔$_3$"突破声调系统的特殊念法可能是特定句调同特定虚词结合的产物。

末了，我们集中指出两点。

第一，仁寿话的"S 哆"句和"S 喔$_2$""S 喔$_3$"的陈述句具有一个共同特点，即都以句子表面的含义来传递另一个实际含义。"S 哆"句可以概括为"先做什么，然后再做什么""S 喔$_2$"句和"S 喔$_3$"句可以概括为"提醒劝告受话人做什么或不做什么"。上述语义在所有同类句子中均无例外。实际上，这种概括意义正是语气词"哆""喔$_2$""喔$_3$"赋予的。

第二，仁寿话的"S 哆"句和"S 喔$_2$""S 喔$_3$"的陈述句，其实际含义的具体内容属于语用意义，因为这些具体内容都不在句内，而只能凭借交际情景来确定。在话语交际中，一个句子可能存在某种言外之意。这种情况在各种语言或方言的运用中是普遍存在的。但一般地说，一个句子是否具有某种言外之意，并没有特定的语言形式作标志，因而只能凭借语境来判定。仁寿话中的语气词"哆"和"喔$_2$""喔$_3$"既是语法上的一类虚词，它们的语法意义是可以概括的,同时,它们又是一种独特的语用标志。它们可以提示受话人,凡是"S哆"句和"S喔$_2$"、"S喔$_3$"的陈述句都不能单纯照字面意义去理解,它们都有一个需要借助语境才能确定的实际含义。

原刊《四川师范大学学报》1996年第3期

作者简介:邓英树,1951年生,现任四川师范大学文学院教授。

浅析四川话中表示程度深的副词"少"

干 红 梅

四川中南部地区[①]口语中的程度副词,除了"很"、"非常"以外,还有一个读音为[sau⁵³](第三声)的,也是表示程度深的副词。四川话不区分平舌音和翘舌音,[s]和[ʂ]都读作[s],表示数量小的形容词"少"字也读作[sau⁵³],与此音完全相同[②]。普通话中没有与[sau⁵³]相应的字,故本文借表示"多少"的"少"来记这个读音。表示数量小的形容词"少"本文暂不讨论。

在四川话中的"很"、"非常"的语义与普通话中的完全一致,都表示程度深。四川话中"少"的程度比"很"深,与"非常"相当或超过"非常"。"少"与"很"的意义相近,用法有相同之处,但也有许多不同之处。

一、"少"与"很"的相同点

(一)都属于绝对的程度副词[③],不能用于比较

(1)*小张的身体比小李的身体少好些。/*小张的身体比小李的身体很好些。

(2)*比起来,数他少高了。/*比起来,数他很高了。

(二)"少/很 KA/AB"都能在句中作谓语,补语或定语(A:单音节形容词,AB:双音节形容词)

1.作谓语:

(3)那幅画少漂亮。/那幅画很漂亮。

(4)今天炖的鸡汤少香!/今天炖的鸡汤很香!

浅析四川话中表示程度深的副词"少"

2.作补语:

(5)那幅画画得少漂亮。/那幅画画得很漂亮。

(6)他跑得少快。/他跑得很快。

3.作定语:

(7)少漂亮的一幅画被他弄得乱七八糟。/很漂亮的一幅画被他弄得乱七八糟。

(8)那是少舒服的一间书房。/那是很舒服的一间书房。

比较而言,"少 KA/AB"作谓语、补语的情况很多,作定语的情况相对少一些。

(三)都可以用在一部分助动词或动词短语前,构成"少/很 K 动词(短语)"④表示程度深

1.少/很 K 助动词。都可以与一部分表示主观意愿的助动词搭配。如:少希望/很希望、少愿意/很愿意、少乐意/很乐意、少爱/很爱、少容易(做某事)/很容易(做某事)。

"敢"、"肯"、"会"、"能"、"能够"等助动词必须构成动词短语才能受"少"或"很"的修饰。如:少敢说/很敢说、少肯干/很肯干、少会唱/很会唱、少能讲故事/很能讲故事、少能够说服人/很能够说服人。

一部分表示可能、必要的助动词即使构成动词短语也不能受"少"、"很"、"非常"的修饰:＊少要写/＊很要写、＊少应该/＊很应该、＊少得去/＊很得去、＊少配说/＊很配说。

2.少/很 K 动词。在与动词搭配时,都限于一部分表示主观的情绪、态度、理解、评价、状态的动词。如:少喜欢/很喜欢、少感激/很感激、少相信/很相信、少赞成/很赞成、少用功/很用功、少支持/很支持。

3.少/很 K 动宾短语。某些动词不能单独受"少"、"很"修饰,但带了宾语后,整个动词短语可以受它们修饰。如:少伤我的心/很伤我的心、少有礼貌/很有礼貌、少讲道理/很讲道理、少说明问题/很说明问题、少受尊敬/很受尊敬、少感兴趣/很感兴趣、少占地方/很占地方。

4.少/很 K 带"得/不"的动结式、动趋式短语。这种情况如:少看得起/

很看得起、少看不起/很看不起、少过意不去/很过意不去、少沉得住气/很沉得住气、少靠不住/很靠不住、少合得来/很合得来。

二、"少"与"很"的不同点

（一）关于"少/很 K 动 K 数量"

"少"不能进入这个格式中，"很"可以进入这个格式，其中动词后多带"了"、"过"，数词限于"一"、"两"、"几"。如：很花了些钱/*少花了些钱、很认识了几个人/*少认识了几个人、很费了一番心血/*少费了一番心血、很有两下子/*少有两下子、很找了一阵子/*少找了一阵子。

（二）关于与"不 KA/AB"的搭配

作为程度副词，"少"或"很"都可以修饰"不 KA/AB"状中短语，表示"不 KA/AB"的程度深。并且"不 KA/AB"状中短语中的形容词都是表示积极意义的，即褒义词。这一点，马真先生有过关于"很不—"的相关论述[1]。如：少不高兴/很不高兴、少不清楚/很不清楚、少不自然/很不自然、少不热情/很不热情、少不安全/很不安全、少不积极/很不积极、少不老实/很不老实。

（9）看到他走了，她心里少不高兴。/看到他走了，她心里很不高兴。

不过，"少"只能在后面带"不 KA/AB"状中短语，不能在"少"和"A/AB"之间加"不"。而"很"不同，在"很"后都可以带"不"，"很"和"A/AB"之间也可以加"不"。如：不很高兴/*不少高兴、不很清楚/*不少清楚、不很自然/*不少自然、不很好/*不少好。

（10）比赛的时候，他的状态不很好。/*比赛的时候，他的状态不少好。

为什么呢？根据石毓智（2001）在《肯定和否定的对称与不对称》一书中的分析："这种在量上具有一定的伸缩幅度的词称为非定量词"，"在量上必须具有一定的伸缩性，即能够表达一定的数量幅度上变化的义项，以便能够容下被否定后的义项'少于''不及'","该类词都可以用'不'或'没'否定,从而将肯定式变为否定式"[2](28页)。"很在表示一定程度时,意义相当模糊和宽泛,表示的量具有模糊性,有很大的宽容度"[3](48页),具有一定的数量幅度,数量幅度的大小具有一定的随意性和伸缩性。所以,对"很"的否定也具有一定的伸缩性。例如:"'不很好'是指介于'很好'与'坏'之间的某种程度",因此,"很"是表示语义程度中性的非定量词。石毓智在该书中总结出的规律为:"语义程度极小的只用于否定结构,语义程度极大的只用于肯定结构,语义程度中性的可以自由用于肯定和否定两种结构。"[2](370页)"很"、"少"、"非常"都是表示程度深的副词,但"很"是语义程度中性的词,可以自由用于肯定和否定两种结构,而"少"相当于"非常"或比"非常"还深,表示的程度自然比"很"的程度深很多,表示绝大多数的程度,是语义程度极大的词,不具有随意性和伸缩性。"少"跟"非常"一样,"'非常'从量上来划分,表明确程度的","定量副词","不能用'不'来否定"[2](183页),没有否定形式,只能有一种形式,即肯定形式。所以,只有"少不",而没有"不少 KA/AB"的形式。因此,例(10)也不成立。

(三)关于"少/很"直接作补语

"少/很 KA/AB"都可以在句子中作补语,这一点是一致的(见例5、6组)。但是,"很"字本身可以直接作补语,位于"得"字之后,而"少"不能。

(11)这部电影好看得很。/﹡这部电影好看得少。

(12)他做事慢得很/﹡他做事慢得少。

(四)"少/很 KA/AB"作状语

"很 KA"多数不能作状语,只能和少数类似"好、快、长、饱、大、慌"之类的词组合,作状语[4]。而"少"却不能与任何单音节形容词组合作状语。

(13)小王很快地赶了上来。/﹡小王少快地赶了上来。(只能说:小王赶得少快。)

"很 KAB"能作状语的是多数,不能作状语的是少数[4]。但"少"不能与双音节形容词组合作状语。

(14)他们都很刻苦地学习科学文化知识。

*他们都少刻苦地学习科学文化知识。(只能说:他们学习科学文化知识少刻苦。)

(五)关于进入疑问句

1. 在一般疑问句(是非问)中可以用"很",但不能用"少"。

(15)那幅画很好看吗?/*那幅画少好看吗?

2. 正反问句中,"少"、"很"都可以用。

(16)A. 那幅画少好看,是不是?/那幅画很好看,是不是?

　　　B. 那幅画是不是少好看?/那幅画是不是很好看?

3. 在反问句中,"少"、"很"都可以用。

(17)你以为那幅画少好看嗦?/你以为那幅画很好看?

4. 在选择问句中,两者都不能用。因为两者都属于绝对程度的副词,不能用于选择比较中。

(18)*是这幅画少好看呢,还是那幅画少好看呢?/*是这幅画很好看呢,还是那幅画很好看呢?

"很"不仅可以用于正反问句、反问句,还可以用于一般疑问句中。而"少"只能用于正反问句和反问句中,不能用于一般疑问句中。因为"少"只能用在表示已然的主观意向中,不能用在表示未然的主观意向中。当一般疑问句是询问对方主观意向的时候,对方未回答时态度未表明,其主观意向是未然的,所以不能用"少"。在正反问句A句中,是对对方(是/不是)两种主观意向的询问,对方的主观意向是已然的,非此即彼,都在问句中,只是询问者不清楚所以才问,也可以看做是对已然的主观意向的询问。B句中,是说话者表明了其主观意向(很好看),用"是不是"来询问对方是否同意自己已然的观点。所以,也可以用"少"。在反问句中,说话者是对对方已然的主观意向的反问,双方的主观意向都是已然的,也可以用"少"。而"很"既可用于表示已然的主观意向,又可以用于表示未然的主观意向,所以还可以用于一般疑问句中。

(六)关于"少"与"很"的篇章功能

(19)A. *这幅画少好看,可惜我不喜欢。

B. 这幅画少好看,可惜没有人买。

C. 这幅画很好看,可惜我不喜欢。

(20)那人少讨厌(我不想理他)。

例句(19)B中,"很"仅仅是客观地描述"好"的程度,所以说话人接着可以主观地表示不喜欢,极为通顺(屈承熹,1991)。但例句(19)A句却不通顺。因为"少"带有强烈的主观色彩,后面再加上主观性很强的"我不喜欢",前后难免有些矛盾。这是"少"和"很"不同的篇章功能(前后语气语调一致)的体现。C句表示说话人的主观意向是"这幅画不错,可惜没有人(别人)买"。"少好"是说话人的主观意向,"买不买"是别人的态度。又如:(20)句不仅指那个人让人觉得讨厌,同时也传递出这样的意思:说话人不想理他,不想和他打交道,打心眼里不喜欢他。所以,除了客观描述,"少"总能传递出说话人言语之外强烈的主观意向,主观色彩浓。

三、结语

由此可见,在四川部分地区方言口语中的"少"是表示程度深的绝对程度副词,不可用于比较。"少"和形容词组合,可以在句子中作谓语、补语或定语,但不能作状语。"少"是"语义程度极大"的程度副词,没有否定结构。"少"不能直接作补语,只能用于表示已然的主观意向中,不能用于表示未然的主观意向中。"少"是带有强烈主观色彩的程度副词。

注 释

①据笔者不完全统计,在四川方言中有这种说法的主要集中在四川中南部的部分地区,如自贡、仁寿、雅安、乐山、西昌、青神、眉山、彭山、新津、内江、隆昌、德阳、泸州、双流(中和镇)、简阳(贾家)等。不这样说的地方有成都、宜宾、广元、江油、南充、巴中、达州、崇州等。由于时间关系,未对四川所有各县市做调查,以上为调查的部分县市的情况。"少"在口语中,有时脏话连用"少鸡巴",意义与"少"完全相同,个别地区,如双流县的中和镇说"少巴",可以看做是"少鸡巴"的缩语。"少"的这种说法多在年龄在30岁以

上的人的口语中出现,近年来由于普通话的广泛推广,在年轻人中,这种说法正在消失。

②四川话单独说一句"西瓜[sau^{53}]好吃;西瓜多难吃"。是有歧义的。可以理解为"西瓜因数量少而显得好吃,因数量多而显得难吃",也可以理解为"西瓜非常好吃,西瓜多么难吃"。由此可见,表示数量多少的"少"与该字完全同音,都读[sau^{53}]故本文借"少"来记这个字音。

③王力(1954)将程度副词分为"绝对的和相对的两种"。

④关于"少/很K动词(短语)"的部分例子引自吕叔湘主编的《现代汉语八百词》2002年版,第267页。

参考文献

[1]马真:《"很不一"补说》[J],语言教学与研究1986年版。

[2]石毓智:《肯定和否定的对称与不对称》[M],北京:北京语言文化大学出版社2001年版。

[3]石毓智:《谓词的定量与肯定》[A],邵敬敏:《九十年代的语法思考》[M],北京:北京语言文化大学出版社1994年版。

[4]陆俭明:《"程度副词K形容词K的"一类结构的语法性质》[J],语言教学与研究1980年版。

原刊《四川师范大学学报》2003年第5期

作者简介:干红梅,1976年生,四川师范大学文学院教师,暨南大学华文学院2002级语言学及应用语言学专业硕士研究生。

古蜀神话传说与中华文明建构

李 诚

毋庸讳言,神话与传说是一种文明进程的最值得重视的活的记录(虽然它往往而且也应该期待考古实绩的证明)。不过遗憾的是,有关中华文明建构的神话传说却从来是以黄河流域文明为中心的,古代蜀地所流传的大量神话传说只是被视为附庸,随历史的进程而风流云散。最近三十年来,这种情况却正在发生着引人深思的变化,而变化正是由一系列考古的发现引起的。如若说,1986年四川广汉三星堆的考古发掘只是悄悄地撩起了古蜀文明神秘的面纱,那么1996年下半年中日两国考古工作者对成都邻近地区如新津宝墩龙马古城、都江堰芒城、郫县古城、温江鱼凫城等的发掘和考察,以及2001年成都市金沙遗址的发现,则似乎初步勾勒出了古蜀文明大致的轮廓,从而更加揭示出它深邃而令人怦然心动的历史文化内涵[①]。

19世纪后期德国人海因里希·谢里曼对传说中的特洛伊古城及其他古希腊文化遗址的发现,与荷马传唱的史诗《伊利亚特》交相辉映,印证了一段辉煌的古希腊历史;而19世纪前期法国学者让·弗朗索瓦·商博良对古埃及象形文字的破译,则架起了后人通向璀璨夺目的古埃及文化的又一道桥梁。考古发现与文献典籍中所载神话传说这两者,或许是研究任何一种古老的文明系统最基本的支撑点,而这两者在古蜀文明中都已具备。尤其是现存古代文献典籍中有关古蜀文明的神话与传说更为丰富,而上述这一系列的考古发现,使我们对这些神话传说有了新的审视角度和思考,并进一步引发了对古蜀神话传说与古代中华文明之间关系的新思考。

一、古蜀神话传说发生的地域和时代

《山海经·海内经》曾记载过一个充满神话和农业文明色彩的国度："西南黑水之间,有都广之野,后稷葬焉。爰有膏菽、膏稻、膏稷,百谷自生,冬夏播琴,鸾鸟自歌,凤鸟自舞,灵寿实华,草木所聚。爰有百兽,相群爰处。此草也,冬夏不死。"这个神秘的国度,晋代学者郭璞认为即西汉扬雄所撰《蜀王本纪》中"蜀王据有巴蜀之地,本治广都樊乡"的"广都"。其具体地望,就在今天几乎已成为成都市郊的双流县②。证之以最近成都平原的考古,上述结论应该可信。不过我们还要特别注意到成都平原发现古文化遗址的几个地方及其相互间的关系:都江堰正处岷山山系与成都平原的交接之处,岷江由此汩汩滔滔,流向成都平原;以今日图上距离衡之,都江堰市东向约 50 公里,是广汉三星堆遗址;都江堰市南向约 70 公里,是发现宝墩龙马古城的新津县;新津县与三星堆之间,也是约 70 公里。在这个约 2000 平方公里的三角区域内,除了都江堰市、新津县、广汉市,在成都市、郫县、温江县、双流县等地也都发现了史前古城址或古代文化遗址,可以说,饱含古蜀文明的遗存。岷江由北向南,正流经这一区域的边缘。因此《山海经》所称"都广之野"无疑正指这个三角区域及其周边地带。

当"都广之野"的所在得到地下考古支持后,我们不由得要将眼光投向上已提及的"岷山"、"岷江"。"岷山"与"岷江"无论在儒家经典中,还是汉代以前所产生的稗官野史中;无论在小说家言中,还是文学辞赋中,出现频率都相当高而且充满神秘色彩,但是却并未引起人们足够的注意。从现存古代文献来看,人们错将殷商以来所误会的古蜀的偏远蛮荒拿来推定殷商以前古蜀的文明状态,因此古代文献中的"岷山"、"岷江"等词汇的大量存在是自有其文化渊源的,虽然使用它们的人当时就已不清楚这种渊源。近现代已不断有学者猜测传说中黄帝、西王母所居昆仑山实即岷山,那么换从神话学角度看,中国神话传说中大约与古希腊神话中奥林波斯山相匹的众神之山即岷山③。神话传说中西部边陲山中有"日月山",天帝在此命令重、黎二神将天地分开,使天地人神判断划分,不相杂糅;这里又有"灵山","十巫从此升降"④,表现出了"十巫"来往天上人间的壮观景象。古蜀神话传说中的第一位蜀王蚕丛即"始居岷山石室中",亦葬以"石棺""石椁";另两位古蜀王鱼凫与杜宇最终"仙去""隐焉"的地方亦皆在此山系中⑤,似有叶落归根、狐死首丘之深义存焉。因此,李冰治水之初即对众人宣告,岷山是天之旁门(天彭门),死去的人灵魂皆由此升天(实亦叶落归根之意),因而至山中岷江之源,于水上立祀三所,祭祀天神、江神、人鬼以求治水成功⑥。

既如上述,岂不是说,对任何民族都极其重要的篇章——中华民族的神话传说——竟是在古蜀西陲的山中翻开其首页的?岂不是说,古中华文明主要的根底竟在这岷山之中?

或许我们不必性急地先得出这样的结论,但至少,随着成都平原上一系列史前城址和古文化遗址的被发现,古代文献所载神话传说中的"岷山"、"岷江"有了崭新的意义。

古蜀神话传说产生、流播的时代,是我们关心的又一问题。按《华阳国志》的记载推算,从"死,作石棺、石椁"的蚕丛王到柏灌王、鱼凫王、望帝杜宇、丛帝开明直到开明十二世,才四百四十五年时间。但考古的结果告诉我们,温江鱼凫古城的兴建乃在四千多年前,亦即在西元前20世纪以前。而文明进化史的一般规律告诉我们,农业的发明和农业文明的形成更当在城市的出现之前,且本身即一漫长的历史过程。因此,古蜀文明中发明了农业,被古蜀人民尊为农神的杜宇的时代,距今至少也在四千年前(三星堆遗址一号、二号祭祀坑的考察已极有力地说明了这一点)⑦,而蚕丛、柏灌、鱼凫等数王更当在杜宇之前。《文选·蜀都赋》刘渊林注引扬雄《蜀王本纪》说"从开明上到蚕丛,积三万四千岁",李白《蜀道难》说"蚕丛及鱼凫,开国何茫然,尔来四万八千岁,不与秦塞通人烟"云云,虽非确数,且亦难免文人夸饰,但却显然是以一定的神话传说为基础,有其历史投影。而《华阳国志》对古代文献典籍与口头传承的材料加以整合,将古蜀文明硬塞进东周以还的历史框架中,不能不造成削足适履、矛盾丛生的情况。现在,随着成都平原史前古城址和其他古代文化遗址的发掘,我们不仅可以将古代文献典籍中所涉及的古蜀神话传说置于一个相当广阔且相对准确的空间上加以研究，同时也可以将其置于至少已经绵延了上千年且距今数千年的时间中加以研究。换言之，过去在空间上相当模糊、时间上过分紧缩的古蜀文明，现在应当被扩展伸张开来加以思考。一个相当长的历史时间内，曾以其高度发达的农业文明而煊赫辉煌的帝国已经浮现眼前，促使我们更加要注目古蜀神话传说在整个古代中华文明中的地位。

二、古蜀神话传说中的岷山与岷江、长江

正如前已提及，岷江在古代文献中并不鲜见，从"岷山导江，东别为沱"[⑧]到"江水又东别于沱"[⑨]，触处可见，古人自来将岷江视为长江之源，这种看法甚至一直持续到近代。今人虽指出了长江之源并非岷江而是青海省境内沱沱河，但现代自然科学的精确却不能用以指责历史人文科学的真实。认岷江为长江之源绝非古人疏懒而不懂地理的结果，倒毋宁说，它执著地反映了一种历经数千年而积淀下来的集体的潜意识。从文化人类学的角度观察，这种集体潜意识正是高度发达的史前古蜀文明的存在与流播所造成的。而这种"存在与流播"的载体正是古蜀神话传说。

岷江自岷山中发源，经都江堰流经成都平原，入于蜀南之乐山（古称南安），再入于宜宾（古称僰道），汇入长江。自岷江至长江中游，古蜀神话传说播迁之迹触处皆是。如前所述，成都平原上有鱼凫古城、鱼凫墓；沿岷江南下，彭山县、乐山市古皆有"鱼涪津"[⑩]；长江以南，叙永县至今仍有"鱼凫乡"，传说为鱼凫王逗留之地；屏山县某土司家谱竟指鱼凫为其先人[⑪]；沿长江而下，合江县古有"巴苻关"[⑫]；南溪县今有"鱼符津"；奉节县则古称"鱼复"或"鱼腹"[⑬]。不仅如此，西陵峡至鄂西红花套等地出土的鸟嘴状把勺竟与三星堆遗址第二、三期（约当夏至商代中期）所出土者高度一致，让人惊讶，被认为具有共同文化特征[⑭]。

当然，仅就上述情况而言，到底是古蜀神话传说以及它所昭示的文明东迁还是形成古蜀文明（包含其神话传说）的某种因素西来，是不能够遽然做

出定论的。但是有了成都平原上的考古结果,我们已是在前述古蜀神话传说所发生的广阔的空间和绵亘的时间背景下讨论上述问题,问题的结论当不言而喻:传说中的鱼凫王或一支信仰鸟图腾的部族曾在夏、商之际或更早时候顺岷江、长江由西向东迁徙,正是这种迁徙造成了成都平原上以农业经济为特色的古蜀文明(包含其神话传说)在巴蜀各地甚至巴蜀以外地区的影响。楚民族崇拜鸟图腾[15],或与此亦有尚待揭示的重大关系。

同样,在此背景下探讨其他问题,结论亦不难得出:禹生于岷山山系中[16],治水自岷山、岷江始[17],沿江而下,又治水于三峡并娶于江州(今重庆市)涂山,有庙存焉[18]。江有江神,为帝女之灵,"盖汉初祠之于源,后祠之于委"[19],因此李冰治水之初即祭祀于岷江之源,果然能得其相助[20]。这位江神又出现于三峡,称巫山神女,不但助禹治水[21],且朝云暮雨,世世享受楚民族祭祀,被目为楚民族的高禖之神[22],益发说明了古蜀与楚民族的关系。就是李冰治水故事也值得深思。李冰在蜀治水,以《史记》、《华阳国志》诸书所记,不外兴修农田水利与浚通航道二事。但若从蜀和巴的战略位置观察,即可知秦取巴蜀,意图本在谋楚,诚如司马错、中尉田真黄所言,"得蜀则得楚"[23],因此其时蜀守的基本战略任务也在此。李冰治水,岂能不首先顾及之? 史载李冰于南安(今乐山市)凿离堆,疏通岷江,在僰道(今宜宾市)火烧蜀王兵阑(江中大石滩)都是此意。唐宋之际,李冰治水的故事逐渐集中于都江堰,农田水利兴建之功完全取代了航道疏浚之绩[24]。当然,战国末年早已不是神话传说的时代,但我们如若从古蜀神话传说播迁这一角度观察问题,那么李冰在南安斗水怪,在僰道烧蜀王兵阑的神奇故事不都粘附着古蜀人民当初疏通岷江、长江航道,将古蜀文明向东播迁的努力的影响吗?

因此,岷江、长江水道在古蜀文明(包含其神话传说)播迁中的作用,在古代中华文明建构中的功绩,随着成都平原考古的收积,理应引起进一步的思考。

三、古蜀神话传说与古中华文明

约1700年前,蜀人秦宓曾说过这样一段话:"蜀有汶阜之山,江出其腹。

帝以会昌,神以建福,故能沃野千里。淮、济四渎,江为其首,此其一也。禹生石纽,今之汶山郡是也。昔尧遭洪水,鲧所不治,禹疏江决河,东往于海。生民已来,功莫先者。此其二也。天帝布治房、心,决政参、伐,参、伐则益州分野。三皇乘祇车出谷口,今之斜谷是也。"㉕秦宓之意,乃有以古蜀文明为天下先,古蜀文明为古中华文明之源的意思。其所得到的评价,在当时是陈寿所谓"专对有馀,文藻壮美,可谓一时之士"㉖,而在今天看来,恐亦难免被视为狂怪之论。但是这些话却启迪我们注意到古蜀神话传说与古代中华文明神秘的内在联系。

1. 古代中华文明所传古帝王多与古蜀有神秘关系

黄帝被视为华夏之宜,"五帝"之祖。其原配即"西陵之女,是为嫘祖"㉗。"西陵",乃西汉武帝时所置"蚕陵县",东晋废。其地在今四川阿坝藏族羌族自治州松潘县叠溪㉘,正岷江发源地。

黄帝既取于蜀,又生子于蜀。所谓"嫘祖为黄帝正妃,生二子,其后皆有天下:其一曰玄嚣,是为青阳,青阳降居于江水;其二曰昌意,降居若水"㉙。"江水"、"若水"皆在蜀地。

玄嚣青阳是否即少昊?史家所说不一㉚,但史载少昊"帅鸟师居西方,以鸟纪官"㉛,揆之地望与所崇拜图腾,其人恐亦当居于蜀地。

黄帝子昌意生于蜀地,又"娶于蜀山氏。蜀山氏之子,谓之昌仆氏,产颛顼"㉜。是"五帝"中帝高阳颛顼又生于蜀。其具体地望,则在若水之野㉝。

颛顼子鲧亦生于此。据《竹书》,"颛顼产伯鲧,是维若阳,居天穆之阳"㉞。

鲧之子为禹,乃生于汶山郡广柔县㉟,其地在今四川绵阳市北川县。

禹之子为启,虽生于巴而不在古蜀文明中心㊱,但其活动地域却值得注意,"西南海之外,赤水之南,流沙之西……此天穆之野,高二千仞,开焉得始歌《九招》"㊲。这里"天穆之野"即颛顼产鲧之"天穆之阳",正在"若阳"亦即若水之北,亦在蜀地西北部与岷山相邻地区。

2. 古代中华帝王多能与古蜀帝王相叠合

黄帝与蚕丛。众所周知,在古代文献中黄帝与其妻嫘祖都曾被作为发明了蚕桑的蚕神享受祭祀;当其受到祭祀时,黄帝被称为"先蚕皇帝轩辕氏",而那位马首女身的蚕神形象则似乎就是黄帝妻;在北方,汉魏以后故事,祀蚕神者须一律"衣青衣"[38]。依古蜀地的传说,古蜀王蚕丛被认为是蚕桑的发明者,因而被作为蚕神祭祀,民俗呼为"青衣神"[39];或说蚕神为女性,为帝女或"仙嫔",民俗呼为"马头娘"[40]。那么根据上述诸点比较,可知

蚕陵县: { 古代中华 西陵女黄帝妻——马首女身 先蚕皇帝轩辕氏——衣青衣(祭祀者)
         古蜀   帝女 仙嫔——马头娘   蚕神蚕丛王——青衣神

从此可看出,黄帝与蚕丛王二者乃可以叠合,而叠合的空间,就在我们已屡言之的那座神秘的岷山中。

后稷与杜宇。后稷与杜宇相合者颇多,姑数其荦荦大者:

他们活动于同一区域。后稷死于"黑水之山"[41],杜宇"升西山隐焉"[42],所指皆在岷山山系。后稷所葬在"都广之野"[43],杜宇建国于"郫"、"瞿上"[44],皆成都平原中心地带。

他们来历都神奇。后稷乃其母郊祀时履大神之迹而得孕生,实天神之子[45]。杜宇乃"从天堕,止朱提"[46],其神奇自不待言。

他们有共同的神格与业绩。"后稷教民稼穑"[47],实为古代中华文明中农神。杜宇"教民务农"[48],亦为古蜀神话传说中农神。

他们都有一位善治水的同事。后稷同事为禹,杜宇同事为鳖灵。

他们都与一位出于水"原"的女性有关,后稷母曰姜嫄,其名当出姜水之原[49]。杜宇妻名利,"从江源地井中出"[50]。"江源"实则汉所设江原县,即今成都附近崇州市江源镇。

他们族属同出一源。今之历史学、民族学者多议古蜀人为羌、氐族,杜宇自无例外。后稷母姓姜,出羌、氐二族,而二族实不可分,故古籍多连称之[51]。

他们皆属鸟图腾。后稷生而遭弃,最后以"鸟覆翼之"而被家人视为神奇而收养之[52]。又后稷本名"伯奋"[53],"奋"乃鸟在农田上飞翔之状[54],因此神话传说中,后稷所"潜"在"群鸟所生所解"之处[55]。又后稷为周之始祖,既然有鸟与之关系如此,这鸟实即周之图腾神,因而有"周之兴也,鸑鷟鸣

于岐山"㊼之说。杜宇之前,蜀王名鱼凫(其实杜宇、鱼凫很可能为一,限于篇幅,此处不能展开讨论㊼),为鸟图腾自不待言;杜宇承继其位,在郫邑或"瞿上"治理国家,"瞿"乃"鹰隼之视"㊼,是其首都之命名乃以鸟之形象为名,因此三星堆出土之鸟形把勺,考古界多认为杜宇朝遗物。又杜宇虽未如稷以鸟命名,但是杜宇失位,乃化杜鹃,泣血催春,为蜀人怀念,其实亦远古图腾遗说。

鲧禹启与鳖灵。鲧、禹、启在历史典籍中是直接承继的三代,作为传说中的夏开朝前后的几位关键人物(或神),在古代中华文明的形成建构中举足轻重。而他们与古蜀神话传说中丛帝开明即鳖灵,有着神秘的对应关系。

鳖灵与鲧、禹皆以治水而闻名。

鳖灵与夏禹在蜀治水的区域大体相同,涉及岷江、沱江、嘉陵江、长江(特别是巫峡地区)。

鳖灵时代汉水因龙门崩山壅江;鲧、禹时代洪水因共工争帝崩山壅江,共工属龙图腾㊼。

鳖灵治水与夏禹治水皆有女神相助。

鳖灵治水时妻为杜宇淫乱;夏禹治水与涂山氏野合于台桑。

鳖灵治水幻形为龟鳖;鲧以三足鳖形态没入羽渊;夏禹治水中所谓"禹步",或即龟鳖蹒跚之态。

鳖灵登位乃因其治水成功而受禅让;禹亦如此。

鳖灵号开明,称丛帝;鲧号崇伯;启即开。

鳖灵号开明,为神话中昆仑山守护神,形象为白虎;禹、启皆与虎有关(三者与虎有关,似反映了古蜀文明中的巴文化因素)。

鳖灵为荆楚之尸,浮于岷山而复活;鲧、禹皆受到楚民族极度尊崇,仅观屈赋即可了然。

鳖灵登位后,实行一系列礼乐改革,要皆不出夏、周之制;鲧、禹、启乃开启夏人举足轻重人物(或神)㊼。

上述蚕丛、杜宇、鳖灵是古蜀神话传说中传诵最多,亦最有建树的三位富有神话色彩的古帝王,但他们的形象故事亦恰恰与被视为古代中华文明建构最关键的三个阶段(前夏、夏、周)的代表人物相叠合印证,可证古蜀神话传说乃与传说中的夏有极密切的关系。

既然如此,那么到底古蜀神话传说所负载的古蜀文明与古代中华文明的主要建构者夏朝到底孰先孰后,是什么关系呢?

如若单纯以文献典籍中所载来看,从一种以北方黄河流域为中心的传统观念出发,很容易得出蚕丛即黄帝,杜宇即后稷,鳖灵即鲧、禹、启的翻版的结论;很容易认为,古蜀神话传说中的古帝王及其传说,不过是古代中华神话与历史传说敷衍的结果罢了。但是现在,随着成都平原一系列古代文化遗址的发掘,事实已说明,早在四千多年以前亦即传说中夏朝尚未开始之时,古蜀神话传说产生的地域就已出现非止一座城市,且考古事实亦表明这些神话传说曾沿着岷江、长江、汉水等流域播迁,那么古代中华文明,或者说得准确一些,古代文献中所反映出来的古代中华文明,其主体部分应是来源于古蜀文明的。

那么成熟以后的古蜀文明是否也接受过某种外来文明的改造熏染呢?有的!反映在神话传说中,特别值得注意的大约就是"荆尸"鳖灵溯江而上又复活于岷山之下,甚至最后入主古蜀地的故事了[⑪]。但是广汉三星堆一、二号祭祀坑与三星堆古城邑的考古却告诉我们,文献记载中鳖灵取代杜宇其历史下限约当三星堆文化第四期即商末周初。果若是,则我们应该指出,这并非什么外来文明对古蜀地的侵入,当鳖灵携带着存留于楚民族中的夏文明因素来到古蜀地时,他当不会对古蜀文明感到陌生。毋宁说,古蜀文明乃像母亲欢迎游子回归似地张开双臂欢迎了他。鳖灵所以能在岷山下岷江中复活,所以能为相,复取代杜宇为帝而又为蜀地人民所拥戴,其神话学的深层含意正在于此,原来古代中华文明本身就包含着极其浓厚的古蜀文明因素啊!因此鳖灵的复活,从神话思维的角度看,其实也就是古蜀文明的又一次苏醒。

注 释

①《中日联合对成都平原进行考古研究》,载《成都晚报》1996年10月15日。《都江堰史前城址调查获重大收获》,载《成都晚报》1996年10月20日。金沙遗址的发现

见 2001 年中央电视台、上海与成都各媒体的多次报道。

②《隋书·地理志》、杨慎《山海经补注》、曹学佺《蜀中名胜记》。

③郑廷良:《西南丝绸之路考察札记》,成都出版社 1990 年版。李诚:《巴蜀神话传说刍论——龙凤文化研究之二》第七编《岷山论》,电子科技大学出版 1996 年版。

④《山海经·大荒西经》、《国语·楚语》。

⑤《古文苑》载《蜀都赋》章樵注引《先蜀记》、《华阳国志·蜀志》。

⑥《华阳国志·蜀志》、《太平寰宇记》卷七三引扬雄《蜀王本纪》。

⑦敖天照、刘雨涛:《广汉三星堆考古记略》,载李绍明等主编:《巴蜀历史·民族·考古·文化》论文集,巴蜀书社 1991 年版。

⑧《尚书·禹贡》。

⑨《水经注》卷三三。

⑩《后汉书·吴盖陈臧列传》并李贤注引《续汉书》。

⑪郑廷良:《西南丝绸之路考察札记》。

⑫《汉书·西南夷两粤朝鲜传》。

⑬《汉书·地理志》。

⑭王劲:《对江汉流域商周时期文化的几点认识》,《江汉考古》1983 年第 4 期。郭德维:《蜀楚关系新探》,《考古与文物》1991 年第 1 期。

⑮李诚:《楚辞文心管窥——龙凤文化研究之一》第 44—50 章,台湾文津出版社 1995 年版。

⑯《史记·夏本纪》张守节正义引《帝王纪》、《太平御览》卷八二引扬雄《蜀王本纪》、《三国志·蜀书·许糜孙简伊秦传》。

⑰《尚书·禹贡》。

⑱《华阳国志·巴志》。

⑲《史记·封禅书》司马贞《索隐》。

⑳李诚:《巴蜀神话传说刍论——龙凤文化研究之二》第 22 章《玉女和女神》。

㉑《太平广记》卷五六引杜光庭《墉城集仙录》并诸方志载民间传说。

㉒《闻一多全集》第 1 集《高唐神女传说之分析》,三联书店 1948 年版。李诚:《巴蜀神话传说刍论——龙凤文化研究之二》第六编《神女论》。

㉓《华阳国志·蜀志》、《史记·楚世家》楚怀王二十年载齐王书简。

㉔李诚:《巴蜀神话传说刍论——龙凤文化研究之二》第四编《川主论》。

㉕《三国志·蜀书·许麋孙简伊秦传》。

㉖同上。

㉗《史记·五帝本纪》。

㉘任乃强:《华阳国志校补图注》,上海古籍出版社1987年版。

㉙《史记·五帝本纪》。

㉚《史记·五帝本纪》司马贞《索隐》引皇甫谧、宋衷说。

㉛《逸周书·尝麦》、《左传》昭公十七年。

㉜《大戴礼·帝系》。

㉝郦道元《水经注·若水》。

㉞《山海经·大荒西经》郭璞注。

㉟《太平御览》卷八二引扬雄《蜀王本纪》、《史纪·夏本纪》张守节《正义》引《帝王纪》、《三国志·蜀书·许麋孙简伊秦传》及裴松之注、郦道元《水经注》卷三六。

㊱《华阳国志·巴志》。

㊲《山海经·大荒西经》。

㊳《荀子·赋篇》、罗泌《路史·后纪五》、马端临《文献通考·郊社考》等。

㊴黄休复:《茅亭客话》卷九、费著《岁华纪丽谱》、明天启修《成都府志》。

㊵《山海经·中山经》、干宝《搜神记》卷十四、杜光庭《墉城集仙录》等。

㊶《国语·鲁语》韦昭注。

㊷《华阳国志·蜀志》。

㊸《山海经·海内经》。

㊹《华阳国志·蜀志》。

㊺《诗·大雅·生民》并郑玄笺。

㊻《太平御览》卷八八八引扬雄《蜀王本纪》,郦道元《水经注》卷三三引来敏《本蜀论》。

㊼《孟子·滕文公》。

㊽《华阳国志·蜀志》。

㊾《大戴礼·帝系》、《史记·周本纪》。

㊿《太平御览》卷八八八引扬雄《蜀王本纪》。

(51)《诗·商颂·殷武》、《逸周书·王会》、《山海经·海内经》等。

(52)《诗·大雅·生民》郑玄笺、孙颖达疏。

㉝《左传》文公十八年。
㉞《说文解字》之《隹部》、《羽部》。
㉟《山海经》之《西山经》、《海内西经》。
㊱《国语·周语上》。
㊲李诚:《巴蜀神话传说刍论——龙凤文化研究之二》第7章《杜宇与鱼凫》。
㊳《说文解字·瞿部》、陆佃《埤雅·释鸟》。
㊴《山海经·大荒西经》等。
㊵"鲧禹启"与"鳖灵"至此,并参李诚《巴蜀神话传说刍论——龙凤文化研究之二》第二编《丛帝论》。
㊶《华阳国志·蜀志》、《太平御览》卷八八八引扬雄《蜀王本纪》等。

原刊《巴蜀文化研究》(第一辑),巴蜀书社2003年版

作者简介:李诚,1952年生,四川师范大学文学院教授,主要论著有《楚辞文心管窥》、《巴蜀神话传说刍论》等。

论三国时代的吴蜀同盟

陈 乾 康

一、吴蜀同盟的创立

吴蜀同盟初创于赤壁大战前夕,是由孙权与刘备间的松散联合发展而来,整个创建过程历时二十余年,其间因时势、利益的不同曾出现不同程度的曲折和反复,至三国鼎立局面形成之后,吴蜀同盟才正式得以确立。

(一)赤壁之战前后孙刘军事合作

三国时期最早提出孙、刘合作思想的是诸葛亮。汉献帝建安十二年(207)刘备三顾茅庐时,诸葛亮在他著名的"隆中对"中已经提出了"外结好孙权"的主张,因当时孙权正竭力开拓江南,刘备也不过是寄居荆州的一介流寇,双方尚不具备合作条件而无法付诸实践。

建安十三年曹操南征,荆州牧刘琮不战而降。刘备败退至夏口,已无力与曹军抗衡。孙权本想划江而治,割据江东,当曹军兵临长江,尤其当曹操"今治水军八十万众,方与将军会猎于吴"[①]的战书送至,江东顿时陷入一片恐慌。强敌压境,生死攸关,孙权方才意识到与其他割据势力联合抗曹的必要性和紧迫性。当时长江中游最大的割据军阀就是刘备,于是,孙权急忙派鲁肃面见刘备商议对策,刘备也"遣诸葛亮随肃诣孙权,结同盟誓"[②]。双方组成联军,赤壁一战击败曹操,遏制了曹魏军队南下的锋芒,显示出孙刘合作的巨大作用。

(二)夷陵之战前后孙刘军事对抗

由于孙刘联合仅是强敌压境下的权宜之计,当这种威胁减缓后,孙刘内部矛盾便逐渐尖锐起来。矛盾的焦点是荆州,孙刘双方决策上都有占据荆州的意图,冲突不可避免。

诸葛亮"隆中对"云:"荆州北据汉沔,利尽南海,东连吴会,西通巴蜀,此用武之国……(若跨有荆益),则霸业可成,汉室可兴矣!"[3]对于孙吴方面而言,荆州不仅是"沃野千里,士民殷富"[4],更重要的是荆州居扬州上游,荆扬间无险可守,荆州存亡直接关系着扬州的安危,因此,孙吴上下莫不主张占据荆州,"全据长江,形势益张,易为守也"[5]。

赤壁战后,刘备领有荆州江南诸郡[6],这就为吴蜀纷争留下了契机。表面上双方互通婚姻,过从甚密,其实嫌隙很深,"外睦而内相猜防"[7]。诸葛亮曾回忆当时的情景道:"主公之在公安也,北畏曹公之强,东惮孙权之逼,近则惧孙夫人生变于肘腋之下,当斯之时,进退狼跋。"[8]

建安十五年(210)双方矛盾开始激化,原因是孙权令周瑜假道荆州灭蜀,而刘备早有据蜀的意图,当即据关守险加以阻止,双方剑拔弩张,锋芒尽露。建安十九年,刘备入蜀。孙权正式要求交还荆州,遭到拒绝,便采用武力抢占荆州长沙、零陵、桂阳三郡。刘备闻讯后率兵东征,恰逢曹操攻入汉中,蜀境告急,刘备不得已与孙权妥协,分荆州江夏、长沙、桂阳三郡给吴,其余三郡——南郡、零陵、武陵仍在蜀汉大将关羽之手。建安二十四年关羽北伐,后防空虚,吴将吕蒙趁机袭杀关羽,全据荆州。刘备愤而东征,却被吴人大败于夷陵,忧愤而死。吴蜀对抗达到极点。

(三)三国鼎立局面确立后吴蜀同盟的重建与巩固

吴蜀结怨使两国均陷于尴尬境地。论实力,吴蜀远远不及曹魏,若同仇敌忾共同抗魏,攻虽不足,守则有余;但两国彼此攻伐,不仅两败俱伤,而且使两国均处于两面受敌双向作战的被动局面,极易被曹魏分化瓦解,各个击破。

孙权在夷陵之战后唯恐曹魏趁火打劫,曾对曹氏父子卑辞请和,"一以却中国之兵,二假中国之援"[9]。但当曹魏提出结盟并要求征任子时,孙权怕受制于人而断然拒绝,此后遭到曹魏军队频繁征讨,疲于应付。为了摆脱困境,孙权主动遣使入蜀,寻求和解。

夷陵之败也使蜀汉充分认识到吴"可以为援而不可图"⑩方针的正确性。诸葛亮道:若吴蜀为敌,"便当移兵东伐,与之角力,须并其土,乃议中原"。而吴"未可一朝定也。顿兵相持,坐而须老,使北贼得计,非算之上者"。相反,"若(吴)睦于我,我之北伐无东顾之忧,(魏)河南之众不得尽西"⑪。正是基于这种认识,夷陵之战后诸葛亮从大局着眼,逐步改变了对孙吴的强硬态度,双方关系开始恢复。

公元229年孙权称帝,三国鼎立局面正式形成。诸葛亮派卫尉陈震至武昌,一方面表示祝贺,一方面代表蜀汉政府与孙权正式结盟,双方签订了共同对魏的盟约。内容如下所列:

1.患难与共,友好相处。双方均表示将"救危恤难,分灾共庆",并且"传之后叶,克终克始"⑫,世世代代友好相处。

2.预分天下。徐、豫、幽、青属吴,并、凉、冀、兖属蜀;司州之土,以函谷关为界。这反映出两国试图永远消除领土纷争的良好愿望。据史籍记载,预分天下后,孙权随即撤销了此前侨置的冀州牧和兖州牧建制——因冀、兖属蜀汉分域;蜀也改封鲁王为甘陵王,梁王为安平王,"皆以鲁、梁在吴分故也"⑬。

3."各守分土,无相侵犯"。这里的"分土"不单指双方分割天下各自所得的州郡,也包括两国的本土,实际上意味着蜀汉对孙权袭取荆州的默认。

4.军事合作,共同抗魏。这是同盟的核心。盟约规定双方将"戮力一心,同讨魏贼"。具体作战原则有二点。

其一,"若有害汉,则吴伐之;若有害吴,则汉伐之"。这是指同盟任何一方遭受曹魏入侵,另一方有义务出兵救助。需要注意的是,由于吴蜀间没有共同对魏战场,一方有难,另一方只能在自己的战场上主动进攻,以牵制魏军,间接援助对方。

其二,同盟任何一方主动进攻曹魏,另一方必须出兵配合,造成"吴攻其东,汉入其西,彼救西则东虚,重东则西轻"⑭的态势,令曹魏顾此失彼,防不胜防。

陈震与孙权结盟，标志着吴蜀同盟的正式确立。如果将吴蜀同盟与赤壁之战前后孙刘联合相比较的话，可以看出如下区别。第一，孙刘联合是曹操大兵压境下的应急措施，具有暂时性，重在防御；而吴蜀同盟诞生于三国鼎立局面确立之后，吴蜀政权稳固，不再处于单纯防御地位，也有了主动性进攻，因此，吴蜀同盟不再以防御为主，它制定了攻、守两条作战路线，具有攻防结合的特点，是两国保存自己进而北定中原战略方针的具体体现。第二，由于三国鼎立局面的确立及吴蜀荆州纷争的消除，吴蜀间已经没有了对抗性矛盾，这使吴蜀同盟比孙刘联合更具有长期性和稳定性。它是孙刘联合的发展而不是简单重复，同盟的建立使曹魏被孤立，三国鼎立局面变成了南北方的军事对峙。

二、同盟方针的贯彻与南北军事对峙

吴蜀缔盟之后，双方能否恪守同盟友好、共同对魏的方针？同盟会不会变成一纸空文？这是研究吴蜀同盟的关键所在。通过对三国时期吴蜀关系的仔细考察，可以发现如下特征：

1. 两国交往频繁，十分友好

吴蜀缔盟后完全中断了与曹魏的政治交往，吴蜀间"聘使往来以为常"[15]。吴郑泉、是仪、张温，蜀宗预、费祎、董允、邓芝等人经常作为信使穿梭往来于两国之间。诸葛亮北伐，孙权均"遣使劳问"[16]；亮卒，权又"遣（是）仪使蜀，申固盟好"。吴孙亮、孙休统治时，吴蜀间聘使往来仍然十分频繁[17]。

除派遣使臣外，吴主孙权与刘禅、诸葛亮间常有书信联系，仅《诸葛亮集》就保存着十余件诸葛亮给东吴君臣的公私信函，即是证明。两国还建立了重大事务通报制度，如"吴主孙权薨，子亮立，来告赴，如古义也"。"吴大臣废其主亮，立孙休，来告难，如同盟也"[18]。

2. 两国从未发生领土纠纷

盟约要求缔盟双方尊重对方领土主权，互不侵犯，所谓"各守分土，无相侵犯",这样吴无蜀东顾之忧,蜀无吴西向之虑,有利于两国集中兵力对付曹魏。从两国历史看,缔盟后没有再发生一起由于领土问题而引起的纠纷,两国边界基本上相安无事,证明双方都严格遵守了盟约的有关规定。

3. 两国完全执行了东西配合、共同对魏的军事协议,致使三国时期出现南北对峙军事格局

据文献记载,早在蜀建兴五年(227)吴蜀同盟恢复期间,孙权已主动配合诸葛亮的北伐活动。这年三月后主刘禅有道诏书谈到此事:"吴王孙权同恤灾患,潜军合谋,掎角其后。"[19]次年,诸葛亮兵出祁出,与孙权书,云:"今大兵已会于祁山,狂寇将亡于渭水,伏望执事以同盟之义,命将北征,共靖中原,同匡汉室"[20]。孙权即遣陆逊北攻曹魏加以配合。

建兴十一年,"孙权与诸葛亮连和,欲俱出为寇,(魏)边侯得权书"[21],导致行动流产。十二年,诸葛亮"悉大众十万由斜谷入寇,遣使约吴同时大举"。亮兵至武功,孙权也亲率十万精兵进攻合肥新城,另派陆逊、诸葛恪攻襄阳,孙韶、张承攻广陵、淮阴[22],曹魏大为惊恐。

诸葛亮死后,蒋琬出镇汉中。后主戒琬:"须吴举动,东西掎角。"《三国志·蜀书·蒋琬传》载琬曾与"吴期二三",也是准备东西方同时发动攻势。

吴赤乌七年,步骘、朱然上书孙权,指责蜀"蒋琬守汉中,闻司马懿南向,不出兵承虚以掎角之,反委汉中,还近成都",违背了同盟之义。再看孙权的解释:"司马懿前来入舒,旬日便退,蜀在万里,何知缓急而便出兵乎?昔魏欲入汉川,此间始严,亦未举动,会闻魏还而止。蜀宁可复以此有疑耶?"[23]虽然孙权在为蜀辩解,但也知魏入汉川,吴也戒严准备掎角,只是因魏军撤退而止。这证明同盟间军事互助原则对双方仍然具有很强的约束力。

孙亮时,诸葛恪以20万大军进攻魏合肥新城。恪司马李衡奉命入蜀见姜维,约请同举,曰:"若大举伐之,使吴攻其东,汉入其西,彼救西则东虚,重东则西轻,以练实之军,乘虚轻之敌,破之必矣"[24]。姜维遂出围狄道加以配合。

公元263年魏发动灭蜀战役,吴主孙休不惜全线出击营救蜀汉。《三国志·吴书·三嗣主传》载:"使大将军丁奉督诸军向魏寿春,将军留平别诣施

绩于南郡,议兵所向,将军丁封、孙异入沔中,皆救蜀。蜀主刘禅降魏问至,然后罢。"由此可见,直至蜀亡,吴蜀间仍然在履行同盟互相救助的义务。

三、吴蜀同盟的作用及其局限

　　吴蜀同盟贯穿整个三国时期,从初创到结束达五十多年,其历史作用集中体现在几个方面:
　　1. 吴蜀同盟在一定程度上牵制、打击了曹魏政权
　　吴蜀同盟的建立使三国鼎立局面变成了以吴蜀为一方、曹魏为另一方的南北军事大对峙。吴蜀东西配合、左右掎角的攻防战略,给曹魏军事上造成极大困难,所谓:"东西有事,二方皆急,诸将意沮"[25]。魏军往往只能迎战一方,另一方因守挨打。可以说,吴蜀同盟对于保护自己、打击曹魏,促成和延长三国鼎立局面起了重要作用。史载赤壁大战后孙权为了巩固同盟关系同意刘备统领荆州,"曹公闻权以土地业备,方作书,落笔于地"[26]。同盟对曹魏政权具有明显的威慑力。
　　2. 吴蜀同盟加强了两国政治经济交流
　　两方通过书信或聘使往来,重大事务相互通报,不仅增进了了解,彼此还给对方提出了一些有益的建议。譬如,庞统有王佐之才而官职不过县令,吴人鲁肃致函刘备:"庞士元非百里才也,使处治中、别驾之任,始当展其骥足耳。"备纳之,庞统始被重用,"亲待亚于诸葛亮"[27];孙权用诸葛恪督掌军粮,诸葛亮认为用人不当,言于孙权,恪立即被转任他职;费祎使吴,孙权曾言及蜀将魏延、杨仪失和一事,道:"若一朝无诸葛亮,必为祸乱矣"[28],告诫蜀汉应该有所防备。亮卒,魏、杨间果然发生内讧。诸如此类,不胜枚举。经济方面,双方互通有无。蜀马、蜀锦为吴人所好,蜀汉常常以此馈赠吴人。《三国志·吴书·吴主传》注引《吴历》载:"蜀致马二百匹,锦千端,及方物";"吴亦致方土所出,以答其厚意焉";吴人还曾经"送驯象二头于刘禅"[29]。
　　3. 吴蜀同盟促成了两国间的和平友好,消除了两国间可能发生的战争,既免生灵于涂炭,又解除了两国东、西顾之忧,在当时还是具有积极的意义。

不过,客观地看待吴蜀同盟,我们发现它仍然存在这么几个问题:

1. 蜀汉联合孙吴只是出于反魏的需要,想假借吴力消灭曹魏,然后再灭吴。诸葛亮承认:"优于吴盟,皆应权通变,弘思远益,非匹夫之为忿者。"[30]邓芝使吴,曾坦率地告诉孙权:"如并魏之后,大王未深识天命者,将提枹鼓,则战争方始耳。"[31]所以从这个角度讲,吴蜀同盟只是双方在反魏旗帜下的合作,是有条件的,合作过程中难免出现唇枪舌战、反唇相讥的现象,合作深度和广度也就大打折扣。

2. 吴也有承衰取蜀的念头。孙权在巴丘屯有军队,蜀也"东屯白帝以备吴"[32];诸葛亮死后,"吴虑魏或承衰取蜀,增巴丘守兵万人,一欲以为救援,二欲以事分割"[33];蜀亡,吴再次发兵西上,"有兼蜀之志"[34]。后因久攻永安城不克而罢。所以两国也不是完全没有东、西顾之忧。

3. 吴蜀两国协同作战,但一个在魏南,一个在魏西,限于通讯联系的落后,一方有急,另一方不一定立即知道并作出反应,孙权答步骘、朱然"蜀在万里,何知缓急而便出兵乎"就是证明。那么,配合作战就只能局限于主动进攻的战役或遭受攻击但来得及联络的战役,一般都是大规模军事行动。如孙权与诸葛亮"克期大举"、诸葛恪攻合肥新城、魏灭蜀等战役。由于缺少共同对魏的战场,战役中往往各行其事,不可能紧密配合,更不可能周密布署,因此,吴蜀共同对魏军事策略的作用也是有限的,往往政治意义大于军事成就。

上述局限对同盟力量的充分发挥多少会有一些影响,但还不足以导致同盟破裂,同盟间团结是主流,积极作用应大于消极影响。

公元263年,魏灭蜀,吴蜀同盟解体,吴失去西翼盟友,陷入曹魏两面夹击之下,形势危殆。公元280年西晋灭吴战役,王濬水军就是从益州顺流而下直捣建业并迫使吴主孙皓投降的,由此可见同盟解体给孙吴政权带来的负面影响。伴随吴的灭亡,三国鼎立局面也就最后结束。

注 释

① ⑫ ⑮ ㉓《三国志·吴书·吴主传》及注。
②《三国志·蜀书·先主传》。

③⑩⑪㉚《三国志·蜀书·诸葛亮传》及注。

④《资治通鉴·汉纪》献帝建安十三年。

⑤《资治通鉴·汉纪》献帝建安二十四年。

⑥《资治通鉴》载赤壁战后:"权以备领荆州牧,周瑜分南岸地以给备";"刘表故吏士多归刘备,备以周瑜所给地少,不足以容其众,乃自诣京见孙权,求都督荆州";"鲁肃劝以荆州借刘备,与共拒曹操,权从之"。此即刘备"借荆州"之由来。

⑦《三国志·蜀书·关羽传》。

⑧《三国志·蜀书·法正传》。

⑨《资治通鉴·魏纪》文帝黄初二年。

⑬⑱《华阳国志·卷七·刘后主志》。

⑭㉔《三国志·吴书·诸葛恪传》注引《汉晋春秋》。

⑯㉙《诸葛亮集·遗事篇》。

⑰参见《三国志》是仪、孙峻、王蕃、薛翊传。

⑲《三国志·蜀书·后主传》注引《汉晋春秋》。

⑳《诸葛亮集·文集》注引《艺文类聚》。

㉑《三国志·魏书·刘放传》。

㉒《资治通鉴·魏纪》青龙三年。

㉕《三国志·魏书·三少帝纪》注引《汉晋春秋》。

㉖《三国志·吴书·鲁肃传》。

㉗《资治通鉴·汉纪》献帝建安十五年。

㉘《三国志·蜀书·董允传》注引《襄阳记》。

㉛《三国志·蜀书·邓芝传》。

㉜《诸葛亮集·遗迹篇》。

㉝《三国志·蜀书·宗预传》。

㉞《三国志·蜀书·霍弋传》注引《襄阳记》。

原刊《四川师范大学学报》1997年第4期

作者简介:陈乾康,1962年生,四川师范大学历史系副教授。

巴蜀文化与汉晋文明

段 渝

中国上古文化由各个区系文化多元整合而成。秦王朝时,从政治、经济、疆域上统一了中国,"海内为郡县,法令由一统"①,同时也积极开展了整合多元文化的事业。但各区系文化的基本特征是在上千年历史、独特的地理等多种因素作用下形成的,不能也不可能骤然消亡,所以秦王朝的文化专制主义并没有从根本上改变各区系的文化特色。汉兴,汉王朝充分汲取秦灭的历史教训,以广阔的胸怀,博采中华各大区系文化的精华于王廷,为立祠,为乐舞②。这样,一方面,至西汉中叶前后,各大区系文化纷纷转型,同汉文化充分整合,由此促成了汉代文化和学术的兴旺发达;另一方面,汉代文化又不能不带有多元来源色彩和区系文化特征。

汉中叶各大区系文化转型以后,其精神动力主要来自两个方面:一是汉代中央王朝为适应其统治需要,开通经学之途,以此作为"禄利之路"③,吸引全国精英人才为入仕而皓首穷经,为朝廷所用;一是汉代中央王朝对各区系的文化、宗教等采取宽容政策,保存了各地的基本文化内核,对于维系地方的典型人格、行为方式、价值观念以至风俗习惯、艺术形式、风格等的整体性形态及其稳定和传承,起到了重要的凝聚和延续作用④。汉代的巴蜀文化,就是在这种历史背景之下,由于汉王朝引导而迅速攀上了汉文化的高峰,又积数代之功,在汉晋之间的文化史舞台上扮演了重要角色。基于这些认识,本文试从学术和宗教的几个方面,对巴蜀文化与汉晋文明的诸种关系做一初步探讨,以就正于海内外博学君子。

一、巴蜀文化与儒家

儒家学说及其思想在巴蜀地区传播甚晚,至汉景帝末年文翁治蜀时,始开风气之先。先秦时期,巴蜀的宗教信仰和鬼神崇拜盛行,并贯穿在巴蜀文化的诸方面,以致成为巴蜀文化的精髓,而这种根深蒂固的文化精神同儒家所倡导的"不语怪、力、乱、神"⑤,"未能事人,焉能事鬼"⑥,"天道远,人道迩"⑦等完全不能相容。儒家的伦理道德等学说,很难自发地渗透进巴蜀文化区,更谈不上占有什么地位。

汉景帝末年,文翁受命治蜀,"见蜀地僻陋有蛮夷风"⑧,于是兴办教育,终于使蜀地风气为之大变,史称"巴蜀好文雅,文翁之化也"⑨。其实,这种看法实在是一种以自我为中心的文化偏见。倘若从礼乐制度上来解说文化,理解文化的教化含义(这种含义是中国文化史上对文化一词内涵的最古老也是最权威的解说),那么巴蜀文化无疑早在商代就已达到了"有文化"(文明)的水平,即有文字、礼制、乐制、职官制度等⑩,这在观念上完全符合华夏关于文化概念的理解。然而究因传统不同,巴蜀与诸夏之间存在文明类型的差别与冲突(这导因于不同的民族、地理、环境和历史、文化等),所以尽管巴蜀有文化,并且拥有灿烂的文明,但仍被中原诸夏视为"西僻戎狄"⑪、"巴戎"⑫、"南夷"⑬,表现出早期中原文化的唯我独尊意识,和"非我族类,其心必异"⑭的民族主义观念。所以,秦汉之际,当秦汉文化不断改造着巴蜀文化之时,巴蜀的强烈自我意识也在不断地产生着抗拒心理,青铜器、钱币、印章、文字符号等一直延续至汉中叶,人们仍以族相聚,很大程度上保持着巴蜀文化的古老传统。文化差异、文明类型的冲突,自然使"质文刻野"即宗教鬼神信仰极为浓郁的巴蜀文化表现出完全不同于以儒雅之风著称的中原文化的特点,这也就导致文翁以为蜀人"颇有蛮夷风"。显然,文翁是以中原为中心来看待文化差异和文明冲突的,自然会把异类文明视若蛮夷。

经过景、武之间文翁治蜀,选派蜀中子弟到京师太学受业博士经学、律令,"东受七经,还以教授"[15],又在成都"立文学精舍讲堂",创立郡学,于是蜀风焕然一新,"蜀学比于齐鲁"[16]。所谓蜀学比于齐鲁,是指蜀人在文学和学术上取得的成就足以同先秦的稷下学派相比,而蜀文化在精神风貌上也转型为汉文化。《汉书·地理志》说:"景、武间,文翁为蜀守,教民读书法令,……及司马相如宦游京师诸侯,以文辞显于世,乡党慕循其迹。后有王褒、严遵、扬雄之徒,文章冠天下。由文翁倡其教,相如为之师。故孔子曰:有教无类。"所指即是蜀文化转型的情况。此后,"巴、汉亦化之"[17],相继转型为汉文化。从考古学上看,正是在文翁治蜀期间,巴蜀先秦古文化的特征基本上化于无形,作为一支独立的考古学文化,此后不复见于历史,不是偶然的。这一现象与蜀学比于齐鲁有着深刻的内在联系,表明两支文化间的冲突以汉文化的统一而告终。这一结局,一方面说明儒学本身具有强大的播化能力,另一方面也说明巴蜀文化原本就具有优秀的基础,所以接受新事物既迅速又彻底,以致"文章冠天下",攀上汉文化的高峰。

汉代巴蜀文化转型后,文人辈出。据《华阳国志·先贤士女总赞》,两汉巴蜀地区有名的文人约计四五十人,当中约及半数是儒家学者,儒家学者中绝大多数以治今文经学为主,仅2人治古文经学。三国时儒士尹默说:"益部多贵今文,而不崇章句。"[18]这里所说章句,即指古文经学。汉代经学的实质,是汉王朝开放一条"禄利之路"[19],以吸引全国精英人才一代又一代地走上皓首穷经这条无限艰深的道路。而今文经学是孔子正名分(诛乱臣贼子)的思想体现,是封建专制主义具体应用在政治上的典型,乃朝廷所提倡,代表和反映了统治阶级当权部分的政治利益[20]。巴蜀儒者注重今文经学,充分表明巴蜀精英分子所受汉文化的影响完全是来自官方的,恰与汉文化对巴蜀所施的影响主要来自朝廷一致,也可以说是文翁化蜀成果的扩大和进一步延伸。巴蜀儒者正是在"禄利之路"的引导下,热切追随封建王朝当权集团,"贵慕权势"[21],以求仕进,追求荣华富贵的。汉代巴蜀今文经学的兴盛,说明巴蜀儒士对于学术怀抱一种经世致用的观念,表现出全面接受了汉文化儒家思想教育的巴蜀精英迫切要求参与国家政治生活的普遍心态和强烈愿望。这是当时政治环境的产物,也是转型以后巴蜀学术文化的一大特点,并对有汉一代及魏晋之际的巴蜀儒士产生了极为深刻的影响。

另一方面,今文经学之所以成为两汉巴蜀儒家的主流,还在于它是以儒家经典融会阴阳五行学说作为哲学基础的,其中的灾异成分占有相当重要的地位。而巴蜀文化从先秦至汉代,巫风盛行,神仙家经久不衰,在很大程度上与今文经学所鼓吹的灾异学说意气相投,所以较易接受今文经学,一拍即合。事实上,汉晋巴蜀的儒家多兼习图谶,如何英、杨由,均通经纬;杜琼通经纬术艺;严象、赵翘为著名灾异方术家杨宣门生,并为当世"大儒";景鸾亦明经术[22]。至于其他精灾异、明经术、习内谶、通方术的巴蜀学者,汉代尤为众多。在这种文化传统背景下,又受朝廷"禄利之路"的巨大吸引,巴蜀儒家以研治今文经学为其主流,是不奇怪的。如此看来,东汉时朝中激烈的今古文经学之争,其巨大波澜竟然没有在巴蜀地区激起涟漪,就是容易理解的了。

三国之时,蜀汉以巴蜀为根本,北敌曹魏,东却孙吴,号称皇朝正统,以期北图中原,恢复汉室。这一客观现实,一方面激发起巴蜀儒家参与蜀汉政治的极大热情,另一方面又点燃了巴蜀儒士传统的区域意识和抗衡中原意识[23]。自先秦以来,巴蜀就存在强烈的区域意识和抗衡中原意识,这两种意识根深蒂固,尤在一些文人中代相传承,积为心态,虽经秦汉大一统的改造和抑制,也没有完全扑灭,依然"未能笃信道德,反以好文刺讥","淫失枝柱"[24],"意相节却,不顺从也"[25],又在群雄纷起、三国鼎立的政治动乱局面中日渐复活,不少巴蜀儒士为蜀汉政权所用,就是明显的史例。在这种政治和文化背景之下,蜀汉儒家一改昔日重今文经学之风,学者多以治古文经学为主,显然就是投蜀汉朝廷之所好[26],从学术上与中原曹魏朝廷以何晏、王弼为代表的玄学相抗衡,当中所寄寓的其实就是早已化为传统心态的抗衡中原意识,这是区域意识极端化发展的结果。其典型代表人物,就是蜀汉最著名的两位通儒和大学问家秦宓与谯周。

史称秦宓"少(年)有才学",博古通今,被诸葛亮称引为"益州学士"[27]。他以巴蜀方术、图谶来表达其为蜀汉争正统的政治思想,是将文化与政治相结合的一个典型人物。在《三国志·蜀志·秦宓传》中,有两个事例明显地表露了他的这种意识形迹。一个事例是秦宓与吴使张温的对答。温曰："天有姓乎？"宓曰："有。"温曰："何姓？"宓曰："姓刘。"温曰："何以知之？"答曰："天子姓刘，故以此知之。"温曰："日生于东乎？"宓曰："虽生于东而没于西。"这一事例十分明显地表现了秦宓利用图谶之说为拥刘反曹张本的政治意图。另一个事例是秦宓与蜀汉广汉太守夏侯纂谈论益州与"徐州"（指中国其他地区）的优劣。秦宓"陈其本纪"，从蜀文化掌故入手，谈了三件事："蜀有汶阜之山，江出其腹，帝以会昌，神以建福，故能沃野千里。淮、济四渎，江为其首，此其一也。禹生石纽，今之汶山郡是也。昔尧遭洪水，鲧所不治，禹疏江决河，东注于海，为民除害，生民以来功莫先者，此其二也。天帝布房心，决政参伐，参伐则益州分野，三皇乘祗车出谷口，今之斜谷是也。"最后他又反问夏侯纂："明府以雅意论之，（益州）若何于天下乎？"于是夏侯纂"逡巡无以复答"。秦宓所谈三事，第一事语出纬书《河图括地象》㉘，徐中舒先生认为乃指望帝、鳖灵之事㉙，实为巴蜀自古相传的旧说，秦宓以此引出"江为其首"的结论，显然意指巴蜀为天下之首，这是从地理形胜方面立言；所谈第二事，语出扬雄《蜀王本纪》㉚，又以《尚书》为证，引出巴蜀"生民以来功莫先者"的结论，显然意指巴蜀功冠华夏，这是从人事功业方面立言；所谈第三事，语出《蜀记》㉛，顾颉刚先生以为乃据《春秋命历序》㉜，实亦巴蜀世代相传的旧说，秦宓以此引出三皇所出谷口即"今之斜谷"（按：斜谷位于川陕之交，古为巴蜀之境）的结论，显然意指巴蜀文明教化早于天下，这是从历史文化方面立言。这三个方面的论说，集中表达了秦宓以巴蜀文化区域意识为核心的抗衡中原意识，不论其政治立场还是学术思想㉝，都是以此为基本出发点的。

谯周"治《尚书》，兼通诸经及图、纬"，"研精《六经》"，"耽古好学"㉞，"好古述儒"㉟，是古文经学家，他的政治立场和学术思想均师承秦宓，"具传其业"㊱，无不承其余绪。《三国志·蜀志·秦宓传》记载："初宓见《帝系》（按：即《大戴礼记·帝系》）之文，五帝皆同一族，宓辨其不然之本。又论皇帝王霸豢龙之说，甚有通理。谯允南少时数往咨访，纪录其言于《春秋然否论》。"谯周的《春秋然否论》今已不传，但其所作《古史考》则是根据秦宓之言阐述五帝不同一族之书㉜。谯周《古史考》之作,"皆凭旧典",驳斥司马迁"采俗语百家之言"作《史记》的做法㊳,但谯周本人所作的《蜀本纪》却力陈"禹生石纽"这一巴蜀自古相传的旧说㊴,其用意不也是与秦宓完全相同,盖指巴蜀为"生民以来功莫先"、文明教化早于天下吗?可见他完全与秦宓一脉相承,站在巴蜀文化的基点上与中原相抗衡。如果再联系到蜀汉亡后,魏、晋累诏谯周用事,他却每以婉词相拒,"自陈无功而封,求还爵土"㊵,甚至临终前还嘱其子勿以晋室所赐朝服加身,告以"当归旧墓"、"豫作轻棺"㊶,这一点就更加清楚了。

尽管古文经学家崇尚训诂,反对谶纬,标榜考据,鄙视义理,然而一旦涉及根本的政治立场、文化传统和学术思想,便立即站到了自己的反面。由此可见蜀汉儒家面目之一斑,清楚地表明了他们治学的终极目的也是为当世政治服务的,这同今文经学家又有什么两样呢?

二、巴蜀文化与方术神仙家

巴蜀地区自古巫术流行,巫风弥漫。早在商代三星堆古蜀文明时代,以萨满为特征的巫术就已笼罩在古蜀大地之上㊷。三星堆"祭祀坑"出土的大型青铜雕像群,包括各种大小立人、跪坐人物、奉璋人物、顶尊人物、人头像、人面像、祭坛、黄金面罩、金杖,和各种青铜动物、植物、怪兽群像,以及大量象牙、海贝、玉器,均与降神、通神、祈神降祸福于人间的巫术仪式和巫歌、巫舞有关。几株大型青铜神树,上有立鸟、悬龙、蝉、贝、铃、花蒂等铜制海陆空神物,树座之旁又有铜人护卫,竟与弗雷泽(James George Frazer)在其名著《金枝》(The Golden Bough)中所描写的情景相类似,不是偶然的,当与《山海经》和《淮南子》所记载的"众帝所自上下"之"建木"有关,而"建木在都广",即今成都平原,建木就是古蜀诸神的"上天还下"之梯㊸,也就是所谓天梯。三星堆文明如此盛大的通神、降神场面,在当时全中国范围内绝无仅有,足以显示出巫风之盛。延及周代,巴蜀乃至整个西南夷地区的"巫鬼"(或作"鬼巫")崇拜盛而不衰,不仅影响到江汉地区"信巫鬼,重淫祀"㊹传统的形成,还在西南各族中造成了深刻久远的影响,对于汉季道教的起源、形成和传播奠定了广泛的思想和社会基础,其遗风故俗直到隋唐之世仍然斑斑可见,以致在中国文化史上形成了一个颇引人注目的巫鬼文化圈,传奇甚多,由来甚古,与众不同⑮,使巴蜀文化分外扑朔迷离,令世人颇感茫然,无从缕述。

流传至今的两部蜀史,西汉扬雄的《蜀王本纪》和东晋常璩的《华阳国志》,对于古蜀历史文化的记载,通篇充满了神仙家的浓重气息。在《蜀王本纪》中,蜀之先王蚕丛、柏灌、鱼凫,"此三代各数百岁,皆神化不死,其民亦颇随王化去","(鱼凫)王猎至湔山,便仙去",当杜宇开国后,"化民往往复出",而"望帝积百余岁,荆有一人名鳖灵,其尸亡去,荆人求之不得,鳖灵尸随江水上至郫,遂活,与望帝相见,望帝以鳖灵为相"。此类神化不死、死而复生的故事,都是极其典型的神仙家之言。《华阳国志·蜀志》的记载也是如此,如"鱼凫王田于湔山,忽得仙道",又如"杜宇化鹃","帝升西山隐焉","石牛便金","丈夫化女","五担石折"等等,均为神仙家言。此类神仙家言流传到楚地,影响至深,故《楚辞》记载说:"鳖令尸亡,泝江而上,到崏(岷)山下苏起,蜀人神之,尊立为王。"⑯可以说,整部古蜀史,就是由方术和神仙家言交织而成的宗教体系。

早于常璩的古蜀史著,据《华阳国志·序志》记载,在汉晋之间原有八家,但仅有题名扬雄的《蜀王本纪》因有清代辑本而流传下来,但已属断简残篇,其余七家则均已散佚(仅《三国志·蜀志·秦宓传》裴松之注引谯周《蜀本纪》一条传世),难考其详。但八家《本纪》均为常璩所亲见,并"略举其隅"。从《华阳国志·序志》所举来看,八家《本纪》均充满了方术和神仙家言一类描写,如"三皇乘祇车出谷口","蜀王蚕丛之间周回三千岁","荆人鳖灵死,尸化西上,后为蜀帝,周苌弘之血变成碧珠,杜宇之魄化为子鹃"等,常璩斥之为"世俗间横有为蜀传者"。但这些事类均为古蜀历史和文化上的重要环节和关键之点,而八家《本纪》的作者又都是汉晋之间巴蜀的成名之士。这就意味着,在两汉和魏晋之际,蜀中学人对于古代蜀史及文化的理解,本质上仍然是宗教性的,即是若干由方术和神仙家言汇聚而成的事类的叠加,亦即宗教史的延伸。

除常璩提到的八家《蜀本纪》外,汉末三国时言及古蜀史的尚有其人,有名的如汉末的来敏和魏晋之间的秦宓、陈寿等。来敏为刘焉宾客,著有《本蜀论》,记述蜀王本始,其书早佚,《水经·江水注》和《沔水注》分别引用一条,其中一条叙录望帝、鳖灵事,另一条叙录石牛便金事,与扬雄《蜀王本纪》大同小异,出自一辙。秦宓所叙,已见上文。陈寿所述,见于《水经·江水注》引其《益部耆旧传》,讲的是蜀中普通百姓夫妻死而复生的故事。这些都是为常璩所驳斥的不雅驯之言。然而在有汉一代、魏晋之世,以神仙家言为脉络的古蜀历史一再在巴蜀文人学士中翻版传习,却恰恰表明古蜀文化史体系不论在先秦还是汉魏都是由宗教这个黏合剂所聚合起来的。

尽管常璩激烈批评这些"世俗间横有为蜀传者",但他既是蜀郡江原人,就不可能不受到蜀中世代相承的神仙家言的深刻影响,所以在他编撰《华阳国志》时,虽经他以《汉书》作为取舍标准,多方删正,但书中受神仙家的影响之迹仍然斑斑可见。这种情况说明,直至两晋之际,蜀文化中依然弥散着相当浓厚的方仙气息,而这种气息深深浸透了蜀人的心灵,以致连标榜正统、人称"蜀史"的常璩也难以摆脱其窠臼,足见蜀文化内蕴的宗教化程度之深。

汉世广泛流传着关于方术的种种传说,其中颇有名气的是苌弘及其形迹。苌弘,春秋末周大夫,以星象、术数著称于世[47],《史记·天官书》称他为"昔之传天数者",《淮南子·泛论篇》还说:"昔者苌弘,周之执术数者也,天地之气,日月之行,风雨之变,律历之数,无所不通。"据《史记·封禅书》,苌弘身怀"设射狸首"之术,"以方事周灵王。诸侯莫朝周,周力少,苌弘乃明鬼神事,设射狸首。狸首者,诸侯之不来者。依物怪欲以致诸侯,诸侯不从,而晋人执杀苌弘。周人之言方怪者自苌弘"。所谓"设射狸首",渊源于古代的"射侯",属于上古的一种方术。《封禅书》所说"方"、"方怪",均指方术,可见苌弘是古代的大方术家。

大方术家苌弘与蜀大有关系。《庄子·外物》说:"苌弘死于蜀,藏其血,三年化为碧。"《吕氏春秋·必己》说:"苌弘死,藏其血,三年而为碧",虽未言蜀，但义近《庄子》。《华阳国志·序志》说："世俗间横有为蜀传者，言……周苌弘之血，变成碧珠"，可见汉代人所著《蜀王本纪》原有苌弘化碧于蜀之说[48]。晋人干宝《搜神记》亦说："周灵王时苌弘见杀，蜀人因藏其血，三年乃化而为碧。"这些记载说明，苌弘死于蜀是战国秦汉魏晋约及七百年间流传广远的一种传说，这种传说的起源和流布必定有其深刻的历史文化背景，那就是蜀中历来为方术神仙家的渊薮。虽有人指认苌弘葬于洛阳[49]，但这并不重要。不论苌弘是否死于蜀，道家以《庄子》为首的诸书[50]，以及专门记载古代神怪事迹的《搜神记》，和深受神仙家观念浸染的诸种《蜀王本纪》，均一致指认苌弘死于蜀，这绝非偶然。这种现象至少提供了一条非常清晰的线索，一头伸向上古，一头伸向近古，把千年之间蜀中连续发展的方术神仙家文化串联起来，对于我们理解蜀中为方术神仙家的一大策源地是大有帮助的，并且特别有助于我们理解巴蜀之成为道教发源地的历史文化渊源及其背景。

除苌弘而外，从战国至汉晋时期还风行关于仙人王乔和彭祖的传说。王乔之为神仙，见于屈原《远游》，其术显然属于行气一派仙术，屈原称其术为"道"，汉时亦称为"道"，即所谓"方仙道"[51]。《淮南子·齐俗》说："今夫王乔、赤诵子，吹呕呼吸，吐故纳新，遗形去智，抱素反真，以游玄眇，上通云天。今欲学其道，不得其养气处神，而放其一吐一吸，时诎时伸，其不能乘云升假亦明矣。"《淮南子·泰族》也讲到王乔之道术，与《齐俗篇》所述大体相同，兹不具引。关于彭祖仙术之迹，较早的记载盖为孔子所说"窃比于我老彭"[52]，老彭即彭祖，因寿长，故称之为"老"。《庄子·刻意》明确讲到彭祖之术，此篇记载："吹呴呼吸，吐故纳新，能经鸟申，为寿而已矣。此导引之士，养形之人，彭祖寿考者之所好也。"与庄子同时代的屈原也说："彭铿斟雉，帝何飨？受寿永多，夫何久长？"[53]相传彭祖为殷守藏史、周柱下史，寿八百余岁[54]，汉晋间人对此颇多习知[55]。从《庄子》所述来看，彭祖和王乔的仙术，均以行气吐纳为特点，应属同一仙道派别。

王乔、彭祖都是蜀人，并且同出汉之犍为郡武阳县（今四川彭山县）。《淮南子·齐俗》高诱注："王乔，蜀武阳人也，为柏人令，得道而仙。"许慎

《间诂》也说:"王乔,蜀人。"南朝萧梁李膺《益州记》(亦作《蜀记》)亦载,武阳"县有王乔仙处,王乔祠今在县"㊱。周、汉时还另有两个仙人王乔,一是周灵王太子王子乔㊲,一是东汉叶县令河东人王乔㊳,与蜀中仙人王乔不同,这一点汉晋间人是区分得很清楚的。但对彭祖之为蜀人,则略有分歧。据《国语·郑语》、《史记·楚世家》,彭祖为祝融陆终氏之子,又称"大彭","自尧时举用,历夏殷,封于大彭"㊴。《汉书·地理志》以为:"彭城,古彭祖国",地在今江苏省徐州市。但蜀中也有彭祖遗迹。《华阳国志·蜀志》于犍为郡武阳县下载:"郡治,有王乔、彭祖祠",又载:"王桥(乔)升其北山,彭祖家其彭蒙。"彭蒙之蒙,与望音近相通,《续汉书·郡国志五》犍为郡武阳县下载有"彭望山",刘昭注引《南中志》云:"县南二十里彭望山",又引李膺《益州记》:"县……下有彭祖冢,上有彭祖祠。"《元和郡县志》卷三二亦载:"彭亡城亦曰平无城,彭祖家于此而死,故曰彭亡。"蜀地这个彭祖渊源有自,应与《尚书·牧誓》所载西土八国"庸、蜀、羌、髳、微、卢、彭、濮人"中的彭人有关,不必勉强去同陆终氏之后的大彭相比附。从三国时张鲁之子叫彭祖的情况看㊵,西蜀有为子取名彭祖之习。再从仙人彭祖行迹看,他以"吹呴呼吸,吐故纳新"为特征,恰与其同乡王乔相同,所以《庄子》所说的仙人彭祖,应为西蜀犍为郡武阳县的彭祖,而非东方彭城的彭祖。此彭祖与王乔并为一派,蒙文通先生考证其为南方之仙道,与燕、齐有殊,而吴、越的行气一派也是源于西蜀王乔、彭祖的㊶。至于《华阳国志·序志》所说"彭祖本生蜀,为殷太史",则混淆了东方的彭祖和西方的彭祖,而两个彭祖又是各有渊源的,正如三个王乔各不相同一样。

　　从商代三星堆蜀都发达的巫术,到整个古蜀历史体系中无处不在的方术神仙家言,再到饮誉于世的方士神仙家苌弘、王乔、彭祖,可以清楚地看到蜀地巫术、方术、神仙之术从先秦到汉晋连续发展的历史陈迹,它们构成了古蜀文化最突出的特色要素,即是巴蜀文化的底蕴,所以当秦汉时代巴蜀文化的其他子系统纷纷转型,与汉文化合流以后,这个子系统却依然保持着自己的内蕴,几乎完整地继承下来。巴地的巫风同样源远流长,尤其巫鬼崇拜风行不衰,与蜀地连为一体,因而,汉末张鲁居汉中(汉中原为巴蜀之地,至东汉仍"与巴蜀同俗"[62]),"以鬼道教百姓,賨人敬信巫觋,多往奉之"[63]。正是因为巴蜀文化有着方术神仙家传统和巫鬼信仰传统,才使巴蜀成为道教思想及其组织的重要发源地,这是历史的必然。

三、巴蜀文化与道家

巴蜀是深受道家思想重要影响的一个地区,早在战国时就受道家哲学影响甚大。扬雄《蜀王本纪》记载:"老子为关令尹喜著《道德经》,临行曰:'子行道千日后,于成都青羊肆寻吾。'今为青羊观是也。"[64]青羊观即今成都青羊宫。关于这段材料的真伪问题,过去曾有争论,但无论如何,它反映了蜀中道家传统渊源古远,透露出战国时代道家学说曾有西上入蜀历史的蛛丝马迹。《汉书·艺文志》"道家者流"下著录有"《臣君子》二篇",班固原注曰:"蜀人。"其时代远在战国末叶的韩非子之前,传于汉代,书在道家,很有可能是严君平学术的来源[65]。以此联系战国时道家学说西上入蜀的史迹看,确有源流可考。《汉书·艺文志》"道家者流"还著录有"《鹖冠子》一篇",原注曰:"楚人,居深山,以鹖为冠。"但应劭《风俗通》则认为:"賨人以褐为冠,褐冠子著书"[66],以鹖冠子为賨人。两说的矛盾其实不难解决。賨人又称板楯蛮,世居渝水(嘉陵江)左右[67],地与楚近。渝水上源古称西汉水,流经汉中边缘,汉中之东原属巴境,后于战国末属楚[68],直至东汉,仍"与巴蜀同俗"[69]。所以居其深山之中的賨人鹖冠子又被称为楚人,是由后例前,不足为异,但如考镜源流,原为巴人。

至汉代,道家思想在巴蜀继续发展,成为巴蜀文化最重要的思想文化基础之一,也使得巴蜀成为道家思想的重要传播和弘扬地区。而将道家学说同巴蜀地区风行不衰的方术传统相结合,从而首开道家学者与方士两位一体先河的,则是西汉成帝时的大学者严君平。

严君平,名遵,蜀郡成都人。成帝时,"君平卜筮于成都市,以为'卜筮者贱业,而可以惠众人。有邪恶非正之问,则依蓍龟为言利害。与人子言依于孝,与人弟言依于顺,与人臣言依于忠,各因势导之以善,从吾言者,已过半矣'。裁(同才)日阅(历也)数人,得百钱足自养,则闭肆下帘而授《老子》。博览亡不通,依《老子》,《严(庄)周》之指著书十余万言。扬雄少时从游学……君平年九十余,遂以其业终,蜀人爱敬,至今称焉。"[20]据《华阳国志·先贤士女总赞》,严君平"雅性澹泊,学业加妙,专精大《易》,耽于《老》、《庄》","著《指归》,为道书之宗"。翻检史籍可以看到,严君平确是把道家之学同方术结合起来的典型人物。他卜筮于成都市上,虽说是"假蓍龟以教"[21],但却是以前来卜筮者的社会或家庭角色而定蓍龟之言的,即是占卜结果依其对象而转移,这显然是十足的方术。正因严君平开道家与方术相结合的先河,在道教起源、形成的早期历史上占有十分重要的地位,具有深远影响,故其所著《老子指归》[22]被尊为"道书之宗",而唐代著名道士兼学者杜光庭也才把其《指归》列为道教之书,并认为其旨是"明理国之道","以虚玄为宗"[23],可见一斑。

严君平对于巴蜀的学术思想影响十分深刻,巴蜀为之"风移俗易"[24]。其后,两汉之际踵其后者代不乏人,多以学术同方术相结合,竟成两汉巴蜀学术的一大风气。合《华阳国志·先贤士女总赞》与《后汉书·方术列传》统计,两汉时期巴、蜀、汉中地区修黄老、通经纬、明经术、习图谶的有名人物约计三四十人,其中有的在当世就具有极大影响。如巴郡阆中人任文公,为《后汉书·方术列传》所首叙,而"益部为之语曰:任文公,智无双"。又如广汉郡新都人杨厚,"三司及公车连征辟,拜侍中。上言西方及荆、扬、交州当兵起,人民疫蝗,洛阳大水,宫殿当灾,三府当免,近戚谋变,皆效验。大将军梁冀秉权,自退去,归家遂修黄老,授门徒三千人"[25],是将方术与道家相结合的重要人物,"朝廷若待神明"[26],年八十三卒,"天子痛惜,诏谥曰文父"[27],其"神道"传于后世[28]。此类学者,不但在数量上、声望上超过同一时期巴蜀的儒家学者,而且门徒众多,如杨厚授《老子》,门徒三千人,杨宣"教授弟子以百数",董扶"弟子自远而至"[29]等,均为儒家学者所不及,足见风气之盛。

汉晋之际巴蜀地区的道家,在学术思想上直接承之于老子之术,而与黄老刑名之学即所谓黄学(黄老学派)无关。西汉严君平"专精大《易》",耽于

《老》、《庄》","著《老子指归》",不为黄学,其学术思想当是上承《臣君子》而来,而《臣君子》又当是承袭了入蜀的老子之术而来,其间关系可以显示道家思想在巴蜀地区传播和连续发展的历史源流。汉初七十年,虽然汉王朝奉行黄老刑名之学,直到武帝即位以后,"及窦太后崩,武安侯田蚡为丞相,绌黄老刑名、百家之言,延文学儒者数百人"⑧,才开始独尊儒术;但汉初巴蜀地区"质文刻野"⑧,不存在接受并研治黄老刑名之学的社会基础。至文翁治蜀,"教民读书法令",选派蜀人子弟东诣京师受业博士,所学也是儒家经典和律令⑫,并无黄老刑名之学。所以,有汉一代,巴蜀学林并无黄老刑名之学的学术传统。倘以汉初重黄老来推论巴蜀学术亦重黄老,那是没有什么根据的。关于这一点,从严君平"耽于《老》、《庄》","闭肆下帘而授《老子》",在巴蜀学林中承先启后的情况看,也是十分清楚的。

西汉末大学问家扬雄"少贫好道",曾师事严君平,"称其德",受到严君平的很深影响。扬雄"以经莫大于《易》,故则而作《太玄》"⑧,《太玄》即《太玄经》。扬雄的《太玄经》在汉魏之际有着重要影响,一些大儒先后为之作注。东汉大儒张衡常耽好于《太玄经》,称引扬雄"妙极道数"⑭,并为之作《太玄注》。著名学者崔瑗、宋衷、王肃、陆绩等,均作有《太玄注》⑮。固然《太玄经》并不专属道家,《汉书·艺文志》"儒家者流"所列"扬雄所序三十八篇",中有"《太玄》十九",但其思想又确与道家相通,所以《道教义枢》卷二认为太玄与老子有关,而道教经典《道藏》"四辅"有"太玄部",所收道书为巴蜀三张一派经典,即直通老子而不言黄学的巴蜀一派道教,与吸收了相当黄老学说思想成分的"太平部"判然有别,这可以说明扬雄《太玄经》同老子之道的关系。

东汉时,固然史籍所见巴、蜀、汉中不乏"修黄老"者,如杨厚从朝廷引退后,"归家遂修黄老",冯颢"修黄老,恬然终日"⑯,折像"好黄老言"⑰,但这里所说的黄老并不是指黄老刑名之学,不是上承黄老学派的黄学而来,而是指将道家思想与方术结合起来的巴蜀一派道家,是上承西汉严君平所开创的巴蜀道家风气而来。杨厚明方术,为朝廷侍中,上言灾异,"皆效验";冯颢于顺、桓之间为越巂太守,"政化尤多异迹"⑱;折像也是有名的方术家,

《后汉书·方术列传》列有专传。显然,巴蜀的"修黄老"和"好黄老言"者,与兴起于战国、极盛于汉初的以《经法》为代表的所谓黄老学派(实即黄学)决然不同,不能混为一谈。

黄老学派的思想学说,其精要为《黄帝四经》。其书虽然列于《汉书·艺文志》"道家者流",但从1973年长沙马王堆汉墓出土帛书《老子》乙本卷前古佚书即《黄帝四经》㉚来看,黄老学派主张"是非有分,以法断之;虚静以听,以法为符"㉛,通过改造老子道家的"清虚以自守"来达到其法治目的,与老子道家有重要区别。事实上,黄、老本来有别,这在先秦时原是清楚的,只是到了汉代才把二者混同起来,并称黄老㉜,其旨仍是"君人南面之术"㉝,与"以虚无为本,以因循为用"㉞的老子之术迥然有别。由此不难看出,东汉巴蜀学者所"修黄老",绝不是以黄学为主要内容的黄老之学,而是以老子之术同方术神仙家相结合的巴蜀一派道家。至于将这种学术称为黄老,则是东汉一代尤其桓、灵之际盛极一时的社会风气。

应当指出的是,东汉所称的黄老,虽然名分相同,然而在不同的地区却有不同的内容、不同的表现形式和不同的渊源,应该分析源流,不可一概而论。

较早见于史籍记载的是楚王英,其特点是将黄老与佛教相结合。《后汉书·楚王英传》记载:"英少时好游侠,交通宾客,晚节更喜黄老,学为浮屠斋戒祭祀。"又载,永平八年,诏报曰:"楚王诵黄老之微言,尚浮屠之仁祠,洁斋三月,与神为誓,何嫌何疑,当有悔吝?其还赎,以助伊蒲塞桑门之盛馔。""伊蒲塞"为汉语"近住"之意,"桑门"即"沙门"㉟。将黄老与佛教相结合的做法,由楚王英肇其端,终于发展成为东汉宫廷的传统,其时称这种特点的黄老为"黄老道"。《后汉书·襄楷传》记载:"闻宫中立黄老、浮屠之祠,此道清虚,贵尚无为,好生恶杀,省欲去贪。"《后汉书·桓帝纪》亦载:"前史(按指《东观汉纪》)称桓帝好音乐,善鼓笙,饰芳林而考濯龙之害,设华盖以祠浮屠、老子,斯将所谓听于神乎!"《后汉书·王涣传》载:"延熹中,桓帝事黄老道,悉毁诸房祀。"当时还盛传"老子入夷狄为浮屠"之事,桓帝以为"皆天文恒象之数"㊱。由此可见,在桓帝时,东汉宫廷中将黄老与佛教相结合的传统发展成为黄老道。这就意味着,所谓黄老道,是包含了佛教内容在内的,它与单纯的"黄老"显有区别。

灵帝时,钜鹿人张角自称大贤良师,"奉事黄老道,畜养弟子"⑩,又"为符祝,教病人叩头思过,因以符水饮之"⑪,收揽徒众,而以顺帝时宫崇所上于吉"所得神书"《太平清领书》(又称《太平经》)为思想指导,发动黄巾起义,"十余年间,众徒数十万"⑫。可见张角之术是吸收了宫中黄老道、民间方术和以"澄清大乱,功高德正,故号太平"为宗旨的《太平经》等诸方面内容而成的。

东汉时,另有逸民亦好黄老,如矫慎"少好黄老",仰慕赤松、王乔的导引之术等⑬。这一类黄老,其行迹纯属神仙家,并不称为"黄老道",可见其渊源与宫廷黄老道不同,而与巴蜀神仙家有关。

由此不难知道,东汉所谓黄老,在顺、桓、灵之际大致可以区分为巴蜀以老子道家同方术和神仙家相结合而不预佛教的一派⑭,宫廷中以黄老同佛教相结合的黄老道一派,以及东方张角以黄老道、方术同治国平天下即神学与政治相结合的太平道一派等三大派,其来源不同,内容有异,表现形式也不尽一致。因此,在谈论东汉所谓黄老时,不能笼而统之,必须缕析派别,才不致步入历史的误区。这同时也表明,东汉巴蜀地区学者所修黄老,渊源有别,自成传统,不能把它与宫廷的黄老道和张角太平道中的黄老思想混为一谈。

道家思想在巴蜀地区原本是一种次生文化,但道家思想尤其庄子书中多见巫术和方术熏染之处,也流溢出宗教仪式的种种痕迹,而这些都是同巴蜀地区原生文化中的巫术、巫鬼、方术、神仙之术合拍的。因此,巴蜀成为道家土壤,道家能够在巴蜀地区立足、传播和弘扬;而巴蜀地区的原生文化虽然发达,却缺乏自身可以凝成体系的学说,又需要与其有着相当共同基础的道家学说作为理论指导。因此,道家学说一经西上入蜀,便迅速同巴蜀的原生文化结合起来,交融发展,聚为特征,积为传统,于是在两汉之际便形成了道教思想,使巴蜀文化区成为道教思想的主要策源地,经逐步发展,直至汉末天师道的正式创立,于是巴蜀文化区又成为道教的摇篮。这就是东汉顺帝时张陵在西蜀创立五斗米道的历史文化背景。

四、巴蜀文化与道教

巴蜀地区以老子道家思想同方术神仙家相结合的学术和宗教传统,对东汉顺帝时入蜀、学道于鹤鸣山的张陵产生了十分明显的深刻影响。张陵在鹤鸣山创立道教,主要就是基于巴蜀文化传统,直通老子之术,推崇老子,既不讲中土的黄老刑名之学,也不讲西来的浮屠之术。张陵从宗教学角度出发解释老子思想,所著《老子想尔注》[⑩]中,以老子为教主,奉老子为"太上老君",曰:"一者,道也","一散为气,聚形为太上老君",这里的"道"即指老子。张陵把老子尊为太上老君,固然是对于东汉一代神化老子之风愈演愈烈的进一步发展,但更是上承巴蜀地区将老子与方术神仙家结合一体而推向极致的必然结果。由张陵在巴蜀开其端,老子被神化为太上老君、尊为道教始祖之说,便日益为道教所普遍信奉,终成不易之论。

张陵为沛国丰(今江苏丰县)人,据说曾入巴郡江州为官,后挂印而去,入江西龙虎山,结茅山中,炼丹筑坛。汉顺帝时,张陵"闻蜀人多纯厚,易可教化,且多名山,乃与弟子入蜀,住鹄鸣山(即鹤鸣山,在今成都市大邑县西北三十里,故址犹存),著作道书二十四篇"[⑩]。张陵客居蜀之鹤鸣山,最初是为了"学道",而不是布道。《三国志·魏志·张鲁传》"(鲁)祖父陵,客蜀,学道鹄鸣山中",《华阳国志·汉中志》:"汉末,沛国张陵学道于蜀鹤鸣山",《后汉书·刘焉传》:"(鲁)祖父陵,顺帝时客于蜀,学道鹤鸣山中",均说明了这个事实。其后,据李膺《蜀记》:张陵"避病疟于丘社之中,得咒鬼之术书,为之,遂解使鬼法"。所谓丘社,即是农村乡野的泛称。所谓咒鬼之术书,即是巴蜀长期流传的巫鬼、巫术、方术之书,当以从先秦以来长期在民间保存流传的巴蜀古文字(或称巴蜀符号、巴蜀图语)写成,故须"解而使之"。所谓鬼法,即是巴蜀巫鬼、巫术、方术的行使方法,汉魏六朝时多称其为鬼法,又与五斗米道合称为鬼道,张鲁即"以鬼道见信于益州牧刘焉"[⑩],又在汉中"以鬼道教民","其来学道者,初皆名鬼卒"[⑩],可见其名实均来源于巴蜀文化。正因张陵在蜀之鹤鸣山学到了巴蜀方术,并使用巴蜀方术为民众治病,由此才获得了巴蜀人的信任,"于是百姓翕然奉事以为师,弟子户至数万"[105],由此才创立了道教。而张陵所创道教之所以称为五斗米道,"从受道者出五斗米"[106],也正是来源于巴蜀文化自古以来相承不衰的尚五宗教传统[107]。这些事实表明,五斗米道的道名、道术以至道学思想,均承袭了古代巴蜀文化的主要传统,而予以了新的发展。

从文化渊源上分析,张道陵所创五斗米道,其道术中的符箓、行气、导引之术,以及三官手书等形式,均直接采于巴蜀文化的相关内容,或从巴蜀文化中衍生而来。

上引李膺《蜀记》说张陵在蜀"得咒鬼之术书,为之,遂解使鬼法",这种所谓咒鬼之术书,当即五斗米道符箓的来源,因用巴蜀古文字写成,与汉字不同,故须破解才能行使。《后汉书·刘焉传》载,张陵"学道鹤鸣山中,造作符书,以惑百姓","符书"即符箓之书,乃是张陵学道得来,应当就是李膺《蜀记》所说的"咒鬼之术书"。从考古发掘的情况看,东汉墓中出土的道教符箓,有许多是似汉字而又非汉字的文字,且多有日月星辰等图像。这种文字不论在形体还是行款上,都同巴蜀古文字十分类似,而且日月星辰等图像也是巴蜀文字、符号中最常见的几种,它们应当就是先秦至西汉中叶巴蜀文字(又称巴蜀符号、巴蜀图语)的遗留。虽然道教符箓可能有着多元性来源,但作为以三张(陵、衡、鲁,又称三师)为首的道教符箓派,既然在蜀之鹤鸣山"得咒鬼之术书","造作符书",那么就与其他地区的符箓有不同的来源。考古发现的东汉时的早期道符[108],分为不同的几种类型,恰能证明这一点。而东汉时早期道符中的"符箓式"和"符书式"两种,当即从巴蜀文字演化而来,即三张一派的道符。

张陵还吸收了蜀地长期流传的神仙家文化传统,以行气、导引为主,来源于王乔、彭祖一派蜀中仙术。《华阳国志·汉中志》记载:"汉末,沛国张陵学道于蜀鹤鸣山,造作道书,自称'太清玄元',以惑百姓。"所谓太清玄元,据陶弘景《登真隐诀》等书记载,五斗米道徒上章时称其道为"太清玄元无上三天无极大道"。《淮南子·道应》说:"太清,元气之清者也。"同书

《本经》说:"玄元至砀而运照。"高诱注:"玄,天也。元,气也。砀,大也。"此为五斗米道所本[109]。据葛洪《神仙传》,张陵并修行气、导引之术,这恰与其自称"太清玄元"相吻合。"陵死,子衡传其业,衡死,子鲁传其业"[110],累世相承,成为五斗米道的主要道术之一。张陵死于鹤鸣山,被道教尊为"登天",鹤鸣山也被称引为"张道陵登仙之所"[111],这与古蜀王鱼凫"忽得仙道"、蜀中神仙家王乔"得道而仙"、有"王乔仙处"等完全出自一辙,意味着五斗米道的仙术主要源于巴蜀文化。

五斗米道崇奉"天、地、水三官",有"三官手书"请祷之法作为其宗教仪式。三国时人鱼豢《典略》记载:五斗米道"请祷之法,书病人姓名,说服罪之意。作三通,其一上之天,著山上,其一埋之地,其一沉之水,谓之三官手书"[112]。如果分开来看,天地水三官中的任何一种宗教仪式都可以在不同的文化区见到,其间并无一般意义上的区别。如《礼记·觐礼》载:"祭天燔柴,登山丘陵升,祭川沉,祭地瘗",几种宗教仪式在不同文化的各个区系都可以见到。但是道教的三官不能分开来看,因为它并非三种不同的仪式,不是用三种不同的物质载体来分别举行三种不同的仪式,而是用同一载体来举行三次仪式,是同一种仪式的三道程序,它与《礼记》所记载的中原祭仪显有区别,也与秦、楚、吴、越的祭祀仪式迥然不同,所以不能如有些学者那样在《礼记》中去寻找三官的来源。道教三官的来源,实应在它的发源地去探寻,那就是古代的巴蜀。

仔细分析巴蜀文化的各种材料,不难发现将天地水汇为一体的材料至少在三星堆古蜀文明时就有所体现。三星堆1号"祭祀坑"出土的金杖,中端线刻两个戴高冠的人头像,上端刻有两组鱼、鸟纹饰,每组一鱼二鸟,一支羽箭将其串连在一起。金杖图案的文化内蕴在于,鸟能登天,鱼能潜渊,它们是图案中人物肖像蜀王的通神之物;而能够上天入地,交通于人神之间的,是蜀王自身[113],这恰是天地水融为一体的表现。三星堆2号"祭祀坑"出土的青铜神树,是"众帝(按:即众神)所自上下"[114]的"建木"[115],亦即天梯,神树上有铜制立鸟、悬龙、贝、铃等,既具登天的功能,又具潜渊的功能,它与金杖图案具有相同的涵义,均可谓天地水一以贯之。2号坑出土的一件"祭山图"牙璋上的图案,也表现了天地水一以贯之的宗教仪式及观念。发掘者认为,2号坑是一次祭天、祭地、祭山等重大综合祭祀活动的遗存[116],颇有道理。从三星堆"祭祀坑"出土物来看,其宗教仪式的物质载体主要有金、铜、玉、石、海贝、象牙等物,分别取自山上、地下和水中,所举行的仪式也是连续性的。以天地水为主的祭祀对象,不仅与其仪式所用物质材料相符合,而且也与仪式所体现出来的宗教观念相符合。巴蜀文化对于天地水一以贯之的这种宗教崇拜及其仪式,在春秋战国延及西汉的巴蜀青铜器上的文字(符号)以及巴蜀印章上也能见到。这表明,作为同一种宗教仪式的三道程序,对于天地水一以贯之的崇拜,在巴蜀文化中是自成传统而源远流长的。汉末张陵在蜀创五斗米道,对于天地水三官一以贯之的崇拜,以及由此而来的"三官手书"这种形式,显然就采用并进一步发挥了巴蜀文化的类似观念和形式,至少可以认为是从巴蜀文化的类似形式中衍生发展而来的。

汉晋时,巴、蜀、汉中承先秦之遗风,普遍信奉巫鬼[117],同时又崇尚老子,既是五斗米道得以勃然兴起的必要前提,又是五斗米道能够广为传播的先决条件,是五斗米道在巴蜀地区发源、成长的广泛而坚实的社会基础。

《后汉书·灵帝纪》记载:中平元年秋七月,"巴郡妖巫张修反,寇郡县"。李贤注引刘艾《纪》曰:"时巴郡巫人张修疗病,愈者雇以米五斗,号为'五斗米师'。"据鱼豢《典略》,灵帝光和中,"东方有张角,汉中有张修","角为太平道,修为五斗米道"[118]。张修在汉中和巴郡传播五斗米道[119],即教以老子之术,"又使人为奸令祭酒,祭酒主以《老子》五千文,使都习,号为奸令"[120]。其后张鲁据汉中,"因其民信行修业,遂增饰之"[121],授以《老子》(当为《老子想尔注》)。因其道建立在巴蜀世代崇奉的巫鬼(又作鬼巫)基础之上,故又被称为"鬼道"。上引《后汉书·灵帝纪》称张修为"巫人",巫人即崇奉巫鬼之人。东汉建安十年的《樊敏碑》[122],又称其道为"米巫",米即五斗米道,巫即巫鬼。《晋书·李特载记》说:"汉末,张鲁居汉中,以鬼道教百姓,賨人敬信巫觋,多往奉之。"《华阳国志·李特雄期寿势志》也说:李特"祖世本巴西宕渠賨民,种党劲勇,俗好鬼巫。汉末,张鲁居汉中,以鬼道教百姓,賨人敬信。"所谓鬼道,鬼即鬼巫(巫鬼),道即五斗米道,鬼道即是鬼巫与五斗米道的合称,正如米巫是五斗米道与巫鬼的合称一样,只是巴地和蜀地对这种合称的叫法稍异而已。张鲁之母即"兼挟鬼道",而张鲁"部曲多在巴土"[123],所以史籍中所见巴地"鬼道"的记载多于"米巫",而蜀地"米巫"的记载又多于"鬼道",实不足异。这表明,三张所创道教,是以巴蜀文化为其立足点,主要建立在巴蜀文化基础之上的,无论在其道名、道术还是思想渊源上,均与巴蜀文化一脉相通。所以天师道一经创立,就在巴、蜀、汉中取得极为迅速的发展。

蒙文通先生认为:"天师道盖原为西南少数民族之宗教。"[124]向达先生也以为,天师道是"氐羌民族宗教信仰,而缘饰以《老子》之五千文"[125]。如果缕析源流,应当说,天师道的来源是多元性的,但其主源是巴蜀文化,当中又包括四个方面的来源:第一,来源于以巴蜀文化为重心的西南地区的巫鬼崇拜;第二,来源于巴蜀文化自先秦以来风行不衰的方术和神仙家传统;第三,来源于巴蜀文化自先秦以来长期流传的尚五宗教观念;第四,来源于严君平开创的将老子道家思想与方术相结合的学术和宗教传统,故《北史·泉企传》称:"巴俗事道,尤重老子之术",足可见其一斑。至于晋时南中地区有"五斗叟",实指南中夷人当中的叟人(叟人为氐羌系民族,是唐代东爨乌蛮和今凉山彝族的先民[126]),因其"俗好鬼巫"[127],与巴蜀文化相通,故崇奉五斗米道,因而被称为"五斗叟",却没有足够的证据来论证五斗米道是其原生宗教。

关于从道家到道教的演变历史,从来就是一个颇有争论的问题。马端临《文献通考·经籍考》说:"道家之术,杂而多端",是主张道教经籍形成过程中的多元来源。《四库全书总目提要》也主张多元说:"后世神怪之迹,多附于道家,原其本始,则至于清静自持。其后长生之说与神仙家合为一,而服饵、导引入之;房中一家近于神仙者亦入之;《鸿宝》有书,烧炼入之;张鲁之教,符篆入之;北魏寇谦之等又以斋醮章咒入之。大抵多后附之文,非其本旨。"所析亦为道教经籍的来源,也大体上概述了道教形成、演变之大略,虽然没有缕析从道家到道教演变过程中的各种源流关系。从这篇评述中所列举的"后附之文"即发展演变中的参合变化来看,当中的差及半数出自巴蜀,如:长生术与神仙家合一,指彭祖、王乔之术;导引术也是巴蜀神仙家的特点,与西秦房中术和燕齐服食术鼎足而三[12];三张的符箓派道教出自巴蜀;北魏寇谦之的天师道改革,宣扬《新科》,"清整道教,除去三张伪法、租米钱税,及男女合气之术"[13],主要就是清整巴蜀一派,使道教变成适合封建统治者口味的宗教。从这里不难知道,在从道家到道教的发展演变过程中,巴蜀文化起着特别重要的作用,既是道教的核心组成部分,又是道教形成过程中多元来源当中的主源。

五、巴蜀文化与魏晋风气

从文化史的演进来看,魏晋时期的中国文化较之先秦两汉已经发生了明显变化。由于国家分裂、体制破坏,造成了社会动荡、民无宁日,统治阶级内部各个政治集团间的斗争也愈演愈烈,于是经学衰变,而清谈之风日显。当时文化的基本特征,表现出由于深刻的精神危机而对传统学说主要是两汉经学的否定和扬弃,转而发展出以玄学为形式的思辨哲学,本体论思辨突出发展,学者多以老、庄为基础,注释经典,但在方法论上却又与汉代大不相同,个人主义意识也开始在文化上占据上风;同时文风绮靡,尤其骈文独领风骚;而佛教东传,佛法在中土弘扬,日益深刻地渗透进中国本土文化之中,与儒、道并世,相争而相切。这几大特点,都是魏晋文化对于汉代文化的演变,或者可以说出现了文化史上的发展新气象,深刻地体现了魏晋之际风行一时的反传统精神和社会文化风气。

然而,巴蜀地区的文化演进却与这个时代大潮不尽相符。巴蜀文化在魏晋时代基本上没有受到精神危机的影响,基本上看不到反传统的文化极端主义倾向,相反却表现出文化史上明显的发展连续性,其中起着核心凝聚作用的是自古以来累世相承的强烈的区域意识。这主要体现在经学、史学和道教传统等三个方面。

两汉经学,在魏晋时已然衰落,东汉以来的今古文经学之争也一并消弭,而让位于以玄学解经或综合各家注本说经的魏晋经学,马(融)、郑

(玄)、王(肃)也为王(弼)、郭(象)、杜(预)所取代。但在巴蜀地区,儒生却逆流而动,反而继承了东汉末叶朝中的经学传统,古文经学异军突起,盛极一时,格外引人注目。三国蜀汉涪县(今四川绵阳市)人尹默、李譔,即是其中有代表性的人物。尹默见蜀中先贤"多贵今文而不崇章句(按:此指古文经学),默知其不博,乃远游荆州",师从古文经师司马徽、宋衷研习古文经学,"皆通诸经史,又专精于《左氏春秋》"⑱。尹默学成归蜀后,以《春秋左氏传》教授后主刘禅。李譔之父李仁曾与尹默一同游学于荆州,研习古文经学,李譔具传其业,又随尹默研习义理,"《五经》、诸子,无不该览,加博好技艺、算术、卜数、医药、弓弩、机械之巧,皆致思焉",累官至右中郎将,"著古文《易》、《尚书》、《毛诗》、《三礼》、《左氏传》、《太玄指归》,皆依准贾(逵)、马(融),异于郑玄。与王氏(肃)殊隔,初不见其所述,而意归多同"⑲。其余治经学者有:文立治《毛诗》、《三礼》,司马胜之治《毛诗》、《三礼》,常勗治《毛诗》、《尚书》,王化治《毛诗》、《三礼》、《春秋公羊传》,陈寿治《尚书》、《三传》,李宓治《春秋左传》,任熙治《毛诗》、《京氏易传》,寿良治《春秋》三传,常骞治《毛诗》、《三礼》,绝大多数为古文经学,而专治今文经学者,见于记载的仅何随一人而已,治《韩诗》和《欧阳尚书》⑳。

魏晋时巴蜀学林没有受到精神危机的影响,主要原因不应从地理条件方面去探寻,而应着重从文化和政治方面去寻求。巴蜀地区自古宗教兴盛,风行不衰,对各方面学者都有深刻影响,早已化为共同的心理素质,形成为典型人格,是巴蜀学者克服并抵制精神危机的强大精神力量之所在。另一方面,巴蜀学者代相传承的区域意识又在政治割据条件下走向极端,发展成为抗衡中原意识,这种意识与蜀汉政治充分结合,以兴复汉室、光大巴蜀文化为己任,也不会盲目附和中原玄学,相反却加以自觉抵制。秦宓、谯周、李譔等人,不过是其中的典型代表而已。

魏晋时,史学趋盛,当时最著名的第一流史家和史著均出巴蜀,那就是谯周及其《古史考》二十五卷,陈寿及其《三国志》六十五卷,以及常璩及其《华阳国志》十二卷。他们的其他史著亦宏富可观,尤以地域史流传当世、享誉后代。谯周著有《蜀本纪》、《三巴记》、《益州志》、《巴蜀异物志》等地域历史和文化著作;陈寿撰有《益部耆旧传》十篇,将巴、蜀、汉中从汉代至三国的众多人物合为一书,写出详备的传记;常璩号为"蜀史",著有《汉之书》十卷,入晋后易名为《蜀李书》,专记成汉国史事。这些史著,历来为史家所重,多所引用。除此而外,巴蜀还产生了一大批史家,著有多种巴蜀文化的史著。如蜀汉时来敏的《本蜀论》、陈寿的《益部耆旧传》、杨戏的《季汉辅臣赞》、王崇的《蜀书》,晋时常宽的《续耆旧传》和《蜀后志》、赵宁的《乡俗记》、黄容的《梁益巴记》、杜龚的《蜀后志》等等[㉜],足见魏晋时巴蜀史学蓬勃兴盛,独秀于当时的中国史坛。

其时巴蜀史学显然是以地域史为主,其特点,除一般性地记述山川、物产、道里、族类、风俗、人物、史事、文化等而外,尤其注重将作者对于养育他们成长的巴蜀文化的纯真感情寄寓于所撰史著,这一点可以从传世的常璩《华阳国志》当中窥其梗概[㉝]。巴蜀史家多从其源远流长的文化史入手,尤以其人文教化之早而骄傲自豪,上溯"人皇之际",极言"黄帝之后",富于强烈的历史文化优越感和深厚的区域意识。由此不难看出,巴蜀士人的文化意识是多么地富于历史连续性。巴蜀士人不预清谈,不练谈功,不涉本体论思辨,而以史学独盛见诸魏晋史端,其基本原因在此。

魏晋时期道教的内容丰富多彩,表现出它发展中的多元性特点,并非巴蜀地区所独有。然而应当承认的是,这一时期巴蜀道教的发展与其他区域有所不同。在巴、蜀、汉中地区,道教的主要特点是组织化、社会化,强调道教组织在民众当中的大发展,更加突出了道教作为宗教组织所应具备的社会功能和政治功能,带有明显的政治色彩,在广大民众中具有极大的号召力和凝聚力,因而发展成为中国道教的主干,不论北魏寇谦之的北天师道还是刘宋陆修静的南天师道,事实上不过是东汉魏晋巴蜀天师道的演变。汉末张角创太平道,以宗教为旗帜,发动黄巾大起义,"十余年间,众徒数十万"[㉞],黄巾失败后,太平道随之解体,道众大多融入了五斗米道,进一步壮大了巴蜀一派道教的力量。成汉国之时,更是奉道教为国教,奉著名巴蜀道士范长生为"李雄国师"[㉟],尊为"四时八节天地太师"[㊱],而"蜀人奉之如神"[㊲],遂使巴蜀道教在政治上达到登峰造极的地步。而汉末魏晋以至南朝道教中的"丹鼎派"则主要是致力于发展并系统总结炼丹学说,实践炼丹学说,在政治上无所作为,完全不能同巴蜀一派道教的组织化和社会化功能相比较。魏晋时巴蜀一派道教(三张符箓派道教)的这一特点是东汉三国之际五斗米道的继续发展,有着深厚的文化根基和广泛坚实的民众基础;而丹鼎派则主要是上承东汉宫中黄老道的余绪而来,因而主要在统治阶级和上层社会发展,没有像巴蜀道教那样形成坚固的宗教组织及其结构,更没有达到足以号召广大民众、具有广泛号召力和强大凝聚力的社会化程度,两者不能同日而语。

佛教传入巴蜀地区较早,迄今在四川境内发现的多件东汉时期的早期佛教造像和考古遗迹,表明至少在东汉时佛教已经传入巴蜀,并在民间取得初步发展。但是,从东汉至魏晋,佛教却从来没有在巴蜀文化中占据过主流地位。尽管巴蜀地区是汉晋之间南传佛教和北传佛教的交汇之地,也是长江流域早期佛教造像南传线路的起点,但魏晋以至南北朝时巴蜀地区的佛教却主要来自不论传播还是发展都比它晚得多的长江中下游佛教的影响。这就是说,长江中下游地区的佛教,最初有许多是经由长江上游的巴蜀地区传播而去的,很快便在当地生根、成长、壮大,可是佛教在作为其南传起点的巴蜀地区却并没有牢牢立稳足根、发展壮大。这种情况,也有助于说明土生土长的道教在其发源地巴蜀所具有的深厚根基和牢固地位。正因如此,才使魏晋时代的巴蜀文化表现出明显的历史继承性和发展连续性,说明巴蜀文化具有根深蒂固的历史传统和生生不息的内在活力。

汉魏之世,巴蜀"文学笺启,往往可观,冠带风流,亦为不少"[39],然而入晋以后,巴蜀长期战乱,"兵连战接,三州(梁、益、宁州)倾坠,生民殄尽"[40],而"郊甸未实,都邑空虚"[41]。在严重的政治动乱环境中,巴蜀学术惨遭践踏,顿形衰落。宋人吕大防评论道:"自先汉至晋初逾四百岁,(巴蜀)士女可书者四百人,亦可谓众矣。复自晋初至于周显德,仅七百岁,而史所纪者无几人。忠魂义骨与尘埃野马同没于丘原者盖亦多矣,岂不重可叹息哉!"[42]此说固然有失实之处,但其分析也确属有理。政治动乱给学术造成的严重摧残和巨大灾难,于此可见一斑。

注　释

①《史记·秦始皇本纪》。

②《汉书·郊祀志》,《汉书·礼乐志》。

③《汉书·儒林传·赞》。

④段渝:《论巴蜀文化连续发展的动力机制——兼论文化变革与继承的稳定机制》,《中华文化论坛》2005 年第 3 期。

⑤《论语·述而》。

⑥《论语·先进》。

⑦《左传》昭公十八年子产语。

⑧《汉书·循吏传·文翁传》。

⑨《汉书·循吏传·文翁传》。

⑩参考段渝:《四川通史》第 1 册,四川大学出版社 1993 年版。

⑪《战国策·秦策一》。

⑫《荀子·强国篇》。

⑬《汉书·地理志》。

⑭《左传》成公四年季文子引史佚之志。

⑮《华阳国志·先贤士女总赞》。

⑯《华阳国志·蜀志》。《汉书·文翁传》则说:"蜀地学于京师者比齐鲁焉。"

⑰《华阳国志·先贤士女总赞》。

⑱《三国志·蜀志·尹默传》。

⑲《汉书·儒林传·赞》。

⑳范文澜:《中国通史简编》修订本第二编,人民出版社 1964 年版,第 111、117 页。

㉑《汉书·地理志》。

㉒并见《华阳国志·先贤士女总赞》。

㉓参考段渝:《论蜀史三代论及其构拟》,《社会科学研究》1987 年第 6 期。

㉔《汉书·地理志》。

㉕《汉书·地理志》颜师古注。

㉖《三国志·蜀志·尹默传》载,尹默从荆州受业司马徽、宋衷研习古文经学归蜀后,以《春秋左氏传》授后主刘禅。刘禅继位,拜默为谏议大夫,后迁太中大夫。说明蜀

汉朝廷倡导古文经学。这是蜀汉承东汉余绪而来,盖与蜀汉号称汉室正统有关。

㉗《三国志·蜀志·秦宓传》。

㉘《三国志·蜀志·秦宓传》裴松之注。

㉙徐中舒:《论巴蜀文化》,四川人民出版社1981年版,第143页。

㉚扬雄《蜀王本纪》原书已佚,后有诸家辑本,此据《太平御览》卷82《皇王部》7引。

㉛《华阳国志·序志》引。

㉜顾颉刚:《论巴蜀与中原的关系》,四川人民出版社1981年版,第3页。

㉝秦宓为谯周之师,谯周治古文经,可知秦宓亦然。

㉞《三国志·蜀志·谯周传》。

㉟《三国志·蜀志·谯周传》裴注引《益部耆旧传》。

㊱《华阳国志·先贤士女总赞》。

㊲徐中舒:《论巴蜀文化》,第149页。

㊳《晋书·司马彪传》。

㊴《三国志·蜀志·谯周传》裴注引。

㊵《三国志·蜀志·谯周传》。

㊶《三国志·蜀志·谯周传》裴注引《晋阳秋》。

㊷林向:《蜀酒探源》,《南方民族考古》第一辑,四川大学出版社1987年版。

㊸见《山海经·海内经》、《淮南子·地形》及高诱注。

㊹《汉书·地理志》。

㊺段渝:《略论巴、蜀与楚的文化交流关系》,载《长江文化论集》,湖北教育出版社1995年版。

㊻《风俗通·神怪》引。

㊼见《左传》昭公十一年、哀公三年,《国语·周语下》。

㊽蒙文通:《巴蜀史的问题》,见所著《古族甄微》,巴蜀书社1993年版,第267页。

㊾《史记·封禅书》集解引《皇览》。

㊿除《庄子·外物》而外,唐初著名道教学者成玄英的《庄子疏》、宋林虙的《庄子口义》等,均述苌弘死于蜀、其血化为碧之说。

㉛方仙道之称,始见于《史记·封禅书》。但"依于鬼神之事"的方仙道,自不始于汉初,先秦即有之。屈原既称王乔之术为"道",则方仙道至少在战国时即已有所流传。

㉒《论语·述而》。

㉓《楚辞·天问》。

㉔《世本》,并见刘向《列仙传》卷上。

㉕如刘向《列仙传》、应劭《风俗通》(逸文)、常璩《华阳国志》、干宝《搜神记》、葛洪《神仙传》和《抱朴子》等,均极而言之。

㉖《续汉书·郡国志五》"犍为郡武阳县"下刘昭注引。

㉗见刘向《列女传》,应劭《风俗通·正失》。

㉘见《风俗通·正失》,《后汉书·方术列传》。

㉙《史记·五帝本纪》正义。

㉚见《三国志·魏志·张鲁传》。

㉛蒙文通:《晚周仙道分三派考》,见所著《古学甄微》,第338页。

㉜《汉书·地理志》。

㉝《晋书·李特载记》。按,賨人即是板蛮,是构成古代巴人的最主要的一种民族成分,参考《华阳国志·巴志》。

㉞严可均辑《全汉文》卷53。

㉟蒙文通:《巴蜀史的问题》,见所著《古族甄微》,第251页。

㊱郑樵《通志·氏族略》引。

㊲《华阳国志·巴志》,《史记·司马相如列传》集解引郭璞之说。

㊳《史记·秦本纪》曰:"(秦)孝公元年,河山以东强国六……楚自汉中,南有巴黔中。"

㊴《汉书·地理志》。

㊵《汉书·王贡两龚鲍传》。

㊶《华阳国志·先贤士女总赞》。

㊷《隋书·经籍志》:"《老子指归》十一卷,严遵注。"

㊸杜光庭《道德真经广圣义·释疏题明道德义》。

㊹㊺《华阳国志·先贤士女总赞》。

㊻《后汉书·方术列传上·论》。

㊼《华阳国志·先贤士女总赞》。

㊽《隶续·侍中杨文父神道》:"汉杨侍中文父之神道。"

㊾《后汉书·方术列传·董扶传》。

⑧⓪《史记·儒林列传》。
⑧①《华阳国志·先贤士女总赞》。
⑧②《汉书·循吏传·文翁传》。
⑧③《华阳国志·先贤士女总赞》。
⑧④《后汉书·张衡传》。
⑧⑤《华阳国志·先贤士女总赞》。参考《隋书·经籍志》、《唐书·经籍志》、《三国志·魏志·王朗传》附《王肃传》。
⑧⑥《华阳国志·先贤士女总赞》。
⑧⑦《后汉书·方术列传·折像传》。
⑧⑧《后汉书·邛都夷传》。
⑧⑨唐兰:《马王堆出土〈老子〉乙本卷前古佚书的研究》,《考古学报》1975年第1期。
⑨⓪《经法·名理篇》。
⑨①余明光:《黄帝四经与黄老思想》,黑龙江人民出版社1989年版,第158—168页。
⑨②《汉书·艺文志》。
⑨③司马谈:《论六家要旨》,见《史记·太史公自序》。
⑨④《后汉书·楚王英传》李贤注。
⑨⑤《后汉书·襄楷传》。
⑨⑥《后汉书·皇甫嵩传》。
⑨⑦《三国志·魏志·张鲁传》裴注引《典略》。
⑨⑧《后汉书·襄楷传》、《皇甫嵩传》。
⑨⑨《后汉书·逸民列传·矫慎传》。
⑩⓪其代表人物是张陵,著有《老子想尔注》;又有张修,在汉中传播《老子》五千文,均既不讲黄学,也不言浮屠。
⑩①《老子想尔注》的作者,唐宋间多认为是张陵,也有认为是张鲁。有学者以为此书吸收了《河上公章句》的内容,但《河上公章句》晚出,为晋人所著。如此,则张陵之书早于河上公书,而不是相反。
⑩②葛洪:《神仙传·张道陵传》。
⑩③《华阳国志·汉中志》。
⑩④《三国志·魏志·张鲁传》。
⑩⑤葛洪:《神仙传·张道陵传》。

⑯《三国志·魏志·张鲁传》。

⑰段渝:《论巴蜀文化连续发展的动力机制——兼论文化变革与继承的稳定机制》,《中华文化论坛》2005年第3期。

⑱王育成:《略论考古发现的早期道符》,《考古》1998年第1期。

⑲刘琳:《华阳国志校注》,巴蜀书社1984年版,第115页。

⑩《华阳国志·汉中志》。

⑪李膺:《益州记》,《蜀中名胜记》卷7"崇庆州"引。

⑫《三国志·魏志·张鲁传》裴注引。

⑬段渝:《论商代长江上游川西平原青铜文化与华北和世界古文明的关系》,《东南文化》1993年第2期。

⑭《淮南子·地形》。

⑮《山海经·海内经》。

⑯四川省文物管理委员会等:《广汉三星堆遗址二号祭祀坑发掘简报》,《文物》1989年第5期。

⑰参考段渝:《略论巴、蜀与楚的文化交流关系》,载《长江文化论集》。

⑱《三国志·魏志·张鲁传》裴注引。

⑲裴松之注认为:"张修应是张衡。"张衡是张陵之子,张鲁之父。疑其说误。

⑳㉑《三国志·魏志·张鲁传》裴注引《典略》。

㉒碑文见《隶释》,原碑现在四川省芦山县。

㉓《后汉书·刘焉传》。

㉔蒙文通:《道教史琐谈》,见所著《古学甄微》。

㉕向达:《南诏史论略》,《历史研究》1954年第2期。

㉖李绍明:《关于东爨乌蛮诸部的族源问题》,见所著《李绍明文选》,成都出版社1995年版。

㉗《华阳国志·南中志》。

㉘蒙文通:《晚周仙道分三派考》,见所著《古学甄微》。

㉙《魏书·释老志》。

㉚《三国志·蜀志·尹默传》。

㉛《三国志·蜀志·李譔传》。

㉜《华阳国志·后贤志》。

⑬并见《华阳国志·先贤士女总赞》及《后贤志》。
⑭参考段渝:《论蜀史三代论及其构拟》,《社会科学研究》1987年第6期。
⑮《后汉书·皇甫嵩传》。
⑯《晋书·周抚传》。
⑰《华阳国志·李特雄期寿势志》。
⑱《资治通鉴》卷90"晋元帝大兴元年四月"。
⑲《魏书·邢峦传》。
⑳《华阳国志·序志》。
㉑李膺:《益州记》,郭允蹈《蜀鉴》卷4引。
㉒吕大防:《华阳国志序》。

原刊《巴蜀文化研究》(第一辑),巴蜀书社2003年版

作者简介: 段渝,四川师范大学巴蜀文化研究中心研究员。

智诜与净众—保唐禅派

秦彦士

唐代禅宗的兴盛在中国佛教史与文化史上都是一件大事。但说到禅宗,许多人想到的首先是"南能北秀"、"五家七宗",而实际情况却要复杂得多。仅就弘忍"十大弟子"而言,除了慧能、神秀之外,还有其他弟子也在禅宗史上做出了独特的贡献,其中资州智诜就是一个开创了独立禅派的大师,他的弟子创立的"净众—保唐禅派"在当时僧俗二界都有较大的影响。但由于罕有史料记载,故唐代以后的人对其知之甚少。自从敦煌文献中的《历代法宝记》被发现之后,这一禅派不断引起学术界的重视。我们认为,无论是他们独特的禅法本身还是其对四众的影响方面,都有不少值得探讨的地方。这里我们准备就以下三个问题提出一些初步的看法。

一、智诜及其法统

据《历代法宝记》所载,五祖弘忍门下十大弟子[①]除智诜外还有神秀、玄赜、义方、智德、惠藏、法如、老安、玄约、刘主簿,却无慧能,盖因智诜在五祖诸弟子中是开法最早的人[②]。而他开创的即为净众—保唐禅派。

智诜俗姓周,本为汝南人,后随父外任而入蜀。他自幼好佛教,13岁出家,曾师事著名高僧玄奘学习经论,还参加过玄奘主持的译场译经。复投弘忍门下,成为他的十大高足之一。后于资州德纯寺弘法。武周通天二年(676),武则天特派使者专程赴资州迎请智诜住京内道场供养。后来智诜辞请回川时,武则天还特别赐《华严经》及弥勒绣像等。智诜曾著有《虚融观》三卷、《缘起》一卷、《般若心疏》一卷(据饶宗颐先生考证,存于巴黎的敦煌卷子中尚有题为《般若波罗蜜多心经疏》者,作者即署"资州诜禅师撰")。

智诜之后,有他的大弟子处寂继承法嗣③。处寂为绵州人,俗姓唐,10岁时投智诜。师知其为"非常人",故传法于他。处寂遂在资州德纯寺弘法20余年。而在他之后,则出现了影响更大而禅法更成系统的无相。

无相俗姓金(后以"金和尚"著称),本为新罗王族之子,后感其妹闻聘"授刀割面,誓言志归真,乃叹曰:女子柔弱,犹闻雅操,丈夫风强,我岂无心。遂削发辞亲,浮海西渡,乃至唐国。寻师访道,周游涉历。乃到资州德纯寺,礼唐和尚(即处寂)"④。其事迹不但见于《历代法宝记》,同时《宋高僧传》等史料亦有记载。后来他受章仇大夫等人之请,专程来到成都净众寺(净众禅派由此得名)、大慈寺弘法。其法要为著名的"三句语":"无忆、无念、莫妄",并作了精深阐发,一时在蜀地僧俗四众之中影响巨大。

无相之后创"保唐禅派"的是他的高足弟子无住。无住为凤翔人,俗姓李。天宝年间在北方学禅,后闻金和尚大名,遂往剑南,于成都净众寺拜见金和尚,并承其衣钵。无住将金和尚的"三句语"进一步发挥为自己独特的禅法:"见境心不起,名不生。不生即不灭。既无生灭,即不被前尘所缚,当处解脱。"其修习之法则与后来的"五家七宗"相近:"不来不去,不定不乱,不取不舍,不沉不浮,无为无相活泼。"

无相之后传神会。神会本西域人,俗姓石。祖父迁居于歧。据《宋高僧传》记载,他"大朴不耀,时未知之。年三十,方入蜀谒无相大师。利根顿悟,冥契心印。无相叹曰:'吾道今在汝矣!'"但实际上,他在佛教理论上并无多大贡献。无相的弟子还有遂州克幽。据遂宁《广德寺志》记载,他颇有些神通,曾受到"刺史于公曼、皇叔李公朴"等人的敬重,一时"学徒云集"。但其说法无非是"具福智二门,行往坐卧,皆不离此心,即六识清净,妙周三界",并无多大创见。故净众—保唐禅派于神会、克幽之后便不见记载,实际上已归于沉寂。

二、净众一保唐禅派的禅法宗风

智诜虽为弘忍大弟子,但与其师兄弟神秀、惠能等人的禅法却有明显差异,正是他提出的不同理论,开启了后学弟子的禅法,由此形成其派不同的宗风。

智诜的理论著作今存者仅《般若心经疏》一种(敦煌遗书中有多种抄本)。据杨曾文先生研究,此疏"大概是在唐初参加玄奘译场的著名学僧慧净所著《般若心经疏》的基础上作的(见其《唐五代禅宗史》,中国社会科学出版社 1995 年版)。其法的要点在教、禅并重,其主张"有欲",与其同门师兄神秀、玄约等人主张"无欲"异。实则其说的完整意思应为"生则有欲,不生则无欲"。所以其后学撰《历代法宝记》,不解祖师此言深意,以为是"恐(武)则天不放归",乃"顺则天意"所言。实际上,智诜所言的真谛是:生心起念则有欲,妄念不生则无欲。既为有情众生则不会无欲,要真正做到无欲,并非禁绝欲望,不思饮食,而是要生生离欲,即破除贪执欲,从而妄念不起。所以其法心要即在息灭妄念。《禅源诸诠序》即这样阐释智诜禅法:"说众生虽本有佛性,而无明覆之不见。"故须"依师言教,背境观心,息灭妄念。念尽即觉悟,无所不知"。其修习方法也相应为"远离愦闹,住闲静处,调身调息,跏趺宴默,舌抵上腭,心存一境"。所以其宗又称"息妄修心宗"。智诜这种新的禅法发展了老师弘忍的理论,使弟子受其启发,进一步发展为"无忆、无念、无妄"的净众一保唐禅派禅法。

而这一重要理论的创始人则为处寂的著名弟子金和尚无相。就处寂而言,他并没有什么理论的贡献,但由于他继承了其师的念佛令"净心"的修习方法(《传法宝记》载:"及忍、如、大通之世,则法门大启,根机不择,齐速念佛名,令净心"),故由此影响到无相,遂开新法门。《历代法宝记》云:无相凡设道场说法,"先教引声念佛,尽一气念。绝声停念讫云:无忆、无念、莫妄。无忆是戒,无念是定,莫妄是慧,此三句语即是总持门。"无相这"三句语"虽然与智诜有一定师承渊源关系(尤其是"莫妄"明显与其师祖的"息灭妄念"有关），但其发挥为系统理论，却是他的创举。他曾明确说"此三句不是诜和尚、唐和尚说"，"缘诜和尚、唐和尚说不了教"。他还曾引《大乘起信论》阐释自己的理论说："无念即真如门，有念则生灭门。"而实际上其说更从早期印度佛教那里吸收了思想营养。龙树《中论·观法品》即说："佛说实相有三种，若得诸法实相，灭诸烦恼，名为声闻法。若生大悲发无上心，是为大乘。……世间有应得道者，少观厌离因缘，独入山门，远离愦闹得道。"而无相正是一位行头陀行的僧人（与其经历出生亦有关）。另一方面他又继承了智诜教、禅并重的修习方法，即说法之时袭用他的"尽一气引声念佛"的方法，"教引声念佛，尽一气念，绝声停念讫云：无忆、无念、莫妄。"由此将智诜的"无念"说发挥为著名的"无忆、无念、莫妄"，并以此来阐释戒、定、慧三学：人之犯戒，在于有欲，而其根在于业惑。故无忆即是不为过去业力推移，消除以往业感习气，此为无忆。消除欲之业惑，自然不会违戒。无念则为净心，身心寂止，自然能够常定。能莫妄则一法不余，一物不违，心如明镜，自然能有觉照之慧用。故无相以此作为总持门，确实是以自己的新说统摄了戒、定、慧三无漏学，遂将其师祖的般若无所得的思想作了创造性的发挥。但无相师承非一，对其理论的创造性又有特别的自觉性，故其明言此法"不是诜和尚、唐和尚说"，而是承继了"达摩祖师本传教法"。此说有相当的道理。达摩禅法讲"行入"与"理入"，它反对一味讲究呼吸调息等琐屑方法，而以"安心"作为宗旨，要求"契悟真性，无念无著，随缘适分"。无相主张无念是"于相而离相"，这样才能得到真如智慧，正与达摩禅法相通。

无相之后，他的弟子无住进一步发挥了他的思想，同时，也如其师一样，显示了思想承传的多样性。从师门承传渊源关系看，无住虽然是无相的嫡传弟子，但他在金和尚身边不过三日夜，而且是："随众受缘三日三夜。"金和尚见其悟性甚高，便"高声唱言：'缘何不入山去，久住何益？'"于是无住遂入山修行，后方受节度使崔宁及众僧徒之请而到空慧寺弘法。因此他在理论上的一个重大变化即将其师的"无妄"改为"无忘"。前者义在不生妄想，戒在除欲求净，妄想不生，则一念不起。后者则主张无忆无念，一法不定，显示般若真空。莫忘则一法不舍，显示涅槃妙有。既不为物所得，又不寂守空性,二俱不定,则入中道。又其主"见境心不起,名不生。不生即不灭,既无生灭,即不被前尘所缚,当即解脱"。又说:"一切学道人,随念流浪,盖为不识真心。真心者,念生亦不顺生,念灭亦不依寂。不来不去,不定不乱,不取不舍,不沉不浮,无为无相活泼。平常心自在此心体,毕竟不可得,无可知觉,触目皆如,无非见性也。"这就很接近南宗了。而事实上,他的法统的多重性正表现在师说之外又接受了六祖慧能的弟子、太原自在禅师的思想。另外,据徐文明先生考证,无住的禅法同时还较多地引入了神会的思想,并加以发展。神会的"无念为宗",倡言无念无任,法本空寂,而又于空寂体上立"知见",认为"本空寂体上,自有般若智能知,不假缘起"。无住则以无念扫一切相,除一切病,申言"知见立知即无明本,智见无见即涅槃,无漏真净。又破知病。知行亦寂灭,是即菩提道。又破智病,智求于智不得,智无智亦无得。已无所得,即等菩提"。又谓"圆满菩提无所得,无有少法可得,是名阿耨多罗三藐三菩提"。此外他的一些说法甚至与《坛经》所说非常相近。比如他曾对名叫"史法华"的僧人说:"无念即是史法华,有念即是法华史。无念即是转法华,有念即是法华转。"这与《坛经》"心迷法华传,心悟转法华"同出一辙。另外,在广引经教中,无住尤其注重《楞伽经》与《金刚经》,这与慧能的传统也是一致的。

然而,由于无住在成教开法仅九年便圆寂,他的禅法也因无杰出弟子继承而中断。这样净众—保唐禅派便因其一方面在禅法宗风上日益接近南宗而失去独立性,另一方面,则因宗脉无人承继而归于消亡。

净众—保唐禅派虽然在蜀中失传,但它们的影响却引起了神秘色彩较浓的藏传佛教的兴趣。据西藏史书《八史陈述书》记载,赤松德赞在朝见唐王返藏途中曾遇金和尚,并对其神通多有渲染。藏史《大臣布告》多次提到无住,而且敦煌发现的吐蕃写本经卷亦有无相等人的语录。宗喀巴改革之后的文献亦曾有《历代法宝记》的部分释文。据学者考证,藏传佛教禅宗的顿门派也与净众—保唐禅派有相当的关系。有关问题值得进一步研究。⑤

三、净众—保唐禅派与中晚唐诗人

由于净众—保唐禅派在唐中叶盛极一时,并在社会上吸引了不少信众,故其对唐中叶至晚唐的文人也产生了明显的影响。像杜甫、柳宗元、李商隐等人就是特别突出的例子。关于杜甫与此禅派的关系作者曾撰文专门论述(见拙文《杜甫与禅宗》)[⑥],这里仅就李商隐等人与保唐禅派关系略作考证。

唐代佛教兴盛,文人大多受其影响。尤其是禅宗不仅对其浸润甚深,许多文人更对一些著名禅师倾注了深情。所以不仅在《高僧传》等教内文献中有著名禅师的记载,不少文人也写过这类传记文字。对于净众—保唐禅派的第一手资料也有一些出自文人之手。如吕温的《南岳弥陀寺承远和尚碑》、柳宗元的《南岳弥陀碑并序》、李商隐的《四证堂碑铭》就是这样的作品。这类碑铭传记不仅对传主生平作了客观的记载,而且流露出对禅僧的敬重和对佛法的倾慕。尤其是李商隐的作品,其情感思想表现得尤为突出。这里我们即以他为例略加分析。

李商隐一生经历坎坷。他少有壮志,文名很早就受到世人赏识,后来却在仕途上历经磨难。牛李党争使诗人在政治旋涡中吃尽苦头,尤其是他爱情婚姻上的不幸,更令这位敏感的天生诗人苦痛不已。于是在他中年之后与佛道之人交往甚深。《宋高僧传》就曾记载李商隐与悟达国师知玄的轶事:

> 李商隐者,一代文宗,时无伦辈。常(尝)从事河东柳公梓潼幕,久慕玄之道学。后以弟子礼事玄。时居永崇里,玄居兴善寺。义山苦眼疾,虑婴昏瞽,遥望禅官冥祷之愿。玄明旦寄天眼偈三章,读终疾愈。迨乎义山卧病,语僧录、僧彻曰:"某有愿削染,为玄弟子。"临终寄书偈诀。凤翔府写玄真,李义山执佛诗玄焉。

后来李商隐还曾作诗感寄此事,诗曰:"无事经年别远公,帝城钟晓忆西峰。炉烟消尽寒灯晦,童子开门雪满松。"

在《樊南乙集·序》中他还这样写道:"三年已来,丧失家道,平居忽忽不乐,始过意事佛。方愿打钟扫地,为清凉山行者。"在他的文集中有不少诗文反映了他的这类事佛行动与思想情感。《樊南文集》卷四《上河东公启二首》即叙自己皈依佛教,自愿出资于梓潼长平山慧义精舍经藏院创石壁五间,金字勒《妙法莲花经》七卷,并请柳仲郢作记。其一曰:"虽从幕府,常在道场。犹恨出俗情微,破邪功少。"其二曰:"伏蒙仁恩,赐撰金字法华经记一首,正冠荐笏,跪捧伏读……当刊之鸟篆,置彼龙宫",即感语柳仲郢为记而写。而他所作《四证堂碑》则更是与净众—保唐禅派有直接关系原题为《尚书河东公作四证堂于梓州慧义精舍之南禅院》,载《樊南文集补编》卷十(宋赵明诚《金石录》则题为《四证台记》,并谓"李商隐撰,正书,无姓名,大中七年十一月")。

其文对净众—保唐禅派充满敬重之情,尤其是对无相与无住更是倾注了一往深情。文章写无相不远万里"西渴明师(指处寂),遇其坚卧。俄供一指,誓续千灯……师乃引与之言,叹未曾有"。其事本已令人惊叹不已,而记无相弟子无住弃武学佛,承继无相法统,读来更是令人荡气回肠:

(无住)寻休剑术,早罢铃经论。韬綦连之四号,舍步陆之七箭。径欣道在,罔惮人退,坎坷汾阴,飘摇益部。聿来胥会,默合元符。本唯肃于尊颜,竟兄谐于妙果。优孟之同楚相,不迹辽哉;丑父之类齐侯,竟何为也!事虽可引,义则殊归。宴坐穷岩,化行奥壤;顶轮降祉,肉髻开祥。及将寓信衣,乃误因黑士。经过九队,流落六群。彼既悬定于传刀,此亦熟惊于祛箧。壁留曲阜,讵为张伯所藏;剑出丰城,岂是雷花可佩!适来适去,悉见悉如。故得大梵下从,通仙右绕。臂舒百福,眉耀千光。灵禽列散于觉花,瑞兽尝衔于忍草。宁止山神且届,但送甘松。藩后绝临,空分沈水。凡兹异迹,未可殚论。杜相国鸿渐,崔仆射旰,并望切龙门,悫殷荷担。留迷待循,出病求攻。克扬静(净)众之名,特峻保唐之号。

文章生动形象地记载了无住弃武学佛,并历经磨难,艰难跋涉,寻访其师的感人事迹。其中写到师徒二人师资道合,甚至连容貌也十分相似。又提及无相的信衣曾误托奸人,流落于四方,但最后终于复归(好比张伯如不能享有占据孔壁藏书以及雷华不能得到丰城宝剑的福分一样)。最后又说到无处弘扬无相禅法,受到杜鸿渐、崔旰的尊崇和恳请,弘扬了净众—保唐禅法。凡此种种记载,都与《历代法宝记》所合。可见他对这一禅派是相当熟悉的。从文中流露的一往深情看,他对保唐禅派的倾慕也达到了非常强烈的程度,故而方能以其绝代才俊,显神采飞扬之笔。

实际上,李商隐这类文章绝非孤立的现象,在他的文集中还有大量的同类篇章,如:《奉寄安国大师兼简子蒙》、《题白石莲华寄楚公》、《题僧壁》、《北青梦》等都流露出在不幸遭遇与极度苦闷之下,自己的愤激之情及对禅佛僧人的深情:"昔叹谗销骨,今伤祖满膺"(《闻著明凶问哭寄卿》)。"舍生求道有前踪,乞脑剜身结愿重……若信贝多真实语,三生同听一楼钟"(《题僧壁》)。"忆奉莲花座,兼闻贝叶经"(《奉寄安国大师兼简子蒙》)。"幽境定携僧共入,寒塘好与月相依"(《赠从史阆之》)。尤其是在《北青梦》一诗中,这种情感达到了异常强烈的地步:

> 残阳西入崦,茅屋访孤僧。落叶人何在?寒云路几层。独敲初夜磬,闲倚一枝藤。世界微尘里,吾宁爱与憎!

即使在他结交的俗世之友中,亦有不少是因为朋友之间志趣相投,亦皆好佛禅。前面提到的柳仲郢就是如此。史称"仲郢以礼法自持","三为大镇,厩无名马,衣不熏香……又精释典,《瑜伽》、《智度大论》皆再钞,自余佛书,多手记要义"(《旧唐书·柳仲郢传》)。这种朋友尚不在少数。

正如王维中年以后由于受到佛教、尤其是禅宗的影响之后,他的诗歌无论思想还是艺术上都发生了明显的变化一样(文学史家多言这种思想"消极"、"落后",实则过于简单化、片面化),李商隐的诗风也明显地受到佛禅影响,包括净众—保唐禅派滋溉。因限于篇幅,这里尚不能充分展开讨论,异日再他文论之。

注　释

①弘忍十大弟子各书记载不一,排序也各不相同,但都有智诜。此外净觉《楞伽师

资记》、神清《北山录》、宗密《圆觉经大疏抄》和《中华传心地禅门师资承袭图》、段成式《酉阳杂俎》续集、道原《景德传灯录》等书以及吕温《南岳弥陀寺承远和尚碑》、柳宗元《南岳弥陀碑》等亦有记载。

②详徐文明:《智诜与净众禅系》考证,载《敦煌学辑刊》(兰州)2000年第1期。

③历史上有两个叫"处寂"的禅师,一位称"唐和尚",一称"周和尚",智诜弟子为唐和尚。详注②徐文考证。

④20世纪90年代末期,韩国有两位学者(一位是人类文化学专家,另一位是哲学和佛教史专家)曾在四川省外事委员会朴处长陪同下,专程到资阳考察无相在资州弘法及活动的事迹。

⑤关于净众—保唐禅派的研究,早期国内有胡适、吕澂等人。台湾印顺法师的《中国禅宗史》有专章论述。国际上则有朝鲜学者金见经于20世纪30年代将《历代法宝记》进行校刊,并将其序收入《董园丛书》中。日本著名学者宇井伯寿、柳田圣三及小岛宏尤等人都对《历代法宝记》有专题研究。加拿大教授冉云华也对这一史料进行过深入研究,并发表论文数篇。

⑥见《天府新论》1996年第4期。

原刊《巴蜀文化研究》(第一辑),巴蜀书社2003年版

作者简介:秦彦士,1950年生,四川大学史学博士研究生,现任四川师范大学文学院教授。

宋代四川理学的兴起与发展

蔡 方 鹿

宋代理学思潮是中国文化发展史上的一个重要里程碑,对中国文化与中国社会的发展影响很大。宋代四川地区的理学是宋代理学十分重要的组成部分,对促进宋代理学和巴蜀文化的发展产生了重要影响,在巴蜀文化史发展上占有重要地位。本文旨在探讨宋代四川理学的兴起与发展,以此揭示其发展演变的脉络及其在巴蜀文化史上的重要地位。

一、时代背景

要把握宋代四川理学产生的时代背景,须联系整个中国文化发展至宋代的时代背景来考察。

宋代四川地区文化的发展是与整个中华文化的发展紧密联系在一起的,然亦有自己的特点。宋代理学思潮的兴起,是宋代文化发展的主流,亦是继先秦百家争鸣之后出现的中国文化发展的第二次高潮。

自汉武帝采纳董仲舒的建议,"罢黜百家,独尊儒术"以来,儒学逐渐成为中国传统文化的基础和发展的主流,并以经学的形式出现,即通过注释和阐述儒家经典,来发挥各个时代的儒家思想。

在儒学发展的过程中,有两汉时以董仲舒和刘歆等为代表的今、古文经学,而郑玄则以古文学为主,兼采今文学,成为汉代经学的集大成者。魏晋南北朝时,有郑学与王学之争,儒家经学受到玄学影响,后又演变为义疏之学。唐代孔颖达等奉钦命编定《五经正义》,虽然完成了经学的统一工作,但仍沿袭以往的章句注疏之学,学者拘于训诂,墨守正义,如此严重束缚了人们的思想和创造力,使儒学发展停滞。而佛教、道教则发展日盛,无论在思想领域还是在政治领域都有很大的势力,整个儒家思想都遭受到了严重的挑战。韩愈为了排佛而倡导儒家道统论,但因其思辨哲学的欠缺和思想未系统化,故难以与盛行一时的佛、道宗教思想相抗衡,以致动摇了儒家文化的主导地位。

至北宋时理学兴起,以周敦颐、邵雍、张载、程颢、程颐等,尤其是以二程为代表的新儒学者,面对佛老思想的挑战和儒学式微、伦常扫地、人无廉耻的局面,以儒家伦理为本位,批判地吸取佛、道精致的思辨哲学,结合社会发展的需要,创建以"天理"论为标志的理学思想体系。

南宋朱熹继承二程,在与同时代诸多理学流派及其代表人物,如张栻、陆九渊等,以及其他思想派别和学者的相互辩难、相互交流中,集宋代理学之大成,在相互联系又各具特色的四个方面,把儒家思想哲理化,把儒家经学义理化,把儒学道统体系化,把儒家学说大众化,构筑起逻辑严密、内涵丰富、博大精深的新儒学思想体系,完成了自宋初以来,思想家们致力于建立一种直接把哲学本体论、思辨性的哲学形式与儒家伦理学统一起来的哲学体系的尝试。

程朱理学有效地吸取佛、道文化的优长,排斥其与中国古代社会及其社会制度、思想文化观念不合的宗教教义,把佛教这种外来文化吸收改造为中国文化的一部分,并使道教由出世主义向世俗化逐渐转化;使以儒学为本位,三教融合的理学思潮占据了中国文化发展的主导地位,完成了理性主义的文化超越,从而改造旧儒学,把中国儒学发展到一个崭新的阶段,使儒学既主导了学术发展的方向,又广泛流传民间、影响大众,真正成为中华民族全民的文化。并流传海外,对东亚社会和文化产生了重要影响,对东方各国,特别是汉字文化圈几乎带有普遍性的意义,故在一定意义上可以说新儒学在东方形成了中世纪世界主义,被视为东方文化的代表。

在这样的时代背景下,宋代四川地区的理学得以兴起和发展。总的来讲,宋代四川理学产生的根源和背景主要有以下方面:一是佛教盛行,动摇了儒家文化的主导地位;二是旧儒学发展停滞;三是自唐末五代以来,伦常扫地,人无廉耻;四是三教融合,为理学的产生准备了条件;五是周敦颐、程颐等著名理学家入蜀,传播理学,交流学术,促进了蜀地理学的兴起与发展。

　　除上述根源和背景外,宋代经济、科学技术的大发展,给四川理学的产生奠定了基础。因为四川经济的发展,促进了文化事业的发展。北宋仁宗时,铁的年产量达到 724 万斤。一些地区出现了以从事纺织业为主的机户,如梓州在仁宗时,已有几千家机户,这说明梓州等地的家庭手工业日益得到发展。宋代兴修水利以及灌溉技术提高很快。宋高宗时,眉州农民修筑通济堰,使蜀州新津和眉州眉山、彭山等县三十四万多亩田得到灌溉。宋仁宗庆历年间,毕昇发明了活字印刷术。这是世界上最早的活字印刷,是中国古代劳动人民对世界文化的伟大贡献。宋代四川的刻板印书很盛行,这对书籍的保存和传播十分有利,推动了宋代四川文化事业的发展。北宋和南宋均有官刻、私刻的大量雕版经书的刊刻印行。由于经书刊刻风气的兴起和技术的改进,直接促进了宋代四川经学的研究风气。宋代四川书院林立,经学讲论之风盛行,实有赖于此,并具有研讨学术,传播理学的作用和功能[①]。由于经济、科学技术的发展,促进了文化事业的发展,使得四川在宋代,出现了一股全社会重视儒家经典的学习风气,形成了不同层次的通经人才,并涌现出大量的经学著述。与时代思潮相适应,在这些经学著述中,有着鲜明的理学特色[②]。宋代四川理学的兴起与发展,既与整个宋代理学的产生和发展分不开,同时在川内外学者的学术交流中,也直接促进了宋代理学的发展。其间,周敦颐、程颐、朱熹等对四川理学及蜀地学术的发展产生了重要影响,同时四川著名理学家张栻、魏了翁等也对整个宋代理学的发展与流传、兴盛做出了重要贡献。而周敦颐、程颐在蜀的学术活动本身就是宋代四川理学的组成部分,尤其是程颐,其代表著作《伊川易传》即写作于涪州。他们在蜀著书立说、传道授业,直接促进和推动了宋代四川理学的兴起与发展。在这个过程中,范祖禹对道学的认同,张栻对理学的发展及对朱熹思想的刺激和启发,魏了翁继承张栻和朱熹,又会合蜀、洛,集宋代四川理学之大成,都是与当时全国和四川的时代背景分不开的。所以,知人论世是探讨和研究宋代四川理学兴起与发展的重要前提。

二、周敦颐入蜀及影响

周敦颐(1017—1073),字茂叔,北宋道州营道(今湖南道县)人。因其筑书屋于庐山莲花峰下小溪旁,以濂溪名之,故称他为濂溪先生。周敦颐是北宋初哲学家,理学先驱。所创学派被称为"濂学"。周敦颐的理学及哲学思想大多通过其《太极图说》和《通书》加以阐发。对《太极图》的来源,学术界存在着不同的见解,历代大致有三种说法:一是朱熹(1130—1200)的"濂溪自创说";二是朱震(1072—1138)提出的"来自陈抟"的"因袭说";三是黄宗炎(1615或1616—1686)与毛奇龄(1623—1716)提出的变易道教与佛教的"改造说"。朱熹的观点所依据的材料是周敦颐的友人潘兴嗣(字延之,自号清逸居士)作的《周敦颐墓志铭》,潘云:"(周敦颐)尤善谈名理,深于《易》学。作《太极图》、《易说》、《易通》数十篇,诗十卷,今藏于家。"③对此,朱熹指出:"潘清逸志先生之墓,叙所著书,特以作《太极图》为称首。……及得志文考之,然后知其果先生之所自作,而非有所受于人者。公盖皆未见此志而云云耳。"④认为朱震等人的说法是未见潘兴嗣所作的周敦颐墓志的缘故。今人李申先生经过详细考证,认定朱震、毛奇龄、黄宗炎等人的说法都是站不住脚的,他认为:"从朱震以来,一切关于《太极图》非周敦颐自作,而是别有传授的说法都是不可靠的,因而都是应该被否定的说法。在否定了这些说法以后,我们只能回到潘兴嗣《濂溪先生墓志铭》的结论:《太极图》乃周敦颐自己的作品。"⑤尽管周敦颐的《太极图》不出自所说的道士陈抟,而他通过《太极图说》阐发的太极说对二程也没有产生多大的影响,但却对朱熹以及蜀地理学家张栻和魏了翁影响甚大。

周敦颐入蜀的学术活动对宋代四川理学兴起和发展产生了直接影响。周敦颐入蜀活动是在宋仁宗嘉祐元年至五年(1056—1060),其时,周敦颐迁太子中舍签书,署合州(今四川合川县)判官事。他在合州待了四年,当时的乡贡之士,闻其学问,多来求见。遂宁人傅耆(字伯成,一字伯寿,官至知汉州)经陆丞介绍,与周敦颐书信往来,又往合州见周敦颐,从之学。周敦颐手书《家人》、《艮》、《蒙》等说赠之。傅耆致书周敦颐谓:"蒙示《蒙说》,意远而不迂,词简而有法。"⑥其后傅耆知嘉州平羌县,又致书周敦颐云:"蒙寄贶《同人说》,徐展熟读,较以旧本,改易数字,皆人意所不到处。宜乎使人宗师仰慕之不暇也。"⑦傅耆所著《同人卦说》,当是受到周敦颐思想的影响。全祖望案:"元公(周敦颐)弟子甚少,……蜀中学派当首先生(傅耆),其后范醇夫学于司马氏,谯天授、谢持正学于程氏,马巨济学于关中吕氏,以启南轩、鹤山诸公之盛。予故特表而出之。"⑧认为傅耆乃是受周敦颐影响的蜀中学派之首的学者。

蒲宗孟(1028—1093),字传正,阆州新井人,拜尚书左丞(《宋史》有传),也是周敦颐在蜀期间与之交往的学者之一。《周敦颐年谱·嘉祐四年》载:"先生年四十三。左丞蒲宗孟,阆中太常丞师道之子也,从蜀江道于合,初见先生,相与款洽,连三日夜,退而叹曰:'世有斯人欤!'乃以其妹归之,为先生继室。"熙宁六年(1073)周敦颐卒时,蒲宗孟为之作《濂溪先生墓碣铭》,记其入蜀之事云:"改太子中舍,签书合州判官事,转殿中丞,赐五品服。一郡之事,不经君手,吏不敢决,苟下之,民不肯从。蜀之贤人君子莫不喜称之。"⑨以往有学者认为周敦颐的《太极图》可能通过蒲宗孟的传递而与陈抟易图有关,但经过李申先生《易图考》对此事的考证,恐应重新认识。

周敦颐在蜀期间,传道授业,有不少学者前往求学,其中以张宗范为佼佼者。据《周敦颐年谱·嘉祐五年》记载:"先生(周敦颐)在合,士之从学者甚众。尤称张宗范有文有行,故名其所居之亭曰养心亭,语以圣学之要。其汲汲于传道授业也如此!在郡四年,人心悦服。"张宗范构亭于山之麓,周敦颐至而爱之,为其亭题名曰:"养心"。张宗范谢而求说,于是周敦颐为之作《养心亭说》以勉之。其说云:"予谓养心不止于寡而存耳,盖寡焉以至于无。无则诚立、明通。诚立,贤也;明通,圣也。是贤圣非性生,必养心而至之。养心之善有大焉如此,存乎其人而已。"⑩认为养心应由寡欲以至于无欲,无欲才能诚立、明通,即成为圣贤,强调圣贤不是先天性而生的,而是须通过养心而至于成为圣贤。其养心说对张宗范产生重要影响,周敦颐的思想也通过张宗范得以在蜀流传。以至一百多年后的南宋绍定六年(1233),理学家魏了翁知泸州任上,合州士人税申之持张宗范《养心亭题说》示魏了翁,魏了翁认为其养心说大抵与《通书·圣学章》相表里。受到其一定的影响。

此外,周敦颐入蜀期间,与成都人吕陶也有学术交往。吕陶,字元钧,号净德,时任铜梁令,周敦颐于嘉祐五年(1060)任职届满离开合州之时,吕陶以文相送,并作诗相赠。诗序云:"舂陵周茂叔,志清而材醇,行敏而学博。读《易》、《春秋》探其原,其文简洁有制,其政抚而不柔。……其信道笃而自知明欤!……今年(嘉祐五年)夏六月,官满南归,士大夫皆文以送。陶既序又继以诗。"⑪对周敦颐的学问给以很高的评价。当时士大夫皆以文相送,表明周敦颐入蜀活动影响甚大。这正是北宋理学兴起之初,周敦颐在蜀的活动,传播了他的理学思想,这对促进宋代四川理学的兴起及以后的发展,具有重要意义。

三、程氏父子在蜀的学术活动及影响

程颢(1032—1085),字伯淳,人称明道先生;程颐(1033—1107),字正叔,人称伊川先生。二程兄弟是宋代理学的奠基人,因二程是洛阳人,故称二程创立的理学学派为洛学。二程的父亲程珦(1006—1090)曾任知汉州(今四川广汉),对二程思想产生一定的影响。以往认为,治平四年(1067)程珦知汉州时,程颢、程颐兄弟皆入川随侍,即兄弟二人均到过四川。如朱熹的《跋度正家藏伊川先生帖后》云:"程太中公(程珦)知汉州,大夫公(傅耆)时为邑西川,又得交伊川兄弟间,手笔相问,往往皆在。"⑫度正是朱熹的川籍弟子,与傅耆同为遂宁人。傅耆的后人傅光家藏有濂溪、伊川的手迹,度正请王世壂代为访求。后来度正得到了傅光家藏的伊川先生手状一幅,乃伊川先生入蜀时的手笔,并认为傅光的祖大夫公傅耆不仅见周敦颐于合阳,而且又曾得交伊川兄弟于程珦知汉州时。即程颢、程颐兄弟二人都曾到过四川。朱熹的《伊洛渊源录》卷四亦云:"王霖公择言:明道、伊川,随侍太中知汉州,宿一僧寺。明道入门而右,从者皆随之;伊川入门而左,独行,至法堂上相会。伊川自谓,此是颐不及家兄处。盖明道和易,人皆亲近;伊川严重,人不敢近也。尹焞云,亦尝闻先生言之。"尹焞䢋是程颐的弟子,也曾有此闻。其后,魏了翁于嘉定元年(1208)作《成都府学三先生祠堂记》,记云:"周子尝仕合阳,传谓蜀之贤人君子皆喜称之。二程先生则尝仕大中公游于广汉、成都。最后伊川久居涪,著录甚众,今其遗风余泽,犹被诸人。"[13]认为二程兄弟均随其父程珦入蜀,游于广汉和成都。撰著于元代的《宋史·谯定传》亦云:"初,程颐之父珦尝守广汉,颐与兄颢皆随侍,游成都。"根据以上材料及其他一些材料,故以往认为程颢、程颐均来过四川。但程颐亲撰的《明道先生行状》却不载程颢入蜀之事,使人对此事产生怀疑,以致认为程颢"不可能随侍父亲入蜀"[14]。考程颢于英宗治平元年(1064)任泽州晋城县令,任期三年,于治平四年(1067)届满离任。后任著作佐郎等职。关于此时的经历,据《明道先生行状》载:"在邑(晋城)三年,百姓爱之如父母,去之日,哭声震野。用荐者,改著作佐郎。寻以御史中丞吕公公著荐,授太子中允,权监察御史里行。"[15]程颢在晋城县令离任后、著作佐郎就任前,是否有时间随其父程珦入蜀?仍需进一步考察,由于《行状》及其他材料未记载程颢就任著作佐郎的具体时间,所以较难判断。神宗熙宁二年(1069)二月,王安石被起用为参知政事,议行新法。四月,从三司条例司之请,程颢以属官被派遣到各路去检察农田、水利、赋税等情况。八月,经吕公著推荐,程颢由秘书省著作佐郎升任太子中允、权监察御史里行。在这段时间程颢是不可能入蜀的。但在就任著作佐郎之前,有没有可能随父入蜀?考程珦是在英宗嗣位之年,即仁宗嘉祐八年(1063)任知磁州事的。是年四月英宗嗣皇帝位,"英宗嗣位,覃恩,迁库部员外郎,知磁州事"[16]。而于"神宗即位,覃恩,迁司门郎中。……代还,知汉州事,迁库部郎中"[17]。神宗即位是在英宗治平四年(1067)的正月,程珦知汉州事也当在此年。这年正是程颢任晋城县令届满离任的当年。从时间上看,程颢不是没有可能随父入蜀。但程颐所撰的《明道先生行状》未载程颢入蜀之事,不知是程颢未曾入蜀,或是程颐在撰《行状》时省略了此事?

程珦知汉州时,重视教育,大兴州学,士子受学从化者甚众。程颐随侍其父于汉州,为其父代写了汉州州学的策问。以学问之道、诸经大要及当世之务策问学子,其中也包含了他的理学思想,以协助其父从事州学教育。程珦并请宇文中允出典汉州州学,以教乡人弟子。程颐为此作《为家君请宇文中允典汉州学书》及《再书》,提出"生民之道,以教为本"的重视教育的思想。

程颐此次入蜀期间,曾有成都之行。据《河南程氏外书》卷十一记载:"先生过成都,坐于所馆之堂读《易》。有造桶者前视之,指《未济》卦问。先生曰:'何也?'曰:'三阳皆失位。'先生异之,问其姓与居,则失之矣。《易传》曰:'闻之成都隐者。'"对成都治《易》隐者关于《未济》卦"三阳皆失位"的见解感到惊异。后来《宋史·谯定传》对此事的描述是:"初,程颐之父珦尝守广汉,颐与兄颢皆随侍,游成都,见治篾箍桶者挟册,就视之则《易》也,欲拟议致诘,而篾者先曰:'若尝学此乎?'因指'《未济》男之穷'以发问。二程逊而问之,则曰:'三阳皆失位。'兄弟涣然有所省,翌日再过之,则去矣。其后袁滋入洛,问《易》于颐,颐曰:'易学在蜀耳,盍往求之?'"这即是"易学在蜀"论断的出处,指出二程游成都时,见一篾匠带有一本《易》书,正欲诘问,而篾匠先说话:你们曾学过《易》吗?并问二程为什么《未济》卦是"男之穷"。二程思有所不及而问之。篾匠回答:是因为"三阳皆失位"。即《未济》卦卦象之九二、九四、上九都是阳爻居阴位,皆位不当而失位,由于阳爻有象男、刚之义,既然一卦之三阳爻皆失位,所以称为"男之穷"。程颐兄弟涣然有所省悟,但第二天再去时,篾匠已不见踪影。后来袁道洁入洛阳,拜程颐为师学《易》,程颐则对他说:"易学在蜀耳",为何不去求之?应该说,程颐所说的这句话是有根据的,因为在当时蜀中确有不少易学大师,而且在整个两宋时期,蜀学大盛,注《易》者不绝,就是程颐本人的《伊川易传》也作于其后的编管地四川涪陵。

程颐的第二次入蜀是在宋哲宗绍圣四年(1097)十一月,诏送涪州编管。次年元符元年(1098),程颐在编管地涪州北岩撰其易学及理学代表著作《伊川易传》,于第二年元符二年(1099)正月撰成。在这期间,程颐的蜀中弟子涪陵本地人谯定从其学《易》。在此之前,谯定曾往洛阳问学于程颐。此时又在家乡向程颐求教。谯定曾撰有《易传》。通过谯定,程颐的理学得以在蜀地传播。

在涪陵编管期间,程颐的另一蜀中弟子谢湜也与程颐保持着学术交往关系。元符元年十一月九日,程颐撰《与金堂谢君书》,与谢湜讨论《春秋》大义,并论及如何治《易》的问题。其书云:"若欲治《易》,先寻绎令熟,只看王弼、胡先生、王介甫三家文字,令通贯,余人《易》说,无取枉费劲。"[18]《宋元学案·刘李诸儒学案》亦载:"谢湜,字持正,金堂人。……《尹和靖语录》云:'蜀人谢湜,以所著《春秋》请正程子。程子答以更二十年方可讲此。'"谢湜不仅就《春秋》与程颐讨论过,而且还撰有《易义》,受到程颐思想的影响。

程颐在蜀著书立说、传道授业,教授学子,产生了重要影响,其学术活动不仅直接促进和推动了宋代四川理学的兴起与发展,而且其理学代表著作《伊川易传》写作于涪州,这本身就可视为宋代四川理学的组成部分。程颐的理学除通过谯定传给张浚、张行成、冯时行等川籍学者,进而影响到张栻、魏了翁等四川著名理学家外,还通过其门人尹焞,再传而至四川理学人物李石。李石,字知几,资州银山人。生于北宋徽宗大观二年(1108),卒于南宋孝宗淳熙年间。李石以范淑为师,范淑是伊川高弟尹焞的门人,著有《经枢》三卷。范淑曾自洛阳侍尹焞入蜀。其后李石从范淑学,通过范淑继承了程颐的理学,也兼取佛、道二教,体现了宋代理学熔儒、释、道于一炉的时代精神。李石著有《方舟集》、《方舟易学》等。曾任成都学官,主讲于石室,"就学者如云,闽、越之士万里而来,刻石题诸生名几千人,蜀学之盛,古今鲜俪"[19]。扩大了程颐理学在蜀地的影响。

四、范祖禹对道学的认同

范祖禹(1041—1098),字淳夫,北宋成都华阳(今属四川成都双流县)人。司马光门人,从司马光修《资治通鉴》,著其《唐鉴》。并著有《古文孝经说》、《帝学》、《中庸论》、《范太史集》等著作。范祖禹以司马光为师,又受到二程理学的影响,而认同于道学。他对道学的认同,客观上起到了扩大二程学说在四川的影响,并会合蜀、洛之学的作用。

元祐年间,以程颐为首的洛党和以苏轼、苏辙为首的蜀党互相攻讦,范祖禹独不立党,并游于洛蜀两党之间。洛蜀两党皆敬之。苏轼尤服范祖禹之文,称其为"不刊之作"。范祖禹虽为蜀人,但他不参与蜀党等对程颐的批评,对程颐以洛党之名被罢官表示不满和同情。后来他在《荐讲读官札子》中请哲宗恢复程颐的讲官之职,以示公正。他说:"臣伏见元祐之初,陛下召程颐对便殿,自布衣除通直郎,充崇政殿说书,天下之士皆谓得人,……而才及岁余,即以人言罢之。颐之经术行谊,天下共知。司马光、吕公著皆与颐相知二十余年,然后举之,此二人者,非为欺罔以误圣听也。颐在经筵,切于皇帝陛下进学,故其讲说,语常繁多。颐草茅之人,一旦入朝,与人相接,不为关防,未习朝廷事体,迂疏则固有之。而言者谓颐大佞大邪,贪黩请求,奔走交结;又谓颐欲以故旧倾大臣,以意气役台谏,其言皆诬罔非实也。盖当时台谏官王岩叟、朱光庭、贾易皆素推服颐之经行,故不知者指以为颐党。颐匹夫也,有何权势动人,而能倾大臣、役台谏?自古处士入朝,无有不被谤毁。……如颐之贤,乃足以辅导圣学。至如臣辈,叨备讲职,实非敢望颐也。臣久欲为颐一言,怀之累年,犹豫不果,使颐受诬罔之谤于公正之朝,臣每思之,不无愧也。今臣已乞去职,若复召颐劝讲,必有补圣明,臣虽终老在外,无所憾矣。"㉓这番话指出程颐乃贤人,足以辅导圣学,而非言者所说的大佞大邪之人。并认为当时把王岩叟、朱光庭、贾易等人指为颐党,即所说的洛党,是不合适的,其实他们只不过是素服程颐的经术和行宜罢了。这实际上是在当时的党争中对程颐等的过火排斥行为表示不满。范祖禹对程颐的同情,是建立在对二程提倡的道学认同的基础上的。

范祖禹对道学的认同,在他所撰《明道先生哀词》中得到充分的体现。元丰八年(1085)程颢卒,范祖禹为此作祭文,他说:"先生为人,清明端洁,内直外方。其学本于诚意正心,以圣贤之道可以必至。勇于力行,不为空文。其在朝廷,与道行止,……先生以亲老,求为闲官,居洛阳殆十年,与弟伊川先生讲学于家,化行乡党。……士之从学者不绝于馆,有不远千里而至者。先生于经,不务解析为枝辞,要其用在己,而明于知天。其教人曰:'非孔子之道,不可学也。'盖自孟子没,而《中庸》之学不传,后世之士不循其本,而用心于末,故不可与入尧舜之道。先生以独智自得,去圣人千有余岁,发其关键,直睹堂奥,一天地之理,尽事物之变。故其貌肃而气和,志定而言厉,望之可畏,即之可亲,叩之者无穷,从容以应之,其出愈新,真学者之师也。"㉑在这篇祭文中,范祖禹充分肯定程颢所提倡的道学,字里行间,处处以至"圣贤之道"、行"道"、学"孔子之道"、入"尧舜之道"来概括程颢之学的,并加以充分的肯定,认为圣人之道自孟子没而失传,程颢以独智自得,在离圣人一千多年后,直睹堂奥,继承了道统之传。范祖禹指出,程颢在治经学上独辟蹊径,一反孟子之后,汉唐诸儒专务解析,用心于末的传统,以求孔孟之道为治经学的目的,在圣贤之后千余年,提出天理论来论证道统,把孔孟儒学、尧舜之道发扬光大。在这里,范祖禹不仅认同道学之传,而且肯定程颢自得之天理,其所说"一天地之理,尽事物之变"就是对天理论的认同。

范祖禹肯定道学,与二程有着相似的道统观,还体现在他《上帝学奏》中所说的:"学始于伏羲,至于成王,《易》、《诗》、《书》所称,圣人所述,为万世法。由汉以下,其道不纯,故可称者鲜。自古以来,治日常少,乱日常多,推原其本,由人君不学也。"㉒认为圣人之学始于伏羲,而为儒家经典所载,孔子所述,为万世法,而自汉以下,其道不纯。这与二程超越汉唐,直接孟子的观点很接近。并且范祖禹也重视"四书"之《中庸》,这也与二程"《中庸》乃孔门传授心法",以之论证道统的观点相似。

范祖禹作为蜀籍学者,他认同道学,赞成二程的学问,客观上为宋代四川理学的兴起和发展起到了促进作用。由于他同蜀洛两党均保持良好的交往关系,这对扩大二程理学在四川的影响,较为有利,并具有会合蜀、洛之学的作用。

五、张栻对理学的发展及对四川理学的影响

张栻(1130—1180),字敬夫,后避讳改字钦夫,号南轩,学者称南轩先生,谥曰宣,又称张宣公。南宋汉州绵竹(今四川绵竹市)人。著有《论语解》、《孟子说》、《易说》、《南轩集》等著作。张栻是南宋时与朱熹齐名的著名理学家,时与朱熹、吕祖谦并称"东南三贤"。他在宋代理学史上占有突出的地位,并对四川理学的发展产生了重要影响。

张栻对宋代理学的发展主要表现在以下三个方面。

1. 在与朱熹的"交须而共济"中发展了二程学说

朱熹作为两宋理学的集大成者,在中国思想史上占有十分重要的地位。然而,朱熹思想的成就及其在思想史上的地位,实与张栻有密切关系。张栻与朱熹不仅为友,而且在学术上相互辩难,互相影响,相得益彰。两人在密切交往的十几年中,对《中庸》的中和之义,以及心性、仁说、儒家经学等重大学术问题展开了深入的讨论。在往返辩论和诘难释疑中,两人互相启发,彼此刺激,各自在考虑对方观点的基础上,修正并完善了自己的观点,从而发展了二程学说。对此,朱熹本人曾给予很高的评价。《宋史·道学传一》亦称:"张栻之学,亦出程氏,既见朱熹,相与博约又大进焉。"这是对张栻与朱熹在相互博约中发展二程学说的肯定[25]。

2. 确立了集众家之长的湖湘学派

湖湘学派是宋代理学中的重要流派,这个学派,由胡宏开创,而张栻集大成。张栻在继承师说的同时,对胡宏的思想有所修正和发展。黄宗羲指出:"南轩受教于五峰(胡宏)之日浅,然自一闻五峰之说,即默体实践,孜孜无释,……五峰之门,得南轩而有耀。"[26]胡宏开创的学派,得到张栻的发展,从而奠定了湖南学的基础。"湖南一派,在当时为最盛。然大端发露,无从容不迫气象。自南轩出而与考亭(朱熹)相讲究,去短集长其言语之过者,

裁之，归于平正。"⑳湖湘学派在当时为最盛的一派，经过张栻的讲学和与朱熹的交流，"去短集长"，使得湖湘学派在理论上更加精致，也使张栻成为该学派的代表人物。黄宗羲肯定了张栻之学出自胡宏，又超出胡宏的事实。他说："南轩之学，得之五峰，论其所造大要，比五峰更纯粹，盖由其见处高，践履又实也。"㉖以张栻为代表的湖湘学派具有集众家之长的特点，在哲学宇宙观上，湖湘学者既以太极、理等作为宇宙的本体，又突出心的主宰性，并把太极与心、理互相等同，因而具有融合心学、理学为一体的特色。在知行观上，湖湘学者具有重躬行践履的突出特点，张栻反对知而不行、忽视行，指出今人之不践履，是未尝真知。这种重躬行践履的学风与"仁义之行，故无不利"和"留心经济之学"的思想相联系，又带有事功思想的色彩。在治学方法上，张栻也集朱熹、陆九渊两家之长而去其短。由于张栻的学派具有诸如以上这些长处，所以在当时产生了较大的影响。张栻"学之所就，既足以名于一世"㉗，以致"论道于家，而四方学者争乡往之"㉘。

3. 宣扬和表彰周敦颐、二程在道统中的作用

张栻受二程道统论的影响，认为由尧、舜、禹、汤、文、武、周公、孔、孟一脉相传的儒家圣人之道在孟子之后失传，使得学者无所依归陷于异端。惟有北宋周敦颐出，才继不传之绝学，把孔孟圣人之道发扬光大。二程兄弟又继承周敦颐，把孔孟之旨推而极之。他说："惟先生崛起于千载之后，独得微旨于残编断简之中，……孔孟之意，于以复明。至于二程先生则又推而极之。"㉙周敦颐在北宋时社会影响不大，也没有受到朝廷的重用。张栻为了宣扬周敦颐的理学，便极力表彰周敦颐，肯定他对理学理论建构的功绩，认为周敦颐以《太极图说》为代表的思想，是秦汉以来未曾达到的学术妙境。张栻不仅表彰周敦颐，而且宣扬二程在道统中的重要作用。他说："宋兴又百余载，有大儒出于河南，兄弟并立，发明天地之全、古人之大体。推其源流，上继孟氏，始晓然示人以致知笃敬为大学始终之要领。"㉚张栻还为周、程作赞，以示褒扬。通过张栻的表彰，周程，特别是周敦颐的学术地位被抬高，扩大了理学的社会影响。

作为蜀人，张栻对宋代理学的发展，实际上也是对宋代四川理学的发

展,并通过学术交往,使湖湘学与宋代四川理学相沟通,由此促进了宋代四川理学的进一步发展。

张栻之学除盛行于湖南一带外,还回流四川,产生了重要影响。张栻讲学于湖湘,蜀人多从之,不少蜀中弟子从学张栻后又回到四川讲学,传播了张栻的理学思想。另有一些四川学者则私淑张栻,以求南轩之学为己任,在这个过程中,也传播和发展了张栻的思想,这就促进了宋代四川理学的持续发展。全祖望指出,张栻的四川后学不亚于其在湖湘的弟子。他说:"宣公居长沙之二水,而蜀中反疏。然自宇文挺臣、范文叔、陈平甫传之入蜀,二江之讲舍,不下长沙,……蜀学之盛,终出于宣公之绪。"㉛传张栻之学的四川学派主要人物有张栻的门人宇文绍节、陈概、范仲黼等学者,以及张栻的私淑弟子魏了翁、虞刚简等。

宇文绍节(？—1213),字挺臣,成都人,从张栻学。曾任知江陵府、签书枢密院事等职。他继承了张栻知以统行,知行并进和重行的思想,并将其贯彻到治理国家的实事中去。张栻曾为宇文绍节作《顾斋铭》,教以重行、惟实的思想。告诫宇文绍节要"确乎其行,惟实是依"㉜,要把知行结合起来,不能只知不行。

陈概,字平甫,普城(今属四川)人,张栻弟子,乾道进士。《南轩集》收有张栻答陈平甫书信十三篇。两人讨论了仁、天理、心等宋代理学的重要理论问题。先是陈概来书求教,然后张栻把自己的思想告诉陈概。通过这样的方法,陈概得益于张栻,掌握了师说。

范仲黼,字文叔,成都人,范祖禹之后,官至著作郎知彭州。学者称为月舟先生。其先范祖禹受二程理学的影响,而认同于道学。这对范仲黼也产生了影响,由此他问学于著名理学家张栻。范仲黼从张栻问学时,蜀人对张栻学说还知之较少。这是因为张栻讲学于岳麓、城南两书院,其在湖南的影响大于四川。但自从范仲黼等蜀人求学于张栻后,把张栻的学说传播到了四川,使其在四川的影响渐渐大起来。范仲黼拜张栻为师,杜门十年,专心求学,不着意于功名进取。张栻嘉其志,特为其书房题铭"主一",作《主一斋铭》,勉励范仲黼要主一自持,敬守此心,不要被外物所引诱。范仲黼晚年讲学于四川的两江之上,"南轩之教,遂大行于蜀中"③。当时两江有九先生,都是传张栻学说的南轩弟子或私淑弟子。其中以范仲黼最为著名,"乾、淳以后,南轩之学盛于蜀中,范文叔为之魁"㉞。一些来不及直接师事张栻的四川学者,纷纷通过范仲黼而私淑南轩,得到并传播了张栻的学说,使得理学在四川流传开来。又经过魏了翁、虞刚简等私塾弟子的继承发扬,理学在四川确立了其在学术界的主导地位。

虞刚简(1164—1227),字仲易,仁寿(今属四川)人,张栻私淑弟子,历任知华阳县、绵州通判、知简州、利州路提点刑狱等职。在华阳时,与张栻门人范仲黼、范荪、范子长、范子该、李修己、张仕佺、宋德之,以及张栻的私淑弟子薛绂、邓谏从、程遇孙,蜀学学者李心传、李道传等十二人"相与切磋义理之会"㉟。其中有著名的两江九先生。他们以讲求义理及南轩之学为己任,使南轩之教盛于蜀中。虞刚简筑室于成都之合江,以教授学者。范荪为之题榜曰"沧江书院"。虞刚简研读儒家"六经",于《易》尤为精研,集十六年功夫,将周敦颐、二程、邵雍、朱震等各家之说融会贯通,随文申义,著为《易说》。大旨在于把探讨阴阳五行之奥秘与日用躬行结合起来,使学者迁善远罪。张栻高足吴猎曾评价说:湖湘是张栻学说流风所据之地,但像虞刚简这样掌握了张栻之学的人却很少。

其时,不少蜀中学者都以张栻为师,继承、传播并发展了张栻的思想,也使宋代四川理学得到进一步的发展,成为整个宋代理学十分重要的组成部分,并在与各地学者的学术交流中,促进了宋代理学的大发展。

六、魏了翁集宋代四川理学之大成

魏了翁(1178—1237),字华父,号鹤山,邛州蒲江(今属四川)人,庆历五年(1199)进士,历任知眉州、潼川府路提点刑狱、知泸州、礼部尚书等职。魏了翁是南宋中后期著名理学家,时与真德秀齐名,并称"真魏"。魏了翁亦是继张栻之后宋代四川理学最重要的人物,他在思想史上的重要地位和对宋代四川理学的发展主要表现在以下四个方面。

1. 积极确立理学在意识形态领域的正统地位

理学由民间传授到被确立为官方正统思想,这是中国思想史上的一次重大转折,其意义不亚于汉武帝采纳董仲舒的建议而独尊儒术,它对中国后期封建社会的影响是非常重大的。魏了翁对此发挥了重要作用。嘉定九年(1216),魏了翁上疏宋宁宗,表彰周敦颐和程颢、程颐,请为三人定谥号。这与一般的为已故官吏请定谥号不同,其目的在于为理学争社会地位,力图纠正和改变自"庆元党禁"以来对理学的种种曲解,希望南宋最高统治者能够认识理学对维系社会稳定、巩固封建中央集权制统治的作用,并将其确立为"正学之宗",定为全社会的指导思想。为达此目的,嘉定十年,魏了翁再次申述前奏,乞为周、程三人请谥。他强调这关系到"学术之标准,风俗之枢机"[⑱],指出朝廷应以周程的思想来"风厉四方,示学士、大夫趋向之的,则其于崇化善俗之道,无以急于此者"[⑲]。在魏了翁等人的一再奏请下,宋宁宗于嘉定十三年赐周敦颐谥号曰元,赐程颢谥号曰纯,赐程颐谥号曰正,使周程的学术地位得到了官方的正式承认。

2. 折衷朱陆,向心学发展

魏了翁的理学思想具有折衷朱陆,并逐渐向心学发展的特点,这预示着理学发展的趋向。其思想的形成和发展经历了一个过程。他先是接受了朱熹的思想,后又将朱学与陆学结合,逐步转到以心学为主的立场。这也受到张栻思想的一定影响。虽然魏了翁的理学思想经历了由朱学到折衷朱陆,到向心学发展的过程,但他并没有放弃朱熹理学的义理要旨。他所做的工作,或者说对理学的发展,是在继承和发扬朱熹理学基本精神的基础上,为解决当时理学广泛流传以后,有人仅记览程朱词章,不按义理办事,使"道问学"流于形式的问题,而吸取陆学"先立乎其大"的简易功夫,从"尊德性"和整顿人心入手,去其朱学烦琐、迂阔的弊端,保留其义理精华,使宋明理学的发展走上了一条融合心、理,既以心本论为主,又保留朱学义理精神的道路。这一理学发展的趋势,由魏了翁开其先,经南宋末、元代、明初,历经更迭、嬗变,至明中叶王阳明心学的崛起,完成了思想史上学术思潮的转向。

3. 继承与超越朱学,求之于"圣经"

与魏了翁同时代的理学人物,大多为朱陆两家后学弟子。他们基本上是各立门户,默守师说,相互之间排斥诋毁,论辩纷纷。就连与魏了翁齐名的理学大师真德秀也主要是"依门傍户",祖述朱熹。魏了翁由其勇于创新、不盲从旧权威的思想特色,既继承朱学,又超越朱学,直接求之于儒家"圣经"。他说:"见得向来多看先儒解说,不如一一从圣经看来,盖不到地头亲自涉历一番,终是见得不真;又非一一精体实践,则徒为谈辩文乘之资耳。来书乃谓只须祖述朱文公诸书。文公诸书,读之久矣,正缘不欲于卖花担上看桃李,须树头枝底方见活精神也。"⑧魏了翁不同意那种"只须祖述朱文公诸书"的观点,他认为,朱熹等"先儒"的思想,是对"圣经"的解说,与其祖述朱熹,不如直接从经典中寻求思想理论的来源和根据。魏了翁这种从"树头枝底"所求的"活精神",既是古经上的,又与现实紧密相连。他超越朱学,直接返之于古经而求"活精神"的目的,是为了提供解决现实治乱问题的理论根据,并通过"一一精体实践",把"圣人之道"贯彻到社会生活的各个领域及百姓日用中去,而不是把"圣经"及先儒的解说"徒为谈辩文乘之资",实际上并不执行。

4. 融合蜀、洛,集宋代四川理学之大成

魏了翁思想的特点之一是集众家之长,他汲取了朱熹理学、陆九渊心学、叶适功利学以及三苏蜀学的有关思想,并融会贯通,结合时代发展的要求,加以综合创新。魏了翁思想的这一特点是对张栻思想的继承和发展,亦是对宋代四川理学的丰富和发展。魏了翁自幼研读《二程遗书》及《伊川易传》,他以二程洛学传人的身份融合苏、程,会通蜀、洛。儒、佛、道三教合一是三苏蜀学的特点,不过儒家思想(尤其在政治治理时)在其间仍占据着主导地位。洛学的特点是以儒家伦理为本位,既批佛、道,又吸取佛、道某些精致的思辨哲学,以思辨性的哲理来论证儒家伦理,创"天理"论思想体系。蜀、洛之学除相互区别外,亦有一定的联系和相近之处。且从经学史发展的角度看,二者同属宋学,他们都对汉唐传注经学提出批评,具有某些一致处。所以魏了翁能够在继承和发展二程洛学的同时,又接受和吸取三苏蜀学,成为会同蜀、洛,集宋代四川理学之大成的人物。魏了翁融合蜀、洛,主要是以理学思想为本,来吸取三苏的某些思想,就是说,把蜀、洛两地的学术会通到以孔孟儒学为本原的义理之学的轨道上来。与魏了翁同时代的学者陈元晋在评论魏氏学术时指出:"潜心大业,会同蜀、洛,上通洙泗之一源。"㊴这个评价是客观的。魏了翁在批评当时的学风时,就吸取了苏轼的思想。他说:"尝观苏文忠记李氏山房,谓秦汉以来,书益多学者益以苟简。又云:书日传万纸而士皆束书不观,游谈无根。夫非书之罪也,书日多而说日明,俊慧者剿说浮道可以欺世,不必深体笃践也;多赀者广采兼畜可以辑文,不必穷搜博考也。今先生(朱熹)之书满天下,而其道无传焉。"㊵"束书不观,游谈无根"本是苏轼用来抨击秦汉以来书籍大量流传后出现的不良学风,魏了翁继承这一思想,用它来批评朱学盛行后,学术界出现的盲目祖述朱熹、不求创新的弊端。这句话后来又被明清之际的启蒙学者大量引用,借以批判宋学末流之弊端。溯其源,与魏了翁继承苏轼,以批判当时的学风有关。

以上可见,魏了翁在中国思想史和巴蜀文化史上占有重要地位,对宋代四川理学的发展做出了突出贡献,成为集宋代四川理学之大成的人物。

宋代文化是中国文化发展的高潮,亦是巴蜀文化发展的高峰。其时,理学蔚然成为一代学术思潮。宋代四川地区的理学是整个理学思潮不可分割的重要组成部分,最终成为主导宋代蜀地文化发展的主流。在宋代四川理学兴起和发展的历史过程中,离不开与全国各地学者的交流,周、程的入蜀传播理学,张栻、魏了翁的出川发展理学及确立理学的正统地位,均对宋代四川地区理学的兴起和发展具有重大意义,同时也促进了整个理学思潮乃至中国文化的大发展。由此可见宋代四川理学的兴起和发展不是孤立的,而是与中国文化发展的大背景、大环境、大趋势有着密切的联系。从地域文化发展的角度讲,宋代四川地区的理学不仅是广义的宋代蜀学发展的高峰,亦是整个巴蜀文化发展的高峰,并以其丰富的内涵和独到的理论深刻地影响了宋代中国文化的发展。从整个中国文化发展的角度看,中国宋代文化的发展,离不开宋代四川理学的发展,并以其为重要的内涵和重要组成部分,越是具有地域学术特点的文化,越是具有全国性的影响,从张栻、魏了翁对理学发展所做出的突出贡献,便可充分地证明这一点。宋代四川理学的兴起和发展,与巴蜀文化在各个历史时期的发展交相辉映,构成了巴蜀文化发展的多维视野,展现出巴蜀文化深厚的历史积淀。认真清理这份珍贵的文化资源,加以充分的研究,为现代社会的发展提供一定的借鉴,是摆在我们面前的一项重要任务。

注　释

①参见胡昭曦:《四川书院史》,巴蜀书社2000年版,第7—44页。

②参见黄开国、邓星盈:《巴山蜀水圣哲魂——巴蜀哲学史稿》,四川人民出版社2001年版,第171—176页。

③《周敦颐全书》卷一,江西教育出版社1993年版,第22页。

④《朱熹集》卷七十五,《周子太极通书后序》,四川教育出版社1996年版,第3942—3943页。

⑤李申:《易图考》,北京大学出版社2001年版,第42页。

⑥度正:《周敦颐年谱·嘉祐二年》。

⑦度正:《周敦颐年谱·熙宁元年》。

⑧《宋元学案·濂溪学案下》。

⑨《全宋文》卷一六三一。

⑩《周敦颐全书》卷五,《养心亭说》,江西教育出版社1993年版,第275页。

⑪吕陶:《送周茂叔殿丞序并诗》,载《周敦颐全书》卷六。

⑫《朱熹集》卷八十四,第4318页。

⑬《鹤山集》卷三十八。

⑭参见谢桃坊:《程颐蜀中行迹考》,《中华文化论坛》2001年第1期。

⑮《河南程氏文集》卷十一。

⑯《河南程氏文集》卷十二,《先公太中家传》。

⑰同上。

⑱《河南程氏文集》卷九,《与金堂谢君书》。

⑲《四库全书·〈方舟集〉提要》。

⑳《范太史集》卷二十六,《荐讲读官札子(二)》。

㉑《范太史集》卷三十七,《明道先生哀词》。
㉒《全宋文》卷二一四二,《上帝学奏》。
㉓参见拙著:《一代学者宗师——张栻及其哲学》,巴蜀书社1991年版,第194—195页。
㉔《宋元学案·南轩学案》。
㉕同上。
㉖同上。
㉗《南轩集·朱熹序》。
㉘同上。
㉙《南轩集》卷十,《南康军新立濂溪祠记》。
㉚《南轩集》卷十二,《敬斋记》。
㉛《宋元学案·二江诸儒学案》。
㉜《南轩集》卷三十六,《顾斋铭》。
㉝《宋元学案·两江诸儒学案》。
㉞同上。
㉟魏了翁:《鹤山集》卷七十六,《朝请大夫利州路提点刑狱主管冲佑观虞公墓志铭》。
㊱《鹤山集》卷十五,《奏乞早定程周三先生谥议》。
㊲同上。
㊳《鹤山集》卷三十六,《答周监酒》。
㊴《渔墅类稿》卷二,《上魏左史了翁启》。
㊵《鹤山集》卷五十五,《朱文公五书问答序》。

原刊《巴蜀文化研究》(第一辑),巴蜀书社2003年版

作者简介: 蔡方鹿,四川师范大学巴蜀文化研究中心研究员。

北宋前期四川铁钱币值与流通地区的变化

谢 元 鲁

宋代的四川,是一个以行用铁钱为主的特殊的货币区域,与宋代其他以使用铜钱为主的地区之间存在货币的交换问题。同时,四川地区用铁钱向宋朝廷交纳赋税时,也必须要与铜钱有一定的货币比价。在宋真宗天圣元年(1023)发行纸币官交子后,铁钱又与交子同时流通,并成为交子的准备金,交子的价值是以铁钱为基准的。因此,宋代四川的铁钱与铜钱的比价,即铁钱币值的问题,以及铁钱流通区域的变化,是宋代货币史上的一个重要方面。

四川地区行用铁钱,直接上承五代后蜀,铁钱的铸造及与铜钱的比价,亦与后蜀有密切关系。五代时期的前后蜀均铸造钱币,其中前蜀王建所铸永平、通正、天汉、光天四种元宝钱,王衍铸乾德、咸康元宝钱,后蜀孟昶铸广政通宝和大蜀通宝,均为铜钱,形制及重量均仿开元通宝钱。铁钱的铸造,则始于后蜀孟昶广政十八年(955)。因当时后周派兵伐蜀,占领了后蜀秦、成、阶、凤四州战略要地,蜀主孟昶为防卫后周,在川北剑门关一带屯驻重兵,重新布置防务,军费开支浩大,国家财政困难,所以增铸铁钱,其形制与广政通宝相同[①]。这次铸造的铁钱,完全模仿广政通宝等铜钱,工艺精细,也由于后蜀此次铸造铁钱的数量不大,在成都地区,只占流通铜钱总数的1/10左右,所以与铜钱的比价大体上维持在2.5∶1的水平上[②]。

北宋在乾德三年(965)灭后蜀,把四川地区置于中央政权的管辖下,四川地区的货币流通情况与铁钱币值开始发生巨大的变化。

在灭蜀后的20年左右时间内,宋王朝仍然维持后蜀时期的铜铁钱兼用格局。但是,由于宋太祖对四川地区采用掠夺财富、充实中央的政策,仅平蜀的将领王全斌等大肆抢掠和隐没的财物,包括钱币,即达64万余贯,其他珍宝还不计算在内③。宋朝廷把蜀中财物,用船经三峡转运到开封,前后经十多年方运完,称为"上供"。四川地区流通的铜钱是上供到开封的主要物资,当时在平蜀宋军中曾任随军水陆转运使,以及在宋太祖开宝六年(973)任提点荆南、剑南水陆发运事的沈伦,忠实地执行了搜刮蜀中铜钱"上供"的政策,同时还增铸铁钱兑换民间铜钱,甚至用铁钱兑换蜀中民间金银以上供宋朝廷。这种掠夺政策,使四川地区的货币流通顿时减少,出现钱重货轻的通货紧缩局面,铁钱与铜钱的比价不断下跌④。尤其是铜钱作为战利品大多被送往开封,仅宋将王全斌等掠夺后蜀国库中储藏的铜钱,即达28万余贯,这个数量约相当于北宋初年四川铸钱监每年铁钱铸造额50万贯的2/3。如以当时铜铁钱比价1∶10计算,则相当于280万贯铁钱,与北宋中期四川地区十年的铁钱铸造额相当。可见,北宋灭蜀后,从四川运出的铜钱数量是惊人的。这是四川地区由铜铁钱兼行区转向铁钱专行区的重要因素。而北宋中央政府则收到国库充实、储积有余的成效⑤。

由于四川地区的经济未受宋初统一战争的破坏,仍然处于相对繁荣的局面,对流通货币的需要量很大,宋朝廷为阻止运出四川的铜钱因商品交换而回流,严禁铜钱再进入四川,这一禁令持续了14年,到宋太宗太平兴国四年(979)才开禁。与此同时,在灭蜀后不久,由于四川铜钱大量运出而导致流通货币减少,宋太祖就在开宝三年(970)下诏,在四川雅州百丈县(今四川名山县境)设置铁钱监冶铸铁钱,并同时下令不准铁钱出境。这样做的结果,使四川地区进一步向铁钱区转化⑥。与此同时,宋朝廷从太宗太平兴国四年(979)起,又进一步采取吸纳蜀中剩余铜钱以及因商品交换而回流入四川铜钱的措施,下令规定民间交纳赋税及官府专卖布帛、茶盐的收入,每10文铁钱就必须交纳铜钱1文。宋朝廷的这一政策,把四川民间剩余的铜钱再次吸收到国库中,并向开封输送。由于这些政策的实施,四川地区流通的铜钱日益稀少,铁钱与铜钱的交换比例,在后蜀灭亡后的短短15年间,由广政末年的2.5∶1下跌到宋太宗太平兴国二年(977)的4∶1,再暴跌到14∶1,许多商人见有利可图,争着从陕西运送铜钱入川与百姓交换,获取暴利⑦。

　　除民间商人外,宋王朝的四川地方官也利用这一税收政策发财。驻成都的益州转运副使聂咏、转运判官范祥向宋太宗上奏说:四川百姓乐于向官府以铜钱交纳赋税,因此请求每年在四川赋税收入中把铜钱的比例增加1/10,等到十年后交纳赋税全部改用铜钱。宋太宗下诏批准了这一请求。于是聂咏和范祥等官吏把自己月俸所得的铜钱,用很高的价格卖给百姓,从中获得丰厚的利润。交纳铜钱的比例增加到3/10时,四川民间已难以承受,百姓通过盗掘古墓,熔化铜佛像和铜器,才仅仅能承受十分之四五的铜钱交纳比例,因无法交纳铜钱而获罪的百姓不断增加。由于铁钱与铜钱的比价严重失调,并且赋税交纳铜钱的比例逐年增加的政策使百姓无法忍受,不仅四川地区社会经济的发展受到严重阻碍,而且社会矛盾也不断激化。这种情况终于引起宋朝廷的注意。太平兴国四年(979),宋朝廷取消了禁止铜钱入川的禁令,太平兴国七年(982),宋太宗又下诏取消四川地区交纳租税必须搭配铜钱的规定⑧。至此,四川地区的铁钱与铜钱比价才开始回升。但当时有地方官又准备以4∶1的低价以铁钱兑换民间铜钱,但却没有人前来兑换,只好在不久后取消这一措施⑨。为了增加四川地区的铜钱供应,四川地方官还一度请求朝廷批准,用每斤1000文铁钱的价格,向云南一带少数民族购买铜,作为铸钱原料。但朝廷下诏,只同意以每斤铜500文铁钱的价格购买,结果铜仍难于购到。不过,究竟由于宋朝廷采取了这些稳定铜铁钱比价的措施,到宋太宗太平兴国年间(976—983)以后,四川铁钱与铜钱的比价,基本上稳定在10∶1的比例上⑩。

　　五代十国时期,在长江流域及其以南地区的各国,在货币流通中行用铁钱十分普遍。除后蜀外,南唐、楚、闽诸国均先后铸造铁钱,与铜钱兼行,以解决通货不足的困难。北宋初年,在统一全国后,宋朝廷起初对上述使用铁钱的地区,均采用维持铁钱流通的旧格局,但随着时间的推移,由于长江中下游地区在北宋时期,已成为全国的经济重心,北起开封,南达杭州的运河,把江南的粮食财富源源不断运往宋王朝的政治中心。所以,如果继续维持对长江中下游地区的货币流通分割体制,无疑对于宋王朝的财政体制和经

北宋前期四川铁钱币值与流通地区的变化

济发展是极为不利的。因此,在南唐灭亡后的第三年,即宋太宗太平兴国二年(977)起,即采纳樊若水的建议,在长江中下游的昇州(今江苏南京市)、鄂州(今湖北武汉市)、饶州(今江西波阳县)等地设立铸钱监,大量铸造铜钱以投入流通,并规定江南铜钱不得运过长江。同时官府逐渐以铜钱回收铁钱。这样,长江中下游地区逐渐向铜钱流通区转变。只有福建因缺少铜材,且交通不便,暂时维持铜铁钱混合流通,但也限制福建铁钱出境[11]。四川自汉唐以来,均为重要的铜矿产地。《史记·货殖列传》中就已记载巴蜀地区铜铁出产丰富。西汉文帝时,赐宠臣邓通蜀郡严道(今四川荥经县)铜山,准许邓通铸造钱币,邓氏铜钱流布天下。汉代的重要产铜区还有朱提(今四川宜宾市西南)与邛都(今四川西昌市东南),均在四川地区。而唐代四川也是重要的产铜地区,在成都附近的简州阳安县(今四川简阳市)、金水县(今四川金堂县)及梓州的铜山县(今四川中江县),均有铜矿开采。根据北宋《太平寰宇记》的记载,铜山县境内的私熔山、可蒙山、赖应山,铜矿产量甚多,唐代曾一度允许民间采铸。唐代在益州地区设置铸钱炉5座,每年铸造铜钱近1万贯,占全国铸钱总数的1/20。进入宋代后,四川的梓州仍然设立铜务,显示这一地区的铜矿仍在开采。但宋王朝却未在四川设立铜钱监,只在益、嘉、邛、眉、利等州设立铁钱监,可见宋朝廷把四川作为铁钱区,并非因四川缺乏铜材铸造铜钱,而是因四川地区地形险阻,交通阻隔,但又人口众多,经济发达,易于割据,所以宋朝廷对于四川始终采用防范的手段进行治理。在政治上、经济上对四川采用一些特殊的政策,维持五代后蜀以来的铁钱流通,把四川变成为铁钱为主的货币区,就是这些特殊政策之一[12]。

由于自宋太宗太平兴国年间以后,四川地区已成为以铁钱为主的货币区,而四川经济在宋初仍维持五代以来的繁荣,商品的交换与通货价值的不能相应增长,形成了对商业的制约。宋太宗淳化二年(991),宗正少卿赵安易针对这一问题,提出了改铸以一当十大铁钱的方案。这一方案最初交付三省讨论时,吏部尚书宋琪和盐铁使李惟清等人反对,但赵安易仍坚持自己的方案,并直接向太宗奏请。度支使魏羽于是提出折衷建议,即先在一州铸行大铁钱,以观其效。这一办法得到太宗的支持,于是派赵安易到川峡诸州,按照太宗亲自确定的钱式进行改铸[13]。赵安易改铸大铁钱的具体办法是:把川峡诸州贮存的原小铁钱都送到指定的铸钱监,重新熔铸成大铁钱。民间所有的小铁钱也可以送到钱监,按 10∶1 的比例兑换大铁钱。在改铸的大铁钱尚未取代小铁钱的过渡时期,允许大小铁钱同时流通。但是改铸的过程十分缓慢,一年试铸仅铸成 3000 余贯新钱,反对的意见再次高涨,宋朝廷终于借赵安易由四川到开封奏事之机,不再让他返回蜀中,改铸也就自然罢弃。淳化五年(994),赵安易曾再次向宋太宗提出改铸大铁钱的建议,但为太宗所拒绝,仍然下令四川地区按小铁钱 10 枚兑换铜钱 1 枚的比值,让小铁钱继续流通[14]。

但是,就在赵安易改铸大铁钱的计划失败后不久的宋太宗淳化五年(993)二月,四川地区爆发了王小波、李顺起义,一直到第二年八月,宋政府才把起义镇压下去。这次起义波及的地区,正好是四川铸钱监的主要分布地带,益州、邛州、嘉州、雅州诸铸钱监因王小波、李顺起义的影响而停止铸钱,直到宋真宗景德二年(1005)才逐渐恢复。由于四川地区长期停止铸钱,民间钱币流通日益减少,商业交易受到极大限制,民间钱币争讼的案件也不断增加。与此同时,由于流通中铁钱的逐渐耗减,从宋太宗末年到宋真宗初年,铁钱的币值开始回升,最低的成都地区,铁钱与铜钱的比值上升为 8∶1,最高的利州(今四川广元市)地区为 5∶1,而官府确定的铁、铜钱兑换比例则为 2∶1。由于官府铁、铜钱兑换率与民间兑换率的差价,使四川地区官吏和士卒按铜钱折算铁钱发给的收入实际下降,在成都地区长官张咏等的强烈要求下,经宋真宗批准,把官府的铁钱与铜钱的比值定为 5∶1[15]。

为了解决四川地区的铁钱流通数量减少导致铜铁钱比价不稳,以及对官府税收的影响及民间商业交易不便的困难,在景德二年(1005)二月,宋真宗下诏给知益州张咏和益州路转运使黄观,让他们恢复铁钱的铸造。[16] 张咏和黄观商议结果,决定在嘉州(今四川乐山市)和邛州(今四川邛崃县)铸造景德大铁钱,每贯重 25.8 斤,每枚大铁钱兑换 10 枚小铁钱或 1 枚铜钱,大铁钱与小铁钱、铜钱同时流通,以解决四川地区的通货缺乏危机。由于景德大铁钱的大量铸造,宋真宗后期,四川地区的铁钱与铜钱的比值下降到10∶12,实际上又恢复到太平兴国时期的比价。

注　释

①《资治通鉴》卷二九二"后周世宗显德二年十月"条:"蜀主致书于(周)帝请和,自称大蜀皇帝,帝怒其抗礼,不答。蜀主愈恐,聚兵粮于剑门、白帝,为守御之备,募兵既多,用度不足,始铸铁钱,榷境内铁器,民甚苦之。"后蜀铸铁钱,其铁的来源是征发民间铁器而来,可见后蜀境内铁的开采储备很少。铜材当更为缺乏。曾巩《隆平集》卷十二《伪国》"西蜀孟昶条"说:"孟昶闻世宗下秦、凤,愈不自安,多积刍粟,以铁为钱,禁民私用铁,而自鬻器用以专利,民甚苦之。"可见后蜀铸铁钱时,曾实行了禁止民间私用铁器的法令。

②宋袁说友《钱币谱》:"孟氏广政间,增铸铁钱,于外郡边界参用。每钱千分,四百为铜,六百为铁。逮至(广政)末年,流入成都,率铜钱十分杂铁钱一分,大盈库往往有铁钱与铜钱相混莫辨,盖铸工之精也。"按:《钱币谱》旧题元费著撰,经谢元鲁考证,应为南宋庆元时四川制置使袁说友等撰写。详见《岁华纪丽谱校释·前言》(巴蜀书社1988年版)。关于后蜀末年铁钱与铜钱的比价,《宋史》卷一百八十《食货下二》引太平兴国时益州转运副使张谔言:"川峡铁钱十值铜钱一,输租即十取二。旧用铁钱千易铜钱四百,自平蜀沈伦等悉取铜钱上供,及增铸铁钱易民铜钱,益买金银装发,颇失裁制,物价滋长,铁钱弥贱"。所谓旧用铁钱,即指孟蜀广政末年,铁钱一千文交换铜钱四百文,即2.5∶1的交换比例。

③关于宋军将领在灭蜀后掠夺官府及民间财物,尤其是钱币的情况,李焘《续资治通鉴长编》卷八"太祖乾德五年正月"条说:"伪蜀臣民往往诣阙,讼王全斌及王仁赡、崔彦进等破蜀时豪夺子女玉帛,及擅发府库,隐没货财诸不法事。使者每自蜀至,上问之,尽得其状。上以全彬等新有功,不欲付之狱吏,令中书门下逮仁赡及全彬、彦进与讼者质证。凡所取受、隐没,共为钱六十四万四千八百余贯,而蜀宫珍宝及外府他藏不著籍者,又不与焉"。《宋史》卷二百五十五《王全彬传》说:王全彬平蜀时,"隐没金银、犀玉、钱帛十六万七百余贯,又擅开丰德库,致失钱二十八万一千余贯。遂令中书门下召与讼者质证其事,而全彬等皆引伏"。张咏《乖崖先生文集》卷八《大宋赠左监门卫将军上官公神道碑铭》:"乾德初,前军尅蜀,蜀川既平,转江万艘,委积无算,承命于荆以董财计。当时处此职者,以侵民聚财为己任,以买权徽势为能事,奢靡拟于公室,气焰侔于贵胄。"

可见,在宋军平蜀时,不仅军队将领,而且地方官吏也参与了对四川财富的大掠夺。

④在实施"上供"政策的过程中,沈伦是一个重要的人物。《宋史》卷一百八十《食货下二》载:"自平蜀,沈伦等悉取铜钱上供,及增铸铁钱易民铜钱,益买金银装发,颇失裁制,物价滋长,铁钱弥贱。"《宋史》卷二百六十四《沈伦传》:"王师伐蜀,用(沈伦)为随军水陆转运使。……开宝六年,拜中书侍郎、平章事、集贤殿大学士兼提点荆南、剑南水陆发运事。"沈伦因上供有功,故得以晋升官职。

⑤由于宋朝廷把四川等地财富运往开封国库,宋中央政府财政收入大大充实,以致宋太祖为此创设了封椿库。李焘《续资治通鉴长编》卷六"宋太祖乾德三年三月"条说:"国初,贡赋悉入左藏库,及取荆、湖,下西蜀,储积充羡。上顾左右曰:'军旅饥馑,当为备,不可临事厚敛于民。'乃于讲武殿后别为内库,以储金帛,号曰封椿库,凡岁终用度赢余之数皆入焉。"

⑥四川地区在五代前后蜀时及北宋初年,社会未受战乱的破坏,经济繁荣。张咏《乖崖先生文集》卷二《悼蜀四十韵》描述当时四川经济繁荣情况时说:"蜀国富且庶,风俗矜浮薄,奢僭极珠贝,狂佚务娱乐。虹桥吐飞泉,烟柳闭朱阁,烛影逐星沉,歌声和月落。斗鸡破百万,呼卢纵大噱,游女白玉珰,骄马黄金络。酒肆夜不扃,花市春渐作,禾稼暮云连,纨绣淑气错。熙熙三十年,光景倏如昨。"由此,宋王朝一方面把蜀中铜钱有计划地运出四川,另一方面逐步制定了一套把四川作为铁钱区的政策。《宋史》卷一百八十《食货下二》说:"蜀平,听仍用铁钱。开宝中,诏雅州百丈县,置监冶铸,禁铜钱入两川。太平兴国四年,始开其禁,而铁钱不出境。"李焘《续资治通鉴长编》卷十一"宋太祖开宝三年十二月"条说:"始令雅州百丈县置监,铸铁钱,禁铜钱入川。从唐州刺史曹光实请也。"

⑦从后蜀末年到宋太宗太平兴国时四川铁钱与铜钱比价的变化情况,在太平兴国二年(977)还为 4∶1,到太平兴国四年(979)急降到 14∶1。李焘《续资治通鉴长编》十八"太宗太平兴国二年八月"条载:"知资州成肃言:'准开宝六年诏,川、陕诸州犯窃盗计铜铁钱满万,强盗满六千者,并弃市。川、陕铁钱四直铜钱一,愿均定其法。'"又见《宋史》卷一百八十《食货下二》:"太平兴国四年,始开其(铜钱入两川)禁,而铁钱不出境。令民输租及榷利,铁钱十纳铜钱一。时铜钱已竭,民甚苦之。商贾争以铜钱入川界与民互市,铜钱一得铁钱十四。"李焘《续资治通鉴长编》卷二十"宋太宗太平兴国四年九月"条载:"丙申,诏曰:先是,禁铜钱不得入剑南界,宜除之。自今两川民许杂用铜铁钱,即不得出他境。缘边戒吏谨视之,犯者论如法。"可见,四川地区铜钱对铁钱比价的急升是

由于宋王朝对四川的赋税政策所引起的。

⑧关于宋太宗时对四川地区征收一定比例的铜钱政策,引起社会经济混乱及官吏乘机谋取私利的情况,李焘《续资治通鉴长编》卷二十三"宋太宗太平兴国七年八月"条:"(蜀中)卒难得铜,而转运副使右补阙聂咏、同转运判官秘书丞范祥皆言:'民乐输铜钱,请每岁递增一分,后十岁即全取铜钱。'诏从其请。咏、祥因以月俸所得铜钱市与民,厚取其值,于是增及三分。民萧然,益苦之,或剜剔佛像,毁器用,盗发古冢,才得铜钱四五,坐罪者甚众。知益州、工部郎中辛仲甫具言其弊,乃诏使臣吴承勋驰传至成都府审度利害。仲甫集诸县令佐问之,或潜持两端,莫敢正言。仲甫责之曰,'君等御前及第,天子门生,何得不为长久计,反为聂咏阙、范秘丞乎?'乃皆言其不便。承勋覆命,(八月)己卯,诏:'剑南东西、峡路诸州,民输租及榷利,勿复征铜钱。'召聂咏、范祥及东川转运使宋覃、同转运卜伦皆下御史狱。咏、覃杖脊,配役将作监;祥、伦免为庶人。覃、伦亦以月俸铜钱市与民,厚取其值故也。"促成宋朝廷这一次政策改变的主要人物是辛仲甫和安易。见《宋史》卷二百六十《辛仲甫传》和《宋史》卷二百五十六《安易传》。

⑨《宋史》卷一百八十《食货下二》载:太平兴国七年,"又从西川转运使刘度之请,官以铁钱四百易铜钱一百,后竟罢之"。

⑩《宋史》卷一百八十《食货下二》载:太平兴国五年,"益州转运副使张谔言:'请市夷人铜,斤给铁钱千,可以大获铜铸钱。民租当输钱者,许且输银绢,候铜钱多,即渐令输之。'诏令市夷人铜,斤给铁钱五百,余皆从之,然铜卒难得。……七年,遂令川峡输租榷利勿复征铜钱"。又载,太宗淳化五年,"第令川峡仍以铜钱一当铁钱十"。宋袁说友《钱币谱》也说:"淳化五年,诏两川以铜铁钱兼行,铜钱一当铁钱十,民颇便之。"

⑪关于五代十国时期,长江中下游及珠江流域诸国铸造行用铁钱的情况,史料记载很多。如湖南地区的楚国,《资治通鉴》卷二百七十四"后唐庄宗同光三年十二月"条说:"初,楚王(马)殷既得湖南,不征商旅,由是四方商旅辐辏。湖南地多铅铁,马殷用军都判官高郁策,铸铅铁为钱,商旅出境,无所用之,皆易他货而去,故能以境内所余之物易天下百货,国以富饶。"《新五代史》卷六十六《楚世家·马殷》条说:"高郁又讽马殷铸铅铁钱,以十当铜钱一。"关于长江下游的南唐铸造铁钱,《新五代史》卷六十二《南唐世家二》载:李璟末年,"韩熙载又铸铁钱,以一当二"。东南沿海的闽流通铁钱,《新五代史》卷六十八《闽世家八》载:王曦时,"铸大铁钱,以一当十"。

关于宋朝廷对长江中下游及南方诸国货币政策的变化,《宋史》卷一百八十《食货下二》说:"蜀平,听仍用铁钱。……平广南、江南,亦听权用旧钱,如川蜀法。太平兴国二年,樊若水言:'江南旧用铁钱,于民非便。今诸州铜钱尚六七十万缗,虔、吉等州未有铜钱,各发六七万缗,俾市金帛轻货上供及博籴谷麦。于昇、鄂、饶等州产铜之地,大铸铜钱,铜钱既不渡江,益以新钱,则民间钱愈多,铁钱当不用,悉熔铸为农什物,以给江北流民之归附者,除铜钱渡江之禁。'从之。"可见,自宋太宗太平兴国年间(976—983)以后,江南地区逐渐转化为铜钱流通区,只有福建仍暂维持铜铁钱混合流通的局面。《宋史》卷一百八十《食货下二》载:太平兴国时,"以福建铜钱数少,令建州铸大铁钱并行,寻罢铸,而官私所有铁钱十万贯,不出州境,每千钱与铜钱七百七十等,外邑邻两浙者亦不用"。

⑫北宋政府对四川地区为防范割据而采用一些特殊政策。《成都文类》卷二十二张俞《送张安道赴成都序》说:"蜀自伪昶纳土而后朝廷以为新国,……淳化之际,经制烬矣,赋税不均,刑法不明,吏暴于上,民怨于下,武备日废而不知讲,盗贼日发而不知禁,是故野夫攘臂以取州邑,其易如卷席。……淳化甲午蜀寇乱,今六十年矣,无知民传闻其事,鼓为讹语,喧震惊,万口一舌,咸谓岁次于某则方隅有不幸。西南一隅,朝廷重忧之。"张方平《乐全集》卷三十六《程公神道碑铭》载:"他日,帝(宋仁宗)从容谕时相曰:'昔孟知祥以后唐甲午岁得蜀,至本朝咸平中,岁在甲午,盗发益州,西土大扰,故蜀父老识之。'来岁复在甲午,蜀人以为恐,其精择可镇静者。"

宋朝廷对四川地区采用的特殊政策,除了把四川作为铁钱流通区外,主要包括给予成都知府以"便宜行事"的权力,禁止入蜀官吏携带家属,不准商人私自贩运布帛,四川地区开放对茶叶买卖的禁令等。江少虞《宋朝事实类苑》卷七"君臣知遇"条说,张咏出任益州知州时,宋太宗当面下诏说:"西川经贼后,民颇伤残,不聊生,卿去到后,可便宜行事。"魏泰《东轩实录》卷十载:"自王均、李顺之乱后,凡官于蜀者,多不挈家以行,今成都犹有此禁。"《宋会要辑稿·食货》六四之一七:"太平兴国七年八月,令……川陕诸州匹帛丝绵䌷布之类,堪备军装者,商人不得私市取贩鬻。"《宋史》卷一百八十三《食货下五》载:"天下茶皆禁,唯川峡、广南听民自买卖,禁其出境。"

⑬北宋初年四川地区经济繁荣,商业发达的情形,可参张咏《乖崖先生文集》卷二《悼蜀四十韵》。关于四川铁钱流通妨碍商品交流及赵安易建议铸造大铁钱经过,李枚《宋朝事实》卷十五"财用"条引宋真宗时益州路转运使张若水和知益州薛田的奏书说:"川界用铁钱,小铁钱每十贯重六十五斤,折大钱一贯重十二斤,街市买卖,至三五贯文,即难以携持。"《宋史》卷一百八十《食货下三》载:"先是,淳化二年,宗正少卿赵安易言:尝使蜀,见所用铁钱至轻,市罗一匹,为钱二万。坚请改铸一当十大钱。御书钱式,遣诣川峡路诸州冶铸。"

⑭关于赵安易铸造大铁钱的具体方案及失败经过,《宋史》卷一百八十《食货下二》

载:"(赵安易)诣川峡路诸州冶铸,所在并为书御前监。诸州旧储小铁钱悉辇送官,民间小钱许送监,计数给以大钱,若改铸未集,许民大小兼用。既而一岁才成三千余贯,众皆以为不便。会安易入奏事,因留不遣,遂罢冶铸。(淳化)五年,安易复请,不许,第令川峡仍以铜钱一当铁钱十。"

⑮在王小波、李顺起义中四川各铁钱监罢铸后,四川地区铁钱币值上升的情况,《宋史》卷二九三《张咏传》说,太宗末年,张咏知益州时,"会诏川、陕诸州参用铜铁钱,每铜钱一当铁钱十。咏上言:'昨经利州,以铜钱一换铁钱五,绵州铜钱一换铁钱六,益州铜钱一换铁钱八。若一其法,公私非便。望依旬估折纳铜钱'"。《宋史》卷三〇九《杨允恭传》说,宋真宗咸平三年,杨允恭"言川峡铁钱之弊,曰:'凡民田之税,昔输铜钱之一,今输铁钱亦一;而吏卒俸旧给铜钱之一,今给铁钱五;及行用交易,则铁钱之十,为铜钱之一。且民入田税,以一为十,官失其九矣;吏卒俸给,增一为五,官又失其四矣;吏卒得五用十,复失其半矣。'……自是吏卒俸给,始改用十铁钱易铜钱一"。杨允恭认为铁钱币值升高,官府的税收和吏卒的薪俸会受到损失。但他提供的四川铜铁钱兑换比率,与张咏有所差别。不过,杨允恭当时正任西京左藏史之职,并未到四川,而张咏则身为四川地方长官,当时铁钱币值,应以张咏所说较为真确。李焘《续资治通鉴长编》卷四十二"太宗至道三年十月"条载:"知益州张咏奏屯驻兵士所请钱,乞依元降宜旨,铜钱一文,与折支铁钱五文。是时峡路转运使韩国华到阙,又言川、峡州县幕职官等所请月俸,铜钱一文止支铁钱二文,望增加铁钱分数。帝令支铜钱一文,易给铁钱五文。"

⑯宋真宗景德年间在四川恢复铸造大铁钱的原因及经过,李焘《续资治通鉴长编》卷五十九"宋真宗景德二年二月庚辰"条说:"先是,益、邛、嘉、眉(原注:本志无眉州,有雅州)等州,岁铸钱五十余万贯,自李顺作乱,遂罢铸,民间钱益少,私以交子为市,奸弊百出,狱讼滋多。乃诏知益州张咏与转运使黄观同议,于嘉、邛二州铸景德大铁钱,如福州之制,每贯用铁三十斤,取二十五斤八两成。每钱直铜钱一,小铁钱十,相间行用,民甚便之"。景德大铁钱铸造后铁钱对铜钱比值的恢复,《续资治通鉴长编》卷八十"宋真宗大中祥符六年二月癸亥"条说:"川峡四路赃钱、赏罚钱,许以铁钱十当铜钱一"。可见,当时铁钱对铜钱的比值已经恢复到宋太宗初年的情形。

原刊《四川师范大学学报》2000年第3期

作者简介:谢元鲁,1949年生,四川师范大学历史系教授,历史学博士。

北宋中后期四川铁钱币值和
流通地区的变化

谢 元 鲁

  北宋中后期的四川，仍然是铁钱流通区。但是，随着宋政府在四川以外地区扩大铁钱的铸造与流通，以及四川商品经济的继续发展导致对货币的需求量增加，四川铁钱币值也因此而受到不断冲击。宋真宗景德二年（1005），为缓解四川地区铁钱流通数量不足的困难，宋政府在四川铸大铁钱。景德大铁钱的铸造，缓解了四川地区通货不足的困难。景德大铁钱每1000钱重25斤8两，主要在嘉州（今四川乐山市）、邛州（今四川邛崃县）铸造。由于当时四川地区铁价较昂，民间有许多人把景德大铁钱熔化为铁器，每贯钱可得25斤铁，价值2000钱。景德大铁钱的含铁量偏多，引起民间销毁盛行。这种情况引起了四川地方官吏的注意。真宗大中祥符七年（1014），益州转运使赵祯请求铸造大铜钱，以一当十，解决四川通货再次缺少的困境。但是，从宋初以来，四川作为铁钱主流通区已久，改变货币政策势必引起许多问题，赵祯奏章遭到三司的搁置。知益州凌策提出另一解决方案，即重新铸造含铁量为景德大钱一半左右，每千钱重12斤10两的大铁钱，与小铁钱的兑换比价仍旧定为1:10，与铜钱的比价为1:1。同时，准许旧钱行用。凌策的方案较为符合实际，也容易操作。因此，在大中祥符七年（1014）二月得到真宗批准[①]。这样，铁钱的含铁量与市价基本相同，民间私自销毁大铁钱以取利的现象得以避免。

  由于四川地区铸造的大铁钱重量减半，较为适合流通的需要。因此，从真宗大中祥符年间以后，四川地区的嘉州、邛州、兴州（今陕西略阳县）三个铁钱监，主要以铸造大铁钱为主，到宋仁宗皇祐年间（1049—1053），每年铸造额为27万贯。嘉祐元年(1056),知益州张方平建议,把嘉、邛、兴三州每年的大铁钱的铸造额减去10余万贯②。仁宗嘉祐四年(1059)以后,嘉州、邛州钱监进一步停止铸造达十年之久,直到神宗熙宁初才得以恢复。在嘉、邛监停铸期内,四川地区仅有兴州一监,继续以每年3万贯的数量铸造大铁钱③。这是北宋时期四川铁钱铸造的第二个低谷。

四川地区在仁宗时铁钱铸造数量逐渐减少,以致最后嘉、邛两监停铸的原因,首先是因为从仁宗天圣元年(1023)四川正式设立交子务,官府发行交子以后,大量交子迅速进入四川货币流通领域,货币供应量的增加,缓解了通货紧缺的危机,同时交子也挤占了铁钱的流通范围,铁钱逐渐成为交子的准备金。交子发行以三年为一界,每界的发行额是125.634万贯,准备金则为铁钱35万贯,占交子每界发行额的28%左右。36万贯铁钱,大约相当于仁宗皇祐年间四川铁钱监一年半的铸造额,而交子的每年平均发行额,则相当于同时期四川每年铁钱铸造额的2.3倍。但是,铁钱与交子的兑换率,在宋仁宗时期大体保持在1∶1的水平上,可见当时铁钱作为交子准备金的币值,仍然是比较稳定的。在交子大量发行的情况下,铁钱在流通领域中的地位与作用相对下降,所以其铸造额可以相应减少甚至停铸,而不会造成四川地区通货的紧缺④。

由于宋仁宗时期四川铁钱铸造额的减少以致长期停铸,铁钱的币值大体上维持在与铜钱相比为10∶1的币值上。与四川相邻的陕西地区,由于支付与西夏战争的巨额战费,从仁宗庆历元年(1041)开始,大量铸造大铁钱,官府规定大铁钱与小铁钱的比值为1∶10,这样,陕西也成为铜、铁钱的兼行地区。最初,由于铁钱数量较少,小铜钱与小铁钱的比值为1∶2,但后来由于铸造日多,且盗铸盛行,小铜钱与小铁钱的比值迅速下降到1∶3至1∶5。陕西地区以行用大铁钱为主,因此,陕西大铁钱与铜钱的比值也在仁宗嘉祐年间(1056—1063)下降到1∶2的比值,相当于小铁钱1∶5的比价。不过,由于宋朝规定,各路铁钱不能越界流通,所以,陕西铁钱价值上升,对四川铁钱的币值影响不大,这从仁宗时期四川交子的币值长期稳定可以得到反映⑤。

进入神宗时期,由于王安石新政的实施,全国各铸钱监都积极增加铸钱数量。根据《宋会要·食货》第十一册的记载,熙宁末年(约1076—1077),四川地区的嘉州丰远监、邛州惠民监与兴州济众监三监的铁钱总铸造额为23.6468万贯,比旧额增铸3.6万贯,而且所铸均为大铁钱。这是北宋时期四川铁钱铸造的最高额。即使元丰三年(1080)四川地区的大铁钱铸造额减少到13.9234万贯,也远比宋仁宗后期铁钱的铸造额要多。从此以后,四川地区的大铁钱与铜钱的比值开始下降[6]。

自仁宗时期以来,四川地区所铸大铁钱与小铁钱的比值,逐渐下降,由最初规定的1∶10下降到1∶3。最后到神宗元丰时期,基本固定为1∶2,即折二大铁钱。元丰元年(1078),四川三个主要铸钱监之一的兴州济众监,请求在新增铸的大铁钱中,以一半数量铸造折二铁钱,以便于行用,可见当时的折二大铁钱不仅行用于陕西,也通行于四川。因此,神宗时期的铁钱与铜钱的比价,实际上已是大铁钱与铜钱的比价[7]。在神宗熙宁、元丰年间,铁钱与铜钱的比价变为2.5∶1。这里的铁钱无疑也指大铁钱。在熙宁八年(1075),四川地区的官府在判案时,对赃物的估价是以铁钱对铜钱比价2.5∶1。在川陕地区铜钱稀少、大铁钱铸造额大增的情况下,这里的铁钱也是指大铁钱而言。由上面叙述可以看出,如川陕、陕西大铁钱与小铁钱币值的比例为1∶2,即大铁钱的为折二钱的情况下,在神宗时,小铁钱与铜钱的比价,实际上逐渐上升为3∶1或5∶1,而按官府所定的比价则为4∶1,较之宋仁宗以前的10∶1仍然是有大幅度增长的。不过,由于当时川陕地区普遍使用的已是大铁钱和交子,所以以小铁钱折算的铜铁钱比价,当时在实际商业交易中并不实用[8]。

宋神宗熙宁年间,由于对西夏用兵,不仅在陕西铸造铁钱以充军费,而且也仿照四川交子发行的办法,于熙宁四年(1071)在陕西设立交子务,发行陕西交子。但是,由于与原来在陕西实行的盐钞法发生冲突,反对意见很大,很快罢废。但西夏战事所需军费仍需解决,所以宋朝廷采用增加四川交子发行量,用以支付陕西方面募兵及购买军粮之费用。由于交子发行数量的增加,原定的36万贯铁钱的准备金显然不足,交子开始跌价,宋政府于是在熙宁六年（1073）重新恢复四川嘉州和邛州两铁钱监铸造铁钱，以作为交子的准备金。宋徽宗崇宁四年（1105），宋政府在陕西等路发行钱引，但四川地区仍行用交子。徽宗大观元年（1107），四川交子务也改为钱引务。由于钱引的发行额较宋仁宗时期增加了20倍，钱引贬值依然严重。因此，陕西铁钱开始流入四川，以弥补四川交子准备金的不足。最初，宋政府在徽宗大观元年（1107）禁止陕西铁钱入蜀，但在四川地方官员的请求下，又在大观四年（1110）取消了这一禁令，并允许四川地区可以把陕西折二大铁钱作折一钱行使，这样，四川的钱引贬值现象得到一定好转①。

进入北宋末年的徽宗时期，四川之外的陕西、河东等路，由于蔡京当政，从崇宁二年（1103）起采用大量铸造当十大铜钱和大铁钱的办法来解决财政匮乏的问题。当十大铁钱主要在陕西铸造，并且主要用原铸造的折二铁钱熔化改铸，规定每年铸造200万贯。但是，折十钱含铁量很低，折十钱迅速贬值。宋朝廷不得不把折十钱贬值为折五钱，仍不能解决盗铸问题，只好再贬为折三，盗铸的趋势无法阻止，四川地方官吏请求把陕西折二铁钱再贬值为以一折一，并允许陕西大铁钱进入四川流通。宋徽宗批准了这一建议。根据徽宗大观四年（1110）利州路提刑司的说法，在神宗熙宁元丰年间，折二大铁钱与小铜钱的比值是大铁钱一枚折小铜钱二枚，即0.5∶1，折合小铁钱为1∶1。陕西大铁钱对铜钱贬值为5∶1，折合小铁钱为10∶1，但陕西大铁钱较四川钱币价值仍高，经朝廷批准把流入四川的折二大铁钱以一折一，即相当于小铁钱与铜钱的比价20∶1。由此可见，在徽宗时每枚大钱仅相当于原铸三枚小钱的重量，再加以铸造不精，盗铸获利甚多，引起民间盗铸之风大盛，最后贬为折二钱，才使大铁钱的含铁量与其币面价值大体平衡。不过，在徽宗时期的重铸大铁钱浪潮中，受到严重冲击的主要是陕西路和河东路，而四川铸钱数量仍保持在神宗初年的水平上。如嘉州丰远监在哲宗元祐三年（1088），铸造额为8万贯，与神宗熙宁末年大致持平。虽然这一铸造额在整个北宋时期在四川地区属于较高水平，但比相邻的陕西路仍然少得多。因此，四川铁钱和交子的实际购买力要高于陕西，陕西铁钱不断流入四川。虽然宋朝廷一度禁止，但钱币仍自动流向购买力较高的四川地区，因此,四川大铁钱对铜钱的比价应是高于陕西地区的[10]。

总的来说,北宋仁宗庆历以后,铁钱的流通地区由四川扩展到陕西和河东等路,但由于宋朝政府规定陕西与四川铁钱一般情况下不得越界流通,所以从神宗时起,宋政府在陕西地区的铁钱滥铸现象,虽引起陕西的钱币极度混乱和贬值,四川的大铁钱币值也相应由折十钱贬值为折二钱,但四川地区的铁钱币值由于与陕西相对隔离,以及铁钱功能下降为主要作为交子的准备金,并曾在宋仁宗嘉祐四年(1059)起采取停止嘉、邛两州铸造铁钱十年的措施,所以铁钱的币值,除在徽宗大观年间(1107—1110)因大量增印交子而一度动荡外,大致保持比陕西稳定的局面。到北宋末年,仍维持大铁钱与铜钱的比值为2∶1,即相当于小铁钱与铜钱4∶1的比值[11]。

注 释

①四川民间私自销毁景德大铁钱以取利的情况,以及重新改铸含铁量较低的大铁钱经过,李焘《续资治通鉴长编》卷八十二,宋真宗大中祥符七年二月乙亥条载:"西川用景德新铸钱将十年,以铁重,民多熔为器,每一千得铁二十五斤,鬻之直二千。转运使赵祯言其非便,请铸大铜钱以一当十,诏三司议,未决。知益州凌策请减景德之制,别铸大铁钱,每一千重十二斤十两,仍一当十。其旧钱亦许兼用。且言钱轻则行者易赍,铁少则熔者鲜利。乙亥,诏从其请。"《宋史》卷一百八十《食货下三》载:"嘉、邛二州所铸钱贯二十五斤八两,铜钱一当小铁钱十兼用。后以铁重,多盗熔为器,每二十五斤鬻之直二千。大中祥符七年,知益州凌策言:'钱轻则易赍,铁少则熔者鲜利。'于是诏减景德之制,其见使旧钱仍用如故。岁铸总二十一万贯,诸路钱岁输京师,四方由此钱重而货轻。"

②关于宋仁宗时期四川铸造大铁钱的情况,《宋史》卷一百八十《食货下二》载:"(仁宗)皇祐中,嘉、邛、兴三州铸大铁钱二十七万缗。"以后四川铸钱额又再次减少的情况,李焘《续资治通鉴长编》卷一百八十三,仁宗嘉祐元年八月癸亥条说:"自西鄙用兵,西蜀多所调发。张方平还自益州,奏免横赋四十万贯匹,及减兴、嘉、邛州铸钱十余万,蜀人便之。"

③仁宗嘉祐时四川嘉、邛两州停止铸造铁钱的情况,《宋史》卷一百八十《食货下二》载:"至(仁宗)治平中,嘉、邛以率买铁炭为扰,自嘉祐四年停铸十年,以休民力。至

是,独兴州铸钱三万缗。"

④宋仁宗至英宗时期,四川铁钱与交子的关系,《宋史》卷一百八十一《食货下三》说:"真宗时,张咏镇蜀,患蜀人铁钱重,不便贸易,设质剂之法,一交一缗,以三年为一界而换之。六十五年为二十二界,谓之交子,富民十六户主之。后富民稍衰,不能偿所负,争讼不息。转运使薛田、张若谷请置益州交子务,以榷其出入,私造者禁之,仁宗从其议。界以百二十五万六千三百四十缗为额。……大凡旧岁造一界。备本钱三十六万缗,新旧相因。大观中,不蓄本钱而增造无艺,至引一缗当钱十数。及张商英秉政,奉诏复循旧法。宜和中,商英录奏当时所行,以为自旧法之用,至今引价复平。"在宋仁宗、英宗和神宗时期,铁钱与交子的比价大致维持在较高的水平上。苏辙《栾城集》卷三十六,元祐元年二月二十四日《论蜀茶五害状》说:"昔日蜀人利交子之轻便,一贯有卖一贯一百者,近岁止卖九百以上。"吕陶《净德集》卷一《奏为官场买茶亏损园户致有词诉喧闹事状》说:"在彭州现今实值第二十七界交子,卖九百六十,茶场司指挥一贯文之用。第二十六界交子卖九百四十,茶场司指挥作九百六十文用。"吕陶此奏状写于神宗熙宁十年(1077),可见当时在二十六、二十七两界交子同时流通的情况下,铁钱与交子的比价仍仅略低于1:1的水平。加藤繁《中国经济史考证》第二卷《官营后益州的交子制度》说:"在仁宗、英宗、神宗三朝,交子一贯文,维持着见钱一贯一百文乃至九百数十文的价格,两界并用的制度,对于交子的信用也没有很大害处。"

⑤关于陕西地区在仁宗庆历时开始铸造并行用铁钱的情况,马端临《文献通考》卷九《钱币考二》说:"庆历中,陕西河东皆用铁钱,后小铁钱独行于河东,而陕西许用铜钱及大铁钱,以一折二。"可见陕西是大铁钱专用地区。李焘《续资治通鉴长编》卷一百六十四,仁宗庆历八年六月丙申条说:"初,陕西军兴,移用不足,知商州皮仲容始献议,采洛南县红岩山、虢州青山冶青铜,置阜民、朱阳二监以铸钱。既而陕西都转运使张奎、知永兴军范雍请铸大钱与小钱兼行,大钱一当小钱十。奎等又请于晋州积铁铸小钱。及奎迁河东,又铸大铁钱于晋、泽二州,亦以一当十,以助关中军费,……(庆历四年),翰林学士张方平、宋祁,御史中承杨察与三司使叶清臣先上陕西钱议曰:'……请以小铁钱三当铜钱一。'"《续资治通鉴长编》卷一百八十九,仁宗嘉祐四年二月乙卯条载:"诏,如闻陕西民间多滥铸大钱,以至市易不通。其以见行当三大铜钱、大铁钱,并当小铁钱之二。先是,议者欲变大铁钱当一,提点刑狱祠部员外郎集贤校理陆诜言,民间素重小铜钱而贱大铁钱,他日以一当三犹轻之,今令与小钱均直,则大钱必废。请以一当二,则公私损无几,而商贾可以通行。兼盗铸计其物直无赢,则自止。诏悉行之。"

⑥宋神宗时期四川诸铁钱监的铸造额情况，《宋会要辑稿》中《食货》二载："（熙宁末年），兴州济众监额四万贯文，旧额三万九千二百六十三贯二百五十文，每贯重一十二斤十二两。嘉州丰远监额八万六千六百一十七贯，旧额四万贯。邛州惠民监额一十万九千八百五十一贯。旧额十二万六百二十二贯。"同书食货之八毕仲衍《中书备对》载元丰三年四川铸钱数量说："嘉州二万五千贯，邛州七万三千二百三十四贯，兴州四万一千贯，以上三州铸大钱。"《食货》1935年第1期日野开三郎《北宋时代铜铁钱的铸造额》中，把宋代元丰年间以前四川铁钱铸造额的变化情况列表如下：

年 号	年 代	岁铸额	监 数
太平兴国间	980年	50万贯	4个
天禧末年	1021年	21万贯	3个
皇祐年间	1050年	27万贯	3个
嘉祐年间	1057年	15万贯	3个
自嘉祐四年至熙宁元年	1059—1068年	3万贯	1个
熙宁末年	1077年	23.6万贯	3个
元丰三年	1080年	13.9万贯	3个

⑦神宗时川陕地区及相邻陕西地区大小铁钱比值的变化，李焘《续资治通鉴长编》卷二百七十六，神宗熙宁九年六月己酉条载："侍御使周尹言：臣去冬奉使，经由永兴秦凤路，伏见盗铸铁钱不少，市肆买卖交易，多不肯行用。官司虽有支出却不收纳，上下疑惑，军民愁怨。问其本末，盖是钱法用一当二，铁钱易得而民间盗铸者费少而利倍，所以抵冒严刑不可止绝，滥钱日以滋多。臣今到京，便欲具管见申述，乞将两路折二铁钱，只作一文行用，自免滥铸之弊。又访问得所在官中积贮者，约有数百万贯，民间收藏者又不在其数。像上件钱货，起初以一当十，后来减为折三，近岁又作折二，已于国家重货，十损其八。若更作一文行用，即又损一分，所以不敢辄有奏请。"关于四川地区铸造并行用折二大铁钱的情况，李焘《续资治通鉴长编》卷二百九十一，神宗元丰元年八月乙丑条载："利州路转运使言：兴州济众监，每岁旧铸钱四万一千缗，计支本钱二万四千缗，得息万七千缗，应副茶场司。今依蒲宗闵奏请。增铸常使钱三万一千缗，通旧铸及额钱，总七万二千余缗，共支本钱四万二千三百余缗，可得息钱三万缗。其宗闵所乞铸一半大钱，欲并铸折二大钱，不惟便于行用，兼省工费。"所以，当时四川地区原铸大铁钱，不仅由当十逐渐贬值为折三或折二钱行用，而且也开始直接铸造折二铁钱流通。

⑧神宗时四川及陕西铜铁比值的变化,《宋史》卷一百八十《食货下》说:"(神宗)熙丰间,铜铁钱尝并行,铜钱千易铁钱千五百,未闻轻重之弊。及后铜钱日少,铁钱滋多,绍圣初,铜钱千遂易铁钱二千五百,铁钱寖轻。"这里所说主要是陕西情况,但四川应亦大体如是,即大铁钱与铜钱的比价从 1.5:1 贬值为 2.5:1。李焘《续资治通鉴长编》卷二百五十六,神宗熙宁七年九月壬子条载:"是时,关中钱法弊,……秦凤路都转运使熊本言,今本路官钱,受私钱已多,省模钱久废,公私百无一二。今虽以钱四十得伪钱一斤,及铜钱千易当二铁钱千,其实铁钱一斤才当斤铁耳。千钱为铁六斤,斤铁为钱二十,而以铜钱千易之,官失多矣。又钱多一年改铸,未得意也。且民卖千钱得二百五十折二大钱,才易其半,又禁其通行。"又同书卷二百六十一,神宗熙宁八年三月戊戌条载:"知成都府蔡延庆言,……川陕计赃,以铁钱二当铜钱一。"又同书三百零一,神宗元丰二年十一月癸巳条载:"成都府、利州路钤辖司言,往时川陕绢匹为钱二千六百,以此编敕估赃,两铁钱当铜钱之一。近岁绢匹不过千三百,估赃二匹,乃得一匹之罪,多不至重法,盗贼浸多。法寺乞以一钱半当铜钱之一。从之。"由上引史料可见,神宗熙宁、元丰时,陕西和四川地区的折二大铁钱与铜钱的比值分别为 1.5:1,2:1 和 1.5:1,折合小铁钱与铜钱的比值为 3:1 和 4:1。因此,郭正忠《宋代川陕铁钱研究》中以为宋神宗或英宗时期铜铁钱兑换率,比真宗时有大幅度提高,几乎接近铜钱币值的结论是错误的。

⑨关于四川铸造的铁钱在宋徽宗大观元年(1107)以前成为四川交子和陕西钱引的准备金的情况。宋袁说友《钱币谱》说:"熙宁六年五月,(四川)转运司以嘉邛州罢铸钱久,民间阙钱,乞减半铸,与钱引相权,从之。"《宋史》卷一百八十一《食货下三》说:哲宗"绍圣以后,(四川交子)界率增造,以给陕西沿边籴买及募兵之用,少者数十万缗,多者或至数百万缗。而成都乏用,又请印造,故每岁书放亦无定数"。马端临《文献通考》卷九《钱币二》说:"绍圣元年,成都路漕司言,商人以交子通行于陕西,而本路乏用,请更印制。诏一界增造十五万缗,是岁通旧额书放百四十万六千三百四十缗。"

关于陕西铁钱流入四川及其贬值情况。《宋史》卷一百八十《食货下二》载:"初,崇宁五年,始禁陕西铁钱行于兴元府等界。至是(大观元年),又以铁钱猥多,禁陕西铁钱入蜀。……(大观四年),利州路提刑司言:'旧铜铁钱轻重相寻,以大铁钱一折小铜钱二,今大铁钱五止当铜钱一,比旧轻十倍。又流入川界,钱轻物重,颇类陕西。欲将折二大铁钱以一折一,虽稍减钱数,钱必稍重。'诏许陕西铁钱入蜀仍旧,尽释其禁,且命以今物价量宜裁之。"

⑩徽宗时蔡京下令铸造当十大钱,以解决财政困难及其不断贬值的情况,李焘《续

资治通鉴长编拾补》卷二十一,徽宗崇宁二年二月庚午条说:"初令陕西铸折十铜钱并夹锡钱。左仆射蔡京奏,据陕西转运使许天启申,送到新铸铜铁钱样。已降指挥,铜钱于岁终须管铸钱二十万贯,铁钱铸二百万贯。"同书卷二十九,徽宗大观四年八月庚午条说:"张商英言:陛下奋发英断,慨然欲救钱轻物重之弊,一旦发德音,下明诏,捐弃帑藏数千万缗钱宝,改当十为当三,令下之日,中外欢呼,万口一辞。"当十钱的比值大大高于其实际含铜、铁量,并且铸造不精,必然贬值的前途,早在哲宗末年就已由章指出。《续资治通鉴长编》卷五百一十二,哲宗元符二年七月癸卯条载章奏状说:"勘会陕西钱法,本无轻重。只仁宗朝宝元、庆历之间,边事初兴。增添戌卒将佐等,经费滋多,财用匮乏。有献计者,创铸大钱,其文曰重宝,每一大钱折十小钱。盗铸之奸,自此得利。官司所获无几,而重宝已布满民间,岁断重辟,不知其几何。朝廷患之,以折十钱杀为折五,盗铸不已,又杀为折三,所获之利犹博,刑辟尚多,不得已,而以一大钱折二小钱,盗铸稍息。其后山泽产铜颇少,遂以铁代铜,当时大钱,鼓铸精巧,磨滤皆有楞郭,一一如法,民间虽欲仿效,计其获利不能酬人工物料之费,则铁钱铜钱,市价无二,(仁宗)至和以后,官司鼓铸不精之弊,起于率分钱。所请率分者,每工所限日铸之数外,有增益者,酌给众工财利。所司所贪者钱多,监临之官又以额外铸钱增数为课,则折二大钱不复精巧如法矣。盗铸遂复擅利于下。当时官司不治其本,乃欲救其末,滥钱寝皆物于官矣。而豪宗富室,争蓄大小铜钱与旧铸大铁钱,故在市买卖细分六等:以小铜钱为一等,旧铸至和铁钱为一等,新铸折二铁钱为一等,私铸楞郭全备钱为一等。私铸轻阙怯薄钱为一等。"

⑪关于宋哲宗元符年间(1098—1100)以后,四川铁钱与交子币值较陕西相对稳定的情况,李焘《续资治通鉴长编》卷五百一十二,哲宗元符二年七月癸卯条载知渭州章言:"两川有见行铁钱,有交子,可以责擎远行,今若精选有心力,可倚办官,依仿西川体式,推行交子之法,庶几少有补焉。至于商旅所贩百物,如丝绵、匹帛、金银之类,陕西却无物货贾回,如此物价倍贵,无如之何,亦别无可措置。"

原刊《四川师范大学学报》2001年第6期

范成大治蜀述略

张邦炜　陈盈洁

范成大(1126—1193),字致能,号石湖,南宋前期苏州吴县(今属江苏)人。他文人与官员一身而二任。或许是由于其作为文人的光芒太耀眼,以至他"入为从官,出为牧守"[1](卷五《贺范至能自广帅镇蜀启》)的作为不免稍显暗淡。其实,范成大历任封疆大吏,所至兴利除弊,既受到宋孝宗的表彰:"卿南至桂广,北使幽燕,西入巴蜀,东薄鄞海,可谓贤劳"[2](后集上卷十九《赐礼物》),又得到各地民众的肯定:"范石湖历典名藩,所至礼贤下士,仁民爱物,去思遗爱,所在歌舞之。"[2](前集卷五十三《太守下》)当代学者对范成大年谱的编纂和佚著的搜集,主要是适应文学史研究的需要,但是也为探讨作为官员的范成大提供了不少方便①。本文仅将范成大治蜀期间的政绩略加梳理。

一、情系巴蜀

四川在南宋时期是个具有特殊战略地位的重要地区。清代史家钱大昕称:"宋南渡后,以四川为上游重镇。蜀土富实,无兵革之扰,居官者以为乐土。"[3](卷八《四川制置》)其中,"无兵革之扰"一语并不确当。四川地区既有"边防机事",又有"西南夷寇边",以致"频易帅"[4](卷一百三十《简公(世杰)墓志铭》)。南宋诗人陆游说得比较准确:"成都地大人众,事已十倍他镇。而四道大抵皆带蛮夷,且北控秦陇,所以临制捍防,一失其宜,皆足致变故于呼吸顾盼之间。"[5](卷十四《范待制诗集序》)因此,南宋人有"蜀自中兴以来,置帅尤重"[4](卷一百三十《简公(世杰)墓志铭》)之说。

宋孝宗淳熙元年(1175)十月,范成大被任命为四川制置使兼知成都府。四川制置使系川峡四路统兵大员,四川地区各都统制所率领的屯驻大军以及其他正规军均受其节制。[2]范成大感叹道:"成都以名都乐国闻天下,予幸得至焉。"[6](《桂海虞衡志·序》)他在《谢表》中说:"去国八千里,恨青天蜀道之难;提封六十州,岂白面书生之事!"[7](卷六十七《范石湖文》)其友人祝贺他"有节制全蜀之命",称"此行甚宠"。[8](卷六《与范帅至能二书》)宋孝宗在信任之余,一再告诫他:"蜀为西南屏蔽,兵民庶务,尤当平允",并要求他:"早见成效,以副朕倚注之意"[9](卷十七《赐范成大措置和籴戒谕诏》、《赐范成大奖谕》),"并蠲民瘼","加惠彼民"[10](卷一百一十一《赐敷文阁待制四川安抚制置使范成大》、《赐四川制置使范成大》)。

范成大治蜀,不过两年而已。他在广西经略安抚使兼知静江府(治今广西桂林)任上得到帅蜀之命,于淳熙二年正月从桂林动身,到达成都已是当年六月。范成大一向体弱多病,且年届半百。淳熙四年正月,他因病请求去职,当即得到宋孝宗恩准。同年五月,刚病愈,即离川。在这大约两年的时间里,范成大并非都是四川地区的第一把手。淳熙元年十二月,沈复出任四川宣抚使,范成大改任成都府路安抚制置使。淳熙二年六月,沈复升任同知枢密院事。当年"七月,诏复四川制置司,以成都府路安抚制置使臣(范)成大摄使事"。[9](卷十七《赐范成大措置和籴戒谕诏》)范成大才得以复专节制全蜀之命。

然而在短短两年之内,范成大政绩有声。陆游称:"及公之至也,定规模,信命令,弛利惠农,选将治兵,未数月,声震四境,岁复大登。"[5](卷十四《范待制诗集序》)杨甲说:"吴郡范公,以铁钺镇蜀,仁行如春,威行如秋,休养生息,人用以宁。"[11](卷三十七《糜枣堰记》)范成大在病中,且即将离川,仍念念不忘巴蜀,"上便民十五事"。宋孝宗赞扬道:"范已病,尚为国远虑。"[10](卷六十一《范公(成大)神道碑》)他后来还得知,并亲自转告范成大:"蜀民思卿如慈亲。"[2](前集卷五十三《太守下》)

范成大离成都时,自发送行者人数之多、送行距离之远,实属罕见。据周必大《范公(成大)神道碑》记载,淳熙四年五月,范成大"疾愈而行,送客数百里不忍别。后公谢病吴门,往来者伺候谒舍,或经月,必一见乃去,其得士心如此"。送行者大都从成都合江亭远送到中岩寺(在今四川青神县)。范成大与其好友兼下属陆游分别时,"至挥泪失声"。范成大写下"泪落中岩水不流"的诗句。范季申、郭中行等6位送行者与范成大同游峨眉山后，在嘉州(治今四川乐山)作别。范成大诗云："我本住林屋，风吹来锦城。锦城亦何乐，所乐多友生。相从不知久，相送不计程。横绝峨眉山，欲去有余情。"[12](卷十八)其中，杨商卿父子等3人一直送到合江县(今属四川)。范成大诗云："合江亭前送我来，合江县里别我去。江流好合人好乖，明日东西南北路。"[12](卷十九)这些送行者虽然并非都是，但其中确有不少巴蜀人士。如杨商卿即是富顺(四川今县)人，9年后与范成大在苏州重逢。范成大记述道："富顺杨商卿使君，向与余分别于泸(即今四川泸州)之合江，渺然再会之期。后九年，乃访余吴门，则喜可知也。"[12](卷二十四)

范成大离开四川后，巴蜀始终是他魂牵梦绕的地方："绛霞浓淡月微明，梦中重到锦官城。"[13](卷七《浣溪沙(烛下海棠)》)他留恋巴蜀的山水："老来万事总萧然，犹忆西州暑雪边"[12](卷二十);思念四川的物产："荔浦园林瘴雾中，戎州(四川宜宾的古称)沽酒擘轻红"[12](卷二十一);怀念巴蜀的友人："四海西州故旧多，烦君问询各如何?"[12](卷二十四)关心四川民众的负担，盼望朝廷予以免除："十年关陇困科输，圣德如天尽扫除。"[12](卷二十)

范成大始终情系巴蜀，而四川民众思之如慈亲，无疑是由于范成大治蜀政绩卓著。其政绩大致可概括为蜀士归心、为民减负、整军经武、击强抚善、与民共乐五个方面，现依次略述于下。

二、蜀士归心

与四川地区的地理环境有关，宋代四川士大夫的乡土观念较强。宋高宗曾说："惟蜀人道远，其间文学行义有可用者，不由论荐，无由得知。前此数年，蜀中仕官者，例多隔绝，不得一至朝廷，甚可惜也。"史称："自秦桧专权，深抑蜀士。"[14](卷一百七十六绍兴二十七年三月庚戌)北宋初期曾经有"蜀人(不)得守乡郡"、"蜀人官蜀不得通判州事"[15](卷二百九十八《彭乘传》、《陈希亮传》)一类的规定，北宋中期逐渐被突破，然而直到宋孝宗时，仍有"祖宗时蜀人未尝除蜀帅"[15](卷三百九十六《赵雄传》)之说。歧视反而使四川士大夫在感情上容易接近,并且很有个性:"蜀士尚流品,不以势诎。"[16](卷八《鹦鹉谕》)如果说此前隆州(治今四川仁寿)虞允文、此后资州(治今四川资中北)赵雄系蜀人蜀帅,容易得到蜀士即四川士大夫的认同,那么范成大则是吴人治蜀,他必须在处理与蜀士的关系,争取蜀士支持方面多下些功夫。范成大恰恰在这个方面做得很成功,其主要措施有二:

一是表彰名士。《宋史·范成大传》称:"蜀知名士孙松寿年六十余,樊汉广甫五十九,皆挂冠不仕,表其节,诏召之,皆不起,蜀士由是归心。"孙松寿是郫县(今属四川成都)人,"刚方廉洁,不求人知","尝守汉嘉(即今四川雅安),甚有惠爱","蜀人号为牧斋先生"[17](乙集卷八《孙巖老樊允南恬退》)。樊汉广系江原(今属四川崇州)人,曾任青神知县、眉州通判,"居家孝友,当官廉勤","奉法循理"[18](卷六《荐蜀中人材劄子》)。范成大将两位名士"同荐于朝,召赴行在,固辞不起,蜀人高之"[19](卷二十八绍熙二年二月庚寅)。

二是网罗人才。据说,范成大在四川制置使任上,曾上《论知人劄子》。他认为"未尝有不生才之世","常患于无知人之明"。使用人才应"各以其所长",发现人才当出以公心:"去胸中之私喜怒,用天下之公是非,以进退天下之才,虽不能皆当,要亦十得七八。"[20](卷一百五十七《知人》)他这样说,也这样做。周必大称:"凡人才可用者,公悉罗致之幕下,用其所长,不以小节拘之。其杰然者,则露章以荐,往往光显于朝,或至贰府。"[10](卷六十一《范公(成大)神道碑》)杨万里说:"蜀士翘楚皆为范公得。""范公荐蜀士数十人,公(指简世杰)为之首。""边防机事,范公专以委公,公悉心襄赞。"[4](卷一百三十《简公(世杰)墓志铭》)其实,简世杰只是范成大治蜀期间的重要幕僚之一,他系进贤(江西今县)人,并非蜀士。然而范成大确实罗致、推荐了不少蜀士。如前面讲到的富顺杨商卿(名光),据《吴船录》卷上可知,即是其另一重要幕僚。在范成大推荐的蜀士当中,以胡晋臣最著名。"胡晋臣字子远,蜀州(即今四川崇州)人。登绍兴二十七年(1157)进士第,为成都通判。制置使范成大以公辅荐诸朝,孝宗召赴行在"[15](卷三百九十一《胡晋臣传》)。宋光宗时,官至参知政事兼同知枢密院事。确如李心传所说:"蜀去天日远,士非大帅荐扬,无由自进。"[17](乙集卷十《淳熙至嘉定蜀帅荐士总记》)还应当指出,总领四川财赋军马钱粮李蘩作为朝廷派驻四川的大员,系晋原(今属四川崇州)人,是位标准的蜀士。他虽非出自范成大推荐,但范成大与他互相配合,并大力支持。范成大上奏说:"李蘩以身任此事,臣以身保李蘩。"两人齐心协力,以致"孝宗大悦"[15](卷三百九十八《李蘩传》)。

如果说措施之一起到了争取人心,"蜀士归心"的作用,那么措施之二还收到了网罗人才,办好事情的效果。四川制置司一向事务繁忙:"幕府率穷日夜,力理文书应期会,而故时巨公大人亦或不得少休。"[5](卷十四《范待制诗集序》)范成大治蜀期间,幕府的事情办得井井有条,在很大程度上是他将有能力的蜀士罗致于其幕下的结果。

三、为民减负

四川是南宋时期民众负担特别沉重的地区之一。自绍兴年间陕西被金朝攻占后,原属陕西秦凤路的关外四州划归四川利州西路管辖,四川成为对金作战前线,养兵之费猛增。史称:"初,蜀之财用止以赡蜀。自屯驻大兵,始竭民力,公私俱困。"[10](卷六十一《范公(成大)神道碑》)这种状况到淳熙年间已延续长达50年之久。由于"蜀民久困",宋孝宗"以蜀为忧"[21](卷九十四《周公(必大)神道碑》)。范成大关心民瘼:"西堰颇闻江涨急,东山犹说雨来迟。锦城乐事知多少,忧旱忧霖蹙尽眉。"[12](卷十七)他治蜀期间,禀承宋孝宗旨意,在减轻民众负担方面,主要做了两件事:

一是减折估。李心传《建炎以来朝野杂记》甲集卷十五《折估钱》称:"大抵蜀中之折估,与两浙之月桩,皆以赡军得名,其事相类。"两者都是南宋时期不同地区以对金作战急需为名而征收的杂税。范成大认为:"蜀自失陕,竭其力养关外军,而折估最病民。"淳熙二年六月,他为此"奏凡三四上",指出:"远方州县吏为朝廷根本忧者几人?折估不办,上司怪怒,百方贴补,下伤陛下赤子,而不恤后日意外之患。其间贪墨,又或并缘,此所以实闻于朝廷者寡也。"请求朝廷:"去四川数十年之害,培其本根,徐用其力,国家长计也。"[7](卷六十七《范石湖文》)并提出具体建议:"四川酒课折估虚额钱四十七万余缗,乞自淳熙三年为始减放。"宋孝宗当月予以批准,"诏以湖广总领所上供钱内拨还"。[22](卷五十四淳熙三年六月乙酉)这一减负之举受到四川民众的普遍欢迎。当年秋天,彭州(今属四川)上奏:"奉诏拨上供钱对减本州三县酒课额,民间作佛老会以报上恩,乞以功德疏随会庆节(宋孝宗的生辰)表疏同进。"宋孝宗"弗许,令守臣谕以国家裕民之意"。但他高兴地对执政大臣说:"前日蠲减蜀中折估钱,人情欢感已如此。若异时兵革偃息,数十年来额外横赋尽蠲除之,民间喜可知也。"[19](卷二十六上淳熙三年秋)岂止彭州一地而已,四川各地莫不如此。范成大上奏称:"令下之日,百万生灵,鼓舞欢呼,如脱沟壑。寰区四路州县节次申到,自今年七月十五日以后,各于寺观启建感恩祝圣道场。"[22](卷五十四淳熙三年十一月戊申)

二是免科籴。所谓和籴,其本意是官府"与民为市,给以现钱。"但在施行过程中,往往积弊丛生:"其籴于民也,既有抑配之患;其积于官也,亦有虚数之欺。"[23](卷七《和籴》)南宋四川地区为解决军粮问题而实行的和籴弊病更大,既不给现钱:"边民苦和籴,实不得一钱,吏且督输旁午。"[21](卷九十九《黄公(裳)墓志铭》)又强行摊派:"括兴元(治今陕西汉中)、阶、成、西和、凤、文(治今甘肃文县)、龙(治今四川平武东南)等州民户家业而均科之。"[10](卷六十一《范公(成大)神道碑》)人们气愤地说:"名和籴,实强取";[24](卷九《知心堂记》)"名曰和籴,实科籴也。"所谓家业又称产业钱,系划分户等的依据。科籴按"家业而均科",似乎较为公平。然而"上三等户饶于赀用,自输自请,虽少损,犹可及;下二等户势必付之揽纳之家,本钱既不可请,始谊责可耳!"[25](卷七十八《李公(蘩)墓志铭》)其中,兴元府的情况最严重:"汉中久饥,剑外和籴,在州者独多,(知兴元府李)蘩尝匹马行阡陌间,访求民瘼。有老妪进曰:'民所以饥者,和籴病之也。'泣数行下。蘩感其言,奏免之。"李蘩随即出任总领四川财赋军马钱粮,宋孝宗"诏制置使范成大同蘩相度以闻"。范、李二人主张"变科籴为官籴",[15](卷三百九十八《李蘩传》)即恢复和籴本意。其具体办法是:"尽变抑配旧法,官自与农为市,不亏毫忽之价,不取圭撮之赢,则军不乏兴,民不加赋。"实施后,"九州数十万户踊跃呼舞"。[24](卷九《知心堂记》)既保证了军粮的供应:"民既乐与官为市,牛车担负,千里不绝";[25](卷七十八《李公(蘩)墓志铭》)又减轻了民众的负担:"而田里免科籴,始知有生之乐";还促进了生产的发展:"今岁大稔,米价顿贱,父老以为三十年所无。"[15](卷三百九十八《李蘩传》)淳熙四年,范成大上奏:"关外麦熟,倍于常年,缘去岁朝廷免和籴一年,民力稍纾,得以从事于耕作,故其效如此。"宋孝宗读过奏疏,感叹道:"免和籴一年,民间便已如此,乃知民力不可重困也。"参知政事王淮建议:"去岁止免关外,今从李蘩之请,尽免蜀中和籴一年,为惠尤广。"[22](卷五十四淳熙四年三月丙午)

应当指出,就全国来说,宋孝宗所说"额外横赋尽蠲除之",是句口惠而实不至的空话。就四川而言,范成大所云科输"尽扫除"之类,也只是美好的愿望而已。李蘩作为蜀士,在四川任职时间比范成大长,他"欲奏蠲盐酒和买之弊,以尽涤民害,会有疾,卒"[15](卷三百九十八《李蘩传》),最终成为泡影。范成大在四川仅两年,办成以上两大实事,实属不易。

四、整军经武

"蜀口云屯九万八千之师,不为不多。"[25](卷一百零二《问兵民财吏之弊今将何以革之方》)四川地处对金作战前沿,担负着捍卫秦陇的重任,驻扎着近10万御前大军。此时虽然张浚北伐失败、隆兴和议达成,但宋孝宗仍壮心不已。范成大治蜀期间,"躬督属部,不遗余力"[20](卷二百二十三《兵制》),表示将"仰副陛下整军经武之实,上肃军政,下厌士心"。[20](卷二百四十《任将》)他在军政方面采取的措施主要有三:

一是亲自挑选武官。范成大指出:各级武官"于法应以材武人充者,皆须事艺可观,胆勇可仗,方为称职"。[20](卷二百四十《任将》)然而实际状况是:一方面"才艺自振者十不二三,废惰自如者比比相望"[20](卷二百二十三《兵制》);另一方面"有材武卓然、堪备任使之人失职久闲,理当收恤"。[26](第25—26页)其原因在于:"诸州将官以下窠阙,或以出职杂流及私家给使之人为之,而西蜀尤甚。"范成大上奏力主:四川沿边各级武官"不得以杂流出职及给使无武艺人虚占,及不许时占差权"。同时建议:"内或有杰然自有武艺智略者,从帅臣保明以闻,特与差注,及许一面权摄,以防遗材。"鉴于四川地区"副将以下,乃分屯别州,名为副队,其实各当一面",他认为,不仅正将,而且副将也应"差曾经从军立功,或曾任兵官并沿边巡尉及经捕盗有劳之人"。[20](卷二百四十《任将》)为确保各级武官的素质,他"遇有陈乞差遣者,躬赴教场,按阅事艺,取四邑材武应选之人,依资次差辟"。范成大报告朝廷:"一年以来,沿边城寨,诸州将佐,皆易以材武之人,几已太半,只更数月,可以尽变。"请求吏部及时"给降付身",使他们"成就考任,安心效职,为惠甚大,所系不轻"。[26](第25—26页)"关外,四川最为极边之地"。关外四州的官员虽非武职,责任同样重大。范成大建议,从四川四路现任官吏中慎重选辟,"其所辟官,不许辞避",以接替关外四州的官员中的"委实癃老及不堪倚仗者"。[22](卷五十四淳熙二年九月庚子)

二是改善士兵待遇。范成大调查后发现,蜀兵"迩来贫乏者众"。"原其致贫之由,皆谓初招军时,只是单身,其后婚娶,人口渐多,势不能给。"为解决蜀兵贫乏的问题,"前来宣抚司措置给钱付都统司,使自回易,以资贴累重之人每月添支粮米。"所谓添支,即加俸或补贴。而回易则是官府或军队进行的营利性经营活动。但是其效果并不好:"缘本钱不多,军中营运不行。"于是将给钱回易改为以钱放偿:"近来多是以钱放偿与合添支人,谓如每月借与钱引伍千,即令出息一千,便将息钱准折添支。"范成大既反对回易:"军中贸迁,不无搔扰,将兵干当,亦废教习";又反对放偿:"虽军士少济急阙之须,而实无增添之实。"他主张缩小添支范围:"合与增添者,止以入队人为率。其使臣及其职名人,并不入队人,皆不须问。"其理由是"职名人"等"皆粗可足用",而"不入队人"并非作战人员,可以不问。他呼吁改善蜀兵待遇,认为如此则"所费钱数不多,朝廷可以调度"。[26](第35—36页)范成大的建议受到宋孝宗重视。有地方官员上奏:"金州(治今陕西安康,当时属四川)都统司例私贩茶盐,月科与军人,每名三斤,高立价直,于请粮处剋除。"宋孝宗说:"蜀中军人贫甚,岂宜更有剋剥!"[22](卷五十五淳熙四年五月癸卯)下令予以查处。

三是坚持乡兵成法。当时,四川边境有称为"忠勇"、"义士"之类的乡兵。《宋史·兵志六·建炎后乡兵》称:"关外西和、阶、成、凤四州所聚民兵,谓之忠勇。"而义士则创始于绍兴元年(1131),知兴元府兼利夔路制置使王庶"以本路军籍单薄,乃籍兴元府、兴(治今陕西略阳)、洋州(治今陕西洋县)、三泉县(在今陕西宁强西北)强壮,每两丁取一、三丁取二,与免户下物力钱二百千,号曰义士。每五十人为一队,知县为军正,尉为军副,日教武于县,月教武于州。不半年,有兵数万,每遇州教,则厚犒赏之。"[14](卷四十八绍兴元年十月甲申)他们"勇鸷健武,人材绝异,技艺纪律,性习所使,虽正军锐卒,未能远过"。[26](第26—27页)乡兵曾发挥作用:"大散关(在今陕西宝鸡西南)一战,能为官军先锋",[7](卷六十七《范石湖文》)但却时兴时废。乾道三年(1167),虞允文在四川宣抚使任上,"复籍三郡之丁,得二万三千九百余人,结成队伍。因参酌陕西弓箭手之旧,为《义士专法》一百四十二条来上。诏颁行之。"[17](甲集卷十八《利路义士》)其要害是轻其赋敛,寓兵于农,"非因调发,永不得差。"[26](第26—27页)范成大发现《义士专法》正在遭到破坏,不仅"监司郡守多杂役之",而兴元都统制郭钧"又令守关隘烽燧,且乞与大军更戍"。范成大"力言其不可"[10](卷六十一《成(范公大)神道碑》)他指责郭钧"御众无术",[4](卷一百二十《王公(淮)神道碑》)请求坚持《义士专法》,则"攻有余力,守不待劝"。[26](第26—27页)宋孝宗"诏遵旧法"。[10](卷六十一《范公(成大)神道碑》)

宋代军政腐败由来已久,积重难返。范成大指出:"天下将兵之政,其弊甚矣。竭诸郡之力以养兵,不为不久,而终无可恃之势。"他认为:"繄欲修明将兵之政,则须招填阙额,葺治器械,准备激犒,三者举非徒手可办,今皆缺然无力及之。"[20](卷二百二十三《兵制》)对此,范成大难免有力不从心之感。

五、击强抚善

南宋时期四川地区少数民族分布范围很广。正如当时人说:"蜀自岷山、沫若水外,即为夷境。"[9](卷二十七《分弓亭记》)范成大治蜀期间,如果说对金作战前线并无战事,那么少数民族地区则"屡有边事"[20](卷三百三十六《御边》)。范成大深知如何确保少数民族地区的稳定和汉族地区的安宁,是个严峻的问题。他刚到任即上奏:"臣当内教将兵,外修堡寨,仍讲明寨丁教阅团结之法,使人自为战,三者非财不可。"宋孝宗"手札奖励,赐度牒钱四十万缙。"范成大"日夜阅士,制器甲,督边郡次第行之"。[10](卷六十一《范公(成大)神道碑》)其主要方针可归纳为以下三条:

一是奖优罚劣。少数民族地区的状况如何,与当地官吏的优劣关系极大。范成大严惩其违纪者,撤换其庸懦者,奖励其优异者。"乾道九年,吐蕃青羌以知黎州(治今四川汉源北)宇文绍直不雠其马价,愤怨为乱。"宇文绍直已被罢免,淳熙二年,朝廷采纳范成大建议,又将其疾速"送千里外州军编管"[27](蕃夷五之五十三)。"有白水寨将王文才私娶蛮女,常导之寇边。"范成大设计把他擒获后,"命即黎州教场斩之,兵威大振。于是专意恤民矣。"[10](卷六十一《范公(成大)神道碑》)"文州(治今甘肃文县)管下蕃部作过,知州李彦坚畏懦失职;下任王彪,老谬不肯之官。"淳熙三年三月,宋孝宗依据范成大的提议,将李、王二人罢免,"诏四川都统制吴挺选习兵官一员,兼知文州。"[27](职官四十七之四十)知黎州禄柬之,潼川府(治今四川三台)人,曾知叙州(治今四川宜宾),"蛮寇横江,边寨危急。""柬之以军法诛召寇之人,群蛮詟服。"[27](职官六十二之二十)淳熙三年四月,范成大"奏其前守叙州劳绩,上恩加直秘阁"。[17](乙集卷十九《丙申青羌之变》)

二是筑堡置戍。范成大"以黎为要地,奏置路分都监,增五寨,籍少壮为兵。凡吐蕃扰边径路十有八,悉筑堡置戍"。[2](前集卷三十九《制置》)在普遍增筑堡寨的同时,重点加强黎州的防卫。黎州原有被称为土丁的乡兵"凡千人",淳熙三年,知州禄柬之"请倍其数,又以等级,籍其少壮者,月给以钱"。[17](甲集卷十八《黎雅土丁》)范成大又将战斗力极强的西兵调往黎州:淳熙二年五月,"诏潼川府及绵州(治今四川绵阳)所屯将兵内各轮差三百人,作两番,分上下半年更替于黎州屯戍";十月,"更就绵州、潼川两处屯驻西兵内各选差一百人。"[27](兵六之一)黎州"西兵未有营寨,只就城内寺院驻劄;而互市诸蕃,亦入城安泊"。范成大认为如此"无以养威",专门拨款,"令于城外别立西兵营寨"[26](第33页)。然而黎州驻军毕竟有限,"即有边事,则调绵、梓(治今四川三台)所驻大军讨之,地远不时至。"范成大"所教成都禁卒,谓之飞虎军者,今已可用,乃命五百人往戍之"。[17](甲集卷十八《成都府义勇军》)

三是讨击抚摩。"文州蕃部间扰边",范成大上奏:"奏乞预为文告,倔强者讨击之,善良者抚摩之,使知畏慕,不可专示弱启侮。"宋孝宗予以肯定:"深知事体,即日施行。"[10](卷六十一《范公(成大)神道碑》)范成大的态度似乎相当强硬,其实未必。淳熙二年,吐蕃首领"奴儿结率众二千扣安静砦。(范)成大调飞山卒千人赴之,度其三日必遁,戒勿追。已而果然"。[15](卷四百九十六《蛮夷传四·黎州诸蛮》)可见,其讨击的目的在于抚摩,避免事态扩大,但求相安无事。

按照现代理念,范成大的少数民族政策确有可指责之处。他治标不治本,不知开展民族之间的经济交流,促进少数民族地区的经济发展,是实现稳定与安宁的关键。他认为:"蛮人所须茶、䌽之类,皆是朝夕急须。其所产马,不卖之中国(应作'中原'或'朝廷'),将安所用?故不患其马不来。"[20](卷二百四十二《马政》)对茶马互市的态度相当消极。

六、与民共乐

范成大作为文豪治蜀,势必格外注重文化建设。他上任后,首先视察成都学宫,"延见多士,与耆儒宿师考难疑义,训诲熟复。"范成大发现学宫"屋室陊剥,木老石腐",他决定"彻新之,盖逾年而役休,沉沉翼翼,严靓宏固,为西南冠"。蜀士杨甲称颂道:范公"以儒长者治蜀,有大惠利及民。然其政发源,实始兴学"。[28](卷七十八《学校志三》)范成大在这个方面的作为还有以下三点:

一是重视文物。范成大亲自对成都各寺庙中的绘画进行调查,并予以著录,写成《成都古寺名笔记》。《名笔记》称:"成都画多名笔,散在诸寺观,而见于大圣慈寺者为多,今犹具在,总而记之左,庶几观者可考。"[11](卷四十二)赵抃熙宁三年(1070)著《成都古今集记》30卷、王刚中绍兴三十年(1160)著《续成都古今集记》22卷,将成都乃至四川"废置因革,纤悉巨细,靡不载也"。范成大淳熙四年著《成都古今丙记》10卷,"虽不至如前续记之多,然二书之所不及者,则加详焉"[11](卷三十)。

二是与民共乐。民谚云:"天上天堂,地下苏杭。"[29](卷五十《杂志》)范成大虽然是苏州人,但他无论在广西,还是到四川,都能做到"不鄙夷其民"[6](《桂海虞衡志·序》)。四川"俗尚嬉游,家多宴乐"[9](卷四十八《至道圣德颂》)。成都素有"名都乐国"之称,"游赏之风甲于西蜀"[30],甚至达到了地方官"从之则治,违之则人情不安"[31](卷五十《张公(詠)神道碑铭》)的程度。范成大入乡随俗,与民共乐,同吏民一道,参加各种游赏活动。他正月初一到安福寺礼塔:"成都一岁故事始于此,士女大集拜塔下,然香挂旛,以禳兵火之灾";初三到碑楼院祭祀:"故事,祭东君,因宴此院,蜀人皆以此日拜埽";三月初三到学射山比赛射箭以取乐;二十三日到海云寺观看人们摸石于池中,以为求子之祥;凡此种种,不一而足。并在游赏活动中,写下不少诗歌。范成大把成都与扬州相比:"十里珠帘都卷上,少城风物似扬州";将成都的万岁池与临安的西湖并论:"绿岸翻鸥如北渚,红尘跃马似西池。"他歌咏了锦江边上的夜市:"东郭风喧三鼓市,西城石汹二江涛";抒发了人们秋后的喜悦:"丰年四海皆温饱,愿把欢心寿玉卮。"[12](卷十七)诸如此类的诗歌均受到人们的普遍欢迎:"短章大篇,人争传诵。"[32](续集卷二)而这正与四川的习俗相符:"蜀之俗大抵好文,其后生往往知敬先达,先达之所是亦是之。范公以文名,其毫端之珠玉,纸上之云烟,蜀士大夫争宝之。"[33](卷二十四《书石湖诗卷后》)

三是砌石筍街。范成大在四川期间,兴建了一些土木工程。如修复筹边楼、铜壶阁等,特别是用甓新甃石筍街。所谓甓即砖,甃即用砖砌。当时,"天下郡国,惟江浙甓其道,虽中原无有也。"而成都因无砖砌街,人们出行诸多不便:"地苦沮洳,夏秋霖潦,人行泥淖中,如履胶漆;既晴则蹄道辙迹,隐然纵横,颇为往来之患。"为了解决这个问题,绍兴年间,张焘帅蜀,"始命甓之,仅二千余丈。"范成大"为竟其役,鸠工命徒,分职受任,程督有方,尺寸有度,费出于官而不及于民,日廪以食而人竞力作。未几,告成"。工程规模较大:"以丈计者三千三百有六十,用甓一百余万,为钱二千万赢。率一街之首尾,立两石以识广狭,凡十有四街。"行人十分方便:"然后所至侧布如江浙间,雨不乘檋,骑不旋泞,徐行疾驱,俱从坦夷。"[9](卷四十六《砌街记》)范成大诗云:"石筍新街好行乐,与民同处且逢场。"并自注:"余新甃石筍街"[12](卷十七)。此举既为民众办了件实事,又具有将先进文化从江浙推广到巴蜀的意义。

七、仁民固本

范成大离开四川数十年后,江东名士刘宰询问其同年巴蜀名士李埴:"近时南士蜀帅谁贤?"李埴"以范石湖对"。[33](卷二十四《书石湖诗卷后》)范成大治蜀政绩有声,由主观因素——古典民本思想和客观因素——生逢所谓"清明宽大之朝"两者所促成。

范成大"专意恤民",来源于其"仁民固本"的古典民本思想。范成大在《论邦本疏》中首先引用出自《尚书》的古训:"民惟邦本,本固邦宁",接着指出:"得民有道,仁之而已。省徭役,薄赋敛,蠲其疾苦而便安之,使民力有余而其心油然。"此言但凡官员都会说,而范成大既会说,还会做。他任职一方,关爱一方土地、一方百姓,并力图造福一方。省折估、免科籴就是他在四川所做的最为得意的两件事,收到了民众"遮道诵说,东向感恩,或至涕下"[20](卷一百零八《仁民》)的效果。范成大在巴蜀大地上,留下亲民形象:"其为政平易近民,民有隐必伸,有谒必获,故其教易成,其政不严而治"[33](卷二十四《书石湖诗卷后》),绝非偶然。当然,民本与民主绝非一回事。如果说民主即作为人民儿子的公仆"由民作主",那么民本即作为民众父母的官员"为民作主",其历史局限性是显而易见的。

陆游诗云:"公卿有党排宗泽,帷幄无人用岳飞。"[34](卷二十五《夜读范至能揽辔录》)范成大如果任职于宋高宗时代,即便是其具有明显历史局限性的民本理念也很难变为近民实践。范成大何以政绩有声,南宋学者黄震把他和北宋的苏轼相比:苏轼"当世道纷更,屡争天下大事,其文既开辟痛畅,而又放浪岭海,四方人士为之扼腕";范成大"遭值寿皇(即宋孝宗)清明之朝,言无不合,凡所奏对,其文皆简朴无华,而又致位两府,福禄过之"[7](卷六十七《范石湖文》)范成大则将自己同唐代的李德裕相比:"卫公(即李德裕)守蜀,牛奇章(即牛僧孺)方居中,每排沮之,维州(治今四川理县东北)之功既成而败。今予适遭清明宽大之朝,论事荐吏,奏朝入而夕报可。"[5](卷十八《筹边楼记》)的确,范成大比李德裕、苏轼都幸运。宋孝宗是南宋历史上唯一的一位较有作为的皇帝,范成大将他在位期间称为"清明宽大之朝",不算太夸张。离开宋孝宗的认可和支持,范成大将一事无成。在一定意义上,甚至可以说,范成大在四川无非是较好地贯彻了宋孝宗"并镯民瘼","加惠彼民"的方针,范成大的治蜀政绩正是宋孝宗较有作为的例证。

注 释

①参看王德毅:《范石湖先生年谱》,载台湾大学《文史哲学报》第 18 期,1969 年 5 月;孔凡礼:《范成大佚著辑存》,中华书局 1983 年版;孔凡礼:《范成大年谱》,齐鲁书社 1985 年版;于北山:《范成大年谱》,上海古籍出版社 1987 年版。

参考文献

[1] 吴儆:《竹洲集》[M],景印文渊阁四库全书[Z],台北:商务印书馆 1983 年版。

[2]《翰苑新书》[M],上海:上海古籍出版社影印 1991 年版。

[3] 钱大昕:《潜研堂文集》[M],国学基本丛书[Z],上海:商务印书馆 1936 年版。

[4] 杨万里:《诚斋集》[M],景印文渊阁四库全书[Z],台北:商务印书馆 1983 年版。

[5] 陆游:《渭南文集》[M],四部备要[Z],上海:中华书局 1936 年版。

[6] 范成大:《范成大笔记六种》[M],北京:中华书局 2002 年版。

[7] 黄震:《黄氏日抄》[M],景印文渊阁四库全书[Z],台北:商务印书馆 1983 年版。

[8] 林光朝:《艾轩集》[M],景印文渊阁四库全书[Z],台北:商务印书馆 1983 年版。

[9] 扈仲荣等:《成都文类》[M],景印文渊阁四库全书[Z],台北:商务印书馆 1983 年版。

[10] 周必大:《文忠集》[M],景印文渊阁四库全书[Z],台北:商务印书馆 1983 年版。

[11] 周复俊:《全蜀艺文志》[M],景印文渊阁四库全书[Z],台北:商务印书馆 1983 年版。

[12] 范成大:《石湖居士诗集》[M],四部丛刊[Z],上海:商务印书馆 1936 年版。

[13]沈辰垣等:《御选历代诗余》[M],景印文渊阁四库全书[Z],台北:商务印书馆1983年版。

[14]李心传:《建炎以来系年要录》[M],国学基本丛书[Z],上海:商务印书馆1936年版。

[15]脱脱等:《宋史》[M],北京:中华书局1977年版。

[16]岳珂:《桯史》[M],北京:中华书局1981年版。

[17]李心传:《建炎以来朝野杂记》[M],北京:中华书局2000年版。

[18]汪应辰:《文定集》[M],四部丛刊[Z],上海:商务印书馆1936年版。

[19]《宋史全文续资治通鉴》[M],台北:文海出版社影印1977年版。

[20]黄淮等:《历代名臣奏议》[M],上海:上海古籍出版社影印1991年版。

[21]楼钥:《攻媿集》[M],四部丛刊[Z],上海:商务印书馆1936年版。

[22]《中兴两朝圣政》[M],宛委别藏[Z],上海:商务印书馆1935年版。

[23]《群书会元截江网》[M],上海:上海古籍出版社影印1991年版。

[24]洪咨夔:《平斋集》[M],四部丛刊[Z],上海:商务印书馆1936年版。

[25]魏了翁:《鹤山集》[M],景印文渊阁四库全书[Z],台北:商务印书馆1983年版。

[26]孔凡礼:《范成大佚著辑存》[M],北京:中华书局1983年版。

[27]《宋会要辑稿》[M],北京:中华书局影印1957年版。

[28]常明等:《四川通志》[M],成都:巴蜀书社影印1984年版。

[29]范成大:《吴郡志》[M],丛书集成初编[Z],上海:商务印书馆1935年版。

[30]旧题费著:《岁华纪丽谱》[M],巴蜀丛书第1辑[Z],成都:巴蜀书社1988年版。

[31]韩琦:《安阳集》[M],景印文渊阁四库全书[Z],台北:商务印书馆1983年版。

[32]黄昇:《花庵词选》[M],景印文渊阁四库全书[Z],台北:商务印书馆1983年版。

[33]刘宰:《漫塘集》[M],景印文渊阁四库全书[Z],台北:商务印书馆1983年版。

[34]陆游:《剑南诗稿》[M],四部备要[Z],上海:中华书局1936年版。

原刊《四川师范大学学报》2004年第5期

张邦炜　陈盈洁

作者简介：张邦炜,1940年生,四川师范大学巴蜀文化研究中心研究员,历史旅游学院教授;

陈盈洁,1979年生,四川师范大学历史旅游学院研究生。

"都掌蛮"消亡的历史见证
——兴文县建武城崇报祠明碑考述

屈 川

兴文县建武城,是明军坐镇蛮地扼控川南的重要军事地点。东邻建武城三十里的九丝山,是川南都掌蛮抗拒明朝军队的古战场。明朝万历元年(1573),明统治者大规模出兵,残酷镇压都掌蛮,经"九丝之战",都掌蛮惨遭亡族灭种厄运,而战后明统治者却在建武城内为"平蛮"将士刻石立碑,歌功颂德。这些碑铭石刻,向我们揭示了川南一支古老民族消亡的史实。

一、悲壮的"九丝之战"

明代都掌蛮活动的中心地域的中心地域在戎县,戎县即唐代的"晏州"羁縻州、元代的"戎州",今宜宾市兴文县。都掌蛮足迹所至则遍及叙(州)泸(州)山区。《明史·刘显传》载:"都掌蛮者,居叙州戎县,介高、珙、筠连、长宁、江安、纳溪六县间,古泸戎也。"[1](卷212)光绪《叙州府志》云:"叙南四百里许,有夷曰'都掌',从鸟名也。在昔,夷种实繁,叛服不常。国朝分山都六乡、水都四乡,属隶戎县。"[2](周交《平蛮颂碑》)戎县境内,多属险恶山区,其九丝山、凌霄城、都都寨、母猪岩、鸡冠岭等处悬崖天堑,雄盘险峨,山箐深阻,荆棘丛生,尤以九丝山易守难攻。

九丝山,位于兴文旧县城(今晏阳镇)西南60公里,在今兴文县九丝镇境。《读史方舆纪要》载:"九丝城……自宋元以来,常为都掌蛮依阻之地……九丝山形盘礴,上修广,可容万灶,而四面峭仄壁立,真蛮中天险。……九丝城壁立万仞,周围三十余里,上有九岗四水极广,可以播种,仅通一径鸟道。"[3](卷七十)民国《兴文县志》载:"九丝城,……古都酋世居其地,险峻不可登。四面以丝围之,约重九两,故名。"[4](卷三)九丝岩壁陡险,都掌蛮在此却登山如平地,"草窜棘栖,不循蹊径,穴岩匿箐,莫测去往"[2](周㳕《平蛮颂碑》),加之自元代以来都掌蛮依仗天险,垒石筑城,铜鼓聚众,僭称王号,叛服不常,因此,明朝统治者视之为大患,呼曰:"蜀自永宁(今叙永)抵江门(今叙永县江门乡)、戎县一带,为川、贵、云南三处水陆喉襟之会,普市(今叙永县南境)、芒部(今云南镇雄境)等处为三处肘腋腹背之所,而都掌夷部蟠据其中,实为大患,宜速进兵以平之。"[5](《宪宗成化实录》)为此,明初至万历元年(1368—1573)二百余年中,明王朝在对都掌蛮地区进行强行改土归流的同时,多次兴师动众,调集云、贵、川三省军队会剿都掌蛮。其间,"水都则阳顺阴逆,山都则猖獗日甚,先后凡十有二征,俱弗克"[6](卷六十九)。至万历元年(1573)三月,朝廷派四川巡抚曾省吾、都督总兵刘显率四川、云南汉土官兵十四万之众,军集叙州,对都掌蛮进行最后一次大规模血腥镇压。九丝山蛮酋阿大、阿二、方三率众与凌霄城蛮部、都都寨蛮部鼎峙相连,互相呼应,据险设伏,抗拒明军,展开了川南少数民族斗争史上悲壮的"九丝之战"。

明军抵达戎县后,"五月庚辰,一战凌霄城,破之;六月丙寅,再战都都寨,复破之。僰人(都掌蛮)失此二险,交臂大折"[2](李长春《平蛮碑》)。但都掌蛮仍凭借九丝天险,以死相拒,"乘城转石发标弩,下击栩栩如电霰不休"[2](任瀚《平蛮碑记》),使明军受阻,死伤惨重。九月九日,都掌蛮酣战方休,在九丝山上屠牛饮酒过"赛神节",明军乘夜攀岩偷寨,放火烧城,奋挺叫嚣,杀声撼天。痛饮后的都掌蛮一时麻痹,"方枕籍自坚,不虞兵之飞度,自假王以下皆骈首就诛,争踩躏以死"[2](李长春《平蛮碑》)。混乱中,都掌蛮赴火坠岩者数万,酋首阿大败退至鸡冠岭被明军截获斩杀,阿二逃至贵州大盘口被明军追杀,方三奔至母猪寨被杀,都掌蛮全军覆没。"九丝之战",都掌蛮遭到毁灭性屠杀。《明实录》载:经此一战,明军共计"克寨六十余处,擒斩俘获四千六百一十五名口颗,内称王酋首阿大、阿二等三十六名,招安二千三百八十一名。拓地四百余里。又得获诸葛铜鼓九十三面,古文铜铁锅各一口,及投标、弩、皮鼓、牛、羊、犬、谷穗等甚多。都蛮负固称乱,历二百余年,今始荡平"[5](《神宗万历实录》)。

明王朝在平定都掌蛮后,鉴于此地历代干戈常动,戎马倥偬,为了加强对都掌蛮地区的控制,在戎县都掌蛮故地内官寨修建武宁城(即建武城),置建武千户所,留兵一万七千六百余人,镇守要隘。建武城东距九丝山三十里,"建武山峻而险,水急而低,四面隐塞,雄峙边隅"[7](卷一),城池座西向东,左扼九丝山,右倚都都寨,战前为都掌蛮故地,战后成为明王朝扼控川南的军事据点。接着,明王朝改戎县为兴文县,以示干戈止息,偃武修文。又大改都掌蛮使用过的地名,如改九丝城为平蛮城、凌霄城为拱极城、都都寨为都定寨。明朝统治者一面在政治上、经济上采取一系列措施对都掌蛮进行强行同化,一面对都掌蛮施行"铲削祸本,席卷云彻,毋余后蓄"[2](李长春《平蛮碑》)的清剿手段,迫使幸存的都掌蛮或逃亡他乡,或瞒族隐姓。九丝战后,一支在我国历史上使用铜鼓、行悬棺葬俗的古老民族竟然从此消失而不复见于记载。明王朝残酷的军事镇压,是造成川南都掌蛮迅速消亡的直接原因[8]。

二、建武城崇报祠明碑

"建武"为城,由神宗皇帝亲自命名。《西蜀平蛮碑》载:"内官寨地广衍,气候甚善,即其中列雉为城,上命之曰'建武'。而环四方埴壤,膏沃可耕,遂均田授畛,籍畛为伍,设总兵佥宪坐镇之,隶以府同知一,守御千户所一,社学一,其他寨栅砦筑堡,堡设戍为守。于是文经武纬,牙错棋布欒笮间,岿然成雄镇焉。"[9](卷十四)建武城的修建由总兵刘显亲自督工,《建武所城碑》载:"庀材鸠工,程能计日,……始逾年而功成矣。……升而望之,长堞巍巍,穹楼岩岩,坞壁棋置,铃柝昼衔;环而览之,阪田迤逦,膏腴渗漓,阛阓若织,周庐若帷。盖抗重阻而扼要害也。"[7](卷六)明王朝为表彰四川巡抚曾省吾的平蛮战绩,又在建武城内北端为曾省吾建一生祠,曰"崇报祠"。明统治者认为:"史法,城成必书,又所名出自上命,宜特书"[7](卷六)。于是,朝廷官吏纷纷撰文,为平蛮之役树碑立传,昭彰武功,将明朝军队镇压都掌蛮的血腥暴行粉饰为"除千百年不戢之凶夷,开此亿万载太平之伟绩"[2](周爻《平蛮颂碑》)。崇报祠内,原竖碑八通,即:《修功宗小纪碑》,明四川巡抚曾省吾撰文;《平蛮碑》,明国史馆修撰李长春撰文;《西蜀平蛮碑》,明吏部尚书武英殿大学士陈以勤撰文;《戎平行·并序碑》,曾省吾撰文;《修建武所城碑》,李长春撰文;《平蛮颂碑》,明潼关兵备道周爻撰文;《平蛮碑》,明翰林院经筵讲官任瀚撰文;《崇报祠碑》,明四川等处提刑按察副使陈文烛撰文。建武城崇报祠碑群迄今竖立者五碑,另有三碑早已碑毁字泯。至清代,将崇报祠改建文庙,如今祠、庙俱毁,仅存清乾隆二十六年(1761)建筑的"棂星门"石牌坊一座。1981年8月,宜宾地区行署将建武城崇报祠明碑公布为文物保护单位。现存五碑虽久经风化,字迹多已剥落,但仍显碑铭纪文典雅,叙史甚详,书刻精工。

建武城崇报神速明碑或毁或存,毁者无踪,存者碑中文字大多剥落而不可识读。考其府县志乘,多有碑文辑录,但其中《西蜀平蛮碑》不为志书所载有,《戎平行·并序碑》仅在民国《兴文县志》中录有不过二分之一的残文。笔者稽考文献,查得在曾省吾自撰的《确庵曾先生西蜀平蛮全录》中辑有《西蜀平蛮碑》、《戎平行·并序碑》、《修建武所城碑》和《崇报祠碑》四碑全文。《确庵曾先生西蜀平蛮全录》为明万历九年(1581)张一鲲刻本,早于府县志书所载,且是当时人、当事人直书原文,甚可取。因此,笔者在对建武城崇报祠明碑进行考述的同时,将《西蜀平蛮碑》、《戎平行·并序碑》、《修建武所城碑》和《崇报祠碑》原文出处标于文中,以对志书补阙正误之参考。

1.《功宗小纪碑》

明四川巡抚曾省吾(承天府,今湖北钟祥人)撰文,万历二年(1574)秋安边同知吴文全勒石。此碑现存崇报祠旧址。碑高4.55米,宽2.3米,厚0.33米,现碑上部字迹尚清晰可识,下部字迹残缺过半,碑文载于光绪《叙州府志》卷十六《金石》、光绪《兴文县志》卷六《碑记》和民国《兴文县志》卷三十《金石》。

2. 李长春《平蛮碑》

万历二年(1574)三月明国史馆修撰李长春(富顺人)撰文。碑存崇报祠。碑高3.5米,宽1.9米,厚0.33米。民国十七年至十八年间(1928—1929),叙府城内加宽街道,于翻修马路工程中发现一碑,当时即将石碑移置公园。据美国人葛维汉博士D. C. Gra(am)于20世纪30年代到川南考察,此碑也是李长春撰文的《平蛮碑》,葛维汉将碑文译录于《有关僰人(白人)的历史文献》[10]。由此得知,李长春《平蛮碑》当为一式二碑,如今宜宾城内碑已不存,兴文之碑仍立于建武城崇报祠旧址。碑中字迹剥落殆尽,碑文载录于光绪《叙州府志》卷十六《金石》、光绪《兴文县志》卷六《碑记》和民国《兴文县志》卷三十《金石》,嘉庆《宜宾县志》卷四十八《艺文》也载有此碑全文。

3.《西蜀平蛮碑》

万历二年(1574)冬十二月,明吏部尚书武英殿大学士陈以勤(南充人)撰文。此碑现存崇报祠旧址。碑高4.55米,宽2.3米,厚0.33米。光绪《叙州府志》记:"西蜀平蛮碑,在建武崇报祠,陈于陛撰,文已剥蚀。"[2](《西蜀平蛮碑》)因"文已剥蚀",故在府志中无碑文辑录。光绪《兴文县志》和民国《兴文县志》则毫无此碑记载。《西蜀平蛮碑》厚重硕大,如今碑存字泯。今人有将《西蜀平蛮碑》碑误释或误证为任瀚《平蛮碑》(此碑已毁)者[11][12],俱错。稽考文献,在曾省吾自撰的《确庵曾先生西蜀平蛮全录》中,载有《西蜀平蛮碑》全文[9](卷十四)。

4.《戎平行·并序碑》

《戎平行》碑文及序为明四川巡抚曾省吾撰文,万历二年(1574)春,由明礼部尚书文渊阁大学士赵贞吉(内江人)书。此碑现存崇报祠旧址。碑高3.5米,宽1.9米,厚0.33米。《戎平行·并序碑》至迟在光绪年间已是字迹剥落尤甚,因而当时修府、县志书时均未辑录碑文,光绪《叙州府志》仅有碑名所记,云:"戎平行碑,在建武旧崇报祠,送曾确庵(省吾)克平九丝作也,文多剥落。"[2](《戎平行碑》)民国三十二年(1943)修《兴文县志》时,将残缺不全的碑文辑录于县志中,并按曰:"《戎平行》送巡抚曾公省吾克平九丝作也。是碑后载其碑有二,一竖锦城(成都)巡抚署中,一竖建武崇报祠前。建武碑虽存,文多剥落。锦城之碑不若是之残缺也。录其文之可识者载入'古迹'志中,以备参考。"[4](卷三十)由此得知《戎平行·并序碑》也是一式二碑。民国《兴文县志》所录《戎平行碑》残文近半不可识读,查成都之碑,已下落不明,而此碑碑文却在《确庵曾先生西蜀平蛮全录》中全文有载[9](卷十四)。

5.《修建武所城碑》

万历三年(1575)明国史馆修撰李长春撰文。此碑现存崇报祠旧址。碑高3.5米,宽1.9米,厚0.33米。碑文全然剥落,光绪《兴文县志》卷六《碑记》及民国《兴文县志》卷十《城池》载有此碑全文,但有阙漏。曾省吾《确庵曾先生西蜀平蛮全录》中载有此碑原文[9](卷十五)。

6.《平蛮颂碑》

明万历元年(1573)九月潼关兵备道周爻(宜宾人)撰文。此碑毁于1950年秋,因碑高厚大,建武粮站将碑打成石磨加工粮食,碑毁字碎,今无存。碑文载录于光绪《叙州府志》卷十六《金石》、光绪《兴文县志》卷六《颂》,及民国《兴文县志》卷三十《金石》,嘉庆《宜宾县志》卷四十八《艺文》也录有此碑全文。

7.任瀚《平蛮碑》

明万历二年(1574)翰林院经筵讲官任瀚(南充人)撰文。此碑不知何故何因所毁,其碑之纪文最受统治者推崇,府、县志书多见全文辑录,如:光绪《叙州府志》卷十六《金石》、光绪《兴文县志》卷六《碑记》、民国《兴文县志》卷三十《金石》、光绪《珙县志》卷十一《碑记》、同治《高县志》卷四十八《艺文》等,皆载有任瀚《平蛮碑》碑文。除兴文县建武城崇报祠原竖有此碑外,光绪《叙州府志》载:在庆符县"东五里旧有任瀚平蛮碑"[2](《庆符县》)。光绪《珙县志》也记:有任瀚《平蛮碑》"在上罗计旧城内"[13](卷十一)。可见当时此碑为一式三碑,分立各处,今俱无存。

8.《崇报祠碑》

明万历四年(1576)六月,四川等处提刑按察副使陈文烛撰文。光绪《叙州府志》有"崇报祠碑,在建武,与前五碑并峙"[2](《崇报祠碑》)的记载,而无碑文辑录。民国《兴文县志》全然无记载,应是此前既已碑毁无存。曾省吾《确庵曾先生西蜀平蛮全录》和光绪《兴文县志》卷六《碑记》载有此碑全文。

三、研究都掌蛮反明斗争的珍贵资料

明代是川南都掌蛮活动的重要时期。在明代川南少数民族中,都掌蛮力量最为强大,最为活跃,《明史》、《明实录》、《万历武功录》等历史文献对此记载甚丰。考证建武城崇报祠碑群铭文,对明代都掌蛮的活动亦记载尤详。李长春《平蛮碑》载:都掌蛮在"永(乐)、宣(德)而后,麤结耕田者滋众,君长以什伯数,笮马髦牛,祁祁布山谷间","火耕流种,既饱且嬉"。又称:都掌蛮"时时盗边,侵略旁小邑,……旋服旋叛,莫得而制,……号假王、张赤帜,横行僰道上,荼毒浸淫,内地且阽危矣"[2](李长春《平蛮碑》)。碑文所记,是川南都掌蛮在明代活跃于叙泸山区的佐证。《平蛮颂碑》也记:都掌蛮"盘踞星寨,驰骋山麓,杀人如麻,骚动全蜀,掳掠大肆,边徼弗宁"[2](周交《平蛮颂碑》)。透过明统治者对都掌蛮歧视和诬蔑的不实之词,正说明当时都掌蛮力量的强大,也道出了明统治者视都掌蛮为心腹大患的仇恨与恐惧心理。因而,任瀚《平蛮碑》载,明统治者疾呼:"蜀在中国为西南重镇,叛不速讨,诸蛮将望风起事,蜀岂得全"?并在碑文中留下了"明兴二百年间,王师西下讨罪,前后数百战"[2](任瀚《平蛮碑》)的记录。不难看出,明王朝对都掌蛮的军事镇压是有计划地进行的。

万历元年（1573）三月，明王朝对都掌蛮的屠杀发展到疯狂程度，四川巡抚曾省吾率明军杀气腾腾直扑戎县。《功宗小纪碑》记录了明朝十四万军队会集川南剿杀都掌蛮的经过：明军"自五月视师，九月报捷，中间克凌霄、克都都、克九丝，获其酋首，势如破竹。诸蛮死者以万数，山都遂平。"[2]（《功宗小纪碑》）。尤其是"九丝之战"，明军乘都掌蛮九月九日过赛神节，椎牛大飨饮酒方酣之机，曾省吾奖敢死士，雨夜偷袭，使一时麻痹的都掌蛮惨遭重创。任瀚《平蛮碑》载："前军引火炬烧城中屯千余，火焰弥天，贼势窘，赴火坠崖谷者数万。"[2]（任瀚《平蛮碑》）《西蜀平蛮碑》也记载：此战使都掌蛮"自残杀蹈藉死者无算"[2]（《西蜀平蛮碑》）。这实际在碑中留下了明朝军队对都掌蛮进行血腥杀戮的历史罪证。

明军大战告捷，登山庆功。曾省吾等人不仅在建武城崇报祠撰文刻碑，扬显威名，而且在九丝山石壁上勒石题字，得意忘形地留下了九丝山西关口石刻和九丝岩石刻。

九丝山西关口石刻全文曰："万历元年冬十月，既望，四川右布政使四明冯成能、副使勃海李江、参议嘉禾沈伯龙，同登九丝城。当天兵大捷，为经略万世之雄图也。惟时风卷长云，日开阴谷，相与酬觞绝顶，跃剑悬崖。俯视万灶星屯，蛮巢鞠为焦土；望西南诸夷，厄塞尽在目中。诚千古奇观！是用勒石以志不朽。纬川冯成能书。"

九丝崖石刻镌刻在高约数丈的岩畔石壁上，因久经风雨，自下仰视多难辨识，全文曰："荡寇崇朝升峭壁，同来睥睨接钩陈。扶桑日出乾坤辟，玉垒云堆虎豹屯。沃土已归神禹贡，中兴重拓鬼方宾。欢偕瘁力诸文武，胜军新回万壑春。万历二年岁在甲戌闰十二月七，同参政李江、参议杨一桂、佥事罗向辰、都督总兵刘显、副总兵张泽、都司徐仁威、知府陈大壮、同知曾可耕、陶采、吴文全、知县萧可熊、赵汝谊、许一德、何汝质、嵇钿、陈忠、任体道、王慎，登平蛮城纪事。都御史曾省吾书，都指挥吴宪、吴鲦勒石。"

九丝山二处石刻，均全文载录光绪《叙州府志》卷16《金石》和民国《兴文县志》卷30《金石》。但府、县志书所载，讹记甚多。今直取岩壁铭文，以纠志书之误。

兴文县建武城崇报祠明碑,或有毁损于昔,或有屹立于今。如今所存之碑,亦经四百余年风雨侵蚀,文字脱落残缺,然而碑文皆辑录于府县志书及文献中,使之昭然若揭,历历在目。建武城明碑,不仅记载了明军屠戮都掌蛮的暴行和明王朝在川南民族地区强行改土归流的史实,也记录了川南都掌蛮反明斗争的英勇事迹,它们是一个古老民族在暴力镇压下消亡的历史见证。碑文记录,虽不如正史文献荦荦大端,但为卷帙浩繁的正史文献所不载有。建武城明碑,保存了不少明代川南都掌蛮活动史料,既可与正史相印证,又可补正史之不足,特别对于研究川南少数民族斗争史,有不可低估的史料价值。近年来,建武城明碑铭文资料多为学术界专家学者引征,其证史之功可窥一斑。

参考文献

[1]《明史》[M],北京:中华书局1977年版。

[2]《叙州府志》(光绪):卷16[M],《中国地方志集成》:28册[Z],成都:巴蜀书社1992年版。

[3]顾祖禹:《读史方舆纪经·四川》(五)[M],《续修四库全书》[Z],上海:上海古籍出版社2002年版。

[4]《兴文县志》(民国)[M],《中国地方志集成》:34册[Z],成都:巴蜀书社1992年版。

[5]《明实录》:[M],中央研究院历史语言研究所校印本。

[6]顾炎武:《天下郡国利病书》[M],《四库全书存目丛书》[Z],济南:齐鲁书社1996年版。

[7]《兴文县志》(光绪)[M],四川大学图书馆藏本。

[8]屈川:《"都掌蛮"消亡原因补证》[J],《四川大学学报》,2003年第5期。

[9]曾省吾:《确庵曾先生西蜀平蛮全录》[M],《北京图书馆古籍珍本丛刊》:第9册[Z],北京:书目文献出版社1988年版。

[10]葛维汉:《有关僰人(白人)的历史文献》[J],《悬棺葬资料汇集》[J],中国悬棺葬学术讨论会秘书组编印1981年版。

[11]《宜宾地区文化局编》,宜宾地区文物志[M],1992年版。

[12]王德勋:《九丝城与明碑》[J],《四川文物》,1987年第4期。

[13]《珙县志》:(光绪)[M],《中国地方志集成》:35册[Z],成都:巴蜀书社1992年版。

原刊《四川师范大学学报》2004年第4期

作者简介:屈川,1956年生,四川师范大学巴蜀文化研究中心兼职研究员,宜宾学院副教授。

滇蜀铁路主权上的英法角逐

屈 川

19世纪末20世纪初,帝国主义列强以资本输出作为对外侵略扩张的主要手段。中日甲午战争后,清朝政府的腐朽昏庸已完全暴露,从此,帝国主义列强把中国看做是它们输出资本的主要对象。为了向中国扩大商品倾销,加强原料掠夺,列强一方面控制中国的内河航行,另一方面开展了对中国铁路主权的掠夺,企图攫取铁路的修筑权与经营权,从而控制铁路沿线的领土及资源,操纵中国的军事和政治。古老的川滇交通线为英、法侵略者觊觎和垂涎,英、法的侵略势力已由缅甸、越南渗入我国云南,都想抢先修筑一条滇蜀铁路,由云南入四川,将这根"吸血管"插入中国心脏。由此,拉开了英、法在滇蜀铁路主权上竞相争夺和角逐的闹剧。

英、法为抢先控制川滇交通线,均把贪婪的眼光投向川滇古道——秦"五尺道"、汉"南夷道"。据史载,秦昭襄王后期,李冰任秦国蜀郡太守,以僰道(今宜宾西南)为起点,开山凿石,火烧坚岩,试图凿空一条通向今滇东北的道路。《华阳国志·蜀志》载:僰地"其崖崭峻不可凿,冰乃积薪烧之,故其处悬崖有赤白五色"[1]。秦始皇即位后,派将军常頞在李冰凿山烧岩的基础上修筑"五尺道",辟路向南由蜀入滇,势力所到之处皆设官置吏。又《史记·西南夷列传》载:"秦时,常頞略通五尺道,诸此国颇置吏焉。"有学者推断:"这'五尺道'便是在李冰所修的道路起点段落基础上修筑的,其北起僰道(今宜宾西南)直到味县(今云南曲靖)。"[2]这是我国古代官方修筑的由蜀入滇的第一条通道。西汉初年,为南通夜郎,经略西南夷地区,汉武帝拜唐蒙为中郎将,以秦朝官道"五尺道"为基础,开凿"南夷道"。《水经注·江水》载:唐蒙"凿石开阁,以通南中,迄于建宁(曲靖),二千余里,山道广丈余,深三、四丈,其錾凿之迹犹存"[3]。据向达《蛮书校注》考证:"秦常頞之开五尺道,汉唐蒙之通南中,……自今四川宜宾南行,经庆符、筠连,入云南之盐津、大关、昭通,以至曲靖,至今为川滇一通道。"[4]川滇古道,历代相沿,道途商队马帮,牛车木轮,肩挑背负,无不经此北上中原,南下滇黔。19世纪末,英、法企图通过滇蜀铁路的修筑以扩张自己的侵略势力,都把川滇古道当做修筑铁路的一条主要干线,"英人预算之路欲由缅入滇,由滇入川以通汉口,再由川通秦、陇、晋、燕,以至北京。法人滇越铁路已由越入滇,预算之路则由滇入川,由川达汉,则滇川铁路者实两强所必争,眈眈逐逐,必有捷足先得者"[5]。

早在19世纪中叶英国侵占印度后,就想把印度作为侵略中国的基地,打通一条从印度入云南、四川直至中国腹地的铁道线。1863年(同治二年),英国斯蒂文生爵士 Stephenson 设计了一个掠夺中国铁路权的计划,扬言要"以扬子江流域的华中商业中心汉口为出发点,筑路通到上海,西行经四川、云南等省直达印度"[6]。1885年(光绪十一年),法国占据越南后,为了不让英国抢先在云南修筑铁路,拟定了从陆路侵略我国南部的计划,首先把目标指向云南,企图在英国尚未立住脚跟以前使法国势力渗入该省。1886年(光绪十二年)英缅战争以后,缅甸全部沦为英国殖民地,英国便着手修筑滇缅铁路,以此作为比从印度入侵中国更捷径的交通线。这一期间,英、法在各自酝酿掠夺中国铁路权的同时,展开了初步交锋。中日甲午战争以后,帝国主义列强对中国铁路权的掠夺进入高潮,《马关条约》的签订,使帝国主义取得了在中国输出资本的合法权利,于是,英、法加剧了在云南建筑铁路的争夺。英国攫取了滇缅铁路建筑权,侵略势力由缅入滇;法国攫取了滇越铁路建筑权,侵略魔爪从越南伸入云南。但英、法并不满足,都想把各自控制的铁路从云南延展进四川,积极谋划滇蜀铁路的修建。

1898年(光绪二十四年),英国派遣一支"旅行队"从云南北上调查入川路线,当"旅行队"踏进川界,来到川南叙府(宜宾)后,惊异地发现天府四川的富庶殷实竟在他们意料之外,如获至宝,参加调查的英国军官达威斯(Davis)急忙向英国政府上呈《滇缅铁路报告》,说:"吾等几难深信处于云南之邻近,尚有一物产丰富、人口稠密之省份——四川。故任何铁道设计之最终目的,不仅鼓励经缅甸边境局部之贸易,且须获得由印度到达四川及中国东部之经过方向。"为此,"调查队曾设计由缅境滚弄为起点之铁路,以达扬子之叙府,或纳溪"。英国侵略者选中叙府作为向四川及中国东部延展铁路的据点后,1899年(光绪二十五年)10月13日英国"云南公司"秘书海威特(Hewitt)立即致函伦敦英国外交部,要求"尽力支持本公司为取得从缅甸到扬子和四川的铁路建筑权所做的努力"[7]。接着又增派州尼斯(Jones)少尉继续勘测滇蜀路线,欲将此路线的完成抢在法国人之先。

与此同时,法国在攫取云南矿山发掘权后,"更望获得……自云南通叙州府达于成都之线路"[8]。1897年(光绪二十三年)秋,法国驻京公使向清朝总理衙门强索建筑云南铁路权,清政府犹豫未复,法国驻越南总督杜迈(Doumen)迫不及待地命令大尉邦勒甘、少佐郭士南等,借考察云南地理为名,勘测军事铁路线。不久,杜迈又遣越南交通工役提调基勒莫它率军官及工程师多人抵云南省城,假游历为名,分两路勘测路线。次年,基勒莫它派卫牙等人"测探自云南至四川叙州府之路。其意系欲西由陆路进西藏,北溯岷江达甘肃,东经扬子接京汉"[9]。杜迈根据测探所得,向法国议会递交了"一个巨大的铁路计划",计划的一项重要内容,即是:"由劳开至云南的铁路,只有将它展筑至人口稠密的四川省,才会显示出它的真正价值,该铁路的目的地应该是该省省会成都。……这条铁路应该经过扬子江的真正航运直至成都"[6]。可见,英、法各怀鬼胎,居心叵测,为了抢先控制四川,夺取长江,占据中国,都把叙府作为滇蜀铁路伸入中国腹地的孔道。

英、法相争路权,擅测滇蜀路线,激起川滇人民的愤懑与反抗。1899年,当英国军官白定若(Pottinger)上尉率测量队窜入川滇边区时,遭到这一带"乡下人"的袭击。川滇边区人民或损毁测量工具,或传书以死相恫吓,或聚众手持土枪、梭标、刀剑阻挡道路,或用土炮瞄准监视,或向侵略者滚掷石块。后来白定若心有余悸地回忆道:"我们在这条山谷里很容易被杀害,……两个测量队员都遭到攻击,四名护卫人员受了伤","三个月中我们一直处于这种情况下"[7]。为了抵制英、法对中国铁路权的争夺,云南"滇学会"上书清廷外务部,要求滇蜀铁路"奏时批准自办",否则,列强"欲得之心有如饥似渴不可制止,……必达其目的而后已"。在国外留学的云南青年,纷纷致函回滇声援家乡父老自办铁路,并为铁路自办献计献策,禀明"西起腾越厅界,经永昌、大理、楚雄、云南(即云南府,今昆明市)、东川、昭通各府以达四川"应为自办滇蜀铁路之干线[10]。此干线所指,过昭通入川必经叙府,路线甚明,叙府亦成为国人自办滇蜀铁路所选择的深入中国奥堂之地的道口。

对于英、法在川滇通线上的争夺,清政府束手无策,畏缩犹豫。云贵总督崧蕃于1899年5月向朝廷呈上奏折,诉说自己"反复筹度","作缀两维",担心"若铁路修成,舆夫马脚,以及沿途客栈,必尽失业。……此辈无业之民,势必糜集为非,乱萌即肇于此"[7]。在外祸燃眉之际,清政府不积极抵御外辱,却处心积虑地担心和防范国内人民的反抗。于此,国人痛心疾首,斥责"政府对于外人而变为狐鼠;对于国民则又忽变为虎狼,均失其本来面目"[5]。清王朝的腐败,更激起川滇仁人志士的满腔爱国热情,要求自办滇蜀铁路的呼声愈来愈高。当时,有识之士极力晓喻厉害:"列强之对于中国,无日不扩张航路,争设铁路,骎骎逐逐以增拓其经济的殖民地,使我偶一拂之,则即以武力以盾其后。……夫滇越铁路已归于法人之手,滇缅铁路近英人又与我争敷设权,而惟滇蜀铁路现归自办,是滇蜀铁路之成否,即吾滇生死问题之所关系也;安可以因循迁就之手段出之,而启外人之觊觎"。志士们疾呼:"滇蜀铁路,吾滇死生问题所关系之铁路也,滇不自修,英与法必争而修之。……以警我滇人之速醒,以望我滇人之实行,……而与碧眼黄发儿于东亚大陆之舞台得演一激烈竞争之剧!"[11]为顺民意,新任云贵总督丁振铎"查得云南省城达四川之泸州、叙府等处,计程皆千余里,修筑之费约需一千数百万两",若川、滇、黔"三省官民合力集股,众擎易举,当不甚难",便于1905年(光绪三十一年)上奏朝廷:"拟请兴筑滇蜀铁路,设立公司,筹款克期开办"[7]。在川滇人民的压力下,清政府只得批准滇蜀铁路自办,是年,组成"滇蜀铁路公司"。

由于川滇人民的声讨、抗击和义和团运动的爆发,英、法勘测活动被迫中止,二强在滇蜀铁路主权上的角逐闹剧只得怏怏收场。为此,侵略者懊恨不已:"我铁路之政策,至今未奏成功,则深可惜恨之事也"[12]。

"滇蜀铁路公司"成立后,一面拟订《滇蜀铁路公司集股章程》,其性质为官商合办,倡导乡绅官民集股创修,并集盐粮诸股达三百数十万两之多(按:股款实数不详);一面规划路线,"计划以自云南昆明起,修经嵩明、寻甸、沾益、东川、巧家、昭通、鲁甸、大关、盐津、永善、绥江而达四川之叙州(宜宾),是为滇蜀铁路,计长一千五百六十七里"[13]。工程几经勘测,几经修改,已臻完善。但"终以工程困难,路未成修,而路股已耗去二百余万两"[13]。至1917年(民国六年)公司无力支撑而收束,滇蜀铁路之议未能见诸事实。

抗日战争爆发后,川、滇、黔成为抗战大后方。1938年(民国二十七年)蒋介石将国民政府迁至重庆,为了加强对西南地区的统治,打通川滇通道更显重要,国民政府才勉强于1939年(民国二十八年)摆出修筑滇蜀铁路的架式,同时趁机向川滇人民强征粮税,装模作样地"规划"了两年之久,结果,只建成一段长约半华里的"路基"和一个简陋的"涵洞",筑路筹款和材料多为政府官员贪污、变卖,饱塞私囊。以后,借口日机的轰炸而停工,滇蜀铁路一事无成。

新中国成立后,人民政府十分重视开发西南交通事业。50年代初,人民政府计划在成渝铁路支线上,修筑内(江)昆(明)铁路由蜀入滇。内昆铁路从四川内江经自贡到宜宾,入云南经安边(水富),过盐津、昭通而达昆明,全长924公里,与川滇古道相傍佐,其宜宾以下路线与近代英、法和"滇蜀铁路公司"勘测之路线部分叠合,更为捷径。1956年1月15日,内江至宜宾段140公里铁路正式开工,1958年10月1日竣工通车,后又通车至川滇交界地云南安边;云南境内安边至昆明一段在1960年以前大体完成桥梁、隧道及土方工程的施工,其南段梅花山至昆明段370公里于1965年通车。20世纪末,乘中国改革开放的东风,为加快西南地区经济建设和资源开发,续修内昆铁路南段工程得到政府批准,并于1998年6月正式开工,此次新修铁路为安边(水富)至梅花山段的358公里。跨入21世纪,在党中央发出西部大开发的号角中,内昆铁路云南境内路段已于 2001 年 7 月 23 日提前 69 天完成全线铺架任务,全线竣工正式通车指日可期。近代英、法列强争夺滇蜀铁路掠夺中国主权的侵略行径,只能成为中国交通史上的反面教材。

参考文献

[1] 刘琳:《华阳国志校注》。卷三蜀志[M],成都:巴蜀书社 1984 年版。

[2] 蓝勇:《川滇古道沿革初考》[J],西南师范学院学报 1984 年增刊。

[3] 郦道元:《水经注》,卷三十三江水[M],清光绪二十三年新化三味书室据长沙王氏本重刊。

[4] 向达:《蛮书校往》,卷一云南界内途程第一[M],北京:中华书局 1962 年版。

[5]《云南杂志选辑》,苏杭甬铁路与川滇铁路之比较[M],中国科学院历史研究所第三所编,北京:科学出版社 1958 年版。

[6][英]肯德:《中国铁路发展史》[M],李抱宏等译,北京:三联书店 1958 年版。

[7] 宓汝成编:《中国近代铁路史资料》,第二册、第三册[M],北京:中华书局 1963 年版。

[8]《云南杂志选辑·法人之南清铁道政策》[M],中国科学院历史研究所第三所编,北京:科学出版社 1958 年版。

[9] 曾鲲化等:《中国铁路现势通论》[Z],清光绪三十四年,化华铁路学社藏版。

[10]《云南杂志选辑》,腾越铁路紧要函件[Z],中国科学院历史研究所第三所编,北京:科学出版社 1958 年版。

[11]《云南杂志选辑》,滇蜀铁路公司集股章程私议[Z],中国科学院历史研究所第三所编,北京:科学出版社 1958 年版。

[12]《云南杂志选辑》:滇越铁路问题[Z],中国科学院历史研究所第三所编,北京:科学出版社 1958 年版。

[13] 龙云等修、周钟岳撰:《新纂云南通志》[M],1949 年铅印本。

原刊《四川师范大学学报》2003 年第 4 期

清溪道与 1883 年霍西访清溪县"记事"评介

刘 达 永

一次偶然的机会,笔者读到了《华西川贵云三年三次游记事》一书[1]。作者是英国人亚历山大·霍西(Alexander Hosie)。此人于 1882、1883 和 1884 年三年中三次在四川、贵州、云南三省游历①。他将其见闻写成文章,先在英国皇家地理学会(RGS)等机构的会议上宣读,1890 年整理成册公开出版,1897 年再版发行。此书至今仍在流通。笔者所读,是美国北伊利诺斯大学(NILU)图书馆的藏书。从"借书单"知晓,有数十名(次)读者借阅过这本书,时间为 20 世纪 90 年代至 2003 年春。这些绝大多数应为美国人的读者,居然对 120 年前的中国西部如此关注,令人颇感意外。展读《记事》,书中所及,和有感于外国人对我国西部历史的兴趣,引发了我对本省悠悠往事的求知愿望。在此先就霍西于 1883 年春沿清溪道游历,和他访问"雅州府清溪县"(今汉源县)后的"记事",略作评介。

一

霍西于 1883 年(清光绪九年)在重庆过完春节后,即动身前往成都。霍西在成都停留两天后于 2 月 28 日晨从南门出发,前往他此行的目的地大理府(Ta-Li-Fu,今云南省大理)。他声称"我们已准备就绪,要穿越中国西部的旷野和落后的边远地区",他要"经雅州府(今雅安市),建昌盆地(宁远,今西昌市),再经永北厅(今云南省永胜县、宁蒗彝族自治县等地),而至大理"[1](87页)。

霍西一行②从成都出发,历双流、新津、邛州(今邛州市)、名山县百丈驿

(镇)、名山县城而至雅州府城(今雅安市雨城区)。他在雅安逗留了一天,考察了那里的砖茶生产和贸易。随后路过荥经县,翻越大相岭(Ta-hisangling),到达清溪县,再南行过大渡河抵坪坝(ping-pa,今甘洛县西北坪坝乡)、海棠(Hai-t'ang,今甘洛县海棠镇),再入越嶲厅(yüeh-hsi-t'ing,今越西县治),又过小哨(Hsiaoshao)、小相岭关(Hsiaohsiangling pass),进入今冕宁县的泸沽镇。3月19日,霍西一行抵达宁远(Ning-yuan)[1](88—114页)。3月21日,继续南行经盐源城(yenyuan city)入云南永北厅(yung-pei-t'ing),再至此行终点大理府。沿途,他都有所记述。霍西所走的道路中,清溪县城至宁远府城一段,就是我国历史上著名的"清溪道"的重要组成部分。清溪县城至宁远府,古道619里(亦说629里),霍西一行走了12天,平均每天行走五十一二里,一路走马观花。

"清溪道,古道路名。唐自四川盆地通向云南的重要道路,当系在司马相如所开辟的通向西昌盆地一线的基础上,经历代修治展筑而成。起自黎州(今四川汉源县西北),渡大渡河而南,出清溪峡(今汉源西南),溯越嶲河谷,逾相公岭,经今西昌、会理,渡金沙江,南抵云南大姚,再通往大理。"[2](245页)

有关清溪道修筑的历史、唐代剑南西川节度使韦皋"置清溪关"[3](275页)、"南康公(韦皋)凿清溪道以和群蛮"[4](591页)、清溪道上清溪峡、清溪关今在何处等等问题,本文不涉及。这条道路的历史作用却不可忽视。这条道路曾是历代朝廷通向西南边陲的纽带,官道、军道,沿途有驿站,要地有驻军。它又是商贸之路,各族商贾脚夫南来北往,翻山越岭,足涉幽谷,或相伴而行,或迎头相遇,其情景大可想象。它也是中华民族大家庭中民族间沟通的桥梁之一,尽管封建朝廷与少数民族地方政权(如唐代的吐蕃、南诏)之间,有几次大的战争曾"借道"此路发兵,或在这条道路上的某些地区拉锯争夺③。由于汉武帝着力"通西南夷",进而有"通身毒"(今印度)的尝试④,和唐太宗视"通西洱(今洱海白族地区)、天竺(今印度)之道"[5](748—750页)为一体,且作出努力,时国人对外开放的意识和行动,令人起敬。

而今,除专业人士外,很少有同胞知道这条道路的历史或存在。人们熟知由成都至西昌、云南的公路、铁路。目前,尚未见到有人沿古清溪道旅行的报道。实际上,它已不是一条完整的道路了。驿站已成丘墟,道路或已被淹没,或已坍陷,或不见踪影。道路因时代变迁而会不复存在,而开凿、修筑这条道路,通过这条道路为社会历史作过贡献的人们,则不可被忘却,尽管人们并不知道他们中绝大多数人的姓名。仅司马相如为开"通西南夷道,发巴蜀广汉……数万人治道二岁"。如有能者以清溪道的修筑、发生在清溪道上的故事为"生活原型",定可创作出感人至深的作品。

二

霍西沿清溪道而行,评介他的《记事》也就从清溪道起点清溪县始[5]。

霍西于1883年3月6日黄昏到达当时属于清溪县管辖的"黄泥堡村"(the village of huang-ni-p'u,今荥经县凰仪堡)。3月9日过大渡河离开县境。他访问清溪县的《记事》主要涉及黄泥堡、清溪县城、龙洞小村(the hamlet of Lung tung)、富林和渥洼村(the village of Wa-wa,今汉源县大渡河北岸娃娃营)。

"黄泥堡村位于海拔比荥经城高1400英尺、大相岭顶峰之下(北坡)5600英尺处[6]。当我们在3月7日早上醒来,大雾笼罩满山。我们越往上爬行,大雾更加厚密。下行到达海拔4800英尺的小关(Hsiau Kuan)[7],只见道路两旁积雪很厚,四周白雪皑皑,令人郁闷。岩石上吊挂着巨大冰柱。行走在崎岖道路上,那冰柱仿佛就在你的头顶上。时而听见冰柱下落坠入深渊的声音,它与深沟的急流轰鸣喧嚣声[8],交响呼应。随着我们又往上攀登,积雪更厚。海拔相对较低的小关,积雪仅二至三英寸,此地积雪厚达两英尺。深山悬岩边缘的小路上,有堆堆淤泥和冰雪[9]。早上六点半,我们从黄泥堡动身,直到下午两点半,才登上9366英尺的山顶(应为草鞋坪)[10]。登山期间,我们享受了两次短暂小憩。站在山巅,一股股强劲的北风猛吹过来。人们紧张,一度无声。无意中,我听见一名护卫队员告诫我的随员:山顶上大声呼唤能阻止风暴。我们继续行走,踏踩在松脆白雪上的脚步声,打破了令人沮丧的寂静。此时此景,令人厌倦。当我在近乎绝望的情绪中拿起一个雪球对准我的小狗一掷,伴随主人的笑声和爱犬的欢乐吠叫,我们急切地往山口南面走去。"[1](98页)

从黄泥堡到大相岭的草鞋坪,为古清溪县的"北行大道"⑪。大相岭古为邛筰山,是邛人(汉族)与筰人(彝族)的界山,山北为汉,山南为筰。泥巴山口、草鞋坪、背后山等大相岭主要山巅,从东北至东南盘亘交错,有如巨龙。古道上山之北坡一侧,有大关、小关、九折坂⑫,异常险峻。从黄泥堡至草鞋坪45华里,霍西花了8小时。除大雪因素外,道路的难行迫使其每小时只能走5.6华里。古代达官贵人文士墨客路过此地大都留有楮墨。一文人行过此路的感叹犹在耳边:"始自黄泥堡,遂上大小关,行行九折坂,天路何艰难。或下如无地,或上如无天。……十步八九歇,曲屋如蚁盘。险岩更骋险,下有九重渊。闻声不敢睹,积雾浩重滩。"[6](22页)又有那些夜宿黄泥堡次日将翻越大相岭的过客,更留下断肠般的诗句。住地昼冽夜更寒,"衾冷怯孤眠",忽想"关山明日度,愁绝欲华颠"[6](54页)。还有"万里关山欲断魂"的恐惧。黑发将变银丝与魂将断在山野,虽是夸张之词,路途险峻当是不假。霍西的《记事》远不如我国古代文人着墨深刻。此时的霍西毕竟年仅30岁。也许他不知道有关九折坂为汉朝益州刺史王阳回车、王尊叱驭处的传说。他路过大关(邛崃关)而在《记事》里不见一字。他言及大相岭,而对大相岭称谓的由来,以及它在古代中国的重要性并未下笔。凡此有深邃文化底蕴的"景点"都是看点。霍西所记1883年3月6日、3月7日大相岭雪景,应是难得的气象资料。

霍西一行从草鞋坪山顶循南坡下山,直奔清溪县城而去。"走到云层消失处,我们俯视而见一块平地,四周山势高峻,长期山洪冲刷形成的道道深谷又把它切割成块。在平地的一块台地上,清溪县城(the district city of Ching-ch'i hsien)就坐落在这里。它地处大相岭山腰,海拔近4000英尺(按:实为1665米)。这块平地几乎由正北向正南延伸,(城东西门两条溪水清澈潺潺,水源来自山顶四周已溶化的冰雪。城区不大,却十分有趣。从打箭炉(Ta-chien-Lu,今康定及其以西藏区通行到内地的主要大道(main high-road),与从云南建昌盆地(chien-ch'ang volley)而至此的道路,在此交汇。在这里,我们与搬运砖茶的脚夫们告别,没有运气陪同他们向打箭炉进发,这很遗憾。"[1](99页)

霍西很注意清溪县城的行政地位,以"district city"定位。这是一座历史悠久的城市(city)。它更远的历史,如圣钟山下一古城、诸葛武侯在附近筑城,均不必追溯。姑且从《民国汉源县志》之说。从唐玄宗开元四年(717)剑南按察使陆象先题奏修置城计算,迄今已近一千三百年。此城"枕邛崃之麓,天然险要","东西南三面并临绝涧,惟北面稍平。贞元元年节度使韦皋凿北面,隍堑深关"[6](49页),筑土为城。时至宋朝,这里已是物资交易集散地。宋人郡守余授曾描述黎州(清溪县古称)"蛮商越驵毡裘椎发交错于阛阓"[7]。北宋乐史撰《太平寰宇记》称黎州境内为"蕃部蛮夷混杂之地,元无市肆,每汉人与蕃人博易不使见钱,汉用绸绢茶布,蕃部用红椒盐马之类"[7]。此时"声教文物"亦渐兴盛,城内"玉渊灵泉"即为授业之地。明朝洪武初年,"成都右卫千户朱正,因旧址甃以石,高二丈五尺,周九里七分,计1746丈"[6](49页)。此时的黎州安抚司城已颇县规模。它在鼎盛时期号称"九街十八巷",城内繁华,文人以"商贾辐辏,汉番络绎,喧沸街衢"[6](49页)描绘。又由于清溪县山川地险,自古即为经边重镇,使节筹边重兵严戍要隘,官方驿站。故有"西南千里外犹为内地"和"建昌道上小潼关"的美名。不幸的是,它在人祸(明末清初官军与张献忠部、官军与吴三桂残部在此一带大战),天灾(清乾隆五十一年地震城圮)的双重打击下,元气难复,至嘉(庆)道(光)时期已渐衰败。嘉庆十七年任清溪县训导一职(从八品)的冯镇峦叹曰:"茶马交通事若何?汉唐如梦等闲过,九街三市空游遍,拾得颓垣败瓦多。"[8](82页)不过,它仍是重地和交通枢纽:"途长通藏诏,邑小杂兵民。"[9](83页)迄民国时期,清溪县城仅有正街、横街、文庙巷、珠市街、上营盘、下营盘、北关外街,破败依旧。后因县治他迁,公路兴起,"清溪城"更如夕阳。笔者曾在十余年时间内,多次乘车从清溪镇旁经过,远远望去,能理解"汉唐如梦等闲过"的感叹。它何时再现辉煌?

霍西所说通藏大道,正是从成都至打箭炉远达拉萨的官方大道。1886年黄沛翘所撰《西藏图考》明确记载:"自四川省城至打箭炉十一站,计程一千零二十里","在清溪城五里的羊圈门分路,出南门走建昌,出西门进藏"[9](83页)。清嘉庆《四川通志》亦有同样记载。两者都详记驿站之间的里程和沿途重要地名。1904 年已是英国驻成都总领事的霍西,由成都经乐山、峨眉山、金口河,从清溪县东部蓑衣岭入县境,溯流沙河而上,在石碑坎与川藏大道会合,走川藏大道经泥头驿(今汉源县宜东)、三交城、化林坪、冷碛、泸定抵达康定,"了却"他在 1883 年未能去康定的一桩心事。此时的川藏大道仍然畅通。而今人们多只知川藏公路由成都经雅安、天全翻二郎山去泸定、康定、拉萨。公路通车前的川藏大道确已成为历史。

霍西下山之后便把注意力转向少数民族村庄。

"从清溪城往南行下山,走到陡峭绵亘山脉的底部,那里有一溪谷,满目块石和卵石。溪谷延伸而渐窄。在距城内 15 英里(24 公里)处,道路突然下降 200 英尺,一条宽阔的河谷展现在我们面前,往下远眺,龙洞小村可见。村庄周围的小块土地上黄色的油菜花、青绿的小麦和罂粟花(poppy)竞相争艳。它是这一片白色河谷中真正的绿洲沃土。海拔下降不仅使我们通向一个新的地区,也使我们走近一块新的民族聚居地。"

"在龙洞村,我注意到人们的面部特征。他们与汉族的区别明显,妇女尤甚。他们的脸庞较为瘦削、形尖,前额突出。毫无疑问,他们身上流着异族、可能是西蕃(sifan,即藏族先民)的血液,他们是混合人群。所有非汉族民族都有一个共同特征,即妇女是最后放弃原本民族服饰的人群。妇女们顽强地依恋其珍爱而丰富的装饰。龙洞村的妇女以其丰富多彩的银质装饰品向人们展示,以加强她们的面部差异性。"

"龙洞村以南不远处,乱石荒野没有种植。我们深入观察,发现一些人工标记:有被集中一起的石头,小块土地上的堤坝,为灌溉目的而改道的溪流。在清澈的水中,野生水田芥(watercross)长势良好,树木稀疏。我们目睹了桑树、橘子树、红枣树、梨子树等果树。橘子树较高,树枝上挂着小而圆的果实,果皮厚而有皱,它们似乎强烈地提醒我,这是小小的'佛手柑'。河谷里也生长着少量棉花。许多房屋的屋顶用薄石板扣压,而不用汉族常用的瓦盖房子。坟墓由涂有白色的园形石墩复盖。"[1](100页)

霍西对此着墨不少,他的兴趣可见。1904年8月14日他再次访问了此时只有约十间房屋的"龙洞营"(Lung tung ying,即1883年的龙洞村)。龙洞营是古代主要分布在流沙河流域的十三营之一,下文提到的"渥洼营"也是其中之一。龙洞村位于小关子与兰家营之间、小关子南约三华里处。清溪城至龙洞村约48华里,此与霍西所说15英里略同。3月7日,霍西在大相岭饱受冰雪洗礼,下山行48华里就身处油菜花盛开的龙洞村。山上山下气候迥然不同。清溪城三冬冰雪互结,汉源街(今九襄,海拔1300米)"桃李二月华",富林(今汉源县治,海拔782米)一带"桃李正月华"。1883年3月8日,清光绪九年二月初一,靠近富林的龙洞村油菜花开确属真实。

龙洞村的村民是何族属?仅凭霍西所述难以定论。20世纪80年代初,龙洞村所在的富泉公社有彝族92户、543人[8](18页),可供参考。追溯远古,清溪县为汉朝西南夷中"筰都夷"居住地。汉置郡一"主汉民",一主"外羌"[13]。后渐有汉民移居此地。"明初秦楚填蜀,……接踵而来,一时编户齐民秦楚籍者十居八九",自是"境内夷汉杂处"[6](205页)。有清一代,又有汉民移入。康熙时境内户籍仅1071人,迄嘉庆四年(1800)男女增至40159人。"熟夷、生獠与吾民比屋而居,连畦而种,民生其间其居处也"[6](5页)。汉夷长期相处,互市互利,文化交融,彼此通婚,属正常历史现象。旧志称"道光十三年(1833)土司灭后完全汉化"[6](205页),与霍西所记相左。事实上,清雍正八年改黎大所置清溪县时,辖境内沈边长官司、黎州土百户、大田副土百户、松坪土千户四土司,其中沈边长官司在宣统三年(1911)才改流。至今汉源县境内仍有少量彝、藏族居民。

霍西告别龙洞村后,来到他清溪县之行的最后一站:"要寒城镇富林"(the garrison town of Fu-lin)和大渡河北岸重要官渡"渥洼树"(Village of Wa-wa,今娃娃营)。他只提及富林"位于大渡河北岸不远处",有一条通往打箭炉的马道(bridle-path)[14],以及"镇子附近有少量已耕地,这里的农耕极为困难"。其注意力再次转向少数民族。富林以南有一条水渠通往"简陋的、修建在沙洲上的渥洼村。这里繁茂的仙人掌灌木成片。澄澈的大渡河水向东奔流,冲刷孵石河床。由于多年冲刷,东南山脉已形成了一道峡口,几条岔流连接渥洼村的西边"。

"我们一行来到大渡河摆渡口[15]。在这里,我们面对着纯粹的非汉族民族,一群船工。船工们个子很高,其中一位小伙子高逾 6 英尺,修长而结实,有一对直射的灰色眼睛。他们友善地待我,把我置于他们的保护之下。他们是西蕃人,说汉语带有明显的外族口音。其中一人大胆地问了我一些问题,而汉人不会这样(impossible in a chinese),态度躬谦,回问敏捷。……当我在河的中间用竹竿测量河的深度时,西蕃人笑了。"

"渡河之后河南岸一英处,墙镇大树堡(the walled town of Ta-shu pow)出现在我们面前。这里帅而高大的男人与生气勃勃的妇女,显示他们为非汉民。这可毫无困难地与汉族划分。妇女带上时髦的白头巾,向一边倾斜,优美,呈自信状。大渡河可视为西蕃人与彝族(Lolo)的分居线。河北为西蕃人,河南为彝族人。……我发现少数西蕃人住在大渡河以南,失去了与其各自部落的接解。"[1](101页)

霍西在清溪县境内费时两天,行程 110 华里。他对县城寥寥数笔,对他的必经之路、有名的物资集散地汉源街只字不提,却不惜笔墨地记述少数民族,他的观察重点已非常突出明显。其意图也不言而喻。

霍西对大渡河要津"渥洼营济渡"的记述,值得译出。"每年,这里的大渡河两岸都有一派繁荣景气。四月末,数以千计的搬运工在这里的渡口过河。他们将来自建昌盆地的珍贵白蜡(white wax insects),运送到嘉定(chia-ting,今乐山)。他们争先恐后地依靠摆渡过河,在此滞留十分有害。我们在 3 月 9 日横过大渡河,时间早于四月末,未能目睹那些脚夫不分昼夜兼程、络绎不绝的壮观情景。……来自南方的铜、松木板,与来自北方的棉花和盐,在渡口相遇了"[1](102页)。这里确是物资交流的要津,清溪道上的"咽喉"之一。

霍西于 3 月 9 日过河后,经当时属越嶲厅管辖的大树堡,履山坡陡绝的晒经关,至平夷堡(今汉源县平等乡),涉险清溪关(今汉源县河南乡大湾村观音岩),3月10日到达与清溪关毗邻的今甘洛县坪坝乡,3月11日继续南行。

三

120余年前,一个外国人能在中国西部畅通无阻,并非仅因中华民族的雅量,它是鸦片战争之后列强迫使清政府签订不平等条约的产物。1858年6月26日,清咸丰八年五月十六日,中英在天津签订了《天津条约》,其第九款为:"英国民人准听持照前往内地各处游历、通商,执照由领事官发给,由地方官盖印。经过地方,方饬交出执照,应可随时呈验,无讹放行;雇船、雇人,装运行李、货物,不得拦阻。"[10](97页)中俄、中美、中法之间亦订有《天津条约》。霍西进入中国沿清溪道游历,未遭任何拦阻。在霍西之前已有外国人深入到清溪道沿线活动了,有的人如巴伯(Baber)、霍奇森(Hoagson)还调查比较了紫打地(Tzu-ta-ti)⑯、泸沽、坪坝三地"西番人"的语音区别,以及瓦山(wa-shan)、马边、海棠三地彝族的语音差异。自《天津条约》之后,各色外国人大摇大摆地涌入我国。国人有无相应的"条约保障"前去英国等国"游历、通商"? 彼时国之弱,又见一例。

霍西于1883年"春游"到了云南,中国西南边疆要地。从汉武帝始,中国就欲经云南与身毒(今印度)等国通好,以后各朝代一直注意与邻国交往。霍西的云南之行,似与通好无关。早在1757年6月23日普拉西战役之后,英国就蚕食式地把印度最终变成为它的殖民地。1824和1852年,英国两次入侵缅甸。1885年它占领了缅甸全境,将其划为英属印度的一个省,严重威胁中国西南的安全。霍西的《记事》首先在英国皇家地理学会、不列颠联盟(BA)、曼彻斯特商会(MCC)的专门会议上宣读,不会是偶然的。英国人的眼睛已经盯在这一带地域了。

霍西的《记事》为游记作品,但对研究地方史有一定参考价值。他在字里行间时有贬低汉族之言(他称之为"Chinese"),在与他族的比较中其褒贬分明,前文已有几例。他甚至恶意攻击汉族:"在汉族人中,他们有不道德的邪恶名声"(Amongst the Chinese they have an evil repute for immomlity)[1](102页)。中国的汉族,英文本可用"the Hans"或"the Han people"表达,霍西却用"Chinese"一词。"Chinese"是指包括中国所有56个民族的人民,中国人;霍西则专指汉族,别有用心。由于20年后他是英国驻成都的总领事(Consul-General),他的这些观点更加有害。阅读《纪事》,我们与外国读者的感受是完全不同的。

注　释

①霍西(1853—1925)是一位"中国通"。1904年夏秋,霍西又从成都出发,南下嘉安府(今乐山),经峨眉县、峨眉山、金口河,过蓑衣岭入清溪县,往西北行经泥头驿(今汉源县宜东镇),由飞越岭出县境,去泸定至打箭炉,再去宁静山一带活动,返回打箭炉后经过懋功厅(今小金县)、灌县(今都江堰)回到成都,为时达三个月之久(1904年7月28日—10月28日)。此时的霍西是英国驻成都总领事。1905年8月,他将这次游历的见闻成文,出版了题为《霍西先生1904年中国藏区东部游》一书。霍西还写了《关于四川省的报告》、《四川:它的生产、工业和资源》、《满洲:它的人民、资源和近代史》,以及有关中国鸦片生产,中国地理、商业、工业等等方面的书籍。

②霍西的随行人员有保镖、轿夫、行李搬运工、勤杂人员以及译员,霍西本人初通汉语。

③唐朝时期中央政府与少数民族地方政权如南诏、吐蕃的几次战争发生在公元751年、752年、754年、756年、757年、779年、830年、860年后又有南诏"四犯西川"之战。

④《史记·西南夷列传》:"元狩元年,……使间出西夷,西指求身毒国,至滇……黄能通身毒国。"

⑤贾大泉主编《四川历史辞典》,四川教育出版社1993年版,第318页《清溪关路》条目以成都府为清溪道起点。又,清溪道之称始于唐代,清溪县县名在清雍正八年(1730)问世。两者不同。

⑥黄泥堡为大相岭北坡的一个村庄,历史上它是一重要的关卡和哨所。"明初置黄泥堡,属大渡河官军戍守,又拨太平堡兵戍。清乾隆四十一年设外委一汛。宣统中裁撤"(《民国汉源县志》第44页)。"汛",为清朝绿营基层组织。汛的人数不一。此处有外委千总一名(正八品)、马步战守兵49名。它也是川藏大道上的一个驿站。道光中开

设市场。民国时期阴历每逢二、五、八为市场集期,俗称"赶场"。

⑦小关:"两山夹峙,中通一线,北来梯蹬而上,险隘异常"(《民国汉源县志》第44页)。

⑧英文原文为:the ain of roaring torrents。见[1]第98页。

⑨淤泥与冰雪相混,是行人走动所为。在3月6日夜宿地,霍西遇见一群从云南运货经大相岭南坡而来的脚夫。

⑩草鞋坪,海拔2900米,旧为黎雅古道必经之路,过此岭的行人多在此换草鞋而得名。(见《四川省汉源县地名录》第152页)

⑪"北行大道",指由县城北门起,经王建城、盘脚、二十四盘、草鞋坪、九折坂、三大湾、老寨、板房、大关、根岩、偏岩、小关、土地桥、周公桥、黄泥堡、界牌,在安靖阻与荥经县交界。(《民国汉源县志》第185页)

⑫大关,又名邛崃关,以邛崃坂而名。山岩阻峻,萦纡百有余里。关凿西麓垂尽处。山有九折坂,路艰难,登者回回九折得上。诸葛亮"定南中"过此地,曾有庙。明朝状元新都人杨慎(升庵)受贬于云南永昌卫,曾两次路过此地,留下诗句。清雍正之弟果亲王亦有一首诗传令:"奉使抚西戎,严冬登相岭,古人不朽名,千载如斯永。"(据《民国汉源县志》第22页)

⑬明谭希恩:《四川土夷考》称此地为"古西南夷筰都地。汉平西南夷以筰都为沈黎郡、寻罢郡,置东西两部都尉,一治旄牛,主外羌,一主汉民,并隶属蜀郡"。见文渊阁四库全书存目丛书,齐鲁书社1990年版,史部地理类史255—458页。

⑭《民国汉源县志》:由富林场到顺河乡路前行,即为通康定的马道。大致沿今富林至石棉县公路方向行,至石棉县后仍溯大渡北岸而上,去冷碛、泸定、康定。但此路难行,常不畅通。(190—191页)

⑮此为官渡。《民国汉源县志》:清溪县"治南75里,大渡河为建南出入要肆。水急滩险,过客呼为阎王殿。乾嘉以来旧例,自四月朔至九月底,此岸在太平沟或万工场济渡;南岸在临河堡。自十月朔至三月底,在渥洼营(俗讹娃娃营)济渡。过横河南北,旧设渡夫四十名,其口实建昌邑道署有常款。由宁远府请领转发县中"(197页)。

⑯Tzu-ta-ti,如译为紫打地,则它为今石棉县安顺场;如它是"指大地",则它为今汉源县市荣乡附近。笔者存疑。

参考文献

[1] *Three years in western China a narrative of three journeys Ssü-ch'uan, Kuei-chow, and yün-nan*, By Alexander Hosie, MA., F. R. G. S. Second Edition Reprinted By Ch'eng Wen publishing Company, Taipei, 1972 年版.

[2]《辞海》(历史地理分册)[M],上海:上海辞书出版社 1982 年版.

[3] 欧阳修等撰:《新唐书·韦皋传》[M],文渊阁四库全书[Z],台北:商务印书馆 1986 年版.

[4] 曹学佺:《蜀中广记》[M],文渊阁四库全书[Z],台北:商务印书馆 1986 年版.

[5] 顾祖禹:《读史方舆纪要稿本》[M],上海:上海古籍出版社 1993 年版.

[6]《民国汉源县志》[M],成都:巴蜀书社 1992 年版.

[7] 乐史:《太平寰宇记》[M],文渊阁四库全书[Z],台北:商务印书馆 1986 年版.

[8] 四川省汉源县地名领导小组:《四川省汉源县地名录》[M],1982 年版.

[9]《西昭图略·西藏图考》[M],拉萨:西藏人民出版社 1982 年版.

[10] 王铁崖:《中外旧约章汇编》[M],北京:三联书店 1957 年版.

原刊《四川师范大学学报》2004 年第 4 期

作者简介: 刘达永,1937 年生,四川师范大学教授.

鸦片与清末西南社会

黎 虹

鸦片,这种"特殊商品",对近代中国产生了巨大影响。中国近代历史,不仅以禁烟为开端,鸦片问题还一直伴随中国近代社会的始终,中国近代社会饱受鸦片之危害。要了解近代西南三省历史,首先应该了解鸦片对近代西南社会产生的深远影响。

一、清末西南地区鸦片的种植和泛滥

尽管早在唐代中国已有种植罂粟的记载,但都是为了药用和观赏(罂粟花),种植数量极少。真正大规模种植,且将罂粟制成鸦片供吸食,乃是鸦片战争之后西方列强入侵中国带来的恶果。

鸦片战争前后,大批罂粟种子从印度、缅甸传入云南,再传入贵州和四川。

云南是我国最早种植罂粟的地区。据于恩德考证:"道光初年,滇省即有罂粟花熬为鸦片者,而以沿边夷民私种最多,内地人民亦复栽种渔利。……且当时滇省以地近边陲,又多深山穷谷,彻查不易,致积习甚久。"[1](74页)道光三年(1832)清政府颁布的禁烟上谕也说:"至滇省迤西迤东一带,将罂花熬成鸦片,必须严为禁止。"[1](41页)

贵州省种植罂粟,最早大约在道光十一年(1831),起初种在安顺、清镇、郎岱、普安、兴义等布依族、苗族聚居地区[2](35—36页)。又据光绪三年郭嵩焘的奏疏记载:"至道光初,其风始炽。浸寻由印度传至云南,而南土兴矣;辗转传至四川,而有川土。"[3](卷十四,12页)从云南、贵州种植罂粟时间来推断，四川种植罂粟的时间大约在1821—1831年间。道光十一年（1831），巴县档案记载，四川省会理州、平武县、巴县、宜宾县等处拿获栽种罂粟花的五起案件[4]。这是有确切记载的四川最早种植罂粟时间，而实际种植的时间可能还更早一些。

清末罂粟种植逐渐在全国传播开来，而种植最广、鸦片产量最多的当属西南三省。

云南产烟之区，除前面已经提到的迤东、迤西外，迤南随后也开始种植，罂粟种植已扩展到云南沿边所有少数民族地区。特别集中的是壮族、苗族聚居的安平厅（今文山），几乎每家都种，有的一户一年要收一二千两鸦片，境内较大的场镇都是著名的鸦片市场[5]。

贵州的鸦片种植也像瘟疫一样从黔西很快传遍全省。据《宣宗实录》记载：道光十九年（1839），"黔省民、苗杂处，多有栽种罂粟熬膏售卖之事。外省奸商，每于栽种出土之初，亲来看估，预付银两，乡愚唯利是图"，郎岱、普定、清镇、贵筑各厅县先后查明，"民、苗私种者，或数亩、十亩不等"[6]（卷三一八，19页）。据贵州《桐梓县志》载："道光年间（1821—1850），邑中吸食者十数人，初闻（鸦片）购于兴义"，"咸同年间，洋烟弛禁后，种者吸者逐渐增多，光绪初年几乎无地不种，无人不吸"[7]（卷九，2页，38页）。《贵州通志》也记述了光绪六年（1880）、七年（1881）以前贵州13府种植罂粟的情况："上游（贵阳、安顺、兴义、大定、遵义）鸦片弥山满谷，下游思南、平越、松桃二府一厅与上游无异。此外镇远、思州、石阡、都匀四府，近来亦渐此风，习气尚浅。惟黎平一府悉是苗疆，栽种量最少"[8]（卷四十一《前事志》，33—35页）。

四川鸦片泛滥的时间要比云南、贵州稍迟一些，但至迟在1861年之前川东地区已广泛种植罂粟了。据洋人布拉基司顿记述，1861年，"上溯扬子江时，已见其（指罂粟）为川省东部普通农作物"[9]（46—47页）。又据《涪州志》载："自同治初元，客粤者购罂粟籽种归，如其法试之，利数倍，于是争趋如鹜，不三年，罂粟遍野。"[10]（卷十八《风土志》，7页）1869年，据上海总商会代表报告，"鸦片在四川物产中已占到最前列"[9]（46—47页）。可见，当时四川已大量种植罂粟，种植最多的就是长江沿岸的涪州、丰都、巴县等地。

就鸦片的产量来看,据估计,1882 年"四川、云南、贵州三省,共出烟土二十六万五千担(每担大约 100 斤)"[11],到 1896 年,四川年产烟已达 12 万担,云南 8 万担,贵州 4 万担,居全国各省的前三位[8](卷四十一《前事志》,24—25 页)。当时云南所产烟土以质量最好而闻名全国,四川则以产烟最多而闻名全国。

就吸食烟土的人数看,云贵川三省吸烟人数最多。据行家估计,一位经常吸食鸦片者每年消费鸦片 3 斤,也有人估计 6 斤。如果按 3 斤推算,全国当时经常吸食鸦片者有 21300832 人,以 6 斤推算则为 10650416 人,分别占当时全国总人口的 5% 或 2.5%[12]。西南三省吸食鸦片的比例,则远远高于此。以四川为例,据宜昌海关不完全统计,1881 年经宜昌转口四川的鸦片灯具就有 20178 套,1883 年增至 48625 套[13](113 页)。民国《三台县志》载:"三台县,嘉庆、道光之际,县人吸烟者少,而到咸同军兴后,吸者日众,始犹富者嗜之,既乃贫者恋之,不但男子困之,更有妇女染之。"[14](卷十二《食货志一·杂捐》,17—18 页)重庆《广益丛报》报道:"四川鸦片之产额位全国之首,川省百四十余州县,除边厅数处,几无一地不植鸦片者,故吸烟者之数,远在云贵之上。"[15](1 页)巴县档案记载更为详细:光绪十七年(1891),重庆城区人口共 109163 人,公烟馆有 838 家,私烟馆则大大超过此数。1892 年重庆城乡的鸦片铺子有 928 个,供应烟客人数为 20 多万[9](175 页)。

清末西南地区鸦片如此泛滥,原因何在呢?

其一,清政府禁烟不力,进而借烟增收,致贻大患。鸦片战争前,清廷是严禁鸦片的输入与种植的。1842—1859 年,清廷改为"内禁外不禁"的政策,即对内禁种、禁吸;但对国外输入却不明文禁止,禁限大弛。1859 年,为了筹集镇压太平军的经费,惠亲王绵愉奏请洋药、土药一并抽厘,立即得到批准。第二次鸦片战争后,鸦片贸易合法化,外来鸦片输入剧增。从 1870 年至 1890 年的 20 年间,大致每年输入中国的鸦片在 9 万担以上,相当于鸦片战争前的 3 倍。清廷对于是否禁止国内种植罂粟,一度犹豫不决,虽然在 1865 年下令禁种,次年又颁布了禁种章程,实际上统治集团内部意见很不一致。醇亲王就认为:如果洋药来源不断绝,那么就没有必要禁止土产鸦片种植。后来总理衙门主张以国内罂粟种植来抵制外来鸦片,减少白银外流。

在洋烟绝难断源的前提下,后一种主张即以内制外的主张,逐渐占了上风,就连郑观应等人也持类似的看法,认为土药日多,洋药日少,英国人将不得不与中国会商禁烟[17](402页)。可见,从禁到宽,再到增收或以内制外的鸦片政策,是烟毒泛滥的主要根源。

其二,西南地区气候、土壤等自然条件有利于鸦片种植。云南省大部分地处亚热带,气候、土壤都极适宜种植鸦片,所产鸦片质量好,故"云土"被尊为烟中的"上土"。贵州的兴义、安顺地区,与云南邻近,自然条件近似,所产鸦片质量也较好,被誉为"上烟"。四川的气候和土壤也宜于罂粟种植,尤其是东部丘陵地区,很多地方不宜种植水稻,也就为广种罂粟提供了条件。情况相反的成都平原,种植鸦片就较少。这正如英人里希霍芬在《四川记》中所析:"农业条件愈佳和土壤愈沃,则种植罂粟的比例愈小。"[9](174页)

其三,最重要的原因是当时种植罂粟经济效益特好。据《重庆海关1876—1891年》记载:"四川地区的农民种一担地的小麦,利润是6000文,而种鸦片一担地利润是11000文,小麦和鸦片两者利润之差高达80%以上。"[9](49页)对于一般农民来说,这不能不是一个很大的诱饵。此后,鸦片价格还不断上涨。1897年前后,贵州、四川不少地方,每亩地如种罂粟,约收烟土50—60两,可售银6—8两;如种玉米,约收220斤,仅收银一两七八钱;如种黄豆、红豆,收入更低[18](628页),比价高低差数倍。到1892—1901年,重庆市场上四川鸦片的价格,由每担160两白银涨至25615两;云南鸦片的价格由每担170两白银涨至28918两[9](48页),鸦片价格继续直线上扬。鸦片是价高形小的贵重商品,农民种之胜于五谷,携带和贩运又较为方便,且获利极大。产销两利相促,也就风火添威,欲禁难成了。在当政者禁弛不一,进而借此增收添收,以缓财政拮据的情况下,上下左右共同参与鸦片种植的分赃得利,也就不足为奇了。欲毒不泛,其可得乎?

二、鸦片泛滥对清末西南社会的影响

清末西南鸦片流毒之深是前所未有的。

1. 造成五谷匮缺，灾荒不断

由于广种罂粟，云南粮食产量大减。1907年，米价涨至每担8两银子。除天旱外，其原因就是种烟占去种粮食的耕地和劳力。对此，《云南》杂志认为该省米薪珠贵的原因，在于"鸦片繁殖，减少农地"[19](64页)。

在贵州，据1906年的统计，种植罂粟之地占清末贵州耕地的57.34%，居全国之首。例如，该省的安顺地区，19世纪80年代前，"以有用之地土置杂粮于不种，大半栽种罂粟，相习成风，明目张胆，愈种愈多，几无正粮之地"，以后又扩展到种谷之田。普遍种烟，致使粮食产量大幅度下降[20](卷四十五,29页)。由于广泛废粮种烟，贵州出现了几次全省性的大灾荒。该省1877年、1879年和1895年出现的三次大灾荒，皆"祸由鸦片"。由于粮价成倍上涨，致使"弱者坐亡，强者入匪"[8](卷四十,33页)，造成严重的社会治安问题。

在四川，因鸦片在川东、川南种植极为普遍，缺粮灾荒现象也一再出现。如涪州，"所产粮食昔可运行湖北，自罂粟遍种，米不足用，反仰给于泸（今泸州）、合（今合川）"[10](卷十八《食货志·输入品》)。光绪中期，因无处不种罂粟，"自楚入蜀，沿江市集卖鸦片者，十室中不啻六七"；加上蜀中不少"山林确瘠之区，不植五谷者，向资罂粟为生计"[21](15页)，以致粮日匮而价日高。到光绪二十四年(1898)，四川"谷价日昂"，到处"人心惶惑"。推源其故，"实由稻田日少，烟田日多，盖蠹民妨谷，鸦片为甚也"[22]。"多一亩种罂粟之田，即减一亩稻麦之产"，无异于"弃膏腴而滋鸩毒"[23](卷三十四,13页)。时人已大声疾呼厉禁鸦片，"若听其自然而不加以厉禁，即使无外侮之至，推其终极，亦相率为饿殍而已矣"[24](卷三十四《户政·续禁鸦片说》)。

2. 财政方面，饮鸩止渴，赖一废百

西南地区广植罂粟，除部分供本地区消费外，大量外销，并在外运商品中占很大比重。1891—1899年重庆海关鸦片销运量及比重如文末附表[9](182—183、201、230—231、248、266、287—288页)。8年中，仅通过重庆海关一处，外销鸦片量从7万多磅猛增至10万磅以上，比率从4%上升到30%至40%。当政者从禁到弛再到"倡"，目的是增加财政收入，以资外赔内用。从表面上看,这种政策也收到了一时效果。1892年,重庆海关的税收"有半数来自土产鸦片"[9](175页),1902—1911年的10年间,烟土税的收入占重庆关税收入的33%[9](174页)。鸦片税收"足以使本省(指四川)向来所收一切捐税黯然失色"[9](337页)。在1892年前后,贵州省税收内"土药厘金约有十分之四"[8](卷四十一《前事志》,9—10页),比例也不可谓不大。

但这些并未能解决当时西南三省的财政危机。因为鸦片这种特殊商品的大量外运,不仅对南方各省人民毒害深,而且从产业和税收上看,它还导致了谷物、豆类等其他农产品的产销陡减,导致民族工业得不到正常发展。1898年英国驻重庆领事列敦在给英国外交部的报告中就说,由于鸦片的滥种和推销,"使得种植豆类和谷物出口无利可图,使得贵重的煤铁矿藏不能开采"[9](45页),不仅造成财政收入的减少,还使物价飞涨,群众生活愈加贫困。

3.毒害人民身心健康,败坏社会风纪

众所周知,吸食鸦片不仅严重损害人的身体,还严重腐蚀人的意志和精神,甚至会影响几代人的健康。大量吸食成瘾者莫不形骸枯瘦,意志颓丧,百事不举,终日混迹于烟榻床第之间,不少人败家丧身,或沦为扒手、乞丐、土匪。《贵州通志》记载:许多吸烟之人,"形骸瘦弱似枯麻",致使"农夫化为瘾民,……不数年间,上农为下农,下农为惰农",越来越多的人认识到民众"男困于鸦片,女困于缠足,四民无一可存之业,必沦黄种于红毛土蕃不已"[8](卷四十,33—35页)。

鸦片的泛滥,造成社会秩序更加混乱。鸦片战争后,西南地区由于外国商品的输入和洋教传入,自然经济逐渐走向凋敝,教民矛盾突出,加之腐朽的清王朝苛政虐民,社会本已动荡不安。鸦片的泛滥和为害,更加重了社会混乱。一些土豪劣绅、袍哥大爷因吸毒成瘾而家道衰败,他们同地痞、土匪合流,四处打家劫舍,杀人越货,无恶不作。在少数民族地区,普遍以烟土换枪弹,民族械斗频繁升级,导致生产荒废,人口锐减。

三、清末西南禁烟及其影响

在鸦片战争之后,对于是否禁烟,清政府存在明显的矛盾之处。既想禁绝洋药洋烟,又怕开启外衅;既想用土药来抵制洋药,并借此抽收更多税厘,弥补财政不足,又觉于国于民有害。在这种情势下,清政府出台了"严禁不贷"、"寓禁于征"和"以土抗洋"等矛盾多变的各式鸦片政策,这不仅未能禁绝烟毒,反而使鸦片愈加泛滥。

在光绪初年,清政府下令禁烟。这次禁烟除在西北取得了一定的进展外,西南各省基本上没取得什么成效。1906年9月,清政府又下令禁烟,表示要以十年为限,革除洋土药之害[25](卷二十四,81页)。

清廷在这个时候颁布这样的"禁烟谕令",实缘于当时国际国内禁烟舆论压力。当时,国际上,美国政府主张禁止鸦片贸易,英国政府的鸦片政策在国内也引起了激烈争论,最后主张逐渐放弃臭名昭著的鸦片贸易一派占了上风。传教士认为鸦片贸易与教义相违背,也力主禁烟。1890年,外国传教士在上海集会,一致认为鸦片贸易是人类一种罪恶,是传播西方宗教的一种障碍,主张杜绝鸦片贸易,随后还成立了中国禁烟会[1](119页)。1906年5月,在禁烟请愿书上签名的传教士就多达1333人[12],表明在华传教士对于鸦片贸易是坚决反对的。中国知识分子和一些官吏也主张禁烟。他们认为:"凡吸烟之人不耐劳苦,筋力减也;不能振作,精神颓也;不思久远,心术坏也。"[24](卷二十四,451页)四川华阳举人严大经、简州举人刘象清、松藩教职李绍南等人,协同各属职员文生,向当时的川东道呈递"禁栽洋药,以平米价"的请愿书[26]。尽管清政府欲禁甚难,甚至从财政收入上看还觉有失,但在禁烟呼声日高的情况下,清政府也就不得不再令禁止了。

清末西南地区禁烟取得了一定成效。

1906年以前,四川的各级官吏虽也多次发布命令禁烟,但几乎都是走走形式。直到1906年清政府发布"禁烟谕旨",四川禁烟才认真起来。1907年,四川开始登记烟民人数和规定烟馆必须领取执照。1908年,四川总督赵尔巽决定缩短禁烟期限,要求禁烟任务在两年内完成。他首先命令原来种烟的地亩只许种半数,后又下令完全禁种罂粟。1910年初,他派出4个道台和48个委员下乡察看。这样,"人们得知政府认真起来了,很少有人企图继续种植,并且除了一二处曾派去军队铲烟外,大都无须强迫就服从了"[9](273页)。到1911年,重庆海关已没有报关外运的鸦片;川东、川东南地区鸦片生产基本禁绝;川西、川西北的鸦片虽未禁绝,但已转向更偏僻的少数民族山区栽种,仅剩下些"产烟秘窟"[27](91页)。

在云南,清末也大力推行禁烟,提倡种棉花、植桑蚕[28]。光绪三十四年(1908),云贵总督通知川省厘金总局,从1909年起川省不得再将川土贩运入滇,因滇省在本年禁绝罂粟,同时又通知贵州抚部院,一概不准运烟土入滇[29]。

到1909年秋天,四川省最大程度地清除罂粟的目的基本达到。40多个中心市场上报,罂粟种植已经停止,前一年许多公路两旁一望数千亩的罂粟地,"现在连一株罂粟也见不到了"[9](296页)。西南三省的鸦片产量也因此陡降。1906年西南三省产烟量占全国584800担的62.24%,到了宣统二年(1910)全国产烟158505担,西南三省的四川54299担,云南7351担,贵州12241担,三省共占全国产烟总量的46.62%。这些数字虽不准确,但至少说明西南三省的禁烟是有成绩的,无论是总量或在全国所占比重都下降了。

清末西南三省禁烟何以能取得如此好的成绩?

首先,统治者重视,并有有利的国际、国内环境。清末禁烟不同于光绪初年,清政府为了挽救摇摇欲坠的政权,极力推行"新政",禁烟被列为新政的主要内容之一,故而不惜牺牲巨额财政收入,多次降旨严饬坚禁,并令在任高官带头限期戒吸。国际上,1909年2月由美国发起的"上海万国禁烟大会",肯定了中国禁烟的诚意,支持中国禁烟。在这样有利的国际国内环境下,西南三省的官吏也就认真起来。如1908年,四川总督赵尔巽就下令缩短禁烟期限,两年做到禁绝,并严申如有违法种植的,"地主和农民一并治罪"[30](卷五十五《征榷二十七》)。

其次,西南地区的各级官吏、士绅和知识分子对禁烟热心努力。各地官吏纷纷献策,除弊兴利。云贵总督沈秉拟开滇省矿产,四川总督赵尔巽拟抽肉厘,以弥补禁烟造成的巨大经济损失。各级地方官吏也行动起来,在省城设立戒烟总会,在各地设戒烟分会、支会。如万县的汪大令"在城内湖广馆及五显庙设立戒烟公所,分派绅董数人每月定期集合大开演说,所论弊害辞旨极透,闻感动戒烟者,日来已络绎不绝"[31]。巡警道也多次出示晓谕禁烟,四川巡警道就在1910年初贴出极为通俗易懂的"禁烟白话告示",便于一般百姓了解禁烟的道理[32]。一些地方士绅也努力禁烟。如南部县士绅"竟能多设(戒烟)支会,劝人禁戒,俾瘾疾渐就扫除"[33](7页)。更有郭姓士绅,"劝富户酌减岁租,以纾农力"。该绅"关怀公益,不沾小利"的精神和作法,受到当政者称赞[34](2页)。三台官绅,筹捐巨款在"该县创办一戒烟局,选制良药售送,……近月以来发行药三千两,购领脱瘾者,略经调查已及三百余人"[35]。彰邑牟大令也"设立协济戒烟公所,购药发售,只取工资,并定期派人分赴四乡演说吸烟弊害,戒烟利益,日来感动戒烟者,闻已实繁有徒"[36]。为了达到禁吸的目的,各地还研制了一些戒烟药方。四川省研制出"松毛戒烟膏方,价廉易办收效最多"[37]。后来仁寿县又试验成功一种"戒烟绿豆酒",其效果也甚佳[38]。

清末西南禁烟也有明显死角,特别在云南边区、贵州少数地区仍有种烟、吸烟的,四川的川西、川西北少数民族山区也是这样。1911年底,因汉区鸦片禁令日严,汉人烟贩就到凉山布吉洛(中普雄)一带租地种烟[39](15、18页)。

鸦片在清末既成为西南地区的主要产销品,它的禁绝必然对西南社会产生深远的影响。正如重庆海关税务司斯泰老(E. Von. St rauch)所述:"如此重要的出产一旦消灭,必然有种种深远影响,首先威胁到四川全省的财务平衡,对种烟的农民、烟贩、官吏和一般民众都有广泛影响。"[9](151页)为此,西南地区除推行清廷的增加印花税和盐厘加价政策外,还采取了种种措施来弥补损失。官方和商人们联合起来,改进丝织品的质量和增加出口的数量;引进外国外省民生用多销广之粮、棉、蚕等优良品种,详加试验,"择其宜者,布之民间,庶能广植佳种抵补损失"[34]。劝业道从南通引进的棉种,还无偿发给农民种植。

由于厉行禁烟,产烟下降,输出自然就减少。1909年重庆海关所收税银总数为 585641 海关两,1910 年下降为 537344 海关两,减少近 10%。其中 1910 年土药出口税减少 113761 海关两[9](151页),1911 年只征税 378889 海关两,土药税从 1910 年的 148364 海关两下降到 12695 海关两[9](320页)。为了弥补这一巨大损失,西南地区农村将以前栽种罂粟的大片土地改种小麦、玉米、大麦、豆类和花生,这些农产品的产量和出口也大大增加。重庆关小麦出口 1909 年为 927 担,1910 年增加到 8303 担,1911 年又猛增至 148949 担[9](327页)。豌豆出口量从 1909 年的 4805 担,增加到 1910 年 20499 担[9](329页),增加 4 倍多。宣统元年(1909),四川总督奏准酌加肉厘拨抵土药税厘,"将以前每猪一只收钱二百文,提高到每猪收四百文"[30](卷四十八《征榷二十考八〇二九》),单项收入也成倍增长。此外,四川督宪还在同年将当税凑拨办公费用以抵补土药税,即将"当税凑拨尚有盈余,即全数拨作抵'补川省土药税之用'"[34],以弥补烟税损失。

  这些措施的推行,对西南地区农业经济的正常发展,对以前的畸形经济状况的改变,对社会不良风气的扭转,以及对正常税源的培养等,都有相当积极的作用。

附表:1891—1899 年重庆海关鸦片销量及比重

年代	重庆关出口土产鸦片数量(磅)	重庆关出口土产鸦片价值(英磅)	重庆关主要出口货物总计价值(英磅)	重庆关土产鸦片占出口货物价值百分比(%)
1891 年	73420	20804	498314	约 4%
1892 年	344310,其中云土 12266	89853	654574	约 13.7%
1893 年	346466,其中云土 11333	106188	733447	约 14.5%
1894 年	302533,其中云土 98533	263785	832948	约 31.3%
1895 年	1570533,其中云土 31733	478410	1066124	约 44.9%
1896 年	1074934,其中云土 38267	275662	870533	约 31.67%
1897 年	1424799,其中云土 72533	381246	1069017	约 35.7%
1898 年	1004000,其中云土 94000	317279	858631	约 36.9%

参考文献

[1]于恩德:《中国禁烟法令变迁史》[M],台北:文海出版社。

[2]《苗族简史简志全编》(初稿)[M],中央民族学院图书馆藏。

[3]王先谦:《东华续录》(光绪朝)[M],光绪十四年会稽籀三仓室刻本。

[4]四川省档案馆:《巴县档案》。

[5]况洗林、杨丽琼:《近代我国少数民族地区的鸦片毒害问题》[J],《近代史研究》1986年第4期。

[6]《清(宣宗)实录》[M],台北:中央研究院历史语言研究所影印1962年版。

[7]《桐梓县志》[M],民国18年(1929)铅印本。

[8]《贵州通志》[M],民国37年(1948)铅印本。

[9]周勇、刘景修:《近代重庆经济与社会发展》[M],成都:四川大学出版社1987年版。

[10]《民国涪陵县续修涪州志》[M],民国17年(1928)铅印本。

[11]《益闻录》,第145号,光绪八年(1882)二月十四日。

[12]王宏斌:《清末新政时期的禁烟运动》[J],《历史研究》1990年第4期。

[13]《湖北近代经济贸易史料选辑》,第五辑[M],华中师范大学图书馆藏。

[14]《民国三台县志》[M],民国31年(1942)铅印本。

[15]《各省禁烟成绩调查记》[J],《广益从报》,第248号。宣统二年(1910)九月二十八日。

[16]四川省档案馆:《巴县档案》。

[17]《郑观应集》,上[M],上海:上海人民出版社1982年版。

[18]《黔蜀种鸦片法》[光绪二十三年(1897)十一月][A],李文治:《中国近代农业史资料》,第一辑[M],北京:三联书店1957年版。

[19]南昆仑生:《云南凶旱之原因》[J],云南出版社1907年版,第5号。

[20]《安顺府志》[M],清光绪十七年(1891)补刻本。

[21]《入蜀纪程》[A],何嗣焜:《存梅斋文稿》[M],光绪十九年。

[22]里希霍芬:《四川记》[J],农学报,第35期,光绪二十四年五月中。

[23]求自强斋主人:《皇朝经济文编》[M],台北:文海出版社。

[24]《续禁鸦片说》[A],何良栋:《皇朝经世文四编》,卷三十四户政[M],台北:台湾文海出版社。

[25]《去毒》[A],《皇朝经世文编》[M],北京:中华书局1992年版。

[26]四川省档案馆:《巴县档案》。
[27]《四川松理懋茂汶屯区屯政纪要》[M],1936年版。
[28]《云南档案史料》,1991年版,第33—62页。
[29]四川省档案馆:《巴县档案》。
[30]《清朝续文献通考》[M],宁波:浙江古籍出版社1988年版。
[31]《新闻》[J],四川官报1907年版,第6册。
[32]《演说》[J],四川官报1910年版,第4册。
[33]《公牍》[J],四川官报1910年版,第1册。
[34]《公牍》[J],四川官报1909年版,第21册。
[35]《本省近事》[J],四川官报1907年版,第17册。
[36]《本省近事》[J],四川官报1907年版,第18册。
[37]四川省档案馆:《巴县档案》。
[38]《公牍》[J],四川官报1909年版,第1册。
[39]《四川凉山彝族社会历史调查》[R],成都:四川省社科院出版社1985年版。

原刊《四川师范大学学报》2000年第5期

作者简介:黎虹,1963年生,四川师范大学草堂校区贸经系讲师。

清末民初成都中外学术文化交流

凌 兴 珍

自文翁兴学以来,成都一直是四川的学术文化中心。然而,清初兵燹将几千年积累下来的书院文物、典籍焚毁,成都学术文化一度中断了发展。直至近代初期,蜀学仍无振兴迹象,偏狭、无知、闭塞成为蜀士的通病。成都知识界发生变化,蜀学得到恢复与发展,是以19世纪70年代中叶张之洞创办省城尊经书院为开端的。随尊经书院的开办和蜀学的恢复与发展,知识界渴望学习外面的先进文化,渴望对外交流,于是在清末民初(1840—1937)成都[1]与海内外的学术文化交流逐渐发展起来,初步形成了学术文化交流的局面。

一、书籍的交流

由于清初兵燹,蜀刻古籍和木刻书版技术均遭到毁灭。到了乾隆年间,始有"严正古斋"设立,相继开办的有"经元八大家"[2],直至光绪二十六年木刻书业仍占重要地位。大半由刻字铺兼营自刊的少量训蒙读本,约有50家,集中在学道街、青石桥、卧龙桥一带。江西书商于乾隆年间来到成都,最早的为学道街"尚友堂",后分设了"九思堂"、"志古堂",贩运《皇清经解》、《十三经注疏》、《粤雅堂丛书》等,在成都很受欢迎。道光二十八年(1848)又分设了"志道堂",并开始运售江浙的一些时务、场屋应试及训蒙书。同治年间学道街被焚,"志道堂"取代总店"志古堂"名称,业务进一步得到加强。光绪丙子年(1876)"志古堂"刊刻了《许氏说文》、《外台秘要》、《盛世危言》、《劝学篇》、《湘军志》等有关朴学和新学的书,很为当时文化学术界人士好评。尤其是尊经书院、存古学堂等陆续开办,该号刊刻和贩运的有关新学书籍更为士林看重。

上海、江浙铅石印新版书籍在成都大规模流通,大概始于光绪二十六年(1900)上海商务印书馆在青石桥北街开办"成都商务印书馆"之后。成都商务印书馆成立后加入木书业组织并同意以八折优惠与同业往来,因而木书业纷纷代售该馆书籍,该馆业务由此繁荣起来。继起的为1913年开办于卧龙桥川北会馆右侧的"中华书局"。

代售铅石印书籍的成都私营书铺,最早设立的为光绪十年(1884)于东御街开业的"绿野山房",后有独秀书庄、黎照书屋等十多家于学道街、青石桥、卧龙桥等处开业[3]。它们大多以蜀刻本书籍《四史》、《相台五经》等贩运上海,交换洋版书回川销售,当时称之为"走广商",换回的有《大题文府》、《小题文府》等袖珍本以及上海点石斋、同文书局、萤英馆等处石印的书籍。由于这类书内容新颖,销路颇广[4]。此外,1898年宋育仁创办的蜀学报馆、1903年傅樵村创办的图书局均注意收集代销中外书报[5],傅氏图书局还立了两处阅报公所,供人取阅[6]。傅死后,陈安岳、郑璧成接办"华洋(后改'阳')书报流通处",专销进步书报,如《甲寅》、《新青年》、《向导》等,在成都文化学术传播中作用非同小可,吴虞就曾深受其影响[7]。五四后的祠堂街,又先后创办了"新潮书店"、"我们的书店"以及"北新"、"开明"、"生活"等书店,出售进步书刊和马列社科书籍,被称为成都的"文化街"。

来川的外省书商在成都开业最早的为学道街钱寿乔创办的"点石斋"和樊孔周、高石铭光绪十年(1884)开设的"二酉山房"。除转贩江浙刻本书外,他们还代销上海商务、点石斋、扫叶山房石印的各种书,遍列中外刊物。二酉山房更是进步和反清理论宣传站,出售《明夷待访录》、《戴南山集》等禁书,《天演论》、《民约论》等西欧名著,《扬州十日记》、《嘉定屠城记》以及康梁、孙中山、章太炎等人的著作,《新民丛报》、《民报》等报刊[8]。后又有崇文书局、锦章书局等十余家于学道街、青石桥等街开业[9]。

据《成都通览》,宣统元年"正谊公司"将上海、江浙图书419种贩进成都销售,"粹记书庄"贩进了145种,"商务印书馆"贩进了632种[10],其中既有传统文化又有西学和江浙近代文化书籍。这不仅有益于海内外先进学术文化的内传,而且丰富了成都知识界的视野,繁荣了成都文化市场,形成了近代成都的几条文化街——学道街、卧龙桥、青石桥及后来的祠堂街。与此同时,成都书商亦将蜀刻本书籍销往江浙、上海。据载,宣统元年成都外售书119套,图书局另外外寄书28套[11]。尽管外销书品种单一,多为传统文化的再版,但它仍对丰富、繁荣祖国学术文化有积极作用,如廖平学术著作的外传就深深影响了康有为[12]。

二、人才的交流

首先,外籍(外省、外国)人才进入成都。

近代时期,旅蜀外省人才有几类:一是到成都经营学术文化产品即书报的外省书商;一是到成都从事教育的外省籍教师;一是到成都来访问、考察、交流的外省专家学者;此外还有来读书、游历、经商等等的外省人才。本文对此不作详细研讨。下面重点讨论外国人入蜀对近代成都学术文化交流的影响。

第二次鸦片战争后,条约规定:外国人可以到内地传教和游历。从此,外国人以传教、考察、游历为名涌入成都。据记载,宣统元年十二月成都城内有外国人100余人[13],在成都地区活动的传教士有119人[14],其分布如下表。

1910年成都地区传教士发布表

县名	成都	华阳	汉州	什邡	金堂	新都	灌县	彭县	双流	温江	崇庆州	新津	简州	大邑	蒲江	合计
人数	42	46	2	1	2	1	3	7	1	2	4	3	3	1	1	119

传教士一方面通过传教布道,将西方的宗教文化精神输入成都,一方面又通过创办学校、医院,将西方先进的科技文化输入成都,并培养了一批中

高级知识分子。晚清时期,传教士就先后在成都创办了9所学校,即法文书院、华美中学堂、华美小学堂、启秀女小学堂、华美女小学堂、华英学堂、华美学堂、华英小学堂、华西协合大学[15]。在清末民初,外国人在成都总共创办了20多所学校[16]。

近代时期外国人在成都创办学校情况表

校名	主办人	时间	校名	主办人	时间	校名	主办人	时间
华英学堂	英	1895	华美女小学堂	美	1905	华西协合师范学校		
华美学堂	美	1895	华英小学堂	英	1905	福音初等小学堂		
华美女学堂	美	1895	华美中学堂	美	1906	仁济护士学校		
广益小学堂	英	1895	华西协合中学	美	1909	传教学堂		
华英女学堂	英	1895	华英学堂	美	1910	进益助产学校		
法文书院	法	1903	华美学堂	美	1910	华语学校		
华美小学堂	美	1905	华西协合大学	英、加、美	1910	华西协合神学院	美	1937
启秀女小学堂		1905	第维小学	美				

其中,第维小学、华西协合中学、华西协合师范学校、福音初等小学堂、仁济护士学校、华语学校为华西协合大学附属学校。这些学校以中小学和传教士创办的学校为主,目的是想从中小学入手,培养宗教和近代西方科学精神;至于中、高级学校,如华西协合大学也是被基督教精神和西方科学精神所渗透了的[17]。因此,这些学校在传播西方学术文化方面还是发挥了一定作用的。

随新式学堂的创办,延聘洋教习讲授现代科学知识成为兴学的一大特色,川省当局亦不例外。川省学务处规定:聘请外国教习"须查明某人系在某国某校出身,有无卒业文凭,现由何人介绍,拟订明功课若何,期限若何,俸给若何,各项权限逐一声明",因而所聘洋教习多是实有所学者[18]。据有关史料记载,成都学校历年延聘的洋教习有250多人[19],其分布如下表:

历年成都学校延聘洋教习情况

校名	人数	校名	人数	校名	人数
四川高等学堂	21	女子师范学堂	2	华阳中学	3
优级师范选科学堂	4	成都府中学堂	2	客藉学堂	3
中等工业学堂	6	国立成都大学	20	武备学堂	7
中等农业学堂	1	彭县高小	1	华西协合大学	152
军医学堂	3	东文学堂	1	华西协合神学院	10
通省师范学堂	7	铁路学堂	7		

这些洋教习来自不同的国家，其中美国 60 多人，加拿大 70 多人，日本 60 多人，英国 20 多人，德国、比利时人少许。这说明成都近代时期受日、美、加、英影响较多，与这些国家的学术文化交流也更加频繁。同时，这些洋教习教授的学科有语言、数理化、政经、农工商等等，几乎涉及了现代科学的方方面面。

来往于成都的外国人还有其他各类人。据统计，光绪三十三年（1907）十月至光绪三十四年（1908）十月一年间来往于成都的外国人总计有 199 人，有传教士 83 人，商人 8 人，领事 13 人，医生 5 人，女士 15 人，教士 18 人，学生 6 人，其他 41 人[20]，其中传教士、医生、教习、学生对近代成都的学术文化影响更大。同时也应看到，这些进入成都的外国人中既有友好使者又有不法商人和文化强盗。如法国舆地会友马尼爱曾游历成都，并于 1897 年 10 月 4 日在《巴黎时报》上发表《游历四川成都记》[21]。1877 年英国首任驻寓官贝德禄到重庆后，随即以游历、查看商务名义到成都，后又分途去川滇藏界活动，著有《华西旅行考察记》，发表于英皇家地理学会杂志上[22]。1925—1926 年美奈尔逊率"中亚探险队"考察发掘了四川古遗址 90 多处，发现古文物极多，除一小部分送到北京地质调查所外，大部分文物被盗运到了美国自然博物馆[23]。1931 年哈佛燕京学社派包戈登到川西考察民俗，发掘石器遗址多处，盗去石器几十种[24]。

其次，成都人才出省出国。

除前面提到的"走广商"外,近代成都还有大批人才到外省办事、经商、访问、考察、游历、就学。如 1895 年参加公车上书的旅京蜀人就有 71 人,1898 年参加北京蜀学会的四川士绅有 73 名[25]。这些外出的成都人不仅将维新思想,而且渐次将资产阶级宪政思想和民主共和思想以及"五四"运动后的科学民主思想和科学社会主义思想输入四川成都。

出国的成都人也对近代成都中外学术文化交流贡献突出。成都留学运动出现较晚,直到清末新政以后才有大量的成都人出国留学,并且主要到日本留学。1901 年川督奎俊接受来成都访问的日本陆军大尉井户川辰三建议,选派了首批官费留日生 22 名。此后四川留日生逐年增加。据统计,1903 年 57 人,1904 年 322 人,1905 年 393 人,1906 年 800 人,1911 年 300 人[26]。清吏估计,到 1907 年时,"吾蜀留学东瀛者来去合计已千人以外"[27],吴玉章则称四川留日生最多时有二三千人[28]。其中有相当一部分是成都籍学生。据不完全统计,截止光绪三十年(1904)十二月,成都地区留日生有 96 人[29],1909 年以前成都府属已毕业或因事归国的留日生达 253 人[30]。

1904 年成都留日生和 1909 年留日归国生分布表

年份\人数	成都县	华阳县	简州	崇庆州	汉州	温江	新都	金堂	新繁	彭县	新津	双流	郫县	总计
1904	20	35	?	3	?	6	2	6	3	11	6	2	1	96
1909	47	77	14	19	12	11	14	8	6	10	24	11	?	253

"五四"以后,随着留法勤工俭学运动的兴起,四川又先后派出了两批留法学生,总计有 492 人,其中成都籍学生占有相当比例。此外,成都还有留美、英、德、俄、比、意等国的学生。他们到国外,最初学师范、法政、军事者较多,后逐渐扩展到其他方面。他们中大多数人学成后回国,从事政治、经济、军警及教育文化工作,为发展成都学术文化等事业作出了贡献。比如清

末民初时,四川高等教育"都是留日学生在主办……四川军警界的上层人物也多在日本留过学"[31]。又如成都早期电影和话剧均由留日生引进。成都留日生陈某归国时,购买了一部放映机和一百多部纪录短片,1904年在成都玉带桥首设电影院,从此电影艺术被引入成都。民国初年留日生曾孝谷回到家乡成都,组织了春柳剧社,上演在日本排演过的话剧,奠基了成都的话剧艺术。

清末民初时因公因私出国的成都人亦不少。1903年成都人傅樵村以文化代表身份参加日本大阪举行的"万国博览会",并购买了"中国读史大地图"20巨幅和誊写版、真写五色版各一具以及外国书报一大批带回成都,从此开始了成都五色彩印的历史[32]。清末四川商会会长周善培从光绪己亥年(1899)至民国7年(1918)先后7次因公因私去日本考察、访问,聘教习教官,密切地与日人交往[33]。1903年川督锡良派胡峻赴日考察学务,胡将日本教育行政、学制规则、学科程级"无不洞悉本原,毕贯条理",回国后又考察京师大学堂的创建情况,参酌拟订了四川高等学堂办学规则,为全川仿行表率[34]。1905年川省又派员赴美、日两国"博考东西各项实业学务情形及其学堂办法"[35],胡峻曾赴美考察,"周稽博访,购材订工",为川汉铁路修建作筹备[36]。随出省出国的成都人增多,逐渐涌现了一批学术文化名人,对传播和发展学术文化作出了贡献。宋育仁、吴虞、李劼人、王光祈、周太玄、唐宗海等,就是其中的杰出代表。

尊经书院高材生宋育仁,曾任英、法、意、比四国公使馆二等参赞,不仅留心考察西欧情况,而且喜与外人交流,回国时写成《采风录》四卷。后于北京强学会主讲自强之学,极主学习西方。旋回川创办《渝报》、《蜀学报》和蜀学会,任尊经书院山长,编印《蜀学丛刊》,翻印西欧名著《天演论》等,客居成都至死。

留学日本的吴虞,兼治法学、政治学,回国后从事报刊工作和反孔非儒著述。他明显借用东西方法律和政治哲学思想来揭露、抨击中国封建礼教不合现代社会,他的反孔非儒思想震动了海内外学术思想界。

成都人李劼人是我国现代著名作家、翻译家。1919年留法,研究法国古典文学和法国文学史,翻译了法国莫泊桑《人心》、都德《小物件》以及卜勒浮斯特、福楼拜、左拉、龚古尔兄弟、罗曼罗兰等人的小说或戏剧,分别发表在国内刊物上,给当时国内文坛和革命青年以重大影响,促进了国人对法国文学艺术的认识,增进了中法文学艺术的交流。

温江人王光祈,1920年到德国勤工俭学,学习音乐学,曾先后在国内发表20种著述,比较全面地向国人介绍了西方音乐文化。从1927年起,他又开始注意将中国传统音乐文化介绍到西方。1934年获波恩大学音乐博士学位,成为我国第一位在欧洲获此学位的现代音乐学家。他是中国现代中西音乐文化交流的第一位使者,是我国第一位用比较法研究中西音乐史和中西乐制的音乐家,奠定了我国比较音乐学的基础。

成都人周太玄是我国著名科学家、翻译家和诗人。1919年留法,学博物,先后在法国发表许多研究成果,并以中国松滋墨猴解决了细胞器高尔基的染色问题,直至1949年苏联版《下等动物胚胎学》上还在引用他的观点。他在腔肠动物尤其是水母研究方面贡献突出,是我国腔肠动物研究的鼻祖,填补了我国水母研究的空白。

唐宗海,四川彭县人,是我国早期学习西医、主张中西医汇通的代表人物。他曾到江南、广东云游行医,扬名海内外,有《中西汇通医书五种》行世。

三、文化学术交流基地

在清末民初成都中外学术文化交流中,除形成了几条文化街外,还形成了两个交流基地,那就是华西协合大学和由尊经书院发展而成的国立四川大学。

华西协合大学是宣统元年美、加、英三国基督教会的五个差会联合创办的,目的是加强帝国主义对华西地区的宗教文化输入和侵略,但客观上却促进了华西地区的科技文化发展与交流。据《华西医科大学校史》记载,华大医药学专业不仅向华西地区引进和推广了现代医药学技术,奠定了华西地区医学事业的基础,而且医科还接受过美国及东南亚、香港地区的留学生。1917年设立的牙科更是中国最早设立的牙科专业,为此后全国口腔学科培养了大批人才;并于20年代末起从苏联、匈牙利、印尼、朝鲜等国接受留学生,成为中国最早接受外国留学生的单位之一;它的毕业生可与美、加各国毕业生在进修上竞争。其创办的《中国药学会杂志》和《华西牙医》都是全国性学术刊物,担负向国内外交流学术的任务。1931—1932年华大教授刘延龄在加拿大作的《关于饮食与龋齿的关系及钙、磷和丁种维生素的重要作用》报告,被认为是最重要的研究成果之一。医科侯宝璋对病理学的研究,陈耀真、蓝天鹤、彭莹华、郑元瑛等关于饮食营养代谢方面的研究,都曾获得较高的评价。同时华大是最早将中医药介绍于世界的单位之一。华大自创办起就十分重视对四川中药材和中医牙科的研究,刘延龄甚至断言关于牙医的记载最早见于《黄帝内经》。30年代初期医学院院长莫尔斯还将针灸技术以图文并茂的长篇论文对外作了介绍,并在美国出版《中国医学》。

在农艺和生物学方面,华大也有自己的成果。1921年丁克生来华大后,开始饲养荷兰良种奶牛,并以纯种奶公牛与中国黄牛杂交;后又与李明良、黄勉合作,将引进的良种奶山羊与本地羊杂交,将良种鸡(来杭、落地红、澳洲黑)与本地良种鸡杂交;又引进和嫁接无核橙、柠檬、柚、柑橘、桃子、麻皮苹果等良种水果,并对土豆、瓜、玉米、燕麦等农作物选育良种,均成效显著。华大生物系还对四川和华西地区的自然资源作过多方面调查,到1950年时累积标本达3万余件,并建立了一个比较完备的自然历史博物馆,其中两栖类标本不仅国内居先,在世界上也算是丰富的。华大对熊猫也早有研究,还以藏文"潘达"命名,30年代初还存有熊猫标本。1911年华大还在四川发现了存在1800万年的水杉品种,并将其种子和剪枝送到美国哈佛大学,水杉即在美、加许多地方生长起来。

华大把数理化作为建立现代科技的基础,并为四川和华西地区培养大中学师资;同时也重视应用研究,为发展四川制糖、造纸、染色、制革、现代机械仪器的修制等技术作过许多工作。30年代徐维理就曾在华西推广英国纺织染色技术,专门开办了技术培训班。华大天文数学家李晓舫曾到美普林斯顿大学讲学、研究,受赠荣誉博士,1932年在法国发表了《造父星光关系的零点测定》等著作。

华大文科担负了吸收西方现代文化学术和向外介绍我国历史文化的任务。从20年代起向国内外发行的《华西边疆学会杂志》,就是向外介绍华西地区文化的重要杂志。如20世纪80年代我省开发出的九寨沟、黄龙寺等,早在1925年时该杂志就有考察文章对外介绍。华西边疆研究所所长李安宅曾应邀赴美讲学,并由耶鲁大学出版了其所著《萨氏宗教制度之研究》一书的英文版,他还在美开设中文学习班,促进外国学者对中国文化的研究。1926年华大设立中国文学系,以"发扬中国固有文化,兼收罗古物评确考证,贡献于海内外"。文学院院长罗忠恕曾两度出国考察、研究和讲学,并与牛津剑桥等大学著名学者组织东西文化学社,交流文化学术。

华大又是外国文化侵略的据点。正如加拿大籍教授客士伦(C. R. Carscallen)所说:"要发展一个最完备的高等学府,使西部各省的学生不必远到外国去留学,就可以学到他们所需要的任何科学,这些科学都将在这个大学里被基督教精神所渗透……人们将受到这高尚的理想的灌输,这就是创立者的宗旨。"[37]除中国文学课程外,凡西籍教授所主讲的学科大多数直接用英语讲授,学科内容亦均以英美教本为主。此外还规定学生必修宗教课程,必须参加宗教礼拜。华大教师一向以西籍教师占绝大多数,1910—1937年西籍教师有152人,其中加73人,英16人,美55人,比1人,不明者7人。中籍教师极少,直到1936年中外籍教师才各占一半(55人)。除此而外,华大还被列强当做对中国西部文化进行掠夺的据点,我省和西南地区的许多文物古迹和稀有动植物都曾遭到华大及其协助的外籍专家的盗掠。仅华大博物馆馆长葛维汉就盗掘了乐山、广汉等处大量古迹古墓,盗走600余件殷周时代玉、石器,运到美国[38];1921—1938年他还为美国国家博物馆搜集动物标本40余万件,新品种244种[39]。华大还协助西方政府派来的专家、考察团的盗掠活动,英韦尔恩就曾得其帮助,留川达8年,为英美搜集我省大量植物标本,仅为英伦敦植物园就搜集了115万种植物标本。现在美国纽瓦克博物馆的西藏文物,美国会博物馆的摩些文经典、仲家文经典和全部西藏文藏经,都是通过华大协助盗取的[40]。

1874年张之洞来川创办的省城尊经书院,后来发展为四川高等学堂、国立成都大学、国立四川大学,都是成都的文化学术中心和对外学术交流中心。尊经书院(1874—1902)一创办,张之洞就手订其章程,将经世致用思想立为办学宗旨,并邀今文经学家湘人王闿运为山长,从而使复兴后的蜀学浸润了经世致用思想。其培养的高材生宋育仁、廖平更将其师的思想发扬光大,推衍出"托古改制"思想,奠定了维新变法的理论基础,影响及于康梁。清末新政时期在尊经书院基础上创建的四川高等学堂(1902—1912)更是监督胡峻考察参酌日本和京师大学堂办学经验的基础上建立的,先后聘请海内外专家来校任教,外国教师就有21名。国立成都大学(1916—1931),尤其在张澜主校期间(1926—1930),主张打破省界国界和旧有学派界限,提倡学术、思想和信仰自由,因而国内外专家云集成大,多种专业学会和专业杂志创办,其学术研究与学术交流空前活跃。国立四川大学(1931—1950)在任鸿隽任校长期间,更是学科门类齐全、中外专家云集的国内有名高等学府和学术交流中心[41]。

四、形成中外学术交流的原因

首先,四川众多的闻名中外的历史文化胜迹和西南地区丰富独特的自然资源是成都开展对外文化学术交流的客观条件。华大创始人毕启就曾指出:"冰川运动在美洲大陆和欧洲毁灭了很多植物和动物,我们只能从发现化石中知道它们。而在华西则是完全不同的历史,西北高山横断山脉使这个地区具有亚热带的气候,既有很潮湿的地方,也有相当干燥之处,谷深山高使各种动植物能生存下来,这在地球上是个非凡的地方,是研究动、植物和人种学等的宝库。"[42]正是因为成都和西南地区别具一格的历史自然条件,吸引了外国人以成都为中心创办学校,到此游历,进行科学考察、研究,发掘、搜集文物、采集标本,与本地学者交流。

其次,近代成都及各高校的发展也为对外学术文化交流准备了一定条件。第一,随尊经书院和各高校的陆续创办,成都学术文化得到恢复和发展,逐渐赶上国内外先进地区,为对外学术文化交流提供了主观条件。第二,近代成都不仅有大量留学生、考察者出省出国,而且成都还接待了各类来蜀海内外人员,尤其是各高校延聘的大量中外学者和招收的海内外学生,对近代成都引进现代科技和学术,进行学术交流以及将研究成果向国内外介绍和推广,都产生了积极影响。同时,中外学者共聚成都,组织和参加国内外学术团体,如华西边疆研究会、东西文化学社等,为获取、传递学术信息和研讨学术提供了机会和便利。第三,成都文化市场在近代时期的发展,出版渠道的畅通,尤其是高校学术刊物的大量出版,为学术成果的出版与交流提供了方便。据统计,华大至1949年时先后创办过30多种刊物,尊经书院到国立四川大学也有自己的出版局及几十种刊物,有的还以中英文同时向国内外发行。第四,川大和华大的各种专门研究、实验机构,良好的仪器设备,为科研成果的取得、应用和推广提供了条件。第五,近代成都相继建立的各类图书馆和高校博物馆也为科研和学术的发展积累了丰富的资料。自1900年傅樵村于桂王桥北街建立图书局[43]以后,民国元年成都市立图书馆于少城公园设立,藏书5615种,中文123421卷,日文131卷,西文532册;1934年馆藏中西文图书达166000册。民国18年(1929)省立中山图书馆成立,至民国23年藏书约55300册。国立川大图书馆至民国25年(1936)藏书达92755册。私立华大图书馆民国16年以前更是全国有名的图书馆之一,藏书达112640册[44]。甚至华阳县立中学藏书亦十分丰富,民国7年藏书达2万余卷[45]。

参考文献

[1] 成都:指成都府属地区。据傅樵村《成都通览·成都之形势》记载,近代成都包括成都县、华阳县、双流县、温江县、新繁县、金堂县、新都县、郫县、灌县、崇宁县、彭县、简州、崇庆州、新津县、什邡县、汉州,共16属3州13县。本文所指成都,就沿用傅说。

[2]经元八大家:乾隆年间成都开设的几家木刻书业,多用"经"、"元"字命名,如"耕经堂"、"肇经堂"、"玉元堂"、"一元堂"等,统称为"经元八大家"。

[3][10][11]傅樵村:《成都通览·成都之书业》,宣统元年(1909)成都通俗报社版。

[4][9]刘东父:《清代成都木刻书业和外省书商的发展》,《四川文史资料选辑》第8辑。

[5]《成都通览·成都之报界》。

[6]新樵:《四川开官报说》,《启蒙通俗报》(癸卯)第17册。

[7]魏峡:《陈安岳与"五四"前后的报界》,《成都报刊志》(打印本),第57页。

[8]范朴斋:《樊孔周与成都商业文化》,《四川文史资料选辑》第24辑。

[12]廖次山:《经学家井研廖季平年谱》,《四川文史资料选辑》第20辑。

[13]《成都通览·成都之成都人》。

[14]据《宣统元年十二月四川洋务局关于外国传教士、从教人数及教产统计表》统计而得。

[15]据《四川档案史料》1984年3期和《四川文史资料选辑》第8辑第99页资料整理而得。

[16]据《成都通览·外国人立学堂》、《四川学报》、《四川教育官报》、《四川档案史料》1984年3期、《成都教育史料》专辑统计而来。

[17]叔菱:《美英帝国主义对我进行文化侵略的堡垒——华西大学》,《四川文史资料选辑》第8辑;《华西医科大学校史》,四川教育出版社1990年版。

[18][35]《四川学报》乙巳第12册,公牍、奏议。

[19]据《四川通省外国官员商民统计表》(宣统元年)、《四川教育官报》、《四川官报》、《华西医科大学校史》、《辛亥革命回忆录》(第三册)、汪向荣《日本教习》等资料统计而来。

[20]《成都通览·成都之外国人游历往来表》。

[21]马尼爱:《戊戌时期法国人眼里的成都——游历四川成都记》,《四川文史资料选辑》第8辑。

[22][25][26]隗瀛涛主编:《四川近代史》,四川人民出版社1990年版,第98、289、303和409页表格。

[23][24][38]江右林、王家祐:《美帝国主义盗窃四川文物的罪恶活动》,《四川文

史资料选辑》第 17 辑。
[27]《四川教育官报》(1907)，第 11 册。
[28]吴玉章：《辛亥革命》，人民出版社 1961 年版，第 60 页。
[29]据《四川游学日本诸生调查表》，《四川学报》第 8—9 册。
[30]《成都通览·成都之学生》。
[31]米庆云：《国立成都大学兴废记略》，《四川文史资料选辑》第 8 辑。
[32]见甲辰《四川官报》第 1 册"傅氏图书局出售中国史学大地图股票广告"以及
　　《成都通览·誊版印刷》。
[33]周善培：《正确对待外国教师和专家——与日人交往回忆》，《四川文史资料选
　　辑》第 24 辑。
[34][36]陆殿舆：《四川高等学堂纪略》，《四川文史资料选辑》第 20 辑。
[37][42]转引自《华西医科大学校史》，四川教育出版社 1990 年版。
[39][40]叔轩：《美帝传教士是四川文物的盗窃犯掘墓贼》，《四川文史资料选辑》
　　第 17 辑。
[41]《四川大学史稿》，四川大学出版社 1985 年版。
[43]孙少荆：《一九一九年以前的成都报刊》，《四川文史资料选辑》第 8 辑。
[44]严文郁：《中国图书馆发展史》，中国图书馆学会出版，台北枫城出版社 1983
　　年印行，第 79—80、103—105 及 134 页。
[45]《民国华阳县志·学校》，民国二十三年刊本。

　　　　　　　　　　　　　　　原刊《四川师范大学学报》1999 年第 2 期

后　　记

　　四川师范大学教学科研人员对巴蜀文化的研究，起步很早，成果也较为显著。仅从近 20 多年来的情况看，就有两个标志：一是早在 1980 年，四川师大文科学报创刊不久，就开设了"巴蜀论丛"专栏，发表省内外巴蜀文化研究的文章，而作者的主体就是川师大的教师。20 多年来，该专栏发表了数百篇较高水平的文章，一直受到海内外有志于巴蜀文化研究的专家学者的关注和支持。二是 1999 年，成立了四川师范大学巴蜀文化研究中心，这是为数不多的由教育部批准的省属高校人文社会科学重点研究基地之一。中心成立后，积极组织和大力推进巴蜀文化研究，所以近几年来，四川师大文学院、历史系等院系在这方面所取得的学术成果也更为突出。单就学术论文而言，不但川师大文科学报上发表的文章在学术质量上有了新的提高，而且吸引了校外一些颇有影响的专家学者的好稿，还有的文章则是作者与巴蜀文化研究中心签约科研项目的阶段性成果。

　　这次选编这本《巴蜀文学与文化研究》，目的是对上述研究做一个小结，从一个侧面向国内外专家学者汇报四川师范大学巴蜀文化研究的情况。由于时间紧，主要选编了巴蜀语言文学、文献学、史学等研究论文，在体例上则一仍其旧。又由于编者水平低，选本尚有若干不足之处，敬请学术界同行批评指教。

　　四川师大文科学报编辑唐普对本书文章做了初选工作，在此表示谢意。

编　　者

2004 年 7 月 27 日

图书在版编目(CIP)数据

巴蜀文学与文化研究/李大明主编.—北京:商务印书馆,2005
(学苑文存)
ISBN 7-100-04509-6

Ⅰ.巴… Ⅱ.李… Ⅲ.巴蜀文化—研究 Ⅳ.K871.34

中国版本图书馆 CIP 数据核字(2005)第 050400 号

所有权利保留。
未经许可,不得以任何方式使用。

巴蜀文学与文化研究

李大明 主编

商 务 印 书 馆 出 版
(北京王府井大街36号 邮政编码 100710)
商 务 印 书 馆 发 行
北 京 民 族 印 刷 厂 印 刷
ISBN 7-100-04509-6/Ⅰ·43

2005年8月第1版 开本 787×960 1/16
2005年8月北京第1次印刷 印张 38

定价:50.00元